测绘地理信息法律法规文件汇编

上 卷

国家测绘地理信息局
法规与行业管理司 编

测绘出版社
·北京·

图书在版编目（CIP）数据

测绘地理信息法律法规文件汇编：全 2 册/国家测绘地理信息局法规与行业管理司编. —北京：测绘出版社，2012.5
ISBN 978-7-5030-2455-9

Ⅰ.①测… Ⅱ.①国… Ⅲ.①测绘法令—汇编—中国 Ⅳ.①D922.179

中国版本图书馆 CIP 数据核字（2012）第 064507 号

责任编辑	田　力	封面设计　李　伟	责任校对　董玉珍	
出版发行	测绘出版社	电　话	010-83060872（发行部）	
地　址	北京市西城区三里河路 50 号		010-68531609（门市部）	
邮政编码	100045		010-68531160（编辑部）	
电子信箱	smp@sinomaps.com	网　址	www.chinasmp.com	
印　刷	北京新华印刷有限公司	经　销	新华书店	
成品规格	148mm×210mm			
印　张	42	字　数	1120 千字	
版　次	2012 年 5 月第 1 版	印　次	2012 年 5 月第 1 次印刷	
印　数	0001—4000	定　价	180.00 元（上、下卷）	
书　号	ISBN 978-7-5030-2455-9 / P・555			

本书如有印装质量问题，请与我社门市部联系调换。

构建完善的法律体系
为事业发展保驾护航

（代序）

三十年前，改革开放的中华大地，热切呼唤着民主和法制。经过不懈努力，我国法制建设实现了历史性跨越，于 2010 年如期实现"形成中国特色社会主义法律体系"的宏伟目标，标志着我国实施依法治国基本方略、建立社会主义法治国家进入一个崭新的阶段。

测绘地理信息法治建设始终与国家整体法治建设同发展、同进步。三十多年来，在党和政府的高度重视下，在国家测绘地理信息局党组的坚强领导下，在各级测绘地理信息行政主管部门的共同努力下，以《中华人民共和国测绘法》为核心的测绘地理信息法律体系基本形成，测绘地理信息法治建设取得了长足的进步，为我国测绘地理信息事业健康快速发展营造了良好的法治环境。

法律是一种不断完善的实践，它需要随着调整对象的发展而不断修正。随着中国特色社会主义法律体系的建立，2010 年我们对1980 以来的测绘地理信息法律、法规、规章、规范性文件进行了清理，编纂形成了《测绘地理信息法律法规文件汇编》，涵盖了《中华人民共和国测绘法》及其配套行政法规 4 件，国务院文件 4 件，部门规章 6 件，规范性文件 201 件。

《测绘地理信息法律法规文件汇编》是三十年来测绘地理信息法制建设的成就展示，也是测绘地理信息依法行政的重要依据，更是测绘地理信息行业依法测绘的重要规范。因此，它既是一部汇集三十年测绘地理信息法制工作成果的法律典籍，也是一部测绘地理信息行政管理人员的工具书，还是一部测绘地理信息企事业单位及从业人员的参考书，具有重要的收藏价值、参考价值和实用价值。

当前,测绘地理信息事业迎来了难得的黄金发展期和战略机遇期。党和国家的高度重视和大力支持前所未有,社会对测绘地理信息的旺盛需求日益增长,测绘地理信息技术发展应用一日千里,同时,测绘地理信息行政管理面临的机遇与挑战并存。国家测绘地理信息局正在按照党和国家要求,紧紧围绕科学发展这一主题和加快转变经济发展方式这条主线,深入实施"构建数字中国、监测地理国情、发展壮大产业、建设测绘强国"的总体战略,突出重点强平台,完善功能扩服务,提升能力推监测,健全体制优结构,服务发展壮企业,增强实力建强国,推动测绘地理信息事业再上新台阶,再创新辉煌!

在实施依法治国、建设法治政府的大背景下,这一切都离不开完善的法治保障。因此我们必须充分认识测绘地理信息法治建设的重要性和紧迫性,准确把握形势,保持清醒头脑,继续完善测绘地理信息法律体系,在对不断变化的经济社会发展需要作出积极回应的同时,又要有力地引导和推动测绘地理信息事业跨越发展。为此,我对测绘地理信息立法工作提三点要求:

一要突出重点统筹兼顾。按照立法计划,有序推进立法工作,把测绘地理信息事业发展中重要程度、紧迫程度、成熟程度高的问题作为立法重点,集中立法资源,加快立法步伐,全力攻关,尽早出台,解现实需要燃眉之急,立事业发展永固之基。

二要科学立法民主立法。进一步规范立法程序,严格遵守立法权限,创新立法工作机制,加强立法调研论证,确保法律制度符合测绘地理信息事业发展规律。不断增强立法工作的透明度和公众参与度,坚持开门立法,集中民智,提高立法质量和水平,让立法成果经得起历史的检验。

三要立、改、废协调统一。建立测绘地理信息法规立、改、废的长效机制,完善规章、规范性文件备案审查制度。根据国家新出台的法律以及客观形势的变化,对于一些明显不适应经济社会或测绘地理信息事业发展需要的法规、规章、规范性文件,要及时进行清理、修改、废止并公布,确保法制统一、政令畅通。

"法律需要被信仰，否则它形同虚设。"在《测绘地理信息法律法规文件汇编》即将付梓之际，衷心希望各级测绘地理信息行政管理人员、各测绘地理信息单位从业人员，把汇编的法律法规真正学好、用好、守好，切实增强法治素养，准确掌握法律规定，严格遵守行为规范，坚持依法治测、依法测绘，推动测绘地理信息依法行政再上新台阶，促进测绘地理信息事业规范、有序、健康发展！

宋超智（国家测绘地理信息局副局长）
二〇一二年五月

目 录

一、法 律

二、行政法规

三、国务院文件

四、部门规章

五、规范性文件

3

6

10

11

13

14

16

一、法　律

中华人民共和国主席令

第七十五号

　　《中华人民共和国测绘法》已由中华人民共和国第九届全国人民代表大会常务委员会第二十九次会议于 2002 年 8 月 29 日修订通过,现将修订后的《中华人民共和国测绘法》公布,自 2002 年 12 月 1 日起施行。

中华人民共和国主席　江泽民

二○○二年八月二十九日

中华人民共和国测绘法

(2002 年 8 月 29 日第九届全国人民代表大会
常务委员会第二十九次会议通过)

第一章　总　则

　　第一条　为了加强测绘管理,促进测绘事业发展,保障测绘事业为国家经济建设、国防建设和社会发展服务,制定本法。

　　第二条　在中华人民共和国领域和管辖的其他海域从事测绘活

动,应当遵守本法。

本法所称测绘,是指对自然地理要素或者地表人工设施的形状、大小、空间位置及其属性等进行测定、采集、表述以及对获取的数据、信息、成果进行处理和提供的活动。

第三条 测绘事业是经济建设、国防建设、社会发展的基础性事业。各级人民政府应当加强对测绘工作的领导。

第四条 国务院测绘行政主管部门负责全国测绘工作的统一监督管理。国务院其他有关部门按照国务院规定的职责分工,负责本部门有关的测绘工作。

县级以上地方人民政府负责管理测绘工作的行政部门(以下简称测绘行政主管部门)负责本行政区域测绘工作的统一监督管理。县级以上地方人民政府其他有关部门按照本级人民政府规定的职责分工,负责本部门有关的测绘工作。

军队测绘主管部门负责管理军事部门的测绘工作,并按照国务院、中央军事委员会规定的职责分工负责管理海洋基础测绘工作。

第五条 从事测绘活动,应当使用国家规定的测绘基准和测绘系统,执行国家规定的测绘技术规范和标准。

第六条 国家鼓励测绘科学技术的创新和进步,采用先进的技术和设备,提高测绘水平。

对在测绘科学技术进步中做出重要贡献的单位和个人,按照国家有关规定给予奖励。

第七条 外国的组织或者个人在中华人民共和国领域和管辖的其他海域从事测绘活动,必须经国务院测绘行政主管部门会同军队测绘主管部门批准,并遵守中华人民共和国的有关法律、行政法规的规定。

外国的组织或者个人在中华人民共和国领域从事测绘活动,必须与中华人民共和国有关部门或者单位依法采取合资、合作的形式进行,并不得涉及国家秘密和危害国家安全。

第二章　测绘基准和测绘系统

第八条　国家设立和采用全国统一的大地基准、高程基准、深度基准和重力基准,其数据由国务院测绘行政主管部门审核,并与国务院其他有关部门、军队测绘主管部门会商后,报国务院批准。

第九条　国家建立全国统一的大地坐标系统、平面坐标系统、高程系统、地心坐标系统和重力测量系统,确定国家大地测量等级和精度以及国家基本比例尺地图的系列和基本精度。具体规范和要求由国务院测绘行政主管部门会同国务院其他有关部门、军队测绘主管部门制定。

在不妨碍国家安全的情况下,确有必要采用国际坐标系统的,必须经国务院测绘行政主管部门会同军队测绘主管部门批准。

第十条　因建设、城市规划和科学研究的需要,大城市和国家重大工程项目确需建立相对独立的平面坐标系统的,由国务院测绘行政主管部门批准;其他确需建立相对独立的平面坐标系统的,由省、自治区、直辖市人民政府测绘行政主管部门批准。

建立相对独立的平面坐标系统,应当与国家坐标系统相联系。

第三章　基础测绘

第十一条　基础测绘是公益性事业。国家对基础测绘实行分级管理。

本法所称基础测绘,是指建立全国统一的测绘基准和测绘系统,进行基础航空摄影,获取基础地理信息的遥感资料,测制和更新国家基本比例尺地图、影像图和数字化产品,建立、更新基础地理信息系统。

第十二条　国务院测绘行政主管部门会同国务院其他有关部门、军队测绘主管部门组织编制全国基础测绘规划,报国务院批准后组织实施。

县级以上地方人民政府测绘行政主管部门会同本级人民政府其他有关部门根据国家和上一级人民政府的基础测绘规划和本行政区域内的实际情况,组织编制本行政区域的基础测绘规划,报本级人民政府批准,并报上一级测绘行政主管部门备案后组织实施。

第十三条 军队测绘主管部门负责编制军事测绘规划,按照国务院、中央军事委员会规定的职责分工负责编制海洋基础测绘规划,并组织实施。

第十四条 县级以上人民政府应当将基础测绘纳入本级国民经济和社会发展年度计划及财政预算。

国务院发展计划主管部门会同国务院测绘行政主管部门,根据全国基础测绘规划,编制全国基础测绘年度计划。

县级以上地方人民政府发展计划主管部门会同同级测绘行政主管部门,根据本行政区域的基础测绘规划,编制本行政区域的基础测绘年度计划,并分别报上一级主管部门备案。

国家对边远地区、少数民族地区的基础测绘给予财政支持。

第十五条 基础测绘成果应当定期进行更新,国民经济、国防建设和社会发展急需的基础测绘成果应当及时更新。

基础测绘成果的更新周期根据不同地区国民经济和社会发展的需要确定。

第四章　界线测绘和其他测绘

第十六条 中华人民共和国国界线的测绘,按照中华人民共和国与相邻国家缔结的边界条约或者协定执行。中华人民共和国地图的国界线标准样图,由外交部和国务院测绘行政主管部门拟订,报国务院批准后公布。

第十七条 行政区域界线的测绘,按照国务院有关规定执行。省、自治区、直辖市和自治州、县、自治县、市行政区域界线的标准画法图,由国务院民政部门和国务院测绘行政主管部门拟订,报国务院批准后公布。

第十八条 国务院测绘行政主管部门会同国务院土地行政主管部门编制全国地籍测绘规划。县级以上地方人民政府测绘行政主管部门会同同级土地行政主管部门编制本行政区域的地籍测绘规划。

县级以上人民政府测绘行政主管部门按照地籍测绘规划,组织管理地籍测绘。

第十九条 测量土地、建筑物、构筑物和地面其他附着物的权属界址线,应当按照县级以上人民政府确定的权属界线的界址点、界址线或者提供的有关登记资料和附图进行。权属界址线发生变化时,有关当事人应当及时进行变更测绘。

第二十条 城市建设领域的工程测量活动,与房屋产权、产籍相关的房屋面积的测量,应当执行由国务院建设行政主管部门、国务院测绘行政主管部门负责组织编制的测量技术规范。

水利、能源、交通、通信、资源开发和其他领域的工程测量活动,应当按照国家有关的工程测量技术规范进行。

第二十一条 建立地理信息系统,必须采用符合国家标准的基础地理信息数据。

第五章 测绘资质资格

第二十二条 国家对从事测绘活动的单位实行测绘资质管理制度。

从事测绘活动的单位应当具备下列条件,并依法取得相应等级的测绘资质证书后,方可从事测绘活动:

(一)有与其从事的测绘活动相适应的专业技术人员;

(二)有与其从事的测绘活动相适应的技术装备和设施;

(三)有健全的技术、质量保证体系和测绘成果及资料档案管理制度;

（四）具备国务院测绘行政主管部门规定的其他条件。

第二十三条　国务院测绘行政主管部门和省、自治区、直辖市人民政府测绘行政主管部门按照各自的职责负责测绘资质审查、发放资质证书，具体办法由国务院测绘行政主管部门商国务院其他有关部门规定。

军队测绘主管部门负责军事测绘单位的测绘资质审查。

第二十四条　测绘单位不得超越其资质等级许可的范围从事测绘活动或者以其他测绘单位的名义从事测绘活动，并不得允许其他单位以本单位的名义从事测绘活动。

测绘项目实行承发包的，测绘项目的发包单位不得向不具有相应测绘资质等级的单位发包或者迫使测绘单位以低于测绘成本承包。

测绘单位不得将承包的测绘项目转包。

第二十五条　从事测绘活动的专业技术人员应当具备相应的执业资格条件，具体办法由国务院测绘行政主管部门会同国务院人事行政主管部门规定。

第二十六条　测绘人员进行测绘活动时，应当持有测绘作业证件。

任何单位和个人不得妨碍、阻挠测绘人员依法进行测绘活动。

第二十七条　测绘单位的资质证书、测绘专业技术人员的执业证书和测绘人员的测绘作业证件的式样，由国务院测绘行政主管部门统一规定。

第六章　测绘成果

第二十八条　国家实行测绘成果汇交制度。

测绘项目完成后，测绘项目出资人或者承担国家投资的测绘项目的单位，应当向国务院测绘行政主管部门或者省、自治区、直辖市人民政府测绘行政主管部门汇交测绘成果资料。属于基础测绘项目的,应当汇交测绘成果副本;属于非基础测绘项目的,应当汇交测绘成果目录。负责接收测绘成果副本和目录的测绘行政主管部门应当出具测绘成果汇交凭证,并及时将测绘成果副本和目录移交给保管单位。测绘成果汇交的具体办法由国务院规定。

国务院测绘行政主管部门和省、自治区、直辖市人民政府测绘行政主管部门应当定期编制测绘成果目录,向社会公布。

第二十九条 测绘成果保管单位应当采取措施保障测绘成果的完整和安全,并按照国家有关规定向社会公开和提供利用。

测绘成果属于国家秘密的,适用国家保密法律、行政法规的规定;需要对外提供的,按照国务院和中央军事委员会规定的审批程序执行。

第三十条 使用财政资金的测绘项目和使用财政资金的建设工程测绘项目,有关部门在批准立项前应当征求本级人民政府测绘行政主管部门的意见,有适宜测绘成果的,应当充分利用已有的测绘成果,避免重复测绘。

第三十一条 基础测绘成果和国家投资完成的其他测绘成果,用于国家机关决策和社会公益性事业的,应当无偿提供。

前款规定之外的,依法实行有偿使用制度;但是,政府及其有关部门和军队因防灾、减灾、国防建设等公共利益的需要,可以无偿使用。

测绘成果使用的具体办法由国务院规定。

第三十二条 中华人民共和国领域和管辖的其他海域的位置、高程、深度、面积、长度等重要地理信息数据,由国务院测绘行政主管部门审核,并与国务院其他有关部门、军队测绘主管部门会商后,报国务院批准,由国务院或者国务院授权的部门公布。

第三十三条 各级人民政府应当加强对编制、印刷、出版、展示、登载地图的管理,保证地图质量,维护国家主权、安全和利益。具体办法由国务院规定。

各级人民政府应当加强对国家版图意识的宣传教育,增强公民的国家版图意识。

第三十四条　测绘单位应当对其完成的测绘成果质量负责。县级以上人民政府测绘行政主管部门应当加强对测绘成果质量的监督管理。

第七章　测量标志保护

第三十五条　任何单位和个人不得损毁或者擅自移动永久性测量标志和正在使用中的临时性测量标志，不得侵占永久性测量标志用地，不得在永久性测量标志安全控制范围内从事危害测量标志安全和使用效能的活动。

本法所称永久性测量标志，是指各等级的三角点、基线点、导线点、军用控制点、重力点、天文点、水准点和卫星定位点的木质觇标、钢质觇标和标石标志，以及用于地形测图、工程测量和形变测量的固定标志和海底大地点设施。

第三十六条　永久性测量标志的建设单位应当对永久性测量标志设立明显标记，并委托当地有关单位指派专人负责保管。

第三十七条　进行工程建设，应当避开永久性测量标志；确实无法避开，需要拆迁永久性测量标志或者使永久性测量标志失去效能的，应当经国务院测绘行政主管部门或者省、自治区、直辖市人民政府测绘行政主管部门批准；涉及军用控制点的，应当征得军队测绘主管部门的同意。所需迁建费用由工程建设单位承担。

第三十八条　测绘人员使用永久性测量标志，必须持有测绘作业证件，并保证测量标志的完好。

保管测量标志的人员应当查验测量标志使用后的完好状况。

第三十九条　县级以上人民政府应当采取有效措施加强测量标志的保护工作。

县级以上人民政府测绘行政主管部门应当按照规定检查、维护永久性测量标志。

乡级人民政府应当做好本行政区域内的测量标志保护工作。

第八章　法律责任

第四十条　违反本法规定,有下列行为之一的,给予警告,责令改正,可以并处十万元以下的罚款;对负有直接责任的主管人员和其他直接责任人员,依法给予行政处分:

(一)未经批准,擅自建立相对独立的平面坐标系统的;

(二)建立地理信息系统,采用不符合国家标准的基础地理信息数据的。

第四十一条　违反本法规定,有下列行为之一的,给予警告,责令改正,可以并处十万元以下的罚款;构成犯罪的,依法追究刑事责任;尚不够刑事处罚的,对负有直接责任的主管人员和其他直接责任人员,依法给予行政处分:

(一)未经批准,在测绘活动中擅自采用国际坐标系统的;

(二)擅自发布中华人民共和国领域和管辖的其他海域的重要地理信息数据的。

第四十二条　违反本法规定,未取得测绘资质证书,擅自从事测绘活动的,责令停止违法行为,没收违法所得和测绘成果,并处测绘约定报酬一倍以上二倍以下的罚款。

以欺骗手段取得测绘资质证书从事测绘活动的,吊销测绘资质证书,没收违法所得和测绘成果,并处测绘约定报酬一倍以上二倍以下的罚款。

第四十三条　违反本法规定,测绘单位有下列行为之一的,责令停止违法行为,没收违法所得和测绘成果,处测绘约定报酬一倍以上二倍以下的罚款,并可以责令停业整顿或者降低资质等级;情节严重的,吊销测绘资质证书:

(一)超越资质等级许可的范围从事测绘活动的;

(二)以其他测绘单位的名义从事测绘活动的;

（三）允许其他单位以本单位的名义从事测绘活动的。

第四十四条　违反本法规定，测绘项目的发包单位将测绘项目发包给不具有相应资质等级的测绘单位或者迫使测绘单位以低于测绘成本承包的，责令改正，可以处测绘约定报酬二倍以下的罚款。发包单位的工作人员利用职务上的便利，索取他人财物或者非法收受他人财物，为他人谋取利益，构成犯罪的，依法追究刑事责任；尚不够刑事处罚的，依法给予行政处分。

第四十五条　违反本法规定，测绘单位将测绘项目转包的，责令改正，没收违法所得，处测绘约定报酬一倍以上二倍以下的罚款，并可以责令停业整顿或者降低资质等级；情节严重的，吊销测绘资质证书。

第四十六条　违反本法规定，未取得测绘执业资格，擅自从事测绘活动的，责令停止违法行为，没收违法所得，可以并处违法所得二倍以下的罚款；造成损失的，依法承担赔偿责任。

第四十七条　违反本法规定，不汇交测绘成果资料的，责令限期汇交；逾期不汇交的，对测绘项目出资人处以重测所需费用一倍以上二倍以下的罚款；对承担国家投资的测绘项目的单位处一万元以上五万元以下的罚款，暂扣测绘资质证书，自暂扣测绘资质证书之日起六个月内仍不汇交测绘成果资料的，吊销测绘资质证书，并对负有直接责任的主管人员和其他直接责任人员依法给予行政处分。

第四十八条　违反本法规定，测绘成果质量不合格的，责令测绘单位补测或者重测；情节严重的，责令停业整顿，降低资质等级直至吊销测绘资质证书；给用户造成损失的，依法承担赔偿责任。

第四十九条　违反本法规定，编制、印刷、出版、展示、登载的地图发生错绘、漏绘、泄密，危害国家主权或者安全，损害国家利益，构成犯罪的，依法追究刑事责任；尚不够刑事处罚的，依法给予行政处罚或者行政处分。

第五十条　违反本法规定，有下列行为之一的，给予警告，责令改正，可以并处五万元以下的罚款；造成损失的，依法承担赔偿责任；

构成犯罪的,依法追究刑事责任;尚不够刑事处罚的,对负有直接责任的主管人员和其他直接责任人员,依法给予行政处分:

(一)损毁或者擅自移动永久性测量标志和正在使用中的临时性测量标志的;

(二)侵占永久性测量标志用地的;

(三)在永久性测量标志安全控制范围内从事危害测量标志安全和使用效能的活动的;

(四)在测量标志占地范围内,建设影响测量标志使用效能的建筑物的;

(五)擅自拆除永久性测量标志或者使永久性测量标志失去使用效能,或者拒绝支付迁建费用的;

(六)违反操作规程使用永久性测量标志,造成永久性测量标志毁损的。

第五十一条 违反本法规定,有下列行为之一的,责令停止违法行为,没收测绘成果和测绘工具,并处一万元以上十万元以下的罚款;情节严重的,并处十万元以上五十万元以下的罚款,责令限期离境;所获取的测绘成果属于国家秘密,构成犯罪的,依法追究刑事责任:

(一)外国的组织或者个人未经批准,擅自在中华人民共和国领域和管辖的其他海域从事测绘活动的;

(二)外国的组织或者个人未与中华人民共和国有关部门或者单位合资、合作,擅自在中华人民共和国领域从事测绘活动的。

第五十二条 本法规定的降低资质等级、暂扣测绘资质证书、吊销测绘资质证书的行政处罚,由颁发资质证书的部门决定;其他行政处罚由县级以上人民政府测绘行政主管部门决定。

本法第五十一条规定的责令限期离境由公安机关决定。

第五十三条 违反本法规定,县级以上人民政府测绘行政主管部门工作人员利用职务上的便利收受他人财物、其他好处或者玩忽职守,对不符合法定条件的单位核发测绘资质证书,不依法履行监督管理职责,或者发现违法行为不予查处,造成严重后果,构成犯罪的,依法追究刑事责任;尚不够刑事处罚的,对负有直接责任的主管人员和其他直接责任人员,依法给予行政处分。

第九章 附 则

第五十四条 军事测绘管理办法由中央军事委员会根据本法规定。

第五十五条 本法自 2002 年 12 月 1 日起施行。

二、行政法规

中华人民共和国国务院令

第 180 号

现发布《中华人民共和国地图编制出版管理条例》,自 1995 年 10 月 1 日起施行。

中华人民共和国国务院总理　李鹏

一九九五年七月十日

中华人民共和国
地图编制出版管理条例

(1995 年 7 月 10 日中华人民共和国国务院令
第 180 号发布,自 1995 年 10 月 1 日起施行)

第一章　总　则

第一条　为了加强地图编制出版管理,保证地图编制出版质量,维护国家的主权、安全和利益,为经济建设、社会发展和人民生活服务,制定本条例。

第二条　本条例适用于各种公开的普遍地图和专题地图的编制

17

和出版。

第三条　编制出版地图,必须遵守保密法律、法规。

公开地图不得表示任何国家秘密和内部事项。

第四条　国务院测绘行政主管部门主管全国的地图编制工作。国务院其他有关部门按照国务院规定的职责分工,负责管理本部门专题地图的编制工作。国务院出版行政管理部门商国务院测绘行政主管部门,负责管理全国的地图出版工作。

省、自治区、直辖市人民政府负责管理地图编制出版工作的部门及其职责,由省、自治区、直辖市人民政府规定。

军用地图和海图的编制管理,按照国务院、中央军事委员会的规定执行。

第二章　地图编制管理

第五条　编制普通地图的,依照《中华人民共和国测绘法》的规定,必须取得相应的测绘资格。

编制专题地图,需要直接进行测绘的,依照《中华人民共和国测绘法》的规定,必须取得相应的测绘资格。

第六条　在地图上绘制中华人民共和国国界、中国历史疆界、世界各国国界,应当遵守下列规定:

(一)中华人民共和国国界,按照中华人民共和国同有关邻国签订的边界条约、协定、议定书及其附图绘制;中华人民共和国尚未同有关邻国签订边界条约的界段,按照中华人民共和国地图的国界线标准样图绘制;

(二)中国历史疆界,1840 年至中华人民共和国成立期间的,按照中国历史疆界标准样图绘制;1840 年以前的,依据有关历史资料,按照实际历史疆界绘制;

(三)世界各国国界,按照世界各国间边界标准样图绘制;世界各国间的历史疆界,依据有关历史资料,按照实际历史疆界绘制。

中华人民共和国地图的国界线标准样图、中国历史疆界标准样图、世界各国间边界标准样图,由外交部和国务院测绘行政主管部门制定,报国务院批准发布。

第七条　在地图上绘制中华人民共和国省、自治区、直辖市行政区域界线,应当遵守下列规定:

(一)国务院已经划定界线的,或者相邻省、自治区、直辖市人民政府已经协商确定界线的,按照有关文件或者协议确定的界线画法绘制;

(二)相邻省、自治区、直辖市人民政府虽未就界线划分签订协议,但是双方地图上界线绘制一致,并且无争议的,按照双方地图上绘制一致的界线画法绘制;

(三)相邻省、自治区、直辖市人民政府对界线划分有争议,并且双方地图上界线绘制不一致的,按照国务院测绘行政主管部门和国务院民政部门制定并报国务院批准发布的省、自治区、直辖市行政区域界线标准画法图绘制。

第八条　编制地图,应当遵守国家有关地图内容表示的规定。

第九条　编制地图,应当符合下列要求:

(一)选用最新地图资料作为编制基础,并及时补充或者更改现势变化的内容;

(二)正确反映各要素的地理位置、形态、名称及相互关系;

(三)具备符合地图使用目的的有关数据和专业内容;

(四)地图的比例尺符合国家规定。

第三章　地图出版管理

第十条　普通地图应当由专门地图出版社出版,其他出版社不得出版。

设立专门地图出版社或者调整已设立的专门地图出版社的地图出版范围的,应当按照规定程序报国务院出版行政管理部门审批。

国务院出版行政管理部门在办理审批手续前,应当征求国务院测绘行政主管部门的意见。

第十一条 中央级专门地图出版社,按照国务院出版行政管理部门批准的地图出版范围,可以出版各种地图。

地方专门地图出版社,按照国务院出版行政管理部门批准的地图出版范围,可以出版除世界性地图、全国性地图以外的各种地图。

第十二条 中央级专业出版社,具备出版地图的专业技术条件的,按照国务院出版行政管理部门批准的地图出版范围,可以出版本专业的专题地图。

地方专业出版社,具备出版地图的专业技术条件的,按照国务院出版行政管理部门批准的地图出版范围,可以出版本专业的地方性专题地图。

第十三条 专业出版社从事旅游图、交通图以及时事宣传图出版业务的,应当具备相应的地图编制专业技术人员、设备和技术条件,向所在地的省、自治区、直辖市人民政府出版行政管理部门提出地图出版申请,经审核同意,并报国务院出版行政管理部门审核批准,方可按照批准的地图出版范围出版。

省、自治区、直辖市人民政府出版行政管理部门在依照前款规定审核地图出版申请时,应当按照国家有关规定征求国务院测绘行政主管部门或者省、自治区、直辖市人民政府负责管理测绘工作的部门的意见。

第十四条 全国性中、小学教学地图,由国务院教育行政管理部门会同国务院测绘行政主管部门和外交部组织审定;地方性中、小学教学地图,可以由省、自治区、直辖市人民政府教育行政管理部门会同省、自治区、直辖市人民政府负责管理测绘工作的部门组织审定。

任何出版单位不得出版未经审定的中、小学教学地图。

第十五条 中、小学教学地图,由中央级专门地图出版社按照国务院出版行政管理部门批准的地图出版范围出版;其他中央级出版社出版中、小学教学地图,以及地方出版社出版地方性中、小学教学地图的,应当经国务院出版行政管理部门商国务院测绘行政主管部门审核批准,方可按照批准的地图出版范围出版。但是,中、小学教科书中的插附地图除外。

第十六条　各出版社、报社、杂志社可以根据需要,在图书、报刊中插附地图。

第十七条　出版或者展示未出版的绘有国界线或者省、自治区、直辖市行政区域界线地图(含图书、报刊插图、示意图)的,在地图印刷或者展示前,应当依照下列规定送审试制样图一式两份:

(一)绘有国界线的地图,跨省、自治区、直辖市行政区域的地图,以及台湾、香港、澳门地区地图,报国务院测绘行政主管部门审核;

(二)省、自治区、直辖市行政区域范围内的地方性地图,报有关省、自治区、直辖市人民政府负责管理测绘工作的部门或者国务院测绘行政主管部门审核;

(三)历史地图、世界地图和时事宣传图,报外交部和国务院测绘行政主管部门审核。

第十八条　出版或者展示未出版的全国性和地方性专题地图的,在地图印刷或者展示前,其试制样图的专业内容应当分别报国务院有关行政主管部门或者省、自治区、直辖市人民政府有关行政主管部门审核。

第十九条　依照本条例第十七条、第十八条的规定负责审核的部门,应当自收到试制样图之日起 30 日内,将审核决定通知送审单位;逾期未通知的,视为同意出版或者展示。

第二十条　保密地图和内部地图不得以任何形式公开出版、发行或者展示。

第二十一条　地图出版物发行前,有关的中央级出版社和地方出版社应当按照国家有关规定向有关部门和单位送交样本,并将样本一式两份报国务院测绘行政主管部门或者省、自治区、直辖市人民政府负责管理测绘工作的部门备案。

第二十二条　地图的著作权受法律保护。未经地图著作权人许可,任何单位和个人不得以复制、发行、改编、翻译、编辑等方式使用其地图;但是,著作权法律、行政法规另有规定的除外。

第二十三条 出版地图,应当注明地图上国界线画法的依据资料及其来源;广告、商标、宣传画、电影电视画面中的示意地图除外。

第四章 法律责任

第二十四条 违反本条例规定,未取得相应测绘资格,擅自编制地图的,由国务院测绘行政主管部门或者其授权的部门,或者省、自治区、直辖市人民政府负责管理测绘工作的部门或者其授权的部门,依据职责责令停止编制活动,没收违法所得,可以并处违法所得一倍以下的罚款。

第二十五条 违反本条例规定,有下列行为之一的,由国务院测绘行政主管部门或者省、自治区、直辖市人民政府负责管理测绘工作的部门责令停止发行、销售、展示,对有关地图出版社处以300元以上10 000元以下的罚款;情节严重的,由出版行政管理部门注销有关地图出版社的地图出版资格:

(一)地图印刷或者展示前未按照规定将试制样图报送国务院测绘行政主管部门或者省、自治区、直辖市人民政府负责管理测绘工作的部门审核的;

(二)专题地图在印刷或者展示前未按照规定将试制样图报有关行政主管部门审核的;

(三)地图上国界线或者省、自治区、直辖市行政区域界线的绘制不符合国家有关规定而出版的;

(四)地图内容的表示不符合国家有关规定,造成严重错误的。

有前款第(三)项、第(四)项所列行为之一的,还应当没收全部地图及违法所得。

第二十六条 违反本条例规定,未经批准,擅自从事地图出版活动或者超越经批准的地图出版范围出版地图的,由出版行政管理部门责令停止违法活动,没收全部非法地图出版物和违法所得,可以并处违法所得 5 倍以上 15 倍以下的罚款。

第二十七条　侵犯地图著作权的,依照著作权法律、行政法规的规定处理。

第二十八条　违反本条例规定,公开地图泄露国家秘密,或者产生危害国家主权或者安全、损害国家利益的其他后果的,对负有直接责任的主管人员和其他直接责任人员依法给予行政处分;构成犯罪的,依法追究刑事责任。

第二十九条　地图编制、出版行政工作人员弄虚作假、玩忽职守、徇私舞弊,构成犯罪的,依法追究刑事责任;尚不构成犯罪的,依法给予行政处分。

第五章　附　则

第三十条　本条例自 1995 年 10 月 1 日起施行。

中华人民共和国国务院令

第 203 号

现发布《中华人民共和国测量标志保护条例》,自 1997 年 1 月 1 日起施行。

中华人民共和国国务院总理　李鹏
一九九六年九月四日

中华人民共和国
测量标志保护条例

(1996 年 9 月 4 日中华人民共和国国务院令
第 203 号发布,自 1997 年 1 月 1 日起施行)

第一条 为了加强测量标志的保护和管理,根据《中华人民共和国测绘法》,制定本条例。

第二条 本条例适用于在中华人民共和国领域内和中华人民共和国管辖的其他海域设置的测量标志。

第三条 测量标志属于国家所有,是国家经济建设和科学研究的基础设施。

第四条　本条例所称测量标志,是指:

(一)建设在地上、地下或者建筑物上的各种等级的三角点、基线点、导线点、军用控制点、重力点、天文点、水准点的木质觇标、钢质觇标和标石标志,全球卫星定位控制点,以及用于地形测图、工程测量和形变测量的固定标志和海底大地点设施等永久性测量标志;

(二)测量中正在使用的临时性测量标志。

第五条　国务院测绘行政主管部门主管全国的测量标志保护工作。国务院其他有关部门按照国务院规定的职责分工,负责管理本部门专用的测量标志保护工作。

县级以上地方人民政府管理测绘工作的部门负责本行政区域内的测量标志保护工作。

军队测绘主管部门负责管理军事部门测量标志保护工作,并按照国务院、中央军事委员会规定的职责分工负责管理海洋基础测量标志保护工作。

第六条　县级以上人民政府应当加强对测量标志保护工作的领导,增强公民依法保护测量标志的意识。

乡级人民政府应当做好本行政区域内的测量标志保护管理工作。

第七条　对在保护永久性测量标志工作中做出显著成绩的单位和个人,给予奖励。

第八条　建设永久性测量标志,应当符合下列要求:

(一)使用国家规定的测绘基准和测绘标准;

(二)选择有利于测量标志长期保护和管理的点位;

(三)符合法律、法规规定的其他要求。

第九条　设置永久性测量标志的,应当对永久性测量标志设立明显标记;设置基础性测量标志的,还应当设立由国务院测绘行政主管部门统一监制的专门标牌。

第十条　建设永久性测量标志需要占用土地的,地面标志占用土地的范围为36—100平方米,地下标志占用土地的范围为16—36

平方米。

第十一条　设置永久性测量标志,需要依法使用土地或者在建筑物上建设永久性测量标志的,有关单位和个人不得干扰和阻挠。

第十二条　国家对测量标志实行义务保管制度。

设置永久性测量标志的部门应当将永久性测量标志委托测量标志设置地的有关单位或者人员负责保管,签订测量标志委托保管书,明确委托方和被委托方的权利和义务,并由委托方将委托保管书抄送乡级人民政府和县级以上地方人民政府管理测绘工作的部门备案。

第十三条　负责保管测量标志的单位和人员,应当对其所保管的测量标志经常进行检查;发现测量标志有被移动或者损毁的情况时,应当及时报告当地乡级人民政府,并由乡级人民政府报告县级以上地方人民政府管理测绘工作的部门。

第十四条　负责保管测量标志的单位和人员有权制止、检举和控告移动、损毁、盗窃测量标志的行为,任何单位或者个人不得阻止和打击报复。

第十五条　国家对测量标志实行有偿使用;但是,使用测量标志从事军事测绘任务的除外。测量标志有偿使用的收入应当用于测量标志的维护、维修,不得挪作他用。具体办法由国务院测绘行政主管部门会同国务院物价行政主管部门规定。

第十六条　测绘人员使用永久性测量标志,应当持有测绘工作证件,并接受县级以上人民政府管理测绘工作的部门的监督和负责保管测量标志的单位和人员的查询,确保测量标志完好。

第十七条　测量标志保护工作应当执行维修规划和计划。

全国测量标志维修规划,由国务院测绘行政主管部门会同国务院其他有关部门制定。

省、自治区、直辖市人民政府管理测绘工作的部门应当组织同级有关部门,根据全国测量标志维修规划,制定本行政区域内的测量标志维修计划,并组织协调有关部门和单位统一实施。

第十八条　设置永久性测量标志的部门应当按照国家有关的测

量标志维修规程,对永久性测量标志定期组织维修,保证测量标志正常使用。

第十九条　进行工程建设,应当避开永久性测量标志;确实无法避开,需要拆迁永久性测量标志或者使永久性测量标志失去使用效能的,工程建设单位应当履行下列批准手续:

(一)拆迁基础性测量标志或者使基础性测量标志失去使用效能的,由国务院测绘行政主管部门或者省、自治区、直辖市人民政府管理测绘工作的部门批准;

(二)拆迁部门专用的永久性测量标志或者使部门专用的永久性测量标志失去使用效能的,应当经设置测量标志的部门同意,并经省、自治区、直辖市人民政府管理测绘工作的部门批准。

拆迁永久性测量标志,还应当通知负责保管测量标志的有关单位和人员。

第二十条　经批准拆迁基础性测量标志或者使基础性测量标志失去使用效能的,工程建设单位应当按照国家有关规定向省、自治区、直辖市人民政府管理测绘工作的部门支付迁建费用。

经批准拆迁部门专用的测量标志或者使部门专用的测量标志失去使用效能的,工程建设单位应当按照国家有关规定向设置测量标志的部门支付迁建费用;设置部门专用的测量标志的部门查找不到的,工程建设单位应当按照国家有关规定向省、自治区、直辖市人民政府管理测绘工作的部门支付迁建费用。

第二十一条　永久性测量标志的重建工作,由收取测量标志迁建费用的部门组织实施。

第二十二条　测量标志受国家保护,禁止下列有损测量标志安全和使测量标志失去使用效能的行为:

(一)损毁或者擅自移动地下或者地上的永久性测量标志以及使用中的临时性测量标志的;

(二)在测量标志占地范围内烧荒、耕作、取土、挖沙或者侵占永久性测量标志用地的;

（三）在距永久性测量标志 50 米范围内采石、爆破、射击、架设高压电线的；

（四）在测量标志的占地范围内，建设影响测量标志使用效能的建筑物的；

（五）在测量标志上架设通讯设施、设置观望台、搭帐篷、拴牲畜或者设置其他有可能损毁测量标志的附着物的；

（六）擅自拆除设有测量标志的建筑物或者拆除建筑物上的测量标志的；

（七）其他有损测量标志安全和使用效能的。

第二十三条 有本条例第二十二条禁止的行为之一，或者有下列行为之一的，由县级以上人民政府管理测绘工作的部门责令限期改正，给予警告，并可以根据情节处以 5 万元以下的罚款；对负有直接责任的主管人员和其他直接责任人员，依法给予行政处分；造成损失的，应当依法承担赔偿责任：

（一）干扰或者阻挠测量标志建设单位依法使用土地或者在建筑物上建设永久性测量标志的；

（二）工程建设单位未经批准擅自拆迁永久性测量标志或者使永久性测量标志失去使用效能的，或者拒绝按照国家有关规定支付迁建费用的；

（三）违反测绘操作规程进行测绘，使永久性测量标志受到损坏的；

（四）无证使用永久性测量标志并且拒绝县级以上人民政府管理测绘工作的部门监督和负责保管测量标志的单位和人员查询的。

第二十四条 管理测绘工作的部门的工作人员玩忽职守、滥用职权、徇私舞弊的，依法给予行政处分。

第二十五条 违反本条例规定，应当给予治安管理处罚的，依照治安管理处罚条例的有关规定给予处罚；构成犯罪的，依法追究刑事责任。

第二十六条 本条例自 1997 年 1 月 1 日起施行。1984 年 1 月 7 日国务院发布的《测量标志保护条例》同时废止。

中华人民共和国国务院令

第 469 号

《中华人民共和国测绘成果管理条例》已经 2006 年 5 月 17 日国务院第 136 次常务会议通过,现予公布,自 2006 年 9 月 1 日起施行。

中华人民共和国国务院总理　温家宝
二○○六年五月二十七日

中华人民共和国测绘成果管理条例

第一章　总　则

第一条　为了加强对测绘成果的管理,维护国家安全,促进测绘成果的利用,满足经济建设、国防建设和社会发展的需要,根据《中华人民共和国测绘法》,制定本条例。

第二条　测绘成果的汇交、保管、利用和重要地理信息数据的审核与公布,适用本条例。

本条例所称测绘成果,是指通过测绘形成的数据、信息、图件以及相关的技术资料。测绘成果分为基础测绘成果和非基础测绘成果。

第三条　国务院测绘行政主管部门负责全国测绘成果工作的统一监督管理。国务院其他有关部门按照职责分工,负责本部门有关的测绘成果工作。

县级以上地方人民政府负责管理测绘工作的部门(以下称测绘行政主管部门)负责本行政区域测绘成果工作的统一监督管理。县级以上地方人民政府其他有关部门按照职责分工,负责本部门有关的测绘成果工作。

第四条　汇交、保管、公布、利用、销毁测绘成果应当遵守有关保密法律、法规的规定,采取必要的保密措施,保障测绘成果的安全。

第五条　对在测绘成果管理工作中做出突出贡献的单位和个人,由有关人民政府或者部门给予表彰和奖励。

第二章　汇交与保管

第六条　中央财政投资完成的测绘项目,由承担测绘项目的单位向国务院测绘行政主管部门汇交测绘成果资料;地方财政投资完成的测绘项目,由承担测绘项目的单位向测绘项目所在地的省、自治区、直辖市人民政府测绘行政主管部门汇交测绘成果资料;使用其他资金完成的测绘项目,由测绘项目出资人向测绘项目所在地的省、自治区、直辖市人民政府测绘行政主管部门汇交测绘成果资料。

第七条　测绘成果属于基础测绘成果的,应当汇交副本;属于非基础测绘成果的,应当汇交目录。测绘成果的副本和目录实行无偿汇交。

下列测绘成果为基础测绘成果:

(一)为建立全国统一的测绘基准和测绘系统进行的天文测量、三角测量、水准测量、卫星大地测量、重力测量所获取的数据、图件;

(二)基础航空摄影所获取的数据、影像资料;

(三)遥感卫星和其他航天飞行器对地观测所获取的基础地理信

息遥感资料；

(四)国家基本比例尺地图、影像图及其数字化产品；

(五)基础地理信息系统的数据、信息等。

第八条 外国的组织或者个人依法与中华人民共和国有关部门或者单位合资、合作，经批准在中华人民共和国领域内从事测绘活动的，测绘成果归中方部门或者单位所有，并由中方部门或者单位向国务院测绘行政主管部门汇交测绘成果副本。

外国的组织或者个人依法在中华人民共和国管辖的其他海域从事测绘活动的，由其按照国务院测绘行政主管部门的规定汇交测绘成果副本或者目录。

第九条 测绘项目出资人或者承担国家投资的测绘项目的单位应当自测绘项目验收完成之日起3个月内，向测绘行政主管部门汇交测绘成果副本或者目录。测绘行政主管部门应当在收到汇交的测绘成果副本或者目录后，出具汇交凭证。

汇交测绘成果资料的范围由国务院测绘行政主管部门商国务院有关部门制定并公布。

第十条 测绘行政主管部门自收到汇交的测绘成果副本或者目录之日起10个工作日内，应当将其移交给测绘成果保管单位。

国务院测绘行政主管部门和省、自治区、直辖市人民政府测绘行政主管部门应当定期编制测绘成果资料目录，向社会公布。

第十一条 测绘成果保管单位应当建立健全测绘成果资料的保管制度，配备必要的设施，确保测绘成果资料的安全，并对基础测绘成果资料实行异地备份存放制度。

测绘成果资料的存放设施与条件，应当符合国家保密、消防及档案管理的有关规定和要求。

第十二条 测绘成果保管单位应当按照规定保管测绘成果资料，不得损毁、散失、转让。

第十三条 测绘项目的出资人或者承担测绘项目的单位，应当采取必要的措施，确保其获取的测绘成果的安全。

第三章 利 用

第十四条 县级以上人民政府测绘行政主管部门应当积极推进公众版测绘成果的加工和编制工作,并鼓励公众版测绘成果的开发利用,促进测绘成果的社会化应用。

第十五条 使用财政资金的测绘项目和使用财政资金的建设工程测绘项目,有关部门在批准立项前应当书面征求本级人民政府测绘行政主管部门的意见。测绘行政主管部门应当自收到征求意见材料之日起 10 日内,向征求意见的部门反馈意见。有适宜测绘成果的,应当充分利用已有的测绘成果,避免重复测绘。

第十六条 国家保密工作部门、国务院测绘行政主管部门应当商军队测绘主管部门,依照有关保密法律、行政法规的规定,确定测绘成果的秘密范围和秘密等级。

利用涉及国家秘密的测绘成果开发生产的产品,未经国务院测绘行政主管部门或者省、自治区、直辖市人民政府测绘行政主管部门进行保密技术处理的,其秘密等级不得低于所用测绘成果的秘密等级。

第十七条 法人或者其他组织需要利用属于国家秘密的基础测绘成果的,应当提出明确的利用目的和范围,报测绘成果所在地的测绘行政主管部门审批。

测绘行政主管部门审查同意的,应当以书面形式告知测绘成果的秘密等级、保密要求以及相关著作权保护要求。

第十八条 对外提供属于国家秘密的测绘成果,应当按照国务院和中央军事委员会规定的审批程序,报国务院测绘行政主管部门或者省、自治区、直辖市人民政府测绘行政主管部门审批;测绘行政主管部门在审批前,应当征求军队有关部门的意见。

第十九条 基础测绘成果和财政投资完成的其他测绘成果,用于国家机关决策和社会公益性事业的,应当无偿提供。

除前款规定外,测绘成果依法实行有偿使用制度。但是,各级人民政府及其有关部门和军队因防灾、减灾、国防建设等公共利益的需要,可以无偿使用测绘成果。

依法有偿使用测绘成果的,使用人与测绘项目出资人应当签订书面协议,明确双方的权利和义务。

第二十条　测绘成果涉及著作权保护和管理的,依照有关法律、行政法规的规定执行。

第二十一条　建立以地理信息数据为基础的信息系统,应当利用符合国家标准的基础地理信息数据。

第四章　重要地理信息数据的审核与公布

第二十二条　国家对重要地理信息数据实行统一审核与公布制度。

任何单位和个人不得擅自公布重要地理信息数据。

第二十三条　重要地理信息数据包括:

(一)国界、国家海岸线长度;

(二)领土、领海、毗连区、专属经济区面积;

(三)国家海岸滩涂面积、岛礁数量和面积;

(四)国家版图的重要特征点,地势、地貌分区位置;

(五)国务院测绘行政主管部门商国务院其他有关部门确定的其他重要自然和人文地理实体的位置、高程、深度、面积、长度等地理信息数据。

第二十四条　提出公布重要地理信息数据建议的单位或者个人,应当向国务院测绘行政主管部门或者省、自治区、直辖市人民政府测绘行政主管部门报送建议材料。

对需要公布的重要地理信息数据,国务院测绘行政主管部门应当提出审核意见,并与国务院其他有关部门、军队测绘主管部门会商后,报国务院批准。具体办法由国务院测绘行政主管部门制定。

第二十五条　国务院批准公布的重要地理信息数据,由国务院或者国务院授权的部门以公告形式公布。

在行政管理、新闻传播、对外交流、教学等对社会公众有影响的活动中,需要使用重要地理信息数据的,应当使用依法公布的重要地理信息数据。

第五章　法律责任

第二十六条　违反本条例规定,县级以上人民政府测绘行政主管部门有下列行为之一的,由本级人民政府或者上级人民政府测绘行政主管部门责令改正,通报批评;对直接负责的主管人员和其他直接责任人员,依法给予处分:

(一)接收汇交的测绘成果副本或者目录,未依法出具汇交凭证的;

(二)未及时向测绘成果保管单位移交测绘成果资料的;

(三)未依法编制和公布测绘成果资料目录的;

(四)发现违法行为或者接到对违法行为的举报后,不及时进行处理的;

(五)不依法履行监督管理职责的其他行为。

第二十七条　违反本条例规定,未汇交测绘成果资料的,依照《中华人民共和国测绘法》第四十七条的规定进行处罚。

第二十八条　违反本条例规定,测绘成果保管单位有下列行为之一的,由测绘行政主管部门给予警告,责令改正;有违法所得的,没收违法所得;造成损失的,依法承担赔偿责任;对直接负责的主管人员和其他直接责任人员,依法给予处分:

(一)未按照测绘成果资料的保管制度管理测绘成果资料,造成测绘成果资料损毁、散失的;

(二)擅自转让汇交的测绘成果资料的;

(三)未依法向测绘成果的使用人提供测绘成果资料的。

第二十九条 违反本条例规定,有下列行为之一的,由测绘行政主管部门或者其他有关部门依据职责责令改正,给予警告,可以处10万元以下的罚款;对直接负责的主管人员和其他直接责任人员,依法给予处分:

(一)建立以地理信息数据为基础的信息系统,利用不符合国家标准的基础地理信息数据的;

(二)擅自公布重要地理信息数据的;

(三)在对社会公众有影响的活动中使用未经依法公布的重要地理信息数据的。

第六章　附　则

第三十条 法律、行政法规对编制出版地图的管理另有规定的,从其规定。

第三十一条 军事测绘成果的管理,按照中央军事委员会的有关规定执行。

第三十二条 本条例自2006年9月1日起施行。1989年3月21日国务院发布的《中华人民共和国测绘成果管理规定》同时废止。

中华人民共和国国务院令

第 556 号

《基础测绘条例》已经 2009 年 5 月 6 日国务院第 62 次常务会议通过,现予公布,自 2009 年 8 月 1 日起施行。

总　理　温家宝

二〇〇九年五月十二日

基础测绘条例

第一章　总　则

第一条　为了加强基础测绘管理,规范基础测绘活动,保障基础测绘事业为国家经济建设、国防建设和社会发展服务,根据《中华人民共和国测绘法》,制定本条例。

第二条　在中华人民共和国领域和中华人民共和国管辖的其他海域从事基础测绘活动,适用本条例。

本条例所称基础测绘,是指建立全国统一的测绘基准和测绘系统,进行基础航空摄影,获取基础地理信息的遥感资料,测制和更新国家基本比例尺地图、影像图和数字化产品,建立、更新基础地理信息系统。

在中华人民共和国领海、中华人民共和国领海基线向陆地一侧至海岸线的海域和中华人民共和国管辖的其他海域从事海洋基础测绘活动,按照国务院、中央军事委员会的有关规定执行。

第三条 基础测绘是公益性事业。

县级以上人民政府应当加强对基础测绘工作的领导,将基础测绘纳入本级国民经济和社会发展规划及年度计划,所需经费列入本级财政预算。

国家对边远地区和少数民族地区的基础测绘给予财政支持。具体办法由财政部门会同同级测绘行政主管部门制定。

第四条 基础测绘工作应当遵循统筹规划、分级管理、定期更新、保障安全的原则。

第五条 国务院测绘行政主管部门负责全国基础测绘工作的统一监督管理。

县级以上地方人民政府负责管理测绘工作的行政部门(以下简称测绘行政主管部门)负责本行政区域基础测绘工作的统一监督管理。

第六条 国家鼓励在基础测绘活动中采用先进科学技术和先进设备,加强基础研究和信息化测绘体系建设,建立统一的基础地理信息公共服务平台,实现基础地理信息资源共享,提高基础测绘保障服务能力。

第二章 基础测绘规划

第七条 国务院测绘行政主管部门会同国务院其他有关部门、军队测绘主管部门,组织编制全国基础测绘规划,报国务院批准后组织实施。

县级以上地方人民政府测绘行政主管部门会同本级人民政府其他有关部门,根据国家和上一级人民政府的基础测绘规划和本行政区域的实际情况,组织编制本行政区域的基础测绘规划,报本级人民政府批准,并报上一级测绘行政主管部门备案后组织实施。

第八条 基础测绘规划报送审批前,组织编制机关应当组织专家进行论证,并征求有关部门和单位的意见。其中,地方的基础测绘规划,涉及军事禁区、军事管理区或者作战工程的,还应当征求军事机关的意见。

基础测绘规划报送审批文件中应当附具意见采纳情况及理由。

第九条 组织编制机关应当依法公布经批准的基础测绘规划。

经批准的基础测绘规划是开展基础测绘工作的依据,未经法定程序不得修改;确需修改的,应当按照本条例规定的原审批程序报送审批。

第十条 国务院发展改革部门会同国务院测绘行政主管部门,编制全国基础测绘年度计划。

县级以上地方人民政府发展改革部门会同同级测绘行政主管部门,编制本行政区域的基础测绘年度计划,并分别报上一级主管部门备案。

第十一条 县级以上人民政府测绘行政主管部门应当根据应对自然灾害等突发事件的需要,制定相应的基础测绘应急保障预案。

基础测绘应急保障预案的内容应当包括:应急保障组织体系,应急装备和器材配备,应急响应,基础地理信息数据的应急测制和更新等应急保障措施。

第三章 基础测绘项目的组织实施

第十二条 下列基础测绘项目,由国务院测绘行政主管部门组织实施:

(一)建立全国统一的测绘基准和测绘系统;

(二)建立和更新国家基础地理信息系统;

(三)组织实施国家基础航空摄影;

（四）获取国家基础地理信息遥感资料；

（五）测制和更新全国1∶100万至1∶2.5万国家基本比例尺地图、影像图和数字化产品；

（六）国家急需的其他基础测绘项目。

第十三条 下列基础测绘项目，由省、自治区、直辖市人民政府测绘行政主管部门组织实施：

（一）建立本行政区域内与国家测绘系统相统一的大地控制网和高程控制网；

（二）建立和更新地方基础地理信息系统；

（三）组织实施地方基础航空摄影；

（四）获取地方基础地理信息遥感资料；

（五）测制和更新本行政区域1∶1万至1∶5 000国家基本比例尺地图、影像图和数字化产品。

第十四条 设区的市、县级人民政府依法组织实施1∶2 000至1∶500比例尺地图、影像图和数字化产品的测制和更新以及地方性法规、地方政府规章确定由其组织实施的基础测绘项目。

第十五条 组织实施基础测绘项目，应当依据基础测绘规划和基础测绘年度计划，依法确定基础测绘项目承担单位。

第十六条 基础测绘项目承担单位应当具有与所承担的基础测绘项目相应等级的测绘资质，并不得超越其资质等级许可的范围从事基础测绘活动。

基础测绘项目承担单位应当具备健全的保密制度和完善的保密设施，严格执行有关保守国家秘密法律、法规的规定。

第十七条 从事基础测绘活动，应当使用全国统一的大地基准、高程基准、深度基准、重力基准，以及全国统一的大地坐标系统、平面坐标系统、高程系统、地心坐标系统、重力测量系统，执行国家规定的测绘技术规范和标准。

因建设、城市规划和科学研究的需要，确需建立相对独立的平面坐标系统的，应当与国家坐标系统相联系。

第十八条　县级以上人民政府及其有关部门应当遵循科学规划、合理布局、有效利用、兼顾当前与长远需要的原则，加强基础测绘设施建设，避免重复投资。

国家安排基础测绘设施建设资金，应当优先考虑航空摄影测量、卫星遥感、数据传输以及基础测绘应急保障的需要。

第十九条　国家依法保护基础测绘设施。

任何单位和个人不得侵占、损毁、拆除或者擅自移动基础测绘设施。基础测绘设施遭受破坏的，县级以上地方人民政府测绘行政主管部门应当及时采取措施，组织力量修复，确保基础测绘活动正常进行。

第二十条　县级以上人民政府测绘行政主管部门应当加强基础航空摄影和用于测绘的高分辨率卫星影像获取与分发的统筹协调，做好基础测绘应急保障工作，配备相应的装备和器材，组织开展培训和演练，不断提高基础测绘应急保障服务能力。

自然灾害等突发事件发生后，县级以上人民政府测绘行政主管部门应当立即启动基础测绘应急保障预案，采取有效措施，开展基础地理信息数据的应急测制和更新工作。

第四章　基础测绘成果的更新与利用

第二十一条　国家实行基础测绘成果定期更新制度。

基础测绘成果更新周期应当根据不同地区国民经济和社会发展的需要、测绘科学技术水平和测绘生产能力、基础地理信息变化情况等因素确定。其中，1∶100万至1∶5 000国家基本比例尺地图、影像图和数字化产品至少5年更新一次；自然灾害多发地区以及国民经济、国防建设和社会发展急需的基础测绘成果应当及时更新。

基础测绘成果更新周期确定的具体办法，由国务院测绘行政主管部门会同军队测绘主管部门和国务院其他有关部门制定。

第二十二条　县级以上人民政府测绘行政主管部门应当及时收

集有关行政区域界线、地名、水系、交通、居民点、植被等地理信息的变化情况,定期更新基础测绘成果。

县级以上人民政府其他有关部门和单位应当对测绘行政主管部门的信息收集工作予以支持和配合。

第二十三条 按照国家规定需要有关部门批准或者核准的测绘项目,有关部门在批准或者核准前应当书面征求同级测绘行政主管部门的意见,有适宜基础测绘成果的,应当充分利用已有的基础测绘成果,避免重复测绘。

第二十四条 县级以上人民政府测绘行政主管部门应当采取措施,加强对基础地理信息测制、加工、处理、提供的监督管理,确保基础测绘成果质量。

第二十五条 基础测绘项目承担单位应当建立健全基础测绘成果质量管理制度,严格执行国家规定的测绘技术规范和标准,对其完成的基础测绘成果质量负责。

第二十六条 基础测绘成果的利用,按照国务院有关规定执行。

第五章 法律责任

第二十七条 违反本条例规定,县级以上人民政府测绘行政主管部门和其他有关主管部门将基础测绘项目确定由不具有测绘资质或者不具有相应等级测绘资质的单位承担的,责令限期改正,对负有直接责任的主管人员和其他直接责任人员,依法给予处分。

第二十八条 违反本条例规定,县级以上人民政府测绘行政主管部门和其他有关主管部门的工作人员利用职务上的便利收受他人财物、其他好处,或者玩忽职守,不依法履行监督管理职责,或者发现违法行为不予查处,造成严重后果,构成犯罪的,依法追究刑事责任;尚不构成犯罪的,依法给予处分。

第二十九条 违反本条例规定,未取得测绘资质证书从事基础测绘活动的,责令停止违法行为,没收违法所得和测绘成果,并处测绘约定报酬 1 倍以上 2 倍以下的罚款。

第三十条 违反本条例规定，基础测绘项目承担单位超越资质等级许可的范围从事基础测绘活动的，责令停止违法行为，没收违法所得和测绘成果，处测绘约定报酬 1 倍以上 2 倍以下的罚款，并可以责令停业整顿或者降低资质等级；情节严重的，吊销测绘资质证书。

第三十一条 违反本条例规定，实施基础测绘项目，不使用全国统一的测绘基准和测绘系统或者不执行国家规定的测绘技术规范和标准的，责令限期改正，给予警告，可以并处 10 万元以下罚款；对负有直接责任的主管人员和其他直接责任人员，依法给予处分。

第三十二条 违反本条例规定，侵占、损毁、拆除或者擅自移动基础测绘设施的，责令限期改正，给予警告，可以并处 5 万元以下罚款；造成损失的，依法承担赔偿责任；构成犯罪的，依法追究刑事责任；尚不构成犯罪的，对负有直接责任的主管人员和其他直接责任人员，依法给予处分。

第三十三条 违反本条例规定，基础测绘成果质量不合格的，责令基础测绘项目承担单位补测或者重测；情节严重的，责令停业整顿，降低资质等级直至吊销测绘资质证书；给用户造成损失的，依法承担赔偿责任。

第三十四条 本条例规定的降低资质等级、吊销测绘资质证书的行政处罚，由颁发资质证书的部门决定；其他行政处罚由县级以上人民政府测绘行政主管部门决定。

第六章 附 则

第三十五条 本条例自 2009 年 8 月 1 日起施行。

42

三、国务院文件

国务院关于加强测绘工作的意见

国发〔2007〕30 号

各省、自治区、直辖市人民政府，国务院各部委、各直属机构：

测绘是经济社会发展和国防建设的一项基础性工作。改革开放以来，我国测绘事业取得长足发展，测绘法律法规逐步完善，数字中国地理空间框架建设稳步推进，测绘科技水平不断提高，地理信息产业正在兴起，测绘保障作用明显增强。但是，在测绘事业发展中还存在着基础地理信息资源短缺、公共服务水平较低、成果开发利用不足和统一监管薄弱等问题。随着经济社会的全面进步，各方面对测绘的需求不断增长，测绘滞后于经济社会发展需求的矛盾日益突出。为进一步加强测绘工作，提高测绘对落实科学发展观和构建社会主义和谐社会的保障服务水平，现提出以下意见：

一、用科学发展观指导测绘工作

（一）充分认识加强测绘工作的重要性和紧迫性。测绘是准确掌握国情国力、提高管理决策水平的重要手段。提供测绘公共服务是各级政府的重要职能。加强测绘工作对于加强和改善宏观调控、促进区域协调发展、构建资源节约型和环境友好型社会、建设创新型国家等具有重要作用。同时，测绘工作涉及国家秘密，地图体现国家主权和政治主张，全面提高测绘在国家安全战略中的保障能力，确保涉密测绘成果安全，维护国家版图尊严和地图的严肃性，对于维护国家主权、安全和利益至关重要。现代测绘技术已经成为国家科技水平的重要体现，地理信息产业正在成为新的经济增长点。全面提高测绘保障服务水平，对于经济社会又好又快发展具有积极的促进作用。

（二）加强测绘工作的指导思想。坚持以邓小平理论和"三个代表"重要思想为指导，全面贯彻落实科学发展观，把为经济社会发展提供保障服务作为测绘工作的出发点和落脚点，完善体制机制，着力自主创新,加快信息化测绘体系建设,构建数字中国地理空间框架,加强测绘公共服务,发展地理信息产业,努力建设服务型测绘、开放型测绘、创新型测绘,全面提高测绘对促进科学发展、构建社会主义和谐社会的保障服务水平。

(三)加强测绘工作的基本原则。

——坚持统筹规划,协调发展。统筹测绘事业发展全局,推进地理信息资源共建共享,合理规划安排,避免重复测绘,推动国家测绘和区域测绘、公益性测绘和地理信息产业以及军地测绘的协调发展。

——坚持保障安全,高效利用。妥善处理测绘成果保密与开发利用的关系,在确保国家安全的前提下提供有力的测绘保障服务,加强地理信息资源开发与整合,推动测绘成果广泛应用,促进地理信息产业发展。

——坚持科技推动,服务为本。贯彻自主创新、重点跨越、支撑发展、引领未来的基本方针,以科技创新为动力,以经济社会发展需求为导向,紧密围绕党和国家的中心任务,提供可靠、适用、及时的测绘保障服务。

——坚持完善体制,强化监管。健全测绘行政管理体制,理顺和落实各级测绘行政主管部门的职责,强化测绘工作统一监督管理,全面推进测绘依法行政,加大测绘成果管理和测绘市场监管力度。

二、切实提高测绘保障能力和服务水平

(四)加快基础地理信息资源建设。加大基础测绘工作力度,加强基础测绘规划和年度计划的衔接,按照统一设计、分级负责的原则,全面推进数字中国地理空间框架建设。"十一五"期间,开展卫星定位连续运行参考站网建设,改建或扩建大地控制网、高程控制网和重力基本网,加快形成覆盖全部国土、陆海统一的高精度现代测绘基准体系。大力提高基础航空摄影能力和国产高分辨率卫星影像获取能力,实现高分辨率航空航天遥感影像对陆地国土的定期覆盖和局部地区的动态覆盖。到 2010 年,全面完成陆地国土1∶5 万地形图测绘;科学合理确定覆盖范围和更新周期,基本完成 1∶1 万地形图的必要覆盖和城镇地区1：2 000及更大比例尺地形图测绘。加快各级基础地理信息数据库建设。积极开展海洋基础测绘、海岛（礁）测绘和极地测绘工作。建立健全定期更新和动态更新相结合的更新机制，切实提高基础地理信息的现势性，实现基础地理信息资源数量增加、质量提高和结构优化。

（五）构建基础地理信息公共平台。紧密结合国民经济和社会信息化需求，在各级基础地理信息数据库的基础上，加强资源整合和数据库完善，为自然资源和地理空间基础信息数据库提供科学、准确、及时的基础地理信息数据；针对地方、部门、行业特色，在电子政务、公共安全、位置服务等方面，分类构建权威、标准的基础地理信息公共平台，更好地满足政府、企业以及人民生活等方面对基础地理信息公共产品服务的迫切需要。使用财政资金建设的基于地理位置的信息系统，应当采用测绘行政主管部门提供的基础地理信息公共平台。

（六）推进地理信息资源共建共享。加快建立国家测绘与地方测绘、测绘部门与相关部门以及军地测绘之间的地理信息资源共建共享机制，明确共建共享的内容、方式和责任，统筹协调地理信息数据采集分工、持续更新和共享服务工作，充分利用现有和规划建设的国家信息化设施，避免重复建设。使用财政资金的测绘项目和使用财政资金的建设工程测绘项目，有关部门在批准立项前应当征求本级人民政府测绘行政主管部门的意见，有适宜测绘成果的，应当充分利用已有的测绘成果。加强基础航空摄影和用于测绘的高分辨率卫星影像获取与分发的统筹协调，提高利用效率。有关部门应当及时向测绘部门提供用于基础地理信息更新的地名、境界、交通、水系、土地覆盖等信息，测绘部门要按有关规定及时提供基础地理信息服务。

（七）拓宽测绘服务领域。大力提高测绘公共服务水平，切实加强测绘成果的开发应用，充分发挥测绘在管理社会公共事务、处理经济社会发展重大问题、提高人民生活质量以及城乡建设、防灾减灾等方面的作用。建设全国测绘成果网络化分发服务系统，及时发布测绘成果目录，提供丰富的地理信息服务。不断丰富产品种类，大力开发适用、实用的权威性测绘公共产品,提高产品质量。积极稳妥推出公众版地形图,加快公益性地图网站建设。加强对农村公益性测绘服务,为新农村建设开发适用的测绘产品。积极开展基础地理信息变化监测和综合分析工作,及时提供地表覆盖、生态环境等方面的变化信息,为加强和改善宏观调控提供科学依据。通过加强信息资源整合、开展试点示范等方式,建设各类基于地理信息的政府管理与决策系统。建立健全应急管理测绘保障机制,为突发公共事件的防范处置工作提供及时的地理信息和技术服务。

(八)促进地理信息产业发展。统筹规划地理信息产业优先发展领域,尽快研究制定地理信息产业发展政策和促进健康快速发展的财政、金融、税收等政策。培育具有自主创新能力的地理信息骨干企业,尽快掌握产业核心技术,形成一批具有自主知识产权的先进技术装备,增强我国地理信息产业的整体实力和国际竞争力。引导社会资金投入,推动地理信息的社会化利用,提高测绘对经济增长的贡献率。通过政府采购和项目带动等方式,引导和鼓励企业开展地理信息开发利用和增值服务,促进智能交通、现代物流、车载导航、手机定位等新兴服务业的发展。妥善处理地理信息保密与利用的关系,修订测绘管理工作国家秘密范围的规定,制定涉密地理信息使用管理办法。

三、加快测绘科技进步与创新

(九)完善测绘科技创新体系。加强测绘科研基地、科技文献资源以及科技服务网络等测绘科技基础条件平台建设。完善测绘科技创新政策,充分发挥各类测绘科研机构、高等院校、国家重点实验室、部门开放实验室、工程技术研究中心和有关企业在测绘科技创新中的主体作用,建立健全以需求为导向、产学研相结合、分工协作的测绘科技创新体系,加强测绘科技推广和成果转化。

(十)增强测绘科技自主创新能力。将测绘科技自主创新纳入国家科技创新体系,通过国家和地方科技计划和基金,加大对测绘科技创新的支持力度。加强测绘基础理论研究和软科学研究,加快高精度快速定位、高分辨率卫星遥感、影像自动化处理、地理信息网络以及信息安全保密等方面的关键技术攻关,显著提高我国测绘科技的整体实力。推进信息化测绘体系建设,促进地理信息获取实时化、处理自动化、服务网络化和应用社会化。加强测绘对外技术合作与交流,积极参加测绘领域的重大国际科技合作项目,不断提高我国测绘的国际地位。

（十一）加强现代化测绘装备建设。在充分利用国内外卫星资源的基础上,加快自主研制发射满足测绘需求的应用卫星,加强卫星应用系统建设。大力加强现代测绘基准体系基础设施建设,积极发展卫星导航定位综合服务系统。加快基础测绘生产基地的装备和设施更新,提高野外测绘高新技术装备水平。加强应急测绘装备建设。改善各级基础地理信息存储管理与服务机构的装备条件。建立和完善国家、省、市级之间互联互通的全国基础地理信息网络体系。

四、加强测绘工作统一监管

（十二）健全测绘行政管理体制。县级以上地方人民政府要进一步落实和强化测绘工作管理职责,加强测绘资质、标准、质量以及测绘成果提供和使用等方面的统一监督管理。各级测绘行政主管部门要根据新时期测绘工作面向全社会提供保障服务的特点,认真履行职责,按照统一、协调、有效的原则,加强自身建设,落实管理力量和工作经费,增强工作能力。

（十三）完善测绘法规和标准。加强依法行政,建立健全适应社会主义市场经济体制的测绘法律法规体系。进一步加强基础测绘、海洋基础测绘和地图管理等方面的立法工作。加强测绘与地理信息标准化工作的管理,健全标准体系,加快测绘与地理信息标准的研究制定,提高标准的科学性、协调性和适用性。

（十四）加强测绘成果管理。严格执行测绘成果汇交制度,政府投资项目的测绘成果必须依法及时向测绘行政主管部门无偿汇交,加强测绘成果汇交执行情况的定期检查和重点抽查。推进测绘档案管理信息化。加强对外提供测绘成果的统一管理,修订对外提供测绘成果的有关规定。加大对重要地理信息数据审核、公布和使用的监管力度。完善测绘成果安全保障体系,落实测绘成果异地备份制度,强化测绘成果保密和使用监管。强化测绘成果安全防范意识,依法打击窃取国家秘密测绘成果和向境外非法提供国家秘密测绘成果的犯罪行为。做好测量标志保护和维护工作,制定测量标志土地使用的有关规定,建立责权利相结合的管理机制。依法规范和审批城市坐标系统建设,开展城市坐标系统的清理。

(十五)加强地图管理。测绘行政主管部门要加强对地图编制的管理,完善地图审核制度,严把地图审核关。提高联合执法能力,进一步加大对地图市场及互联网网站登载地图的监管力度,严格查处和封堵互联网用户上传、标注涉密地理信息,严厉打击各种违法违规编制、出版、传播、使用地图以及侵犯地图知识产权等行为。将国家版图意识教育纳入爱国主义教育和中小学教学内容,提高全社会的国家版图意识。

(十六)加大测绘市场监管力度。进一步加强测绘资质管理,从事地理信息数据的采集、加工、提供等测绘活动必须依法取得测绘资质证书,严格市场准入。健全测绘单位质量管理体系,建立测绘质量监理制度,加强对房产测绘和导航电子地图、重大建设项目等的测绘质量监督。严厉查处无证测绘、超资质超范围测绘、非法采集提供地理信息、侵权盗版和不正当竞争等行为。加强对外国的组织或者个人来华测绘活动的监督管理。鼓励群众积极举报测绘领域的违法违规行为,加强社会监督。加快建立测绘市场信用体系,严格市场准入和退出机制,加强测绘执法监督,形成统一、竞争、有序的测绘市场。

五、加强对测绘工作的领导

(十七)加强对测绘工作的组织领导和统筹协调。地方各级政府要充分认识加强测绘工作的重要性和紧迫性,加强组织领导,抓好测绘发展规划的编制和组织实施,把数字区域地理空间框架和信息化测绘体系建设作为本地区国民经济和社会发展的重要内容加快推进。采取有效措施,切实解决好测绘工作中存在的突出问题,为测绘事业发展创造良好的环境条件。各级测绘行政主管部门要加强测绘工作统一监督管理,提高测绘依法行政能力。有关部门要加大支持力度,加强协作配合,共同做好测绘工作。做好测绘宣传和舆论引导工作,在全社会推广普及测绘知识。

(十八)完善测绘投入机制。各级政府要切实将基础测绘投入纳入本级财政预算,不断提高经费投入水平。中央财政要继续加强对边远地区与少数民族地区基础测绘的支持。建立健全公共财政对测绘基础设施建设维护、公共应急测绘保障、测绘科技创新、测绘与地理信息标准化等方面的投入机制,加大投入力度。加强财政经费使用的监管和绩效评估,提高财政资金使用效率。

(十九)加强测绘队伍建设。加大测绘人才培养力度,全面提高测绘队伍整体素质。继续推进新世纪测绘人才培养工程,实施测绘领军人才培养工程,完善以测绘高等教育、职业技术教育、继续教育、在职培训相结合的测绘人才培养体系,健全人才引进、使用、评价机制。加强测绘职业资格管理,积极实施注册测绘师制度。稳步推进测绘事业单位结构调整,加强基础地理信息获取和服务队伍建设,形成一支布局合理、功能完善、保障有力的基础测绘队伍。大力改善野外测绘工作条件,对野外测绘队伍人员继续实行工资倾斜政策,完善津贴补贴政策。充分发挥测绘有关社团和中介组织的作用。要教育广大测绘工作者进一步增强责任感和使命感,继续弘扬"爱祖国、爱事业、艰苦奋斗、无私奉献"的测绘精神,脚踏实地,开拓进取,为全面建设小康社会、构建社会主义和谐社会做出更大的贡献。

中华人民共和国国务院
二〇〇七年九月十三日

51

国务院办公厅转发国家测绘局等部门关于整顿和规范地图市场秩序意见的通知

国办发〔2001〕79 号

各省、自治区、直辖市人民政府,国务院各部委、各直属机构:

国家测绘局、工商总局、新闻出版总署、外经贸部、海关总署、外交部《关于整顿和规范地图市场秩序的意见》已经国务院同意,现转发给你们,请认真贯彻执行。

国务院办公厅
二○○一年十月二十六日

关于整顿和规范地图市场秩序的意见

国家测绘局　　工商总局　　新闻出版总署
外经贸部　　海关总署　　外交部
(二○○一年十月八日)

改革开放以来,我国地图市场发展十分迅速,社会各方面对地图的需求越来越大,每年公开出版地图2 000多种,印数近 3 亿册(幅)。地图产品的形式已由纸质地图向电子地图、数字地图、多媒体地图、网上地图等各种载体形式发展,附有地图图形的文化用品、工艺品、纪念品、玩具等产品大量涌现,各种报刊、影视、广告、标牌、展览使用地图图形的频率也越来越高。地图以其庄重、直观、易读的特点,在

52

经济和社会各个方面发挥着重要作用。

随着地图市场的繁荣和发展,各种问题也不断产生,地图市场混乱的状况仍然十分突出,一些损害我国领土主权、民族尊严和版图完整、带有严重政治性问题的地图产品屡禁不止;一些地图产品漏绘南海诸岛、钓鱼岛、赤尾屿和台湾岛,错绘国界线甚至将台湾省表示为独立国家;一些企事业单位、个体经营者侵权盗版,非法编制出版地图,在市场上公开销售保密地图。这些问题,不仅损害了广大消费者和合法地图生产经营者的利益,干扰了正常的地图市场秩序,而且严重损害了国家利益、民族尊严和我国的形象,造成了极为恶劣的政治影响。为维护我国版图的尊严,严厉打击非法编制出版地图行为,促进地图市场健康有序发展,现就整顿和规范地图市场秩序问题提出以下意见:

一、主要任务和基本目标

整顿和规范地图市场秩序的主要任务是:根据整顿和规范市场经济秩序的要求,采取集中行动、专项治理等方式,严肃查处非法编制出版地图行为,严厉查处存在政治性问题地图产品的生产经营者,加大对进出口地图产品的监管力度,加强地图管理的法制建设和宣传教育。

整顿和规范地图市场秩序的基本目标是:通过全国范围内的整顿和规范,力争用一年左右的时间,使带有政治性问题的地图产品基本杜绝,地图市场秩序明显好转,全民的国家版图意识普遍提高,政府对地图市场的监管力度明显增强,地图产品的生产经营和管理走上规范化、法制化的轨道。

二、主要内容和具体措施

(一)严肃查处非法生产经营地图产品的行为。

各省、自治区、直辖市人民政府要组织测绘、工商行政管理、新闻出版、质量监督等部门,加强对地图生产经营单位和地图市场的管理,严肃查处各种违法、违规生产经营地图产品的行为。对未经有关部门批准超范围出版地图的,必须予以纠正;对市场上销售的侵权盗版、买卖书号、一号多用以及盗用出版单位名称和书号的地图产品，要视情节轻重给予经营者以通报、罚款、没收非法所得、停业整顿直至吊销经营许可证和营业执照的处理；对生产假冒伪劣和粗制滥造的地图产品，要查封其生产基地，并追究委印（委制）人的责任；对市场上销售的无编制单位、无出版单位、无地图审图号的地图，要当场没收，并给予处罚；对没有按规定程序报批的地图产品，一律不得出版、销售或展示；对虽经审核批准，但未按审核批准样图生产的，也要予以严肃处理；对非法经营地图产品的交易市场，要坚决予以取缔。

（二）严厉查处存在政治性问题地图产品的生产经营者。

各地区、各部门要把查处存在政治性问题地图产品及生产经营者作为重大问题来抓，在思想上高度重视，在行动中切实负起责任。要严厉打击生产和销售损害国家主权、违背"一个中国"原则的地图产品生产经营者，认真查处在各种媒体上错绘、漏绘国家版图的地图产品以及公开销售属于国家秘密的地图及地图产品的单位和个人。要加强对文化用品、工艺品、玩具、纪念品、报刊、影视、标牌、广告、展览等涉及地图图形以及互联网上登载附有地图图形产品的监管力度。对存在政治性问题的地图产品，凡在公共场所展示、使用和在网上登载的，要责令立即撤换；在市场上销售的，要当场收缴；正在加工生产的，要责令其停止生产并收缴其产品。对带有损害国家主权、违背"一个中国"原则的地图产品，要坚决予以销毁。今后，凡企事业单位和个人生产、销售带有政治性问题地图产品的，除查处生产、销售单位外，还要追究地方政府和主管部门领导的责任。

（三）加大对进出口地图产品的监管力度。

各级测绘行政主管部门要会同外经贸、海关等部门，加强对外加工贸易、引进和出口中涉及地图图形产品的监督管理，严格审批、备案手续。对引进的地图产品，凡涉及中国地图图形的，必须按规定程序送审；对以加工贸易方式生产出口的地图产品，任何规格样式都必须送审。外经贸部门在审批地图产品的加工贸易业务时，要验证测绘行政主管部门的地图审核批准文件，并在《加工贸易业务批准证》

上作相应的注明。海关要对进出口地图产品实施重点查验,查验中发现有存在政治性问题地图产品的,一律予以扣留,并移送当地省级测绘行政主管部门处理。对进出口中逃避海关监管、走私地图产品的,一律予以没收,并按有关规定严肃查处。

(四)加强地图市场的监督管理。

要认真清理、修改和完善现有地图产品管理的法律、法规和规章制度;对亟须制定的,要加快研究并做好与相关法规的衔接和配套,切实把地图市场的管理纳入法制轨道,使其逐步走向规范化、法制化。

要进一步加强对地图产品编制、加工、印刷、出版、复制、销售、展示、引进、出口等各个环节的监督管理,做到环环相扣,严格把关。要加强监管队伍建设,提高依法行政水平。

(五)加强国家版图意识的宣传教育。

各地区、各有关部门要加强国家版图意识的宣传教育,开展地图知识的普及和培训活动,提高全民的国家版图意识。要充分利用广播、电视、报刊和互联网站等现代传媒手段,大力宣传树立国家版图意识的重要性,使广大干部和群众了解完整的国家版图是国家主权和领土完整的象征。各级教育部门要把树立国家版图意识作为中小学爱国主义教育的一项重要内容,列入教学计划;教学地图和教学辅导地图读物是最直观的教材,必须保证质量,不得随意编制出版。各级法制、司法部门要把地图管理的法律、法规列入"四五"普法内容,加强宣传。

三、工作要求

(一)组织领导。

地方各级人民政府要对本地区地图市场秩序工作负责,结合本地区实际,制定整顿和规范地图市场秩序的实施方案,把各项措施落到实处。各级测绘行政主管部门要加强对地图市场的日常监督管理,有关部门要主动承担各自的责任,形成主管部门常抓不懈、有关部门协同配合、群众参与监督的工作制度。全国整顿和规范地图市场秩序由国家测绘局牵头,工商总局、新闻出版总署、外经贸部、海关总署、外交部等部门按照职能分工,配合开展工作。

(二)时间安排。

从 2001 年 11 月起至 2002 年 6 月,各省、自治区、直辖市人民政府要组织有关部门,对本地区的地图市场进行一次全面的执法检查,建立健全有效的地图市场监管体系。从 2002 年 7 月起至 12 月,各地要在检查的基础上,有针对性地开展地图法律法规的宣传教育活动,完善有关地图市场管理的法律法规,全面完成整顿和规范地图市场的各项任务。

(三)检查验收。

各省、自治区、直辖市人民政府要对本地区整顿和规范地图市场工作进行检查验收,并于 2002 年 6 月底和 2002 年底将各阶段进展情况报国家测绘局、工商总局、新闻出版总署、外经贸部;国家测绘局要会同有关部门对各省、自治区、直辖市的整顿和规范工作进行抽查,并及时将全国整顿和规范地图市场秩序情况汇总报国务院。

国务院办公厅转发测绘局等部门关于加强国家版图意识宣传教育和地图市场监管意见的通知

国办发〔2005〕5 号

各省、自治区、直辖市人民政府,国务院各部委、各直属机构:

测绘局、中宣部、外交部、教育部、商务部、海关总署、工商总局、新闻出版总署《关于加强国家版图意识宣传教育和地图市场监管的意见》已经国务院同意,现转发给你们,请认真贯彻执行。

国务院办公厅
二〇〇五年一月二十二日

关于加强国家版图意识宣传教育和地图市场监管的意见

测绘局　中宣部　外交部　教育部
商务部　海关总署　工商总局　新闻出版总署
(二〇〇五年一月十八日)

为认真贯彻落实《中华人民共和国测绘法》和《国务院关于整顿和规范市场经济秩序的决定》(国发〔2001〕11 号)精神,进一步提高全民的国家版图意识,维护国家版图的尊严,正确使用中国地图,促

进地图市场健康发展,现提出以下意见:

一、充分认识加强国家版图意识宣传教育和地图市场监管的重要性

正确的国家版图,是国家主权和领土完整的象征。地图是国家版图的主要表现形式,具有严肃的政治性、严密的科学性和严格的法定性。近年来,各地区、各部门按照党中央、国务院的统一部署,全面开展了整顿和规范地图市场秩序工作,带有政治性问题的地图,尤其是有损国家主权、违背"一个中国"原则的地图基本杜绝,全民的国家版图意识普遍得到提高,地图市场秩序明显好转。但是,地图市场上错绘国界界线、行政区域界线以及漏绘钓鱼岛、赤尾屿等重要岛屿,随意使用变形地图等现象仍时有发生,甚至出现在电视、报刊和互联网上,不仅损害了消费者利益,而且损害了国家利益,造成极为恶劣的政治影响。各地区、各部门一定要本着对国家主权、民族尊严和人民利益负责的精神,从实践"三个代表"重要思想的高度,充分认识加强国家版图意识宣传教育和地图市场监管的重要意义,进一步增强责任感和紧迫感,采取有效措施,切实加强国家版图意识宣传教育和地图市场监管,提高全民的国家版图意识,促进地图市场秩序的根本好转,维护国家版图的尊严。

二、深入开展国家版图意识的宣传教育活动

国家版图意识教育是爱国主义教育的重要组成部分。从2005年起,每年要在全国范围内集中开展一次国家版图意识的宣传教育活动。要充分利用新闻媒体和学校这一阵地,普及地图知识,宣传有关法律法规,树立全民的国家版图意识,形成正确使用中国地图的社会氛围。

(一)充分发挥新闻媒体的作用。广播、电视、报刊、互联网等新闻媒体要强化导向作用,利用多种形式,有计划地组织开展各种形式的国家版图意识宣传教育活动,普及有关法律法规和地图知识。加大舆论监督力度,对违法违规编制、使用地图的行为和流入市场的

"问题地图",要及时予以曝光。

（二）加强对中小学生的教育。国家版图意识必须从小开始培养，从娃娃抓起。在中小学校有关的课程标准和教材中要有国家版图意识教育的内容，组织丰富多彩的国家版图意识教育活动。

（三）做好地图知识的普及。把地图知识的普及作为科普活动的一项重要内容，有计划地组织实施，通过讲座、技术咨询等多种形式的宣传活动，提高公民了解、使用地图的能力，从而自觉维护国家版图尊严。

三、进一步加强对地图市场的监管

各地区、各有关部门要进一步加强对地图市场的监管，大力开展地图市场的专项整治，依法查处在地图编制、出版、经营、进出口中的违法问题；强化日常监管工作，杜绝"问题地图"的产生。

（一）加强对新闻媒体刊载地图的监管力度。有关部门要强化对新闻媒体刊载地图的监管，确保新闻媒体刊载的地图内容符合法律法规的规定。报刊、电视、互联网等媒体要加强自律，自觉抵制"问题地图"，公开刊载地图，必须经测绘行政主管部门审核，并按照有关规定使用。

（二）严把地图产品市场准入关。各级工商行政管理部门在受理地图编制单位登记注册时，要查验测绘行政主管部门核发的地图编制资质证件；在对广告和市场监管中，涉及中国地图的，应查验测绘行政主管部门核发的《地图审核批准书》或标注在地图版权页上的"审图号"。

（三）严把地图产品加工贸易和进出口关。各级商务部门要进一步加强地图产品加工贸易的审批管理，严禁开展任何违法、违规加工地图产品的贸易活动。各级海关对在监管中发现的带有政治性问题的地图产品，一律扣留，并移送当地测绘行政主管部门处理。

（四）严把地图编制、出版审批关。各级测绘行政主管部门要加强对公开出版地图的编制、审核管理。国家测绘行政主管部门要会同外交部门组织编制各种比例尺的标准样图,满足社会需求。新闻出版行政管理部门要加强对地图出版单位资质的审核和地图出版范围、选题的审批,严格执行图书出版重大选题备案制度。教育行政管理部门要会同测绘行政主管部门和外交部门加强对中小学教学用地图的审定。

国务院办公厅转发测绘局等部门
关于整顿和规范地理信息市场
秩序意见的通知

国办发〔2009〕4 号

各省、自治区、直辖市人民政府,国务院各部委、各直属机构:

测绘局、工业和信息化部、安全部、工商总局、新闻出版总署、保密局《关于整顿和规范地理信息市场秩序的意见》已经国务院同意,现转发给你们,请认真贯彻执行。

国务院办公厅
二〇〇九年一月十七日

关于整顿和规范地理
信息市场秩序的意见

测绘局　　工业和信息化部　　安全部
工商总局　　新闻出版总署　　保密局

地理信息,即自然地理要素或者地表人工设施的形状、大小、空间位置及其属性等信息,是国家信息资源的重要组成部分,广泛应用于经济建设和国防建设等领域,直接关系国家安全和利益。近年来,我国地理信息市场发展迅速,为经济社会发展服务的能力和作用不断加强,但也出现了非法获取、提供和使用涉密地理信息,擅自生产、出版和传输地理信息,一些外国组织和个人在华非法测绘等问题,扰乱了地理信息市场的正常秩序,并对国家安全构成威胁。为维护正常的地理信息市场秩序,保障国家安全和利益,现就整顿和规范工作提出如下意见:

一、工作目标

用一年多时间,围绕地理信息市场中的信息获取、提供、使用、生产、出版和传输六个环节,通过在全国范围内开展整顿和规范工作,严厉打击各种非法测绘活动和非法提供互联网地图出版服务等行为,重点查处地理信息泄密和窃密案件,使地理信息市场秩序明显好转,政府对涉密地理信息管理和保密监督的力度明显加强,消除各种泄密隐患,确保涉密地理信息安全。

二、主要任务

(一)严格规范获取、提供和使用涉密地理信息行为。依法持有涉密地理信息的单位要强化安全保密措施,建立严格的登记管理制度,加强涉密计算机和存储介质管理,明确涉密岗位责任,防范他人非法获取涉密地理信息。需要对外提供涉密地理信息的,应按照法定审批程序执行。需要使用涉密地理信息的,使用目的和范围必须符合国家保密法律法规及政策规定,并经测绘行政主管部门批准。对非法持有或使用涉密地理信息的单位和个人,要查清信息来源和扩散范围,追缴有关地理信息数据,并依法追究法律责任。

(二)严厉打击非法从事地理信息生产、出版、传输的行为。严格市场准入,依法查处未依法取得测绘资质或超资质等级许可范围擅自从事地理信息生产的单位。各级测绘行政主管部门要加强对公开出版地理信息的编制、审核管理,新闻出版行政管理部门要加强对出版单位资质的审核和出版范围、选题的审批,严厉打击非法编辑出版地理信息的行为。任何单位和个人都不得在互联网上传输涉密地理信息。对未经批准编辑出版地理信息、传输涉密地理信息的单位和个人,应立即责令停止相关活动,并依法追究法律责任。

（三）防范和制止涉军非法测绘活动。任何单位或者个人未经军队测绘主管部门批准，不得在军事禁区、军事管理区进行摄影、摄像、测量等测绘活动。对违反规定的，要依法进行处罚，情节严重的，要依法追究刑事责任。各级测绘行政主管部门要组织对导航电子地图制作企业开展检查，依法严厉查处擅自扩大数据采集覆盖范围等行为，防止泄露军事设施秘密。测绘行政主管部门要加强与军队测绘主管部门的沟通，及时通报涉军测绘有关情况，配合查处涉军非法测绘案件。县级以上地方人民政府在组织编制本行政区域涉军基础测绘规划时，应当符合军事设施安全保密要求，在报送审批前，应征求军队测绘主管部门的意见。

（四）加强对外国组织和个人来华测绘活动的监管。任何外国组织和个人来华从事地理信息的测定、采集和处理等测绘活动，必须依法经测绘行政主管部门会同军队测绘主管部门批准；国内任何单位和个人不得以任何形式，为未经批准的外国组织和个人来华从事测绘活动提供便利。要加强对外国组织和个人来华测绘的业务范围、具体测绘活动及成果汇交的监管，尤其要加强和完善对科学研究、旅游探险、矿产开采、地质勘探等涉外合作项目中所含测绘活动的监管，并对有关部门已批准的包含测绘活动的涉外合作项目进行清理。对违反规定的，应立即责令停止相关活动，没收有关地理信息数据，并依法进行处罚；涉嫌犯罪的，移送司法机关依法追究刑事责任。

（五）加强法律法规宣传教育。加强地理信息管理制度建设，加大宣传教育力度，深入开展测绘、保密等相关法律法规"进机关、进乡村、进社区、进学校、进企业、进单位"的专项活动，曝光典型案件，开展警示教育，使从事地理信息生产、出版和服务的企业树立依法测绘、依法经营、依法保密的意识，自觉遵守相关法律法规。

三、工作要求

（一）组织领导。整顿和规范地理信息市场秩序工作由测绘局牵头组织，工业和信息化部、安全部、工商总局、新闻出版总署、保密局等部门要按照职责分工，各司其职，各负其责，建立部门间信息通报、案件移送等联合执法机制,形成工作合力。各省、自治区、直辖市人民政府要从维护国家安全和利益的高度,加强组织领导,对本地区的地理信息获取、提供、使用、生产、出版和传输等活动加强管理,切实负起监管责任。

(二)时间安排。从 2009 年 1 月至 2009 年 9 月,完成对地理信息市场的检查和案件查处工作。在此期间,各省、自治区、直辖市人民政府要组织有关部门,按要求对本地区从事地理信息获取、提供、使用、生产、出版和传输等活动的单位进行一次全面的执法检查,对检查中发现的问题,依法进行处理。从 2009 年 10 月至 2010 年 3 月,针对存在的问题及隐患,组织整改,并完善相关制度,建立长效监管机制。

(三)检查验收。各省、自治区、直辖市人民政府要对本地区整顿和规范地理信息市场秩序工作进行检查、验收,并及时将各阶段工作进展情况报送测绘局。测绘局要会同有关部门对各地区整顿和规范地理信息市场秩序的情况进行抽查,并及时将有关情况汇总报告国务院。

四、部门规章

国家测绘局令

第7号

《测绘行政执法证管理规定》已于一九九九年十二月三日经国家测绘局常务会议审议通过,并经国土资源部授权,现予发布,自发布之日起施行。

局 长 金祥文

二〇〇〇年一月四日

测绘行政执法证管理规定

第一条 为了规范测绘行政执法行为,保障测绘法律、法规和规章的贯彻实施,依据《中华人民共和国行政处罚法》和《中华人民共和国测绘法》的有关规定,制定本规定。

第二条 国务院测绘行政主管部门负责全国测绘行政执法证的统一管理工作。

省、自治区、直辖市管理测绘工作的部门负责本辖区测绘行政执法证的管理工作。

第三条 测绘行政执法证的配置范围是省、自治区、直辖市的测绘行政执法人员。省级以下较大的市的测绘行政执法人员根据需要经国务院测绘行政主管部门批准后也可配置。

第四条　测绘行政执法证实行全国统一的样式和类型,由国务院测绘行政主管部门统一印制和颁发。

第五条　测绘行政执法证为本式,深蓝色封皮,封面有烫金国徽和"测绘行政执法证"字样;其内容包括:国家测绘局印章、用证规定、姓名、性别、年龄、职务、工作单位及单位地址、本人相片、发证机关、发证日期、编号和注册页。

第六条　测绘行政执法证由国务院测绘行政主管部门统一编号。编号由大写英文字母 G、C 和八位数字组成。

第七条　领取测绘行政执法证的人员必须是测绘主管部门在编在岗的正式工作人员。

第八条　领取测绘行政执法证的人员必须填写"《测绘行政执法证》申领表",由所在省、自治区、直辖市管理测绘工作的部门进行审核后,统一报国务院测绘行政主管部门批准、颁发。

第九条　测绘行政执法证每两年注册一次,注册由国务院测绘行政主管部门统一进行。

省、自治区、直辖市管理测绘工作的部门负责本行政区域的测绘行政执法证的注册审核工作,并于当年第一季度将审核合格的测绘行政执法证报送国务院测绘行政主管部门进行注册。

第十条　测绘行政执法人员在依据测绘法律、法规和规章行使执法权时,必须出示测绘行政执法证;省、自治区、直辖市人民政府已配发了行政执法证的,也可以按照省、自治区、直辖市人民政府的有关规定使用。

第十一条　测绘行政执法人员必须依法使用测绘行政执法证,不得利用测绘行政执法证进行与测绘行政执法公务活动无关的其他活动。

第十二条　测绘行政执法人员对测绘行政执法证应当妥善保管,防止遗失和损毁。测绘行政执法证只限持证人使用,不得涂改和转借。

测绘行政执法人员遗失测绘行政执法证的,应当立即向所属部门报告和说明情况。

第十三条 测绘行政执法人员离开所属部门或者调入另一测绘管理部门,由原部门收回其测绘行政执法证并上缴发证机关。调动人员如需继续使用测绘行政执法证的,应当重新办理。

第十四条 测绘行政执法人员有下列行为之一的,由省、自治区、直辖市管理测绘工作的部门给予行政处分;情节严重的,收回其测绘行政执法证并上缴发证机关;构成犯罪的,由司法机关追究其刑事责任。

(一)利用测绘行政执法证进行与测绘行政执法公务活动无关的其他活动的;

(二)擅自涂改测绘行政执法证的;

(三)将测绘行政执法证转借他人的;

(四)在测绘行政执法活动中徇私舞弊、滥用职权的。

第十五条 本规定自发布之日起实施。

附件:《测绘行政执法证》申领表

《测绘行政执法证》申领表

姓名		性别		民族		贴 照 片
出生日期	年 月 日		政治面貌			
工作单位						
职务			职称			
学历			专业			

工作简历

何时何地受过何种执法或者法律培训

本单位意见
年　　月　　日(章)

省级测绘行政主管部门审核意见
年　　月　　日(章)

国务院测绘行政主管部门审核意见
年　　月　　日(章)

中华人民共和国国土资源部令

第 50 号

《国土资源部关于修改〈测绘行政处罚程序规定〉的决定》,已经 2010 年 11 月 29 日国土资源部第 6 次部务会议审议通过,现予发布,自发布之日起施行。

部　长　徐绍史

二〇一〇年十一月三十日

国土资源部关于修改《测绘行政处罚程序规定》的决定

为了维护社会主义法制统一,进一步完善国土资源法律体系,决定对《测绘行政处罚程序规定》(国家测绘局令第 6 号)做出如下修改:

一、将第三十九条中的"当事人也可在接到处罚决定书之日起,十五日内直接向有管辖权的人民法院起诉"修改为"当事人也可在接到处罚决定书之日起,三个月内直接向有管辖权的人民法院起诉"。

二、本决定自发布之日起施行。

《测绘行政处罚程序规定》(含附件)根据本决定做相应修改后,重新公布。

测绘行政处罚程序规定

(2000年1月4日国家测绘局令第6号发布
根据2010年11月30日《国土资源部关于修改
〈测绘行政处罚程序规定〉的决定》修正)

第一章 总 则

第一条 为规范和保证各级测绘主管部门依法行使职权,正确实施行政处罚,维护测绘行政执法相对人的合法权益,依照《中华人民共和国行政处罚法》、《中华人民共和国测绘法》及有关行政法规的规定,制定本规定。

第二条 公民、法人和其他组织违反测绘法律、法规或者规章,依法由测绘主管部门给予行政处罚的,适用本规定。

第三条 测绘主管部门实施行政处罚,必须遵循以下原则:

(一)公正、公开地行使法律、法规和规章赋予的行政职权;

(二)实施行政处罚必须有法律、法规和规章依据,没有依据的,不得给予行政处罚;

(三)实施行政处罚,应当事实清楚、证据确凿,给予违法行为人的行政处罚应当与其违法行为的事实、性质、情节以及社会危害程度相当;

(四)坚持处罚与教育相结合的原则,教育公民、法人和其他组织自觉守法。

第二章 管 辖

第四条 测绘行政处罚由违法行为发生地的县级以上测绘主管

部门管辖,法律、法规和规章另有规定的依规定。

第五条　下列行政处罚案件由国务院测绘行政主管部门管辖:

(一)取消甲级测绘资格;

(二)全国范围内的重大测绘行政处罚案件。

第六条　下列行政处罚案件由违法行为发生地的省级管理测绘工作的部门负责管辖:

(一)取消乙级以下测绘资格;

(二)法律法规规定由省级管理测绘工作的部门管辖的测绘行政处罚案件。

第七条　省级以下管理测绘工作的部门根据省、自治区、直辖市人民政府的法规规定管辖本行政区域内的测绘行政处罚案件。

第八条　对管辖有争议的,报请争议双方共同的上一级测绘主管部门指定管辖。

第三章　简易程序

第九条　适用简易程序当场进行测绘行政处罚必须同时符合以下条件:

(一)违法行为轻微,事实清楚、证据确凿并且有给予行政处罚的法定依据;

(二)给予的行政处罚是警告,或者是对公民处以五十元以下、对法人或者其他组织处以一千元以下的罚款。

第十条　适用简易程序当场查处违法行为,执法人员应当向当事人出示国务院测绘行政主管部门或省级政府法制部门颁发的行政执法证件,了解违法事实,做出笔录,收集必要的证据,填写格式化的行政处罚决定书。

格式化的行政处罚决定书应当载明当事人的违法事实、处罚依据、罚款的数额、告知当事人有陈述权和申辩权、处罚时间、地点、行政机关名称及印章,并由执法人员签名或者盖章。

第十一条　上条中的行政处罚决定书应当当场交付当事人并由当事人签字或者盖章。

第十二条　适用简易程序查处案件的有关材料,应当在七日内报执法人员所在地测绘主管部门。

第四章　一般程序

第十三条　测绘主管部门对本辖区内的测绘违法行为依法应当给予行政处罚的,除适用简易程序的外,必须首先立案。每一案件至少有两名承办人,并确定一名案件负责人。

第十四条　承办人与案件有直接利害关系的,应当回避。

第十五条　对已经立案的测绘违法案件,应当进行全面、客观、公正的调查。

调查案件时,执法人员不得少于两人,并应当向当事人或有关人员出示国务院测绘行政主管部门或者省级政府法制部门颁发的执法证件。

第十六条　调查案件可以采取以下方式:询问当事人、证人和其他有关人员;查阅有关材料;向国家机关、企业、事业单位、人民团体调取、收集书面证据材料;对专门性问题进行鉴定;必要时由有关人员协助进行现场勘验、检查;法律、法规许可的其他方式。

第十七条　询问当事人、证人和其他有关人员,应当进行笔录,并由被询问人核对无误后签字。

查阅有关材料,对可以用作证据的部分,应当进行复制或摘抄。

向国家机关、企业、事业单位、人民团体调取、收集的书面证据材料,必须由提供人署名,并加盖单位印章。

对专门性问题进行鉴定,应当写出鉴定结论,并由鉴定人签名。

进行现场勘验、检查,应当将勘验、检查的情况写成笔录,并由被勘验、检查人或者见证人签名。

第十八条　调查终结,应当由案件承办人写出调查报告。根据调查结果和有关法律、法规和规章的规定提出处理意见,报实施行政处罚的测绘主管部门负责人审批。

第十九条 测绘主管部门负责人应当对违法事实是否清楚、证据是否充分、程序是否合法、适用法律、法规和规章是否准确等进行审查并签署意见。

第二十条 对于情节复杂、疑难的案件,应当由测绘主管部门负责人集体讨论做出处理决定。

第二十一条 在做出行政处罚决定之前,案件负责人应当告知当事人做出行政处罚的事实、理由及依据,并告知当事人有权进行陈述和申辩。

案件负责人应当充分听取当事人的意见,并把当事人的意见记录在案。对当事人提出的事实、理由和证据应当进行复核,当事人提出的事实、理由和证据成立的,应当采纳。

第二十二条 案件经过测绘主管部门负责人审批或者集体讨论,根据不同情况,分别做出如下决定:

(一)应受行政处罚的,根据情节轻重及具体情况,做出具体行政处罚决定;

(二)违法行为轻微,依法可以不予行政处罚的,不予行政处罚;

(三)违法事实不能成立的,不得给予行政处罚;

(四)违法行为已构成犯罪的,移送有关司法机关;

(五)不属于本部门管辖的,移送到有管辖权的部门。

第二十三条 测绘主管部门按照本规定第二十二条的规定实施行政处罚,应当按照《测绘行政处罚决定书格式规定》(见附件)制作行政处罚决定书,由做出行政处罚决定的测绘主管部门负责人签发。

第二十四条 对违法行为轻微,依法不予行政处罚或者违法事实不成立,不得给予行政处罚的,由案件负责人制作书面的不予行政处罚决定书,并由做出决定的测绘主管部门负责人签发。

对违法行为已构成犯罪,需要移送司法机关的,制作移送司法机关的决定书,连同案件的有关材料一并移送司法机关处理。

对无管辖权应当移送到其他有管辖权部门的案件,必须制作移送决定书,连同案件的有关材料一并移送有关部门处理。

第二十五条　案件处理完毕,应当将案件的所有材料整理归档。

第五章　听证程序

第二十六条　测绘主管部门在做出下列行政处罚决定之前,应当告知当事人有要求举行听证的权利,当事人要求听证的,做出行政处罚决定的测绘主管部门应当依照法律法规的规定组织听证:

(一)取消测绘资格;

(二)停止测绘活动、停止地图编制活动;

(三)没收违法所得、没收测绘成果;

(四)对公民处以一千元以上罚款、对法人处以一万元以上罚款,省级人民政府或者省级人民政府法制部门对罚款数额另有规定的,也可以依规定进行。

第二十七条　当事人要求听证的,应当在测绘主管部门告知后三日内提出。

第二十八条　测绘主管部门应当在听证的七日前,通知当事人举行听证的时间、地点。

除涉及国家秘密、商业秘密或者个人隐私外,听证公开举行。

第二十九条　听证由测绘主管部门指定的其他非本案调查人员主持。测绘主管部门设有法制工作机构的,应当指定其法制工作机构主持听证。

第三十条　当事人认为主持人与本案有直接利害关系的,有权申请其回避。

申请回避必须在听证结束前提出,由当事人口头或者书面向测绘主管部门提出。

测绘主管部门认为主持人没有回避事由不需要回避的,书面告知申请人。

第三十一条　听证按下列顺序进行：

（一）案件承办人员提出当事人违法的事实、证据、拟做出的行政处罚及其依据；

（二）当事人及其委托代理人进行陈述和申辩，并可以提出相应的证据；

（三）互相质证、辩论；

（四）听证主持人按照案件承办人员、当事人的先后顺序征询双方最后意见。

第三十二条　听证的过程应当有专人负责笔录，听证结束后，案件承办人员及当事人应当在笔录上签字。

第三十三条　听证结束后，由测绘主管部门负责人集体讨论后按照本规定第二十二条、第二十三条做出处理决定。

第三十四条　听证笔录应当一并归档。

第六章　送　达

第三十五条　测绘行政处罚决定书应当在做出行政处罚决定后七日内送达被处罚人。

第三十六条　测绘主管部门送达行政处罚决定书，应当直接送交被处罚人；被处罚人是法人或者其他组织的，交其收发部门签收；本人不在的，交其同住的成年家属或者所在单位签收；本人已经指定代收人的，交代收人签收。

第三十七条　被处罚人拒绝接受行政处罚决定书的，送达人应当邀请有关人员到场，说明情况，在送达回证上记明拒收事由和日期，由送达人和见证人签名，把行政处罚决定书留在收发部门或者被处罚人的住处，即视为送达。

第三十八条　在直接送达有困难的情况下，测绘行政主管部门也可以采取邮寄的方式送达测绘行政处罚决定书。通过邮局用挂号的方式将行政处罚决定书和送达回证邮寄被处罚人，送达时间以被处罚人在送达回证上注明的收件日期为送达日期；挂号信回执上注明的收件日期与送达回证上注明的日期不一致的，或者送达回证没有寄回的，以挂号信回执上的收件日期为送达日期。

第三十九条 当事人对测绘行政处罚不服的，可在接到行政处罚决定书之日起，六十日内向上一级测绘主管部门申请复议；当事人也可在接到处罚决定书之日起，三个月内直接向有管辖权的人民法院起诉。当事人逾期不申请复议，也不向人民法院起诉，又不履行行政处罚决定的，由做出处罚决定的测绘主管部门申请人民法院强制执行。

第七章　附　则

第四十条 实施测绘行政处罚可选择适用本规定或者本省、自治区、直辖市人民政府行政处罚程序规定。

第四十一条 本规定由国家测绘局负责解释。

第四十二条 《测绘行政处罚决定书格式规定》与本规定共同发布，有同等效力。

第四十三条 本规定自发布之日起实施。

附件：1. 测绘行政处罚决定书格式规定
　　　2.《测绘行政处罚决定书》参考文本

附件 1:

测绘行政处罚决定书格式规定

第一条 为贯彻《中华人民共和国行政处罚法》,规范测绘行政处罚的实施,保障和监督测绘主管部门依法行政,维护公民、法人和其他组织的合法权益,根据《中华人民共和国测绘法》和《中华人民共和国行政处罚法》以及有关法律、法规,制定本规定。

第二条 测绘主管部门在依据有关法律、法规和规章给予公民、法人和其他组织行政处罚时,必须制作行政处罚决定书。

第三条 测绘行政处罚决定书应当由做出行政处罚决定的测绘主管部门进行统一编号。

第四条 测绘行政处罚决定书应当写明被处罚人的基本情况。被处罚人为公民的,其基本情况包括:被处罚人姓名、性别、年龄、职业、所在单位、单位地址、家庭住址;被处罚人为法人或者其他组织的,其基本情况包括:单位名称、性质、地址、电话、法定代表人的姓名和职务。

第五条 测绘行政处罚决定书应当写明被处罚人违反法律、法规和规章的主要事实和证据。

违反法律、法规和规章的主要事实包括:时间、地点、具体违法行为和造成的损害结果。

违反法律、法规和规章的证据,在测绘行政处罚决定书中可以只写明证据的种类和名称。

第六条 依法经过听证程序的,应当在测绘行政处罚决定书中写明有关听证的情况。包括:举行听证的时间、地点、主持人、参加人、听证结论等。

第七条 测绘行政处罚决定书应当确认并写明违法行为的性质、损害结果及应给予被处罚人何种行政处罚,所依据的法律、法规和规章的名称以及具体条款。

第八条　测绘行政处罚决定书应当规定上述行政处罚执行的方式和执行的期限。

第九条　测绘行政处罚决定书应当明确告知被处罚人不服该行政处罚可以申请行政复议或者提起行政诉讼的具体途径和期限。

法律、法规和规章有规定的依照法律、法规和规章的规定写明。

法律、法规和规章没有明确规定的,应当告知被处罚人可采取下列两种方式:(一)当事人对行政处罚决定不服的,可以在接到测绘行政处罚决定书之日起六十日内,向做出处罚决定的机关的上一级机关申请复议;(二)当事人也可以在接到测绘行政处罚决定书之日起三个月内直接向有管辖权的人民法院起诉。

第十条　测绘行政处罚决定书应当由测绘主管部门负责人签发,写明做出行政处罚的测绘主管部门的名称和日期,并加盖测绘主管部门的印章。

第十一条　省、自治区、直辖市管理测绘工作的部门也可以按照当地省、自治区、直辖市人民政府或政府法制部门颁发的有关行政处罚决定书格式的规定制作测绘行政处罚决定书。

第十二条　本规定自发布之日起实施。

附件 2：

《测绘行政处罚决定书》参考文本

测绘行政处罚决定书（简易程序适用）

编号：

对自然人处罚填此栏							
被处罚人姓名		性别		年龄		职业	
住　　址						电话	
所在单位						电话	

对法人组织处罚填此栏		
被处罚单位 名　　称		性质
法定代表人 姓　　名		电话
单位地址		电话

违法事实：

时间_____地点_____

具体违法行为及损害结果_____

_____

违反法律、法规和规章的名称_____

_____

决定给予如下行政处罚：

    1. 警告；

    2. 罚款＿＿＿＿＿＿＿＿＿＿＿＿＿＿＿＿＿（大写数额）。

处罚依据＿＿＿＿＿＿＿＿＿＿＿＿＿＿＿＿＿＿＿＿＿＿＿＿

＿＿＿＿＿＿＿＿＿（法律、法规和规章的具体名称及条款）

罚款收缴形式：

    1. 当场收缴（二十元以下）；

    2. ＿＿＿＿日内将罚款交至＿＿＿＿＿＿（银行）。

若不服本行政处罚决定，可以：

    1. 自收到本决定之日起六十日内向＿＿＿＿＿＿申请复议；

    2. 自收到本决定之日起三个月内向人民法院起诉。

逾期不申请复议，也不向人民法院起诉，又不履行本处罚决定，本机关有权向人民法院申请强制执行。

                        做出处罚决定的机关（印章）

                           年   月   日

被处罚人/单位（签名或盖章）＿＿＿＿＿＿＿＿＿

执法人员（签名或盖章）＿＿＿＿＿＿＿＿＿＿＿

（本决定书一式二份，一份交被处罚人/单位，一份由处罚决定机关留存。）

测绘行政处罚决定书(一般程序适用)

编号:

对自然人处罚填此栏							
被处罚人姓名		性别		年龄		职业	
住　　址						电话	
所在单位						电话	

对法人组织处罚填此栏		
被处罚单位名称		性质
法定代表人姓名		电话
单位地址		电话

违法事实:

时间＿＿＿＿＿＿＿＿＿＿地点＿＿＿＿＿＿＿＿＿＿＿＿＿＿＿

具体违法行为及损害结果＿＿＿＿＿＿＿＿＿＿＿＿＿＿＿＿＿＿

＿＿＿＿＿＿＿＿＿＿＿＿＿＿＿＿＿＿＿＿＿＿＿＿＿＿＿＿＿

＿＿＿＿＿＿＿＿＿＿＿＿＿＿＿＿＿＿＿＿＿＿＿＿＿＿＿＿＿

违反法律、法规和规章的名称＿＿＿＿＿＿＿＿＿＿＿＿＿＿＿＿

＿＿＿＿＿＿＿＿＿＿＿＿＿＿＿＿＿＿＿＿＿＿＿＿＿＿＿＿＿

听证结论:＿＿＿＿＿＿＿＿＿＿＿＿＿＿＿＿＿＿＿＿＿＿＿＿

＿＿＿＿＿＿＿＿＿＿＿＿＿＿＿＿＿＿＿＿＿＿＿＿＿＿＿＿＿

＿＿＿＿＿＿＿＿＿＿＿＿＿＿＿＿＿＿＿＿＿＿＿＿＿＿＿＿＿

　决定给予如下行政处罚:

　　　1.＿＿＿＿＿＿＿＿＿＿＿＿＿＿＿＿＿＿＿＿＿＿＿

　　　2.＿＿＿＿＿＿＿＿＿＿＿＿＿＿＿＿＿＿＿＿＿＿＿

3. _____

处罚依据_____

_____

_____（法律、法规和规章的具体名称及条款）

上述行政处罚的执行方式及执行期限_____

_____

_____

若不服本行政处罚决定,可以

1. 自收到本决定之日起六十日内向 _____ 申请复议；

2. 自收到本决定之日起三个月内向人民法院起诉。

逾期不申请复议,也不向人民法院起诉,又不履行本处罚决定,本机关有权向人民法院申请强制执行。

测绘主管部门负责人签名
做出处罚决定的主管部门(印章)
年　　月　　日

（本决定书一式二份,一份交被处罚人/单位,一份由处罚决定机关留存。）

测绘行政处罚决定书
送达书

编号:(与行政处罚决定书编号相同)

案件名称	
受送达人	
送达人	
送达方式	
送达日期	
签收人签名	
受送达人拒收情况	
见证人签名	
送达人签名	

中华人民共和国建设部、国家测绘局令

第 83 号

《房产测绘管理办法》已经 2000 年 10 月 8 日建设部第 31 次部常务会议、2000 年 10 月 26 日国家测绘局局常务会议审议通过（国家测绘局经国土资源部批准授权），现予以发布，自 2001 年 5 月 1 日起施行。

建设部部长　俞正声

国家测绘局局长　陈邦柱

二〇〇〇年十二月二十八日

房产测绘管理办法

第一章　总　则

第一条　为加强房产测绘管理，规范房产测绘行为，保护房屋权利人的合法权益，根据《中华人民共和国测绘法》和《中华人民共和国城市房地产管理法》，制定本办法。

第二条　在中华人民共和国境内从事房产测绘活动,实施房产测绘管理,应当遵守本办法。

第三条　房产测绘单位应当严格遵守国家有关法律、法规,执行国家房产测量规范和有关技术标准、规定,对其完成的房产测绘成果质量负责。

房产测绘单位应当采用先进技术和设备,提高测绘技术水平,接受房地产行政主管部门和测绘行政主管部门的技术指导和业务监督。

第四条　房产测绘从业人员应当保证测绘成果的完整、准确,不得违规测绘、弄虚作假,不得损害国家利益、社会公共利益和他人合法权益。

第五条　国务院测绘行政主管部门和国务院建设行政主管部门根据国务院确定的职责分工负责房产测绘及成果应用的监督管理。

省、自治区、直辖市人民政府测绘行政主管部门(以下简称省级测绘行政主管部门)和省、自治区人民政府建设行政主管部门、直辖市人民政府房地产行政主管部门(以下简称省级房地产行政主管部门)根据省、自治区、直辖市人民政府确定的职责分工负责房产测绘及成果应用的监督管理。

第二章　房产测绘的委托

第六条　有下列情形之一的,房屋权利申请人、房屋权利人或者其他利害关系人应当委托房产测绘单位进行房产测绘:

(一)申请产权初始登记的房屋;

(二)自然状况发生变化的房屋;

(三)房屋权利人或者其他利害关系人要求测绘的房屋。

房产管理中需要的房产测绘,由房地产行政主管部门委托房产测绘单位进行。

第七条　房产测绘成果资料应当与房产自然状况保持一致。房产自然状况发生变化时，应当及时实施房产变更测量。

第八条 委托房产测绘的，委托人与房产测绘单位应当签订书面房产测绘合同。

第九条 房产测绘单位应当是独立的经济实体，与委托人不得有利害关系。

第十条 房产测绘所需费用由委托人支付。

房产测绘收费标准按照国家有关规定执行。

第三章 资格管理

第十一条 国家实行房产测绘单位资格审查认证制度。

第十二条 房产测绘单位应当依照《中华人民共和国测绘法》和本办法的规定，取得省级以上人民政府测绘行政主管部门颁发的载明房产测绘业务的《测绘资格证书》。

第十三条 除本办法另有规定外、房产测绘资格审查、分级标准、作业限额、年度检验等按照国家有关规定执行。

第十四条 申请房产测绘资格的单位应当向所在地省级测绘行政主管部门提出书面申请，并按照测绘资格审查管理的要求提交有关材料。

省级测绘行政主管部门在决定受理之日起5日内，转省级房地产行政主管部门初审。省级房地产行政主管部门应当在15日内，提出书面初审意见，并反馈省级测绘行政主管部门；其中，对申请甲级房产测绘资格的初审意见应当同时报国务院建设行政主管部门备案。

申请甲级房产测绘资格的，由省级测绘行政主管部门报国务院测绘行政主管部门审批发证；申请乙级以下房产测绘资格的，由省级测绘行政主管部门审批发证。

取得甲级房产测绘资格的单位，由国务院测绘行政主管部门和国务院建设行政主管部门联合向社会公告。取得乙级以下房产测绘资格的单位,由省级测绘行政主管部门和省级房地产行政主管部门联合向社会公告。

第十五条 《测绘资格证书》有效期为 5 年,期满 3 个月前,由持证单位提请复审,发证机关负责审查和换证。对有房产测绘项目的,发证机关在审查和换证时,应当征求同级房地产行政主管部门的意见。

在《测绘资格证书》有效期内,房产测绘资格由测绘行政主管部门进行年检。年检时,测绘行政主管部门应当征求同级房地产行政主管部门的意见。对年检中被降级或者取消房产测绘资格的单位,由年检的测绘行政主管部门和同级房地产行政主管部门联合向社会公告。

在《测绘资格证书》有效期内申请房产测绘资格升级的,依照本办法第十四条的规定重新办理资格审查手续。

第四章 成果管理

第十六条 房产测绘成果包括:房产簿册、房产数据和房产图集等。

第十七条 当事人对房产测绘成果有异议的,可以委托国家认定的房产测绘成果鉴定机构鉴定。

第十八条 用于房屋权属登记等房产管理的房产测绘成果,房地产行政主管部门应当对施测单位的资格、测绘成果的适用性、界址点准确性、面积测算依据与方法等内容进行审核。审核后的房产测绘成果纳入房产档案统一管理。

第十九条 向国(境)外团体和个人提供、赠送、出售未公开的房产测绘成果资料,委托国(境)外机构印制房产测绘图件,应当按照《中华人民共和国测绘法》和《中华人民共和国测绘成果管理规定》以及国家安全、保密等有关规定办理。

第五章　法律责任

第二十条　未取得载明房产测绘业务的《测绘资格证书》从事房产测绘业务以及承担房产测绘任务超出《测绘资格证书》所规定的房产测绘业务范围、作业限额的，依照《中华人民共和国测绘法》和《测绘资格审查认证管理规定》的规定处罚。

第二十一条　房产测绘单位有下列情形之一的，由县级以上人民政府房地产行政主管部门给予警告并责令限期改正，并可处以1万元以上3万元以下的罚款；情节严重的，由发证机关予以降级或者取消其房产测绘资格：

（一）在房产面积测算中不执行国家标准、规范和规定的；

（二）在房产面积测算中弄虚作假、欺骗房屋权利人的；

（三）房产面积测算失误，造成重大损失的。

第二十二条　违反本办法第十九条规定的，根据《中华人民共和国测绘法》、《中华人民共和国测绘成果管理规定》及国家安全、保密法律法规的规定处理。

第二十三条　房产测绘管理人员、工作人员在工作中玩忽职守、滥用职权、徇私舞弊的，给予行政处分；构成犯罪的，依法追究刑事责任。

第六章　附　　则

第二十四条　省级房地产行政主管部门和测绘行政主管部门可以根据本办法制定实施细则。

第二十五条　本办法由国务院建设行政主管部门和国务院测绘行政主管部门共同解释。

第二十六条　本办法自2001年5月1日起施行。

中华人民共和国国土资源部令

第 19 号

《重要地理信息数据审核公布管理规定》,已经 2002 年 12 月 12 日国土资源部第 6 次部务会议通过,现予公布,自 2003 年 5 月 1 日起施行。《重要地理信息数据审核公布管理规定》,由国家测绘局负责监督执行。

部　长　田凤山
二〇〇三年三月二十五日

重要地理信息数据审核公布管理规定

第一条　为了加强重要地理信息数据审核、公布工作的管理,确保对外公布的重要地理信息数据的权威性和准确性,根据《中华人民共和国测绘法》的有关规定,制定本规定。

第二条　中华人民共和国领域和管辖的其他海域的重要地理信息数据的审核、公布管理工作,适用本规定。

第三条　国务院测绘行政主管部门负责重要地理信息数据的审核、公布管理工作。

第四条　在行政管理、新闻传播、对外交流等对社会公众有影响的活动、公开出版的教材以及需要使用重要地理信息数据的,应当使用依法公布的数据。

第五条　本规定所称的重要地理信息数据,是指在中华人民共和国领域和管辖的其他海域内的重要自然和人文地理实体的位置、高程、深度、面积、长度等位置信息数据和重要属性信息数据。主要包括:

(一)涉及国家主权、政治主张的地理信息数据;

(二)国界、国家面积、国家海岸线长度,国家版图重要特征点、地势、地貌分区位置等地理信息数据;

(三)拟冠以"全国"、"中国"、"中华"、"国家"等字样的地理信息数据;

(四)经相邻省级人民政府联合勘定并经国务院批复的省级界线长度及行政区域面积,沿海省、自治区、直辖市海岸线长度;

(五)法律法规规定以及需要由国务院测绘行政主管部门审核的其他重要地理信息数据。

第六条　国务院测绘行政主管部门负责受理单位和个人(以下称为建议人)提出的审核公布重要地理信息数据的建议。

建议人也可以直接向省、自治区、直辖市测绘行政主管部门提出审核公布重要地理信息数据建议。省、自治区、直辖市测绘行政主管部门应当在 10 个工作日内将建议转报国务院测绘行政主管部门。

第七条　建议人建议审核公布重要地理信息数据,应当向国务院测绘行政主管部门提交以下书面资料:

(一)建议人基本情况;

(二)重要地理信息数据的详细数据成果资料,科学性及公布的必要性说明;

(三)重要地理信息数据获取的技术方案及对数据验收评估的有关资料;

(四)国务院测绘行政主管部门规定的其他资料。

建议人为各级地方人民政府、国务院各部门的,可以不提供前款(一)规定的资料。

第八条　国务院测绘行政主管部门收到建议人建议审核公布重要地理信息数据的资料后,应当在 10 个工作日内决定是否受理,并书面通知建议人。不予受理的,应当说明原因。

第九条　国务院测绘行政主管部门应当组织对建议人提交的重要地理信息数据进行审核。

审核主要包括以下内容:

(一)重要地理信息数据公布的必要性;

(二)提交的有关资料的真实性与完整性;

(三)重要地理信息数据的可靠性与科学性;

(四)重要地理信息数据是否符合国家利益,是否影响国家安全;

(五)与相关历史数据、已公布数据的对比。

第十条　国务院测绘行政主管部门应当会同国务院有关部门、军队测绘主管部门,对通过审核的重要地理信息数据公布的必要性、公布部门等内容进行会商,并向国务院上报公布建议。

第十一条　国务院批准公布的重要地理信息数据,由国务院或者国务院授权的部门公布。

重要地理信息数据以公告形式公布,并在全国范围内发行的报纸或者互联网上刊登。

第十二条　重要地理信息数据公布时,应当注明审核、公布部门。

第十三条　依照本规定公布重要地理信息数据的国务院有关部门,应当在公布时,将公布公告抄送国务院测绘行政主管部门。

第十四条　国务院测绘行政主管部门收到公布公告后,应当在 10 日内书面通知建议人。

建议人建议审核公布的重要地理信息数据,在受理后未被批准公布的,国务院测绘行政主管部门应当及时书面通知建议人,并说明理由。

第十五条　国务院有关部门具有下列情形之一的,由国务院测绘行政主管部门依法给予警告,责令改正,可以并处十万元以下罚

款;构成犯罪的,依法追究刑事责任;尚不够刑事处罚的,对负有直接责任的主管人员和其他直接责任人员,依法给予行政处分:

(一)擅自发布已经国务院批准并授权国务院有关部门公布的重要地理信息数据的;

(二)擅自发布未经国务院批准的重要地理信息数据的。

第十六条　单位和个人具有下列情形之一的,由省级测绘行政主管部门依法给予警告,责令改正,可以并处十万元以下罚款;构成犯罪的,依法追究刑事责任;尚不够刑事处罚的,对负有直接责任的主管人员和其他直接责任人员,依法给予行政处分:

(一)擅自发布已经国务院批准并授权国务院有关部门公布的重要地理信息数据的;

(二)擅自发布未经国务院批准的重要地理信息数据的。

第十七条　本规定自 2003 年 5 月 1 日起实施。

中华人民共和国国土资源部令

第 34 号

《地图审核管理规定》已经 2006 年 6 月 8 日国土资源部第 3 次部务会议通过,现予公布,自 2006 年 8 月 1 日起施行。《地图审核管理规定》由国家测绘局负责监督执行。

部　长　孙文盛

二○○六年六月二十三日

地图审核管理规定

第一章　总　则

第一条　为加强地图审核管理,保证地图质量,根据《中华人民共和国测绘法》等有关法律、法规,制定本规定。

第二条　在中华人民共和国境内公开出版地图、引进地图、展示、登载地图以及在生产加工的产品上附加的地图图形的审核,应当遵守本规定。

第三条　国务院测绘行政主管部门统一监督管理全国的地图审核工作。省、自治区、直辖市测绘行政主管部门(以下简称省级测绘行政主管部门)监督管理本行政区域内的地图审核工作。

第四条　下列地图由国务院测绘行政主管部门审核：

（一）世界性和全国性地图（含历史地图）；

（二）台湾省、香港特别行政区、澳门特别行政区的地图；

（三）涉及国界线的省区地图；

（四）涉及两个以上省级行政区域的地图；

（五）全国性和省、自治区、直辖市地方性中小学教学地图；

（六）省、自治区、直辖市历史地图；

（七）引进的境外地图；

（八）世界性和全国性示意地图。

第五条　下列地图国务院测绘行政主管部门可以委托省级测绘行政主管部门审核：

（一）涉及国界线的省级行政区域地图；

（二）省、自治区、直辖市历史地图（不涉及国界线）；

（三）省、自治区、直辖市地方性中小学教学地图；

（四）世界性和全国性示意地图。

第六条　省级测绘行政主管部门负责审核本行政区域内的地图。

第七条　下列地图无明确的审核标准和依据时，由国务院测绘行政主管部门受理商外交部进行相应的图内容审查：

（一）历史地图；

（二）世界性地图；

（三）时事宣传地图；

（四）其他需要商外交部审查的地图。

第二章　申请与受理

第八条　下列情况下，单位和个人（以下统称申请人），应当按照本规定向地图审核部门提出地图审核申请：

（一）在地图出版、展示、登载、引进、生产、加工前；

（二）使用国务院测绘行政主管部门或者省级测绘行政主管部门提供的标准画法地图，并对地图内容进行编辑改动的。

第九条　申请人提出地图审核申请时应当填写地图审核申请表，提交需要审核的地图及下列材料：

（一）编制公开版地图（不含示意地图）的，提交经国务院新闻出版行政主管部门批准的地图出版范围或者单项地图的批准文件以及经国务院测绘行政主管部门或者省级测绘行政主管部门批准具有相应等级和业务范围的测绘资质证书；

（二）编制公开版世界性和全国性地图的，提交经国务院测绘行政主管部门同意编制地图的证明文件；

（三）涉及中小学国家课程教材配套的教学地图，提交经国务院教育行政主管部门的中小学国家课程教材编写核准的有关证明文件；

（四）涉及使用国家秘密测绘成果编制的地图，提交经国务院测绘行政主管部门有关机构进行保密技术处理和使用保密插件的证明文件；

（五）涉及专业内容的地图，提交经过本专业保密部门审查的证明文件。

申请人送审地图时，应当提交试制样图（样品、光盘等）一式两份（彩色地图提交彩色样图；黑白地图提交原稿样图），电子版地图除提交数据等相关资料外，还应当提交与地图审核内容相关的纸质样图。

第十条　国务院测绘行政主管部门或者省级测绘行政主管部门对申请人提出的地图审核申请，应当根据下列情况分别做出处理，并送达申请人：

（一）决定受理：申请材料齐全并符合法定要求的；

（二）告知：不属于本行政机关审核范围的，告知向有关行政机关申请；申请材料不齐全的或者不符合法定形式的，告知补正；

（三）决定不受理：不属于审核范围的。

第十一条　直接使用国务院测绘行政主管部门或者省级测绘行政主管部门提供的标准画法地图,未对其地图内容进行编辑改动的,可以不送审,但应当在地图上注明地图制作单位名称。

第三章　内容审查

第十二条　国务院测绘行政主管部门或者省级测绘行政主管部门对地图内容的审查包括:

(一)保密审查;

(二)国界线、省、自治区、直辖市行政区域界线(包括中国历史疆界)和特别行政区界线;

(三)重要地理要素及名称等内容;

(四)国务院测绘行政主管部门规定需要审查的其他地图内容。

审查的具体内容和标准,按地图审核权限分别由国务院测绘行政主管部门和省级测绘行政主管部门另行制定。

第十三条　国务院测绘行政主管部门和省级测绘行政主管部门的地图内容审查工作职责,应当有明确的地图内容审查工作机构承担。

第十四条　国务院测绘行政主管部门和省级测绘行政主管部门受理地图审核申请后,应当及时将地图内容审查通知书和相关申请材料一起转地图内容审查工作机构进行审查。地图内容审查工作机构,自接到地图内容审查通知书和相关申请材料之日起二十日内完成审查工作。国务院测绘行政主管部门受理的需要省级地图内容审查工作机构协助进行审查的地图,由国务院测绘行政主管部门下达协助审查任务书,省级地图内容审查工作机构应当自收到地图内容协助审查任务书之日起十五日内完成,并出具加盖地图内容审查专用章的地图内容审查意见书。

第十五条　具备下列条件的人员,可以从事地图内容审查工作:

(一)具有中级以上地图编制专业技术职称或者从事地图内容审

查工作三年以上；

（二）持有国务院测绘行政主管部门颁发的地图审查上岗证书。

第四章　审批与备案

第十六条　地图审核自受理之日起三十日内完成。电视、报刊及其他媒体上使用的时事宣传地图，原则上实行即送即审。

第十七条　国务院测绘行政主管部门或者省级测绘行政主管部门，自接到地图内容审查意见书后，在五日内做出批准或者不予批准的意见。做出批准意见的，编发审图号，发出地图审核批准通知书。

不予批准的，说明原因，发出地图审核不予批准通知书，并将申请材料退还申请人。

第十八条　国务院测绘行政主管部门审图号为：GS〔××××年〕×××号（如：GS〔2004〕001号）

省级测绘行政主管部门审图号为：省（自治区、直辖市）简称S〔××××年〕×××号（如：京S〔2004〕006号）

第十九条　地图审核申请被批准后，申请人应当：

（一）按照国务院测绘行政主管部门或者省级测绘行政主管部门出具的地图内容审查意见书和试制样图上的批注意见对地图进行修改；

（二）在正式出版、展示、登载以及生产的地图产品上载明审图号；

（三）在出版发行、销售前向地图审核部门报送样图（样品、光盘等，下同）一式两份备案。

送审或者可不送审的地图样图，按照本规定第二十一条要求备案。

第二十条　国务院测绘行政主管部门或者省级测绘行政主管部门应当在网站上公告获得批准的地图名称、审图号等基本信息。

第二十一条　申请材料的原始图件保管期为五年，备案样图保管期为三年。

第二十二条　申请人对地图审核不予批准通知书有异议的,可以依法申请行政复议或者提起行政诉讼。

第五章　罚　则

第二十三条　违反本规定,有关法律、法规对违法行为已有处罚规定的,依照有关法律、法规规定执行。

第二十四条　违反本规定,有下列行为之一的,由国务院测绘行政主管部门或者省级测绘行政主管部门责令限期改正,给予警告,并可以处三千元以上一万元以下的罚款。

(一)未在地图上载明国务院测绘行政主管部门或者省级测绘行政主管部门核发的审图号的;

(二)经审核批准的地图,未按规定报送备案样图的。

第二十五条　违反本规定,有下列行为之一的,由国务院测绘行政主管部门或者省级测绘行政主管部门责令限期改正,给予警告,并可以处五千元以上二万元以下的罚款:

(一)未按规定送审地图的或者擅自使用未经审核批准的地图的;

(二)经审核批准的地图,未按审查意见修改的。

第二十六条　违反本规定,有下列行为之一的,由国务院测绘行政主管部门或者省级测绘行政主管部门给予警告,并处二万元以上三万元以下的罚款:

(一)弄虚作假、伪造申请材料,骗取地图审核批准的;

(二)伪造或者冒用地图审核批准文件和地图审图号的。

第二十七条　地图审核工作人员违反本规定,有下列情形之一的,由地图审核机构的上级行政机关或者监察机关责令改正;情节严重的,对直接负责的主管人员和其他直接责任人员依法给予行政处分:

（一）在地图审核工作中滥用职权、玩忽职守的；

（二）在地图审核工作中出现重大失误，造成一定影响的；

（三）在地图审核工作中未经申请人同意，擅自将送审的地图提供他人使用的。

第六章 附 则

第二十八条 省、自治区、直辖市测绘行政主管部门可以依据本规定，制定本省、自治区、直辖市行政区域内地图审核管理规定。

第二十九条 本规定自 2006 年 8 月 1 日起施行，原《地图审核管理办法》（国家测绘局令第 3 号）同时予以废止。

中华人民共和国国土资源部令

第 52 号

《国土资源部关于修改〈外国的组织或者个人来华测绘管理暂行办法〉的决定》，已经2010 年11 月 29 日国土资源部第 6 次部务会议审议通过，并经国务院批准，现予发布，自发布之日起施行。

部　长　徐绍史

二〇一一年四月二十七日

国土资源部关于修改《外国的组织或者个人来华测绘管理暂行办法》的决定

为了维护社会主义法制统一，进一步完善国土资源法律体系，决定对《外国的组织或者个人来华测绘管理暂行办法》（国土资源部令第 38 号）做出如下修改：

一、第七条第五项修改为："地形图、世界政区地图、全国政区地图、省级及以下政区地图、全国性教学地图、地方性教学地图和真三维地图的编制"。

二、第八条第二款第三项修改为："合资、合作企业须中方控股。

外国的组织或者个人在中华人民共和国领域只申请互联网地图服务测绘资质的,必须依法设立合资企业,且外方投资者在合资企业中的出资比例,最终不得超过50％"。

三、第九条第二项修改为:"中方控股的证明文件(只申请互联网地图服务测绘资质的,需提供外方投资者投资比例不超过50％的证明文件)"。

四、本决定自发布之日起施行。

《外国的组织或者个人来华测绘管理暂行办法》根据本决定做相应修改后,重新公布。

外国的组织或者个人
来华测绘管理暂行办法

(2007年1月19日中华人民共和国国土资源部令第38号公布 根据2011年4月27日《国土资源部关于修改〈外国的组织或者个人来华测绘管理暂行办法〉的决定》修正)

第一条 为加强对外国的组织或者个人在中华人民共和国领域和管辖的其他海域从事测绘活动的管理,维护国家安全和利益,促进中外经济、科技的交流与合作,根据《中华人民共和国测绘法》和其他有关法律、法规,制定本办法。

第二条 外国的组织或者个人在中华人民共和国领域和管辖的其他海域从事测绘活动(以下简称来华测绘),适用本办法。

第三条 来华测绘应当遵循以下原则:

(一)必须遵守中华人民共和国的法律、法规和国家有关规定;

（二）不得涉及中华人民共和国的国家秘密；

（三）不得危害中华人民共和国的国家安全。

第四条 国务院测绘行政主管部门会同军队测绘主管部门负责来华测绘的审批。

县级以上各级人民政府测绘行政主管部门依照法律、行政法规和规章的规定，对来华测绘履行监督管理职责。

第五条 来华测绘应当符合测绘管理工作国家秘密范围的规定。测绘活动中涉及国防和国家其他部门或者行业的国家秘密事项，从其主管部门的国家秘密范围规定。

第六条 外国的组织或者个人在中华人民共和国领域测绘，必须与中华人民共和国的有关部门或者单位依法采取合资、合作的形式（以下简称合资、合作测绘）。

前款所称合资、合作的形式，是指依照《中华人民共和国中外合资经营企业法》、《中华人民共和国中外合作经营企业法》的规定设立合资、合作企业。

经国务院及其有关部门或者省、自治区、直辖市人民政府批准，外国的组织或者个人来华开展科技、文化、体育等活动时，需要进行一次性测绘活动的（以下简称一次性测绘），可以不设立合资、合作企业，但是必须经国务院测绘行政主管部门会同军队测绘主管部门批准，并与中华人民共和国的有关部门和单位的测绘人员共同进行。

第七条 合资、合作测绘不得从事下列活动：

（一）大地测量；

（二）测绘航空摄影；

（三）行政区域界线测绘；

（四）海洋测绘；

（五）地形图、世界政区地图、全国政区地图、省级及以下政区地图、全国性教学地图、地方性教学地图和真三维地图的编制；

（六）导航电子地图编制；

（七）国务院测绘行政主管部门规定的其他测绘活动。

第八条 合资、合作测绘应当取得国务院测绘行政主管部门颁发的《测绘资质证书》。

合资、合作企业申请测绘资质应当具备下列条件：

（一）符合《中华人民共和国测绘法》以及外商投资的法律法规的有关规定；

（二）符合《测绘资质管理规定》的有关要求；

（三）合资、合作企业须中方控股。外国的组织或者个人在中华人民共和国领域只申请互联网地图服务测绘资质的，必须依法设立合资企业，且外方投资者在合资企业中的出资比例，最终不得超过50%；

（四）已经依法进行企业登记，并取得中华人民共和国法人资格。

第九条 合资、合作企业申请测绘资质应当提供下列材料：

（一）《测绘资质管理规定》中要求提供的申请材料；

（二）中方控股的证明文件（只申请互联网地图服务测绘资质的，需提供外方投资者投资比例不超过50%的证明文件）；

（三）企业法人营业执照；

（四）国务院测绘行政主管部门规定应当提供的其他材料。

第十条 测绘资质许可依照下列程序办理：

（一）提交申请：合资、合作企业应当分别向国务院测绘行政主管部门和其所在地的省、自治区、直辖市人民政府测绘行政主管部门提交申请材料；

（二）初审：国务院测绘行政主管部门在收到申请材料后依法做出是否受理的决定。决定受理的，应当及时通知省、自治区、直辖市人民政府测绘行政主管部门进行初审。省、自治区、直辖市人民政府测绘行政主管部门应当在接到初审通知后20个工作日内提出初审意见，并报国务院测绘行政主管部门；

（三）审查：国务院测绘行政主管部门接到初审意见后5个工作日内送军队测绘主管部门会同审查，并在接到会同审查意见后8个工作日内做出审查决定；

（四）发放证书：审查合格的，由国务院测绘行政主管部门颁发相应等级的《测绘资质证书》；审查不合格的，由国务院测绘行政主管部门做出不予许可的决定。

第十一条　申请一次性测绘的，应当提交下列申请材料一式三份：

（一）申请表；

（二）国务院及其有关部门或者省、自治区、直辖市人民政府的批准文件；

（三）按照法律法规规定应当提交的有关部门的批准文件；

（四）外国的组织或者个人的身份证明和有关资信证明；

（五）测绘活动的范围、路线、测绘精度及测绘成果形式的说明；

（六）测绘活动时使用的测绘仪器、软件和设备的清单和情况说明；

（七）中华人民共和国现有测绘成果不能满足项目需要的说明。

第十二条　一次性测绘应当依照下列程序取得国务院测绘行政主管部门的批准文件：

（一）提交申请：经国务院及其有关部门批准，外国的组织或者个人来华开展科技、文化、体育等活动时，需要进行一次性测绘活动的，应当向国务院测绘行政主管部门提交申请材料。

经省、自治区、直辖市人民政府批准，外国的组织或者个人来华开展科技、文化、体育等活动时，需要进行一次性测绘活动的，应当向国务院测绘行政主管部门和省、自治区、直辖市人民政府测绘行政主管部门分别提交申请材料；

（二）初审：国务院测绘行政主管部门在收到申请材料后依法做出是否受理的决定。经省、自治区、直辖市人民政府批准，外国的组织或者个人来华开展科技、文化、体育等活动时，需要进行一次性测绘活动的，国务院测绘行政主管部门决定受理后，应当及时通知省、自治区、直辖市人民政府测绘行政主管部门进行初审。省、自治区、直辖市人民政府测绘行政主管部门应当在接到初审通知后 20 个工

作日内提出初审意见,并报国务院测绘行政主管部门;

(三)审查:国务院测绘行政主管部门受理后或者接到初审意见后5个工作日内送军队测绘主管部门会同审查,并在接到会同审查意见后8个工作日内做出审查决定;

(四)批准:准予一次性测绘的,由国务院测绘行政主管部门依法向申请人送达批准文件,并抄送测绘活动所在地的省、自治区、直辖市人民政府测绘行政主管部门;不准予一次性测绘的,应当做出书面决定。

第十三条 依法需要听证、检验、检测、鉴定和专家评审的,所需时间不计算在规定的期限内,但是应当将所需时间书面告知申请人。

第十四条 合资、合作企业应当在《测绘资质证书》载明的业务范围内从事测绘活动。一次性测绘应当按照国务院测绘行政主管部门批准的内容进行。

合资、合作测绘或者一次性测绘的,应当保证中方测绘人员全程参与具体测绘活动。

第十五条 来华测绘成果的管理依照有关测绘成果管理法律法规的规定执行。

来华测绘成果归中方部门或者单位所有的,未经依法批准,不得以任何形式将测绘成果携带或者传输出境。

第十六条 县级以上地方人民政府测绘行政主管部门,应当加强对本行政区域内来华测绘的监督管理,定期对下列内容进行检查:

(一)是否涉及国家安全和秘密;

(二)是否在《测绘资质证书》载明的业务范围内进行;

(三)是否按照国务院测绘行政主管部门批准的内容进行;

(四)是否按照《中华人民共和国测绘成果管理条例》的有关规定汇交测绘成果副本或者目录;

(五)是否保证了中方测绘人员全程参与具体测绘活动。

第十七条 违反本办法规定,法律、法规已规定行政处罚的,从其规定。

违反本办法规定,来华测绘涉及中华人民共和国的国家秘密或者危害中华人民共和国的国家安全的行为的,依法追究其法律责任。

第十八条 违反本办法规定,有下列行为之一的,由国务院测绘行政主管部门撤销批准文件,责令停止测绘活动,处3万元以下罚款。有关部门对中方负有直接责任的主管人员和其他直接责任人员,依法给予行政处分;构成犯罪的,依法追究刑事责任。对形成的测绘成果依法予以收缴:

(一)以伪造证明文件、提供虚假材料等手段,骗取一次性测绘批准文件的;

(二)超出一次性测绘批准文件的内容从事测绘活动的。

第十九条 违反本办法规定,未经依法批准将测绘成果携带或者传输出境的,由国务院测绘行政主管部门处3万元以下罚款;构成犯罪的,依法追究刑事责任。

第二十条 来华测绘涉及其他法律法规规定的审批事项的,应当依法经相应主管部门批准。

第二十一条 香港特别行政区、澳门特别行政区、台湾地区的组织或者个人来内地从事测绘活动的,参照本办法进行管理。

第二十二条 本办法自2007年3月1日起施行。

五、规范性文件

国家测绘局公告

第 1 号

按照《国务院办公厅关于做好规章清理工作有关问题的通知》（国办发〔2010〕28 号）的要求，国家测绘局对 2010 年 11 月 30 日前制定发布的规范性文件进行了全面清理。清理结果已经局务会议审议通过，现公布如下：

一、废止《颁发全国各省、自治区、地质局测量队执行测量工作的几项具体规定》等 106 件规范性文件（目录见附件 1）。

二、《关于恢复内蒙古自治区原有行政区划后有关省（区）界线画法、测绘生产计划及测绘资料交接的通知》等 36 件规范性文件失效（目录见附件 2）。

三、《关于颁发〈测绘成图、成果资料实行部分收费的试行办法〉的通知》等 202 件规范性文件继续有效（目录见附件 3）。

上述废止、失效的规范性文件，自本公告发布之日起不再执行。继续有效的规范性文件，有效期与本公告发布前连续计算。凡我局于 2010 年 11 月 30 日以前制定的规范性文件，未列入上述继续有效规范性文件目录的，原则上不再作为测绘管理的依据。

各级测绘行政主管部门要严格依法履行职责，认真执行继续有效的规范性文件，并对照有关规范性文件废止、失效的情况,切实做好本部门规范性文件清理的衔接工作。

特此公告。

附件:1. 废止的规范性文件目录
2. 失效的规范性文件目录
3. 继续有效的规范性文件目录

国家测绘局

二〇一一年一月十日

附件 1：

废止的规范性文件目录

序号	名称及文号	备注
1	颁发全国各省、自治区、地质局测量队执行测量工作的几项具体规定(国测鲁〔58〕659 号)	
2	地图编绘制印基本工作规章(〔61〕国测鲁字第 093 号)	
3	关于测绘工作计划、统计、报告的几项规定(测李字〔62〕第 406 号)	
4	关于中央有关部门长驻省、区、直辖市直属单位领用测绘资料归口问题的通知(国测鲁字〔1963〕820 号)	
5	测绘工作安全生产管理暂行规定(草案)(无文号 1964-1-1)	
6	省、自治区、直辖市测绘管理工作暂行规定(试行)(国测鲁字〔1964〕229 号)	
7	测绘成果成图检查验收规定(测白 267 号,1964 年)	
8	测绘成果成图检查验收规定(修订版)(测李 291 号,1965 年)	
9	关于对全国测绘资料保密等级的划分(1966-01-01)	
10	编制出版公开地图暂行规定(1968-1-1)	
11	颁发《测绘工作财务管理办法》和《测绘工作会计制度》的通知(测发字第 264 号〔1977〕)	
12	测绘成果成图检查验收规定(测发 111 号,1978 年)	

序号	名称及文号	备注
13	关于颁发试行《测绘工人技术等级标准》的通知(〔79〕测发字第 203 号)	
14	关于各级政治中心在地图上表示的规定(〔79〕测发字第 262 号)	
15	关于在地图上钓鱼岛等岛名的标注方法和香港、澳门符号问题的通知(〔79〕测发字第 343 号)	
16	关于地图上省、市、自治区排列顺序请示报告的批复(〔80〕测发字第 452 号)	
17	测绘队编制定员标准(试行草案)(〔82〕测发字第 331 号)	
18	关于报送地图样图的通知(〔82〕测发字第 416 号)	
19	对《关于地图出版审查问题的通知》的意见(〔83〕测发字第 023 号)	
20	全国测绘资料和测绘档案管理规定(1984 年 4 月)	
21	关于地图编制出版管理工作不宜分头负责的复函(〔84〕测生字第 027 号)	
22	国家测绘局科技发展基金管理办法(试行)(〔85〕国测发 251 号)	
23	国家测绘局科学技术发展基金项目申请条例(试行)(〔85〕国测发 251 号)	
24	关于省、自治区、直辖市测绘处职能问题的复函(〔85〕国测发字第 254 号)	

序号	名称及文号	备注
25	关于公开地图上有关内容表示的通知(〔85〕国测发字第266号)	
26	国家测绘局科技成果鉴定试行办法(〔85〕国测发336号)	
27	测绘科学技术进步奖励试行办法(〔85〕国测发336号)	
28	国家测绘局科技发展基金项目评审条例(试行)(〔85〕国测发336号)	
29	测绘科技基金项目合同(〔85〕国测发336号)	
30	测绘类专业教材评选和推荐出版暂行规定(〔85〕国测发363号)	
31	关于加强测绘管理工作的通知(国测发〔1986〕42号)	
32	关于颁发《测绘许可证试行条例》的通知(国测发〔1986〕285号)	
33	关于印发《测绘生产年度计划编制办法》和《测绘生产统计报表规定》的通知(国测发〔1986〕433号)	
34	国家测绘局工程技术人员聘任制度实施细则(国测发〔1986〕第583号)	
35	国家测绘局印发关于加强和改革测绘教育工作等六个文件的通知(国测发〔1987〕第012号)	
36	关于颁发《测绘工作财务管理办法》的通知(国测发〔1987〕24号)	
37	国家测绘局关于《工程技术人员聘任制度实施细则》试行中若干问题的意见(国测发〔1987〕298号)	

序号	名称及文号	备注
38	关于颁发《测绘项目管理办法》的通知（国测发〔1987〕315 号）	
39	关于印发《关于贯彻测绘许可证制度中若干问题的说明》的通知（国测发〔1987〕363 号）	
40	国家测绘局继续教育的暂行规定（国测发〔1987〕第379 号）	
41	测绘教材评审和推荐出版暂行规定（国测发〔1987〕402 号）	
42	测绘教材委员会关于收取和分配评审费的办法（国测发〔1987〕402 号）	
43	关于加强野外测绘队编制定员管理的意见（国测发〔1988〕5 号）	
44	关于野外测绘队用工制度改革的意见（国测发〔1988〕5 号）	
45	测绘生产质量管理规定（试行）（国测发〔1988〕70 号）	
46	关于发布《测绘产品价格和收费管理暂行办法》的通知（国测发〔1988〕295 号）	联合文件,已征求意见
47	部级优质测绘产品评选办法（试行）（国测发〔1988〕423 号）	
48	关于印发《关于加强测绘系统政务信息工作的若干意见》（国测函〔1989〕253 号）	
49	关于试行《测绘出版单位会计制度》的通知（国测发〔1989〕279 号）	

序号	名称及文号	备注
50	测绘产品质量监督抽检管理办法（试行）（国测发〔1990〕037 号）	
51	测绘教材评审和推荐出版工作实施办法（国测发〔1990〕262 号）	
52	关于测绘标准化成果申报测绘科技进步奖的补充规定（试行）（国测发〔1990〕272 号）	
53	关于转发国家保密局发布的第 2 号、3 号令和关于认真贯彻两令通知的通知（国测发〔1990〕282 号）	
54	关于测绘科技重点项目成果申报测绘科技进步奖的补充规定（试行）（国测函〔1990〕452 号）	
55	测绘产品质量监督抽检实施细则（试行）（国测发〔1991〕107 号）	
56	测绘单位全面质量管理规定（国测发〔1991〕139 号）	
57	关于调整地图上表示香港、澳门地区有关技术规定的通知（国测发〔1991〕156 号）	
58	国家测绘局测绘科技攻关项目管理的若干规定（国测发〔1991〕250 号）	
59	关于世界地图上苏联政区及地名变化的处理意见（国测函〔1991〕361 号）	
60	测绘软科学成果申报测绘科技进步奖的补充规定（试行）（国测发〔1992〕39 号）	
61	测绘单位全面质量管理达标验收细则（试行）（国测发〔1992〕042 号）	

序号	名称及文号	备注
62	测绘生产岗位规范(试行)(国测发〔1992〕104 号)	
63	关于印发《航空摄影管理暂行办法》的通知(国测发〔1992〕194 号)	
64	关于颁发《关于领取、使用和保存测绘成果的保密管理规定》通知(国测发字第 222 号,1992 年)	联合文件,已征求意见
65	关于发布《国家测绘局行政复议和行政应诉办法》的通知(国测发〔1993〕11 号)	
66	关于加强测绘成果管理工作的若干规定(国测发〔1993〕023 号)	
67	关于颁发《测绘事业单位收入财务管理办法》的通知(国测发〔1993〕42 号)	
68	关于发布《测绘收费管理试行办法》和《测绘收费标准》的通知(国测发〔1993〕82 号)	
69	关于执行航空摄影管理办法中有关问题的通知(国测函〔1993〕222 号)	
70	关于发布《测绘收费标准》(修订本)补充说明和补充项目的通知(国测发〔1994〕3 号)	
71	测绘队岗位津贴实施办法(国测人字〔1994〕5 号)	
72	测绘行业工人技术等级标准(国测发〔1994〕6 号)	联合文件,已征求意见
73	关于教学地图编制出版审批问题的紧急通知(国测体字〔1995〕8 号)	

序号	名称及文号	备注
74	关于发布《甲、乙级测绘资格证书分级标准》和《各等级测绘资格证书作业限额规定》的通知(国测体字〔1995〕14号)	
75	关于强制执行 GB/T 15638-1995 等四项国家标准的通知(国测国字〔1995〕41号)	
76	关于印发《国家测绘项目实施管理暂行办法》的通知(测生〔1996〕25号)	
77	国家测绘局大、中专毕业生就业及接收管理办法(国测人字〔1997〕1号)	
78	鼓励和吸引优秀毕业生到测绘系统生产单位工作暂行办法(国测人字〔1997〕1号)	
79	关于进一步加强地图审核管理工作的通知(国测法字〔1997〕5号)	
80	国家测绘局测绘科学技术发展基金管理办法(国测国字〔1997〕9号文件)	
81	测绘安全生产规程(测办〔1997〕9号)	
82	关于进一步贯彻执行《测绘市场管理暂行办法》的通知(国测法字〔1997〕10号)	联合文件,已征求意见
83	关于加强测绘质量工作的若干意见(国测国字〔1997〕18号)	
84	关于《中华人民共和国地图编制出版管理条例》有关条文解释问题的答复(测图〔1997〕57号)	
85	测绘科技专著出版基金管理办法(国测国字〔1999〕10号)	

序号	名称及文号	备注
86	关于加强外国人来华测绘管理的通知(国测法字〔1999〕15 号)	
87	关于印发《测绘系统政务信息网络工作规则》(试行)的通知(测办〔1999〕16 号)	
88	关于印发《国家测绘局因特网网站运行管理暂行办法》的通知(测办〔1999〕50 号)	
89	关于发布《测绘资格证书分级标准》的通知(国测管字〔2000〕10 号)	
90	关于发布《测绘行业贯彻 GB/T 19000-ISO 9000 标准实施指南》的通知(国测国字〔2000〕27 号)	
91	国家测绘局测绘科学技术发展基金项目验收管理暂行办法(国测国字〔2000〕28 号)	
92	关于对地图产品进出口监管中遇到的有关问题的复函(测办〔2001〕32 号)	
93	关于发布《测绘单位贯彻 GB/T 19001-ISO 9001:2000 标准实施指南》的通知(国测国字〔2002〕9 号)	
94	关于印发《国家测绘局地图受理审核程序规定》的通知(国测法字〔2003〕5 号)	
95	关于启用《国家测绘局地图受理审核表》的通知(测办〔2003〕12 号)	
96	关于基础测绘概念及地图有关问题的复函(国测函〔2003〕39 号)	

序号	名称及文号	备注
97	关于印发《测绘资质管理规定》和《测绘资质分级标准》的通知(国测法字〔2004〕4 号)	
98	关于报送地图出版物样本备案的通知(测办〔2004〕28 号)	
99	关于印发甲级测绘资质审批程序规定等 10 项测绘行政许可程序规定的通知(测办〔2004〕81 号)	
100	关于导航电子地图出口问题的批复(测办〔2004〕104 号)	
101	关于印发导航电子地图审查程序规定的通知(测办〔2004〕123 号)	
102	关于印发《测绘资质监督检查办法》的通知(国测法字〔2005〕7 号)	
103	关于印发《国家测绘局政府网站登载时政信息审核规定》的通知(测办〔2006〕45 号)	
104	关于印发《国家测绘局地图审核程序规定(试行)》的通知(国测图字〔2007〕6 号)	
105	国家涉密基础测绘成果资料提供使用审批程序规定(试行)(国测成字〔2007〕5 号)	
106	关于印发甲级测绘资质审批程序规定的通知(测办〔2007〕26 号)	

附件 2：

失效的规范性文件目录

序号	名称及文号	理由
1	关于恢复内蒙古自治区原有行政区划后有关省(区)界线画法、测绘生产计划及测绘资料交接的通知((79)测发字第 225 号)	
2	关于颁发《基建、房地产管理暂行办法》的通知(测发字第 406 号〔1982〕)	
3	关于地图上停止使用《第二次汉字简化方案(草案)的通知》(测生发〔1986〕82 号)	
4	关于重申专题地图出版权问题的函(测质发〔1988〕05 号)	
5	关于印发《关于测绘系统各单位向国家测绘局报送文件的若干规定》的通知(国测发〔1989〕254 号)	
6	关于颁发《国家测绘局基本建设管理暂行办法》的通知(国测发〔1991〕008 号)	
7	接收地形图和薄膜黑图的管理规定(国测发〔1991〕37 号)	
8	关于做好 1∶5 万比例尺地形图更新建档工作并及时移交国家测绘档案资料馆的通知(国测发〔1991〕265 号)	
9	关于印发《测绘生产计划编制办法》《测绘生产统计编报办法》《测绘项目管理办法》的通知(国测发〔1992〕175 号)	

序号	名称及文号	理由
10	关于《全国首届地图展览会》展品制作中有关审图事项的通知(测办发〔1993〕14 号)	
11	关于开展地图市场执法检查的通知(国测法字〔1995〕2 号)	
12	国家测绘局跨世纪学术和技术带头人遴选培养及管理暂行办法(国测人字〔1995〕18 号)	
13	国家测绘局跨世纪学术和技术带头人科技活动资助费管理办法(国测人字〔1995〕22 号)	
14	国家测绘局跨世纪学术和技术带头人考核办法(测专〔1995〕40 号)	
15	关于测绘资格审查工作中几个政策性问题的规定(国测法〔1996〕7 号)	
16	关于配发测绘工作证有关事宜的通知(测法〔1996〕20 号)	
17	对《关于〈香港特别行政区地图〉地名等几项内容表示原则的请示》的批复(测生〔1996〕24 号)	
18	关于印发《国家测绘局建设工程项目执法监察实施方案》的通知(国测计字〔1996〕29 号)	
19	关于实施测绘系统跨世纪人才工程的意见(国测人〔1996〕30 号)	
20	关于出版全国性地图有关问题的批复(测法〔1996〕39 号)	
21	关于配发《测绘工作证》的补充通知(测管〔1997〕1 号)	

序号	名称及文号	理由
22	关于《测绘工作证》有关具体问题的补充通知（测管〔1997〕8号）	
23	关于进一步发挥测绘系统办公信息计算机远程通信系统作用的通知（测办〔1997〕31号）	
24	对《关于明确竣工测量属于工程测量项目的请示》的答复（测管〔1998〕9号）	
25	关于加强地图审查工作的通知（国测办字〔1999〕9号）	
26	关于进一步加强地图审查工作的通知（国测法字〔1999〕14号）	
27	关于测绘主管部门对地图印刷企业进行资格证问题的批复（国测管字〔1999〕15号）	
28	关于在澳门回归前不宜出版各种澳门地图的通知（国测国字〔1999〕19号）	
29	关于对不符合"一个中国"原则的地图产品进行专项检查的紧急通知（国测法字〔2000〕3号）	
30	关于印发《国家基础测绘设施项目竣工验收实施办法》的通知（国测财字〔2002〕32号）	
31	关于印发《国家基础测绘设施项目归档资料整理规范》的通知（测财函〔2003〕14号）	
32	关于印发《导航电子地图制作资质标准（试行）》的通知（国测法字〔2004〕13号）	
33	关于测绘资质管理工作有关问题的批复（测办〔2006〕86号）	

序号	名称及文号	理由
34	关于明确《测绘资质分级标准》中相关项目作业限额的批复(测办〔2006〕87号)	
35	关于测绘资质管理有关问题的批复(测办〔2008〕15号)	
36	关于报送中小学地理类教材出版物样本的通知(国测图发〔2009〕3号)	

附件 3：

继续有效的规范性文件目录

序号	名称及文号	备注
1	关于颁发《测绘成图、成果资料实行部分收费的试行办法》的通知（测发字第 76 号〔1980〕）	
2	关于测绘野外队老干部离休后是否继续发给野外工作津贴的复函（〔85〕测人字第 134 号）	
3	关于将野外测绘工人列为提前退休工种的通知（国测发〔1986〕251 号）	
4	关于对保密地形图进行统一编号的规定（国测发〔1986〕298 号）	
5	关于颁发《测绘产品收费标准》的通知（国测发〔1987〕473 号）	
6	关于印发《测绘科学技术档案管理规定》的通知（国测发〔1988〕82 号）	联合文件,已征求意见
7	关于印发《测量标志维修规程（试行）》的通知（国测发〔1988〕139 号）	
8	《国家测绘局专利工作管理暂行办法》（国测发〔1988〕215 号）	
9	关于颁布《测绘产品质量监督检验收费标准》的通知（国测发〔1988〕382 号）	
10	关于广东、海南两省间行政区域界线在地图上画法的通知（测办发〔1989〕23 号）	

序号	名称及文号	备注
11	关于贯彻《关于土地登记收费及其管理办法》有关地籍测绘经费问题的几点意见(国测发〔1990〕185 号)	
12	关于加强测绘计量器具检定工作的通知(国测函〔1991〕32 号)	
13	关于编制台湾省地图注意事项的通知(国测函〔1991〕304 号)	
14	关于转发外交部《关于原苏联境内各独立国家在地图上表示方法的通知》的通知(国测函〔1992〕046 号)	
15	国家测绘局职工个人防护用品标准及管理规定(试行)(国测发〔1992〕第 106 号)	
16	关于测绘野外艰苦岗位职工实行浮动一级工资的通知(国测发〔1992〕197 号)	
17	关于汇交测绘成果目录和副本的实施办法(国测发〔1993〕077 号)	列入 2011 年修订立法计划
18	关于颁发《测绘科技档案建档工作管理规定》及有关技术标准的通知(国测发〔1993〕088 号)	
19	关于贯彻《质量管理和质量保证》系列国家标准的通知(国测函〔1993〕201 号)	
20	关于发布《测绘市场管理暂行办法》的通知(国测体字〔1995〕15 号)	已经国测法发〔2010〕7 号修订
21	关于印发《国家基础航空摄影资料管理暂行办法》的通知(国测国字〔1996〕6 号)	

序号	名称及文号	备注
22	关于印发《航空摄影管理暂行办法》的通知(国测国字〔1996〕7 号)	已经国测法发〔2010〕7号修订
23	国家测绘局关于贯彻实施《行政处罚法》的通知(国测法字〔1996〕11 号)	
24	测绘计量管理暂行办法(国测国字〔1996〕24 号)	列入 2011 年修订立法计划
25	国家测绘局专业技术人员继续教育规定(国测人字〔1996〕28 号)	
26	测绘科学技术进步奖励办法（修订稿）(国测国字〔1996〕45 号)	已列入今年立法计划,年底完成修订
27	关于绘制《香港特别行政区区域图》有关问题及处理意见的函(测生〔1997〕6 号)	
28	测绘安全生产管理暂行规定(国测人字〔1997〕8 号)	
29	测绘行业特有工种职业技能鉴定实施办法(试行)(国测人字〔1997〕12 号)	
30	国家测绘局继续教育培训班管理办法(测教〔1997〕12 号)	
31	国家测绘局继续教育登记证书管理办法(测教〔1997〕13 号)	

序号	名称及文号	备注
32	测绘生产质量管理规定(国测国字〔1997〕20 号)	已列入今年立法计划,年底完成修订
33	测绘质量监督管理办法(国测国字〔1997〕28 号)	已经国测法发〔2010〕7号修订
34	关于印发《国家基础航空摄影资料管理暂行办法》的补充规定的通知(国测国字〔1997〕44 号)	
35	关于核定测绘事业单位专用基金提取比例的通知(国测计字〔1998〕61 号)	
36	对陕西测绘局《关于受原国家测绘总局表彰的社会主义建设积极分子退休后可否相应提高退休费比例的请示》的批复(测人〔1998〕108 号)	
37	关于进一步做好测绘系统维护稳定的通知(国测办字〔1999〕3 号)	
38	测绘行业特有工种职业技能鉴定站管理办法(国测人字〔1999〕13 号)	
39	测绘行业特有工种职业技能鉴定考评人员管理办法(国测人字〔1999〕14 号)	
40	关于对宁夏回族自治区测绘局有关测量标志管理工作关系请示的函(测法〔1999〕27 号)	
41	关于加强国家基础航空摄影测量底片安全保管工作的通知(测业〔1999〕96 号)	

序号	名称及文号	备注
42	关于编制澳门特别行政区行政区域图意见的函(测业〔1999〕128号)	
43	关于测绘主管部门在商品房面积管理工作中职能分工的通知(国测法字〔2000〕1号)	
44	关于重新发布测绘合同示范文本的通知(国测法字〔2000〕2号)	联合文件,已征求意见
45	关于加强地图产品管理工作的通知(国测法字〔2000〕5号)	
46	关于城市测绘管理问题的批复(国测法字〔2000〕7号)	
47	测绘行业特有工种职业技能鉴定考务管理办法(测人〔2000〕41号)	
48	测绘行业特有工种职业资格证书管理办法(测人〔2000〕42号)	
49	国家测绘局青年学术和技术带头人管理办法(国测人字〔2000〕24号)	
50	我国分米级精度大地水准面CQG2000(公告〔2001〕1号)	
51	国家第二期一等水准复测成果(公告〔2001〕2号)	
52	国家高精度水准网动态平差成果(公告〔2001〕3号)	
53	关于印发《国家基础测绘项目管理办法(试行)》的通知(国测国字〔2001〕7号)	
54	关于加强测绘系统会计电算化工作的通知(测办〔2001〕94号)	

序号	名称及文号	备注
55	关于印发《中国测绘网广域连网普通密码管理规定》的通知(国测密字〔2002〕2 号)	
56	关于在国家测绘局网站上公布地图审核结果的通知(国测法字〔2002〕2 号)	
57	关于印发《测绘工程产品价格》和《测绘工程产品困难类别细则》的通知(国测财字〔2002〕3 号)	
58	国家测绘局关于进一步加强安全生产工作的意见(国测办字〔2002〕7 号)	
59	关于工程测量管理问题的批复(测管函〔2002〕39 号)	
60	关于对工艺性宝石地球仪进行地图审核意见的函(测管函〔2002〕40 号)	
61	关于进一步加强公开版地图选题计划管理工作的通知(测办〔2002〕113 号)	
62	关于印发《公开地图内容表示若干规定》的通知(国测法字〔2003〕1 号)	
63	关于实施《中华人民共和国测绘法》的意见(国测法字〔2003〕3 号)	
64	关于城市测量有关问题请示的批复(国测法字〔2003〕4 号)	
65	关于对房产测绘与房产测量称谓请示的批复(国测法字〔2003〕8 号)	
66	关于进一步加强地图市场监督管理工作的意见(国测办字〔2003〕12 号)	联合文件,已征求意见

序号	名称及文号	备注
67	测绘管理工作国家秘密范围的规定（国测办字〔2003〕17号）	联合文件,已征求意见
68	关于印发《测绘事业单位会计电算化内部管理制度》的通知（测办〔2003〕38号）	
69	关于做好市县测绘行政管理职责落实工作的通知（测办〔2003〕65号）	
70	关于印发《测绘作业证管理规定》的通知（国测法字〔2004〕5号）	
71	关于海域使用测量资质管理工作的通知（国测管字〔2004〕13号）	
72	关于贯彻实施《中华人民共和国行政许可法》的通知·（国测法字〔2004〕6号）	
73	关于贯彻落实《全面推进依法行政实施纲要》的通知（国测法字〔2004〕7号）	
74	关于对私营测绘企业测绘资质管理有关问题的批复（国测管字〔2004〕14号）	
75	关于进一步加强测绘市场监管的通知（国测管字〔2004〕21号）	
76	关于《测绘管理工作国家秘密范围的规定》有关问题的复函（测办〔2004〕61号）	
77	关于印发《国家测绘局政府采购管理实施办法（试行）》的通知（国测财字〔2004〕63号）	

序号	名称及文号	备注
78	关于印发《国家测绘局项目支出预算管理办法(试行)》的通知(国测财字〔2004〕65 号)	
79	关于配发测绘作业证工作的通知(测办〔2004〕76 号)	
80	关于对提供独立坐标系与世界大地坐标系之间转换参数事的复函(国测函〔2005〕113 号)	
81	关于对《测绘资质管理规定》和《测绘资质分级标准》有关具体问题的处理意见(测办〔2004〕118 号)	
82	关于对工程建设中有关测绘资质问题的批复(测办〔2004〕119 号)	
83	国家测绘局关于启用珠穆朗玛峰高程新数据的公告(公告〔2005〕2 号)	
84	关于使用成都市平面坐标系统的批复(国测国字〔2005〕4 号)	
85	关于加强网上地图管理的通知(国测办字〔2005〕5 号)	联合文件,已征求意见
86	关于全面推进依法行政　进一步加强测绘行政管理工作的意见(国测法字〔2005〕8 号)	
87	关于测绘资质申请材料有关问题的批复(测管函〔2005〕12 号)	
88	关于测绘资质管理有关问题的批复(测办〔2005〕61 号)	
89	关于加强测绘航空摄影监督管理工作的通知(国测管字〔2005〕56 号)	

序号	名称及文号	备注
90	关于对永久性测量标志拆迁审批权限问题的批复（测办〔2005〕73 号）	
91	关于长江航道局和长江水利委员会水文局下属分支机构申请增加测绘资质证书副本有关问题的通知（测办〔2005〕94 号）	
92	关于测绘资质业务范围审批有关问题的批复（国测管字〔2005〕116 号）	
93	关于印发全国测绘系统推进依法行政五年规划（2006 年-2010 年）的通知（国测法字〔2006〕1 号）	
94	关于进一步加强重要地理信息数据审核公布管理工作的通知（国测成字〔2006〕1 号）	
95	关于塞尔维亚和黑山共和国在地图上表示方法的通知（国测图字〔2006〕1 号）	
96	关于委托管理和提供使用 1∶50 000基础地理信息数据的通知（国测成字〔2006〕2 号）	
97	关于在公开地图上表示民用机场的通知（国测成字〔2006〕5 号）	
98	《建立相对独立的平面坐标系统管理办法》（国测法字〔2006〕5 号）	
99	《测绘计量检定人员资格认证办法》（国测法字〔2006〕6 号）	已经国测法发〔2010〕7号修订
100	关于做好国家测绘局政府门户网站内容保障工作的通知（国测办字〔2006〕7 号）	

序号	名称及文号	备注
101	关于贯彻落实《全国测绘系统推进依法行政五年规划（2006年-2010年）》的实施意见（国测法字〔2006〕7号）	
102	国家测绘局关于做好社会主义新农村建设测绘保障服务的意见（国测办字〔2006〕10号）	
103	关于测绘资质业务范围涵盖内容请示的批复（测管函〔2006〕11号）	
104	《基础测绘成果提供使用管理暂行办法》（国测法字〔2006〕13号）	
105	关于加强测绘质量管理工作的通知（国测国字〔2006〕15号）	
106	关于进一步做好行政执法责任制有关工作的通知（测办〔2006〕31号）	
107	关于加强外国的组织或者个人来华测绘管理工作的通知（国测管字〔2006〕36号）	联合文件,已征求意见
108	关于测绘持证单位的分支机构独立从事测绘活动请示的批复（测管函〔2006〕42号）	
109	关于建立测绘资质管理信息系统的通知（测办〔2006〕50号）	
110	关于实行测绘资质行政许可公示制度的通知（国测管字〔2006〕51号）	
111	关于印发《测绘信访规定》的通知（测办〔2006〕53号）	
112	测绘科技专著出版基金管理办法（测办〔2006〕95号）	

序号	名称及文号	备注
113	关于推广应用测绘资质管理信息系统的通知（测办〔2006〕123 号）	
114	关于对年检（审）事项有关问题的批复（测办〔2006〕126 号）	
115	关于印发《测绘项目中标准制修订管理工作程序（试行）》的通知（测国土函〔2006〕142 号）	
116	关于导航地图产品中增加部分民用机场设施的复函（成果函〔2006〕156 号）	
117	关于做好外国的组织或者个人来华测绘有关工作的通知（国测法字〔2007〕2 号）	联合文件,已征求意见
118	关于正确使用中国示意性地图的通知（国测图字〔2007〕3 号）	
119	关于对部分测绘行政许可实行集中受理的通知（国测法字〔2007〕5 号）	
120	关于实行地图审核委托工作的通知（国测图字〔2007〕5 号）	
121	关于导航电子地图管理有关规定的通知（国测图字〔2007〕7 号）	
122	关于外国的组织或者个人来华测绘有关审批工作的通知（国测法字〔2007〕9 号）	联合文件,已征求意见
123	关于竣工测量专业范围注释内容的批复（国测法字〔2007〕6 号）	

136

序号	名称及文号	备注
124	关于民用航空采用 WGS84 坐标系统的批复(国测国字〔2007〕7 号)	
125	关于印发《全国测绘行政执法依据》和《全国测绘行政执法职权分解》的通知(国测法字〔2007〕10 号)	
126	关于转发《国家西部 1∶5 万地形图空白区测图工程专项经费管理办法》的通知(国测财字〔2007〕12 号)	
127	国家测绘局重点实验室建设与管理办法(试行)(国测国字〔2007〕12 号)	
128	基础测绘成果应急提供办法(国测法字〔2007〕13 号)	
129	关于进一步加强国家测绘局政府网站建设的意见(国测办字〔2007〕15 号)	
130	关于导航测试活动性质认定问题的批复(测办〔2007〕19 号)	
131	关于界定测绘活动及测量用 GPS 问题的复函(国测函〔2007〕23 号)	
132	测绘行业技师考评管理办法(试行)(国测人字〔2007〕30 号)	
133	测绘行业职业技能鉴定质量督导管理办法(国测人字〔2007〕31 号)	
134	关于外籍华人到中资测绘单位工作有关问题的批复(测管函〔2007〕34 号)	
135	关于测绘资质管理有关问题的批复(测办〔2007〕34 号)	

序号	名称及文号	备注
136	关于对使用太原市平面坐标系统的批复（国测国字〔2007〕41 号）	
137	关于测绘资质条件中独立法人问题的批复（测办〔2007〕109 号）	
138	关于加强互联网地图和地理信息服务网站监管的意见（国测图字〔2008〕1 号）	联合文件,已征求意见
139	关于我国启用 2 000 国家大地坐标系的公告（公告〔2008〕2 号）	
140	国家测绘局关于加强涉密测绘成果管理工作的通知（国测成字〔2008〕2 号）	
141	关于印发《国家测绘局政府网站内容保障暂行办法》的通知（国测办字〔2008〕4 号）	
142	关于印发《地图内容审查上岗证管理暂行办法》的通知（国测图字〔2008〕4 号）	
143	关于印发《测绘标准化工作管理办法》的通知（国测国字〔2008〕6 号）	
144	关于加强测绘质量管理的若干意见（国测国字〔2008〕8 号）	
145	国家测绘局关于为国家扩大内需促进经济增长做好测绘保障服务的若干意见（国测办字〔2008〕11 号）	
146	关于测绘成果管理有关问题的批复（国测法字〔2008〕11 号）	

序号	名称及文号	备注
147	关于做好强制性国家标准《基础地理信息标准数据基本规定》实施工作的通知(国测国字〔2008〕14 号)	
148	关于向港资企业提供国家秘密基础测绘成果有关问题的批复(测办函〔2008〕14 号)	
149	关于采用 2000 国家大地坐标系相关保密问题的批复(国测保字〔2008〕15 号)	
150	关于进一步加强测绘航空摄影监督管理工作的通知(国测国字〔2008〕16 号)	
151	关于加强地理信息产业从业单位测绘资质管理工作的通知(测办〔2008〕23 号)	
152	关于导航电子地图有关问题的批复(测办〔2008〕47 号)	
153	关于对新疆维吾尔自治区测绘局有关人才援疆有关问题的批复(测办〔2008〕50 号)	
154	关于实行测绘资质行政许可在线办理的通知(测办〔2008〕80 号)	
155	关于中外合资(合作)企业使用保密测绘成果有关问题的批复(成果函〔2008〕87 号)	
156	关于加强涉军测绘管理工作的紧急通知(测办〔2008〕94 号)	
157	关于印发测绘行政执法文书格式文本的通知(测办〔2008〕110 号)	
158	关于加快测绘市场信用体系建设的通知(国测管字〔2009〕1 号)	

序号	名称及文号	备注
159	国家测绘局重点实验室评估规则(试行)(国测科发〔2009〕1号)	
160	关于进一步做好测绘应急保障工作的通知(国测信发〔2009〕1号)	
161	关于加强涉密地理信息数据应用安全监管的通知(国测信发〔2009〕2号)	
162	关于印发《公开地图内容表示补充规定(试行)》的通知(国测图字〔2009〕2号)	
163	测绘自主创新产品认定管理办法(试行)(国测科发〔2009〕3号)	
164	关于进一步加强涉密测绘成果管理工作的通知(国测成字〔2009〕3号)	
165	关于委托浙江省测绘局代行部分地图审核职能的通知(国测图发〔2009〕4号)	
166	国家测绘应急保障预案(国测成字〔2009〕4号)	
167	关于委托广东省国土资源厅代行部分地图审核职能的通知(国测图发〔2009〕5号)	
168	关于加强互联网地图管理工作的通知(国测图发〔2009〕6号)	
169	关于印发《关于加强现代化测绘技术装备建设促进信息化测绘发展的指导意见》的通知(国测财字〔2009〕8号)	
170	关于印发测绘新闻宣传工作管理办法的通知(国测办字〔2009〕11号)	

序号	名称及文号	备注
171	关于印发《测绘资质管理规定》和《测绘资质分级标准》的通知(国测管字〔2009〕13号)	
172	国家测绘局工程技术研究中心建设与管理办法(试行)(国测国字〔2009〕16号)	
173	关于土地调查是否属于地籍测绘的批复(测办〔2009〕18号)	
174	关于加强地形图保密处理技术使用管理工作的通知(国测成字〔2009〕19号)	
175	关于加强测量标志保护管理工作的通知(国测成发〔2009〕20号)	
176	关于加强展会、户外展示地图监管的通知(测办〔2009〕24号)	
177	关于印发测绘政务信息工作管理办法的通知(测办〔2009〕44号)	
178	关于测绘资质专业范围有关问题的批复(测办〔2009〕45号)	
179	关于开展测绘资质复审换证工作的通知(测办〔2009〕46号)	
180	国家测绘局科技领军人才管理暂行办法(国测党发〔2009〕53号)	
181	关于测绘资质管理有关问题的批复(测办〔2009〕73号)	
182	关于测绘资质管理有关问题的批复(测办〔2009〕89号)	

序号	名称及文号	备注
183	关于测绘资质审查中有关中方控股问题的批复（测办〔2009〕91号）	
184	关于土地勘测性质认定问题的批复（测办〔2009〕108号）	
185	关于进一步加强国家基础测绘项目和测绘专项中标准制修订管理工作的通知（测办〔2009〕117号）	
186	关于执行海洋测绘资质标准有关问题的批复（测办〔2009〕123号）	
187	关于印发《测绘行政执法文书制作规范》的通知（测办〔2009〕125号）	
188	关于启用1∶25万公众版地图成果的公告（公告〔2010〕1号）	
189	关于加强基础测绘和重大测绘工程标准化管理工作的通知（国测科发〔2010〕4号）	
190	关于转发财政部《国家海岛（礁）测绘工程专项资金管理办法》的通知（国测海工办〔2010〕5号）	
191	国家测绘应急保障工作流程（国测信发〔2010〕6号）	
192	关于进一步做好应急测绘保障服务工作的通知（国测办发〔2010〕7号）	
193	测绘成果质量监督抽查管理办法（国测国发〔2010〕9号）	
194	关于进一步贯彻执行《测绘资质管理规定》和《测绘资质分级标准》的通知（测办〔2010〕24号）	

序号	名称及文号	备注
195	关于加强地理信息市场监管工作的意见(国测管发〔2010〕15 号)	联合文件,已征求意见
196	关于印发互联网地图服务专业标准的通知(国测管发〔2010〕14 号)	
197	关于日照测量专业有关问题的批复(测办〔2010〕79 号)	
198	关于加强地图备案工作的通知(国测图发〔2010〕2 号)	
199	关于在公开地图上表示新增民用机场的通知(国测图发〔2010〕1 号)	
200	关于切实做好国家基础测绘项目成果档案归档工作的通知(国测成发〔2010〕5 号)	
201	国家测绘局关于进一步加强涉密测绘成果行政审批与使用管理工作的通知(国测成发〔2010〕6 号)	
202	关于印发《基础地理信息公开表示内容的规定》的通知(国测成发〔2010〕8 号)	

关于颁发《测绘成图、成果资料实行部分收费的试行办法》的通知

〔80〕测发字第 76 号

各省、市、自治区测绘局(处):

　　根据中共中央,国务院〔1980〕1 号和 6 号文件的精神,为了合理地组织收入,以解决经费不足问题,促进测绘事业的发展,结合测绘部门的具体情况,并经多次调查、讨论、修改,制订了《测绘成图、成果资料实行部分收费的试行办法》和《收费标准》,现发给你们参照试行。在试行中有什么问题,请随时函告总局,以便总结经验,进一步修订。

国家测绘总局

一九八〇年二月七日

测绘成图、成果资料实行部分收费的试行办法

国家测绘总局制订

一九八〇年一月

测绘成图、成果资料实行部分收费的试行办法

中共中央、国务院〔1980〕6号通知中要求："一切有条件组织收入的事业单位,都要积极挖掘潜力,从扩大服务项目中,合理地组织收入,以解决经费不足的问题,促进事业的发展。应用科研单位和设计单位要积极创造条件,改为企业经营,不仅不用国家的钱,还要力争上缴利润。"

测绘工作是为国民经济建设和国防建设服务的基础性工作,它不同于一般的行政事业单位。测绘工作中的大地测量和为国家建设长远规划而进行的中小比例尺基本测图等测绘生产经费,仍需由国家和地方预算拨款。因此,测绘部门组织收入的范围和数额是有限的,目前只能作为弥补经费不足和发展测绘事业的一种辅助手段。

根据中央、国务院的指示精神和用经济办法管理测绘事业的要求,结合测绘单位承担各种不同测绘任务的具体情况,参照有关规定,现对部分测绘成图、成果资料(含复制、加工),对外实行部分收费。具体试行办法,暂做如下规定:

第一条 测绘单位生产的测绘成图、成果资料,在对外供应和复制、加工时,按规定的不同比例实行部分收费或结算收款。

测绘单位提供的测绘成图、成果资料必须经过检验合格、核对无误,如发现不合格的测绘成图、成果资料,测绘单位应负责退换、补作或重新制作。

第二条 根据测绘成图、成果资料有通用性和专用性的不同特点,规定下列不同的收费原则和比例。

(一)凡提供或复制大地、地形成果和小于1:2.5万中小比例尺成图资料,均不收大地测量、航空摄影、地形测量的费用,只收取印刷或复制加工的成本费及管理费。

146

（二）凡提供 1：1 万比例尺地形图的，按下列不同情况加以区别：

1. 向用图单位提供已有成图的，不计算大地测量、航空摄影费，只收少量测图费和制印成本费；

2. 根据用图单位急需而施测的新图，暂定只收取测图和制印成本的百分之五十的费用；

3. 有些项目，报经总局批准明确不收测图费或提供有其他条件者（如提供设备费、材料费等），可以不收、少收或只收印刷、复印的成本费及管理费。

（三）凡承包各项 1：5 000 至 1：500 的大比例尺专用和工程测图，除不计算大地测量费用外，其他基本上计收成本费。

（四）凡承包加工各种测绘资料，收取其全部加工的成本费。

第三条 测绘科研、教学单位生产成图、成果和其他产品，其收费办法：凡属生产性的测绘成图、成果资料可参照上述规定执行；属于研究成果，可与生产使用单位协商签订合同，按其创造的经济效益计算收费；其他产品按国家同类产品价格收费，尚无价格的，提供成本资料，报上级主管部门核定。

第四条 凡承包外商投资和中外合资经营的工程测图收费标准：外商投资的按工程总投资 0.4％～0.6％计算收费，中外合资的按工程总投资 0.2％～0.3％计算收费。

第五条 各种收入的分成比例：

（一）总局经费直供单位，为了计算方便起见，省局和各单位的所有收入，对总局平均按四、六分成，即省局留 40％，上交总局 60％；省局的留成中，对所属单位如何分成，由省局根据实际情况自行规定。

（二）地方经费预算的省局，除总局供应、调拨的测绘成图、成果资料收费，上交总局 60％外，其他由省局自行供应、调拨的成图、成果资料的收入，可与省财政部门协商留用，总局不作统一规定。

第六条 各项收入留成的使用用途暂定：

（一）用于弥补经费不足和增添必要的生产设备及另行土建；

（二）用于改善职工的集体福利设施（如职工宿舍、托儿所、浴室等）；

（三）未实行生产奖和企业基金的单位，可提不超过基本工资总额 10％的费用，用于职工的奖励。

第七条　测绘成图、成果资料和对外加工收费标准的计算，详见收费标准各表。各项现测图收费的标准，均以三类困难地区和中等水平的成本定额计算的；由于作业地区不同，困难类别不同以及用图单位不同，在计算实际收费水平时，允许有增减系数，由各省局根据实际情况自行调整。

收费标准各表未包括的其他项目，可由各省局自订收费标准，报总局备案。

第八条　本办法为试行办法，只供各单位内部掌握使用。修改权和解释权属于总局。

测绘成图、成果资料收费标准
（试行草案）

国家测绘总局制订

一九八○年一月

测绘成图、成果资料收费标准(附表一)

(印刷资料、复印资料、复制成图部分)

单位:元

编号	项目和规格		单位	金 额	备 注
1	印刷资料	测绘资料目录	本		
2					
3					
4					
5	复印资料	大地测量成果资料	张	0.25	8 开
6		〃	〃	0.17	16 开
7		〃	〃	0.10	32 开
8		三角网图	〃	0.25	按 8 开折算
9		水准路线图	〃	0.25	〃
10		重力异常图	〃	0.25	〃
11					
12					
13	复制成图	像片图:1∶1 万	幅	110.00	
14		1∶2.5 万	〃	124.00	
15		1∶5 万	〃	180.00	
16		1∶10 万	〃	280.00	
17					
18					
19					

150

中、小比例尺地图供应
已有图收费标准(附表二)

(印刷的地图部分)

单位:元

编号	项目和规格		单位	金　额	备　注
1	地形图(1/2.5——1/200万)		张	0.60	
2	内部挂图	全　张	张	0.60	包括国内外各种内部挂图
3		二　拼	套	1.20	
4		四　拼	套	2.40	
5		九　拼	〃	5.40	
6		十六拼	〃	9.60	
7					
8	世界地图集		本		
9	省图集		〃		
10	各专业图		〃		
11	全国性各种图集		〃		
12					
13					
14					

大比例尺地形图供应
已有图收费标准(附表三)

单位:元

编号	项目和规格	单位	金 额	备 注
1	1:1万(航测成图)	幅	6.40	印刷图
2	1:5 000(航测成图)	〃	4.80	〃
3	1:2 000	〃	3.20	印晒图
4	1:1 000(平板成图)	〃	1.90	〃
5	1:500(平板成图)	〃	1.20	〃
6				
7				
8				
说明	本标准根据有关项目的测图成本的千分之二点五至三计算(详见附表四的各项平均数)。			

大比例尺地形图测图收费标准(附表四)

单位:元

编号	项目和规格		单位	成本	收费标准		备注
					%	金额	
1	航测原图	1:1万	幅	2 574	50	1 287	不含大地、航摄
2		立测法	〃	2 227	50	1 114	
3		综合法	〃	2 919	50	1 460	
4		1:5 000	〃	1 925	80	1 540	不含大地
5		立测法	〃	1 680	80	1 344	
6		综合法	〃	2 169	80	1 735	
7		1:2 000	〃	1 230	100	1 230	不含大地
8		立测法	〃				
9		综合法	〃				
10	平板测图	1:1万	〃				
11		1:5 000	〃	3 243	80	2 594	
12		1:2 000	〃	1 297	100	1 297	工程详测增加30%计
13		1:1 000	〃	634	100	634	〃
14		1:500	〃	389	100	389	〃
说明	1. 本标准不包括基本控制加密成本。 2. 平板测图标准未含印刷或晒图成本。						

大比例尺测图收费标准(附表四之一)

航测外业立测(微分)法部分

单位:元

编号	项目和规格	单位	金 额	备 注
1	1:1万	幅		
2	23×23	〃	900	
3	18×18	〃	1 243	
4	1:5 000	〃		
5	23×23	〃	536	
6	18×18	〃	771	
7	1:2 000	〃		
8	23×23	〃	321	
9	18×18	〃	472	
10	平面联测	〃 ·		
11	23×23	〃	128	
12	18×18	〃	300	
13		〃		
14		〃		

154

大比例尺测图收费标准(附表四之二)

航测外业综合法测图
平 板 测 图 部分

编号	项目和规格	单位	金 额	备 注
1	像片图测图	幅		
2	1：1万	幅	2 400	
3	1：5 000	〃	1 543	
4	1：2 000	〃	644	
5	单张像片测图	〃		
6	1：1万	〃	2 635	
7	1：5 000	〃	1 690	
8	1：2 000	〃	706	
9	平板测图	〃		
10	1：5 000	〃	3 243	
11	1：2 000	〃	1 297	
12	1：1 000	〃	634	
13	1：500	〃	389	

大比例尺测图收费标准(附表四之三)

航测内业成图部分

单位:元

编号	项目和规格	单位	金 额	备 注
1	航测原图			
2	1∶1万	幅	849	
3	1∶5万	〃	1 091	中比例尺
4	1∶2.5万	〃	824	〃
5	1∶5 000	〃	649	
6	1∶2 000	〃	556	
7	像片平面图			
8	1∶1万	〃	366	
9	1∶5万	〃	601	中比例尺
10	1∶2.5万	〃	414	〃
11	1∶5 000	〃	292	
12	1∶2 000	〃	231	
13		〃		

大比例尺测图收费标准(附表四之四)

航空摄影部分

单位:元

编号	项目和规格	单位	金 额	备 注
1	1:1万			每幅 25 km²
2	18×18	幅		
3	23×23	〃		
4	1:5 000			每幅 6.25 km²
5	18×18	〃		
6	23×23	〃		
7	1:2 000			每幅 0.8 km²
8	18×18	〃		
9	23×23	〃		
10	1:1 000			每幅 0.2 km²
11	18×18	〃		
12	23×23	〃		
13	1:500			每幅 0.05 km²

地图印刷收费标准(附表四之五)

单色对开部分

单位:元

编号	项 目	单位	金 额	备 注
1	照 相	对开	33.19	1. 此表为单色对开印万分图的标准;
2	翻 版	〃	7.82	
3	晒 版	〃	3.91	2. 其他(如多色、或全开)根据成本定额,比照此表计算;
4	修 版	〃	14.24	
5	打 样	〃	6.82	3. 纸张为 300 张对开纸的费用。
6	磨 版	〃	6.38	
7	裱 版	〃	0.63	
8	晾 纸	〃	0.15	
9	裁 纸	〃	0.15	
10	胶 印	〃	21.91	
11	小 计	〃	95.20	
12	纸 张	〃	27.58	
13	合 计	〃	122.78	
14	10%管理费	〃	12.28	
15	总 计	〃	135.06	

158

大中小比例尺制图收费标准(附表五)

制图部分

单位:元

编号	项目和规格	单位	金 额	备 注
1	一、地形图编绘			
2	1:100万	幅	2 254	
3	1:50万	〃	1 639	
4	1:20万	〃	935	
5	1:10万	〃	817	
6	1:5万	〃	686	
7	1:2.5万	〃	582	
8	1:1万	〃	492	
9	二、地形图清绘			
10	1:100万	〃	1 335	
11	1:50万	〃	1 040	
12	1:20万	〃	686	
13	1:10万	〃	595	
14	1:5万	〃	517	
15	1:2.5万	〃	452	
16	1:1万	〃	440	
17	1:5 000	〃	336	
18	1:2 000	〃	310	
19	1:1 000	〃	271	
20	1:500	幅	258	
21	三、编制普通地理图			

编号	项目和规格	单位	金 额	备 注
22	1. 全国、世界地图			
23	编 绘	平方分米	62.62	
24	清 绘	〃	37.57	
25	2. 省、市、区地理图			
26	编 绘	〃	45.93	
27	清 绘	〃	29.73	
28	3. 区、县地理图			
29	编 绘	〃	33.40	
30	清 绘	〃	23.38	
31				
32				
33				
34				
35				
36				
37				
38				
39				
40				
41				
42				
43				

大地测量收费标准(附表六)

三、四等测量部分

单位:元

编号	项目和规格	单位	金 额	备 注
1	三角、导线选点三、四等	点	176	
2	三角、导线选埋钢标(10 米)	米/座	203/2 030	
3	三角、导线观测三、四等	点	263	
4	电磁波测距三、四等	条	1 179	
5	水准选埋　普通标石 　　　　墙角标石	座 〃	444 297	
6	水准观测三、四等	公里	64	
7				
8				
9				
10				
11				
12				
13				

外来加工测绘资料收费标准(附表七)

航测内业及制图部分(一)

单位:元

编号	项目和规格	单位	金 额	备 注
1	晒印像片　18×18cm	片	0.45	
2	23×23cm	″	1.00	
3	30×30cm	″	1.50	
4	50×60cm	″	4.50	
5		″		
6	放大像片　18×18cm	″	0.70	
7	23×23cm	″	1.40	
8	30×30cm	″	2.00	
9	50×60cm	″	5.00	
10		″		
11	晒印裱版片　18×18cm	″	0.60	
12	23×23cm		1.25	
13	反光缩小片　5.8×5.8cm	″	0.75	
14	4.9×4.9cm	″	0.73	
15	透明注记　18×18cm	张	1.50	
16	25×25cm	″	2.50	
17	刻图膜　65×85cm	″	10.00	
18				
19				
20				

外来加工测绘资料收费标准(附表七)

航测内业及制图部分(二)

单位:元

编号	项目和规格	单位	金　额	备　注
21				
22				
23				
24				
25	影像地图	张		
26	软像纸　60×70cm	〃	9.80	
27	硬底像纸　60×70cm	〃	35.10	
28	涤纶片　60×70cm	〃	53.30	
29	印　刷　60×70cm	〃	3.10	
30				
31				
32				
33				
34				
35				
36				

外来加工测绘资料收费标准(附表七)

航测内业及制图部分(三)

单位:元

编号	项 目	单位	金 额			备 注
			全 开	对 开	四 开	
37	照 相	幅	54.00	33.00	20.00	
38	晒 兰	〃	0.90	0.70	0.60	
39	晒 棕	〃	1.30	1.00	0.80	
40	熏 图	〃	0.90	0.50	0.30	
41	植 字	千字	7—16K	18—38K	44K 以上	
42	〃	〃	5.00	10.00	15.00	
43						
44						
45						
46						
47						

工程测绘收费标准(附表八)

城建测绘部分之一

单位:元

编号	项目和规格	单位	金 额	备 注
1	(一)地形图修测			1. 本标准根据北京、上海、天津三市提供资料而制定的。 2. 本标准是三类地区的标准,高于或低于三类地区标准,由各单位自行测算确定。 3. 本标准为北京、上海、天津三市城市工程测绘专用标准。其他同类工程测绘也可以参照执行。
2	1∶2 000	幅	353	
3	1∶1 000	〃	217	
4	1∶500	〃	140	
5	(二)工程条图			
6	1∶2 000	公里	294	
7	1∶1 000	〃	362	
8	1∶500	〃	467	
9	(三)测设固定点	点	197	
10	(四)市政测量			
11	公路(不含条图)	公里	480	
12	上、下水(不含条图)	〃	480	
13	大样图	块	269	

165

工程测绘收费标准(附表八)

城建测绘部分之二

单位:元

编号	项目和规格	单位	金 额	备 注
14	河道纵断(不含自船工费)	公里	125	
15	河道横断	个	7	
16	中线定测	公里	240	
17	等外水准	〃	72	
18	坑 探	工天	34	
19	(五)城市规划测量			
20	规划道路定线	公里		
21	拔地钉桩测量	件	240	
22	地下管网竣工测量	公里	960	
23	地下管网重测	〃	940	
24	人防通道测量	〃		
25				
26				

166

关于测绘野外队老干部离休后是否继续发给野外工作津贴的复函

〔85〕测人字第 134 号

四川省测绘局：

你局询问关于测绘野外队老干部离休后是否继续发给野外工作津贴（包括队部的野外津贴）的问题，经请示劳动人事部，现答复如下：

实行野外工作津贴（包括队部野外津贴），是为了合理解决职工在野外工作期间生活方面的额外需要，它属于生产（工作）性质的待遇，不是地区性的津贴。因此，老干部离休后，不论是否仍居住原地其享受的野外工作津贴都不再继续发给。

国家测绘局人事处
一九八五年十二月二日

关于将野外测绘工人
列为提前退休工种的通知

国测发〔1986〕251 号

各省、自治区、直辖市测绘局(处):

　　根据劳动人事部劳人护〔1985〕6 号"关于改由各主管部门审批提前退休工种的通知"和省局、野外测绘队的要求和意见,经局研究认为:野外测绘工人的劳动条件十分艰苦,常年在深山旷野、戈壁沙漠及沼泽地区流动作业,风餐露宿无定处,终日肩背仪器、标材爬山越岭负重大,作业时间经常连续十小时以上,体力消耗很大,为此,决定将野外测绘工人列为"特别繁重体力劳动"工种。凡从事野外测绘工人工作累计满十年者。可以按照国发〔1978〕104 号《国务院关于工人退休退职的暂行办法》第一条(二)项的规定办理退休(即:从事井下、高空、高温、特别繁重体力劳动或者其他有害身体健康的工作,男年满五十五周岁、女年满四十五周岁,连续工龄满十年的)。

　　对不属于测绘部门野外特有的劳动条件,又与其他部门基本相同的高空、高温、特别繁重体力劳动以及其他有害身体健康的工种,可以参照国家有关部门或所在省、自治区、直辖市劳动部门的规定执行。

国家测绘局
一九八六年六月九日

关于对保密地形图进行
统一编号的规定

国测发〔1986〕298 号

各省、自治区、直辖市测绘局(处),全国测绘资料信息中心:

　　最近各地接连发生丢失国家基本比例尺地形图的失密事件,有的还很严重,而且有的还没有查出发图和丢图的单位,给查处工作造成被动。为了加强对保密地形图的供应管理工作,便于保密检查。经研究决定,我局系统的各资料部门对自己保管供应的各种比例尺地形图均应进行统一编号登记,开具发图单时必须注明地形图的编号。编号的具体方法是:每一种比例尺的地形图,应在每张图上打印一个顺序号,并在顺序号前冠以地区代码(见附表规定)。全国测绘资料信息中心的代码为[00]。整个编号由地区代码和顺序号组成,两者之间空一个字大间隔。编号形式如:北京"11　025";江苏"32　168";全国测绘资料信息中心"00　387"。编号应打印在每张图的右上角。

　　地形图实行统一编号规定是测绘资料管理工作的一项重要措施,各单位领导要予以充分重视。并认真组织资料部门的有关同志按本文规定的方法进行统一编号打印工作,打号中要防止出现差错。整个编号打印工作最迟应于今年底前完成。从一九八七年开始,凡没有进行统一编号的地形图不得向用户发放提供,违者要追究有关领导的责任。

国家测绘局

一九八六年七月三日

附表：

中国地区表

[11]北京市   [41]河南省

[12]天津市   [42]湖北省

[13]河北省   [43]湖南省

[14]山西省   [44]广东省

[15]内蒙古自治区   [45]广西壮族自治区

[21]辽宁省   [51]四川省

[22]吉林省   [52]贵州省

[23]黑龙江省   [53]云南省

[31]上海市   [54]西藏自治区

[32]江苏省   [61]陕西省

[33]浙江省   [62]甘肃省

[34]安徽省   [63]青海省

[35]福建省   [64]宁夏回族自治区

[36]江西省   [65]新疆维吾尔自治区

[37]山东省   [71]台湾省

（本表采用国家标准 GB2260—34《中华人民共和国行政区划代码》）。

关于颁发《测绘产品收费标准》的通知

国测发〔1987〕473 号

国务院各有关部、委、局,各省、自治区、直辖市测绘局(院、处)及直属各单位:

　　根据国家物价局〔1987〕价涉字 322 号"关于清理整顿国务院各有关部门行政事业性收费工作安排的通知"的要求,结合测绘行业的情况,在原有的各项收费标准的基础上,制定了《测绘产品收费标准》,经国家物价局审核同意,现随文发给你们,请贯彻执行。执行中的情况和问题,望及时告诉我局。

　　附件:《测绘产品收费标准》(略)

国家测绘局

一九八七年十月三十一日

关于颁发《测绘科学技术档案管理规定》的通知

国测发〔1988〕82 号

国务院各有关部、委、局,各省、自治区测绘局,直辖市测绘处(院),国家测绘局各直属单位:

　　根据《中华人民共和国档案法》和国务院批准的《科学技术档案工作条例》,国家测绘局制定了《测绘科学技术档案管理规定》,现印发给你们,请结合本地区、本系统的实际情况,贯彻执行。

国家测绘局
国家档案局
一九八八年三月四日

测绘科学技术档案管理规定

第一章　总　则

　　第一条　为了加强测绘科技档案管理工作,充分发挥测绘科学技术档案在社会主义现代化建设中的作用,根据《中华人民共和国档案法》和国务院批准的《科学技术档案工作条例》,结合测绘行业情况,制定本规定。

　　第二条　测绘科学技术档案(以下简称测绘科技档案)是指在测绘生产、科学研究、基本建设等活动中形成的应当归档保存的各种技术文件、技术标准、原始记录、计算资料、成果、成图、航空照片、卫星照片、磁带、磁盘、图纸、图表等。

第三条 本规定所指的测绘科技档案包括：

一、测绘管理档案；

二、测绘生产技术档案；

三、测绘科学研究档案；

四、测绘教育档案；

五、测绘仪器设备档案；

六、测绘基建档案。

第四条 测绘科技档案是广大测绘工作者劳动和智慧的结晶，是国家的宝贵财富，是社会主义现代化建设事业重要基础资源，是国家科技档案的重要组成部分。各测绘行政主管部门必须加强对测绘科技档案工作的领导。

第五条 各单位应按照集中统一管理科技档案的基本原则，建立、健全工作制度，保证测绘科技档案的完整、准确、系统、安全和有效地利用。

第六条 测绘科技档案管理人员属科技管理人员，其专业职务的评定、聘任和其他科技管理人员相同。

第七条 要保持测绘科技档案管理人员的相对稳定，确需调动时，调动前要认真办理交接手续。

第八条 凡单位变动、撤销或任务改变需要转移测绘科技档案保管、使用关系时，要妥善保管全部档案，并按有关规定办理交接手续，交接清册应有经手人、批准人签字。

第九条 发展测绘科技档案事业所需经费要列入本部门事业发展规划与年度经费计划。

第二章 测绘科技档案机构及其职责

第十条 国务院和省、自治区、直辖市人民政府测绘行政主管部门负责全国和地方的测绘科技档案管理工作。业务上受国家和省、自治区、直辖市档案行政主管部门的指导。

第十一条 国务院测绘行政主管部门下设国家测绘档案资料馆及其大地测量档案分馆。省、自治区、直辖市人民政府测绘行政主管部门下设省级测绘档案资料馆。

第十二条 测绘行政主管部门的职责:

一、国务院测绘行政主管部门:

1. 贯彻国家科技档案资料工作的方针、政策和法规,负责制定与修改全国测绘科技档案资料管理制度、长远规划,组织协调地方与军队、国务院有关部门间的测绘科技档案工作;

2. 指导、监督和检查全国测绘科技档案资料工作;

3. 组织交流、推广测绘科技档案资料管理工作经验,组织档案资料管理人员的业务培训,提高他们的业务知识和管理水平;

4. 督促本系统生产、科研部门做好测绘科技档案资料的形成、积累、整理和归档工作;

5. 向上级国家档案主管部门报送测绘科技档案资料的有关统计报表。

二、省、自治区、直辖市人民政府测绘行政主管部门:

1. 贯彻上级关于科技档案资料工作的方针、政策和法规,负责制定与修改本行政区的测绘科技档案资料管理制度、长远规划;

2. 指导、监督和检查本行政区的测绘科技档案资料工作;

3. 组织交流、推广本行政区的测绘科技档案资料工作经验,组织档案资料管理人员的业务培训,提高他们的业务知识和管理水平;

4. 督促并协助本部门生产、科研人员做好测绘科技档案资料的形成、积累、整理和归档工作;

5. 向上级测绘行政主管部门和本地区档案主管部门报送测绘科技档案资料的有关统计报表。

第十三条 测绘档案资料馆的基本任务:

一、国家测绘档案资料馆(含大地测量档案分馆):

1. 接收、收集、整理、保管、统计全国测绘科技档案资料并提供利用;

2. 编纂全国测绘科技档案资料目录并提供利用;

3. 鉴定测绘科技档案资料的使用和保存价值,及时向测绘行政主管部门提出调整保密等级、保管期限的建议;

4. 缩微和复制馆藏的测绘科技档案资料;

5. 编写本馆使用的检索工具、目录、专题资料,汇编史料等;

6. 经过鉴定和批准,对已失去使用和保存价值的测绘科技档案资料进行销毁;

7. 向上级测绘行政主管部门报送测绘科技档案资料有关情况的统计数据。

二、省级测绘档案资料馆:

1. 接收、收集、整理、保管、统计本行政区的测绘科技档案资料并提供利用;

2. 编纂本行政区的测绘科技档案资料目录并提供利用;

3. 鉴定馆藏测绘科技档案资料的使用和保存价值,及时向上级主管部门提出调整保密等级与保管期限的建议;

4. 向国家测绘档案资料馆(含大地测量档案分馆,以下同)送交目录集和属于国家馆馆藏范围的测绘科技档案资料;

5. 经过鉴定和批准,对已失去使用和保存价值的测绘科技档案资料进行销毁;

6. 编写本馆使用的检索工具、目录、专题资料,汇编史料等;

7. 向上级测绘行政主管部门报送本馆档案资料有关情况的统计数据。

第十四条 档案管理人员应当忠于职守,严格执行档案管理的各项规章制度,负有保证档案完整与安全的责任。

第三章 测绘科技资料的形成、积累和归档

第十五条 各测绘单位应当把科技资料的形成、积累、整理和归档工作纳入生产、技术、科研等计划中,列入有关部门和人员的职责范围。

第十六条 各测绘单位对每一项生产任务、科研成果、基建工程或其他项目进行鉴定、验收时,对应当归档的科技资料(含文件材料)加以检验,没有完整、准确、系统的科技资料(含文件材料)不能通过鉴定验收。

第十七条 一项生产任务、科研课题、试制产品、基建工程或其他与本规定"附表"规定归档内容有关的项目,在完成或告一段落时,必须将所形成的科技资料(含文件材料)加以系统的整理,组成保管单位,严格按本规定"附表"所列归档范围、份数、保管期限、保存地点等及时进行归档工作。

第十八条 凡需要归档的科技档案资料,都应当做到书写材料优良、字迹清楚、数据准确、图像清晰、信息载体能够长期保存。

第十九条 凡是几个单位分工协作完成的测绘科技项目或工程,由主办单位保存一套完整档案。协作单位可以保存与自己承担任务有关的档案正本,但应将副本或复制本送交主办单位保存。

第四章 测绘科技档案的保管、利用和销毁工作

第二十条 测绘科技档案的保管期限分为永久、长期、短期三种:

一、凡具有重要凭证作用和长久需要查考、利用的测绘科技档案应列为永久保存;

二、凡在相当长的时期内(15 年至 50 年)具有查考、利用、凭证

作用的测绘科技档案应列为长期保存；

三、凡在短期内(15年以内)具有查考、利用、凭证作用的测绘科技档案应列为短期保存。

第二十一条 测绘科技档案资料馆的馆藏范围：

一、国家测绘档案资料馆：

1. 按国家基准、技术标准测绘的国家绝对重力测量、卫星大地测量、全国天文大地网整体平差、全国精密水准网平差；成图比例尺等于和小于1：5万的航测、制图、遥感测绘与国土资源基础信息的全套档案；

2. 国家测绘系统按国家基准、技术标准施测的具有国家等级精度的天文、大地(含三角、水准、长度、重力，下同)测绘成果档案(含成果表、点之记、路线图、锁(网)图、重力异常图、技术总结等)及其全套档案目录；

3. 国务院各有关行政主管部门和军事测绘部门按国家基准、技术标准施测的属于国家等级精度的天文、大地与成图比例尺等于和小于1：5万的航测、制图、遥感测绘等全套的测绘成果档案(或目录)以及以国家基本比例尺地形图做底图编绘的各类专题图；

4. 由国家测绘行政主管部门统一组织、几个部门协作完成的测绘项目的全套档案；

5. 边界测量全套档案；

6. 国家组织的专题考察或特殊任务形成的测绘科技档案(如南极考察、唐山地震测量等)的全套档案；

7. 公开出版印刷的测绘图书、刊物、地图、图集的全套档案和档案目录表；

8. 国家测绘系统(包括测绘院、校)的需要长期或永久保存的测绘科研、教育、仪器设备、基建档案和档案目录表；

9. 收集国外的具有查考、利用价值的测绘科技档案(不含大地测量档案)；

10. 国家测绘行政主管部门内部形成的测绘科技档案。

二、国家测绘档案资料馆大地测量档案分馆：

1. 按国家基准、技术标准施测的具有国家等级精度的天文、长度、三角、水准、重力测量的全套档案(不含本条一款之1内容)；

2. 新中国成立前的大地测量档案或档案目录；

3. 收集国外的具有查考、利用价值的大地测量档案资料。

三、省级测绘档案资料馆负责接收、收集和管理下列档案：

1. 国家调拨的属于本行政区的三角、长度、水准、重力成果和地形图等成果档案；

2. 地方各有关部门、集体或个人在本行政区内按国家基准、技术标准施测的具有国家等级精度的测绘科技档案(或目录)；

3. 本行政区测绘主管部门按国家基准、技术标准施测的三角、长度、水准、航测、制图、遥感、地籍测绘的全套档案；

4. 本行政区测绘主管部门形成的测绘科研、教育、仪器设备、基建档案；

5. 本行政区测绘主管部门出版、印刷的公开版地图、图集、图书、刊物等全套档案；

6. 收集国外有利用、查考价值的测绘科技档案；

7. 本行政区测绘主管部门内部形成的测绘科技档案；

8. 新中国成立前本行政区的测绘科技档案。

第二十二条 为确保测绘科技档案的安全和有效利用，应设置符合档案库房建筑规范要求的专用库房。

第二十三条 测绘科技档案资料馆要积极主动地开展科技档案的提供利用工作，采取多种途径和方法扩大服务领域，使其更好地为经济建设、国防建设、科学研究、教育、外事活动等服务。

第二十四条 提供测绘科技档案的批准权限：属机密(含机密)以下的由测绘科技档案馆的领导批准，属绝密级的由主管局领导批准，涉及国际交往需要提供测绘科技档案时，按有关规定执行。

第二十五条 提供测绘生产档案时，要执行分级管理，归口负责制度。复制或借用时需经领用测绘成果主管单位审查并开具正式公函,方可办理领(借)手续。

第二十六条　测绘科技档案只提供复制品,不提供原件,必须使用原件时,经领导批准,只能借用,对借用的测绘科技档案要保持清洁、完整无损并及时归还。

第二十七条　各级测绘科技档案保管部门应按照完整、准确、系统、安全的要求,定期检查档案的保管状况,了解测绘科技档案的利用情况,防止档案材料的破损、变质,对已破损或变质的档案要按有关规定及时修改、复制或销毁,并报上级主管部门备案。

第二十八条　销毁已满保存期限的测绘科技档案,须经单位领导批准并造具清册,注明档案名称、编号、数量、来源、编制或出版单位、时间、销毁原因等,清册封面应有鉴定人、监销人、批准人、经办人、销毁日期,还应报上级主管部门备案。

第二十九条　未满保存期限的档案任何单位和个人不得以任何借口加以涂改、伪造和损坏。

第五章　奖　惩

第三十条　对在测绘科技档案的归档、收集、保护和提供利用等工作中成绩显著或做出贡献的单位或个人,由测绘行政主管部门予以表彰和奖励。

第三十一条　对在测绘科技档案工作中,违反本规定和国家有关档案法规,造成测绘科技档案的损毁、丢失、泄密或擅自提供、复制以及由于玩忽职守造成档案损失的个人和负有直接责任的主要领导人,由其所在单位的上级机关,依据《中华人民共和国档案法》第二十四条规定,给予行政处分,构成犯罪的,提请司法机关追究刑事责任。

第三十二条　对违反本规定,没有及时进行测绘科技资料的形成、积累、整理和归档工作的单位,由测绘行政部门口头警告或通报批评,造成严重后果的单位领导人,由其上级机关给予行政处分。

第六章　附　则

第三十三条　各省、自治区、直辖市测绘行政主管部门,国务院其他有关行政主管部门和军事测绘主管部门可根据《全国科学技术档案工作条例》和本规定精神,结合本地区、本系统的测绘科技档案工作情况,制定实施办法或细则。

第三十四条　本规定由国务院测绘行政主管部门负责解释。

第三十五条　本规定自颁布之日起施行。凡过去规定与本规定有抵触的,以本规定为准。

附表：

测绘科学技术档案
归档范围、份数、保管期限、保存地点表

档案类目名称 一级类	二级类	三级类	序号	归档内容	份数	保管期限	保存地点	备注
测绘管理档案	法规		1	中华人民共和国测绘法、档案法、保密法等国家有关法规	各2	永久	国家测绘档案资料馆	
			2	测绘管理方面的各项条例、规定等有关制度	〃	长期	按馆藏范围分别存国家、省级测绘档案资料馆	
			3	各种测量规范、细则、图式等测绘技术规定	〃	永久	〃	
	规划		1	测绘事业长期发展规划	1	永久	按馆藏范围分别存国家、省级测绘档案资料馆	
			2	测绘生产长远规划	〃	长期	〃	
			3	测绘科技攻关项目规划	〃	永久	〃	
			4	测绘教育事业中、长期发展规划	〃	〃	〃	
			5	测绘科技档案事业中、长期发展规划	〃	〃	〃	
			6	测绘基本建设中、长期规划	〃	〃	〃	
	计划		1	测绘生产年度计划	1	长期	按馆藏范围分别存国家、省级测绘档案资料馆	
			2	测绘科研课题年度计划与合同书	〃	10年	〃	
			3	测绘教育年度计划	〃	10年	〃	
			4	测绘大型设备购置计划	〃	长期	〃	
			5	测绘基建计划	〃	〃	〃	

181

档案类目名称			序号	归档内容	份数	保管期限	保存地点	备注
一级类	二级类	三级类						
测绘管理档案	统计		1	测绘系统综合情况统计	1	永久	国家测绘档案资料馆	
			2	测绘生产统计	〃	〃	按馆藏范围分别存国家、省级档案资料馆	
			3	测绘科研统计	〃	〃	〃	
			4	测绘教育统计	〃	〃	〃	
			5	测绘资料档案统计	〃	〃	〃	
			6	测绘设备材料统计	〃	〃	〃	
			7	测绘基本建设统计	〃	〃	〃	
			8	测绘出版物统计	〃	〃	〃	
	会议文件		1	全国测绘局局长会议	1套	永久	国家测绘档案资料馆	
			2	全国性测绘业务工作会议	〃	〃	〃	
			3	重大的测绘专业会议	〃	长期	按馆藏范围分别存国家、省级测绘档案资料馆	
			4	测绘业务协调会议	〃	〃	〃	
			1	测绘业务方针、政策等重要文件的办批稿	1	永久	按行政区划分别存国家、省级测绘档案资料馆	
			2	测绘整体任务的请示、报告、批文、任务书	〃	〃	〃	
			3	向国外提供测绘资料的办批文	〃	〃	〃	

182

档案类名称 一级类	二级类	三级类	序号	归 档 内 容	份数	保管期限	保存地点	备注
生产技术档案	大地测量	天文测量	1	技术设计书	1	永久	国家测绘档案资料馆大地测量档案分馆（以下简称大地测量档案分馆）	
			2	纬度观测手簿	全套	长期	〃	
			3	经度观测手簿	〃	〃	〃	
			4	方位角测量手簿	〃	〃	〃	
			5	归心元素测定手簿	〃	〃	〃	
			6	仪器检验与常数测定	〃	永久	〃	
			7	时号收录	〃	长期	〃	
			8	外业技术总结	1	内业技术总结完成后五年	〃	
			9	计算设计书	〃	永久	〃	
			10	纬度计算	全套	〃	〃	
			11	表差及经度计算	〃	〃	〃	
			12	方位角计算	〃	〃	〃	
			13	各项改正数计算	〃	〃	〃	
			14	成果表	3	〃	〃	
			15	内业技术总结	〃	〃	〃	
		重力测量	1	技术设计书	1	永久	大地测量档案分馆	
			2	重力观测及计算手簿	全套	长期	〃	
			3	重力点点之记、委托保管书	1	永久	〃	
			4	仪器常数用表	全份	〃	〃	
			5	重力点坐标测定	〃	〃	〃	
			6	重力高程测定	〃	〃	〃	
			7	重力联测手簿	〃	〃	〃	
			8	重力计算设计图	1	永久	〃	

档案类目名称			序号	归档内容	份数	保管期限	保存地点	备注
一级类	二级类	三级类						
生产技术档案	大地测量	重力测量	9	重力点展点图	〃	〃	〃	
			10	重力值归算	全套	〃	〃	
			11	重力点坐标计算	1	〃	〃	
			12	重力异常成果表	3	〃	〃	
			13	重力异常图	3	〃	〃	
			14	重力点坐标成果表及其说明	全份	〃	〃	
			15	重力计算验收报告及技术总结	各1	〃	〃	
			16	绝对重力测量档案	全套	〃	国家测绘档案资料馆	
		三角导线测量	1	技术设计书	1	永久	按馆藏范围分别存大地测量档案分馆、省级测绘档案资料馆	
			2	点之记、锁(网)展点图	各2	〃	〃	
			3	标志占地同意书、委托保管书	各1	〃		
			4	觇标类型图、标石类型图、重埋石投影用纸和文字依据	全套	永久		
			5	水平角、水平方向观测手簿(包括方位点联测)、导线测量手簿	全套	长期		
			6	记簿(包括测站平差)	2	〃	〃	
			7	归心投影用纸	全份	〃	〃	
			8	天顶距观测手簿	1	〃	〃	
			9	仪器检定手簿	〃	〃	〃	
			10	计算技术设计书	〃	永久		
			11	起算数据表	〃	〃	〃	
			12	计算资料	全套	〃	〃	
			13	水平方向表(卡片)	〃	〃	〃	
			14	成果表	3	〃	〃	
			15	技术总结	1	〃	〃	

184

档案类名称 一级类	二级类	三级类	序号	归档内容	份数	保管期限	保存地点	备注
生产技术档案	大地测量	三角导线测量	16	全国天文大地网整体平差资料（包括任务设计书、平差方案、会议纪要、计算资料、资料分析报告、技术总结等）	全套	〃	国家测绘档案资料馆	
			17	全国天文大地网整体平差成果表	3	〃	国家级及有关省级测绘档案资料馆均存	
		长度测量	1	技术设计书	1	永久	按馆藏范围分别存大地测量档案分馆、省级测绘档案资料馆	
			2	长度测量手簿	全套	长期	〃	
			3	基线尺、补尺、野外比尺手簿和尺长温度系数检验常数测定及其他仪器检定资料	〃	〃	〃	
			4	折线形基线角度测量手簿及归心投影用纸	〃	〃	〃	
			5	点之记	2	〃	〃	
			6	轴杆头水准测量手簿及基线端点水准测量联测手簿	全份	〃	〃	
			7	外业计算资料	全套	至有内业成果后10年	〃	
			8	内业计算资料	〃	永久	〃	
			9	成果表	〃	〃	〃	
			10	验收报告	1	〃	〃	
			11	技术总结	2	〃	〃	

档案类目名称 一级类	二级类	三级类	序号	归 档 内 容	份数	保管期限	保存地点	备注
生产技术档案	大地测量	水准测量	1	技术设计书	1	永久	按馆藏范围分别存大地测量档案分馆、省级测绘档案资料馆	
			2	水准仪及标尺检定资料	全套	〃	〃	
			3	选点、埋石资料	〃	〃	〃	
			4	点之记	3	永久	〃	
			5	路线图	2	〃	〃	
			6	占地同意书、委托保管书（合同书）	各1	〃	〃	
			7	观测手簿	全套	长期	〃	
			8	外业计算资料	全套	至内业计算成果完成后10年	按馆藏范围分别存大地测量档案分馆、省级测绘档案资料馆	
			9	起算数据表	1	长期	〃	
			10	内业计算资料	全套	永久	〃	
			11	水准点成果表	3	〃	〃	
			12	技术总结	2	〃	〃	
			13	验收报告	1	〃	〃	
			14	全国水准网平差计算	全套		国家测绘档案资料馆	
		空间大地测量	1	空间大地网技术设计书	1	永久	国家测绘档案资料馆	
			2	空间大地网测量	全套	〃	〃	
			3	多普勒定位	〃	〃	〃	
			4	甚长基线射电干涉测量	全套	永久	〃	

186

档案类目名称			序号	归档内容	份数	保管期限	保存地点	备注
一级类	二级类	三级类						
生产技术档案	摄影测量与遥感	航空摄影测量	1	航空摄影计划	1	永久	按馆藏范围分别存国家、省级测绘档案资料馆	
			2	航空摄影记录	全份	〃	〃	
			3	航摄底片(含构架航线与镶嵌复照图底片)	〃	〃	〃	
			4	航摄底片登记簿	〃	〃	〃	
			5	高差仪、测高仪及雷达记录底片	〃	长期	〃	
			6	航摄验收书、技术总结	全份	长期	按馆藏范围分别存国家、省级测绘档案资料馆	
			7	外业控制测量手簿	各1	正式出图且相邻图幅完成内业止	〃	
			8	外业控制片、调绘片	全份	至同比例尺图重测完成止	〃	
			9	外业航测原图	1	〃	〃	
			10	测图像片、地貌像片、内业测图手簿	全套	正式出图且相邻图幅完成内业止	〃	
			11	内业原图、内业加密成果	各1	至同比例尺图重测完成止	〃	
			12	检测报告	1	〃	〃	
			13	图历簿	〃	永久	〃	
			14	技术总结和验收报告	各1	〃	〃	

187

档案类目名称			序号	归 档 内 容	份数	保管期限	保存地点	备注
一级类	二级类	三级类						
生产技术档案	摄影测量与遥感	近景摄影测量	1	近景测量观测手薄	全套	长期	存省级测绘档案资料馆	
			2	近景测量数据处理材料	〃	〃	〃	
			3	近景测量成果	3	〃	〃	
			4	近景测量技术总结	1	待定	〃	
		遥感测量	1	多波段摄影	全套	永久	按馆藏范围分别存国家、省级测绘档案资料馆	
			2	红外摄影	1	〃	〃	
			3	多光谱扫描	全套	〃	存国家测绘档案资料馆	
			4	卫星摄影	〃	〃	〃	
			5	卫星底片	〃	〃	〃	
			6	卫星内外方位元素等数据	〃	〃	〃	
			7	卫星测量计算资料	〃	〃	〃	
			8	卫星测量成果表	3	〃	〃	
			9	图像处理	全套	〃	〃	
			10	图像判读及编图	〃	〃	〃	
			11	技术总结、验收报告	各1	〃	〃	
	地图制图		1	1∶1万至1∶100万(以下同)地图编绘原图	1	至有同比例尺新图止	按任务分工分别存国家、省级测绘档案资料馆	
			2	图历簿	〃	永久	〃	
			3	黑图	〃	至有同比例尺新图止	〃	
			4	印刷原图(清绘原图)	〃	〃	〃	
			5	分色样图	〃	〃	按馆藏范围分别存国家、省级测绘档案资料馆	
			6	印刷图	3	永久	〃	

档案类目名称			序号	归档内容	份数	保管期限	保存地点	备注
一级类	二级类	三级类						
生产技术档案	地图制图		7	技术或工艺设计书和总结	3	永久	按馆藏范围分别存国家、省级测绘档案资料馆	
			8	影像地图	全套	〃	〃	
			9	专题地图	〃	〃	〃	
			10	挂图	〃	〃	〃	
			11	地图集	3本	〃		
			12	地籍图	3	长期	〃	
			13	各种公开地图,如教学图、普通参考图、旅游图、立体图、地球仪等	各1套	〃	〃	
	工程测量	控制测量	1	地面控制测量手簿	全套	待定	按馆藏范围分别存国家、省级测绘档案资料馆	工程测量类仅需列入国家级、省级测绘档案资料馆的两个类目,其他类目由各部门自行确定。
			2	地面控制测量计算资料	〃	〃	〃	
			3	地面控制测量成果	3	〃	〃	
			4	地面控制测量技术总结	2	〃	〃	
			5	立体测图观测手簿	全套	〃	〃	
			6	立体测图数据处理材料	〃	〃	〃	
			7	成果、成图	3	〃	〃	
			8	技术总结	1	〃	〃	

档案类名 一级类	目称 二级类	三级类	序号	归 档 内 容	份数	保管期限	保存地点	备注
生产技术档案	工程测量	平板仪测量	1	技术设计书	1	永久	按馆藏范围分别存国家、省级测绘档案资料馆	
			2	控制测量手簿	全套	长期	〃	
			3	清绘原图	〃	至有同比例尺新图止		
			4	技术总结、验收报告	各1	永久		
	其他		1	国家测绘基准档案	全套	永久	国家测绘档案资料	
			2	边界测量	〃	〃	〃	
			3	国家组织的专项考察或特殊任务形成的测绘档案如珠峰、南极考察、唐山地震测量等	〃	〃	〃	
			4	收集国外有利用、考察和保存价值的测绘科技档案	〃	自定	按隶属关系存国家或省级测绘档案资料馆	
			5	专业测绘科技档案目录集	〃	永久	〃	
	新中国成立前测绘档案		1	天文、大地(含重力、水准等)测量档案	全套	永久	大地测量档案分馆	
			2	各种比例尺地形图	1—3	〃	国家测绘档案资料馆	
			3	各种古地图、舆图、城市图、政区图等	1—2	〃	国家测绘档案资料馆、省级测绘档案资料馆	
			4	各种地图集	1—3	〃	〃	
			5	其他测绘科技档案	〃	〃	〃	

档案类目名称 一级类	二级类	三级类	序号	归档内容	份数	保管期限	保存地点	备注
科学研究			1	科学技术长远发展规划	1	永久	存制订规划部门所属的国家级或省级测绘档案资料馆	
			2	科技年度项目计划表	〃	〃	〃	
			3	科技综合统计图、表	〃	〃	国家级项目存国家测绘档案资料馆、属省级项目存省级测绘档案资料馆	
			4	科研项目合同书（或任务书、协议书）	〃	〃	〃	
			5	科研课题研究方案、技术性能测试或实验报告、社会效益或经济效益报告以及推广应用建议	全套	〃	〃	
			6	科研项目技术鉴定证书或评审证书及其他同等效力的审查证明材料	1	〃	〃	
			7	获准职务发明专利权的专利资料原件	〃	〃	〃	
			8	重大课题研究的记录、计算材料和其他试验有关材料	全套	永久	〃	
			9	重大科技成果推广应用	1	〃	〃	
			10	历年测绘科学进步奖获奖项目的评审材料	〃	长期	〃	
教育			1	测绘出版社出版的测绘专著、科技图书	1—3	长期	国家测绘档案资料馆	
			2	有特殊贡献的测绘教育家和测绘知名专家的论著	〃	永久	〃	
			3	大专院校测绘教学大纲、改革方案	1	〃	本院校测绘档案部门	

191

档案类名称			序号	归档内容	份数	保管期限	保存地点	备注
一级类	二级类	三级类						
教育			4	测绘教育发展规划	1	永久	正规院校的存国家测绘档案资料馆、在职教育等业余的存各部门隶属的省级测绘档案资料馆	
			5	国家为生产单位或特殊需要统一组织培养人才的培训计划、教学大纲与实施方案	〃	长期	国家测绘档案资料馆	
仪器设备		引进设备	1	引进项目(以下同)的建议书、批准书与合同书	各1	永久	按项目级别分别存国家级、省级测绘档案资料馆	
			2	可行性报告和分析试验报告	〃	〃		
			3	国外提供的有重要参考价值并被利用的图纸资料、工艺文件	〃	〃		
			4	引进仪器的使用说明书	〃	〃		
		国内项目	1	新产品研制方案	1	永久	按项目级别分别存国家、省级测绘档案资料馆	
			2	新产品设计说明	〃	〃	〃	
			3	新产品试制的关键工艺说明书	〃	〃	〃	
			4	技术鉴定证书	〃	〃	〃	
			5	新产品质量标准	〃	〃	〃	
			6	技术性能检测报告	〃	长期	〃	
			7	使用说明书	1	长期	按项目级别分别存国家、省级测绘档案资料馆	
			8	用户试用报告	〃	〃	〃	
			9	全套设计图纸	〃	〃	〃	
			10	研究试制报告	〃	〃	〃	

档案类目名称			序号	归档内容	份数	保管期限	保存地点	备注
一级类	二级类	三级类						
基建档案		建筑标准	1	国家建筑标准	1	永久	存国家、省级测绘档案资料馆	
			2	测绘专业建筑标准	〃	〃	〃	
			1	新、扩建计划任务书	1	永久	按项目级别分别存国家、省级测绘档案资料馆	
			2	定址和征地书	各1	〃	〃	
			3	初步设计和概算	全套	〃	〃	
			4	竣工图和竣工决算	〃	〃	〃	
			5	国拨"三材"指标	〃	〃	〃	

＊科研、教育、仪器设备、基建档案的三级以上类目从略，均按《测绘科技档案分类法》的类目，此表系四级类目内容。

关于印发《测量标志维修规程(试行)》的通知

国测发〔1988〕139号

各省、自治区测绘局,直辖市测绘处(院):

根据《测量标志保护条例》及其实施办法的规定和目前各单位维护测量标志的实际情况,我局组织编写了《测量标志维修规程》现予公布试行。

请各单位在试行中,注意积累经验,将可行的建议和修改意见寄给西安标准化测绘研究所,以便修订后正式实行。

附件:测量标志维修规程(试行)

国家测绘局
一九八八年四月十一日

测量标志维修规程(试行)

第一条 根据《中华人民共和国测量标志保护条例》及其实施办法的规定,制定本规程。

第二条 测量标志的维修,是保护测量标志的重要技术措施,必须同做好测量标志的委托保管,深入进行保护测量标志的宣传教育和加强对测量标志的日常管理工作密切配合,以期达到良好的效果。

第三条 测量标志维修的目的,在于使测量标志长期保存,处于良好状态,能随时提供经济建设、国防建设和科学研究部门使用。

第四条　测量标志应根据使用的缓急和日常管理的需要,有计划地分期分批进行维修。

第五条　测量标志的维修,应由专业人员参加或指导,严格执行本规程及有关技术规定。维修工作中要加强安全教育。高标的维修一定要有专业人员参加,切实保证安全施工和维修质量。

第六条　测量标志维修的周期,一般为十年。荒漠地区可以适当延长。《测量标志保护条例实施办法》第六条列出严加保护的测量标志,应随时进行维修。

第七条　维修测量标志,一般限于部分破坏者。标石、标志已完全破坏的测量标志不在维修之列。

第八条　测量标志维修,分一般维修和重点维修两类。

一般维修包括:加固指示碑、指示桩、方位桩和觇标的一般加固维修;镶补损坏的柱石、标石;标志的涂抹黄油保护;进行外部整饰等。

重点维修包括:补(重)埋柱石、上盘石、标志盖;重新镶嵌标志;重建觇标或补(换)觇标部件;觇标防腐除锈刷漆;重(补)建指示碑、指示桩、指示盘、方位桩;修砌标志台基、保护井等。

第九条　标石的维修:标石表面及边缘损坏,可能危及标志和标石稳定的,均应用水泥砂浆涂补。

标石裸露地面三分之一以上的,应填土筑埋,必要时修筑台基或保护井。

凡柱石(或上盘石)严重损坏或丢失,但盘石(或下盘石)仍完好的平面控制点,应重埋柱石(或上盘石)。重埋的标石应保证标志中心与原盘石(或下盘石)的标志中心在同一条铅垂线上。

凡丢失或损坏了标志盖的水准点,均应补埋标志盖,以保护标志的安全。

第十条　重镶标志:平面控制点的柱石、上盘石的标志损坏,应换成新的标志,用水泥砂浆将标志嵌入标石内。

第十一条　觇标的维修:

（一）木质寻常标的维修一般应放平于地面进行；钢质导常标的维修方法视其方便而定，一般以竖立维修为好；

（二）高标维修必须由下而上逐层进行，必要时应先牵引稳固；

①钢质橹柱的加固维修：角柱锈断或断裂时，应焊接或钻孔拴接一段新的角柱。新接角柱的长度不得少于30cm，衔接部位的拴钉不得少于八个；

②本质觇标的加固维修：对觇标腐朽部分进行加固。其方法是在每个橹桩上钉两根支柱，支柱直径较橹柱小20％—30％，长度与橹桩根部到底层横梁的长度相同。先将支柱内侧刨成小平面，经防腐处理后，用螺钉将其紧固在橹桩两侧，并用铅丝加固；

③更换横梁、横撑、直撑、斜材等部件时，须先将坏、旧件系牢缒送地面。安装新部件时，应先将新标材系牢，再进行安装，严防部件坠落。

（三）对损坏严重难以修复的觇标，经上级部门批准后，可拆除并视情况重新建标。觇标损坏后暂不能重建时，应在点位正北1.5m处理设指示墩，墩上应有鲜明标记，说明点名和保护事项。

第十二条 测量标志的碑、盘、桩、方位桩已丢失或损毁的，应重新埋设。

第十三条 经维修的测量标志必须现场填写《测量标志维修报告表》，此表见附表。维修测量标志时，应认真重新办理委托保管手续。

第十四条 有下列情况的测量标志应缓修或停修：

1. 在同一地点设有两个以上的同类测量标志，等级较低的点已遭破坏时，可不维修；

2. 标志所在点位近期有建设施工项目时，应缓修；

3. 近期内有改造、重测计划的测量标志，应缓修；

4. 点位上基石破坏严重，致使测量标志不便利用又难以修复时，应停修；危及人身安全的，其危险部分应予拆除。

测量标志的缓修或停修应报省（自治区、直辖市）主管部门批准。

第十五条　维修测量标志时应严格遵守下列规则：

1. 维修测量标志时，应先觇标后标石按顺序进行；

2. 维修测量标志，挖掘标石覆盖物时，必须特别小心，不得碰动标石，要有保证其稳定性的措施，严禁用长杆工具挖掘；

3. 维修觇标时，应有严格的安全措施。维修人员必须戴好安全帽，系好安全带，安全带应与吊绳联结，吊绳的另一端通过高标角柱上的滑轮牢固地系于橹柱上。非工作人员必须离开标架 15m 以外；

4. 在高空作业必须随身携带工具袋，所用工具一律置于工具袋内。作业时，所用工具应采取安全措施，以防脱手伤人；

5. 在高空作业时严禁以投掷方式传递工具，在标架上向地面扔东西时，必须提醒标下的工作人员；

6. 维修觇标的作业必须在晴天、无风或微风的气候条件下进行，大风或雷雨天气，严禁进行高标维修；

7. 在雷电气候频繁的地区，维修时，应在觇标上安装避雷针。

第十六条　城市内测量标志的维修：由于城市内测量标志的密度大，用途广泛，使用频繁，相当部分的测量标志建造特殊，因此，除与前述测量标志类型相同者按以上条款执行外，有关主管部门可参照本规程，另行制定维修实施办法。

第十七条　测量标志维修结束时，维修单位和上级主管部门应分别组织验收，写出验收报告。

第十八条　测量标志维修结束时，要认真进行维修工作总结，写出书面总结报告。

维修总结报告的内容包括：

1. 维修的组织实施单位、人员组织和实施时间；

2. 维修工作概况，包括：维修的地区、范围；维修标志的种类、数量；维修程度和分类统计；

3. 维修标志安全生产的情况；

4. 维修标志的质量鉴定；

5. 维修经验及建议；

6. 对测量标志管理工作的建议。

第十九条 测量标志维修结束后,应分别向各级测绘主管部门及有关单位提交维修资料,以便归档利用。

1. 向各省、自治区、直辖市测绘主管部门提交的资料:

①测量标志维修报告表;

②点之记(或点位说明);

③测量标志的委托保管书;

④测量标志的维修进展标图;

⑤测量标志的维修技术工作总结。

2. 各省、自治区、直辖市测绘主管部门,每年年底需将所辖区内测量标志维修和验收情况进行汇总,于翌年一月底以前上报国家测绘局和同级政府。

附表：

测量标志维修报告表

点　名		种　类		等　级	
测区名称		所在图幅		最近住所	
原设单位		保管单位		保管人	
点位说明					
维护内容	标石				
	觇标				
	其他				
维修单位		维修负责人		时间	年　月　日
维修后情况	标石断面图		觇　标	标志及其他部分	
重埋标石投影方法及偏差					
新旧标石平面关系及高差					
班(组)意见			队意见		
主管部门验收意见					
备注					

注:本表为十六开

关于颁发《国家测绘局专利工作管理暂行办法》的通知

国测发〔1988〕215 号

各省、自治区测绘局，直辖市测绘处（院），各直属单位：

现将我局制定的《国家测绘局专利工作管理暂行办法》印发给你们，请遵照执行。执行中如有问题，请及时向我局专利处反映。

国家测绘局
一九八八年五月二十八日

国家测绘局专利工作管理暂行办法

第一条 为贯彻实施《中华人民共和国专利法》（以下简称《专利法》）、《中华人民共和国专利法实施细则》（以下简称《实施细则》），加强对测绘专利工作的管理，调动测绘职工的发明创造积极性，促进测绘技术进步，特制定本办法。

第二条 国家测绘局专利工作管理的基本任务是贯彻《专利法》和《实施细则》等有关规定，用法律和经济的手段，鼓励发明创造，保护发明创造专利权。

第三条 国家测绘局专利处，负责测绘系统的专利管理工作；也接受其他部门的测绘专利委托代理工作。

各测绘管理部门、科研单位和测绘院校，应将专利工作纳入科技管理体系，并配备专利管理人员，有条件的单位可以设置管理机构。

第四条 国家测绘局专利处的主要职责是：

（一）接受国家专利局的业务指导，加强专利管理机构的建设；

（二）组织制定测绘系统的专利工作规划、计划，协调专利实施工作；

（三）管理测绘系统企、事业单位和科技人员个人的专利申请；

（四）负责组织专利工作人员的培训和专利知识的宣传普及工作；

（五）调处专利纠纷；

（六）协调有关业务归口部门管理测绘许可证贸易和技术引进中的专利工作；

（七）归口管理测绘系统的各专利管理和服务机构。

第五条 各级测绘专利管理机构负责管理本单位的专利工作，按《专利法》、《实施细则》等规定开展工作，每年向国家测绘局专利处汇报一次工作；每半年应将本单位专利申请的发明创造名称、专利申请号或专利号、发明人以及实施情况报国家测绘局专利处备案。

第六条 国家测绘局专利处授权武汉测绘科技大学专利事务所和国家测绘局测绘科学研究所专利事务所负责测绘专利的委托代理工作。

国家测绘局系统新设专利服务机构须经国家测绘局批准，并向中国专利局和地方专利管理局备案。

第七条 加强对专利工作的教育与宣传普及工作。

（一）各测绘单位的领导干部和科技人员要学习专利知识；

（二）各单位的专利工作人员要接受系统的专利知识培训，学习掌握专利法；

（三）有条件的单位要开展知识产权研究，学校要逐步开设专利学课程，对学生进行系统的专利知识教育。

第八条 专利申请。

（一）各测绘单位的领导应鼓励和支持职工的发明创造活动，并及时组织专利申请；

（二）职务发明专利申请按《实施细则》规定应交付费用；委托代

理机构办理申请应交付代理费；

各测绘单位的专利一般应通过本系统对口的专利事务所办理。

如申请人直接向中国专利局提出申请，在取得专利申请号后，应经所在单位主管部门报国家测绘局专利处备案。

（三）对本单位职工的非职务发明专利申请，应予以鼓励与支持，对测绘技术进步有较大促进作用的非职务发明，还应给予表彰和奖励。

第九条 专利实施与专利许可证贸易。

（一）为使测绘技术发明创造专利尽快取得经济效益，提倡在征得专利申请人或专利权人同意后，将专利发明创造的技术要点、实施条件等加以宣传，为许可证贸易供需双方沟通渠道；

（二）对测绘技术的职务发明专利，专利权的持有单位应积极组织实施，或者许可他人实施。许可方与被许可方签订的专利实施许可合同生效后三个月内应向国家测绘局专利处备案；

（三）获得专利的非职务发明创造，对测绘技术进步有较大贡献、具有较大经济效益和社会效益、本人实施有困难的，所在单位有条件的要协助实施。单位协助个人实施专利，经协商一致，单位应从取得的经济效益中提取一定的费用；

（四）各单位引进测绘技术含有专利项目的，在技术谈判的可行性研究阶段，应向专利管理机构查对引进技术中专利项目的名称、专利号及其保护的技术内容和法定有效期限，以便为技术谈判提供可靠的依据；

（五）国家测绘局根据测绘事业发展的需要，可将测绘系统的发明创造专利，指定合适的单位实施，实施单位应向专利权人支付适当的费用。

第十条 根据《专利法》和《实施细则》，国家测绘局专利处有权调解下列纠纷或争议：

（一）在专利权授予后，关于在发明专利申请公布或实用新型、外观设计专利申请公告后、在专利权授予前使用发明创造的费用纠纷；

（二）关于发明人或者设计人与其所属单位对其申请专利的发明创造是否属于职务发明创造的争议；

（三）关于发明人或者设计人与其所属单位对其职务发明创造是否提出专利申请的争议；

（四）关于专利申请权的争议；

（五）有关专利侵权的纠纷；

（六）专利许可合同的纠纷。

专利管理机关，有权责令侵权人停止侵权行为，并赔偿经济损失；对假冒他人专利的，泄露国家专利机密的，依照《专利法》第六十三条、第六十四条规定处理。

第十一条 专利纠纷调处后，当事人对处理决定不服的，应在收到处理决定之日起三个月内向法院起诉，期满不起诉又不履行的，应请求人民法院强制执行。

第十二条 对于职务发明创造的发明人，发明人所在单位应按《实施细则》的规定给予奖励。

对获得专利权的项目应视同其他科技成果一样，按有关规定参加评奖。

第十三条 各测绘管理部门应利用各种渠道，筹集专利基金，用于：

（一）开展有关专利工作的各种活动；

（二）赞助对测绘技术进步有较大推动作用，但经费又有困难的非职务发明人申请专利；

（三）赞助在国际市场上有竞争力的发明创造申请外国专利；

（四）鼓励测绘技术领域的发明创造活动。

第十四条 国家测绘局系统的专利代理机构，负责系统内的专利代理业务工作，其业务范围是：

（一）为单位和个人提供专利咨询；

（二）代理撰写专利申请文件；

（三）代理专利审批程序中的有关事务；

（四）代理异议、复审、无效宣告等程序中的有关事务；

（五）代理许可证贸易；

（六）为专利纠纷的诉讼提供咨询；

（七）代理其他专利业务工作；

（八）进行专利知识的宣传教育与专利工作人员的培训。

第十五条　专利代理机构的工作人员在为专利申请人承办专利事务时有保守秘密的责任。

专利工作人员及有关国家工作人员在专利工作中徇私舞弊的，依照《专利法》第六十五条规定处理。

第十六条　专利代理机构必须有自己的账号，在代理专利申请、许可证贸易和专利文献检索时，均按规定收取必要的费用。收费标准按所在专利管理机关的规定执行。

第十七条　专利代理机构可从专利代理费中，提取一定比例的经费，用于支付专利代理人的酬金和有关人员的劳务报酬。对专利工作有突出成绩的人员，应给予奖励。

第十八条　本暂行办法自一九八八年六月一日起施行，解释权属国家测绘局。

关于颁发《测绘产品质量监督检验收费标准》的通知

国测发〔1988〕382 号

国务院有关部、委、局、各省、自治区测绘局,直辖市测绘处(院):

为使测绘产品质量监督检验工作顺利开展,促进产品质量不断提高,经国家物价局、财政部审核同意,根据国家标准局、国家物价局、财政部"关于发布产品质量监督检验收费标准的通知",结合测绘产品的特点,制订了《测绘产品质量监督检验收费标准》。

实施测绘产品质量监督检验,按规定收取的费用,用于弥补专项拨付购置检验手段(仪器设备、利用仪器设备进行检验所需工作用房)所需资金及弥补国家拨付的事业经费的不足和按国家规定用于发放奖金。在保证完善上述开支的基础上,财政部门可视收取费用数额的增长情况,商同级测绘部门将收取费用,用于上述开支后的多余部分抵减事业经费拨款。

各部门、各单位在执行中有何问题和意见,请及时函告国家测绘局。

国家测绘局
一九八八年九月十九日

测绘产品质量监督检验收费标准

测绘产品质量监督检验收费标准制订说明

为了进一步加强测绘产品的监督检验工作,保证产品质量,根据国家标准局、国家物价局、财政部发布的产品质量监督检验收费计算办法,结合测绘产品的检验特点,制定了"测绘产品质量监督检验收费标准"。现将主要情况说明如下:

一、制定的主动要依据:

1. 国家标准局、国家物价局、财政部一九八八年四月《关于发布产品质量监督检验收费标准的通知》。

2. 国家测绘局一九八七年十月制定的《测绘生产成本定额》。

3. 国家测绘局一九八八年七月制定的《测绘产品检查验收规定》。

4. 国家测绘局一九八八年三月颁布的《测绘生产质量管理规定(试行)》。

二、本收费标准系指测绘产品质量检验成本费用。其计算项目主要包括器材费、固定资产折旧费、运输费、水电费及管理费。

三、本收费标准按困难类别划分三类,与《测绘生产成本定额》的分类关系是:Ⅰ类相当于定额中的Ⅰ、Ⅱ类,Ⅱ类相当于Ⅲ类,Ⅲ类相当于Ⅳ、Ⅴ类。

四、单程200公里以外的检验任务的差旅费,另行计收(航空摄影检验除外)。

五、凡经上级主管部门批准建立的测绘产品质量监督检验机构,并行使监督检验职能时,可按本标准收费,所收取费用的使用,按颁发本标准的通知规定执行。

六、监督检验机构承担的委托检验、评优检验、仲裁检验以及发放测绘许可证的产品质量检验,受检单位(或委托单位)要按本标准交纳检验费。

七、有关主管部门下达的测绘产品质量监督抽检任务,由任务下达部门拨给监督检验机构检验费。

八、海洋测绘产品质量检验收费标准待定。

测绘产品质量监督检验收费标准 表一

专业:大地测量

单位:元

检验费 工作项目 等级	计量 单位	三角			导线			水准			备注
		I	II	III	I	II	III	I	II	III	
I、II等	点	28.99	32.21	37.04	14.85	16.50	18.98				
III、IV等	点	14.98	16.64	19.14	9.45	10.50	12.08				
I、II等	100公里							193.50	215.00	247.25	
III、IV等	100公里							115.20	128.00	147.20	

207

测绘产品质量监督检验验收收费标准 表二

专业:大地测量

单位:元

工作项目\检验费\等级	计量单位	电磁波测距			天 文			重 力			备注
		Ⅰ	Ⅱ	Ⅲ	Ⅰ	Ⅱ	Ⅲ	Ⅰ	Ⅱ	Ⅲ	
Ⅰ、Ⅱ等三角起始边	条	24.75	27.50	31.63							
Ⅰ、Ⅱ等导线边	条	10.35	11.50	13.23							
Ⅲ、Ⅳ等导线边	条	4.95	5.50	6.33							
Ⅰ等拉伯拉斯点	点				86.97	96.63	111.12				
Ⅰ等点	点				72.47	80.53	92.60	28.08			
Ⅱ等点	点				57.98	64.42	74.08	14.38	15.98	18.38	
人仪差	点				43.48	48.32	55.56	9.85	10.94	12.58	重力加密点

208

专业:大地测量

测绘产品质量监督检验检收费标准 表三

单位:元

检验费 工作项目 等级	计量 单位	大 地 计 算		
		I	II	III
I、II 等三角起始边	条	11.88	13.20	15.18
I、II 等导线边	条	5.94	6.60	7.59
III、IV 等导线边	条	2.38	2.64	3.04
I、II 等三角	点	2.59	2.88	3.31
III、IV 等三角,I、II 等导线	点	1.30	1.44	1.66
III、IV 等导线	点	0.50	0.55	0.63
I、II 等水准	100公里	14.22	15.80	18.17
III、IV 等水准	100公里	6.05	6.72	7.73

专业:航空摄影

测绘产品质量监督检验检收费标准 表四

单位:元

工作项目 检验费 航摄费	计量 单位	航摄底片、像片			备注
		I	II	III	
10 万元以下	测区		0.90%		1. 航空摄影检验费按"检验费"列百分数乘以实际航摄费计算。 2. 不足"万元"的航摄费,采用四舍五入法(以千元计),应归入本表所列区间,如:航摄费24.493 2万元,应归入 10—24 万区间,检摄费=航摄费×0.78%;航摄费24.503 2万元,应入 25—45 万区间,检验费=航摄费×0.66%。 3. 如下一区间的检验费低于上一区间的最高检验费时,则可按上一区间的最高检验费收费。
10万—24万	测区		0.78%		
25万—49万	测区		0.66%		
50万—74万	测区		0.54%		
75万—99万	测区		0.42%		
100 万以上	测区		0.30%		

专业:航测外业

测绘产品质量监督检验验收费标准 表五

单位:元

检验费\工作项目\比例尺	计量单位	像片连测			像片调绘			像片图测图			备注
		I	II	III	I	II	III	I	II	III	
1:5万(18×18)	幅	28.26	31.40	36.11	60.79	71.52	85.82				测区图幅在20幅以下的航外检验费,可按本表所列标准增加15%
1:2.5万(18×18)	幅	20.04	22.27	25.61	36.50	42.94	51.53				
1:1万(18×18)	幅	13.60	15.11	17.38	23.30	27.41	32.89	45.12	43.91	63.71	
1:5 000(18×18)	幅	9.67	10.74	12.35	13.18	15.51	18.61	28.02	32.96	39.55	
1:5万(23×23)	幅	19.31	21.45	24.67	95.59	112.46	134.95				
1:2.5万(23×23)	幅	13.60	15.11	17.38	36.50	42.94	51.53				
1:1万(23×23)	幅	8.96	9.94	11.45	23.30	27.41	32.89	42.12	43.91	63.71	
1:5 000(23×23)	幅	6.80	7.56	8.69	13.18	15.51	18.61	28.02	32.96	39.55	

专业:航测外业——城市工程测量(航测方法)

测绘产品质量监督检验收费标准 表六

单位:元

检验费 工作项目 比例尺	计量单位	像片连测			像片调绘			像片图测图			备注
		I	II	III	I	II	III	I	II	III	
一般地区											
1:2 000(23×23)	幅	6.08	6.76	7.77	8.11	9.54	11.45	15.20	17.88	21.46	
1:1 000(23×23)	幅	4.66	5.18	5.96	5.41	6.36	7.63	11.82	13.91	16.69	
1:500(23×23)	幅	3.58	3.98	4.58	4.08	4.80	5.76	9.47	11.14	13.37	
建筑工业区											
1:2 000(23×23)	幅	6.80	7.56	8.69	10.58	12.73	15.28	20.28	23.86	28.63	
1:1 000(23×23)	幅	5.35	5.94	6.83	7.44	8.75	10.50	16.88	19.86	23.83	
1:500(23×23)	幅	4.30	4.78	5.50	4.73	5.56	6.67	13.49	15.87	19.04	

专业：航测内业

测绘产品质量监督检验收费标准 表七

单位：元

检验费 比例尺	计量 单位	航测原图			航测原图（建筑工业区）			影像图			备注
		I	II	III	I	II	III	I	II	III	
1：5万	幅	23.95	28.18	33.82				5.11	6.01	7.21	影像图 不分比 例尺
1：2.5万	幅	18.04	21.22	25.46							
1：1万	幅	16.15	19.00	22.80							
1：5 000	幅	13.44	15.81	18.97							
		一般地区			建筑工业区						
1：2 000	幅	10.44	12.28	14.74	13.26	15.60	18.72				
1：1 000	幅	9.16	10.78	12.94	11.23	13.21	15.85				
1：500	幅	8.12	9.56	11.47	9.15	10.76	12.91				

213

测绘产品质量监督检验检查收费标准 表八

专业:工程测量

单位:元

工作项目 检验费	计量 单位	平板仪测图									备注
		I	II	III	I	II	III	I	II	III	
比例尺											
一般地区											
1:2 000	幅	25.08	29.50	35.40							
1:1 000	幅	16.75	19.70	23.64							
1:500	幅	13.96	16.42	19.70							
建筑工业区											
1:2 000	幅	30.69	36.11	43.33							
1:1 000	幅	25.12	29.55	35.46							
1:500	幅	22.60	26.59	31.91							

214

专业：工程测量

测绘产品质量监督检验收费标准　表九

单位：元

检验费 等级	工作项目 计量 单位	三角			导线			水准			备注
		Ⅰ	Ⅱ	Ⅲ	Ⅰ	Ⅱ	Ⅲ	Ⅰ	Ⅱ	Ⅲ	
Ⅱ等	点	19.81			4.73	（一级导线）		12.96			工程水准测量检验量计单位为10千米
Ⅲ、Ⅳ等	点	13.59			4.29	（一、二、三级量距导线）		9.71			
一、二级小三角	点	4.91									
Ⅲ等电磁波测距导线	点				13.10						
Ⅳ等电磁波测距导线	点				9.81						
一级电磁波测距导线	10千米				7.85						
二级电磁波测距导线	10千米				11.12						
三级电磁波测距导线	10千米				14.71						

215

专业:地籍测绘

测绘产品质量监督检验收费标准 表十

单位:元

检验费 \ 工作项目 比例尺	计量单位	像片连测			像片调绘			航测原图			备注
		Ⅰ	Ⅱ	Ⅲ	Ⅰ	Ⅱ	Ⅲ	Ⅰ	Ⅱ	Ⅲ	
一般地区											
1:5 000	幅	11.67	12.97	14.92	21.28	25.04	30.05	25.32	29.79	35.75	
1:2 000	幅	9.88	10.98	12.63	14.57	17.14	20.57	18.98	22.33	26.80	
1:1 000	幅	8.41	9.34	10.74	9.97	11.73	14.08	14.92	17.55	21.06	
1:500	幅	7.25	8.06	9.27	6.94	8.16	9.79	12.04	14.17	17.00	
建筑工业区											
1:2 000	幅	11.82	13.13	15.10	18.37	21.61	25.93	24.53	28.86	34.63	
1:1 000	幅	10.11	11.23	12.91	12.33	14.51	17.41	18.56	21.83	26.20	
1:500	幅	8.92	9.91	11.40	7.90	9.29	11.15	14.31	16.83	20.20	

216

专业:地籍测绘

测绘产品质量监督检验收费标准 表十一

单位:元

检验费	计量单位	像片图测图			平板仪测图						备注
		I	II	III	I	II	III	I	II	III	
比例尺											
一般地区											
1:5 000	幅	26.41	31.07	37.28							
1:2 000	幅	20.89	24.58	24.50	21.83	25.68	30.82				
1:1 000	幅	15.60	18.35	22.02	18.50	21.77	26.12				
1:500	幅										
建筑工业区											
1:2 000	幅	33.32	39.20	47.04	32.28	37.98	45.58				
1:1 000	幅	25.94	30.52	36.62	26.90	31.65	37.98				
1:500	幅	20.22	23.79	28.55							

217

专业:地籍测绘

测绘产品质量监督检验收费标准　表十二

单位:元

工作项目 检验费 比例尺	计量单位	界址点测量			地籍要素调查 地籍簿建立			面积量算			备注
		Ⅰ	Ⅱ	Ⅲ	Ⅰ	Ⅱ	Ⅲ	Ⅰ	Ⅱ	Ⅲ	
一般地区											
1∶5 000	幅	6.17	6.86	7.89	7.34	8.64	10.37	2.10	2.47	2.96	
1∶2 000	幅	4.60	5.11	5.88	5.06	5.95	7.14	1.57	1.85	2.22	
1∶1 000	幅	4.19	4.66	5.36	3.33	3.92	4.70	1.40	1.65	1.98	
1∶500	幅	3.74	4.16	4.78	1.96	2.31	2.77	1.22	1.44	1.73	
建筑工业区											
1∶2 000	幅	6.53	7.26	8.35	6.77	7.96	9.55	1.80	2.12	2.54	
1∶1 000	幅	5.22	5.80	6.67	4.05	4.77	5.72	1.62	1.90	2.28	
1∶500	幅	4.38	4.87	5.60	2.62	3.08	3.70	1.44	1.69	2.03	

专业：制图

测绘产品质量监督检验检验费标准　表十三

单位：元

工作项目 检验费 比例尺	计量 单位	编　绘			清（刻）绘			连编带绘（刻）			备注
		I	II	III	I	II	III	I	II	III	
1：100 万	幅	59.13	69.56	83.47	46.58	54.80	65.76	68.06	80.07	96.08	
1：50 万	幅	45.76	52.84	63.41	38.83	45.68	54.82	51.60	60.71	72.83	
1：25 万	幅	42.65	50.18	60.22	33.09	38.93	46.72	48.82	57.44	68.93	
1：10 万	幅	26.23	30.86	37.03	19.50	22.94	27.48	32.95	38.77	46.52	
1：5 万	幅	21.33	25.09	30.11	16.31	19.19	23.03	25.63	30.15	36.18	
1：2.5 万	幅	17.82	20.97	25.16	13.77	16.19	19.43	21.75	25.59	30.71	
1：1 万	幅	15.12	17.79	21.35	12.45	14.65	17.58	18.39	21.64	25.97	
1：5 000	幅	12.11	14.13	16.96	10.80	12.71	15.25				

专业:制图

单位:元

测绘产品质量监督检验收费标准 表十四

工作项目 检验验费 比例尺	计量单位	映(清)绘			编绘			备注		
		Ⅰ	Ⅱ	Ⅲ	Ⅰ	Ⅱ	Ⅲ	Ⅰ	Ⅱ	Ⅲ
一般地区										
1:2 000	幅	8.90	10.50	12.60	9.63	11.33	13.60			
1:1 000	幅	7.86	9.25	11.10	8.76	10.30	12.36			
1:500	幅	7.00	8.24	9.89						
建筑工业区										
1:2 000	幅	9.63	11.33	13.60	11.38	13.39	16.07			
1:1 000	幅	8.76	10.30	12.36	10.51	12.36	14.83			
1:500	幅	8.38	9.89	11.87						

专业:制图

测绘产品质量监督检验收费标准 表十五

单位:元

检验费 工作项目 图种	计量单位	编 绘			清 绘						备注
		I	II	III	I	II	III	I	II	III	
全国、世界普通地理图	全开幅	143.35	171.00	205.20	77.52	91.20	109.44				全开幅以60平方分米计
省(区)、直辖市普通地理图	全开幅	106.59	125.40	150.48	60.18	70.80	84.96				
市(地)、县普通地理图	全开幅	77.52	91.20	109.44	50.49	59.40	71.28				

221

测绘产品质量监督检验收费标准 表十六

专业:海洋测绘(待定)

单位:元

工作项目	计量单位	I	II	III	I	II	III	I	II	III	备注
检验费 等级											

关于广东、海南两省间行政区域界线在地图上画法的通知

各省、自治区测绘局、直辖市测绘处（院）、各直属单位：

广东省与海南省行政区域界线业经国务院批准，现将其在地图上的画法通知如下：

一、广东、海南两省以琼州海峡为界：东边从徐闻县山狗吼角与文昌县木兰头连线的中点（即北纬 20°17′42″，东经 110°36′06″），向西经海安湾一号灯标与海口湾一号灯标连线的中点（北纬 20°09′24″，东经 110°15′24″），再向西至徐闻县灯楼角灯标与临高县临高角连线的中点（即北纬 20°07′00″，东经 109°48′54″）。以北为广东省行政区域，以南为海南省行政区域。

二、海南省行政区域为：海南岛、西沙群岛、中沙群岛（含黄岩岛）、南沙群岛的岛礁及其附近海域。

三、今后出版地图凡涉及该段行政区域界线时，请按上述规定表示，并注意：

1. 东端界线点不得超过北纬 20°17′42″，东经 110°36′06″；西端界线点不得超过北纬 20°07′00″，东经 109°48′54″。

2. 绘制小比例尺地图，图上不能绘出三段符号时（详见海南省略图），可以中段界线转折点（即北纬 20°09′24″，东经 110°15′24″）为准，向两端绘出 1—2 节符号。

国家测绘局办公室

一九八九年七月十一日

关于贯彻《关于土地登记收费及其管理办法》有关地籍测绘经费问题的几点意见

各省、自治区测绘局,直辖市测绘处(院):

为正确贯彻国家土地管理局、国家测绘局、国家物价局和财政部联合下发的《关于土地登记收费及其管理办法》(以下简称"办法"),现根据国务院国发〔1990〕31 号文件的精神,对《办法》中有关地籍测绘经费管理使用问题提出以下贯彻意见:

1. 地籍测绘是全国性的具有广泛社会效益的基础性测绘工作,也是正确实施土地登记发证、加强土地管理必不可少的一项基础工作。为给地籍测绘工作创造必要的经费条件,《办法》已明确规定:"按收费项目及标准(一)中 1、2、3、4 款收取的经费,50%用于地籍测绘;50%用于土地权属调查,"即向党政机关、团体、企业、事业单位及城镇居民收取的土地权属调查、地籍测绘经费,其中的 50%用于地籍测绘。为使这笔资金真正能用于地籍测绘工作,《办法》也明确规定:"收取的土地登记费,按预算外资金管理,实行财政专户存储,专款专用,严格按规定比例使用。"为此要求各省、自治区、直辖市测绘主管部门对这笔资金必须做到认真执行财政制度,严格审批手续,并自觉接受同级财政、审计部门的检查、监督。

2. 地籍测绘任务的确定和下达,必须严格按照国务院国发〔1990〕31 号文件要求,由省、自治区、直辖市测绘主管部门和土地管理部门共同制定地籍测绘规划、计划,测绘部门按规划组织协调。为此,测绘主管部门要在认真对各地籍测绘作业单位进行资格审查认证的同时,会同有关部门建立严谨可行的地籍测绘任务

224

下达和地籍测绘经费支付结算管理机制，以切实履行按规划组织协调的职责。

　　以上意见请结合本地区情况，认真会商有关部门，并在本地区对《办法》的实施细则中予以明确反映。

国家测绘局
一九九〇年七月三十日

关于加强测绘计量
器具检定工作的通知

国测函〔1991〕32 号

各省、自治区测绘局、直辖市测绘处(院),有关直属单位:

测绘仪器(包括各类测角、测长和坐标量测仪器)属于工作计量器具,已列入我国强制检定或依法管理的计算器具范畴。按照《中华人民共和国计量法》的要求,对各类计量器具必须进行定期检定。因此,加强测绘计量器具的检定工作既是保证测绘成果精度、提高测绘产品质量的重要条件,也是加强行业技术监督工作的实际需要。为此,建议各省、自治区、直辖市测绘局(处)建立省级测绘计量器具检定机构,并提出如下要求:

1. 各省、自治区、直辖市测绘主管部门应根据当地需要,建立省级测绘计量器具检定机构,负责按授权范围开展测绘计量器具的检定工作。在建立过程中,要积极争取当地计量主管部门的支持与指导;在检定人员、检定设备(尤其是主标准器)的配备和环境条件、规章制度的建设等方面,要考虑当地计量主管部门的意见和要求,以利于今后的计量标准考核和计量授权。测绘计量器具检定机构作为公正的第三方机构,可与省测绘产品质量监督检验站设在一起(一个机构,两个牌子),必要时也可单独建立。

2. 已建机构但尚未通过计量标准考核或计量授权的,要积极创造条件,尽快向当地计量主管部门申请考核或授权;已被授权的,要严格按授权范围依法发展检定工作,并接受当地计量主管部门的业务指导,以扩大影响,提高声誉。

3. 各地在建立机构或申请计量标准考核、计量授权过程中有何困难和建议,请及时向我局技术监督处反映。

请各省、自治区、直辖市测绘主管部门将已建或计划建立的测绘计量器具检定机构按附件填写统计表,于 1991 年 3 月底前报送我局技术监督处;并请将已被授权的计量检定机构的授权证书副本同时报送我局技术监督处备案。

附件:测绘计量器具检定机构统计表

国家测绘局
一九九一年一月二十八日

附件：

测绘计量器具检定机构统计表

填报单位（盖章）：

机构名称	标准名称	检定项目	主标准器具及主要配套设备	检定人员（人数、技术职称等）	执行何种检定规程	通过哪一级标准考核	授权项目、范围

228

关于转发外交部《关于原苏联境内各独立国家在地图上表示方法的通知》的通知

国测函〔1992〕046 号

各省、自治区测绘局,直辖市测绘处(院),各直属单位:

根据外交部外发〔1992〕3 号文《关于原苏联境内各独立国家在地图上表示方法的通知》精神,今后出版(包括再版,重版)各种地图,涉及原苏联各加盟共和国时,均以独立国家表示。现将该通知转发你局(处、院),望遵照执行。

附件:外交部外发〔1992〕3 号文

国家测绘局
一九九二年二月十七日

关于原苏联境内各独立
国家在地图上表示方法的通知

外发〔1992〕3 号

各省、自治区、直辖市人民政府、各计划单列市人民政府、国务院各部委、各直属机构：

苏联解体后，世界政治地图发生了重大变化。为了修订各种公开出版的地图及今后出版地图的需要，现将原苏联境内各独立国家在地图上的表示方法通知如下：

一、原苏联各加盟共和国的国界线即为现在各独立国家的国界线。原各加盟共和国的首府即为现在各独立国家的首都。

二、原苏联境内各独立国家的正式名称全称、简称及英文名称为：

全　称	简　称	英　文
俄罗斯联邦	俄罗斯	Russia
乌克兰	乌克兰	Ukraine
阿塞拜疆共和国	阿塞拜疆	Azerbaijan
亚美尼亚共和国	亚美尼亚	Armenia
格鲁吉亚共和国	格鲁吉亚	Georgia
吉尔吉斯斯坦共和国	吉尔吉斯斯坦	Kirghizstan
塔吉克斯坦共和国	塔吉克斯坦	Tadzhikistan
土库曼斯坦	土库曼斯坦	Turkmenistan
乌兹别克斯坦共和国	乌兹别克斯坦	Uzbekistan
白俄罗斯共和国	白俄罗斯	Belarus
哈萨克斯坦共和国	哈萨克斯坦	Kazakhstan
摩尔多瓦共和国	摩尔多瓦	Moldova

爱沙尼亚共和国	爱沙尼亚	Estonia
拉脱维亚共和国	拉脱维亚	Latvia
立陶宛共和国	立陶宛	Lithuania

三、有关原苏联境内各独立国家的地名变动,应遵循尊重各国主权的原则。凡各国政府权威机构公布的地名变动,即可在以后出版的图文中予以改动。

外交部
一九九二年一月二十三日

关于印发《国家测绘局职工个人防护用品标准及管理规定(试行)》的通知

国测发〔1992〕第 106 号

各省、自治区测绘局,直辖市测绘院(处),各计划单列市测绘主管部门,各直属单位:

为进一步加强和改进职工个人劳动保护用品发放管理,保护职工的身体健康,促进安全生产,根据国家有关指示精神,我局制定了《国家测绘局职工个人防护用品标准及管理规定(试行)》,现印发给各单位试行。各单位可根据本地区、本单位的实际情况制定具体实施办法,试行中有何问题,请函告我局人事劳资处,以便进一步修订和完善。

附件:国家测绘局职工个人防护用品标准及管理规定(试行)

国家测绘局

一九九二年二十五日

附件：

国家测绘局职工个人防护用品
标准及管理规定（试行）

为贯彻执行党和国家的安全生产方针和劳动保护政策，保证职工在测绘生产过程中的安全与健康，提高劳动效率，顺利完成各项生产任务，加强职工个人防护用品的发放管理，根据国家现行的有关职工个人劳动防护用品标准和管理制度的规定精神，结合测绘工作的特点，制定本规定。

一、关于个人防护用品的发放范围和标准

第一条　单工作服

单工作服一般为分身式，也可为长大褂。应根据生产岗位防护需要选用布料或涤棉制品。式样力求符合各工种或岗位的劳动特点，既穿着方便、适用，又美观大方。外业工作服应力求色彩鲜明，便于识别。

第二条　夏装上衣

凡工作地区夏季气温常在摄氏30度以上的，根据生产需要，测绘生产作业人员发给短袖夏装工作服上衣一件。夏装工作服上衣的面料与单工作服相同，式样各单位自定。

第三条　防寒工作服

1. 防寒工作服属御寒装备，供在冬季出测或气温低于摄氏零度以下低温作业条件下的野外人员使用。

冬季在长江以北寒冷地区或地处寒冷地带作业的野外测绘人员，可配发棉、腈纶棉、太空棉或羽绒工作服中的一种。也可发给棉大衣（包括棉帽、棉手套）、皮夹克（腈纶或驼绒里）。凡发羽绒服或皮夹克的，其使用期限应延长一至二冬。

长江以南地区冬季从事野外作业人员，可发给棉、太空棉工作服上衣或羽绒背心一件,如发皮夹克(腈纶或驼绒里)则应延长使用期两冬。

2. 特殊御寒装备。在海拔3 000米及其以上、气候恶劣、生物稀少或终年积雪、高寒缺氧地区的野外作业人员,除按上述御寒装备发给防寒工作服外,加发羊皮大衣(包括皮帽、皮手套)或价格相当的带裘羊皮夹克和防寒裤。

第四条　工作鞋

1. 野外作业人员的工作鞋要符合其工作环境劳动保护要求,选用登山鞋、旅游鞋或布胶鞋。布胶鞋的使用期限可适当缩短,或按登山鞋折合为两双布胶鞋。如果需要同时发放两种鞋类,使用年限则要相应延长半年至一年。

2. 标准表所列需要发给工作鞋的制图印刷工种,应按工作防护需要,发给防油、防碱的工作鞋。

第五条　防寒鞋

1. 长江以北地区或地处寒冷地带发给防寒服的野外作业人员,同时发给防寒鞋。可为棉胶鞋或皮、棉鞋。

2. 冬季气温在摄氏零度及以下,室内不准生火,又不供暖气的航测内业及制印各工种或岗位的作业人员可发给保暖鞋(15元以内)。

第六条　雨具

1. 野外作业人员雨具一般为夹胶雨衣或相当价格的涂层尼龙雨衣,也可采用尼龙折叠伞。尼龙雨衣使用期限为三年,尼龙折叠伞为两年。

2. 根据野外作业地区降雨情况和内业部分工作岗位实际需要所配发的雨鞋一般为高、中筒雨靴。

第七条　工作手套

野外作业人员配发棉纱手套。航测内业及制印各工种或岗位人员,可根据需要发给棉纱、棉汗布或橡胶等手套。标准表所列工作手套的发放范围、使用年限只作为参考,各单位可根据实际需要做相应调整。

234

第八条　其他防护用品

安全帽、安全带、防尘口罩、遮阳帽、防护镜、护膝鞋垫等其他防护用品,由各单位依工种特点和工作的实际需要配发。

对于长期在特定非自然光条件下作业,眼睛劳动强度超常,视力损耗较大的从事制图、绘图的直接生产人员及从事审图、校图的辅助生产人员可按实际需要配发矫正视力的工作镜。配发矫正视力工作镜应从严掌握,其费用不得超过此类人员年平均 15 元。

第九条　在下列作业环境条件下可配发如下特需生活装备:

1. 在有蚊、森林、沼泽、荒漠戈壁和高寒地区作业的野外人员,可分别配发蚊帐、紧口针织内衣(上下)、皮褥子、毡垫、行李布(袋)、睡袋(羽绒被)。

2. 野外人员配发水壶、饭盒或保温饭盒。经常远离居住地作业的野外作业小组,可依人员多少及地域环境状况,配发便携袖珍煤气炉。

3. 在雪山、沙漠、高寒、高温、有毒有害、气候恶劣多变等特殊地区作业人员所需的特殊防护用品或生活装备,可按踏勘报告意见,报所在省测绘局审查,批准后配发。

第十条　测绘职工个人防护用品的使用期限、发放范围、护品名称,详见《国家测绘局职工个人防护用品发放范围与标准》表一、表二、表三。

二、个人防护用品发放原则及管理

第十一条　各级领导必须贯彻执行国家有关劳动保护的方针政策,按照实事求是、提高工效、实用、经济的原则,搞好职工个人防护用品的发放和监督管理。

第十二条　职工个人防护用品是生产过程中保护职工身体健康和安全而采取的一种防护性辅助措施,不同于一般福利待遇,只能配发实物,不能折发现金。个人防护用品必须保证质量,坚决杜绝不顾职工安全的实际需要,以发防护品的名义变相发放其他物品的现象发生。

第十三条　发放劳动保护用品应切实按照规定的范围和标准进行,任何单位不得任意扩大发放范围和提高发放标准。

第十四条　由于全国各地区自然环境不同,生产作业期长短不一,市场上羽绒制品的价格差异较大,为避免各单位之间配备上的不平衡,防寒服及特殊防寒用品的配备项目、价格水平和使用年限,要经主管局审定才能按劳保用品报销。一般防寒用品的价格水平,应按市场同等商品的中等价格水平掌握。特殊防寒用品的使用期,应按实际工作期累积计算,到期方能另发新品。

第十五条　省级主管机关经常到生产一线工作的人员、大队部的生产管理人员、专职安全监察人员、测绘仪器鉴定人员、质量检查人员、实习人员的个人防护用品如何配备及使用年限,由各主管局根据实际情况,本着节约、合理、使用期长于一线人员的原则确定具体发放办法。

第十六条　身兼数个工种的人员,按其主要从事的工种发给防护用品,并可配备其他工种所必需的防护用品,但不得重复发放。临时工、合同工、季节工等可参照同工种职工供给防护用品。

第十七条　建立卡片登记制度。发放、领取个人防护用品要手续齐全。对因工作调动或改变工种的职工及合同期满的临时工、合同工、季节工,个人防护用品使用期限未满的,应根据其价格和已用年限折价交款。对因病因事停止工作三个月以上者,应相应延长其个人防护用品的使用期限。

三、附则

第十八条　本规定仅限测绘工作岗位,其他社会通用工种的劳动防护用品标准,仍按所在省(市)现行标准执行。

第十九条　本规定适用于测绘系统。各省、自治区、直辖市测绘局、处、院按照本规定的原则制定具体实施办法,报国家测绘局备案后执行。其他测绘单位能否执行本标准规定,由其所在省(区、市)测绘主管部门和当地劳动部门审定。

第二十条　本规定由国家测绘局人事劳资处负责解释。

236

表一

国家测绘局职工个人防护用品发放范围与标准
（适用于大地、地形外业工种岗位）

名称　使用期限　工种岗位	单工作服	夏装上衣	野外工作鞋	雨鞋	雨衣	防寒服	防寒大衣	防寒鞋	防寒帽	防寒手套	工作手套	毛巾	肥皂	挎包	防护镜
	套	件	双	双	件	件	件	双	顶	双	双	条	条	个	副
大地地形测量员	一年	一夏	一年	三年	三年	三冬	四冬	三冬	四冬	三冬	二月	半年	二月	二年	备
野外汽车驾驶员	一年半	二夏	一年半	四年	三年	″	″	″	″	″	″	″	″	″	″
野外汽车修理、仪器修理人员	二年	″	二年	″	四年	四冬	五冬	四冬	五冬	″	″	″	″	″	″
中队技术人员	一年半	″	一年半	″	三年	三冬	四冬	三冬	四冬	″	″	″	″	″	″
中队管理人员	二年	″	二年	″	四年	四冬	五冬	四冬	五冬	″	″	″	″	″	″

表二

国家测绘局职工个人防护用品发放范围与标准
（适用于航测内业、地图制图工种岗位）

使用期限＼名称＼工种岗位	单工作服（套）	长大褂（件）	夏装上衣（件）	工作帽（顶）	工作手套（双）	胶围裙（件）	工作鞋（双）	防护镜（付）	保暖鞋（双）	围裙（件）	袖套（副）	毛巾（条）	肥皂（条）	洗衣粉（袋）	雨鞋（双）
航内照相人员	二年半	三年	二夏	二年	备	四年		备	三冬			半年	二月		四年
航内加密人员	三年	〃	〃	二年	半年				〃		二年	一年	三月		
航内量测人员（仪器描绘）	〃	〃	〃		〃				〃		〃	〃	三月		
航内编图人员	〃	〃	二夏		〃				〃		〃		三月		
植字人员	二年半		〃					备			〃	半年	三月		
测量计算人员		三年	〃									一年	三月		
地图编绘人员	三年	〃	〃		半年						〃	〃	三月		
地图刻图清绘人员	〃	〃	〃					备			〃	一年	三月		
仪器修理人员	二年半		二夏	二年	二月							半年	三月		

238

表三

国家测绘局职工个人防护用品发放范围与标准
（适用于地图制印、发行工种岗位）

使用期限 \ 工种岗位	单工作服 套	长大褂 件	夏装上衣 件	工作帽 顶	工作手套 双	胶围裙 件	工作鞋 双	防护镜 副	保暖鞋 双	围裙 件	袖套 副	毛巾 条	肥皂 条	洗衣粉 袋	雨鞋 双
照相工	二年半		二夏									半年	二月		四年
制版工（翻版晒版）	二年半		二夏		备	四年		备				半年	二月	三月	四年
修版分涂工	二年半		二夏		备	"		"		一年		一年	三月	三月	
胶印工	二年		二夏	二年	半年		一年					半年	三月	三月	
裁切晾纸工	二年		二夏		二月							一年	三月	三月	
打样工	二年		二夏		半年		一年					半年	三月	三月	
磨版工	二年		二夏		三月					三年		一年	二月	三月	四年
装订工	二年		二夏		半年							一年	三月	三月	
分级包装工	二年		二夏		半年					二年	二年	一年	三月	三月	
熔铅铸字工	二年半		二夏		备		一年					半年	二月	三月	
排字工	二年		二夏		三月		一年			三月		一年	三月	三月	
油墨调色工	二年		二夏		二月		一年			二年		半年	二月	三月	
激光照排工	二年	三年	二夏	二年								一年	三月		
设备机械修理工	二年		二夏	二年	二月							半年	二月		

关于测绘野外艰苦岗位职工
实行浮动一级工资的通知

国测发〔1992〕197 号

各省、自治区测绘局、直辖市测绘院(处):

现将人事部、财政部人薪函〔1992〕7 号《关于地质野外艰苦岗位职工实行浮动一级工资有关问题的批复》转发给你们。并结合测绘系统的实际情况,提出如下执行意见:

一、享受浮动一级工资人员范围。测绘队野外一线作业的专业技术人员,强体力劳动的工人,包括在测绘野外第一线工作的作业人员、工人、随作业队在测区工作的中队人员、技术检验人员以及在野外测区工作时间达到本单位实际生产作业期半数的大队部工作人员。

二、自一九九二年七月起,上述测绘野外一线职工在本人职务工资基础上,向上浮动一级工资。浮动工资满 8 年予以固定,并在此基础上继续实行浮动,在 8 年内离开测绘野外作业生产一线的,取消这一级浮动工资。

三、实行浮动一级工资所需经费,从测绘单位生产经费包干总额和对外收入中调剂解决,国家不追加预算拨款。

四、各测绘主管单位要根据人薪函〔1992〕7 号文和本通知规定,结合本单位实际情况,制定具体实施办法并报我局备案。对于执行中出现的问题,要及时向我局反映。

测绘野外艰苦岗位职工实行浮动一级工资,充分体现了党和国家对测绘野外职工的关怀。各级领导要通过浮动工资的实行,进行一次思想教育。使测绘野外职工进一步增强事业心,做好野外测绘工作。

国家测绘局
一九九二年十月二十八日

发布《关于汇交测绘成果目录和副本的实施办法》的通知

国测发〔1993〕077 号

国务院各有关部门,各省、自治区测绘局,直辖市测绘处(院),有关直属单位:

根据《中华人民共和国测绘法》和《中华人民共和国测绘成果管理规定》,为做好汇交测绘成果目录和副本的工作,我局制定了《关于汇交测绘成果目录和副本的实施办法》,现予发布。请按照执行。

国家测绘局
一九九三年五月十八日

关于汇交测绘成果目录和副本的实施办法

第一条 根据《中华人民共和国测绘法》和《中华人民共和国测绘成果管理规定》,为做好汇交测绘成果目录和副本的工作,制定本办法。

第二条 本办法适用于在中华人民共和国领域和管辖的其他海域从事测绘活动的一切组织或者个人。

第三条 汇交测绘成果目录和副本实行无偿汇交。汇交的测绘成果副本的版权依法受到保护,任何部门和单位不得向第三方提供。

第四条 国务院有关部门和县级以上(含县级,下同)地方人民政府有关部门必须汇交的基础测绘成果和专业测绘成果目录具体如下:

1. 按国家基准和技术标准施测的一、二、三,四等天文、三角、导线、长度、水准测量成果的目录;

2. 重力测量成果的目录;

3. 具有稳固地面标志的全球定位测量(GPS)、多普勒定位测量、卫星测距(SLR)等空间大地测量成果的目录;

4. 用于测制各种比例尺地形图和专业测绘的航空摄影底片的目录;

5. 我国自己拍摄的和收集国外的可用于测绘或修测地形图及其专业测绘的卫星摄影底片和磁带的目录;

6. 面积在 10 平方千米以上的 1:500——1:2 000 比例尺地形图和整幅的 1:5 000——1:100 万比例尺地形图(包括影像地图)的目录;

7. 其他普通地图、地籍图、海图和专题地图的目录;

8. 国务院有关部门主管的跨省区、跨流域,面积在 50 平方千米以上,以及其他重大国家项目的工程测量的数据和图件目录;

9. 县级以上地方人民政府主管的面积在省管限额以上(由各省、自治区、直辖市人民政府颁发的测绘行政管理法规确定)的工程测量的数据和图件目录。

以上汇交的目录均为一式一份。

第五条 国务院有关部门和省、自治区、直辖市人民政府有关部门必须汇交的有关测绘成果副本具体如下:

1. 按国家基准和技术标准施测的一、二、三、四等天文、三角、导线、长度、水准测量成果的成果表、展点图(路线图)、技术总结和验收报告的副本;

2. 重力测量成果的成果表(含重力值归算、点位坐标和高程、重力异常值)、展点图、异常图、技术总结和验收报告的副本;

3. 具有稳固地面标志的全球定位测量(GPS)、多普勒定位测量、卫星激光测距(SLR)等空间大地测量的测量成果、布网图、技术总结和验收报告的副本;

4. 正式印制的地图,包括各种正式印刷的普通地图、政区地图、教学地图、交通旅游地图,以及全国性和省一级的其他专题地图。

以上汇交的副本,除地图一式两份外,其他均为一式一份。

第六条 国务院有关部门当年完成的测绘成果的目录和副本应在第二年三月底之前向国家测绘局汇交;县级以上地方人民政府有关部门当年完成的测绘成果的目录和副本应在第二年三月底之前向本省、自治区、直辖市人民政府管理测绘工作的部门汇交。

国务院有关部门在地方的直属单位,其测绘成果的目录和副本直接交测区所在地的省、自治区、直辖市人民政府管理测绘工作的部门,由他们转交国家测绘局。

第七条 我国非隶属政府部门的测绘组织和个人进行测绘活动除必须遵守《中华人民共和国测绘法》的规定外,还必须根据本办法第四条和第五条的规定,在完成测绘任务的当时,向测区所在地的省、自治区、直辖市人民政府管理测绘工作的部门提交测绘成果目录和副本。

第八条 外国组织或者个人经批准在中华人民共和国领域和管辖的其他海域单独测绘时,由中方接待单位督促其在测绘任务完成后即直接向国家测绘局提交全部测绘成果副本一式两份;与中华人民共和国有关部门、单位合作测绘时,由中方合作者在测绘任务完成后的两个月内,向国家测绘局提交全部测绘成果副本一式两份。

第九条 汇交的测绘成果目录和成果表副本的详细格式见附表一至附表二十一。

第十条 各部门可由本部或者由其指定的单位负责本部的测绘成果目录和副本的汇交工作,并应明确具体负责人与相应测绘主管部门建立联系。

第十一条 委托测绘的项目,其完成的测绘成果目录和副本由委托方负责汇交。

第十二条 国家测绘局所属全国测绘资料信息中心负责具体接收应向国家测绘局汇交的测绘成果目录和副本,并负责每年编制一次测绘成果目录向有关使用单位提供。

第十三条　对于不能履行汇交测绘成果目录和副本义务的组织或者个人,国务院测绘行政主管部门或省、自治区、直辖市人民政府管理测绘工作的部门可以给予其通报批评、酌情限制其测绘活动和停止供应国家基础测绘成果的行政处罚。

第十四条　当事人对行政处罚不服的,可以依照《中华人民共和国测绘成果管理规定》第二十条规定申请复议或者提起行政诉讼。

第十五条　各省、自治区、直辖市人民政府管理测绘工作的部门可以制定本行政区域汇交测绘成果目录和副本的实施办法。

第十六条　本办法由国家测绘局负责解释。

第十七条　本办法自公布之日起施行。

附表 1:

天文测量成果目录

序号	所在图幅(1:10万)	天文点名称	等级	所在测区基线网或三角锁系名称	施测单位及年代	采用技术标准	使用仪器类型	观测方法及精度			成果保存单位	备注
								经度	纬度	方位角		

245

附表 2:

重力测量成果目录

序号	所在图幅（1∶10万）	重力网名称（含加密点）	等级	点数	测量方法	使用仪器	中误差		施测单位及年代	采用技术标准	坐标系统	高程系统	成果保存单位	备注
							M北京	M联						

246

附表 3：

三角（三边）测量成果目录

序号	所在图幅 (1：10 万)	三角锁网名称	等级	点数	施测单位及年代	采用技术标准	观测方法	使用仪器	坐标系统	高程系统	中误差		最弱边相对中误差	成果保存单位	备注
											M 菲或平差后 M 边	方向			

247

附表 4：

导线测量成果目录

序号	导线名称	等级	导线全长	点数	采用技术标准	使用仪器	平均边长（m）	测量中误差 M角	测量中误差 M边	终点闭合差	坐标系统	高程系统	边长相对误差 最大	边长相对误差 最小	施测单位及年代	成果保存单位	备注

248

附表 5：

长 度 测 量 成 果 目 录

序号	所在图幅 (1∶10万)	名称	等级	所在测区或锁系名称	施测单位及年代	采用技术标准	仪器或基线尺型号	长度相对误差	测量方法	成果保存单位	备注

注：长度测量的长度是指基线和拉伯拉斯边。

249

附表 6:

水准测量成果目录

序号	所在图幅 (1:10万)	路线名称	等级	路线长度 (km)	点数	施测单位及年代	采用技术标准	测量方法	仪器及标尺类型	每公里中误差		高程系统	成果保存单位	备注
										偶然	全			

250

附表 7:

空间大地测量成果目录

网(点)名	点数	施测方法	使用仪器	施测单位及年代	采用技术标准	所用软件	内符合中误差	磁带保存单位	成果保存单位	备注

251

附表 8：

航片成果目录

序号	所在位置（以图号或标际图表示）	摄影区域名称和代号	摄区面积（km）	摄影比例尺	焦距 f	仪器型号	摄影单位及年代	像幅	影像质量	航摄质量				像片最大倾角	片基类型	成果保存单位	备注
										纵向重叠		横向重叠					
										最大	最小	最大	最小				

252

附表 9：

卫片成果目录

序号	种类（MSS, TMSP或底片 IT…）	磁带	第几颗卫星	轨道号	图像接收时间（年,月,日）	比例尺	经纬度	旁向重叠情况	黑白 正	黑白 负	彩色 正	彩色 负	图像质量 云量	波段 1	2	3	4	5	6	7	原片保存单位

253

附表 10:

地形图（含影像图）、海图目录

序号	图种	测区名称	比例尺	图号或所在位置（以图号或标图表示）	数量 面积(km)	数量 幅数	采用技术标准	成图方法	等高（深）距 m	坐标系统	高程系统	测（编）制单位	测（编）制时间	成果保存单位	备注

254

附表 11：

地籍测绘成果目录

序号	测区名称	地籍图幅数	比例尺	面积 (km)	界址点精度	坐标系统	成果类型	施测单位	施测时间	成果保存单位	备注

注：成果类型指是否数字化成果。

255

附表 12:

普通地图、专题地图目录

序号	图名	比例尺	区域范围	幅面或开本	图幅数量或页数	采用技术标准	地图投影种类	编制单位和时间	出版单位	成果保存单位	备注

256

附表 13：

省、县界测绘成果目录

序号	界线名称	全长(km)	勘定界长度(km)	边界地形图		施测界桩(个)	施测方法	施测精度	施测单位	施测时间	成果保存单位	备注
				比例尺	数量(幅)							

附表 14:

重大工程测量成果目录

序号	项目名称	所在位置（附标图）	占地面积（km）	施测单位	施测时间	技术标准	坐标系统	高程系统	中误差	项目审批单位	图件名称	图件数	比例尺	成果保存单位	备注

附表 15:

天文点成果表

编号	点名和等级	天文坐标及精度			点的高程 m	备注
		纬度、经度、方位及其端点点名	中误差	星对、权数、测回数		

附表 16：

重力点成果表

序号	点名或编号	等级	所在位置 (1/100 万图)	纵坐标 X(m) 横坐标 Y(m)	正常高程 H(m)	实测重力值 G (mg)	正常重力值 R (mg)	空间异常 (mg)	布格异常 (mg)	备注 (注明重力系统)

260

附表 17:

三角（三边）点成果表

测区：

序号	点名	点号	等级	觇标类型	中心标石类型	柱石面真高(m)	方向值	平面坐标		坐标方位角	平面边长(m)	所至点名	备注
								X(m)	Y(m)				

261

附表 18：

导线成果表

所在图幅：

导线名称及等级	节 条边	端点名称	投影前边长（m）		投影后边长（m）			仪器	
			斜距 S_0	相对误差	克氏椭球面 S'	1980 年椭球面 S	高斯平面 D	类型	号码
节边数									
施测单位及年代									
执行细则									
计算单位及年代									
备注									

262

附表 19：

长度成果表

编号	基线网或锁（网）名称	端点名称	椭球体面上长度 (m)	中央子午线	高斯投影平面上之长度 (m)	相对误差	备注
							注明坐标系统

附表 20：

水准点成果表

水准点编号	等级	水准标石类型	水准点位置	至起始点距离(km)	往返测高差之差(mm)	高差之中数(m)	改正数(mm)		平差后之高差(m)	上标志高程(m)	备注
							正高改正	平差改正		下标志高程(m)	

264

附表 21：

空间大地测量成果表

测区：
坐标系统：
高程系统：

仪器类型及台数：
技术标准：

序号	点名	点号	等级	觇标类型	标石类型	上标志海拔高 $H(m)$	地心坐标(m)			精度(m)			大地坐标			点位说明	备注
							X	Y	Z	δX	δY	δZ	B $^{\circ}$ $'$ $''$	L $^{\circ}$ $'$ $''$	H(大地高)		

265

关于颁发《测绘科技档案建档工作管理规定》及有关技术标准的通知

国测发〔1993〕第 088 号

各省、自治区测绘局,直辖市测绘处(院),各直属单位:

现将《测绘科技档案建档工作管理规定》和《测绘科技档案实体分类、保管单位组织、档号编制规则》、《测绘科技档案案卷目录格式》、《测绘科技档案分类标引规则》、《关于国家标准〈科学技术档案案卷构成的一般要求〉的实施意见》等四个技术标准印发给你们,请按照执行。

国家测绘局
一九九三年三月三十日

测绘科技档案建档工作管理规定

第一条 根据《科学技术档案工作条例》和《测绘科学技术档案管理规定》,为了加强对测绘科技档案建档工作的管理,推进测绘科技档案建档工作,制定本规定。

第二条 测绘科技档案的建档工作指各测绘单位(包括行政机关,下同)在测绘管理、生产、科研、教学、出版、基建、仪器设备管理、国际交流等活动中,对应当归档的文件材料的形成、积累、整理、归档和向测绘档案馆移交的全部工作过程。

第三条 各测绘单位应当设置专门或兼管档案的机构,负责本单位测绘科技文件材料的归档和管理。

第四条　各测绘单位有关人员和档案部门对测绘科技档案建档工作的基本责任是：

（一）各单位应有一名主管业务的领导分管本单位科技档案工作，创造必要的条件，领导好本单位科技档案建设和督促向相应测绘档案馆移交测绘科技档案。

（二）档案部门具体负责本单位测绘科技文件材料的接收、整理、保管并向测绘档案馆移交的工作。

档案部门有责任检查、指导和协助本单位科技人员做好科技文件材料的形成、积累、整理和归档的工作。

（三）一项业务工作负责人对该项业务文件材料的立卷、归档工作负具体责任。一个科研课题、一个试制产品、一项工程或其他技术项目，在完成或告一段落以后，必须指定专人将所形成的科技文件材料加以系统整理，组成保管单位，填写保管期限，注明密级，由课题负责人、产品试制负责人、工程负责入等审查后，及时归档。

第五条　测绘科技档案工作实行"三纳入"、"四同步"的管理制度。

"三纳入"指档案工作必须纳入工作计划、工作程序和科技人员的职责范围。

"四同步"指任务下达、进度检查、成果鉴定验收、评奖提职的各阶段，都要对科技档案工作同步提出要求和加以考察。

第六条　测绘科技文件材料的归档范围：

（一）测绘管理、生产类

按国家测绘局、国家档案局发布的《测绘科学技术档案管理规定》（国测发〔1988〕82号）执行。

（二）科研类

按国家科委、国家档案局发布的《科学技术研究档案管理暂行规定》（国档发〔1987〕6号）执行。

（三）基建类

按国家档案局、国家计委发布的《基本建设项目档案资料管理暂行规定》(国档发〔1988〕4 号)和我局将要制定的实施细则执行。

（四）仪器设备类

按《测绘科学技术档案管理规定》和《国家测绘局设备管理规定》(国测发〔1992〕第 186 号)执行。

（五）书刊类

按国家档案局、国家出版局发布的《出版社书稿档案工作暂行规定》〔〔81〕出会字第 17 号〕执行。

（六）教学类

按国家教委、国家档案局发布的《高等学校文件材料归档范围》〔〔87〕教办字 016 号〕执行。

（七）宣传报道类

按 1986 年 10 月 7 日宣传部、国家档案局发布的《新闻单位宣传报道档案管理暂行办法》执行。

国家无规定的,由本单位自行确定归档范围。

第七条 各测绘单位向国家测绘档案资料馆(含大地测量档案分馆)和省级测绘档案资料馆移交的测绘科技档案的范围,按照国家测绘局和国家档案局联合发布的《测绘科学技术档案管理规定》(国测发〔1988〕82 号)的附表执行。

第八条 各单位与系统以外的单位联合进行的测绘项目,我方为主办单位时,在签订的合作协议中应要求各协作方,向我方提供各方活动中所形成的档案副本,以保证该项目的档案完整。

第九条 测绘科技档案按照《测绘科技档案实体分类、保管单位组织、档号编制规则》组织案卷,以案卷作为测绘科技档案的基本保管单位。

第十条 归档测绘科技文件材料的质量要符合《科学技术档案案卷构成的一般要求》：

1. 内容完整、准确、系统。

2. 书写工整、字迹清楚、图形清晰,长期保存的文件材料用碳素墨水、墨汁或国家档案主管部门指定的油墨书写。

3. 档案信息的载体能够长期保存。

4. 卷内文件材料去掉金属物以防锈蚀档案。破损的加以修复。

5. 卷内文件材料的排列按照《测绘科技档案实体分类、保管单位组织、档号编制规则》第二编第 4 条进行。

6. 卷内目录、备考表、卷宗封面的编制完整、准确。

第十一条 测绘科技文件材料的归档时间:

1. 综合类(即测绘管理类)文件按年度进行归档。每年上半年归档上一年度形成的档案。

2. 生产、科研、基建等活动所形成的测绘科技文件材料,在项目完成并通过鉴定验收后两个月内连同鉴定验收的材料一起归档。

3. 各项成果申报奖励、基建工程维修、仪器设备的维护管理等活动形成的测绘科技文件材料,随时形成,随时积累,随时归档。

4. 书刊档案材料,在书刊出版后两个月内归档。

5. 业务会议文件、出国人员带回的资料等其他测绘科技文件材料要及时归档。

第十二条 各测绘单位向测绘档案资料馆移交测绘科技档案的时间原则规定如下:

1. 测绘生产档案,在一个测区生产任务全面完成之后两个月内移交。

2. 基建档案,在基建项目完成后,向城建档案馆移交档案的同时移交。

3. 出版单位出版的地图、书刊、报纸等出版物,在次年的上半年移交。

4. 其他档案,属于移交省级测绘档案资料馆的,在次年上半年移交;属于移交国家测绘档案资料馆的,在 6 年内移交。

5. 教学档案原则上由各校档案部门永久保管。

6. 特殊情况由各级测绘主管部门另行规定。

第十三条 各省、自治区、直辖市形成的,应当移交国家档案资料馆的测绘科技档案,先由省级测绘档案资料馆接收,然后转交国家测绘档案资料馆。

  第十四条 测绘科技档案归档和移交必须履行手续。

  第十五条 应当归档的测绘科技文件材料不齐全,不能通过验收鉴定,项目不能算完成。

  一个测绘单位未按规定向测绘档案资料馆移交档案,该单位不能受到表扬和奖励。

  第十六条 各省、自治区、直辖市测绘主管部门可根据本规定,结合各地实际情况制定实施细则。

  第十七条 本规定由国家测绘局负责解释。

  第十八条 本规定自公布之日起实施。

测绘科技档案技术标准集

国 家 测 绘 局
一九九三年三月

说　明

　　《测绘科技档案技术标准集》共编有测绘科技档案组卷编号、目录格式、分类标引、案卷构成一般要求等 4 项技术标准。制定一套测绘科技档案技术标准是各级测绘资料档案部门多年的希望和要求，这几项标准就是根据这种要求，首先作为科研课题，委托全国测绘资料信息中心、南京大学文献情报学系、陕西省测绘资料档案馆研究制订编写出来的，南京大学薛海林老师是主要执笔人。参加本课题研究和成果试用的单位还有浙江、江苏、四川、上海、河北等省市测绘局（处）的资料档案部门。课题于 1992 年 4 月完成，通过鉴定。同年10 月份，我处在成都市召开的全国测绘资料档案工作研讨会上，又组织与会代表认真讨论了这些标准，大家一致认为这些标准适用可行。此后，又做了一些必要的修改。但是，当时《中国档案分类法测绘业档案分类表》还未颁发，而实体档案分类的一级类目和其他类目的名称又必须与《中国档案分类法测绘业档案分类表》取得一致，这些标准的出台时间需要等待。今年 3 月 4 日，中国档案分类法编委会召开鉴定会，审查通过了《中国档案分类法测绘业档案分类表》，从而使这一问题获得解决。现在将这几项标准正式印发，希望认真贯彻执行，执行中遇到的问题请随时反映到我处，以便今后订正。

国家测绘局资料档案处

一九九三年三月二十五日

测绘科技档案实体分类、保管单位组织、档号编制规则

为了加强测绘科技档案的标准化、规范化建设,提高测绘科技档案管理水平,科学地进行测绘科技档案的馆藏组织,特制定本规则。

第一编　测绘科技档案的实体分类

1　主题内容和适用范围

1.1　本规则规定了测绘科技档案实体分类的原则、类目设置和划分的方法、类目的基本范围及标记符号。

1.2　本规则适用于各级测绘档案资料部门对测绘科技档案的实体进行分类、整理、排架以及编制相应的馆藏目录。

2　分类原则

2.1　测绘科技档案实体分类是以馆藏测绘科技档案实体为对象,依据测绘科技活动的职能分工,结合测绘科技档案形成的时间、组织机构、地域位置、载体形态等多种特征进行。

2.2　测绘科技档案的实体分类、整理、排架必须保持测绘科技档案之间的有机联系,便于进行科学管理和提供利用。

3　类目设置

3.1　测绘科技档案共分十四个一级类目,即:综合类、大地测量类、摄影测量、遥感测绘和其他方法地形测量类、地图制图与地图印刷类、工程测量类、地籍测绘类、海洋测绘类、境界测绘类、专业测绘类、科学研究类、基本建设类、仪器设备类、标准、计量类、其他类。

3.2　本规则根据每一大类档案的内容和形成特点设置若干个二级类目,个别设置了三级类目(详见本编第六条《测绘科技档案实体分类大纲》),各单位在执行此标准时可根据馆藏测绘科技档案的

具体情况,结合《中国档案分类法测绘业档案分类表》增加或减少若干个二级类目或二级以下类目,从而编制出适合本单位测绘科技档案实体分类的实体分类表。

3.3 测绘科技档案实体分类大纲中所列各大类的最低一级类目是测绘科技档案实体分类的基本类目,它是集中档案实体的依据,是档号中实体分类号的组成部分或全部。

4 类目划分的方法

4.1 一级类目按照测绘科技活动的职能分工进行划分,与《中国档案分类法测绘业档案分类表》的一级类目的划分结果保持一致。其中大地测量、摄影测量遥感测绘和其他方法地形测量、地图制图与地图印刷、工程测量、地籍测绘、海洋测绘、境界测绘、专业测绘为测绘生产档案,考虑到测绘科技档案实体分类的实际效用,省略了测绘生产档案这一类目层次,而将其上述下位类直接与综合、科学研究、基本建设等类目平级。

4.2 一级以下类目的划分方法因类而异。

4.2.1 综合类按年代、保管期限、问题性质分类。

4.2.2 测绘生产的各大类按专业活动、地域,结合载体形态分类。

4.2.3 测绘科研档案按研究课题或按研究课题结合专业分类。

4.2.4 基本建设按工程项目分类。

4.2.5 仪器设备按设备型号或按设备型号结合专业性质分类。

4.2.6 标准、计量按专业分类。

4.2.7 测绘教育按国家教委有关规定分类。

5 类目标记符号

5.1 为了与《中国档案分类法测绘业档案分类表》配套使用,本规则所用的标记符号与《中国档案分类法测绘业档案分类表》中的标记符号保持一致。

5.2 标记符号用阿拉伯数字和汉语拼音字母相结合的组合符号。

5.3 为了将不同载体形态的测绘科技档案分开整理,必须在实体分类大纲中的类号后加相应的组配符号进行组配标志,如航空摄影底片在实体整理中单独为一类,因而必须在摄影与遥感类号 31 后加组配符号 C,组配成 31C,载体形态符号如下:

A 观测手簿

B 磁带、磁盘

C 底片

D 航测内、外业原图

E 清绘原图

F 黑图(二底图)

G 印刷图

载体形态符号可以根据实际情况增加。

6 测绘科技档案实体分类大纲

1 综合类

二级及二级以下类目按年代保管期限、问题性质划分。

2 大地测量

21 天文测量

22 重力测量

23 三角网、三边网、边角网、导线测量

24 长度测量

25 水准测量

26 空间大地测量

261 卫星多普勒定位测量

262 GPS 定位测量

263 VLBI 甚长基线干涉测量

264 SLR 卫星测量

269 其他

3 摄影测量、遥感测绘和其他方法地形测量

31 摄影与遥感

32　航空摄影测量

33　航天遥感测绘

34　地面立体摄影测量

35　非地形摄影测量

36　平板仪测图

41　地图制图与地图印刷

411　普通地图制图

4111　地形图制图

4112　影像地图制图

4113　一览图制图

4119　其他

412　专题地图制图

413　地图集制图

414　特种地图

42　工程测量

43　地籍测绘

44　海洋测绘

45　境界测绘

46　专业测绘

5　科学研究

根据需要可按专业进行划分。

6　基本建设

7　仪器设备

根据需要可按专业划分。

8　标准、计量

81　标准

82　计量

9　其他

91　教育

按国家教委编制的实体分类方案进行分类。

99 其他

本分类大纲的一级类目中,除已加注释之外,其他一级类目的下位类目可参照《中国档案分类法测绘业档案分类表》划分。

第二编 测绘科技档案保管单位的组织

1 引言

1.1 测绘科技档案必须组卷,案卷是库房测绘科技档案保管的基本单位。

1.2 不同类的测绘科技档案的保管单位有不同的表现形式,文字型测绘科技档案以卷或盒为保管单位,航摄底片以筒为保管单位,地图档案以袋或盒为保管单位,地图集以册为保管单位等。

2 组卷要求

2.1 组卷必须遵循测绘科技文件材料的形成规律,保持测绘科技文件材料的有机联系,便于测绘科技档案的保管、统计和利用。

2.2 组卷必须以测绘科技档案实体分类规则为依据,测绘科技档案实体分类大纲中的各类档案应分开组卷。

2.3 组卷应考虑不同制成材料档案的保管要求,将不同制成材料的档案分开组卷,如底片、磁带、磁盘、二底图等应与相应的文字材料分开组卷。

2.4 组卷应考虑文件材料的不同价值,在遵循 2.1 条的基础上区别不同的保管期限和密级。

3 组卷方法

3.1 应根据不同类型的测绘科技档案的不同特点确定科学、合理的组卷方法。

3.2 综合类档案采用年度立卷的方法,即在形成档案次年的上半年,由测绘科技档案的形成部门集中立卷。

3.2.1 综合类档案组卷应区别不同保管期限,按照测绘管理文件的多种特征组织保管单位。

3.2.2　在归档的文件中应将每份文件的正件与附件,请示与批复,转发文件与被转发文件,同一文件的各种稿本放在同一保管单位内。

3.2.3　不同年度的管理类文件一般不得放在一起组卷。但跨年度的请示与批复,放在复文年组卷;跨年度的规划、计划放在针对的第一年组卷;跨年度的总结放在针对年的最后一年组卷;跨年度的会议文件放在会议开幕年组卷。

3.2.4　与某一测绘生产项目、科研课题、基建工程、仪器设备关系密切的管理性文件,放在生产项目、科研课题、基建工程、仪器设备类中组卷。如关于某一测区三角测量的技术设计书、技术总结、验收报告应归入该测区三角测量的案卷中。

3.3　大地测量类档案的组卷。

3.3.1　大地测量档案类下按工种分天文、重力、三角、导线、长度、水准、空间大地测量。

3.3.2　天文测量档案应按点的类别、等级,分年度组卷,数量少的测绘档案资料部门可不分年度组成一个或多个保管单位。

3.3.3　重力测量档案按类别、等级或重力网,分年度组卷。

3.3.4　三角、导线测量档案,一等三角锁(含导线)内业计算按整体平差的地区组卷,外业资料按锁段组卷。二等及二等以下按测区组卷。

3.3.5　长度测量档案按基线测量、物理测距和年代组卷。

3.3.6　水准测量档案,一等水准(自成系统)平差计算按各次平差地区组卷,二等以一等水准环组卷。一、二等外业资料按水准路线组卷,内业按平差区组卷。三、四等按测区或二等水准环组卷。

3.3.7　空间大地测量档案按测区组卷。

3.3.8　根据需要可将大地测量中的观测手簿、点之记、成果表单独作为一类组卷,组卷必须有规律以方便整理和利用。

3.4　摄影测量、遥感测绘和其他方法地形测量类档案的组卷。

3.4.1　航摄档案按摄区进行组卷。

278

3.4.2 航摄底片必须与文字材料分开组卷。

3.4.3 航空摄影测量根据成图比例尺不同,按测区或区域进行组卷,其中图历表(簿)、加密片、控制片、调绘片可与其他文字材料分开按图幅组卷。

3.4.4 其他摄影测量和遥感测绘等档案的组卷方法可参照3.4.1、3.4.2和3.4.3。

3.5 地图制图类档案的组卷。

3.5.1 地图(包括清绘原图、二底图、印刷图)应与地图制图技术文件分开组卷。

3.5.2 地形图档案按照不同的比例尺、代(版)次、地域位置或图幅进行组卷。

3.5.2.1 1∶100万及小于1∶100万地形图可根据不同的代次,将相同代次的地形图集中组成一个保管单位。亦可不分代次,全馆范围内组成一个或多个保管单位。

3.5.2.2 1∶50万地形图应区分不同代(版)次,按区域组织保管单位,可按相同的纬度带或将几个纬度带合在一起组成一个保管单位。亦可以不分代次全馆范围内组织一个或多个保管单位。

3.5.2.3 1∶25万、1∶20万、1∶10万地形图可区分不同的代次以1∶100万图幅或区域组织保管单位,其中1∶25万、1∶20万根据形成情况,全馆范围内组织一个或多个保管单位。

3.5.2.4 1∶5万地形图根据形成数量、分代次按1∶100万图幅范围,组织一个或多个保管单位,亦可按行政区划组织保管单位。

3.5.2.5 1∶2.5万地形图根据数量、分代次按1∶100万图幅范围组织一个或多个保管单位,亦可按行政区划组织保管单位。

3.5.2.6 1∶1万地形图分代次按1∶10万图幅范围组织保管单位。亦可根据数量,多个1∶10万图幅组成一个保管单位。

3.5.2.7 1∶5千地形图分代次按1∶10万图幅范围组织一个或多个保管单位。

3.5.2.8 比例尺大于1∶5千的地形图,各测绘档案资料部门根据地图档案组卷的一般方法自行确定。

3.5.3 地图集按册组织保管单位。

3.5.4 其他普通地图、专题地图根据类别、区域、出版年代组卷。

3.5.5 新中国成立前地图档案按比例尺、区域组织保管单位。

3.6 境界测绘类档案的组卷。

3.6.1 边界勘界档案按不同国家边界区段组卷,其中地图已经出版装订成册的,以册为保管单位。散张的根据数量、重要程度、相互关系,按国家区段分别组织保管单位。

3.6.2 省、地、市、县境界勘测档案按区段组卷。

3.7 其他测绘生产档案可参照上述方法组卷。

3.8 测绘科学研究类档案按科研课题进行组卷。科研课题形成档案数量较多时,可按科研课题的不同阶段分别组织保管单位。

3.9 基本建设类档案按基建工程项目组卷。基建工程项目形成的档案数量较多时可根据基建工程的不同阶段分别组织保管单位。

3.10 仪器设备类档案按设备的不同型号进行组卷,同类同型号的多台设备,其随机文件材料只需归档保存一份,与其使用维护档案分开,单独组成一个保管单位。使用维护案按台组卷。

4 卷内文件的排列

4.1 卷内文件的排列应根据不同类型测绘科技档案的特点,确定科学的排列方法。

4.2 综合类档案根据文件的形成时间、重要程度和问题性质进行排列。

4.2.1 密不可分的材料应排在一起。即:批复在前,请示在后;正件在前,附件在后;印件在前、其他稿本在后;重要的法规性文件的历次修改稿依次排列在定稿之后;结论性文件在前、依据性文件在后。

4.3 测绘生产类档案(仅指文字材料)按技术设计、选点石埋资料、外业观测、内业计算成果、技术总结、验收文件材料进行排列。

4.4 地图档案按照地域位置进行排列。

4.5 科研课题档案按课题计划准备、研究实验、总结鉴定、成果申报奖励和推广应用等次序排列。

4.6 基建工程档案按依据性文件、基础性文件、工程设计、工程施工和工程竣工验收的次序排列，文字材料在前，图样在后。

4.7 仪器设备档案按依据性文件、设备开箱验收、设备安装调试、设备运行维护等次序排列。

4.8 标准档案按不同版本和标准号进行排列。

第三编 测绘科技档案档号编制规则

1 主题内容和适用范围

1.1 本规则规定了测绘科技档案的档号编制原则、结构和方法。

1.2 本规则适用于各级测绘档案资料部门测绘科技档案档号编制。

1.3 档号是在档案整理和管理工作中对档案的编号。在测绘科技档案范围内，档号是实体档案分类号、案卷号、件（页）号的总称。档号是存取案的标记，并具有统计和监督的作用。

2 档号编制的原则

2.1 唯一性

2.1.1 档号应指代单一，一个编号对象仅应赋予一个代码，一个代码只唯一表示一个编号对象。

2.1.2 一个实体分类大纲内不应有重复的分类号。

2.1.3 最下位类下不应有重复的案卷号。

2.1.4 一个案卷内不应有重复的件号或页号。

2.2 合理性

2.2.1 档号结构必须与馆藏档案的分类、整理相适应。

2.2.2 档号应简单明了,分类层次不宜过多。

2.2.3 按流水顺序编号时,不应有空号。

2.3 稳定性

2.3.1 档号一经确定,除重新编号外,一般不随意改变。

2.3.2 档号必须留有适当的后备容量,以便适应不断扩充档案的需要。

3 档号的结构

3.1 测绘科技档案档号的结构为:

实体分类号—案卷号—件(页)号

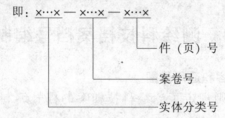

即:x…x — x…x — x…x

件(页)号

案卷号

实体分类号

3.2 档号中左边为上位代码,右边为下位代码。连写时,上、下位代码之间用间隔符号"—"相隔。

3.3 上位代码和下位代码之间是包容与隶属关系,不应颠倒编号次序。

3.4 文件的档号编到文件的件号或页号,案卷的档号编到案卷号为止。

3.5 实体分类号、案卷号,件号或页号的字符数量视档案的多寡而定。

4 档号编制的方法

4.1 实体分类号的编制方法

4.1.1 实体分类号应由阿拉伯数字和汉语拼音字母构成,应尽量避免使用汉字和其他外文字母如拉丁字母、俄文字母等。

4.1.2 应根据测绘科技档案的内容及数量设置实体分类号,其层次不宜过多。如三角导线测量档案,测区大形成档案数量多,这时可分测区,实体分类号由三角导线测量类号 23 加测区代号构成;反之测区小,形成档案量少,则可不分测区,其实体分类号直接由三角导线测量类号 23 表示。

4.1.3　实体分类号根据不同种类的测绘科技档案的情况,由测绘科技档案实体分类大纲中的类号构成或加上年度代号,保管期限代号、测区代号、科研课题代号、基本建设工程项目代号、设备、仪器的型号等构成。

4.1.4　实体分类大纲中的类目的类号与年度代号、保管期限代号、测区代号、工程项目代号等之间可用间隔符号"·"分开。为了便于统一,保管期限代号分别用"Y"表示永久,"Z"表示长期,"D"表示短期。保管期限代号只用于综合类档案。

4.1.5　综合举例如下:

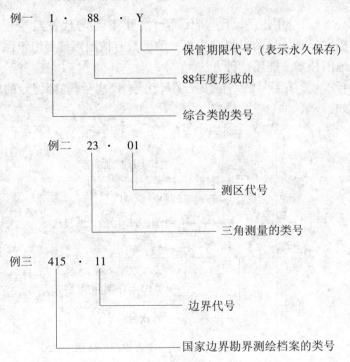

例一　1　·　88　·　Y

　　　　　　　　　　　保管期限代号（表示永久保存）

　　　　　　　　　　　88年度形成的

　　　　　　　　　　　综合类的类号

例二　23　·　01

　　　　　　　　　　　测区代号

　　　　　　　　　　　三角测量的类号

例三　415　·　11

　　　　　　　　　　　边界代号

　　　　　　　　　　　国家边界勘界测绘档案的类号

例四　5 · 8601

科研课题代号

科研档案的类号

4.2　案卷号的编制方法

4.2.1　案卷号一般用阿拉伯数字标志。

4.2.2　一个案卷只能编一个案卷号,几个案卷不应编同一个案卷号。

4.2.3　采用流水顺序编制案卷号时不应有空号。

4.2.4　地图档案案卷号可用比例尺代号、代(版)次号和图幅号代替。

4.2.4.1　用比例尺代号、代(版)次号、图幅号代替案卷号要与地图档案保管单位的组织方法相一致。只有按图幅编号组织保管单位的地图档案才能用这种方法。

4.2.4.2 案卷号的结构按比例尺代号、代次号、图幅编号的顺序排列如:

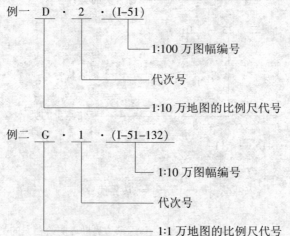

例一　D · 2 · (I–51)

1:100 万图幅编号

代次号

1:10 万地图的比例尺代号

例二　G · 1 · (I–51–132)

1:10 万图幅编号

代次号

1:1 万地图的比例尺代号

4.2.4.3 比例尺代号、代次号、图幅编号三者之间用间隔符号"·"相隔,亦可以在不影响识别的情况下不加间隔符号。图幅编号统一用"( )"括起来。

4.2.4.4 如同一图幅编号内的地图档案组织成若干个保管单位时,则须在图号后用阿拉伯数字顺序标记以示区别。如

H·1·(I-50-136)1

H·1·(I-50-136)2

H·1·(I-50-136)3

H·1·(I-50-136)4

分别表示1:5 000地形图档案是按1:10万图幅组织的四个保管单位。

4.2.4.5 比例尺代号用汉语拼音字母标志,见下表:

比例尺	1:100万	1:50万	1:25万	1:20万	1:10万		
代号	A	B	C	Z	D		
比例尺	1:5万	1:2.5万	1:1万	1:5千	1:2千	1:1千	1:5百
代号	E	F	G	H	I	J	K

4.2.4.6 代次号用阿拉伯数字顺序标志。

4.2.4.7 当采用新的地形图图幅编号作地形图档案案卷号时,其编号方法为:代(版)次号加间隔"·",再加新的地形图编号。

4.3 件号的编制方法

4.3.1 案卷不装订时必须编件号。

4.3.2 案卷中以下几种档案材料应编一个件号。

    a:请示与批复

    b:正文与附件

    c:转发与被转发的文件

    d:同一文件的各种稿本

4.3.3 件号应按文件排列的次序编流水顺序号,其间不空号。

4.3.4 地形图档案的件号直接由地形图的图幅号表示。

4.3.5 件号编在每份文件首页的右上角。

4.4 页号的编制方法

4.4.1 案卷装订时编制页号。

4.4.2 页号应用阿拉伯数字标志。

4.4.3 案卷中有文字、图表、印章等标记的每个页面均应编页号。

4.4.4 案卷封面、卷内目录、卷内备考表不编页号。

4.4.5 档号中页号按每份文件的首页在保管单位内的页次标注。

测绘科技档案案卷目录格式

1 主题内容和适用范围

1.1 本标准规定了馆藏测绘科技档案案卷总目录和分类目录的格式。

1.2 本标准适用于测绘档案资料部门馆藏档案整理时案卷目录的编制。

2 测绘科技档案案卷总目录

2.1 测绘科技档案案卷总目录的格式见表一。

2.2 总目录是馆藏测绘科技档案的财产总登记账,起到统计和核对馆藏档案情况的作用。

2.3 总目录的尺寸可以为 16 开幅面或 8 开幅面两种。

2.4 总登记号:填写测绘科技档案进馆的流水顺序号,编制时从小到大顺序编制,其间不空号。

2.5 数量及单位:填写卷内文件材料的数量及其单位,装订时填写总页数,不装订时填写件数。

2.6 登记日期:填写测绘科技档案的进馆时间。

2.7 备注:填写补充说明的各项内容。

2.8 其余各项同案卷封面的编制,见国家标准《科学技术档案案卷构成的一般要求》第5.2条。

3 测绘科技档案案卷分类目录

3.1 测绘科技档案案卷分类目录的格式见表二。

3.2 案卷分类目录从分类的角度反映馆藏测绘科技档案整理的成果,起到统计检索档案的作用。

3.3 分类目录只需从总体上反映案卷的内容特征和形式特征。

3.4 分类目录的尺寸可以为16开幅面和8开幅面两种。

4 案卷目录封面的格式

4.1 案卷目录封面格式见表三。

4.2 案卷目录封面的尺寸同案卷目录。

4.3 目录名称:填写测绘科技档案的类别、目录的种类等。如三角测量档案案卷目录、测绘科技档案的总目录等。

4.4 目录号:填写测绘档案资料部门给每本案卷目录的编号。

表一

测绘科技档案案卷总目录

总登记号	档号	案卷题名	编制单位	数量及单位	密级	保管期限	登记日期	备注

测绘科技档案案卷分类目录

序号	档号	案卷题名	编制单位	数量及单位	密级	保管期限	登记日期	备注

表三

案卷目录封面

目录号:_____

目　录　名　称

_____测绘档案资料馆

290

测绘科技档案分类标引规则

1 引言

1.1　为了统一全国测绘科技档案分类标引方法,正确使用《中国档案分类法测绘业档案分类表》,准确、科学地进行测绘科技档案的分类标引,建立测绘科技档案检索体系,实现测绘科技档案检索的规范化和标准化,建立测绘科技档案目录中心,特制定本规则。

1.2　本规则是全国测绘档案资料部门实施《档案著录规则》和《中国档案分类法测绘业档案分类表》的配套标准。

2 主题内容和适用范围

2.1　本规则规定了测绘科技档案分类标引的规则、方式、程序、方法以及标引用标记符号。

2.2　本规则适用于全国各级测绘科技档案部门使用《中国档案分类法测绘业档案分类表》对各种测绘科技档案进行分类标引。

3 名词术语

3.1　类目:是一类在性质上具有某种(或某些)共同属性的事物的总称,用以表示一类事物的概念。

3.2　上位类:在线分类体系中,一个类目相对于由它直接划分出来的下一级类目而言称为上位类。

3.3　下位类:在线分类体系中,由上位类直接划分来的下一级类目,相对于上位类而言称为下位类。

3.4　同位类:在线分类体系中,由一个类目直接划分出来的下一级类目,彼此称为同位类。

3.5　中国档案分类法:是以国家机构和社会组织从事社会实践活动的职能分工为基础,按照档案的内容和特点,分门别类组成的科学体系。它的表现形式是档案分类表。

3.6　中国档案分类法测绘业档案分类表:是按照《中国档案分类法》的编制原则,结合测绘档案的具体特点,采取从总到分,从一般到具体,从大类到小类,逐级划分,按照逻辑系统组成的类目表,它是测绘科技档案分类标引的依据,是《中国档案分类法》的组成部分,其内容由编制说明、主表和复分表组成。

3.7 类号:是类目的标记符号,用以表示类目在分类体系中的位置和排列顺序。

3.8 复分表:又称辅助表或附表,是将档案分类表中具有共同性的类目,从主表中抽出编制而成。根据其应用范围,可分为通用复分表和专用复分表。

3.9 标引:将表达档案内容的自然语言概念转换成规范化检索语言标志的过程。标引分分类标引和主题标引。

3.10 分类标引:主题分析后,依据《中国档案分类法测绘业档案分类表》赋予档案分类号的过程。

4 测绘科技档案分类标引基本规则

4.1 测绘科技档案的分类标引必须以《中国档案分类法测绘业档案分类表》为依据,在使用该表时应正确理解类目的含义,不能脱离类目之间的联系和类目注释的限定。

4.2 类分测绘科技档案时,应根据测绘科技档案的类表中类目的含义分入最切合档案内容的类目,赋予准确的分类号,而不应分入范围大于或小于档案实际内容的类目(即不能用上位类号或下位类号代替),只有当分类表中无恰当的类目时,才可分入范围较大的类目(即上位类)或与档案内容最密切的相关类目。

4.3 各级测绘档案资料部门在使用《中国档案分类法测绘业档案分类表》对测绘科技档案进行分类标引时,可根据馆藏档案的具体情况,在标引深度上作相应的选择,但必须始终保持一致。

4.4 测绘科技档案分类标引应照顾到一贯性,凡内容相同的档案都应归入同一类目,赋予同一分类号,因此标引时应经常参照前面归类的原则,始终保持一致,不得随意变动。特别是一些内容交叉的档案,可归入分类表中两个或两个以上类目时,要在分类标引实施方案中做明确说明,对于某些分类表上无恰当类目可归的档案,无论是归入上位类或密切相关的类目,都应做相应记录,遇有类似情况,均按前例处理,这样才能保持归类的一贯性,以达到集中档案的目的。

5 测绘科技档案的分类标引方式

5.1 对于单主题档案的标引一般根据主题内容和分类标引的深度,归入最切合实际的类目。

5.2 对于两个或三个互相并列主题档案的标引可采用两种方法,一是将并列的分类号用"+"连接采取轮排的方式分别著录两个或三个条目,以确保从每个主题内容入手都可以查找到该档案;二是将每个主题分别抽出著录条目,进行单主题标引。

5.3 并列主题超过三个时,一般采取概括性标引,当多个主题同属于某一上位主题,则用上位类的类号进行概括性标引。另外可以对多主题档案中有重要价值的某一局部主题或主题因素单独析出著录条目进行补充标引。

6 测绘科技档案分类标引的要求和程序

6.1 测绘科技档案分类标引人员应认真学习测绘档案分类的理论和方法,不断提高自己的业务水平,学习掌握测绘科技档案分类标引的基本规则,从而具备分类标引人员的素质。

6.2 测绘科技档案分类标引人员应熟悉《中国档案分类法》和《中国档案分类法测绘业档案分类表》,掌握它的编制原则、编制方法、体系结构、号码制度和使用方法,以及一些具体问题的处理办法,便于顺利开展分类标引工作。

6.3 测绘科技档案的分类标引,各级测绘科技档案资料部门应制定分类标引细则。

6.3.1 分类标引细则是《中国档案分类法测绘业档案分类表》与部门测绘科技档案分类标引工作相结合的产物,是《测绘科技档案分类标引规则》的实施方案。

6.3.2 分类标引细则一般包括分类标引的深度;某些特殊类别档案分类的规定;分类标引程序和具体操作过程的规定;分类表细分或增加新的类目的详细记录等。

6.3.3 制订分类标引细则的目的是为了更好地指导本部门测绘科技档案的分类标引工作,提高分类标引的质量和标引工作的规范化程度。

6.4 测绘科技档案的分类标引必须遵循分类标引工作的程序。

6.4.1 分类标引工作程序分为辨类、归类和审核。

6.4.2 辨类:分析档案主题内容,是分类标引工作的核心。

6.4.2.1 分析题名。题名是测绘科技档案内容特征、中心主题的概括,因此分析档案主题内容首先应认真仔细地分析和研究测绘科技档案的文件题名和案卷题名。

6.4.2.2 详阅测绘科技档案内容。在测绘科技档案题名不能反映档案内容或反映不准确、不充分时,应详细阅读档案内容。这样才能准确判断其主题内容,确定归入哪一类目。

6.4.2.3 在分析题名和详阅测绘科技档案内容的同时,还应查阅测绘科技档案材料的附加标记(如案卷封面、备考表、鉴定表等中的某些记录项),从而对辨类有所帮助。

6.4.3 归类:根据辨类所确定的测绘科技档案的主题内容查对《中国档案分类法测绘业档案分类表》,找出与其最相符的类目,标出分类号。归类时应做到归入类目确切,给号准确无误。

6.4.4 审核:为了确保分类标引的质量,做到分类标引的一贯性,应指派专门人员全面负责测绘科技档案分类标引的审核工作。

关于国家标准《科学技术档案案卷构成的一般要求》的实施意见

国家标准《科学技术档案案卷构成的一般要求》(以下简称《标准》)由全国文献标准化委员会提出,国家技术监督局发布。

《科学技术档案案卷构成的一般要求》属于国家推荐性的标准,

根据"标准化法",推荐性标准不强制各有关单位执行,但是该《标准》系统地提出了对科学技术档案案卷的要求,科学可行,便于科技档案工作标准化、规范化,适用于一般科学技术档案案卷的管理,因此也适用于一般测绘科技档案的案卷管理。但测绘科技活动中形成的某些特殊档案,如地形图、航摄底片、相片、数据采集处理磁盘(带)等不可能照搬该《标准》,根据这一情况,现对《标准》中某些条款做适当修改或说明,形成本《实施意见》,具体如下:

1. 第 3 条和第 4 条案卷的组卷要求和卷内文件材料的排列,在《测绘科技档案实体分类、保管单位组织、档号编制规则》第二编中已有具体规定,按后者执行。

2. 第 5.1 款"编写页号"问题:案卷装订时编写页号、不装订的案卷编写件号,件(页)号编写宜使用铅笔。按图幅组织保管单位的地图档案,可以不编页号而用图幅编号代替。航摄底片、调绘片、控制加密片以片号代替。

3. 第 5.2.1 款,测绘科技档案案卷封面一般不采用案卷内封面的形式,地图、航摄底片、相片等特殊档案的案卷封面其外形尺寸随档案实体而定,但其著录的项目应包括档号、档案馆代号、缩微号、案卷题名、编制单位、编制日期、保管期限和密级。

4. 第 5.2.2 款,案卷题名的内容中要增加反映文件材料的名称,如地形图、二底图、统计表等。

5. 第 5.2.3 款编制单位,如一个案卷内文件材料是由若干个责任者形成的,则填写该案卷的主要责任者(一个或数个),无法确定谁是主要责任者时可以不填。

6. 第 5.2.4 款编制日期,填写卷内文件的起止时间,但当一份案卷内的测绘科技文件材料将来还会有所增加时,编制日期只需填写起始日期。

7. 第 5.2.5 款和 5.2.6 款,为醒目起见,密级和保管期限可以用不同的颜色区别标记,用汉字填写,不使用代号。

8. 第 5.2.7 款档号问题,按《测绘科技档案实体分类、保管单位组织、档号编制规则》第三编的规定填写。

9. 第 5.3 款,测绘科技档案案卷脊背中档号一栏采用贴标签的办法。标签的颜色表示档案的保管期限。淡红色表示"永久"、淡蓝色表示"长期"、淡黄色表示"短期"。

10. 第 5.4.1 款图 3 卷内目录式样的格式中,因测绘科技档案基本采用不装订的形式,"页次"应改为"数量及单位",如技术设计书为××页,调绘片为××张。

地图档案卷内目录用接合表的形式,具体要求如下:

a. 地图档案接合表的外形尺寸自定。

b. 地图档案接合表由表头、接合图及说明事项三部分组成。

c. 表头部分注接合表的名称如地形图档案接合表、综合管线图档案接合表等。

d. 接合图按照国际标准分幅和我国基本比例尺地形图分幅编号的国家标准印制,亦可将分幅线印制在一定比例的行政区划图上。

f. 说明事项部分可采用表格的形式,标注出序号、出版单位、出版年代等必要项目,从而使接合表从内容上可以起到替代卷内目录的作用。

g. 测绘科技档案卷内目录要求一式三份,一份由测绘科技档案形成部门保存,一份置于案卷内,一份由档案资料部门装订,供查找档案之用。

11. 第 5.5.2 款,在不装订的情况下卷内备考表内只需填写卷内科技文件材料的件数,而无须填写页数。

12. 第 6.1 款,规定了案卷可采用装订或不装订两种形式,但为了方便档案利用和今后的缩微,提高工作效益和保守档案秘密,除某些档案如电算加密成果等单独作为一卷外,宜采用不装订的组卷方式。

13. 第 6.2 款,由于测绘科技档案(尤其是测绘生产档案)具有卷内文件材料的外形尺寸大小很不一致的特点,因而不同尺寸的文件材料,不一定要折叠为统一幅面,只要做到尽量整齐、方便组卷即

296

可。对于个别特殊的文件材料（如控制片、调绘片）可用袋子装好放在案卷中。

14. 第 7 条卷皮，测绘科技档案宜采用国家档案局统一监制的卷皮。但库房中原有的档案，其卷皮虽不规范，除整理时必须更换新的标准卷皮外，一般可不变。今后新入馆的档案，应采用《标准》中规定使用的卷皮。特殊档案（主要是地形图档案）卷皮根据情况自己确定。

关于贯彻《质量管理和质量保证》系列国家标准的通知

国测函〔1993〕201 号

各省、自治区测绘局,直辖市测绘处(院),有关直属单位:

为适应发展社会主义市场经济和迎接"复关"的需要,国家技术监督局已将等效采用 ISO 9000 系列国际标准的 GB/T 10300《质量管理和质量保证》系列国家标准改为等同采用,编号为 GB/T 19000—ISO 9000。为贯彻这一系列国家标准,现将国家技术监督局和中国质量管理协会,技监局管函〔1993〕090 号文"关于加快贯彻 GB/T 19000—ISO 9000《质量管理和质量保证》系列国家标准的通知"转发给你们。并提出以下贯彻要求:

1. GB/T 19000—ISO 9000《质量管理和质量保证》系列国家标准,包括六个标准。请各单位与当地技术监督部门联系购买该系列标准,组织管理干部和生产人员认真学习和研究。各单位应结合本身的实际情况,对该系列标准进行合理选择,建立健全质量管理和质量保证体系。

2. 我局决定将原定从一九九三年下半年开始的全面质量管理达标验收工作转为宣传贯彻 GB/T 19000—ISO 9000《质量管理和质量保证》系列国家标准和对各单位质量体系认证的工作。

3. 今年我局将在浙江省测绘局航测外业大队开展"贯标"试点工作,拟于今年第四季度召开有关会议,总结经验,逐步推广。我局鼓励条件成熟的测绘生产单位,自愿申请质量体系认证,并采取适当的方式来实施认证工作。

各单位在学习研究和宣传贯彻 GB/T 19000—ISO 9000 系列国家标准过程中,有何问题和建议请及时报告我局。

附件:技监局管函〔1993〕090 号"关于加快贯彻 GB/T 19000—
ISO 9000《质量管理和质量保证》系列国家标准的通知"

国家测绘局
一九九三年六月九日

关于加快贯彻 GB/T19000—ISO9000《质量管理和质量保证》系列国家标准的通知

技监局管函〔1993〕090 号

各省、自治区、直辖市及计划单列市技术监督(标准计量、标准、计量)局,经委(计经委),质协,国务院有关部门:

为适应发展社会主义市场经济和迎接"复关"的需要,国家技术监督局决定将原等效采用 ISO9000 系列国际标准的 GB/T10300《质量管理和质量保证》系列国家标准改为等同采用,编号为 GB/T19000—ISO9000,并于 1992 年 10 月发布,1993 年 1 月 1 日实施。现就贯彻实施这套标准的有关问题提出以下意见:

一、提高对贯标重要意义的认识

GB/T19000—ISO9000 标准是国际通行的质量管理标准,是企业建立健全质量体系的规范性文件。贯彻该标准既为企业开展质量体系认证和产品认证提供了技术依据,有利于提高企业的质量管理水平、保证和提高产品质量、提高企业参与市场竞争的能力,也能更好的使我国的质量管理工作与国际惯例接轨。各级领导,特别是企业领导要理解、重视和支持系列国家标准的贯彻工作。各级技术监督部门(含质量管理部门)和质协系统,要把宣传和推动企业实施标准作为一项重点工作来抓,把主要力量放在引导和帮助企业建立健全企业内部质量体系及其有效运行上。

二、贯标工作总体部署

1988 年颁布 GB/T10300《质量管理和质量保证》系列国家标准以来,各地、各部门、各级质协在大力宣传推动,培训骨干等方面做了大量工作。中国质协还在 116 个企业中进行了试点,取得了一定成效和经验,为进一步贯彻 GB/T19000 系列国家标准打下了基础。下一步还要组织力量对 116 个贯标试点企业进行检查,总结交流试点经验和进行表彰。为推动 GB/T19000 系列国家标准的贯彻工作,具体做法上应根据实际情况,分类实施。

1. 对加工类的生产企业,要全面开展贯标工作,力争"八五"期末,建立健全质量体系并使之有效运行。特别是沿海开放地区、经济发达地区和一些中心城市的外向型企业、出口创汇企业和准备参与国际招标企业的贯标工作要加快步伐。

2. 对施工、运输、通信、金融、保险、商业、仓储、生产流程性材料和软件生产企业,以及旅游、餐馆等服务企业,要积极引导并针对行业特点,通过试点,逐步推开。

3. 贯标是加强内部管理的企业行为,是企业参与市场竞争、自身生存和发展的需要。企业的实际情况千差万别,一定要在企业转换经营机制的过程中,注意总结和继承全面质量管理的实践经验,把贯标与推行全面质量管理有机结合起来,不搞一刀切。

4. 贯彻实施标准应在以下方面下工夫,即指导企业结合本厂实际,按标准要求合理剪裁,逐步建立健全质量体系,并落实体系文件规定的各项质量活动,实现所期望的质量和效益,不断增强产品的竞争能力;引导企业按照社会主义市场经济的要求逐步建立对供应方质量体系的审核制度,形成采购单位促进生产企业保证产品质量的约束机制。可以先从一些采购量大的单位,如物资采购部门、国家重点工程,特别是生产大型成套设备的主机厂和重要的辅机厂以及企业集团起步;鼓励条件成熟而客观上又有需要的企业,自愿申请质量体系认证。

各级技术监督部门(含质量管理部门)和质协系统要抓一批典型,在不同层次上分地区、分行业,按产品类别对企业贯标加以具体指导和帮助。

三、做好服务工作,推动企业贯标

1. 为及时总结交流经验,做好宏观指导,拟建立我国的

"ISO9000 论坛","ISO9000 论坛"设在中国质协。"ISO9000 论坛"是团结广大企业,通过交流经验,把贯标工作引向深入的一个重要手段。"ISO9000 论坛"要加强与国际标准化组织、质量保证技术委员会的信息交流与合作,广泛团结各方面的学者、专家,充分掌握各种信息和经验。

2. 为指导好企业贯标,中国质协已编撰了具有可操作性并有实施案例的《质量管理和质量保证系列标准贯彻实施指南》。

3. 培养一支骨干师资队伍。中质协拟对已获咨询师、教育师等质量管理专业职称的人,分期分批开展质量体系审核技术再教育,有计划地培养有水平、有实践经验的能为企业提供服务的贯标骨干队伍。

四、加强贯标工作的组织领导

贯彻实施 GB/T19000 系列国家标准,要充分调动企业的主观能动性。贯标工作是一项系统工程,涉及质量管理、标准化、质量体系认证等方面的工作,因此,必须从宏观管理上加强协调。按照1989 年技监局管发〔1989〕503 号文关于《质量管理和质量保证》系列国家标准的宣贯工作由国家技术监督局质量管理司归口组织,具体宣贯实施工作由中国质协负责。技术工作由中国标准化与信息分类编码研究所负责的分工意见,除了依靠原有的质量管理系统外,要充分发挥标准化部门及各方面的积极性和各自的优势,共同把 GB/T19000 国家标准宣贯实施工作做好。

各地在贯标工作中,请将好的做法,存在的问题以及意见和要求及时告知我们。

国家技术监督局

中国质量管理协会

一九九三年三月十五日

关于发布《测绘市场管理暂行办法》的通知

国测体字〔95〕15 号

各省、自治区、直辖市及计划单列市测绘局（处、办）、工商行政管理局：

为了培育和发展测绘市场，规范测绘市场行为，促进测绘事业为国民经济和社会发展服务，我们制定了《测绘市场管理暂行办法》，现予发布，自 1995 年 7 月 1 日起施行。

附件：测绘市场管理暂行办法

国家测绘局
国家工商行政管理局
一九九五年六月六日

测绘市场管理暂行办法

第一章　总　则

第一条　为了培育和发展测绘市场，规范测绘市场行为，维护测绘市场活动当事人的合法权益，促进测绘事业为社会主义现代化建设服务，根据《中华人民共和国测绘法》及国家有关法律、法规，制定本办法。

第二条　本办法适用于从事测绘活动的单位相互间以及他们与其他部门、单位和个人之间进行的测绘项目委托、承揽、技术咨询服务或测绘成果交易的活动。

测绘市场活动的专业范围由国家测绘局另行规定。

第三条　县级以上人民政府测绘主管部门和工商行政管理部门负责监督管理本行政区域内的测绘市场。

第四条　测绘市场活动当事人必须遵守国家的法律、法规，不得扰乱社会经济秩序，不得损害国家利益、社会公共利益和他人的合法权益。

第五条　测绘市场活动应当遵循等价有偿、平等互利、协商一致、诚实信用的原则。

第六条　禁止测绘市场活动中的不正当竞争行为和非法封锁、垄断行为。

第二章　测绘市场活动当事人条件

第七条　进入测绘市场承担测绘任务的单位，必须持有国务院测绘行政主管部门或省、自治区、直辖市人民政府测绘主管部门颁发的《测绘资质证书》，并按资质证书规定的业务范围和作业限额从事测绘活动。

第八条　从事经营性测绘活动的单位，依照国家有关规定，须经工商行政管理部门核准登记，在核准登记的经营范围内从事测绘活动。

第九条　测绘事业单位在测绘市场活动中收费的，应当持有物价主管部门颁发的《收费许可证》。

第十条　测绘项目委托方须符合有关法律法规规定的资格，其委托行为应当符合法律法规的规定。

第十一条　在中华人民共和国领域和管辖的其他海域内，外国的组织或者个人与中华人民共和国有关部门、单位合资、合作进行测绘活动的,须报经国务院测绘行政主管部门和军队测绘主管部门审查批准。

第十二条　香港特别行政区、澳门特别行政区、台湾地区的组织或者个人来内地从事测绘活动的,依照前条规定进行审批。

第三章　测绘合同当事人的权利和义务

第十三条　委托方的权利和义务

委托方的权利:

(一)检验承揽方的《测绘资质证书》;

(二)对委托的项目提出符合国家有关规定的技术、质量、价格、工期等要求;

(三)明确规定承揽方完成的成果的验收方式;

(四)对由于承揽方未履行合同造成的经济损失,提出赔偿要求;

(五)按合同约定享有测绘成果的所有权或使用权。

委托方的义务:

(一)遵守有关法律、法规,履行合同;

(二)向承揽方提供与项目有关的可靠的基础资料,并为承揽方提供必要的工作条件;

(三)向测绘项目所在省、自治区、直辖市测绘主管部门汇交测绘成果目录或副本;

(四)执行国家规定的测绘收费标准。

第十四条　承揽方的权利和义务

承揽方的权利:

(一)公平参与市场竞争;

(二)获得所承揽的测绘项目应得的价款;

(三)按合同约定享有测绘成果的所有权或使用权;

(四)拒绝委托方提出的违反国家规定的不正当要求;

(五)对由于委托方未履行合同而造成的经济损失提出赔偿

要求。

承揽方的义务：

（一）遵守有关的法律、法规，全面履行合同，遵守职业道德；

（二）保证成果质量合格，按合同约定向委托方提交成果资料；

（三）根据各省、自治区、直辖市的有关规定，向测绘主管部门备案登记测绘项目；

（四）按合同约定，不向第三方提供受委托完成的测绘成果。

第十五条　进行测绘市场活动时，当事人不得对他人的测绘成果非法复制、转借，不得侵犯他人测绘成果的所有权和著作权。

第四章　测绘项目的招投标及承发包管理

第十六条　进入测绘市场的测绘项目，金额超过二十万元的及其他须实行公开招标的测绘项目，应当通过招标方式确定承揽方。

测绘主管部门和工商行政管理部门负责测绘项目招、投标的监督管理。

第十七条　测绘项目进行招标时，须组织评标委员会，评标委员会由招标单位与当地测绘主管部门和工商行政管理部门组成。

重大测绘项目的评标委员会由省级以上测绘主管部门和工商行政管理部门及有关专家组成。

第十八条　招标单位须制定规范的招标文件，为投标单位提供有关资料。投标单位须按招标文件的要求填写标书。

第十九条　投标单位应以其实力参与竞争，禁止投标单位之间或招投标单位之间恶意串通，损害国家或者第三方利益。

第二十条　评标工作应实行公正、公开的原则，当众开标、议标、确定中标单位。

第二十一条　测绘项目的承包方必须以自己的设备、技术和劳力完成所承揽项目的主要部分。测绘项目的承包方，可以向其他具有测绘资格的单位分包，但分包量不得大于该项目总承包量的百分之四十。分包出的任务由总承包方向发包方负完全责任。

第二十二条 测绘项目的招投标及承发包，必须遵守国家的有关法律法规，禁止行贿、受贿、索贿、账外暗中"回扣"等违法行为。

第五章 合同管理

第二十三条 测绘项目当事人应当按照《中华人民共和国合同法》的有关规定，签订书面合同，使用统一的测绘合同文本。测绘合同示范文本由国家工商行政管理局和国家测绘局共同制定。

第二十四条 当事人签订测绘合同的正本份数，由双方根据需要确定并具有同等效力，自双方签字盖章后由双方分别保存。

第二十五条 在测绘合同中应明确规定合同标的技术标准。合同工期按照国家测绘局制定的《测绘生产统一定额》计算。合同价款按照国家测绘局颁发的现行《测绘收费标准》或国家物价主管部门批准的测绘收费标准计算。

第二十六条 当事人双方应当全面履行测绘合同。测绘合同发生纠纷时，当事人双方应当依照《中华人民共和国合同法》的规定解决。

第二十七条 当事人双方应当及时结算价款，不得拖欠。

第六章 质量与价格管理

第二十八条 进入测绘市场的测绘项目，应当严格执行国家统一的技术规范和质量标准（包括国家标准和行业标准），确保测绘产品质量。

国家标准和行业标准中未做规定的，双方可在合同中约定，并按合同约定的标准执行。

测绘成果质量不合格的，不得交付使用。

第二十九条 各级人民政府技术监督行政主管部门批准的测绘

产品质量监督检验机构,是对测绘产品质量进行监督检验的指定单位,测绘单位应当按规定如实向其提供抽查样品,测绘项目委托单位也可以委托其进行产品检验。

第三十条 对已交付使用的测绘成果,因不符合合同规定的质量标准出现质量不合格并造成损失的,由测绘单位负责。

对于重大质量责任事故,测绘单位须向测绘主管部门及时报告。测绘主管部门按国家有关规定进行调查处理。

第三十一条 测绘项目承揽和测绘成果交易收费标准为国家测绘局颁布的《测绘收费标准》。除国家定价的测绘产品以外,其他测绘产品价格实行市场价格。

第三十二条 对已列入《测绘收费标准》的测绘产品,计费不得低于《测绘收费标准》规定标准的百分之八十五。

第七章 法律责任

第三十三条 违反本办法规定,有下列行为之一的,依照《中华人民共和国测绘法》第八章的有关规定处罚:

(一)未取得测绘资质证书,擅自从事测绘活动的;

(二)超越资质等级许可的范围从事测绘活动的;

(三)不汇交测绘成果资料的;

(四)测绘成果质量不合格的;

(五)转包测绘项目的;

(六)将测绘项目发包给不具有相应资质等级测绘单位的。

涉及违反工商管理法律、法规和规章的行为,由工商行政管理部门依照有关法律规定予以处罚。

第三十四条 违反本办法规定压价竞争的,或者有其他不正当竞争行为的,由县级以上工商行政管理部门依照《反不正当竞争法》的有关规定给予处罚。

第三十五条 当事人对测绘主管部门或工商行政管理部门处罚

决定不服的,可以在接到处罚通知之日起十五日内,向做出处罚决定的测绘主管部门或工商行政管理部门的上一级机关申请复议;对复议决定不服的,可以在接到复议决定之日起十五日内向人民法院起诉。当事人也可以在接到处罚通知之日起三个月内,直接向人民法院起诉。逾期不申请复议,也不向人民法院起诉,拒不执行处罚决定的,由做出处罚决定的测绘主管部门或工商行政管理部门申请人民法院强制执行。

第八章 附 则

第三十六条 本办法由国家测绘局和国家工商行政管理局共同负责解释。

第三十七条 本办法自 1995 年 7 月 1 日起施行。

关于印发《国家基础航空摄影
资料管理暂行办法》的通知

国测国字〔1996〕6 号

各省、自治区测绘局,直辖市测绘管理处(办),各直属单位:

为了加强国家基础航空摄影资料管理工作,特制定《国家基础航空摄影资料管理暂行办法》,现印发给你们,请遵照执行。

国家测绘局
一九九六年三月一日

国家基础航空摄影
资料管理暂行办法

一、为做好国家基础航空摄影资料管理工作,特制定本暂行办法。

二、国家基础航空摄影资料是指为满足国民经济建设、社会发展以及测绘生产对基础地理信息的需要而完成的航摄资料,航摄比例尺一般为 1:35 000。

三、国家基础航空摄影资料由国家基础地理信息中心(简称“中心”)负责组织验收并接收和保管。

四、“中心”要按照国家测绘成果管理的有关规定,建立、健全严格的规章制度,编制国家基础航空摄影资料目录,保证及时、准确、安全、方便地提供使用。

310

五、国家测绘项目需要使用国家基础航空摄影资料时，"中心"应根据国家测绘局下达的《测绘项目任务书》，向测绘单位免费借用航摄底片和无偿提供原航摄像片。

六、需要公开使用国家基础航空摄影资料时，要报经国家测绘局批准。

七、各部门或市场测绘任务需要使用国家基础航空摄影资料时，要持归口单位的专用公函，到"中心"办理手续。收费标准按有关规定执行。

八、外国人或中外技术合作需要使用国家基础航空摄影资料，按照国家对外提供测绘成果的有关规定执行。

九、未经"中心"批准，各单位不得擅自复制、转让或转借国家基础航空摄影资料。

十、在保管和使用航摄底片时，应当采取措施防止航摄底片发黄、发霉、影像褪色和消失、药膜面损伤、撕裂、片基不均匀变形等，严禁汗渍、油渍污染底片，不同片基的底片应分库保管。

十一、各单位应当按照使用期限，完整地归还航摄资料。对逾期不还、损坏、丢失、泄密等，根据情节给予通报批评、追究单位领导责任、赔偿经济损失、暂停资料使用权等处理，构成犯罪的，移交司法机关追究其刑事责任。

十二、本办法由国家测绘局负责解释。

十三、本办法自发布之日起施行。

关于印发《航空摄影管理
暂行办法》的通知

国测国字〔1996〕7 号

各省、自治区测绘局,直辖市测绘管理处(办),各直属单位:

为了进一步加强航空摄影的管理工作,现将修订后的《航空摄影管理暂行办法》印发给你们,请遵照执行。

国家测绘局
一九九六年三月一日

航空摄影管理暂行办法

第一章 总 则

第一条 为满足国民经济建设、科学研究、测绘生产对航空摄影资料的需求,根据国家有关规定,制定本办法。

第二条 本办法适用于列入国家测绘局航空摄影计划、由国家测绘局承担全额或部分经费的航空摄影项目。

第三条 国家测绘局国土测绘科技司负责航空摄影管理工作。

第二章 航空摄影计划

第四条 根据国家测绘局事业发展计划和国民经济建设、基础测绘、国家重点工程测绘的需求,制定航空摄影计划。

第五条　下列范围的航空摄影项目可以申请列入航空摄影计划:

(一)国家基础航空摄影;

(二)1:500至1:10万基本比例尺地形图测绘;

(三)地籍测绘;

(四)其他重点测绘工程项目。

第六条　国家基础航空摄影和国家测绘项目,由国家测绘局拟定航空摄影计划。各地区的测绘项目,由各省、自治区测绘局、直辖市测绘院,向国家测绘局提出航空摄影申请。

直属院校或科研单位以教学或科研为目的的航空摄影,可直接向国家测绘局提出申请。

第七条　测绘大于1:2 000比例尺(含)地形图的航空摄影申请,应附测绘合同书。地籍测绘的航空摄影申请,应附地籍测绘合同书和技术设计书等。

第八条　支援老区和贫困地区经济建设的测绘项目,由省(自治区)测绘局提出航空摄影申请。

第九条　各省、自治区测绘局、直辖市测绘院每年十月底前,上报下一年度新增和结转航空摄影申请,并附《航空摄影申报表》和航摄标图。每年六月底前,上报本年度航空摄影调整和补充申请。

第十条　国家测绘局根据测绘生产计划、上年度航空摄影完成情况、本年度航空摄影申请以及航空摄影经费控制额度等,编制当年航空摄影计划、补充计划和调整计划。

第十一条　航空摄影计划每年一月底下达、调整计划七月底下达、补充计划不定期下达。

第十二条　每年一月底前,各省、自治区测绘局、直辖市测绘院向国家测绘局汇交上年度本行政区域内航空摄影的进展情况并附标图;国家基础地理信息中心向国家测绘局汇交上年度国家测绘局航空摄影计划的完成情况并附标图。

第三章　航空摄影组织实施

第十三条　国家测绘局委托国家基础地理信息中心承办航空摄影计划的组织实施工作。

第十四条　航空摄影合同报国家测绘局备案。

第十五条　除天气、自然灾害等无法抗拒的原因外,航摄单位应严格履行航空摄影合同。

第十六条　需调整航空摄影计划或变更计划内容时,须报国家测绘局同意,并补签或变更航空摄影合同。

第十七条　航空摄影资料由国家基础地理信息中心负责组织验收。

第十八条　国家测绘产品质量监督检验部门,有权对航空摄影资料进行质量监督与抽检。

第十九条　航空摄影经费支付原则:

(一)全额交付航空摄影经费的有:国家基础航空摄影(包括测绘1∶10万、1∶5万、1∶2.5万、1∶1万地形图的航空摄影),地籍测绘和用于教学或科研的航空摄影。

(二)补贴部分航空摄影经费的有:经批准的城镇大比例尺测图和国家重点建设工程的航空摄影。

第二十条　对给予经费补贴的航空摄影项目,结算前航摄申请单位需将所负担的航空摄影经费汇到国家测绘局。

第二十一条　航空摄影经费凭航空摄影计划、航空摄影合同、航摄验收报告、资料移交清单、经费结账单,经国家测绘局生产管理部门审核后结算。

第二十二条　对未列入航空摄影计划或未经国家测绘局批准、擅自变更摄区、增加面积、改变比例尺及摄影材料的航空摄影项目,国家测绘局不负担航空摄影经费。

第二十三条　由国家测绘局支付或补贴的航空摄影经费,是指正常黑白航空摄影费用(包括面积费、调机费、材料费、增加曝光次数费等)。

第四章 航空摄影资料接收和保管

第二十四条 国家基础航空摄影资料,由国家基础地理信息中心负责接收和保管。其他航空摄影资料,由有关单位接收和保管。

第二十五条 航空摄影资料按照《中华人民共和国测绘成果管理条例》和《国家基础航空摄影资料管理暂行办法》进行管理。

第五章 附 则

第二十六条 本办法由国家测绘局负责解释。

第二十七条 本办法自发布之日起施行。

附件:

航空摄影申报表

申报单位:			摄区名称:		
用　途:					
原计划航摄数量:					（平方公里/幅）
已摄数量:					（平方公里/幅）
现计划航摄数量:					（平方公里/幅）

	摄区范围 （经纬度）	东经	～		
		北纬	～		

航摄规格	比例尺		成图要求	比例尺	
	像　幅	厘米			
	焦　距	毫米		幅　数	
	航摄比例尺				
	底片种类			方　法	
	重叠要求	％			
	航线敷设			时　间	
	航摄时间				

摄区困难类别:	预计航摄金额:
备注:	

注:每个摄区填一张表格。

316

关于贯彻实施《行政处罚法》的通知

国测法字〔1996〕11 号

各省、自治区测绘局,直辖市测绘管理办公室(处):

《中华人民共和国行政处罚法》(以下简称《行政处罚法》)将于1996 年 10 月 1 日起实施。为保证该法能全面、正确地实施,根据国务院国发〔1996〕13 号文件精神和 1996 年 8 月 6 日召开的国务院部门政府法制工作会议的要求,并结合测绘系统的实际,现就贯彻实施《行政处罚法》通知如下:

一、认真学习《行政处罚法》,充分认识实施《行政处罚法》的重大意义

《行政处罚法》对行政处罚的基本原则、行政处罚设定、实施行政处罚的机关、行政处罚的程序等,做了全方位的明确规定。这对规范政府行为,促进政府转变职能,改进行政管理工作,提高依法行政的水平,加强廉政建设,密切政府同人民群众的关系,保障和推动社会主义经济体制的建立和逐步完善,都具有重大意义。各级测绘主管部门,特别是领导干部和行政执法人员,都要以积极的态度认真学习《行政处罚法》,充分认识实施《行政处罚法》的重大意义。国家局将在 10 月上旬对测绘系统的领导干部和行政执法人员进行培训,使测绘行政管理干部和行政执法人员掌握《行政处罚法》的规定。各级测绘主管部门都要本着学用结合的原则,抓紧对行政执法人员进行培训,制定切实可行的培训计划并组织实施。同时要利用宣传舆论工具,向测绘职工宣传《行政处罚法》,形成学法、知法、守法和依法维护自己合法权益的舆论和环境。

二、抓紧做好现行规章、规范性文件的清理和对规章的修订工作

根据《行政处罚法》的规定,行政处罚只能由法律、法规或者规章设定,其他规范性文件不得设定行政处罚;法律对违法行为已经做出行政处罚规定,行政法规需要做出具体规定的,必须在法律规定的给予行政处罚的行为、种类和幅度的范围内规定;法律、行政法规对违法行为已经做出行政处罚规定,地方性法规需要做出具体规定的,必须在法律、行政法规规定的给予行政处罚的行为、种类、幅度的范围内规定;规章可以在法律、法规规定的给予行政处罚的行为、种类和幅度的范围内做出具体规定;尚未制定法律、法规的,规章可以设定警告或者一定数量罚款的行政处罚。据此,现行许多规章都要依照《行政处罚法》的规定予以修改,许多规范性文件设定的行政处罚将要失去效力。为此,国家局将依据《行政处罚法》的规定,进行测绘部门规章的清理工作,并针对《中华人民共和国测绘法》(以下简称《测绘法》)存在的问题,着手研究对《测绘法》的修改问题。局机关有关司室、各省、自治区、直辖市的测绘主管部门,首先要在今年 10 月 1 日前,抓紧对设有行政处罚条款的规范性文件的清理工作,对现行规范性文件中与《行政处罚法》相悖的处罚条款,依法分类采取相应的处理办法。除法律、法规、规章外的规范性文件设有行政处罚的,要予以废止。对于其中确有必要设立行政处罚的规范性文件,则要提请立法机构将这些规范性文件上升为测绘部门规章或地方政府规章。对于规章的清理,分两部分进行:一是法律、法规已经做出规定的,看其设定的行政处罚的行为、种类和幅度上是否与法律、行政法规不一致,对不一致的,要抓紧修订;二是法律、法规没有做出规定的,需看其设定的行政处罚是否超出《行政处罚法》的规定,对超出的应当进行修订。整个规章的修订工作,要在 1997 年 12 月 31 日前完成。今年 10 月 1 日后制定设有行政处罚的规章,必须按照《行政处罚法》和国务院的有关通知的规定办。

三、依法清理行政执法机构,高度重视行政执法队伍建设

根据《行政处罚法》的规定,行政处罚原则上只能由行政机关实施,非行政机关的事业单位未经法律、法规授权或者依法享有行政处罚权的行政机关委托,不得行使行政处罚权。各级测绘主管部门,一定要依法清理行政执法机构,对于没有依法授权或委托的,要予以清

理,对不当的授权或委托行为要纠正。今后,哪个地方、哪个部门出现不符合法定的机关或组织实施测绘行政处罚的情况,要追究那里领导的责任。

各级测绘主管部门要高度重视测绘行政单位和行政执法队伍的建设,研究适应测绘系统特点的行政执法体制。要加强对测绘行政执法人员的政治思想建设,加强法律、法规、规章和业务知识的培训,要投入必要的人力、物力和财力,保障测绘行政执法必要的工作条件和工作经费。要加强对测绘行政执法人员的资格和证件管理,停止合同工、临时工从事行政处罚工作。要建立测绘行政执法岗位培训制度,行政执法人员非经培训考核合格,不得上岗。对于业务素质和品德较差、不适应从事行政执法工作的人,要坚决地从行政执法队伍中调离出去。要加强对被委托单位的监督管理。

四、严格依法进行行政处罚,规范行政执法程序

《行政处罚法》规定行政处罚的决定程序分为简易程序、一般程序和听证程序。各级测绘主管部门和测绘行政执法人员一定要严格执行。在测绘行政处罚决定之前,应当先告知当事人做出行政处罚决定的事实、理由及依据,并告知当事人依法享有的权利。对超出简易程序规定处罚范围的应当按一般程序办理。对责令停止测绘、吊销测绘资格证书的,当事人要求听证的,测绘主管机关应当组织听证。要明确主持听证的人员,为保障听证程序的公正性,一般应由行政机关中非本案调查人员的法制机构的专业人员主持听证。要注意培养懂业务、懂法律的人员作为听证主持人。要制订听证规则。重大测绘行政违法案件要经过测绘主管机关负责人集体讨论决定。

为了完善测绘部门行政执法程序,规范测绘行政执法行为,国家局还将制定统一的"测绘行政执法格式文本"和"测绘行政执法程序规定"。

五、加强对行政处罚的监督工作,把测绘法制建设提高到一个新的水平

《行政处罚法》明确规定,行政机关应当建立健全对行政处罚的监督制度。各级测绘主管部门要按照《行政处罚法》的规定，依法行使对行政处罚的监督权，保证行政处罚的合法性、有效性和准确性，着手解决乱处罚或者应当依法处罚而不处罚问题。加强地方性测绘法规、规章、规范性文件和重大行政处罚的备案制度，公民、法人和其他组织对测绘行政处罚的申诉和检举制度，行政处罚决定制度和行政处罚统计制度。要认真做好行政复议等工作。及时纠正违法设定或实施行政处罚的行为。要加强对测绘行政处罚的监督检查，对检查中发现的问题，要采取有力措施，坚决予以纠正。

各级测绘主管部门要以贯彻《行政处罚法》为契机，进一步提高立法、执法和执法监督的水平，使测绘法制建设提高到一个新的水平。

各级测绘主管部门接到本通知后，要结合本地区的实际情况，认真研究、落实，并将本地区贯彻实施《行政处罚法》的情况及时告我局行业管理与政策法规司。

国家测绘局
一九九六年九月十三日

关于发布《测绘计量管理
暂行办法》的通知

国测国字〔1996〕24 号

各省、自治区测绘局,直辖市测绘处(办),局有关直属单位,国务院有关部、委、局:

为加强测绘计量管理,确保测绘量值准确溯源和可靠传递,保证测绘产品质量,依据《中华人民共和国计量法》及其配套法规,国家测绘局制定了《测绘计量管理暂行办法》。经国家技术监督局审核同意,现予发布,请各单位遵照执行。

在《办法》执行过程中如有建议,请及时函告国家测绘局国土测绘科技司。

国家测绘局
一九九六年五月二十二日

测绘计量管理暂行办法

第一条 为加强测绘计量管理,确保测绘量值准确溯源和可靠传递,保证测绘产品质量,依据《中华人民共和国计量法》及其配套法规,制定本办法。

第二条 任何单位和个人建立测绘计量标准,开展测绘计量器具检定,进口、销售和使用测绘计量器具,应遵守本办法。

本办法所称的测绘计量标准是指用于检定、测试各类测绘计量器具的标准装置、器具和设施;测绘计量器具是指用于直接或间接传递量值的测绘工作用仪器、仪表和器具。明细目录见附表。

第三条　各级测绘主管部门应协助政府计量行政主管部门管理本行政区内的测绘计量工作，将测绘计量器具纳入测绘资格审查认证考核和产品质量监督检验管理的范畴。

第四条　省级以上测绘主管部门和其他有关主管部门建立的各项最高等级的测绘计量标准，以及政府计量行政主管部门授权建立的社会公用计量标准，必须有计量溯源，并且向同级政府计量行政主管部门申请建标考核。取得计量标准证书后，即具备在本部门或本单位开展计量器具检定的资格。

计量标准考核的内容和要求，执行国务院计量行政主管部门发布的《计量标准考核办法》的规定。

第五条　取得计量标准证书后，属社会公用计量标准的，由组织建立该项标准的政府计量行政主管部门审批核发社会公用计量标准证书，方可使用，并向同级测绘主管部门备案；属部门最高等级计量标准的，由主管部门批准使用，并向国务院测绘主管部门备案。

测绘计量标准在合格证书期满前六个月，应按规定向原发证机关申请复查。

第六条　社会公用计量标准、部门最高等级的测绘计量标准，均为国家强制检定的计量标准器具，应按国务院计量行政主管部门规定的检定周期向同级政府计量行政主管部门申请周期检定，周期检定结果报同级测绘主管部门备案。未按照规定申请检定或检定不合格的，不准使用。

第七条　申请面向社会开展测绘计量器具检定、建立社会公用计量标准、承担测绘计量器具产品质量监督试验以及申请作为法定计量检定机构的，应根据申请承担任务的区域，向相应的政府计量行政主管部门申请授权；申请承担测绘计量器具新产品样机试验的，向当地省级政府计量行政主管部门申请授权；申请承担测绘计量器具新产品定型鉴定的，向国务院计量行政主管部门申请授权。

计量授权证书复印件，报同级测绘主管部门备案。

第八条　取得计量授权证书后,必须按照授权项目和授权范围开展有关检定、测试工作;需新增计量授权项目的,必须申请新增项目的授权。

被授权单位在授权证书期满前六个月应按规定向原发证机关申请复查。

第九条　从事政府计量行政主管部门授权项目检定、测试的计量检定人员,必须经授权部门考核合格;其他计量检定人员,可由其上级主管部门考核合格。取得计量检定员证书后,才能开展检定、测试工作。根据实际需要,省级以上测绘主管部门也可经同级政府计量行政主管部门同意,组织计量检定人员考核并发证。

计量检定、测试人员的考核事项,执行国务院计量行政主管部门发布的《计量检定人员管理办法》的规定。

第十条　开展测绘计量器具检定,应执行国家、部门或地方计量检定规程。对没有正式计量检定规程的,应执行有关测绘技术标准或自行编写检校办法报主管部门批准后使用。自行编写的检校办法应与有关测绘技术标准的内容协调一致。

第十一条　开展测绘计量器具检定,应执行国务院测绘主管部门制定的收费标准。

第十二条　进口以销售为目的的测绘计量器具,必须由外商或其代理人向国务院计量行政主管部门申请型式批准,取得《中华人民共和国进口计量器具型式批准证书》后,方准予进口并使用有关标志。在海关验放后,订货单位必须向省级以上政府计量行政主管部门申请检定,取得检定合格证书后,方准予销售;检定不合格,需要向外索赔的,订货单位应及时向商检机构申请复验出证。没有检定合格证书的进口测绘计量器具不得销售。

第十三条　承担测绘任务的单位和个体测绘业者,其所使用的测绘计量器具必须经政府计量行政主管部门考核合格的测绘计量检定机构或测绘计量标准检定合格,方可申领测绘资格证书。无检定合格证书的,不予受理资格审查申请。

上述测绘单位和个体测绘业者使用的测绘计量器具,必须经周期检定合格,才能用于测绘生产,检定周期见附表规定。未经检定、检定不合格或超过检定周期的测绘计量器具,不得使用。

教学示范用测绘计量器具可以免检,但须向省级测绘主管部门登记,并不得用于测绘生产。

在测绘计量器具检定周期内,可由使用者依据仪器使用状况自行检校。

第十四条 测绘产品质量监督检验机构,必须向省级以上政府计量行政主管部门申请计量认证。取得计量认证合格证书后,在测绘产品质量监督检验、委托检验、仲裁检验、产品质量评价和成果鉴定中提供作为公证的数据,具有法律效力。

计量认证的具体事项,执行国务院计量行政主管部门发布的《产品质量检验机构计量认证管理办法》的规定。

第十五条 违反本办法第四、五、七、八、十二条规定,使用未经考核合格的计量标准开展测绘计量器具检定的,未经授权以及擅自扩大授权范围面向社会开展测绘计量器具检定、测试的,进口、销售未经型式批准和检定合格的测绘计量器具的,按照有关计量法律、法规的规定处罚。

第十六条 违反本办法第十三条规定,使用未经检定,或检定不合格或超过检定周期的测绘计量器具进行测绘生产的,所测成果成图不予验收并不准使用,产品质量监督检验时作不合格处理;给用户造成损失的,按合同约定赔偿损失;情节严重的,由测绘主管部门吊销其测绘资格证书。

第十七条 本办法未尽事宜,按有关计量法律、法规执行。

第十八条 本办法由国务院测绘主管部门负责解释。

第十九条 本办法自发布之日起施行。

附表：

测绘计量器具目录(暂行)

项目	名　　称	检定周期
计量标准器具	多齿分度台、彩电副载波校频仪、经纬仪检定仪、水准尺检定仪、激光干涉仪、水准器检定仪、因瓦基线尺、周期误差测试平台、长度基线场、GPS接收机检定场、航测仪器检定场、重力仪格值检定场、高低温箱、温度膨胀系数检定设备、计时设备、温度计、气压计、频率计等。	执行国务院计量行政主管部门或测绘主管部门的规定。
工作计量器具	经纬仪：光学经纬仪、激光经纬仪、电子经纬仪、陀螺经纬仪。 水准仪：光学水准仪、激光水准仪、电子水准仪、自动安平水准仪。 测距仪：光学测距仪、微波测距仪、激光测距仪、电磁波测距仪。 电子速测仪(全站仪)。 全球定位系统(GPS)测量型接收机。 重力仪：微伽级重力仪、毫伽级重力仪。 尺类：钢卷尺、水准标尺、基线尺、线纹米尺、坐标格网尺。	①J2级以上经纬仪，S3级以上水准仪，精度优于10mm+3ppm的GPS接收机，精度优于5mm+5ppm的测距仪、全站仪，微伽级重力仪以及尺类等一般为一年；其他精度的仪器一般为两年。 ②新购置的以及修理后的仪器、器具应及时检定。
	平板仪：光学平板仪、电子平板仪。 摄影仪：航空摄影仪、地面摄影经纬仪。 测图仪器：立体坐标量测仪、精密立体测图仪解析测图仪、自动绘图仪、数字采集仪、坐标展点仪、直角定点仪。 工程仪器：准直仪、铅直仪、扫平仪。 其他辅助设备：直角棱镜、重锤、拉力器等。	①一般为两年。 ②新购置的以及修理后的仪器、器具应及时检定。 ③测图仪器可暂由使用单位自行检校。

关于印发《国家测绘局专业技术人员继续教育规定》的通知

国测人字〔1996〕28号

各省、自治区测绘局,直辖市测绘管理办公室(处),各直属单位:

现将《国家测绘局专业技术人员继续教育规定》印发给你们,请结合本地区、本单位的实际情况,认真贯彻执行。

国家测绘局
一九九六年十二月二十四日

国家测绘局专业技术人员继续教育规定

第一章　总　则

第一条　为了促进测绘继续教育发展,提高专业技术人员素质,适应社会主义现代化建设的需要,根据国家人事部《全国专业技术人员继续教育暂行规定》等有关文件精神,结合测绘系统实际情况,制定本规定。

第二条　继续教育应当为社会主义现代化建设服务,面向国内外测绘科学技术发展新水平,与测绘专业技术工作和生产实际相结合,促进测绘科技进步和测绘事业发展。

第三条　测绘继续教育的对象是测绘系统从事专业技术工作的在职专业技术人员(含专业技术管理人员,下同)。

第四条 测绘继续教育的任务是使测绘系统专业技术人员的知识、技能不断得到增新、补充、拓展和提高,完善知识结构,提高创新能力和专业技术水平。

第五条 对专业技术人员进行继续教育是测绘系统各单位领导的重要职责,是专业技术人员管理工作的重要内容之一。参加和接受继续教育是专业技术人员的权利和义务。

第二章 内容、形式与时间

第六条 测绘继续教育坚持理论联系实际,按需施教,讲求实效的原则。主要内容有对专业技术人员进行新理论、新技术、新知识、新方法的教育;进行专业技术职务任职和晋职的培训;进行培养专业技术骨干和学术技术带头人的培训等。

第七条 各类专业技术人员继续教育的重点是:

一、高、中级专业技术人员主要是了解国内外测绘科技发展的趋势和水平,增新、补充专业知识内容,学习相关学科的知识,拓展知识领域,保持合理的知识结构,提高综合业务能力和创新能力。

二、初级专业技术人员(含刚参加工作的专业技术人员,下同)要结合本职工作进行专业知识的学习和实际技能的训练,提高岗位工作能力和独立工作的能力。

三、专业技术管理人员要了解国内外测绘科技发展动向,学习并掌握技术、经济政策和现代化科学管理知识,丰富知识内容和领域,开发科学思维能力,提高管理决策水平。

第八条 测绘继续教育可以采取培训班、进修班、研修班、学术讲座、学术交流、业务考察和有组织、有计划、有考核的自学等多种方式进行。

第九条 高、中级专业技术人员每年脱产接受继续教育的时间累计不少于 40 学时,初级专业技术人员累计不少于 32 学时。

第十条 继续教育的实施周期与专业技术职务聘任周期一致,

一周期内的学习时间可以集中使用,也可分散使用。

第三章 基地、师资和经费

第十一条 国家测绘局继续教育中心、测绘高等学校、普通中专、职工中专、培训中心、科研院所是实施继续教育的重要基地。各单位要充分利用现有办学条件和设施,调动各方面的积极性,逐步建立和完善实施继续教育的培训点。

第十二条 继续教育的教师按照以兼职为主、专兼结合的原则,由单位聘请在学术、技术及管理等方面具有较高水平和丰富实践经验的人员担任,逐步形成相对稳定和梯队结构的专兼职教师队伍。

第十三条 国家测绘局每年下达继续教育培训专项经费,由国家测绘局继续教育中心按计划统一管理、使用,主要用于高层次专业技术骨干和管理人员继续教育培训。各单位的继续教育经费主要从职工教育经费中开支,数量不足的要广开渠道,可以从包干节余经费等自有资金中提取。

第十四条 鼓励各继续教育培训单位实行联合办学,逐步建立和完善测绘继续教育培训网络,充分利用现有办学力量和经费,提高办学质量和效益,增强各单位的办学能力。

第四章 组织管理和实施

第十五条 国家测绘局人事教育劳动司承担测绘系统继续教育的宏观管理,制订规划和制定规章,进行指导和协调,实施检查、监督和评估,并组织有关的重点培训工作。

第十六条 测绘系统各单位人事、教育主管部门承担本单位继续教育的管理和实施。根据本单位发展目标和工作需要,以及不同层次专业技术人员素质提高的要求,制定年度计划和管理制度,保证继续教育工作的实施。

第十七条　国家测绘局继续教育中心在国家测绘局领导下，负责举办高层次专业技术骨干培训班，编制重点培训教材，进行师资培训和教学指导，核发证书和继续教育年度统计，开展理论研究，以及培训网络建设等。

第十八条　测绘高等学校、科研院所及各类中专学校在做好或承担本单位继续教育工作的同时，面向测绘系统及行业提供继续教育培训服务。

第十九条　测绘学术团体要发挥自身优势，开展继续教育培训活动，融通信息，提供咨询，促进横向联合，加强国际交流。测绘出版部门要适时出版适合测绘专业特色的技术知识丛书和培训教材。

第二十条　各单位举办继续教育，应当保证教学质量，并接收上一级人事教育主管部门的检查和监督。

第二十一条　要加强对测绘继续教育内容的教学指导。根据测绘学科专业及行业领域的发展趋向，以及对专业技术人员素质的要求编制测绘继续教育科目指南，确定继续教育导向性内容。

第二十二条　国家测绘局统一印制测绘继续教育证书，由国家测绘局继续教育中心统一管理与核发。

第二十三条　各单位应当把专业技术人员的继续教育与使用结合起来，建立专业技术人员接受继续教育登记、考核制度，将学习情况和考核结果作为专业技术人员任职与晋职的必要条件之一。在专业技术职务聘任周期内，凡未按规定要求接受继续教育者，不得评聘高一级专业技术职务，也不得续聘原专业技术职务。

第二十四条　测绘继续教育工作实行年度统计制度。各单位应于每年二月底前将上年度继续教育情况报国家测绘局继续教育中心。

第二十五条　国家测绘局对在继续教育工作中做出显著成绩的单位和个人，给予表彰和奖励。对未按规定完成继续教育任务的单位给予批评。

第二十六条　各单位要保证专业技术人员参加继续教育的时

间、经费和其他必要条件。专业技术人员有权利要求单位领导按规定安排其参加继续教育,在学习期间享受与在岗人员同等的工资、保险、福利待遇,在接受继续教育后有义务更好地为本单位服务。

第二十七条 专业技术人员应当按照单位统一安排参加继续教育学习,在学习期间遵守有关规定和纪律,完成学习任务,接受管理部门的考核和检查。对违反规定不参加学习或考核不合格者,给予批评、经济处罚或行政处分。

第二十八条 对正在接受学历教育、参加了专业岗位培训或出国进修考察的专业技术人员,可视同为进行了继续教育,并按规定予以登记。

第五章 附 则

第二十九条 本规定由国家测绘局人事教育劳动司负责解释。
第三十条 本规定自发布之日起施行。

关于颁发《测绘科学技术进步奖励办法（修订稿）》的通知

国测国字〔1996〕45 号

各省、自治区测绘局，直辖市测绘管理办公室（处），各直属单位：

为了适应当前测绘科技工作发展的需要，进一步加强测绘科技进步奖励的科学管理，我局对 1987 年颁发的《测绘科学技术进步奖励办法（试行）》进行了修订。现将《测绘科学技术进步奖励办法（修订稿）》发给你们，请遵照执行。原办法同时废止。

附件：测绘科技成果评价方法

国家测绘局
一九九六年十一月二十九日

测绘科学技术进步奖励办法（修订稿）

第一章 总 则

第一条 为奖励在推动测绘科学技术进步中做出贡献的集体和个人，充分发挥广大测绘科技人员的积极性、创造性，加速测绘事业的发展，根据《中华人民共和国科学技术进步奖励条例》，特制定本办法。

　　第二条　本办法适用于国家测绘局系统,奖励范围包括:新的科学技术成果,推广、采用先进科学技术,重大的技术革新,科学化管理以及标准、科技信息工作等。

　　第三条　具备以下条件之一的均可申请测绘科学技术进步奖。

　　(一)凡能促进测绘技术进步和生产发展的科技成果(包括新理论、新技术、新工艺、新材料、新产品、新方法)通过鉴定(或评审)一年以上,经过实践证明具有显著经济效益或社会效益的。

　　(二)凡在推广、转让、应用已有的科学技术成果工作中,做出创造性贡献并取得明显经济效益或社会效益的。

　　(三)凡在引进、吸收、开发国外先进技术做出创造性贡献并取得明显经济效益或社会效益的。

　　(四)凡在科技管理、标准、计量、科技信息、科技档案等工作中做出创造性贡献并取得显著效果的。

　　第四条　国家测绘局测绘科学技术进步奖每年评审一次。获奖者的贡献应计入个人档案,并作为考核、晋升、评定职称的依据之一。

　　第五条　对符合国家科学技术进步奖、国家自然科学奖、国家发明奖等奖励水平的已获奖项目,由国家测绘局组织上报。

第二章　管理机构和职责

　　第六条　国家测绘局国土测绘科技司负责测绘科技奖励的管理工作。其主要职责是:制定和修订测绘科学技术进步奖励工作的有关政策和管理办法;审定和发布获得测绘科学技术进步奖励的项目。

　　第七条　国家测绘局成立测绘科学技术进步奖励评审委员会(简称"评审委员会"),评审委员会由 15 名从事科研、教学、生产、管理工作的专家和科技人员、专业管理干部组成,其成员由国家测绘局聘任,每届任期三年。评审委员会设主任委员 1 名,副主任委员 1～2 名。评审委员会的主要职责是负责测绘科学技术进步奖励的评审和咨询,以及争议裁决。

第八条 测绘科学技术进步奖励评审委员会设立办公室,挂靠在国土测绘科技司科技处,负责测绘科学技术进步奖励的日常工作。其主要职责是:受理和初审项目的申报;组织测绘科学技术进步奖励评审委员会进行项目评审;负责测绘科学技术进步奖励的授奖和档案管理工作等。

第三章 奖励的标准和方法

第九条 对测绘科学技术进步的奖励实行精神奖励同物质奖励相结合,以精神奖励为主的原则。测绘科技进步奖分为三个等级,分别授予奖状、荣誉证书和奖金。对国家级项目或国家测绘局测绘科技重点项目(简称"重点项目"),奖金额分别为:一等奖为2万元,二等奖为1万元,三等奖为0.5万元;其他情况,奖金额分别为:一等奖为1万元,二等奖为0.5万元,三等奖为0.3万元。授奖项目按其科学性、先进程度、创新程度、复杂与难度、经济效益和社会效益等进行综合评定。评定方法见附件:《测绘科技成果评价方法》。

第十条 本办法所列奖金从国家测绘局测绘科技发展基金或事业费中支付。

第十一条 科学技术进步奖的奖状、荣誉证书和奖金,成果属于个人完成的发给个人,成果属于集体完成的,授予完成单位成果做出贡献的主要人员或主要负责单位,其中奖金由主要负责单位按参加单位的贡献大小合理分配,主要完成人员所得奖金一般不低于全部奖金的50%。

第十二条 每项请奖项目不得重复发放奖金,如获奖项目已授过奖,则只发给本办法规定奖金额的差额部分。

延期完成科研任务的获奖成果,延期时间在一年以内的(经批准的例外),应视情况,扣发应得奖金的20～60%,延期一年以上的则不能参加评奖。

第四章　推荐及评审

第十三条　凡符合本办法规定,申请测绘科学技术进步奖的单位和个人,必须填写《部门级测绘科学技术进步奖推荐书》及备齐全部附件,按隶属关系逐级推荐,并交纳评审费。

几个单位共同完成的成果,由主要负责单位组织推荐。

第十四条　各省、自治区、直辖市测绘局(处、院),国家测绘局直属单位,负责对部门级科技进步奖推荐书的评议审查,并签署意见,加盖单位公章,推荐请奖。

第十五条　主要完成单位和人员的填写顺序应根据对该项目的完成做出贡献的大小排列。各等级请奖项目的主要完成单位和人员按等级填写,对国家级项目或重点项目,一等奖10个主要完成单位,20个主要完成人员,二等奖8个主要完成单位,15名主要完成人,三等奖5个主要完成单位,10名主要完成人;其他情形,一等奖5个主要完成单位,10个主要完成人员,二等奖3个主要完成单位,7名主要完成人,三等奖3个主要完成单位,5名主要完成人。

第十六条　测绘科技重点项目完成后,原则上由项目负责单位与有关课题和专题承担单位协商统一请奖。对项目中较独立、完整的、有创造性贡献并取得明显经济效益或社会效益的个别技术成果需单独报奖,须经项目负责单位提出项目报奖方案,报局主管部门审批。

第十七条　有下列情况之一的,不得申报奖励。

(一)已申报过其他同级及以上部门科技进步奖的项目;

(二)参加了历年申报但未获奖的项目;

(三)未经批准,延期一年以上完成的项目。

第十八条　评审委员会办公室负责对推荐的项目进行形式审查,审查的主要内容如下:

(1)是否符合科技进步奖的奖励范围和基本条件。

（2）是否按推荐书的规定填写并报齐应有的附件；主要完成单位和主要完成人是否符合有关规定。

第十九条　测绘科学技术进步奖励的评审采取会议或通信方式进行。采取会议评审时，评审前由评审委员会对每个推荐项目确定二至三名的主要审查人员，对其主审的推荐项目进行深入了解，并提出初评意见，供评审委员会会议评审时参考。必要时，要求推荐一等奖项目的主要完成人在专家评审会上介绍该项目的主要技术原理和关键技术措施，并对评审委员提出的有关问题进行答辩。

第五章　监督检查和争议处理

第二十条　凡参加评审的专家和工作人员，要认真负责，秉公办事，不徇私情。对评审情况严守秘密，不得外泄。涉及委员本人的项目应回避，不参加该项目的评审。

第二十一条　经批准的测绘科技进步奖的项目，在授奖前应予公布。自公布之日起 60 天内，如有异议，由有关推荐单位提出处理意见，报测绘科技进步奖评审委员会裁决；无异议的，即行授奖。

第二十二条　对弄虚作假骗取荣誉者，应撤销其荣誉称号，扣回其所得奖金；情节严重的，由其所在单位给予行政处分，并追究其经济责任。

第六章　附　　则

第二十三条　本办法由国家测绘局负责解释。
第二十四条　本办法自发布之日起实行。

部门级测绘科学技术进步奖推荐书

一、项目基本情况

序号：

项目名称	中　文			
	英　文			
主要完成人				
主要完成单位				
推荐单位		项目名称可否公布		可否
推荐日期	年　　月　　日	密　级		
通过鉴定时间	年　　月　　日	推荐等级		
推荐类型	A. 基础理论研究成果　　　B. 技术开发成果 C. 应用研究成果　　　　　D. 软科学研究成果			
主题词				
任务来源	A. 国家计划　B. 部、委　C. 省、市、自治区　D. 基金资助 E. 其他单位委托　F. 中外合作　G. 自选　H. 其他			
计划名称和编号				
部门级成果登记号				
项目起止时间				

336

二、项目简介

项目名称：

（项目的主要内容、特点及应用推广情况）

三、详细内容及推荐理由

1. 立项背景(相关科学技术状况及其存在的问题)

2. 详细科学技术内容（总体思路、技术方案、关键技术及创新点、实施效果）

3. 项目与当前国内外同类研究、同类技术的综合比较（包括存在问题及改进措施）

4. 项目资料归档情况（资料归档清单及资料部门的归档证明）

5. 保密要点

6. 应用、推广及论文引用情况（在国内外相关领域的作用影响及预期前景）

7. 经济、社会效益情况表

项目总投资额			经济效益总额	
栏目　年份	新增产值	新增利税	创收外汇	增收(节支)总额
年				
年				
年				
年				
年				
累　　计				

本表所列效益的计算依据及社会效益说明

四、本项目曾获科技奖励情况

获奖时间	奖励名称	奖励 等级	奖金额 （千元）	授奖部门

五、主要完成人员情况表

序号	姓名	职务、职称	工作单位	对本项目的创造性贡献
1				
2				
3				
4				
5				
6				
7				
8				
9				
10				

六、主要完成单位情况表

序号	单位名称	邮政编码及通信地址	联系电话	备注
1				
2				
3				
4				
5				
6				
7				
8				
9				
10				

七、推荐、评审意见

推荐单位审核意见	推荐单位(盖章) 年　月　日
测绘科学技术进步奖评审委员会评审意见	评审委员会(盖章) 年　月　日
国家测绘局审批意见	国家测绘局(盖章) 年　月　日
备注	

348

八、附件材料

1. 技术鉴定证书或其他技术评价证明文件
2. 应用证明(格式附后)
3. 工作报告、研究报告等其他文件

应用证明

项目名称	
应用单位	
通信地址	
应用成果起止时间	

经济效益(万元)	
年　　度	
新增产值(产量)	
新增利税(纯收入)	
年增收节支总额	

应用情况及社会效益:

应用单位(盖章)

年　　月　　日

(纸面不够可另加)

《部门级测绘科学技术
进步奖推荐书》填写说明

　　《部门级测绘科学技术进步奖推荐书》是国家测绘局测绘科学技术进步奖评审的基本技术文件和主要依据，必须严格按规定的格式、栏目及所列标题如实、全面填写。

　　《部门级测绘科学技术进步奖推荐书》要严格按规定格式打印或铅印，大小为 A4 纸（高 297 毫米，宽 210 毫米）竖装，文字及图表应限定在规定的框格内排印，左边为装订边，宽度不小于 25 毫米，正文内容所用字型应不小于 5 号字，推荐书及其指定附件备齐后应合装成册，其大小规格应与推荐书一致。装订后的《部门级测绘科学技术进步奖推荐书》不需另加封面。

　　一、项目基本情况

　　《序号》由评审委员会办公室填写。

　　《项目名称》（中文）要准确、简明、具体，并能反映出项目的特征，字数（含符号）不得超过 30 个汉字。

　　《项目名称》（英文）系指中文名称的英译文，字符不得超过 200 个。

　　《主要完成人》《主要完成单位》按办法规定的条件和数额填写，并按贡献大小从左至右、从上到下顺利排列。

　　《推荐单位》指组织推荐项目的各省、自治区、直辖市测绘局（院、办）和国家测绘局各直属单位。

　　《项目名称可否公布》在"可"或"否"上划"√"。

　　《推荐日期》指正式向局测绘科技奖励工作办公室报送推荐书的日期。

　　《密级》应填经国家测绘局保密委员会审定批准的密级及其批准号。

《通过鉴定时间》指推荐项目鉴定的时间。

《推荐等级》指经推荐单位初审后,建议授予部门级测绘科学技术进步奖的等级。

《推荐类型》指推荐项目属于哪一类成果,在相应的字母上划"√"。

《主题词》按《国家汉语主题词表》和《测绘科学技术主题词表》填写3个至7个与推荐项目技术内容密切相关的主题词,每个词语间应加";"号。

《任务来源》指推荐项目是属于哪一级计划下达的任务,在相应的字母上划"√"。

《计划名称和编号》指推荐项目列入计划的名称和编号。

《部门级成果登记号》按测绘科技成果管理的有关规定,在部门级成果管理部门登记的编号。

《项目起止时间》起始时间指立项研究、开始研制日期,完成时间指项目主要论文公开发表、通过验收、鉴定或投产日期。

二、项目简介

《项目简介》是向国内外公开宣传、介绍本项目的资料,要求按栏目内的提要简单、扼要地介绍,同时不泄露项目的核心技术。

三、详细内容及推荐理由

《详细内容及推荐理由》应就推荐书规定的标题及本说明的有关要求,翔实、准确、全面地填写,必要的图示须就近插入相应的正文,不宜另附。

1.《立项背景》应引用国内外有关科学技术文献,简明扼要地概述立项时相关科学技术状况,主要技术经济指标,以及尚待解决的问题。

2.《详细科学技术内容》是考核、评价该项目是否符合授奖条件的主要依据,因此,凡涉及该项技术实质内容的说明、论证及实验结果等,均应直接引入正文,一般不应采用"见＊＊附件"的表达形式。

本栏目有四点提示:

（1）总体思路。经过国内外情况调研之后，形成的解决该项科技问题的总体构思，如何继承已有科学技术的长处，克服其不足，利用什么新思想、新技术、新方法，创造一个什么样的新成果。

（2）技术方案。应较详细写明有哪些新理论、新知识、新技术、新方法以及所采取的具体技术措施。

（3）关键技术及创新点。应简明、准确、完整地阐述项目的技术实质和创造性的贡献内容。

（4）实施效果。这里只需简明填写。如提高工效或在学科、专业发展上的作用意义等。

3.《项目与当前国内外同类研究、同类技术的综合比较》应就推荐项目的主要技术经济指标和总体科学技术水平同当前的国内外最先进的水平进行全面比较，加以综合叙述，并指出存在问题及改进措施。必要时，可列表说明。

4.《项目资料归档情况》应写明归档时间、列出归档清单，并由成果资料管理部门出具证明。

5.《保密要点》是指项目的详细科学技术内容中需要保密的技术内容。

6.《应用、推广及论文引用情况》应就推荐项目已应用的范围，实际应用和推广的程度及预期应用前景进行阐述。"基础理论"项目应就该项目的科学结论在国内外公开发行的书刊中的评价及引用情况进行阐述。

7. 经济、社会效益情况表

《经济、社会效益情况表》栏中填写的数字应以主要生产、应用单位财务部门核准的数额为基本依据，并必须切实反映由于采用该项目后在推荐前五年所取得的新增直接效益。推荐"基础理论"项目不需填此栏目。

《本表所列效益额的计算依据及社会效益说明》应就生产或应用该项目后产生的直接累计净增效益以及提高产品质量、提高劳动生产率等做出简要说明，并具体列出本表所填各项效益额的计算方法和计算依据。

社会效益是指推荐项目在推动科学技术进步，促进经济与社会发展，改善人民生活水平等方面所起的作用，应扼要地做出说明。

四、本项目曾获奖励情况

《本项目曾获奖励情况》应写明推荐项目曾经获得过何种、何级科技奖励。

五、主要完成人员情况表

《主要完成人员情况表》的主要完成人填写顺序必须按对本项目创造性贡献的大小排列。对项目做出创造性贡献的内容应简明、具体、准确地填写。

六、主要完成单位情况表

《主要完成单位情况表》应准确无误、书写工整，并在单位名称栏内加盖完成单位公章。

七、推荐、审核评审意见

《推荐单位审核意见》由具有法人资格的第一主要完成单位与其他合作单位协商后填写，应写明对推荐项目的推荐理由和等级，对单位、人员排序和前述技术内容的真实性负责，并加盖单位公章。

《测绘科学技术进步奖评审委员会评审意见》由该委员会办公室填写。

八、附件材料

《附件材料》是推荐项目的证明文件和辅助补充材料，主要包括：

（1）《技术鉴定证书或其他技术评价证明文件》是指非该项目完成人及其单位出具的反映推荐项目水平的客观材料。

（2）《应用证明》是指应用成果的单位出具的应用和生产该项成果的证明材料。应用证明应按附表统一的格式出具。

（3）《工作报告、研究报告等其他文件》。

每年在推荐项目时，附件（1）、（2）应与推荐书合装成册，一式 15 份；附件（3）应单独装订，一式一份，一并报送国家测绘局测绘科技进步奖评审委员会办公室（设在国家测绘局国土测绘科技司科学技术处）。

测绘科技成果评价方法(试行)

一、测绘科技成果类型

本方法所述测绘科技成果包括以下四个类型:基础理论研究成果、技术开发成果、应用研究成果、软科学研究成果

以上构成目标集$U=\{U1,U2,U3,U4\}$。

二、测绘科技成果评价指标体系

1. 测绘科技成果综合评价指标体系的层次结构见图 1。

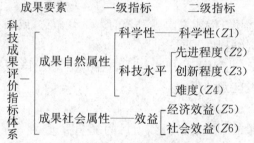

图 1　测绘科技成果评价指标体系结构

2. 各项指标的含义

(1)科学性(成熟完备度)

科技成果的科学性是指成果的客观真实和系统严密的程度。它是由科学技术研究活动中科学方法的运用和逻辑推理的正确性所决定的,是成果成立的先决条件和前提要素。

＊ 设计的严密性:指假设有据,研究方案和实验设计合理,方法科学。

＊ 资料的完整性:指科技文件材料齐全,文件格式填报内容符合成果申报和归档要求。

＊ 结果的可靠性:数据真实,结果可重复。

＊ 结论的合理性:分析有据,论证成立,结论恰当。

（2）先进程度

科技成果的先进程度是指成果的学术水平和技术水平在当代科技发展中达到的高度。它是由科学技术研究活动的创造性和新颖性特点所决定的，是成果的基本特征。

＊ 学术水平：指成果与同类工作相比的学术地位。

＊ 技术水平：指成果的关键技术性能指标与同类技术相比的地位。

（3）创新程度

科技成果的创新程度是指成果中前人没有做过的创新内容的比重。

＊ 新颖程度：指成果内容是否前人没有做过，或虽有但保密，或虽有报道但详细程度不同。

＊ 创造改进程度：指成果核心内容与相关工作（或技术）比较有无本质区别及区别的程度。

（4）难度

科技成果的难度是指研究项目的复杂程度，涉及的学科或技术领域的广度，投入的智力量度，研究的周期长度等。

＊ 研究难度：指研究过程的难度大小。

＊ 涉及学科：指研究过程涉及的学科领域的广度。

（5）经济效益

科技成果的经济效益是指成果应用于生产或投入市场后实际取得的收益。

（6）社会效益

科技成果的社会效益是指成果对促进科学技术发展、促进社会发展和促进生产力发展等方面的价值。

以上构成指标集 $Z=\{Z1,Z2,Z3,Z4,Z5,Z6\}$。Z 上的任一模糊子集 $A=(A1;A2,A3,A4,A5,A6)$ 叫做指标加权系数。通常规定 $\sum A_i=1$。

三、测绘科技成果评价指标评分分值计算方法

1. 最终评分分值的计算公式:

$$S = 1/n * \sum J_i * S_i$$

式中:S_i 是专家评审评分分值;J_i 专家评分分值加权系数,$\sum J_i = 1$。

2. 专家评审评分分值的计算公式:

$$S_i = \sum R_i * A_i$$

式中:R_i 是成果评价指标档次的分值;A_i 是成果评价指标加权系数。

3. 专家评分分值加权系数计算公式:

$$J_i = 1 - |P - S_i|/P$$

式中:P 是某项成果的专家评审评分分值的中值。它是 N 个 S_i 值去掉一个最高分和一个最低分之后的算术平均值,J_i 需进行归一化处理。

四、测绘科技成果评价指标的档次分值和加权系数

1. 测绘科技成果评价指标的档次分值

模糊评判结论	很好(优)	好(良)	较好(中)	一般(可)	差
评价档次	A	B	C	D	E
评分分值	1.0	0.8	0.6	0.4	0.2

2. 测绘科技成果评价指标加权系数

根据测绘科技成果评价指标体系结构,用模糊数学原理推出测绘科技成果评价指标加权系数如下表:

	A1	A2	A3	A4	A5	A6	合计
U1	29	21	21	13	0	16	100
U2	7	15	23	20	27	8	100
U3	17	26	12	7	19	19	100
U4	16	8	8	27	13	28	100

以上表所列指标加权系数可知：

（1）科技理论成果评价的侧重点是科学性、先进程度、创新程度、社会效益和难度；

（2）技术开发研究成果评价的侧重点是经济效益、创新程度、难度、社会效益；

（3）应用研究成果评价的侧重点是先进程度、社会效益、经济效益、科学性和创新程度；

（4）软科学研究成果评价的侧重点是社会效益、难度、科学性和经济效益。

五、评分等级

根据测绘科技成果评价方法，凡总分在 90 分以上为一等奖，在 75 分以上为二等奖，在 60 分以上为三等奖。

六、测绘科技成果评价指标分级参照标准

见表 1、表 2、表 3、表 4。

表1 基础理论研究成果评价指标分级参照标准

成果名称						评审人签字	
评价指标	评分标准(R)					加权系数 A_i	单项积分 $R*A_i$（统计员填）
	A(1.0)	B(0.8)	C(0.6)	D(0.4)	E(0.2)		
科学性	设计严密、结果可靠、一级以上学术刊物发表,国内外同行广泛引用	比较严密、可靠,二级以上刊物发表,得到较多引用	没有明显缺陷疑点,地方以上公开刊物发表,有一定引用	缺陷、疑点不突出,内部以上刊物发表,无引用	缺陷、疑点明显,没有发表	29	
先进程度	达到国际先进水平	接近国际先进水平或国内领先	国内先进	地区先进	一般水平	21	
创新程度	学术上有独创或突破	学术有一定创新	学术上有新进展	学术上有某些进展	基本重复	21	
难 度	高难度	难度较大	一定难度	普通难度	不难	13	
社会效益	对测绘学科发展有重大作用和意义	较大作用	一定作用	对测绘科学某方面有一定作用	作用很小	16	
						总分	

注:在评分标准的 A、B、C、D、E 栏中任选其一打"√"。

359

表2 技术开发成果评价指标分级参照标准

成果名称						评审人签字		
评价指标	评分标准（R）						加权系数 A_i	单项积分 $R*A_i$（统计员填）
	A(1.0)	B(0.8)	C(0.6)	D(0.4)	E(0.2)			
科学性	研究方案严密技术设计布局合理	比较严密、比较合理	没有明显缺陷、疑点	缺陷、疑点不突出	缺陷、疑点明显		7	
先进程度	达到国际先进水平	接近国际先进水平或国内领先	国内先进	某方面国内先进	地区先进		15	
创新程度	技术上有创新	技术有一定创新	技术上有重要发展	技术上有某些进展	一般		23	
难　度	程序复杂，方案涉及多领域，周期长	程序复杂，涉及两个以上领域	程序复杂，周期一年以上	普通难度	不难		20	
经济效益（有效益证明）	应用于实践一年以上，直接经济效益很大	大	较大	一般	小		27	
社会效益（有使用部门证明）	对测绘生产和测绘科技进步有很大价值	价值大	具有较大价值	具有一般价值	价值很小		8	
							总分	

注：在评分标准的 A、B、C、D、E 栏中任选其一打"√"。

表 3 应用性研究成果评价指标分级参照标准

成果名称						评审人签字	
评价指标	评分标准(R)					加权系数 A_i	单项积分 $R*A_i$ (统计员填)
	A(1.0)	B(0.8)	C(0.6)	D(0.4)	E(0.2)		
科学性	研究方案严密技术设计布局合理	比较严密、比较合理	没有明显缺陷、疑点	缺陷、疑点不突出	缺陷、疑点明显	17	
先进性	达到国际先进水平	接近国际先进水平或国内领先	国内先进	某方面国内先进		26	
创新性	技术上有创新	技术有一定创新	技术上有重要发展	技术上有某些进展	一般	12	
难　度	程序复杂,方案涉及多领域,周期长	程序复杂,涉及两个以上领域	程序复杂,周期一年以上	普通难度	不难	7	
经济效益(有效益证明)	应用于实践一年以上,效益很大	大	较大	一般	小	19	
社会效益(有使用部门证明)	对测绘科技进步和开拓测绘服务领域有很大价值	价值大	具有较大价值	具有一般价值	价值很小	19	
						总分	

注:在评分标准的 A、B、C、D、E 栏中任选其一打"√"。

361

表4 软科学研究成果评价指标分级参照标准

成果名称							评审人签字
评价指标	评分标准（R）					加权系数 A_i	单项积分 $R*A_i$（统计员填）
	A(1.0)	B(0.8)	C(0.6)	D(0.4)	E(0.2)		
科学性	技术严密、结论合理	比较严密、比较合理	没有明显缺陷、疑点	缺陷、疑点不突出	缺陷、疑点明显	16	
先进程度	国际先进水平	国内领先	国内先进	一般水平	水平较差	8	
创新性	结合我国实际有创新、有特色	结合我国实际有所创新	结合我国实际有新进展	结合实际有所改进	基本重复	8	
难　度	高难度、涉及众多领域的众多学科	难度较大，涉及几个领域几个学科	一定难度、涉及同领域的众多学科	普通难度，涉及同领域的几个学科	不难，不涉及其他学科	27	
经济效益（有效益证明）	很大	大	较大	一般	小	13	
社会效益（有使用部门证明）	有很大价值(被省、部级政府部门采纳,推动全系统的工作)	有大的价值(被省、部级主管部门采纳,推动全系统大部分单位工作)	有较大价值(被有关单位采纳,推动单位的工作)	具有一般价值	价值很小	28	
						总分	

注:在评分标准的 A、B、C、D、E 栏中任选其一打"√"。

362

关于印发《测绘安全生产管理
暂行规定》的通知

国测人字〔1997〕8 号

各省、自治区测绘局,直辖市测绘管理办公室(处),各直属单位:

现将《测绘安全生产管理暂行规定》印发给你们,请认真贯彻执行。

国家测绘局

一九九七年三月二十六日

测绘安全生产管理暂行规定

第一章　总　　则

第一条　为加强安全生产管理,保障测绘职工在生产、经营活动中的安全和健康,促进测绘事业发展,根据国家有关安全生产的方针、政策和法规,结合测绘系统的实际情况,特制定本规定。

第二条　测绘系统各单位必须认真贯彻"安全第一,预防为主"的方针,落实以安全生产责任制为核心的各项安全生产管理制度,正确处理安全与生产,安全与效益的关系,提高安全生产管理水平。

第二章　机构及人员

第三条　安全生产机构设置及人员配备：

（一）省、自治区、直辖市测绘管理部门设置安全生产委员会，由人事劳资、生产、计划、财务、物资、保卫、工会等部门人员共同组成。委员会主任由分管安全生产工作的领导担任。办事机构一般设在人事劳资部门，并指定专人担任安全生产检查员。

（二）队（院）相应设置安全生产委员会及其办事机构，并配备安全生产检查员。

（三）中队（室）的安全生产工作由中队长（主任）负责，并配备兼职的安全生产管理人员。

（四）小组（班）的安全生产工作由组（班）长负责，并配备不脱产的安全员。

第四条　测绘系统内其他单位结合本单位实际情况设置和配备相应的机构和人员。

第三章　安全生产责任制

第五条　建立健全安全生产责任制，明确各级领导、安全生产委员会和安全生产检查、管理人员的职责，是搞好安全生产管理工作的重要保证。

第六条　各级行政主要领导对安全生产负全面领导责任，分管安全生产工作的领导负主要领导责任，分管其他方面工作的领导在其分管工作中涉及安全生产工作的，负相应的安全生产责任，生产作业现场的直接指挥者负直接领导责任，生产作业人员对安全生产负直接责任。

第七条　各级领导要坚持生产与安全并重的原则，在计划、布置、检查、总结、评比生产的同时，必须计划、布置、检查、总结、评比安全工作。签订各项经济承包合同时,要明确安全责任和目标,提出实现目标的具体措施。

第八条 省、自治区、直辖市测绘管理部门安全生产委员会的职责是:

(一)贯彻落实国家、部门及地方政府有关安全生产、劳动保护方面的法规、制度和规程。结合生产实际研究制定安全生产制度,并检查执行情况。

(二)制定安全生产管理工作的规划以及年度计划并组织落实。

(三)组织建立安全生产责任制,并监督落实。

(四)组织开展安全生产的定期或不定期检查,协调处理跨单位的事故隐患。对存在事故隐患的单位,发出《事故隐患整改意见书》,令其限期整改。

(五)总结和推广安全生产的先进经验,表彰、奖励安全生产先进单位及个人,批评忽视安全生产的行为,以及惩处由此而造成事故的单位和责任者。

(六)组织开展安全生产的教育和宣传活动,增强广大职工安全意识。

(七)督促所属单位按规定配发职工劳动防护用品、用具。

(八)督促所属单位按整改计划落实并用好安全生产措施经费。

(九)协调劳动、卫生、防疫等有关部门对所属单位劳动条件、劳动环境进行检测和评价。

(十)组织对伤亡事故的调查和处理,负责伤亡事故的统计、分析和报告。

(十一)建立安全生产管理档案。

第九条 队(院)安全生产委员会的职责:

(一)根据国家、部门及地方政府有关劳动保护和安全生产方面的规章制度,结合实际情况组织制定有关管理规定,并检查执行情况。

(二)组织建立并落实各级安全生产责任制。

（三）组织制定安全生产年度计划和整改措施计划。

（四）结合工作实际对职工进行经常性的安全教育。宣传表扬安全生产方面的好人好事，批评忽视安全生产的行为。

（五）督促有关人员了解和踏勘测区安全情况，并采取相应的安全保护措施。

（六）根据整改计划落实并用好安全生产措施经费。

（七）监督检查职工劳动防护用品、用具的配发和使用情况。

（八）组织开展安全生产大检查，防止事故和职业病的发生。

（九）调查和处理伤亡事故，负责伤亡事故的统计、分析和报告。

（十）建立安全生产管理档案。

第十条　测绘管理部门和队（院）的安全生产检查员、中队（室）安全生产管理人员、小组（班）安全员的职责，由各单位结合实际情况制定。生产单位中各部门，都应该在各自业务范围内，对实现安全生产负责，要求职责明确，落实到人。

第十一条　全体职工应该自觉地遵守安全生产规章制度，积极参加安全生产的各项活动，主动提出改进安全生产工作的意见，制止生产作业中的违章行为，爱护和正确使用仪器、设备、工具及劳动防护用品、用具。对管理人员违章指挥、强令冒险作业，有权拒绝执行和向上级部门申述。

第四章　监督检查

第十二条　安全生产监督检查是贯彻安全生产法规制度，加强安全生产管理，落实安全生产责任制的重要措施。

第十三条　安全生产监督检查的主要内容包括：安全生产法规制度的贯彻，各级安全生产责任制和安全生产措施的落实，安全教育的实施，事故隐患的整改，伤亡事故的调查处理及报告制度的执行情况等。

第十四条　安全生产监督检查工作须结合实际采取自查、互查、抽查、普查等多种形式进行。在坚持对安全生产工作进行经常检查的同时，各测绘管理部门及其所属单位还应每年定期组织二至三次的全面检查。

第十五条　开展安全生产检查，必须有明确的目的、要求和具体计划。要做到边检查边改进，及时总结和推广先进经验。对限于条件不能及时解决的问题，应订出具体措施，限期解决。

第十六条　抓好安全生产监督检查工作，是各级领导和安全生产检查、管理人员的重要职责，通过监督检查，充分发挥其在生产中的保障和促进作用。

第五章　安全生产教育

第十七条　各级领导必须重视安全生产教育，建立并完善相应的规章制度。

第十八条　测绘管理部门和队(院)的安全生产检查员须通过由地市级以上劳动行政部门认可的单位进行的安全教育，在取得劳动行政部门颁发的任职资格证后方能上岗。

第十九条　队(院)主管领导的安全教育由测绘管理部门安全生产委员会负责组织进行，教育内容包括国家和部门有关劳动安全卫生的法规、劳动安全卫生管理知识等。

第二十条　中队(室)的安全生产管理人员、小组(班)安全员和职工的安全教育，由队(院)安全生产委员会负责，其教育内容和时间根据本单位实际情况确定。

第二十一条　新参加工作的职工必须通过队(院)、中队(室)、小组(班)三级安全教育，经考核合格后上岗。三级教育的时间总共不得少于四十学时。

(一)队(院)级安全教育内容包括劳动安全卫生法规和有关的安全技术知识。

(二)中队(室)级安全教育内容包括典型事故案例和事故预防措

施、事故应急措施等有关知识。

（三）小组（班）级安全生产教育内容包括劳动防护用品、用具的性能及正确使用方法。

第二十二条 职工变换作业岗位或离岗一年以上重新复岗时，或采用新工艺、新技术、新设备、新材料作业时，必须进行相应的安全教育。

第二十三条 从事特种作业的人员必须经过专门的安全知识与安全操作技能培训，并经过考核，取得特种作业资格，方可上岗工作。

第二十四条 生产单位各级领导要重视对临时用工（含从测区招用的农民工）的安全教育，具体工作由中队（室）和小组（班）负责。教育的内容应结合作业地区、分配的工作和本人实际情况进行，一般应侧重于劳动纪律、安全知识以及劳动防护用品、用具和测量工具的正确使用等。

第六章 事故报告、调查和处理

第二十五条 各单位发生重伤、死亡事故后，应尽快将事故发生的时间、地点、程度等概况，按隶属关系分别逐级报告上级主管部门和当地劳动等有关部门，同时报国家测绘局。遇有特殊情况不能按规定及时上报的，事后应充分说明原由。

第二十六条 事故发生后，现场人员应立即向单位报告，同时迅速组织抢救并保护好现场。如因抢救需变动事故现场时，必须事先做好标记、拍照、摄像或绘制事故现场图。

第二十七条 各单位、各部门在接到事故报告后，按事故等级根据国家和地方政府的有关规定，组织有关人员或指派主管领导赴现场处理事故、指挥抢救，同时会同有关部门，组织调查组进行事故调查处理。重大伤亡事故，国家测绘局派员赴事故现场，参加事故调查处理；特别重大伤亡事故，国家测绘局领导赴事故现场，参加事故处理。

第二十八条　事故调查组的责任是：查明事故的事实经过、发生原因、人员伤亡、经济损失，确定事故责任，总结事故教训，提出事故处理意见（包括善后事宜）和防范措施建议，写出事故调查报告。

第二十九条　事故调查组在进行工作时，单位和个人均须给予支持与合作，不得拒绝、阻碍、干涉事故调查组的正常工作。

第三十条　对违反安全生产规定的单位及其事故责任者和负事故领导责任的人员应根据国家和地方法规，分别给予行政处罚和行政处分；构成犯罪的，由司法机关依法追究刑事责任。

第三十一条　有下列情况之一者，应当追究事故责任。

（一）违章作业、违章指挥、冒险作业造成事故的。

（二）擅自更改、拆除、停用安全装置和设施造成事故的。

（三）不服从管理、违反劳动纪律、擅离岗位、擅自在非本职岗位上作业造成事故的。

（四）安装、检验、修理仪器设备及汽车等违反有关规定造成事故的。

（五）仪器、设备带病运行，安全装置不齐全，超温、超速、超压、超重、超负荷运行造成事故的。

（六）不按规定穿戴、使用劳动防护用品及用具，造成事故的。

（七）因玩忽职守造成事故的。

（八）其他应负事故责任的。

第三十二条　有下列情况之一者，追究事故领导责任。

（一）忽视安全生产管理和教育工作，安全生产规章制度和安全防护设施不健全，导致严重危害职工安全健康的。

（二）未按整改计划落实安全生产措施经费，使作业环境和劳动条件得不到改善造成事故的。

（三）强迫职工冒险作业，或安排有职业禁忌者从事所禁忌的工作，或安排未通过特种作业技能鉴定（考核）的人员上岗从事特种作业，或不按规定给职工配备劳动防护用品、用具，或由于安排作业人员超负荷劳动造成伤亡事故的。

（四）生产性建设工程不执行国家关于劳动安全卫生设施与主体工程同时设计、同时施工、同时投产的规定的。

（五）对已发现的事故隐患不采取有效措施及时处理造成伤亡事故的。

（六）发生事故隐瞒不报、谎报、故意拖延不报，或指使破坏事故现场，或拒绝接受调查和提供有关情况及资料，袒护包庇事故责任者的。

（七）在接到事故报告后，不到现场，或不积极采取措施组织抢救，以致扩大损失，导致事故更加严重的。

第七章　附　则

第三十三条　测绘系统各单位根据本规定制定本单位的安全生产管理实施细则。

第三十四条　本规定在执行过程中遇有与国家有关法规不一致的，以国家规定为准。

第三十五条　本规定由国家测绘局人事教育劳动司负责解释。

第三十六条　本规定自发布之日起施行。

附表 1：

测绘安全生产

事故隐患整改意见书

（ ）安检第 号
____安全生产委员会(签章)
年 月 日

被检查 单　位		检查 时间	
检查的内容和范围			
存在的问题或隐患			
整改意见及完成期限		检查人(签章)：	

372

附表 2：

测绘安全生产事故报告记录表

事故报告单位		报告人姓名	
事故发生地点		事故发生时间	
人员伤亡情况			
设备损失情况			
事故原因简述			
已采取相应措施			
与报告人联系方法		报告时间	

373

关于印发《测绘行业特有工种职业技能鉴定实施办法（试行）》的通知

国测人字〔1997〕12 号

各省、自治区测绘局，直辖市测绘管理办公室（处）：

根据劳动部《关于同意成立国家测绘局职业技能鉴定指导中心和印发〈测绘行业特有工种职业技能鉴定实施办法〉的批复》（劳部发〔1996〕444 号），现将《测绘行业特有工种职业技能鉴定实施办法》（以下简称《实施办法》）印发给你们，请认真贯彻执行，并就有关问题通知如下：

一、各单位按照《实施办法》的要求，结合本地区、本部门实际情况，提出有关的贯彻实施意见，并报我局审批。要在原有考核领导组织和专业考评组织基础上，统筹规划、合理布局、严格条件，着手组建测绘行业特有工种职业技能鉴定站。

二、根据《实施办法》的规定，进行测绘行业特有工种职业技能鉴定站考评员遴选和推荐的组织工作。

三、按《实施办法》的要求，各单位劳动人事部门要加强对测绘行业特有工种职业技能鉴定工作的组织领导，积极开展各项基础建设工作，注意协调好各方面的关系，做好测绘行业特有工种职业技能鉴定工作。

国家测绘局
一九九七年五月八日

测绘行业特有工种职业技能
鉴定实施办法(试行)

第一条　为适应社会主义市场经济发展的需要,做好测绘行业特有工种职业技能鉴定工作,全面提高测绘行业职工队伍的素质,根据中华人民共和国《劳动法》和劳动部《职业技能鉴定规定》,制定本办法。

第二条　本办法所称职业技能鉴定是指对劳动者进行技术等级的考核和技师资格的考评。

第三条　国家测绘局人事教育劳动司负责综合管理和指导测绘行业特有工种的职业技能鉴定工作,其主要职责是:

一、统筹规划测绘行业特有工种职业技能鉴定工作,并制定有关政策、规定和办法;

二、对测绘行业特有工种职业技能鉴定工作进行管理并监督检查;

三、组建和管理测绘行业特有工种职业技能鉴定指导中心(以下简称"中心");

四、审核测绘行业特有工种职业技能鉴定站,报经劳动部批准颁发全国统一的《职业技能鉴定许可证》和标牌;

五、负责测绘行业特有工种职业技能鉴定考评员的综合管理和资格审核,报经劳动部核准后颁发考评员资格证书和胸卡;

六、审核测绘行业特有工种职业技能鉴定试题,报劳动部职业技能开发司批准后实施;

七、负责《技术等级证书》、《技师合格证书》的核发和管理工作;

八、对测绘行业特有工种职业技能鉴定站进行检查、评估。

第四条　各省(自治区、直辖市)测绘局(办)的劳动工资部门负责管理本省范围内测绘行业特有工种职业技能鉴定工作,其主要职责是：

一、对本省测绘行业特有工种职业技能鉴定工作实施监督检查；

二、负责本省区域内测绘行业特有工种职业技能鉴定站的布局，同时负责向国家测绘局人事教育劳动司申报本省区域内需要建立的测绘行业特有工种职业技能鉴定机构；

三、负责本省区域内测绘行业特有工种职业技能鉴定考评员的推荐工作；

四、承担国家测绘局人事教育劳动司安排或委托的各项职业技能鉴定工作。

第五条 国家测绘局成立职业技能鉴定指导中心，负责组织实施测绘行业特有工种职业技能鉴定工作，"中心"的主要职责是：

一、组织实施测绘行业特有工种职业技能鉴定工作；

二、制定测绘行业特有工种职业技能鉴定站建站条件，负责建站条件的审查，并指导其开展工作；

三、制定测绘行业特有工种职业技能鉴定考评员的资格要求，并负责组织资格培训与考核；

四、参与制定测绘行业职业技能标准、鉴定规范；

五、组建测绘行业特有工种试题库；

六、开展职业技能鉴定及有关问题的研究和咨询服务；

七、参与组织和推动测绘行业职业技能竞赛活动。

第六条 测绘行业特有工种职业技能鉴定站是职业技能鉴定的执行机构，其设立应具备以下条件：

一、具有熟悉所鉴定工种（专业）业务和组织实施能力的领导；

二、具有与所鉴定的工种（专业）及其等级类别相适应的操作设备、设施和考核场地；

三、具有与所鉴定的工种（专业）及其等级类别相适应的符合国家标准的检测仪器；

四、有专（兼）职的组织管理人员；

五、有完善的管理制度和办法。

第七条 测绘行业特有工种职业技能鉴定站的设立,由各单位提出申请填写劳动部统一规定的审批登记表经本省(自治区、直辖市)测绘局(办)同意,并在征求地方劳动部门意见后,由"中心"进行审查,报国家测绘局人事教育劳动司审核经劳动部批准后发给《职业技能鉴定许可证》,明确鉴定的工种(专业)范围、等级和类别,同时授予统一的《特有工种职业技能鉴定站》标牌。

通用工种职业技能鉴定站的设立,由各单位向当地劳动行政部门申请,经当地劳动行政部门批准后,报国家测绘局职业技能鉴定指导中心备案。

第八条 测绘行业特有工种职业技能鉴定站,试行站长负责制,站长原则上由劳动工资部门派人担任,副站长由鉴定站所在单位派人担任。

第九条 鉴定站应有健全的财务制度和专职的财务管理人员。鉴定站的收费标准,按所在地区财政、物价、劳动部门规定收费。职业技能鉴定费主要用于:组织职业技能鉴定站场地、命题、考务、阅卷、考评、检测及原材料、能源、设备消耗等费用。

第十条 测绘行业特有工种职业技能鉴定站的工作规则:

一、贯彻执行国家和国家测绘局制定的有关规定、实施办法,采取切实有力的措施保证鉴定质量;

二、认真执行国家职业技能标准和职业技能鉴定规范,并按国家或国家测绘局批准的鉴定试题组织鉴定,鉴定站不可自行编制试题;

三、应受理一切符合申报条件、规定手续人员的职业技能鉴定,严格执行考评员对其家属的职业技能鉴定回避制度;

四、职业技能鉴定站享有独立进行职业技能鉴定的权力,有权拒绝任何组织或个人的一切非正当要求;

五、职业技能鉴定站实行定期鉴定制度,具体日期、鉴定工种、等级类别、报名条件以及收费标准等事项,应在鉴定前一个月发出通知,单位有特殊要求的,也可专门组织进行;

六、职业技能鉴定站应接受"中心"的业务指导和劳动行政部门的监督、检查。

第十一条　职业技能鉴定考评员应具有一定的考核理论知识，公正廉明的工作态度，并具有较高的职业道德水平。

考评员必须具备高级工或技师、中级专业技术职务以上的资格；鉴定技师资格的考评员必须具备高级专业技术职务的资格。

第十二条　考评员由国家测绘局职业技能鉴定指导中心统一组织资格培训和考核，对考核合格者，由国家测绘局人事教育劳动司审核，并报劳动部职业技能开发司核准，颁发考评员资格证书和胸卡。

考评员资格证书有效期为三年。

第十三条　职业技能鉴定站必须从取得考评员资格证书的人员中聘任相应的工种、等级或类别的考评员，并采取不定期轮换、调整考评员的方式组成专业考评小组。

第十四条　职业技能鉴定站的工作人员和考评员应严格遵守考评员工作守则和执行考场规则，对弄虚作假、徇私舞弊的，视情节轻重，由所在单位根据人事管理权限给予行政处分，或停止其在鉴定站的工作和吊销考评员资格证书。

第十五条　职业技能鉴定的对象：

一、职高、技工学校和各类培训机构毕（结）业生，凡从事本行业特有工种的，应实行技能鉴定；

二、学徒期满、拟从事本行业特有工种的学徒工；

三、改变工种、调换新岗位、离开本行业特有工种岗位一年以上重新回到原岗位的人员；

四、其他必须经过鉴定方能上岗或自愿参加本行业特有工种职业技能鉴定的人员。

第十六条　已制定《职业技能鉴定规范》的工种，申报条件按《职业技能鉴定规范》的要求执行。没有制定《职业技能鉴定规范》的工种按以下要求执行：

一、学徒工学徒期满、经职业技能培训或通过自学达到初级技术水平的，可申报初级技术等级的职业技能鉴定；

二、取得初级《技术等级证书》后并在本工种岗位连续工作五年以上，或经本单位劳动部门同意、教育部门组织的中级技术等级培训，可申报中级技术等级的职业技能鉴定；经评估合格的技工学校、中等专业学校学习的毕业生，可申报中级技术等级的职业技能鉴定；

三、取得中级《技术等级证书》后并在本工种岗位连续工作五年以上，或经本单位劳动部门同意、教育部门组织的高级技术等级培训，可申报高级技术等级的职业技能鉴定。

经过高级职业技术培训，可根据申报条件申报相应的技术等级、资格的职业技能鉴定；

四、取得高级《技术等级证书》且具备考评技师条件的，可申报技师任职资格考评；

五、参加国家、省(部)、地(市)级技术等级比赛获前三名者，视比赛项目及其技术等级标准的水平，经国家测绘局或各省(自治区、直辖市)测绘局(办)的劳动工资部门批准，可进行升级鉴定；

六、有特殊技能或特殊贡献者申报上一技术等级的鉴定或考评，经各省(自治区、直辖市)测绘局(办)的劳动工资部门批准可不受工作时间的限制。

第十七条　各职业技能鉴定站统一从测绘行业特有工种职业技能鉴定试题库中提取试题组织鉴定。题库未建立之前，由"中心"组织人员编制鉴定试题。

第十八条　实行职业技能鉴定证书制度，对技术等级考核合格者，发给相应的《技术等级证书》。技师资格考评合格者，发给《技师合格证书》。

上述证书是劳动者职业技能水平的凭证，是国家对劳动者专业(工种)学识、技术、能力的认可，是求职、任职、独立开业、单位录用以及工资分配等的主要依据。也是我国劳动者境外就业、劳务输出、法律公证的有效证件。

第十九条　凡经批准的职业技能鉴定站鉴定合格并发给证书的人员，各级工人考核组织或职业技能鉴定机构不再重复进行技术等级的考核。

第二十条　暂不具备建立职业技能站条件的单位,仍由各级工人考核委员会负责工人技术等级的考核工作。

第二十一条　实行职业技能鉴定站评估制度。评估工作由国家测绘局人事教育劳动司统一组织进行,三年评估一次。评估的主要内容有:执行考核计划和考核标准、鉴定站工作人员的业务水平、设备及检测手段、考核收费、考核档案、原始资料、鉴定站工作制度及社会对鉴定工作的反映等情况。对评估优秀的鉴定站予以表彰;对评估不合格的鉴定站限期整改。

第二十二条　对违反国家《职业技能鉴定规定》和本办法规定,情节严重,造成不良影响的职业技能鉴定站,报请劳动部批准,予以撤销。

第二十三条　本办法未尽事宜,按国家《职业技能鉴定规定》执行。

第二十四条　本办法由国家测绘局人事教育劳动司负责解释。

第二十五条　本办法自颁发之日起执行。

关于印发《国家测绘局继续教育登记证书管理办法》的通知

测教〔1997〕13 号

各省、自治区测绘局,直辖市测绘管理办公室,各直属单位:

根据《国家测绘局专业技术人员继续教育规定》的要求,我司制定了《国家测绘局继续教育登记管理办法》(以下简称《办法》),现印发给你们,请结合本地区、本单位的实际情况遵照执行。

对专业技术人员实行继续教育登记制度是一项涉及面广,政策性较强的工作,希望各单位加强领导,人事教育部门统筹协调,严格管理,以此为契机,进一步推动继续教育工作的开展。各单位在《办法》执行过程中有何意见及建议,请及时与我司联系,以便今后修订、完善。

国家测绘局人事教育劳动司

一九九七年三月三十一日

国家测绘局继续教育登记证书管理办法

第一条 为了加强测绘继续教育工作,使之制度化、规范化,根据《国家测绘局专业技术人员继续教育规定》,制定本办法。

第二条 继续教育登记证书是记载专业技术人员参加继续教育的学习时间、内容和成绩的凭证。继续教育登记证书记载的基本情况存入本人业务档案,作为任职、晋职的重要依据之一。

第三条 继续教育登记证书发放的对象,是测绘系统具有中专以上学历或初级以上专业技术职务的在职专业技术人员和管理人员。

第四条 实行继续教育登记制度是规范和督查专业技术人员享有和履行继续教育权利和义务的一项重要措施,各测绘单位人事教育部门应认真履行职责,如实登记,坚持年度验审。

第五条 继续教育登记证书由国家测绘局人事教育劳动司统一印制,国家测绘局继续教育中心统一验印、核发,专业技术人员人手一册。

第六条 继续教育登记从连续脱产学习6学时以上开始记入。

第七条 专业技术人员接受继续教育后,应在办班结束后1个月内持继续教育登记证书及培训结业证明到本单位人事教育部门登记。

第八条 未按教学计划要求完成培训,或经结业考核成绩不合格的不予登记。

第九条 继续教育登记工作应准确如实地反映专业技术人员接受继续教育的情况。对继续教育登记证书所登记内容擅自虚填、涂改,将追究当事人的责任。

第十条 持证人丢失或损坏了证书,须及时向所在单位人事教育部门申请补发。

第十一条 继续教育登记证书每年验审一次,作为对专业技术人员进行继续教育培训管理的重要环节。

第十二条 专业技术人员在测绘系统内调动工作,其继续教育登记证书可继续使用,证书记载的培训情况仍然有效。

第十三条 本办法由国家测绘局人事教育劳动司负责解释,自发布之日起施行。

关于印发《国家测绘局继续教育培训班管理办法》的通知

测教〔1997〕12 号

各省、自治区测绘局,直辖市测绘管理办公室(处),各直属单位:

为了进一步推动测绘继续教育发展,使继续教育培训工作制度化、规范化,提高培训质量和效果,我司制定了《国家测绘局继续教育培训班管理办法》。现将该办法印发给你们,请按照执行。

国家测绘局人事教育劳动司

一九九七年三月十九日

国家测绘局继续教育培训班管理办法

第一条 为了使测绘继续教育培训工作制度化、规范化,提高培训质量和效果,根据《国家测绘局专业技术人员继续教育规定》,制定本办法。

第二条 国家测绘局继续教育培训班(以下简称培训班)是国家测绘局教育主管部门根据测绘生产和科技进步的需要,面向中级以上专业技术骨干及管理人员组织进行的增新、补充、拓展和提高专业知识和技能的具有引导和示范性的培训活动。培训工作以测绘系统为主,并兼顾行业。

第三条 培训班由国家测绘局继续教育中心(以下简称中心)负责组织实施,其职责是:编制年度培训班计划、核定及管理经费、组织教学和考核、颁发培训结业证书等。

第四条　测绘系统各单位均可申请办班。办班单位应于每年十一月底前将下年度拟申办的培训班计划报中心，经中心审核并编制培训班计划，于年底前报国家测绘局教育主管部门审批。

第五条　培训班计划内容包括：培训班名称、培训内容说明、培训对象、规模、时间、地点、经费补贴数额、办班单位等。

第六条　培训班应跨地区组织生源，规模一般应在 25 人以上，时间应在 7 天以上。

第七条　办班单位应具备教学场地和经费支撑等条件，并具有组织生源的能力。招生工作一般由办班单位负责进行，或与中心联合进行。

第八条　对列入计划的培训班，根据其培训内容、性质、范围和预计效果等给予适当经费补贴，具体拨款方式由中心确定。对经费不足部分可实行适当收费，以班养班。

第九条　办班单位应按培训班计划组织实施，保证办班质量和水乎。如培训班不能按计划实施，办班单位应及时向中心书面说明情况，可移至下年度举办，或予以取消。

第十条　办班单位应在培训班结束后一个月内将培训班小结、办班有关资料连同学员考核情况报中心，中心根据培训及考核情况核发结业证书。

第十一条　培训班计划经费由国家测绘局下达中心统一管理，专款使用。若有节余可转入下年度作为办班或继续教育工作经费使用。

第十二条　中心应于每年二月十五日前将上年度培训班计划实施情况总结报国家测绘局教育主管部门。

第十三条　本办法由国家测绘局人事教育劳动司负责解释，自下发之日起施行。

关于颁发《测绘生产质量管理规定》的通知

国测国字〔1997〕20 号

各省、自治区测绘局,直辖市测绘管理办公室(处),计划单列市测绘主管部门,各直属单位:

为加强测绘生产质量管理,确保测绘产品质量和服务质量,促进测绘单位走质量效益型的发展道路,我局对 1988 年颁发的《测绘生产质量管理规定》(试行)做了修订。现将修订后的《测绘生产质量管理规定》予以颁发,自颁发之日起施行,原《测绘生产质量管理规定》(试行)同时废止。

请各省、自治区测绘局、直辖市测绘管理办公室(处)认真组织学习、培训和贯彻本规定。在执行过程中遇到的问题,请及时反馈我局国土测绘科技司。

附件:测绘生产质量管理规定

国家测绘局

一九九七年七月二十二日

附件：

测绘生产质量管理规定

第一章　总　则

第一条　为了提高测绘生产质量管理水平，确保测绘产品质量，依据《中华人民共和国测绘法》及有关法规，制定本规定。

第二条　测绘生产质量管理是指测绘单位从承接测绘任务、组织准备、技术设计、生产作业直至产品交付使用全过程实施的质量管理。

第三条　测绘生产质量管理贯彻"质量第一、注重实效"的方针，以保证质量为中心，满足需求为目标，防检结合为手段，全员参与为基础，促进测绘单位走质量效益型的发展道路。

第四条　测绘单位必须经常进行质量教育，开展群众性的质量管理活动，不断增强干部职工的质量意识；有计划、分层次地组织岗位技术培训，逐步实行持证上岗。

第五条　测绘单位必须健全质量管理的规章制度。甲级、乙级测绘资格单位应当设立质量管理或质量检查机构；丙级、丁级测绘资格单位应当设立专职质量管理或质量检查人员。

第六条　测绘单位应当按照国家的《质量管理和质量保证》标准，推行全面质量管理，建立和完善测绘质量体系，并可自愿申请通过质量体系认证。

第二章　测绘质量责任制

第七条　测绘单位必须建立以质量为中心的技术经济责任制，明确各部门、各岗位的职责及相互关系，规定考核办法，以作业质量、工作质量确保测绘产品质量。

第八条　测绘单位的法定代表人确定本单位的质量方针和质量目标,签发质量手册;建立本单位的质量体系并保证其有效运行;对提供的测绘产品承担产品质量责任。

第九条　测绘单位的质量主管负责人按照职责分工负责质量方针、质量目标的贯彻实施,签发有关的质量文件及作业指导书;组织编制测绘项目的技术设计书,并对设计质量负责;处理生产过程中的重大技术问题和质量争议;审核技术总结;审定测绘产品的交付验收。

第十条　测绘单位的质量管理、质量检查机构及质量检查人员,在规定的职权范围内,负责质量管理的日常工作。编制年度质量计划,贯彻技术标准及质量文件;对作业过程进行现场监督和检查,处理质量问题;组织实施内部质量审核工作。

各级质量检查人员对其所检查的产品质量负责,并有权予以质量否决,有权越级反映质量问题。

第十一条　生产岗位的作业人员必须严格执行操作规程,按照技术设计进行作业,并对作业成果质量负责。

其他岗位的工作人员,应当严格执行有关的规章制度,保证本岗位的工作质量。因工作质量问题影响产品质量的,承担相应的质量责任。

第十二条　测绘单位可以按照测绘项目的实际情况实行项目质量负责人制度。项目质量负责人对该测绘项目的产品质量负直接责任。

第三章　生产组织准备的质量管理

第十三条　测绘单位承接测绘任务时,应当逐步实行合同评审(或计划任务评审),保证具有满足任务要求的实施能力,并将该项任务纳入质量管理网络。合同评审结果作为技术设计的一项重要依据。

第十四条　测绘任务的实施,应坚持先设计后生产,不允许边设计边生产,禁止没有设计进行生产。

技术设计书应按测绘主管部门的有关规定经过审核批准,方可付诸执行。市场测绘任务根据具体情况编制技术设计书或测绘任务书,作为测绘合同的附件。

第十五条　测绘任务实施前,应组织有关人员的技术培训,学习技术设计书及有关的技术标准、操作规程。

第十六条　测绘任务实施前,应对需用的仪器、设备、工具进行检验和校正;在生产中应用的计算机软件及需用的各种物资,应能保证满足产品质量的要求,不合格的不准投入使用。

第四章　生产作业过程的质量管理

第十七条　重大测绘项目应实施首件产品的质量检验,对技术设计进行验证。

首件产品质量检验点的设置,由测绘单位根据实际需要自行确定。

第十八条　测绘单位必须制定完整可行的工序管理流程表,加强工序管理的各项基础工作,有效控制影响产品质量的各种因素。

第十九条　生产作业中的工序产品必须达到规定的质量要求,经作业人员自查、互检,如实填写质量记录,达到合格标准后,方可转入下工序。

下工序有权退回不符合质量要求的上工序产品,上工序应及时进行修正、处理。退回及修正的过程,都必须如实填写质量记录。

因质量问题造成下工序损失,或因错误判断造成上工序损失的,均应承担相应的经济责任。

第二十条　测绘单位应当在关键工序、重点工序设置必要的检验点,实施工序产品质量的现场检查。现场检验点的设置,可以根据测绘任务的性质、作业人员水平、降低质量成本等因素,由测绘单位自行确定。

第二十一条　对检查发现的不合格品,应及时进行跟踪处理,做出质量记录,采取纠正措施。不合格品经返工修正后,应重新进行质量检查;不能进行返工修正的,应予报废并履行审批手续。

第二十二条　测绘单位必须建立内部质量审核制度。经成果质量过程检查的测绘产品,必须通过质量检查机构的最终检查,评定质量等级,编写最终检查报告。

过程检查、最终检查和质量评定,按《测绘产品检查验收规定》和《测绘产品质量评定标准》执行。

第五章　产品使用过程的质量管理

第二十三条　测绘单位所交付的测绘产品,必须保证是合格品。

第二十四条　测绘单位应当建立质量信息反馈网络,主动征求用户对测绘质量的意见,并为用户提供咨询服务。

第二十五条　测绘单位应当及时、认真地处理用户的质量查询和反馈意见。与用户发生质量争议时,按照《测绘质量监督管理办法》的有关规定处理。

第六章　质量奖惩

第二十六条　测绘单位应当建立质量奖惩制度。对在质量管理和提高产品质量中做出显著成绩的基层单位和个人,应给予奖励,并可申报参加测绘主管部门组织的质量评优活动。

第二十七条　对违章作业,粗制滥造甚至伪造成果的有关责任人;对不负责任,漏检错检甚至弄虚作假、徇私舞弊的质量管理、质量检查人员,依照《测绘质量监督管理办法》的相应条款进行处理。测绘单位对有关责任人员还可给予内部通报批评、行政处分及经济处罚。

第七章　附　则

第二十八条　本规定由国家测绘局负责解释。

第二十九条　本规定自发布之日起施行。1988 年 3 月国家测绘局发布的《测绘生产质量管理规定》(试行)同时废止。

关于发布《测绘质量监督管理办法》的通知

国测国字〔1997〕28 号

各省、自治区测绘局，直辖市测绘管理办公室（处），计划单列市测绘主管部门，各省、自治区、直辖市及计划单列市技术监督局：

为了加强测绘质量监督管理，确保测绘产品质量，促进测绘事业更好地为国民经济和社会发展服务，国家测绘局、国家技术监督局联合制定了《测绘质量监督管理办法》，现印发给你们，请认真贯彻执行。

国家测绘局
国家技术监督局
一九九七年八月六日

测绘质量监督管理办法

第一章 总 则

第一条 为了加强测绘质量监督管理，确保测绘产品质量，维护用户及测绘单位的合法权益，根据《中华人民共和国测绘法》、《中华人民共和国产品质量法》及国家有关法律、法规，制定本办法。

第二条 从事测绘生产、经营活动的测绘单位，测制、提供各类测绘产品，必须遵守本办法。

本办法所称测绘产品，是指以不同形式的信息载体，测制、提供的模拟或数字化测绘成果。其专业范围包括：大地测量，摄影测量与遥感，工程测量，行政区域界线测绘、地籍测绘与房产测绘，海洋测绘，地图编制与地图印刷，地理信息系统工程等。

第三条　县级以上人民政府测绘主管部门和技术监督行政部门负责本行政区域内测绘质量的管理和监督工作。

第四条　测制、提供测绘产品必须遵守国家有关的法律、法规，遵循质量第一、服务用户的原则，保证提供合格的测绘产品。禁止伪造和粗制滥造测绘产品；不得损害国家利益、社会公共利益和他人的合法权益。

第五条　鼓励测绘单位采用先进的测绘科学技术，推行科学的质量管理方法，按照国际通行的质量管理标准建立具有测绘工作特点的质量体系。

第六条　省级以上人民政府测绘主管部门对测绘质量管理先进、测绘产品质量优异的单位和个人，给予表彰和奖励。

第二章　测绘单位的责任和义务

第七条　测绘单位应当对其所提供的测绘产品承担产品质量责任。

第八条　测制测绘产品必须执行国家标准、行业标准；用户有特定需求的，必须在测绘合同中补充规定，并按约定的标准执行。

所使用的测绘计量器具，必须按照有关计量法律、法规、规章的规定进行检定或者校准，进口和购置的测绘计量器具应当符合计量法律、法规的规定。

第九条　测绘单位应当按照测绘生产技术规律办事，有权拒绝用户提出的违反国家有关规定的不合理要求，有权提出保证测绘质量所必需的工作条件及合理工期、合理价格。

第十条　测绘产品必须经过检查验收，质量合格的方能提供使用。检查验收和质量评定，执行《测绘产品检查验收规定》和《测绘产品质量评定标准》。

第十一条　测绘单位必须接受测绘主管部门和技术监督行政部门的质量监督管理,按照监督检查的需要,向测绘产品质量监督检验机构无偿提供检验样品。

拒绝接受监督检查的,其产品质量按"批不合格"处理。

经监督检查,对产品质量被判"批不合格"持有异议的,测绘单位可以向技术监督行政部门或者测绘主管部门申请复检。

第十二条　根据自愿的原则,测绘单位可以向国务院技术监督行政部门授权的认证机构申请质量体系认证。

第三章　测绘产品质量监督

第十三条　国务院测绘行政主管部门建立"测绘产品质量监督检验测试中心"(以下简称质检中心);省、自治区、直辖市人民政府测绘主管部门建立"测绘产品质量监督检验站"(以下简称质检站),负责实施测绘产品质量监督检验工作。

质检中心、质检站应经省级以上人民政府技术监督行政部门考核合格。

质检站受质检中心的技术指导。

第十四条　质检中心、质检站的主要职责是:

(一)按照测绘主管部门或者技术监督行政部门下达的测绘产品质量监督检查计划,承担质量监督检验工作。

(二)在测绘资质审查认证及年度注册工作中,承担有关测绘标准实施监督、质量管理评价及产品质量检测、检验。

(三)受用户的委托,承担测绘项目合同的技术咨询及产品质量检验、验收。

(四)按照授权范围,承担有关科研项目及新产品的质量鉴定、检测、检验。

(五)承担测绘产品质量争议的仲裁检验。

（六）向测绘主管部门和技术监督行政部门定期报送、测绘产品质量分析报告。

第十五条　测绘产品质量检验人员应当通过任职资格考核。达到合格标准，取得《测绘产品质量检验员证》的，方可从事测绘产品质量检验工作。

第十六条　测绘产品质量监督检查的主要方式为抽样检验，其工作程序和检验方法，按照《测绘成果质量监督抽查管理办法》执行。

测绘产品质量监督检验的结果，按"批合格"、"批不合格"判定。

任何单位和个人不得干预质检中心、质检站对监督检验结果的独立判定。

第十七条　县级以上人民政府测绘主管部门应当把测绘标准执行情况、仪器计量检定情况、质量管理情况及产品质量监督检验结果作为测绘资质审查认证及年度注册的一项重要依据。

第十八条　测绘产品质量监督检查计划，由省级以上人民政府测绘主管部门编制，报同级人民政府技术监督行政部门审批。

测绘产品质量监督检验收费按国家有关规定执行。

第十九条　测绘产品质量监督检验结果，由下达监督检验计划的测绘主管部门或技术监督行政部门审定后，对社会公布。省级监督检验结果，报国务院测绘行政主管部门备案。

第二十条　用户有权就测绘产品质量问题，向测绘单位查询；向测绘主管部门或技术监督行政部门申诉，有关部门应当负责处理。

第二十一条　因测绘产品质量发生争议时，当事人可以通过协商或者调解解决，也可以向仲裁机构申请仲裁；当事人各方没有达成仲裁协议的，可以向人民法院起诉。

仲裁机构或者人民法院可以委托本办法第十三条规定的质检中心或质检站，对测绘产品质量进行仲裁检验。

第四章　法律责任

第二十二条　提供的测绘产品质量不合格,测绘单位必须及时进行修正或重新测制;给用户造成损失的,承担赔偿责任,同时由测绘主管部门给予通报批评。

第二十三条　经测绘产品质量监督复检仍被判定为"批不合格"的,由省级以上人民政府测绘主管部门商有关技术监督行政部门给予通报批评,督促其限期改正;问题严重的,由省级以上人民政府测绘主管部门按照《测绘资质管理规定》降低其测绘资质等级,直至吊销《测绘资质证书》。

第二十四条　粗制滥造,伪造成果,以假充真的,由技术监督行政部门依法给予经济处罚;测绘主管部门可以吊销其《测绘资质证书》;给用户造成损失的,测绘单位还必须承担赔偿责任;构成犯罪的,依法追究直接责任人员的刑事责任。

第二十五条　测绘产品质量检验人员玩忽职守、徇私舞弊的,按情节轻重,给予行政处分;构成犯罪的,依法追究刑事责任。

第二十六条　当事人对行政处罚决定不服的,可以在接到处罚通知之日起十五日内,向做出处罚决定的上一级机关申请复议;对复议决定不服的,可以在接到复议决定之日起十五日内,向人民法院起诉。当事人也可以在接到处罚通知之日起三个月内,直接向人民法院起诉。逾期不申请复议,也不向人民法院起诉,拒不执行处罚决定的,由做出处罚决定的行政主管部门申请人民法院强制执行。

第五章　附　则

第二十七条　本办法由国家测绘局、国家技术监督局共同负责解释。

第二十八条　省、自治区、直辖市人民政府测绘主管部门会同技术监督行政部门可以依照本办法，结合本地区实际情况，制定实施办法。

第二十九条　本办法自发布之日起施行。

关于印发《国家基础航空摄影资料管理暂行办法》的补充规定的通知

国测国字〔1997〕44 号

各省、自治区测绘局,直辖市测绘管理办公室(处),各直属单位:

根据《国家基础航空摄影资料管理暂行办法》(国测国字〔1996〕6号)一年来的执行情况,我局对该规定中关于提供和使用国家基础航空摄影资料做了进一步的修改和补充,现印发给你们,请遵照执行。

各单位要根据本补充规定的要求,建立、健全有关规章制度,切实做好国家基础航空摄影资料的管理工作。

附件:《国家基础航空摄影资料管理暂行办法》的补充规定。

国家测绘局
一九九七年十一月十二日

附件：

《国家基础航空摄影资料管理暂行办法》
的补充规定

一、国家基础航空摄影资料是测绘档案的重要组成部分，为进一步做好国家基础航空摄影资料的分发服务工作，确保其完整和安全，特制定本规定。

二、国家基础地理信息中心负责国家基础航空摄影资料的管理和分发服务工作。各省、自治区测绘局，直辖市测绘管理办公室（处）档案资料管理部门负责本单位使用国家基础航空摄影资料的申请工作。

三、国家基础航空摄影资料的使用视测绘项目的性质和用途分别提供其不同形式的产品。其中：

1. 用于测制地形图的，提供拷贝正片或像片。

2. 用于涮制影像图的，借用航空摄影测量底片。

四、需要提供拷贝正片，报国家基础地理信息中心审核。借用航空摄影测量底片，报国家测绘局审批。

五、执行国家、地方基础测绘项目，需要提供拷贝正片或像片的，申请提供单位应向国家基础地理信息中心提交以下文件材料：

1. 提供拷贝正片或像片的申请报告。

2. 国家、地方政府测制地形图的测绘项目任务书或工作计划。

3. 本单位年度生产计划。

六、执行国家、地方基础测绘项目，需要借用航空摄影测量底片的，申请借用单位应向国家测绘局提交以下文件材料：

1. 借用航空摄影测量底片的申请报告。

2. 国家、地方政府测制影像图的测绘项目任务书或工作计划。

3. 本单位年度生产计划。

4. 有关项目资金到位(或计划)的证明材料。

七、航空摄影测量底片借用时,申请借用单位与国家基础地理信息中心履行下列手续:

1. 出示国家测绘局同意借用航空摄影底片的批复。

2. 签订航空摄影底片借用合同书。

3. 交纳航空摄影底片使用抵押金。以航空摄影底片保管单元"筒"为基本核算单位,按7 000元/筒计收。归还时底片完整、无损的,将退还全部抵押金。

八、航空摄影测量底片的借用期限一般为一至三个月。底片借用期间,要妥善保存在具有相应保管条件的档案资料部门。

九、市场调节性测绘项目使用国家基础航空摄影资料的,经所在单位档案资料部门或相应的管理部门审核后报国家测绘局审批,由国家基础地理信息中心按本规定有关条款办理提供事宜。

十、国家基础航空摄影资料使用收费标准由我局另行制定。

十一、借用航空摄影测量底片的要按期完整、无损的归还。对逾期不还、损坏、丢失等,给予通报批评、追究单位领导责任、收缴抵押金和赔偿经济损失、停止资料使用权等处理。

十二、本补充规定自发布之日起施行。

关于核定测绘事业单位专用
基金提取比例的通知

国测计字〔1998〕61号

各省、自治区测绘局,直辖市测绘管理办公室(处),各直属单位:

根据财政部"关于核定事业单位专用基金提取比例的函"(财工字〔1998〕63号文)规定,凡执行《测绘事业单位财务制度》的测绘事业单位,修购基金的提取比例为 6%,职工福利基金的提取比例为40%,请先提后用,专款专用并专设账户管理。

国家测绘局
一九九八年七月二十日

对陕西测绘局《关于受原国家测绘总局表彰的社会主义建设积极分子退休后可否相应提高退休费比例的请示》的批复

测人〔1998〕108 号

陕西测绘局:

你局《关于受原国家测绘总局表彰的社会主义建设积极分子退休后可否相应提高退休费比例的请示》收悉。经研究,现答复如下:

原国家测绘总局在 1959 年和 1965 年授予的"社会主义建设积极分子"和"五好职工"不属于劳动模范称号,但两次表彰活动都是部级表彰,被表彰的同志均为在生产、科研、文教、卫生、管理等方面做出优异成绩者。根据国发〔1978〕104 号和国发〔1983〕141 号文件规定,应酌情提高退休费比例,其提高退休费比例的幅度应按照地方政府规定的标准执行。

国家测绘局人事司

一九九八年十月五日

关于进一步做好测绘系统
维护稳定工作的通知

国测办字〔1999〕3 号

各省、自治区、直辖市测绘主管部门、各直属单位：

最近，党中央、国务院就做好维护稳定的工作，做出了一系列重要的部署。测绘系统各单位要认真组织学习，深刻领会维护稳定的重大意义。今年是深化改革的关键时期，大事多、喜事多，稳定工作尤其显得重要。从测绘系统各单位的情况看，总体上是比较稳定的。但我们对存在的不稳定因素决不能低估，一定要清醒地看到今年维护稳定工作的复杂性、紧迫性和特殊重要性，居安思危、未雨绸缪、周密部署、扎实工作，认真贯彻落实党中央、国务院关于维护稳定的一系列重要指示精神和工作部署，结合测绘系统的实际情况，采取有效措施，切实做好维护稳定的工作，确保一方平安。现将进一步做好测绘系统维护稳定工作通知如下：

一、切实加强领导，建立维护稳定工作领导责任制

各级领导要切实负起维护稳定的责任。要把维护本单位的稳定工作，作为 1999 年各级领导工作的重要组成部分，列入重要议事日程。各单位党政主要领导是本单位维护稳定的第一责任人。要建立健全维护稳定领导小组，以加强协调指导，定期分析影响稳定的因素，及时研究处理可能造成不稳定的重大问题。领导班子要拿出足够的精力来研究部署维护稳定的工作，检查督促各项工作特别是信访和保卫工作的落实。

国家测绘局维护稳定领导小组组成人员：

组长：金祥文（党组书记、局长）

成员：罗兰（党组纪检组组长）、刘思汉（国土测绘司司长）、张双占（机关党委专职副书记）、柏玉霜（人事司司长）、张建国（办公室副主任）。

领导小组办事机构设在局办公室，负责人：张建国。

要坚持"谁主管、谁负责，一级抓一级，一级对一级负责"的原则。属于哪个部门、哪一级单位的问题，就要由那个部门、单位的领导负责解决，妥善处理，不能推诿扯皮，不要把能够解决的问题推到上一级，推向社会。要把可能影响稳定的问题进行分类，明确责任分工，落实到人，避免因责任不清，造成工作疏漏和贻误。

要建立健全紧急信息报送制度。各单位发生的影响稳定的事件，发现集体上访的苗头，发生人身伤亡、失火、失窃、失密、重大设备损坏等重大事故，重大违法违纪、刑事犯罪案件，一定要及时向上级机关和地方有关主管部门报告，坚决克服报喜不报忧、迟报、漏报、瞒报的现象。

要严格落实责任追究制度。对由于工作失职、渎职或严重的官僚主义，造成影响稳定严重后果的，要坚决追究部门、单位领导和直接责任人的责任。对于发生重大问题不及时报告，不及时采取措施妥善处理，造成严重后果的也要严肃追究。

二、认真负责地做好信访工作

信访工作是各级领导发扬民主、体察民情、密切联系职工群众的重要渠道，是维护一方稳定的重要工作环节。做好这项工作，对于化解人民内部矛盾、消除不安定隐患、铲除腐败、推动改革、促进发展、保持稳定，具有十分重大的意义，各级领导必须引起足够重视。

要严格贯彻执行国务院颁布的《信访条例》，并结合实际制定信访工作制度，使信访工作进一步规范化。对群众来信来访，一定要认真处理，不能无故扣压信件和拒不接待来访。重要的来信来访，领导同志要亲自阅批、亲自接待、督促办理。要贯彻执行逐级上访、分级受理的制度。属于本单位职权范围内的问题，一定要研究提出具体处理意见，不要随意上推下卸。要增强依法行政、依法办理信访的自觉性，耐心听取来访人反映问题、陈述意见，耐心解释说明，不能简单粗暴,能处理的问题要及时处理。要按照国家的有关规定,切实做好六十年代精减下放人员的困难救济工作。信访中提出的属司法机关处理的问题,要引导信访人向司法机关反映,通过法律手段解决。

做好信访工作,关键在基层这个环节。要高度重视初信、初访工作,努力提高一次性处理信访的成功率,减少重复信访,避免越级上访。能够答复、解决的问题要及时答复、解决;解决不了的问题要说明情况,有理有据,争取理解;需要调查研究核实情况的,要切实投入力量,把问题彻底搞清楚。

对群众来信来访反映的普遍性、突出性问题,要引起高度重视,及时分析原因,研究对策,及时就地化解。对问题比较复杂,涉及群众面较大的,有关领导要亲自出面做工作,指定专人负责,一抓到底。坚持疏导教育与解决实际问题相结合的方针,防止矛盾激化。坚持"分级负责、归口办理"与属地管理相结合的原则,采取有效措施,减少集体上访。对有可能发生集体到地方政府或进京上访的,要采取果断措施,全力劝阻。

要加强上下沟通,发现闹事苗头要尽快同上级机关和有关部门联系通气,使上级机关早有准务、早做防范,上下协调一致,争取工作的主动。对于个别无理取闹、违反信访条例、有过激行为的,要及时同当地公安机关联系,请求公安机关的协助。

三、加强安全保卫工作,搞好内部治安防范,消除各类事故隐患

加强安全保卫工作,保证单位正常工作秩序和增强职工群众的安全感,是维护单位稳定的一个重要方面,必须切实引起重视。

要加强值班和警卫工作。各单位要根据各自的实际情况,健全值班制度,节假日、夜间都要有人值班。在今年敏感期、庆祝建国50周年和澳门回归等几个重要时期,尤其要加强值班工作,领导要带班。要确保通讯联系畅通无阻。各单位门卫、警卫工作,夜间巡逻工作要切实加强,工作区和生活区在一起的单位,情况繁杂,更不能麻痹大意。

要搞好安全生产,健全各项安全生产的规章制度,落实安全生产

404

责任制,防止重大责任事故和人身伤亡事故。测绘生产单位要把外业的安全生产作为重点,交通、通讯工具要保证正常。内业工作要切实搞好用电安全和大型设备维护,采取有效措施防止设备损坏和数据丢失。对有毒化学品要严加管理。对机动车交通安全管理要常抓不懈。

要做好防火、防盗、防失泄密工作。做好经常性的宣传教育工作,不能仅仅是过年过节抓一下,要常抓不懈,不仅要对单位职工进行教育,还要对家属子女进行教育,切实引起思想上的重视,提高防范意识。要注意排查事故隐患,经常检查各项规章制度的落实。消防设施要完好,确保随时投入使用。资料库、财务部门等重要部位的防盗设施要完备。对办公区和生活区的电、气、水、锅炉房要注意检查,发现隐患及时排除。

要加强内保和治安防范。配合公安、安全部门认真做好排查工作,对重点人物要采取有效措施严密监控。发现单位有大字报、小字报,进行反动宣传,参与违法犯罪的,要依法迅速处置,及时向有关部门报告。要坚持预防为主方针,切实做好内部治安防范工作,加强工作区、生活区的流动人口、施工人员的管理和出租房屋的管理。搞好社会治安综合治理,对单位周边的治安状况要密切注视。

要认真做好院校的保卫工作,确保学校的稳定。要密切掌握学校的动态,特别是在敏感期,坚决防范境内外、校外敌对分子到学校进行煽动和反动宣传活动。及时妥善处理学校内部的不安定因素和各类突发事件,防止别有用心的人借机滋事,制造事端。加强对因特网、校内计算机网络的管理。要搞好校园内部治安,整顿校园秩序。对发生在校园内的治安案件要配合公安部门迅速侦破,防止引发不安定因素。

四、做好教育疏导工作,正确处理新形势下的人民内部矛盾

切实解决涉及群众利益的实际问题是新形势下正确处理人民内部矛盾的关键环节。各级领导、各有关职能部门,要进一步树立全心全意为人民服务的公仆意识,深入基层,密切联系群众,倾听群众的呼声,坚决克服官僚主义。涉及职工切身利益的事情要充分发扬民主,增加工作透明度,尽可能做到公正、公平、公开。切实解决好职工住房、职称、分配和部分离退休人员、特殊困难职工的生活保障等涉及职工群众切身利益的实际问题。院校要切实做好毕业生分配工作。要帮助特困学生解决实际困难,加强学生宿舍管理和伙食管理。

今年,面临省级政府机构改革、事业单位改革以及相应的队伍结构调整,住房、医疗及社会保障制度的改革将进一步深化,各方面的矛盾会增多,一定要有足够的思想准备。要有针对性地做好深入细致的思想政治工作,切忌方法简单、态度生硬。要把有关改革的政策原原本本向群众交代清楚,注意调整好各方面的利益关系,把矛盾化解在基层,化解在萌芽状态,做好疏导工作,防止矛盾激化。

抓好反腐倡廉,同维护稳定密切相关。坚决惩治腐败,打击歪风邪气是维护稳定工作的一个重要方面。对信访举报提供了具体线索的,一定要进行查实,该立案调查的一定要查,对违法违纪的要严肃处理。对反映问题不属实,在群众中造成影响的,要及时注意消除,注意保护干部。对蓄意中伤、诬告的,也要依法严肃处理。

五、切实加强信访、保卫机构和队伍建设

信访、保卫部门承担着维护稳定的重要任务。为了切实做好维护稳定的工作,各单位信访、保卫工作只能加强,不能削弱,要切实重视信访、保卫工作机构和队伍的建设,使之与形势和所承担的任务相适应。各级领导要充分发挥信访、保卫部门的作用,为他们开展工作、履行职责创造必要的工作条件。

信访、保卫部门要搞好自身建设。加强理论学习,增强全局观念,提高政策水平,特别要学习有关法律、法规,熟悉有关政策规定。要增强服务意识和工作责任心,不断改进工作方法,提高工作质量。要增强党性原则,坚持依法办事,敢于讲真话,勇于坚持原则,敢于向坏人坏事和歪风邪气作斗争。

国家测绘局

一九九九年三月十日

关于印发《测绘行业特有工种职业技能鉴定站管理办法》的通知

国测人字〔1999〕13 号

各省、自治区、直辖市测绘主管部门：

经劳动和社会保障部审核同意，现将《测绘行业特有工种职业技能鉴定站管理办法》印发给你们。请按照国家测绘局《关于印发〈测绘行业特有工种职业技能鉴定实施办法（试行）〉的通知》（国测人字〔1997〕12 号）规定和本《办法》要求，并结合本地区、本部门实际情况，统筹规划、合理布局，着手组建测绘行业特有工种职业技能鉴定站，并于 7 月 31 日前将填写好的《行业特有工种职业技能鉴定站审批登记表》及有关申请材料报送国家测绘局人事司。

附件：1. 测绘行业特有工种职业技能鉴定站管理办法
2. 行业特有工种职业技能鉴定站审批登记表（略）

国家测绘局
一九九九年七月六日

附件1：

测绘行业特有工种职业技能鉴定站管理办法

为加强测绘行业特有工种职业技能鉴定站(以下简称鉴定站)的管理,根据劳动和社会保障部《职业技能鉴定规定》和国家测绘局《测绘行业特有工种职业技能鉴定实施办法(试行)》,制定本办法。

一、鉴定站建立条件

(一)具有熟悉所鉴定职业(工种)业务和组织实施能力的领导。

(二)具有与所鉴定的职业(工种)及其等级类别相适应的考核场地和设备。

(三)具有与所鉴定的职业(工种)及其等级类别操作技能考核相适应的、符合国家标准的检测仪器。

(四)具有与所鉴定的职业(工种)及其等级类别相符的专(兼)职考评人员队伍。

(五)具有专(兼)职的组织管理人员。

(六)具有完善的管理制度和办法。

二、鉴定站审批程序

(一)鉴定站的申报工作由所在省、自治区、直辖市测绘主管部门的劳动工资机构按照建站条件和本地区鉴定工作规划负责组织实施,在认真填写《行业特有工种职业技能鉴定站审批登记表》的同时,对建站理由、人员配备、考核场地、仪器设备等情况做出文字说明,一并报国家测绘局职业技能鉴定指导中心(以下简称"中心")。

(二)"中心"根据全国测绘行业职业技能鉴定的总体规划,对申报单位进行资格审查后,由国家测绘局劳资管理部门进行审核,同时报送劳动和社会保障部核准并颁发《职业技能鉴定许可证》和由国家统一制作的鉴定站标牌,确定其鉴定的职业(工种)范围、等级、类别。

三、鉴定站职责

鉴定站，是在"中心"指导下，具体负责对从事测绘行业特有工种的劳动者实施职业技能鉴定的机构，其职责为：

（一）根据有关规定，具体承担测绘行业特有工种的职业技能鉴定工作。

（二）按照"中心"的规定，做好对职业技能鉴定试题管理和使用的有关工作。

（三）受"中心"的委托，负责对考评人员的日常管理工作。

（四）负责颁发测绘行业特有工种相应《职业资格证书》。

（五）开展测绘行业特有工种职业技能鉴定理论研究、咨询服务和宣传活动。

（六）协调与地方劳动行政部门职业技能鉴定机构的工作关系。

（七）协同所在省、自治区、直辖市测绘主管部门组织本地区测绘行业职业技能竞赛活动。

（八）定期向"中心"报送职业技能鉴定统计报表。

（九）承办"中心"安排或委派的有关职业技能鉴定工作。

四、鉴定站工作规则

（一）贯彻执行国家和国家测绘局制定的有关的规定和实施办法，采取切实有力的措施保证鉴定质量。

（二）认真执行职业技能标准和职业技能鉴定规范，并按国家或国家测绘局批准的鉴定试题组织鉴定，不可自行编制试题。

（三）应受理一切符合申报条件、规定手续人员的职业技能鉴定。严格执行考评人员对其家属的职业技能鉴定回避制度。

（四）鉴定站享有独立进行职业技能鉴定的权力，有权拒绝任何组织或个人的一切非正当要求。

（五）鉴定站实行定期鉴定制度，有关鉴定的具体日期、鉴定工种、等级类别、报名条件以及收费标准等事项，应在鉴定前一个月发出通知。对于单位有特殊要求的，也可专门组织进行。

（六）职业技能鉴定站应接受"中心"的业务指导和所在省劳动行

政部门的监督、检查。

五、鉴定站的管理

鉴定站由所在省、自治区、直辖市测绘主管部门的劳动工资机构负责管理。省测绘主管部门劳动工资机构应做好本地区鉴定工作的统筹规划,对布点不合理、条件不合格的鉴定站进行调整。

(一)鉴定站试行站长负责制,站长原则上由所在省测绘主管部门的劳动工资机构派人担任,副站长由鉴定站所在单位派人担任;

(二)鉴定站应建立健全相应的行政管理、业务管理、财务管理等规章制度,制定管理人员及其他工作人员的岗位职责;

(三)鉴定站应按规定的鉴定范围和权限开展鉴定工作。对有超越鉴定范围、权限的应视情节轻重予以处理。

六、实行职业技能鉴定站评估和年检制度

(一)评估工作由国家测绘局劳资管理部门统一组织进行,三年评估一次。

年检工作由国家测绘局劳资管理部门委托"中心"组织实施。

(二)评估和年检的主要内容有:职业技能鉴定年度工作计划的执行情况,场地、设备、检测手段、人员等是否符合规定的标准,规章制度的执行情况,以及各方面对鉴定工作的反映等。

(三)对评估和年检不合格的鉴定站限期整改。对期限内不采取整改措施,以及严重违反国家《职业技能鉴定规定》和国家测绘局《测绘行业特有工种职业技能鉴定实施办法(试行)》,并造成不良影响的职业技能鉴定站,报请劳动和社会保障部吊销其《职业技能鉴定许可证》。

关于印发《测绘行业特有工种职业技能鉴定考评人员管理办法》的通知

国测人字〔1999〕14 号

各省、自治区、直辖市测绘主管部门：

　　经劳动和社会保障部审核同意，现将《测绘行业特有工种职业技能鉴定考评人员管理办法》印发给你们。请按照国家测绘局《关于印发〈测绘行业特有工种职业技能鉴定实施办法(试行)的通知〉》(国测人字〔1997〕12 号)规定和本《办法》要求，并结合单位实际情况，认真做好考评人员的申报、遴选和推荐工作，并于 7 月 20 日前将《测绘行业特有工种职业技能鉴定考评员申报表》及有关材料报送国家测绘局人事司。

　　附件：1. 测绘行业特有工种职业技能鉴定考评人员管理办法
　　　　　2. 测绘行业特有工种职业技能鉴定考评员申报表(略)

国家测绘局
一九九九年七月七日

附件1：

测绘行业特有工种职业
技能鉴定考评人员管理办法

为加强对测绘行业特有工种职业技能鉴定考评人员的管理，根据劳动和社会保障部颁发的《职业技能鉴定规定》和经该部同意由国家测绘局印发的《测绘行业特有工种职业技能鉴定实施办法(试行)》的有关规定，并结合本行业具体情况，制定本管理办法：

一、考评人员的基本职责

(一)按照国家测绘局劳资管理部门和职业技能鉴定机构指定的工种、等级和类别范围对鉴定对象进行考核和考评，并负责填写有关记录，提出有关意见。

(二)负责对鉴定考核所需使用的设备、工具、量具、材料、检测仪器、考核场地及其他必备条件进行检验。

(三)严格鉴定考核纪律，负责对违纪鉴定对象视情节分别做出劝告、警告、终止考核、宣布成绩无效等处理意见，并按规定在考核记录上认真进行登记。

(四)协助考务人员做好考务工作。

(五)按照国家测绘局劳资管理部门和鉴定机构的安排，参与相关工种、等级鉴定考核的命题工作。

(六)对鉴定工作和考务组织提出评估和改进意见。

二、考评人员守则

(一)认真学习和严格执行本职业技能鉴定的各项规定。

(二)坚持职业技能鉴定科学性、客观性、公正性的原则。忠于职守，坚持原则，秉公评判。

(三)严格执行独立评判的规定。不得接受任何组织和个人篡改鉴定结果的非正当要求。

412

（四）认真做好鉴定前准备工作，熟知本次鉴定的工种、等级、项目、内容、要求及评分标准。

（五）作风正派、廉洁奉公。自觉遵守鉴定对象亲属回避制度。

（六）履行鉴定工作任务时必须佩戴考评员胸卡。

（七）严格遵守鉴定纪律，严守试题、考评内容以及鉴定评判的秘密。

三、考评人员资格条件

测绘行业特有工种职业技能鉴定考评人员，分为考评员和高级考评员。

（一）坚持四项基本原则，作风正派、办事公道。

（二）熟悉和掌握相关工种技能鉴定技术。

（三）具备相关的专业理论知识和实际操作技能。

（四）考评员必须具有高级工及以上，或中级专业技术职务及以上资格。

（五）高级考评员必须具有高级专业技术职务资格。

考评员可承担高级工及其以下技能等级的考核、鉴定，高级考评员可承担技师和高级技师资格的考评。

四、考评人员的申报和审批

（一）申请推荐程序：申报考评员，须由本人提出申请，经所在省（自治区、直辖市）测绘主管部门的劳动工资机构负责提出推荐意见后，报送国家测绘局职业技能鉴定指导中心进行资格审查。

高级考评员的申请推荐工作，将根据技师、高级技师考评工作的需要和进度，由国家测绘局职业技能鉴定中心另行做出统一规划。

（二）申报材料包括：本人的《技术等级证书》、《技师合格证书》、专业技术资格证书及《测绘行业特有工种职业技能鉴定考评员申报表》。

（三）资格确认：考评员人选经国家测绘局职业技能鉴定指导中心培训，并通过相应的资格考核后，由国家测绘局劳资管理部门进行审核，同时报送劳动和社会保障部核准并颁发考评员合格证书和考评员胸卡。

五、考评人员的使用管理

（一）考评人员实行聘任制度。考评人员的聘任由国家测绘局职业技能鉴定指导中心统筹安排，聘期一般不超过三年，根据工作需要可以续聘。实施职业技能鉴定时每职业（工种）应按 2-3 人配备考评人员。

（二）考评人员实行轮换制度。国家测绘局职业技能鉴定指导中心按照鉴定实施计划，采取不定期轮换方式派遣考评人员，组成考评小组。考评人员在同一个职业技能鉴定站内连续从事考评工作不应超过三次；考评小组成员每次轮换不能少于三分之一。

（三）考评人员实行年度考核评议制度。国家测绘局职业技能鉴定指导中心在每年年终对本年度参加实际考评工作的考评人员进行考核评议，并评定等次。考评员年度考核评议等次包括优秀、合格和不合格。国家测绘局职业技能鉴定指导中心对优秀考评人员给予表彰，对于不合格的考评人员进行业务培训和思想教育，仍不改正的，报请劳动和社会保障部取消其考评人员资格。

关于对宁夏回族自治区测绘局有关测量标志管理工作关系请示的复函

测法〔1999〕27 号

宁夏回族自治区测绘局：

　　你局《关于明确有关测量标志管理工作关系的请示》（宁测管〔1999〕18 号）收悉，经研究，复函如下：

　　《测绘法》和《测量标志保护条例》中所称的永久性测量标志，包括国务院测绘部门、军队测绘部门、地震部门等国家各有关部门建立的各种永久性测量标志。无论是基础性测量标志，还是有关部门的专用测量标志，只要是永久性测量标志，各级测绘主管部门就应进行管理。

　　根据《测量标志保护条例》第十二条规定，设置永久性测量标志的部门应当将永久性测量标志委托测量标志设置地的有关单位或者人员保管，并将委托保管书抄送乡级人民政府和县级以上地方人民政府管理测绘工作的部门备案。根据《测量标志保护条例》第十八条规定，设置永久性测量标志的部门应当对永久性测量标志定期组织维修，即测量标志的维修由其建造部门负责。对测量标志的日常管理，是各级测绘主管部门的职责，所需经费应由同级财政解决。

　　测量标志的建设单位有义务开展测量标志保护的宣传工作，发现有破坏测量标志的情况，应当主动向测量标志所在地的测绘主管部门反映。对破坏测量标志的行政处罚权，只能由测绘主管部门行使。

国家测绘局行业管理司

一九九九年十一月五日

关于加强国家基础航空摄影测量底片安全保管工作的通知

测业〔1999〕96 号

各省、自治区、直辖市测绘主管部门,国家基础地理信息中心:

国家基础航空摄影测量底片(以下简称底片)是开展基础测绘工作的重要资料,也是测绘档案的重要组成部分,应妥善保管和使用。为此,我局特制定发布了《国家基础航空摄影资料管理暂行办法》、《国家基础航空摄影资料管理暂行办法的补充规定》(以下简称《办法》、《补充规定》)。但近期陆续发现,部分借用底片的单位,违反《办法》和《补充规定》的要求,人为造成底片折痕、粘连,对底片进行裁切,逾期不还,或采用货运方式,致使底片外包装在运输过程中遭受不同程度的损坏。为杜绝类似现象再次发生,加强底片的安全保管,现将有关要求通知如下:

一、确因测制影像图经批准借用底片的单位(以下简称借用单位),要严格按照《办法》和《补充规定》的要求执行,切实履行与国家基础地理信息中心签订的《航空摄影资料提供使用合同书》所约定的责任与义务,确保底片安全。

二、借用单位在与国家基础地理信息中心具体办理底片借用、归还手续以及借用单位负责保管底片的档案资料部门与实际生产作业人员相互移、接交底片时,双方应共同对底片进行逐一检查、核对,并将有关情况记录备案。发现底片受损的,要认真查找原因、严肃处理,并及时向上级有关部门上报有关情况报告。

三、底片借、使用期间,要妥善保存在具有相应保管条件的档案资料部门,不得任意存放。利用底片进行生产作业时,要采取有效措施,防止底片发黄、发霉、粘连、影像褪色和消失、药膜面损伤、撕裂、

416

折痕、裁切、片基不均匀变形等。严禁汗渍、油渍污染底片。

四、借用单位在底片运输过程中要指定两人以上人员负责押送，不得采用货运或其他有可能造成各种损坏的方式运输底片。

五、未经国家测绘局批准，借用单位不得擅自将底片向第三方转借、不得对底片进行任何形式的裁切、不得无故延长底片的使用期限。

六、对违反本通知要求的借用单位，视情节按如下原则查处：造成外包装与标签损坏的，由借用单位负责更换、补贴或从底片借用抵押金中扣除外包装成本费；采用货运或其他方式运输的，国家基础地理信息中心可拒绝办理再借用手续；逾期不还、自行裁切、转借或粘连等一切不符合《办法》和《补充规定》要求的，按《补充规定》第十一款，给予通报批评、追究单位领导责任、收缴抵押金和赔偿经济损失、停止底片使用权等处理。

国家测绘局国土测绘司
一九九九年八月四日

关于测绘主管部门在商品房面积管理工作中职能分工的通知

国测法字〔2000〕1 号

各省、自治区、直辖市测绘主管部门：

根据《中华人民共和国测绘法》、《中华人民共和国城市房地产管理法》、《中华人民共和国计量法》和国家测绘局、建设部、国家质量技术监督局"三定"规定，针对商品房面积测绘工作中出现的问题，中央机构编制委员会办公室会同国务院法制办公室对商品房面积管理的部门职能分工进行了研究，提出了职能分工意见，并经国务院领导批准，明确测绘主管部门及有关部门在商品房面积管理工作中的职能分工如下：

一、测绘管理部门在房产管理部门对商品房面积测绘机构的资格进行初审后，依法颁发测绘资格证书，查处测绘中的违法行为。

二、商品房面积测量、计算的国家标准，由房产管理部门和测绘管理部门组织拟定，国家质量技术监督部门统一编号、审批、发布。

三、房产管理部门负责商品房面积管理工作，制定有关政策，查处商品房面积管理中的违法行为，对商品房面积测绘机构的资格提出初审意见；质量技术监督部门负责商品房面积测量器具的监督工作，查处违法使用不符合标准的测量器具的行为。

中央机构编制委员会办公室、国务院法制办公室、建设部、国家测绘局、国家质量技术监督局一致认为，现行的房产测绘管理体制亟须改革。初步思路是：健全房产测绘机构资格认证制度，打破行业垄

418

断;房产测绘机构与政府部门脱钩,成为具有执业资格性质的独立法人,对测绘结果独立承担法律责任,并受政府有关部门的监督,以保证商品房面积测绘和计算的公正性,保护消费者的合法权益。

国家测绘局

二〇〇〇年三月十三日

关于重新发布《测绘合同》
示范文本的通知

国测法字〔2000〕2 号

各省、自治区、直辖市测绘主管部门、工商行政管理局：

根据《中华人民共和国合同法》的有关规定，结合《测绘合同》（GF—95—306）示范文本推行使用 4 年来的实践，国家测绘局、国家工商行政管理局联合对《测绘合同》示范文本进行了修订，现重新发布，并就有关问题通知如下：

一、认真做好新《测绘合同》（GF—2000—0306）示范文本的宣传、推广使用工作，积极提倡和引导测绘合同当事人采用新的《测绘合同》示范文本，使当事人了解、掌握新《测绘合同》示范文本的特点及使用注意事项。

二、做好新《测绘合同》示范文本的分发工作，方便当事人领取。新《测绘合同》示范文本由省级工商行政管理部门和测绘主管部门印制，并可向当事人提供电子版本。当事人使用《测绘合同》示范文本，可随时向工商行政管理部门和测绘主管部门领取。

三、对某些特殊的测绘活动，当事人可在不改变《测绘合同》示范文本规定原则的情况下，对《测绘合同》示范文本的条款进行修改。

国家测绘局

国家工商行政管理局

二〇〇〇年三月二十一日

《测绘合同》示范文本
（GF－2000－0306）

工程名称：＿＿＿＿＿＿＿＿＿＿＿＿

合同编号：＿＿＿＿＿＿＿＿＿＿＿＿

国 家 测 绘 局
国家工商行政管理局 制定

定作人(甲方)：   合同编号：

承揽人(乙方)：   签订地点：

承揽人测绘资质等级：   签订时间：

根据《中华人民共和国合同法》、《中华人民共和国测绘法》和有关法律法规,经双方协商一致签订本合同。

第一条　测绘范围(包括测区地点、面积、测区地理位置等)：

第二条　测绘内容(包括测绘项目和工作量等)：

第三条　执行技术标准：

序号	标 准 名 称	标准代号	标准等级

422

其他技术要求：

第四条 测绘工程费：

1. 取费依据：国家颁布的测绘产品价格标准。
2. 取费项目及预算工程总价款：

序号	项 目 名 称	工作量	单价 （元）	合计 （元）	备注
预算工程总价款：					

3. 工程完工后，根据实际测绘工作量核计实际工程价款。

第五条　甲方的义务

1. 自合同签订之日起　　　日内向乙方提交有关资料。

2. 自接到乙方编制的技术设计书之日起　　　日内完成技术设计书的审定工作,并提出书面审定意见。

3. 应当保证乙方的测绘队伍顺利进入现场工作,并对乙方进场人员的工作、生活提供必要的条件。

4. 甲方保证工程款按时到位,以保证工程的顺利进行。

5. 允许乙方内部使用执行本合同所生产的测绘成果。

第六条　乙方的义务

1. 自收到甲方的有关材料之日起　　　日内,根据甲方的有关资料和本合同的技术要求完成技术设计书的编制,并交甲方审定。

2. 自收到甲方对技术设计书同意实施的审定意见之日起　　　日内组织测绘队伍进场作业。

3. 乙方应当根据技术设计书要求确保测绘项目如期完成。

4. 允许甲方内部使用乙方为执行本合同所提供的属乙方所有的测绘成果。

5. 未经甲方允许,乙方不得将本合同标的的全部或部分转包给第三方。

第七条　测绘项目完成工期

序号	测 绘 项 目	完成时间	备注

424

全部测绘成果应于 年 月 日前交甲方验收。

第八条 乙方应当于工程完工之日起 日内书面通知甲方验收,甲方应当自接到完工通知之日起 日内,组织有关专家,依据本合同约定使用的技术标准和技术要求,对乙方所完工的测绘工程完成验收,并出据测绘成果验收报告书。

对乙方所提供的测绘成果的质量有争议的,由测区所在地的省级测绘产品质量监督检验站裁决。其费用由败诉方承担。

第九条 对乙方测绘成果的所有权、使用权和著作权归属的约定:

第十条 测绘工程费支付日期和方式

1. 自合同签订之日起 日内甲方向乙方支付定金人民币 元。并预付工程预算总价款的 %,人民币 元。

2. 当乙方完成预算工程总量的 %时,甲方向乙方支付预算工程价款的 %,人民币 元。

3. 当乙方完成预算工程总量的 %时,甲方向乙方支付预算工程价款的 %,人民币 元。

4. 乙方自工程完工之日起 日内,根据实际工作量编制工程结算书,经甲、乙双方共同审定后,作为工程价款结算依据。自测绘成果验收合格之日起 日内,甲方应根据工程结算结果向乙方全部结清工程价款。

第十一条 自测绘工程费全部结清之日起 日内,乙方根据技术设计书的要求向甲方交付全部测绘成果。(见下表)

序号	成 果 名 称	规 格	数 量	备 注

乙方向甲方交付约定的测绘成果　　份。甲方如需增加测绘成果份数,需另行向乙方支付每份工本费　　元。

第十二条　甲方违约责任

1. 合同签订后,由于甲方工程停止而终止合同的,乙方未进入现场工作前,甲方无权请求返还定金。双方没有约定定金的,向偿付乙方预算工程费的 30％,人民币　　元;乙方已进入现场工作,甲方应按完成的实际工作量支付工程价款,并按预算工程费的　　％(　　元)向乙方偿付违约金。

2. 乙方进场后,甲方未给乙方提供必要的工作、生活条件而造成停窝工时,甲方应支付给乙方停窝工费,停窝工费按合同约定的平均工日产值(　　元/日)计算,同时工期顺延。

426

3. 甲方未按要求支付乙方工程费,应按顺延天数和当时银行贷款利息,向乙方支付违约金。影响工程进度的,甲方应承担顺延工期的责任,并根据本条第二项的约定向乙方支付停窝工费。

4. 对于乙方提供的图纸等资料以及属于乙方的测绘成果,甲方有义务保密,不得向第三人提供或用于本合同以外的项目,否则乙方有权要求甲方按本合同工程款总额的 20％赔偿损失。

第十三条 乙方违约责任

1. 合同签订后,如乙方擅自中途停止或解除合同,乙方应向甲方双倍返还定金。双方没有约定定金的,乙方向甲方赔偿已付工程价款的   ％,人民币   元,并归还甲方预付的全部工程款。

2. 在甲方提供了必要的工作、生活条件,并且保证了工程款按时到位,乙方未能按合同规定的日期提交测绘成果时,应向甲方赔偿拖期损失费,每天的拖期损失费按合同约定的预算工程总价款的   ％计算。因天气、交通、政府行为、甲方提供的资料不准确等影响测绘作业的客观原因造成的工程拖期,乙方不承担赔偿责任。

3. 乙方提供的测绘成果质量不合格的,乙方应负责无偿予以重测或采取补救措施,以达到质量要求。因测绘成果质量不符合合同要求(而又非甲方提供的图纸资料原因所致)造成后果时,乙方应对因此造成的直接损失负赔偿责任,并承担相应的法律责任(由于甲方提供的图纸资料原因产生的责任由甲方自己负责)。返工周期为   天,到   年   月   日完成,并向甲方提供测绘成果。

4. 对于甲方提供的图纸和技术资料以及属于甲方的测绘成果,乙方有保密义务,不得向第三人转让,否则,甲方有权要求乙方按本合同工程款总额的 20％赔偿损失。

5. 乙方擅自转包本合同标的的,甲方有权解除合同,并可要求乙方偿付预算工程费 30％(人民币   元)的违约金。

第十四条 由于不可抗力,致使合同无法履行时,双方应按有关法律规定及时协商处理。

第十五条　其他约定：

第十六条　本合同执行过程中的未尽事宜,双方应本着实事求是友好协商的态度加以解决。双方协商一致的,签订补充协议。补充协议与本合同具有同等效力。

第十七条　因本合同发生争议,由双方当事人协商解决或由双方主管部门调解,协商或调解不成的,当事人双方同意　　　仲裁委员会仲裁(当事人双方未在合同中约定仲裁机构,事后又未达成书面仲裁协议的,可向人民法院起诉)。

第十八条　附则

1. 本合同由双方代表签字,加盖双方公章或合同专用章即生效。全部成果交接完毕和测绘工程费结算完成后,本合同终止。

2. 本合同一式　　份,甲方　　份,乙方　　份。

定作人名称(盖章)　　　　　　承揽人名称(盖章):

定作人住所:　　　　　　　　　承揽人住所:

邮政编码:　　　　　　　　　　邮政编码:

联系人:　　　　　　　　　　　联系人:

电　话:　　　　　　　　　　　电　话:

传　真:　　　　　　　　　　　传　真:

E-mail:　　　　　　　　　　　E-mail:

开户银行:　　　　　　　　　　开户银行:

银行账号:　　　　　　　　　　银行账号:

法定代表人:　　　　　　　　　法定代表人:
(委托代理人)　签字:　　　　　(委托代理人)　签字:

关于加强地图产品管理工作的通知

国测法字〔2000〕5 号

各省、自治区、直辖市及计划单列市测绘主管部门,外经贸委(厅、局)、工商行政管理局、新闻出版局:

最近一个时期,发现国内一些企业生产的地图产品(包括纸介质地图、电子地图、地球仪及附有地图图形的文教用具、玩具、工艺品、影视、标牌、广告、纪念品、因特网等),存在粗制滥造,违反国家有关地图内容表示规定,损害我国主权和领土完整、违背一个中国原则等严重问题。如:有的将台湾省、西藏自治区用不同的颜色与祖国大陆区分;台北按"首都"表示;有的漏绘南海诸岛、钓鱼岛、赤尾屿等重要岛屿,等等。这些产品在社会上销售、展示,甚至出口到国外,造成了恶劣的政治影响。为了贯彻《中华人民共和国地图编制出版管理条例》(以下简称《条例》),进一步加强对地图产品的管理,确保中国地图图形的准确性和严肃性,经商外经贸部、海关总署、外交部、国家工商行政管理局、新闻出版署,现就有关问题通知如下:

一、中国地图图形是反映国家意志和主权立场的特殊信息载体,直接关系到国家的权益问题。各部门密切合作,从讲政治的高度加强对地图产品的管理,依法履行职责,加大执法力度,对违法违规的地图产品要坚决予以查处。

二、对违反《条例》有关规定的地图产品,要坚决予以没收并销毁;对已查明有问题的企业及其负责人,要依照《条例》第 25 条、28 条规定依法处理。在实施行政处罚过程中,要严格履行行政处罚程序。

三、各种载体形式的地图产品都必须按国家测绘局发布的标准地理底图绘制,并在生产、展示前按以下规定送审:

1. 省级测绘主管部门负责受理审核本行政区域内各地方单位

送审的地图产品,对附有世界地图图形的产品进行初审并转报国家测绘局审核。

国家测绘局负责受理审核中央、国务院各部门及其在京直属单位送审的附有中国和世界地图图形的地图产品。

2. 送审单位应向地图受理审核部门报送地图审核申请书、地图样图(或样品)和说明文本(含语音)一式两份;填写《地图审核申请登记表》(见附件 1)。

3. 国内从事加工制作地图产品的单位,其地图样图(或样品)由加工制作单位送审;引进产品的地图样图(或样品),由引进单位送审;以加工贸易方式加工制作的地图产品,其地图样图(或样品)由加工贸易经营单位送审。

4. 任何规格样式的地图产品都必须送审。

四、加工制作单位必须严格按照批准的样图(或样品)生产,批量生产的地图产品必须将样图(或样品)报送审核批准部门备案。外销产品同时送当地海关、内销产品同时送所在市(地)工商行政管理部门备案。备案样图(或样品)均为一式一份。

经审核批准的纸质地图、电子地图、地球仪等地图产品,由审核批准部门向送审单位发给《地图审核批准通知书》(见附件 2),并编发审图号;其他载体形式的地图产品,经审核部门批准,只发给《地图图形审核批准书》(见附件 3)。具有审图号的地图产品,连续生产满两年的,须到省级以上测绘主管部门备案复审,重新编发审图号。

五、以加工贸易方式生产出口的地图产品,按照对外贸易经济合作部《关于进一步加强加工贸易审批管理,严禁开展任何违法、违规加工贸易业务的紧急通知》(〔2000〕外经贸管发第 301 号)执行。

六、地图产品在编制、加工、印刷、复制、销售、展示、引进、出口等各个环节都应依法进行,测绘主管部门要与工商行政管理、外经贸、新闻出版、海关等部门合作,加强对地图产品单位的监督管理。

凡从事地图生产的单位,必须按照《测绘法》和《条例》的有关规定,取得省级以上测绘主管部门颁发的《测绘资格证书》。

没有按规定经过审核批准的地图产品，一律禁止销售、展示或出口。

七、测绘主管部门要大力宣传地图编制出版管理的法律法规，进一步提高各有关单位依法加工制作地图产品的意识，繁荣地图市场。

本通知自九月一日起执行。

附件:1. 地图审核申请登记表
　　　2. 地图审核批准通知书
　　　3. 地图图形审核批准书

国家测绘局
二〇〇〇年八月二十五日

附件1：

地图审核申请登记表

第　号

送审单位	单位名称		邮编	
	联系人		电话	
	地址			
送审试制样图（样品）及说明文本（语音）	名称		印刷（生产）数量	
			出版号	
编制单位测绘资格证书（印刷单位测绘资格证书）	单位名称		文号	
1.地图出版范围文件 2.单项批准文件	名称		文号	
教材审定文件	名称		文号	
底图资料证明	所用基本资料			
	原编者			
	原出版者			
收件日期		受理日期	批准期限	
指定地图技术检定机构名称				
受理机构				
是否属备案产品		批量生产前备案	批量生产后备案	
备注				

432

附件2:

地图审核批准通知书

送审单位名称			
送审样图 (样品)名称			
类别及使用 范围说明			
出版书号			
受理时间		退改时间	
重新受理时间		退改时间	
地图内容技术检定意见			
产品备案情况			
审批意见			
审图号			
审核批准机关(签章)			
		签发日期: 年 月 日	

备注:

1. 涉及地图著作权事项,由你单位自行负责;

2. 地图内容需符合国家有关的法律法规;

3. 在适当位置载明审图号;

4. 按规定报送测绘、工商行政管理、海关备案样图(样品)。

附件3：

地图图形审核批准书

批准号：

送审单位名称	
送审地图图形产品 名称、规格、样式	
用　途	
产品备案	
审批意见	

审核批准机关
（签章）

签发日期：　　年　　月　　日

备注：
1. 请严格按批准的样图（样品）制作；
2. 按规定报送测绘、工商行政管理、海关备案样图（样品）；
3. 此件同时抄送测绘、工商行政管理、外经贸、海关部门各一份。

关于城市测绘管理问题的批复

国测法字〔2000〕7 号

四川测绘局：

你局《关于城市测绘管理问题的请示》（川测管〔2000〕23 号）收悉。根据《中华人民共和国测绘法》、《中华人民共和国城市规划法》及国家测绘局"三定"规定，经研究，现批复如下：

一、勘察中包含测量的说法没有法律依据

《城市规划法》第十七条规定"编制城市规划应当具备勘察、测量及其他必要的基础资料。"可见，在城市规划中勘察资料与测量资料二者具有同等地位，它们之间是并列的，没有包含关系。

根据全国人民代表大会常务委员会《关于加强法律解释工作的决议》"凡关于法律、法令条文本身需要进一步明确界限或做补充规定的，由全国人民代表大会常务委员进行解释或用法令加以规定"的规定，除全国人民代表大会常务委员外，其他任何部门都无权对《城市规划法》第十七条中有关"勘察"与"测量"资料间的关系做出互含的解释。没有法律依据，仅依靠"习惯提法"进行行政管理是违背"依法行政"原则的。

二、测绘单位取得《测绘资格证书》是其从事测绘活动的法定条件

根据《测绘法》第十二条"承担测绘任务的单位必须具备与其所从事的测绘工作相适应的技术人员、设备和设施，由国务院测绘行政主管部门或者省、自治区、直辖市人民政府管理测绘工作的部门对其测绘资格审查合格后，方可承担测绘任务"的规定，审查认证测绘资格是测绘主管部门的法定职责，其他任何部门面向社会发放的包含测绘业务的勘察证、勘测证等都是不符合法律规定的。测绘单位经测绘主管部门审查认证，依法取得《测绘资格证书》，就依法能够在证载业务范围内从事测绘工作，任何部门和单位都不能对持证单位以

"城市"或"农村"为界,限制其承担测绘业务。

三、测绘主管部门负责城市区域内的测绘行政管理

"城市"是与"农村"对应的一个地域性概念,"城市测绘"是地域性测绘,并不是一种专业测绘。《测绘法》第三条规定:"国务院测绘行政主管部门主管全国测绘工作"、"省、自治区、直辖市人民政府管理测绘工作的部门,主管本行政区域内的测绘工作",这里"全国""本行政区域"都包含了"城市"和"农村"。因此,无论是在城市、还是在农村进行的测绘工作都应当由测绘主管部门统一管理。在此问题上,与《测绘法》不一致的有关规定是无效的,应予以废止。

将"城市"区域的测绘行政管理职责从各级测绘主管部门分离出来,是与《测绘法》及有关行政法规相抵触的,也不符合国家机构改革的精神,将造成测绘管理工作的部门职责交叉,损害测绘法律法规的统一性和严肃性。随着我国城市化进程的加快,城市中的测绘管理工作越来越重要,你局要充分重视城市中的测绘管理工作。

四、市政工程测量作为专业测绘,在业务上由测绘主管部门归口管理

1990年国家机构编制委员会会议纪要(7)指出,市政工程测量"作为专业测绘,在业务上由国家测绘局归口管理"。国家测绘局1992年发布的《测绘项目管理办法》、1993年发布的《测绘收费管理试行办法》等都从不同角度依法对工程测量进行了管理,1995年国家测绘局发布的《测绘资格审查认证管理规定》明确规定凡进入市场承担工程测量任务的单位,必须依法取得测绘主管部门颁发的《测绘资格证书》,市政工程测量作为工程测量的一种,也必须取得相应的《测绘资格证书》。1998年建设部"三定"的职责是"指导市政工程测量工作",而不是对市政工程测量归口管理,因此市政工程测量在业务上是由测绘主管部门进行行业归口管理的。

国家测绘局
二〇〇〇年九月二十九日

关于印发《测绘行业特有工种职业技能鉴定考务管理办法》的通知

测人〔2000〕41号

各省、自治区、直辖市测绘主管部门,国家测绘局职业技能鉴定指导中心:

现将《测绘行业特有工种职业技能鉴定考务管理办法》印发给你们,请遵照执行。

附件:测绘行业特有工种职业技能鉴定考务管理办法

国家测绘局人事司
二〇〇〇年五月十六日

测绘行业特有工种职业技能鉴定考务管理办法

为规范测绘行业特有工种职业技能鉴定考务管理工作,保证鉴定的质量,根据劳动和社会保障部《职业技能鉴定工作规则》的有关规定,并结合本行业具体情况,制定本办法。

一、鉴定时间

测绘行业特有工种职业技能鉴定实行定期鉴定和临时鉴定制度。

(一)定期鉴定是指每年在规定的时间内所有测绘行业职业技能

437

鉴定站进行的统一鉴定;临时鉴定是指在统一鉴定之外,根据用人单位生产工作任务的急需而进行的鉴定;

(二)定期鉴定的时间由国家测绘局职业技能鉴定指导中心确定,并向国家测绘局人事司备案;临时鉴定须由各职业技能鉴定站提出申请,经国家测绘局职业技能鉴定指导中心审核同意,并向国家测绘局人事司备案。

二、鉴定公告

(一)国家测绘局职业技能鉴定指导中心负责制定鉴定工作计划,安排鉴定公告的发布;

鉴定公告由国家测绘局人事司批准方可发布。

(二)鉴定公告应包括鉴定的职业(工种)名称、类别、等级,理论知识和操作技能考核鉴定的时间、地点,以及报名条件等基本内容。

三、鉴定申报程序

(一)个人提出申请;

(二)有关单位推荐;

(三)职业技能鉴定站审查申请人资格;

(四)国家测绘局职业技能鉴定指导中心核准;

(五)职业技能鉴定站签发准考证。

四、鉴定考核管理

(一)职业技能鉴定站负责考场管理和组织监考工作。国家测绘局职业技能鉴定指导中心派质量督导员巡视检查;

(二)监考人员监考前须经过培训,监考时须遵守职业技能鉴定监考员守则,维护考场秩序填写考场记录;

(三)考评人员应按照测绘行业特有工种职业技能鉴定规范的要求配备。考评小组评定成绩应确定严格的工作流程,明确各环节考评人员职责,并签字负责。

考核成绩由汇总记分员登记填写,考评组长、汇总记分员均应在成绩登记表上签字盖章负责。

五、考务报酬

（一）考评人员、质量督导员的劳务费标准，由国家测绘局职业技能鉴定指导中心提出意见，国家测绘局人事司审定；

（二）监考人员的劳务费标准由鉴定站提出意见，报省测绘主管部门的劳动工资部门审定。

六、鉴定统计

（一）职业技能鉴定站于每次鉴定后，应填写劳动部统一制定的统计报表，报国家测绘局职业技能鉴定指导中心；

（二）国家测绘局职业技能鉴定指导中心对职业技能鉴定统计报表进行汇总，每半年向劳动和社会保障部上报一次。

七、鉴定工作一般应在职业技能鉴定站内进行，确属必要在站外鉴定的，须向国家测绘局职业技能鉴定指导中心提出申请，由国家测绘局职业技能鉴定指导中心对其提供的鉴定场所、设备和其他条件进行审核，确认符合标准后方可鉴定。

八、国家测绘局职业技能鉴定指导中心根据本办法制定实施细则，并负责具体实施。

关于印发《测绘行业特有工种职业资格证书管理办法》的通知

测人〔2000〕42 号

各省、自治区、直辖市测绘主管部门,国家测绘局职业技能鉴定指导中心:

现将《测绘行业特有工种职业资格证书管理办法》印发给你们,请遵照执行。

附件:《测绘行业特有工种职业资格证书管理办法》

国家测绘局人事司
二〇〇〇年五月十七日

测绘行业特有工种职业资格证书管理办法

为规范测绘行业特有工种职业资格证书的管理,依据劳动和社会保障部对证书管理的有关规定,并结合本行业具体情况制定本办法。

一、证书的颁发

对经测绘行业特有工种职业技能鉴定合格的人员,颁发《中华人民共和国职业资格证书》。证书办理的程序为:

(一)测绘行业特有工种职业技能鉴定站将鉴定合格人员名单报

国家测绘局职业技能鉴定指导中心审查汇总,由国家测绘局人事司核定;

(二)证书由国家测绘局职业技能鉴定指导中心按规定格式和编码方案统一办理,经国家测绘局人事司验印后颁发,各职业技能鉴定站负责将证书送交本人;

(三)测绘行业特有工种职业技能鉴定站须将取得证书人员名单汇总报省测绘主管部门的劳动工资机构备案。

二、证书的效用

(一)是国家对劳动者职业(工种)理论知识、操作技能的认可;

(二)是劳动者从事相应职业(工种)的资格凭证;

(三)是劳动者就业上岗和用人单位招收录用人员以及工资分配的主要依据;

(四)是我国劳动者境外就业、劳务输出、法律公证的有效证件;

(五)证书在全国范围内通用。

三、证书的编码

(一)测绘行业特有工种职业资格证书编码采用13位数字代码,从左至右的含义是:

1. 第1-2位为证书核发年份代码,取核发年份的后两位数字。如:2000年核发的证书编码前两位数取"00";

2. 第3-4位为测绘行业代码:"68";

3. 第5位为鉴定机构标志代码:"3";

4. 第6-8位为劳动和社会保障部下文批准的测绘行业特有工种职业技能鉴定站的站编号;

5. 第9位为证书类别代码,取值为1-5,依次表示:

1-《中华人民共和国职业资格证书》初级技能

2-《中华人民共和国职业资格证书》中级技能

3-《中华人民共和国职业资格证书》高级技能

4-《中华人民共和国职业资格证书》技师

5-《中华人民共和国职业资格证书》高级技师

6. 第10-13位表示证书核发顺序编码,每年度按鉴定机构分等级从0001-9999依次顺序取值。

(二)测绘行业特有工种职业技能鉴定指导中心具体负责证书编号工作。

(三)遗失证书补证的证书编码按原证书编码。

四、证书的填写

(一)测绘行业特有工种职业技能鉴定证书必须按照要求格式统一使用打印机打印,不得涂改,否则证书无效;

(二)证书照片处须贴本人近期二寸半身免冠照;

(三)出生日期、发证日期处均应使用阿拉伯数字填写。发证日期处填写发证机关审验通过的日期;

(四)文化程度处填写:小学、初中、高中、中专、技校、职业高中、大学专科、大学本科等;

(五)职业(工种)处按照《中华人民共和国工种分类目录(测绘)》中的名称填写;

(六)理论知识考核成绩、操作技能考核成绩和评定成绩处填写:合格、良好、优秀,其中合格成绩为60-79分,良好成绩为80-89分,优秀成绩为90-100分。

五、证书的验印

(一)在职业技能鉴定(指导)中心处盖国家测绘局职业技能鉴定指导中心的印章;

(二)在发证机关处盖国家测绘局人事司技能鉴定专用印章;

(三)在证书照片下角处盖国家测绘局人事司技能鉴定专用钢印。

六、证书的档案管理

(一)国家测绘局职业技能鉴定指导中心负责证书的档案管理工作;

(二)各职业技能鉴定站在国家测绘局职业技能鉴定指导中心指导下,建立健全证书的档案管理制度。

关于印发《国家测绘局青年学术和技术带头人管理办法》的通知

国测人字〔2000〕24 号

各省、自治区、直辖市测绘主管部门,各直属单位:

根据国务院办公厅转发的人事部等四部门《关于培养跨世纪学术和技术带头人的意见》以及人事部等七部门印发的《"百千万人才工程"实施方案》,国家测绘局于 1995 年建立了跨世纪学术和技术带头人制度,并相继出台了有关国家测绘局跨世纪学术和技术带头人遴选培养、考核、资助等方面的管理办法。5 年来,跨世纪学术和技术带头人队伍建设工作取得了显著的成绩,绝大多数带头人在本单位的科研或生产中起到了核心和骨干作用,其中一部分带头人走上了领导岗位。到 2000 年,全系统共遴选出国家测绘局跨世纪学术和技术带头人 54 名,其中有 8 名入选国家"百千万人才工程"第一、二层次,基本实现了"九五"测绘人才发展规划提出的总体目标。

为适应新形势发展的需要,继续做好测绘专业人才管理工作,进一步加强对青年学术和技术骨干的培养,形成有利于青年专业技术人才脱颖而出、迅速成长的机制,我们在总结国家测绘局跨世纪学术和技术带头人管理工作的基础上,制订了《国家测绘局青年学术和技术带头人管理办法》,现予印发,请各单位根据各自的实际情况贯彻实施,并制定配套的实施办法和措施,建立起相应的专业技术人才培养制度,为测绘事业的发展提供人才保障。

附件:1. 国家测绘局青年学术和技术带头人申报表
　　　2. 国家测绘局青年学术和技术带头人科技活动资助经费

申请书

3. 国家测绘局青年学术和技术带头人考评表

国家测绘局

二〇〇〇年十一月二十七日

国家测绘局青年学术
和技术带头人管理办法

第一章 总 则

第一条 为进一步加强对测绘系统青年学术和技术骨干的培养,形成有利于青年专业技术人才脱颖而出、迅速成长的机制,有力推动测绘科技进步和技术创新,在总结国家测绘局跨世纪学术和技术带头人管理工作的基础上,制定本办法。

第二条 青年学术和技术带头人的总体数量掌握在 50 名左右,实行动态管理,按照公开、公平、择优的原则,通过考评、增选,定期对组成人员进行筛选调整,确保青年学术和技术带头人的质量。

第三条 青年学术和技术带头人的管理及考评、增选的组织工作由国家测绘局人事部门负责。

第四条 国家测绘局聘请专家和学者组成国家测绘局青年学术和技术带头人评审委员会(以下简称评审委员会),依照本办法的规定,负责青年学术和技术带头人的考评与增选。评审委员会由 11 人组成。

第二章 管 理

第五条 设立青年学术和技术带头人津贴。当选青年学术和技术带头人每月可获得津贴 200 元。

津贴由青年学术和技术带头人所在单位逐月发放,所需款项由国家测绘局与青年学术和技术带头人所在单位按照 1∶1 的比例共同承担。

第六条 实行青年学术和技术带头人定期培训制度。国家测绘局每年举行一次面向青年学术和技术带头人的学术活动,使其及时了解和掌握最新科技知识和技术,青年学术和技术带头人应按要求参加学术活动。

第七条 青年学术和技术带头人所在单位要主动为他们的学习和深造提供机会。每年要至少为他们提供一周的离岗学习时间,对于他们外出调研、考察和参加有关学术会议给予必要的支持。

第八条 青年学术和技术带头人应主动参加各种形式的继续教育学习,自觉提高自身素质。同时,要及时对自己的科研和生产活动进行总结,不断提高理论联系实际的能力,每年应至少在公开出版发行的期刊上发表学术论文一篇。

第九条 有下列情况之一,将不再按照青年学术和技术带头人管理。

1. 年龄满 45 周岁的;
2. 未参加考评或考评不合格的;
3. 未参加本单位年度考核或年度考核不合格的;
4. 调出测绘系统的;
5. 脱离专业技术岗位的;
6. 调入上级行政机关或担任本单位党政领导的。

第三章 考 评

第十条 实行青年学术和技术带头人考评制度。考评工作每两年进行一次,结合青年学术和技术带头人增选工作同时进行。

参加考评的青年学术和技术带头人需填写《国家测绘局青年学术和技术带头人考评表》,报国家测绘局人事部门审核后提交评审委员会考评。考评结果由国家测绘局人事部门书面通知本人。

第十一条 考评内容包括德、能、勤、绩四个方面,重点考评学术和技术水平。考评结果分为合格与不合格两个等次。有下列情况之一的,考评结果将确定为不合格。

1. 严重违反职业道德或在政治、经济上犯有严重错误;

2. 不能完成规定的工作任务;

3. 对出现的重大生产技术事故负有直接责任;

4. 不重视新技术、新理论的学习和应用,在学术和技术上明显落伍,起不到学术和技术带头人的作用;

5. 未按规定完成专业技术人员应参加继续教育的学时数;

6. 没有按要求发表学术论文;

7. 与申报增选的候选人比较,在学术、技术水平和培养潜力方面有明显差距。

第十二条 对于在生产或科研工作中取得显著成绩或做出突出贡献的青年学术和技术带头人,经评审委员会考评并报国家测绘局批准,将给予奖励。

第四章 增 选

第十三条 青年学术和技术带头人的增选工作每两年进行一次。

增选青年学术和技术带头人的候选人由测绘系统各单位在充分

听取本单位专业技术人员意见的基础上,向国家测绘局限额推荐。

推荐候选人需填报《国家测绘局青年学术和技术带头人申报表》,并提供真实、可靠的评价材料。

第十四条　国家测绘局人事部门负责对各单位推荐的候选人进行初审,将符合评审条件者提交评审委员会评审。

第十五条　评审结果由国家测绘局批准后公布。当选的青年学术和技术带头人由国家测绘局颁发证书。

第五章　增选条件

第十六条　增选的青年学术和技术带头人应符合如下三项基本条件:

1. 在测绘系统各类企事业单位从事专业技术工作;

2. 年龄在 40 岁以下;

3. 具有中级及以上专业技术职务。

第十七条　增选的青年学术和技术带头人应热爱祖国,坚持四项基本原则,遵纪守法,刻苦钻研业务知识,治学态度严谨,有良好的职业道德。

第十八条　增选的青年学术和技术带头人在专业技术方面须符合下列条件之一:

1. 在本学科领域具有坚实的理论基础和较高的学术水平,近三年曾公开或出版发表代表学术地位和水平的论文、著作,熟悉国际上本学科的发展动向,能对国内本学科的发展起带头作用;

2. 近三年参加过国家或省部级科研项目并取得突出成绩;

3. 近三年主持过重大测绘项目或工程,并在技术方面做出较大贡献;

4. 在近三年内创造性地解决生产、科研中的技术难题,且水平处于国内领先地位,取得了显著的经济效益或社会效益。

第六章 科技活动资助

第十九条 国家测绘局按照平均每人每年 0.5 万元的额度设立青年学术和技术带头人培养基金，对青年学术和技术带头人从事科技活动进行资助。获得国家测绘局资助的青年学术和技术带头人所在的单位要对国家测绘局资助的经费进行 1:1 的匹配。

资助经费主要用于青年学术和技术带头人参加学术、技术活动或购买所承担科研项目所需的有关资料。

第二十条 欲申请科技活动资助的青年学术和技术带头人应于每年 2 月底以前向所在单位提交《国家测绘局青年学术和技术带头人科技活动资助经费申请表》，由所在单位人事部门与财务部门审核后，于 3 月底前报国家测绘局人事部门，同时附单位财务部门同意匹配经费的证明。

第二十一条 国家测绘局人事部门在专家评议的基础上核准资助经费金额，并由财务部门将经费下达至青年学术和技术带头人所在单位。

第二十二条 资助经费由青年学术和技术带头人所在单位人事部门负责管理。

第二十三条 接受资助的青年学术和技术带头人所在单位每年度要将资金(含匹配资金)使用和资助项目的进展情况报国家测绘局人事部门。

第二十四条 国家测绘局人事和财务部门将对有关单位的资助经费使用情况进行检查，对未按规定匹配资金的，将责令退还国家测绘局下拨的资助经费，并对该单位进行通报批评；对资金使用不合理的，将视情节做出责令调整经费使用、减少或取消资助经费等决定。

第二十五条 鼓励青年学术和技术带头人联合申请科技活动资助经费，对生产单位与科研单位的青年学术和技术带头人合作申报的科研项目将优先资助。

第二十六条　青年学术和技术带头人在申请国家测绘局测绘科技发展基金项目时将给予适当的倾斜。

第七章　附　则

第二十七条　本办法由国家测绘局负责解释。

第二十八条　本办法自 2001 年 1 月 1 日起执行。原《国家测绘局跨世纪学术和技术带头人遴选及管理暂行办法》、《国家测绘局跨世纪学术和技术带头人考核办法》、《国家测绘局跨世纪学术和技术带头人科技活动资助经费管理办法》即行停止。

附件 1：

国家测绘局
青年学术和技术带头人申报表

单位＿＿＿＿＿＿＿＿＿＿

姓名＿＿＿＿＿＿＿＿＿＿

专业＿＿＿＿＿＿＿＿＿＿

国家测绘局制

一、基本情况：

姓名		性别		出生年月		年　月		政治面貌	
单位				行政职务				技术职务	
所学专业				现从事专业					
是否享受政府津贴				是否突贡专家					
通讯地址						邮政编码			
E-mail						联系电话			
最高学历		毕业学校					毕业时间		
最高学位		授予国别					授予时间		

二、主要工作经历：

序号	起止时间	单位名称	从事专业	职　务
1	年　月— 年　月			
2	年　月— 年　月			
3	年　月— 年　月			
4	年　月— 年　月			
5	年　月— 年　月			

三、掌握外语情况：

语　种	水　平

水平:最好说明公开发表、翻译的资料字数,或通用的水平考试(如 TOEFL 等)成绩等。

四、近三年发表论文和专著(教材)情况：

序号	题　目	发表时间	刊物名称	国别	作者排名
1		年			
2		年			
3		年			
4		年			
5		年			
6		年			
7		年			
8		年			
9		年			
10		年			

发表的论文和专著(教材)必须是公开发行刊物和正式出版。

452

五、近三年完成国内外重大测绘项目(工程)情况:

序号	项目名称	起始时间	完成时间	任务来源	角色及排名
1					
2					
3					
4					

任务来源:国家、部委、省市、横向单位、国际合作、其他。

六、近三年解决生产或科研技术难题情况:

序号	所解决技术问题提要	水平评价及效益情况	完成时间	角色及排名
1				
2				

注:上述五、六两表所填内容应附专家组对项目完成情况或所解决技术问题的评议意见(如当时的成果、技术鉴定书或项目验收报告等)。

角色:主持全面、主持某一方面、主要参加、一般参加,并注明排名。

七、现承担主要专业技术工作情况:

序号	承担项目名称	起始时间	预计完成时间	任务来源	角色
1					
2					
3					

任务来源:国家、部委、省市、横向单位、国际合作、其他。

八、近三年获奖情况:(只填本人主持或主要参加完成的项目)

序号	项目名称	类别	级别	等级	排名	批准时间
1						年
2						年
3						年
4						年
5						年

类别:1—自然科学奖　2—发明奖　3—科技进步奖　4—其他类别奖;

级别:1—国家级　2—部委级　3—省级;

等级:T—特等奖　1——等奖　2—二等奖　3—三等奖　4—四等奖。

(所填内容应附获奖证书复印件)

九、重要社会兼职情况:

序号	兼职单位或团体名称	职务	任职时间
1			
2			
3			
4			
5			

十、出国情况:(在一国一次停留六个月以上者填写)

序号	起止日期	国别及单位	研究领域	导师及合作者	出国性质
1					
2					
3					
4					

出国性质:1. 留学　2. 进修　3. 合作研究。

454

十一、主要业绩：

基层单位领导签字：　　　　　　　　　　　基层单位盖章
　　年　月　日　　　　　　　　　　　　　年　月　日

十二、推荐单位意见：

推荐单位负责人签字：   推荐单位盖章
　　年　月　日　　　　　　　　　　　　年　月　日

十三、评审委员会意见：

评审委员会人数	参加人数	表决结果						备注
		赞成人数		反对人数		弃权人数		

评审委员会主任签字：

年　月　日

十四、国家测绘局审批意见：

年　月　日

附件2：

国家测绘局青年学术和技术带头人
科技活动资助经费申请表

课题名称＿＿＿＿＿＿＿＿＿＿＿＿＿

申　请　人＿＿＿＿＿＿＿＿＿＿＿＿＿

工作单位＿＿＿＿＿＿＿＿＿＿＿＿＿

申请日期＿＿＿＿＿＿＿＿＿＿＿＿＿

申报单位＿＿＿＿＿＿＿＿＿＿＿＿＿

国家测绘局制

填报说明

一、填写申请书之前，请先查阅《国家测绘局青年学术和技术带头人管理办法》。

二、凡选择性栏目，请在标有字符 A、B、C、……上打"√"。

三、申请书中无法用汉字表达的外文须用印刷体书写，数字用阿拉伯字书写。

四、申请书一至三项均由申请人本人（或委托单位有关负责人）填写；第四项应由所在基层单位的领导签署审查意见后，由申报单位人事、财务部门提出资金匹配意见，申报单位领导签字并加盖申报单位公章。

五、申请资助经费课题（项目）和款项，由国家测绘局人事部门组织有关专家评审后批准。

一、简表

申请人	姓名		性别		民族	年龄	
	从事专业			专业技术职务或职称			
	最后学历	大学	年　月毕业于			学位	A、博士 B、硕士 C、学士
		研究生	年　月毕业于				
	当选年度		上年度专业技术人员考核结果				
所在单位	名　称						
	所在地						
	通讯地址						
	电　话			邮编			

申报课题或项目	名称				
	性质	A、基础研究　B、应用研究　C、技术改造			
	项目或课题来源	A、国家 B、部委(省、自治区、直辖市) C、国际合作 D、横向单位 E、其他(个人自选)			
	是否申报测绘科技发展基金		A、是　　B、否		
	主要合作者	姓　名	单　位	分担工作	是否带头人
	起止年月	年　月至　年　月			

460

二、申请资助经费的具体说明

研究内容、意义、国内外研究概况及发展趋势、研究方案、研究基础等

461

申请人签名：
年 月 日

462

三、申请资助经费预算表

金额单位:元(人民币)

申请资助经费金额		
经费受理单位名称		
开户银行及账号		
其他经费来源及数额		

预算支出科目	金额	预算依据

四、单位审核意见

	对申请人的业务素质、研究能力的评价和申请书各项内容的真实性、经费预算的合理性及单位能否提供其研究条件等签署意见
申请人所在基层单位意见	负责人签字： 年　月　日　　　　　　　　　　　　　单 位 盖 章 　　　　　　　　　　　　　　　　　　　　年　月　日
资金匹配意见	申报单位人事部门（章）　　　　　　申报单位财务部门（章） 　年　月　日　　　　　　　　　　　　年　月　日
申报单位意见	负责人签字： 年　月　日　　　　　　　　　　　　　单 位 盖 章 　　　　　　　　　　　　　　　　　　　　年　月　日

464

五、审批意见

专家评审意见		专家签字： 年　月　日	
国家测绘局审批意见	资　助 金　额	人民币大写	
		人民币小写(元)	
		年　月　日	

465

国家测绘局
青年学术和技术带头人考评表

姓名_____

单位_____

专业_____

国家测绘局制

一、基本情况：

姓名		性别		出生年月	年　月	政治面貌	
单位				行政职务		专业技术职务	
当选年份				上年度专业技术人员考核结果			
享受政府特殊津贴年份		当选突贡专家年份			入选百千万人才工程年份		
通讯地址				邮政编码		联系电话	

二、当选后主要工作变动情况：

序号	起止时间	单位名称	从事专业	职　务
1	年　月— 年　月			
2	年　月— 年　月			
3	年　月— 年　月			

三、近两年参加继续教育学习情况：

序号	学习内容	主办单位	时间及地点	学时数
1				
2				
3				
4				
5				
6				
7				
8				

四、近两年发表的主要论文和专著(教材)情况：

序号	题　　目	发表时间	刊物名称	国别	作者排名
1		年			
2		年			
3		年			
4		年			
5		年			
6		年			
7		年			
8		年			
9		年			
10		年			

发表的论文和专著(教材)必须是公开发行刊物和正式出版。

468

五、近两年完成国内外重大测绘项目(工程)情况：

序号	项目名称	起始时间	完成时间	任务来源	角色及排名
1					
2					
3					
4					

任务来源：国家、部委、省市、横向单位、国际合作、其他。

六、近两年解决生产或科研技术难题情况：

序号	所解决技术问题提要	水平评价及效益情况	完成时间	角色及排名
1				
2				

注：上述五、六两表所填内容应附专家组对项目完成情况或所解决技术问题的评议意见(如当时的成果、技术鉴定书或项目验收报告等)。

角色：主持全面、主持某一方面、主要参加、一般参加，并注明排名。

七、现承担主要专业技术工作情况：

序号	承担项目名称	起始时间	预计完成时间	任务来源	角色
1					
2					
3					

任务来源：国家、部委、省市、横向单位、国际合作、其他。

八、近两年获奖情况：(只填本人主持或主要参加完成的项目)

序号	项目名称	类别	级别	等级	排名	批准时间
1						年
2						年
3						年
4						年
5						年

类别：1—自然科学奖　2—发明奖　3—科技进步奖　4—其他类别奖；

级别：1—国家级　2—部委级　3—省级；

等级：T—特等奖　1—一等奖　2—二等奖　3—三等奖　4—四等奖。

（所填内容应附获奖证书复印件）

九、近两年出国情况：(在一国一次停留六个月以上者填写)

序号	起止日期	国别及单位	研究领域	导师及合作者	出国性质
1					
2					
3					
4					

出国性质：1. 留学　2. 进修　3. 合作研究。

470

十、近两年取得的主要业绩：

基层单位领导签字：　　　　　　　　　　　基层单位盖章
　　年　月　日　　　　　　　　　　　　　　年　月　日

471

十一、单位意见：

单位负责人签字：　　　　　　　　　　　　　　（盖章）
　年　月　日　　　　　　　　　　　　　　　年　月　日

十二、评审委员会意见：

评审委员会人数	参加人数	表决结果						备注
		同意 人数		反对 人数		弃权 人数		

评审委员会主任签字：
年　　月　　日

十三、国家测绘局审批意见：

年　　月　　日

473

国家测绘局公告

第 1 号

国家"九五"测绘科技攻关项目《我国分米级精度大地水准面——CQG2000》已通过国家测绘局组织的验收。根据《中华人民共和国测绘法》、《中华人民共和国测绘成果管理规定》,国家测绘局决定启用《我国分米级精度大地水准面——CQG2000》(以下简称:CQG2000),特公告如下:

一、CQG2000 覆盖我国大陆及其海岸线以外 400 公里的区域和南海诸岛及其周围海域。其分辨率高,精度达到分米级,比我国第一代大地水准面成果(CQG1980)提高一个数量级。

二、CQG2000 包含下列成果:

(一)图件成果(参考椭球:GRS80)

1.1:600 万比例尺高程异常等值线全图(陆地、海洋);

2.1:600 万比例尺大陆地区高程异常等值线图;

3.1:100 万比例尺标准图幅高程异常等值线图。

(二)数字成果

1.$15' \times 15'$ 格网平均高程异常数字模型;

2.$15' \times 15'$ 格网平均重力异常数据(中间成果),包括:地形均衡异常、布格重力异常、空间重力异常。

三、CQG2000 由国家基础地理信息中心负责保管,成果的提供和使用依照测绘资料管理的有关规定办理。

特此公告。

国家测绘局

二○○一年二月二十三日

474

国家测绘局公告

第 2 号

国家第二期一等水准复测成果已通过国家测绘局组织的验收。根据《中华人民共和国测绘法》、《中华人民共和国测绘成果管理规定》，国家测绘局决定启用国家第二期一等水准复测成果，特公告如下：

一、国家第二期一等水准复测采用"1985 国家高程基准"，施测路线 246 条，总长 85 452.9 公里，组成闭合环 77 个，共测定 16 485 个固定水准点的正常高高程，其精度为每公里±1.13mm。

二、国家第二期一等水准复测成果包含下列内容：

1. 全国或局部区域复测路线网图；

2. 高程成果表；

3. 点之记；

4. 成果数据库。

三、国家第二期一等水准复测成果由国家基础地理信息中心（国家测绘档案资料馆）和国家测绘档案资料馆大地测量档案分馆（陕西）保管。成果的提供和使用依照测绘成果管理的有关规定办理。

特此公告。

国家测绘局

二〇〇一年三月二十七日

国家测绘局公告

第 3 号

国家高精度水准网动态平差成果已通过国家测绘局组织的验收。根据《中华人民共和国测绘法》、《中华人民共和国测绘成果管理规定》,国家测绘局决定启用国家高精度水准网动态平差成果,特公告如下:

一、国家高精度水准网动态平差成果是对 1951—1999 年间我国三期高精度水准测量数据进行处理,首次获得的我国大陆近50 年来陆地垂直运动的有关数据。

二、国家高精度水准网动态平差成果包含下列内容:

1. 中国大陆陆地垂直运动速率图(1951 年—1999 年)

2. 中国大陆陆地垂直运动速率图(1976 年—1999 年)

3. 国家高精度水准网动态平差垂直运动速率成果(数据)

三、国家高精度水准网动态平差成果由国家基础地理信息中心(国家测绘档案资料馆)和国家测绘档案资料馆大地测量档案分馆(西安)保管。成果的提供与使用依照测绘成果管理的有关规定办理。

特此公告。

国家测绘局

二〇〇一年六月十五日

476

关于印发《国家基础测绘项目
管理办法（试行）》的通知

国测国字〔2001〕7 号

各省、自治区、直辖市测绘主管部门,各直属单位:

现将《国家基础测绘项目管理办法(试行)》印发给你们,请遵照执行。在执行过程中请各单位注意总结经验,并及时将意见反馈我局国土测绘司。

附件:1.国家基础测绘项目建议书

2.国家基础测绘项目可行性研究报告

3.国家基础测绘项目合同书

4.国家基础测绘项目设计书

国家测绘局

二○○一年四月十二日

国家基础测绘项目管理办法
（试行）

第一章 总 则

第一条 为科学、规范管理国家基础测绘项目,保证国家基础测绘项目的顺利实施,制定本办法。

　　第二条　本办法适用于负责组织、承担国家基础测绘项目的有关单位。

　　第三条　国家基础测绘项目管理分为前期准备、项目申报、项目实施、项目验收四个阶段。

　　第四条　国家基础测绘项目在实施过程中实行项目法人责任制管理。

　　第五条　负责国家基础测绘项目实施的单位为项目法人单位,其他参与国家基础测绘项目实施的单位为项目协作单位。

　　第六条　国家基础测绘项目经费预算依据国家颁布的测绘生产成本费用定额。

第二章　管理职责

　　第七条　国家测绘局和项目法人单位按下列职责与权限对国家基础测绘项目进行管理:

　　(一)国家测绘局

　　1. 审查国家基础测绘项目建议书;

　　2. 提出国家基础测绘项目需求建议;

　　3. 组织国家基础测绘项目可行性研究报告的论证;

　　4. 建立和维护国家基础测绘项目备选库;

　　5. 负责从项目备选库中选定项目;

　　6. 编制年度国家基础测绘项目计划;

　　7. 确定项目法人单位,签订国家基础测绘项目合同书;

　　8. 协调国家基础测绘项目组织实施中的重大问题;

　　9. 审批国家基础测绘项目设计书;

　　10. 监督、检查国家基础测绘项目的实施;

　　11. 组织国家基础测绘项目成果的验收。

　　(二)项目法人单位

478

1. 编报国家基础测绘项目可行性研究报告；

2. 编报国家基础测绘项目设计书；

3. 选择国家基础测绘项目的协作单位；

4. 审批协作单位编报的专业技术设计书；

5. 负责国家基础测绘项目的实施工作；

6. 负责国家基础测绘项目成果和档案资料的汇交。

第三章　前期准备

第八条　前期准备工作包括国家基础测绘项目建议书的提出、项目建议书的审查、编制项目可行性研究报告、项目可行性论证、建立项目备选库。

第九条　国家测绘局系统的各有关单位均可根据国家测绘事业中、长期发展规划及国民经济建设和社会发展需求，结合资源条件，经过调查、预测和分析，提出国家基础测绘项目建议书(见附件1)。

第十条　国家测绘局组织审查国家基础测绘项目建议书后提出项目需求建议。

第十一条　国家基础测绘项目建议书通过审查后由国家测绘局以文件形式，通知有关单位开展项目可行性研究工作，编制国家基础测绘项目可行性研究报告(见附件2)。

第十二条　项目可行性研究报告由国家测绘局组织论证。论证内容应包括：

1. 是否符合国民经济建设与社会发展需要；

2. 是否符合测绘事业中长期发展目标；

3. 项目目标是否明确；

4. 是否具备项目实施的必要条件；

5. 经费预算是否合理；

6. 经济、社会效益分析。

第十三条　项目通过可行性论证后，纳入国家基础测绘项目备选库。

第十四条　项目备选库是开放式的,动态的,有序的。国家测绘局负责按上述程序扩充和调整项目备选库中的项目。

第四章　项目申报

第十五条　国家测绘局按项目的重要性和需求的紧迫程度,确定项目的优先排序;根据下一年度的国家预算限额,从项目备选库中提选有关项目,于每年 10 月份报送财政部。

第十六条　除因重大政策调整或难以预料的因素而增加临时性项目外,一般均应从项目备选库中选定项目报送财政部。

第十七条　国家测绘局根据纳入年度财政预算的项目,每年 12 月编制下一年度国家基础测绘项目计划,确定项目法人单位,待财政部批准细化预算后签订国家基础测绘项目合同书(见附件 3)。

第五章　项目实施

第十八条　项目实施包括项目设计书的编写、项目设计书的审批、项目的执行等过程。

第十九条　项目法人单位在项目纳入年度财政预算后最多 2 个月内将项目设计书报送国家测绘局(见附件 4)。

第二十条　在项目设计书报送国家测绘局前,项目法人单位应组织专家审议项目设计书,形成审议意见,并据此对项目设计书进行修改、完善。审议内容包括:

　1. 项目设计目标与项目可行性研究方案目标是否一致;

　2. 基础资料情况是否满足生产要求;

　3. 技术路线设计是否合理、可行;

　4. 项目经费使用计划是否合理;

　5. 项目管理措施是否得当、可行。

第二十一条　项目设计书的审议形式不限,但其审议形式、审议专家名单需报经国家测绘局同意。

第二十二条　国家测绘局在收到项目设计书 15 日内,对项目设计书进行审批。项目法人单位依据批准的项目设计书组织项目实施。

第二十三条　项目法人单位根据实际需求选择项目的协作单位,同时签订项目协作合同书,并抄送国家测绘局备案。

第二十四条　对重大国家基础测绘项目在实施过程中将逐步引入项目监理制。

第二十五条　在项目实施期间,项目法人单位应在每年 6 月和 12 月向国家测绘局报告项目实施情况。报告内容包括:

1. 项目总体进展情况;

2. 资金使用情况;

3. 项目的组织与管理情况;

4. 项目执行中出现的问题及处理意见;

5. 有关问题的建议。

第二十六条　国家基础测绘项目合同书一经签订,必须严格执行。遇有特殊情况,甲、乙双方经协商后,可以对基础测绘项目做出调整或终止执行。调整或终止后的基础测绘项目,其后期管理程序,原则上仍按本规定执行。

第二十七条　在项目实施过程中,国家测绘局根据情况,对项目的执行情况进行检查、监督,并在必要时以通报形式公布检查结果。

第二十八条　在项目实施过程中,严禁改变项目资金的用途、提高核定的开支标准和随意扩大或缩小项目的规模。

第二十九条　项目按计划进度完成后项目法人单位应尽快向国家测绘局提出项目验收申请,验收一般须在 2 个月内完成。

第六章　项目验收

第三十条　项目协作单位应按照《测绘产品检查验收规定》完成其产品的检查验收工作，并向项目法人单位汇交产品检查报告、产品验收报告及相应的产品成果。

第三十一条　在项目协作单位向项目法人单位汇交产品检查报告、产品验收报告及相应的产品成果后，由项目法人单位编写项目总结报告，并向国家测绘局提交项目验收申请报告和项目验收的文件资料。

申请项目验收所需文件资料包括：

1. 项目总结报告；

2. 产品检查报告和产品验收报告，实行项目监理制的项目另附项目监理情况报告；

3. 项目经费使用情况报告，重大项目需要财务审计报告；

4. 必要时提出项目社会、经济效益分析报告。

第三十二条　项目验收工作由国家测绘局组织或委托有关单位实施。

第三十三条　项目验收工作依据经过批准的项目设计书、相关的生产技术规定及有关文件等进行。验收内容包括：

1. 项目目标完成情况的评价；

2. 项目成果质量及技术指标的评价；

3. 项目经费使用情况的评价；

4. 必要时做出对项目社会、经济效益的评价。

第三十四条　对跨年度的项目，可以对成果进行分期验收。

第三十五条　国家基础测绘项目成果经验收合格后，于2个月内由项目法人单位将有关成果资料和项目档案交国家基础地理信息中心接收。

第七章　附　则

第三十六条　本办法由国家测绘局负责解释。

第三十七条　本办法自颁发之日起实行。

国家基础测绘项目建议书

项目名称:
建议单位:(公章)
联系电话:

国家测绘局
年　　月　　日

1. 项目提出的必要性和依据
2. 项目目标、内容及主要技术指标
3. 拟利用的各种资源的可能性和可靠性分析
4. 主要生产技术与工艺
5. 总投资规模估算
6. 进度安排
7. 预期社会效果、经济效果分析

附件 2：

国家基础测绘项目可行性研究报告

项目名称：

编制单位：(公章)

联系电话：

国家测绘局

年　　月　　日

1. 项目开展的必要性

1.1 项目需求情况

1.2 项目开展的目的、意义

2. 项目目标及主要技术指标

2.1 项目的目标、内容

2.2 产品形式及主要技术指标

2.3 生产技术路线、工艺流程

3. 项目开展的条件分析

3.1 现有工作基础(科学研究、生产试验等)

3.2 软硬件环境条件

3.3 人才储备条件

3.4 资料条件

4. 项目组织管理分析

4.1 组织机构管理

4.2 质量管理措施

4.3 人员培训

5. 项目计划进度

5.1 项目设计书编制计划

5.2 试生产安排

5.3 项目总进度

6. 项目总经费预算

6.1 预算依据

6.2 资金筹措方案

7. 经济效益与社会效益评价

8. 综合结论与建议

附件3：

国家基础测绘项目合同书

合同编号：　　　　　　　　　　　　　
项目名称：　　　　　　　　　　　　　
委托方(甲方)：　　　　　　　　　　
承担方(乙方)：　　　　　　　　　　
项目起止时间：

第一条 为确保国家基础测绘项目的顺利实施,合同委托方(以下简称甲方)与本合同承担方(以下简称乙方)根据《中华人民共和国合同法》、《中华人民共和国测绘法》和《国家基础测绘项目管理试行办法》等有关法律法规,在平等自愿、充分协商和诚实守信的基础上签订本合同,共同信守履行。

第二条 项目概况

1. 项目区范围(包括项目区面积、地理位置等):

2. 任务量及项目主要内容:

第三条 执行技术标准(或技术规定及其他技术要求)

第四条 项目完成期限及应提交的成果

1. 项目完成期限:＿＿年＿＿月＿＿日

乙方应于项目完成之日起20日内向甲方提出验收申请。甲方自接到乙方申请后3个月内,组织项目的验收。

2. 提交的成果

序号	产品名称	单位	数量	备注

对乙方所提交的成果质量有争议时,由国家级测绘产品质检部门裁决,其费用由败诉方承担。

第五条 项目经费

1. 预算依据:_____

2. 工作量与经费预算

序号	作业单位 (含项目协作单位)	工作内容	工作量	经费预算 (元)	备注
合计					

490

3. 项目经费拨付及结算：合同签订之后,甲方应即向乙方预付年度项目预算经费的 20%,之后每半年由乙方按项目进度计划,提出拨付经费额度申请,经甲方审核后由甲方拨付。项目完成并验收合格后,进行项目经费结算。

第六条　违约处罚

1. 合同签订后,且乙方已经开始项目工作并发生经费消耗,甲方应按乙方完成的实际工作量支付项目款。

2. 因甲方原因造成乙方损失的费用由甲方赔偿,其工期相应延长。

3. 在甲方提供必要工作条件后,乙方未能按合同规定的日期提交测绘成果时,应按项目合同经费 5% 乘以拖期月数,向甲方赔偿拖期损失费。因客观原因造成的工期拖延,乙方不承担赔偿责任。

4. 上交的成果质量不符合合同要求时,乙方应负责无偿重测或返工,以达到质量要求。因成果质量不符合合同要求,造成不良后果时,乙方应对因此造成的直接损失负赔偿责任,并承担法律责任。

5. 对于甲方提供的技术资料及属于甲方的成果,乙方有义务保密,不得向第三方转让,否则,甲方有权要求乙方按项目合同经费30%赔偿损失。

第七条　其他约定事项

1. 由于不可抗拒的原因,致使本合同无法履行时,双方应按有关法律规定及时协商处理。

2. 本合同未尽事宜,经合同甲、乙双方协商一致,签署补充协议,补充协议与本合同具有同等效力。

第八条　争议解决办法

在本合同履行过程中发生的争议,由双方当事人协商解决。

第九条　合同的生效与终止

1. 合同由甲、乙双方代表人签字,同时加盖公章或合同专用章即生效。甲、乙双方履行完本合同规定的义务后,本合同终止。

2. 本合同一式____份,甲方____份,乙方____份。

甲方　　　　　　　　　　乙方
单位地址：　　　　　　　单位地址：
邮政编码：　　　　　　　邮政编码：
联系电话：　　　　　　　联系电话：
开户银行：　　　　　　　开户银行：
银行账号：　　　　　　　银行账号：

甲方代表人　　　　　　　乙方代表人
（或委托代理人）（签字）　（或委托代理人）（签字）

甲方单位名称（盖章）　　乙方单位名称（盖章）
　年　月　日　　　　　　　年　月　日

附件 4：

项目编号：

国家基础测绘项目设计书

项目名称：
项目法人单位：
项目负责人：

国家测绘局
年　　月　　日

1. 项目概况

1.1　项目名称

1.2　项目来源

1.3　项目区范围

1.4　项目任务量

2. 项目目标及主要指标

2.1　项目的目标

2.2　产品形式及主要经济指标

3. 项目资料情况分析

3.1　已有资料数量、品种情况

3.2　已有资料的质量情况及评价

3.3　已有资料的可利用性和利用方案

4. 项目设计方案

4.1　项目设计的依据(包括法规、文件或合同)

4.2　所采用的技术标准

4.3　技术路线及工艺流程,精度估算或说明

4.4　软硬件环境

4.5　质量保障措施和要求

4.6　项目组织形式

4.7　项目成果归档内容和要求

5. 项目进度计划

5.1　项目法人单位及协作单位的任务安排方案(含附表、附图)

5.2　各阶段进度安排(从资料分析、试验到验收、归档)

5.3　分年度进度安排(含工作量划分)

6. 项目经费使用计划

6.1　项目区困难类别的划分

6.2　项目经费预算依据

6.3　项目法人单位及协作单位经费预算方案

6.4　分年度经费使用计划(包括项目法人单位和协作单位的经费使用计划)

494

关于加强测绘系统
会计电算化工作的通知

测办〔2001〕94 号

各省、自治区、直辖市测绘主管部门,局所属各单位:

为贯彻落实全国测绘系统财务工作会议精神,进一步提高测绘系统财务会计工作水平,我局决定在测绘系统全面推行会计电算化工作。现将有关问题通知如下:

一、要充分认识加强会计电算化工作的重要性

当今社会已进入信息时代。充分利用计算机和网络等现代化技术手段,进行会计核算和财务管理,实现会计电算化,是会计工作的发展方向,也是进一步提高财务会计工作质量和提高财会队伍业务素质的需要。特别是随着部门预算制度改革的不断推进,对计算机应用和网络技术实现提出了更高的要求,各部门、各单位只有利用计算机等现代化技术手段,才能完成好部门预算的编制及汇总上报工作。为了加强预算编制的管理,财政部近期决定建设预算编制网络,实现预算编制的快速传递与信息共享,并逐步达到预算的编制、上报、汇总及预算批复的网络化处理。

近年来,测绘部门的会计电算化工作取得了一定进展,但也明显存在普及不够、层次不高、配置不足的问题,还不能适应财会工作改革与发展的需要。因此,各单位一定要充分认识会计电算化工作的重要性,切实加强本单位的会计电算化工作,不断加大对会计电算化所需资金的投入。目前,重点是在充分利用好现有设备的基础上,加强软件开发应用、网络建设和人才培训。会计电算化是一项系统工程,涉及单位内部的各个业务部门,各单位应加强组织领导,并由财务部门牵头,制定本单位会计电算化的实施方案,统一协调单位内部

各业务部门共同搞好会计电算化工作。

二、测绘部门会计电算化工作的目标和基本任务

"十五"期间,测绘部门会计电算化工作的目标是:加强测绘部门会计电算化工作的组织和实施,通过制订规划和实施方案、培训人员、推广经验等措施,使测绘事业单位在会计核算业务、预算与决算编制等方面全面实现电算化;加快建设测绘部门预算编制网络,基本实现预算与决算编制的网络化。

根据 2001 年测绘系统财务工作会议精神和财政部关于加强会计电算化工作的有关规定和要求,"十五"期间,测绘部门会计电算化工作的基本任务是:

1. 研究制定测绘部门会计电算化实施方案,并组织实施。

2. 建立、健全会计电算化管理制度。

3. 做好硬件和财务软件的配置与升级换代工作,并组织应用开发。

4. 开展会计电算化培训工作。

5. 总结、交流、推广会计电算化经验,组织会计电算化理论研究,指导基层单位开展会计电算化工作。

6. 完成测绘部门预算编制网络系统。

三、近期推进测绘部门会计电算化的主要工作

为了进一步推动测绘部门的会计电算化工作,在明后年内,要做好以下三项工作:

1. 制定相应的电算化基础工作规范。根据《测绘事业单位会计制度》和财政部关于会计电算化的有关文件要求,建立既符合测绘事业单位会计工作需要,又具有会计电算化特点的《测绘事业单位会计电算化内部管理制度》,主要包括岗位责任制、计算机操作管理制度、计算机软硬件维护制度、电算化会计档案管理制度等,保证会计电算化工作制度化。通过应用研究,尽快出台《测绘事业单位会计电算化应用范例》,为各单位开展会计电算化工作提供一个应用样本。

2. 做好电算化软件和硬件配置与升级换代工作。从 1997 年起,国家局陆续为直属单位配置了计算机和用友财务软件。经过几年的推广应用,该软件能够满足测绘事业单位实施会计电算化的要求,功能强大、操作简便、售后服务好,具有较高的推广应用价值。为进一步推进会计电算化工作,国家局将在两年内,完成电算化软件和硬件的升级换代工作,为各单位统一配置或升级最新版本的用友财务软件。

各单位应按照循序渐进、逐步提高的原则,积极开展会计电算化工作,通过三个步骤,争取于 2003 年全面甩掉手工账,实现会计核算电算化。第一步,实现账务处理、报表编制、应收应付账款、工资等核算工作的电算化;第二步,实现固定资产、存货、成本费用等管理工作电算化;第三步,实现财务分析和财务管理工作电算化。

3. 加强培训工作。2002 年,国家局将根据财务软件配置的进度,分别为直属单位和地方省局各举办一期会计电算化培训班,今后将根据工作需要不定期举办电算化培训班与座谈会,交流经验。各单位应结合本单位的具体情况,开展多种形式的培训,切实提高会计人员电算化的工作水平。

国家测绘局办公室
二〇〇一年十一月二十九日

关于在国家测绘局网站上公布
地图审核结果的通知

国测法字〔2002〕2 号

各省、自治区、直辖市、计划单列市测绘主管部门：

为进一步加强地图管理工作，推行政务公开，国家测绘局决定从 2002 年 9 月起，在国家测绘局网站上公布经国家测绘局审核批准并核发地图审图号和批准号的地图产品目录，现将有关事项通知如下：

一、国家测绘局网站上公布的地图审核结果可作为各省、自治区、直辖市、计划单列市进行地图市场执法检查的有效依据。

二、此次在国家测绘局网站上首先公布 2000 年至 2002 年经国家测绘局审核批准并核发地图审图号和批准号的地球仪图片及地球仪产品目录，其他经国家测绘局审核批准并核发地图审图号和批准号的地图产品，随后将陆续公布。

三、今后，国家测绘局每三个月对网站上公布的地图审核情况进行一次更新。

四、各省、自治区、直辖市、计划单列市测绘主管部门在以国家测绘局网站上公布的地图审核结果作为依据进行地图市场执法检查过程中，如遇问题，请及时与国家测绘局行业管理司联系。

五、国家测绘局网址：http://www.sbsm.gov.cn/。

国家测绘局

二〇〇二年八月二十二日

关于印发《测绘工程产品价格》
和《测绘工程产品困难类别
细则》的通知

国测财字〔2002〕3 号

各省、自治区、直辖市测绘主管部门,计划单列市测绘主管部门,局所属各单位,国务院有关部门:

为规范测绘工程产品价格行为,保护测绘工程产品生产单位和用户的合法权益,根据《财政部 国家计委关于将部分行政事业性收费转为经营服务性收费(价格)的通知》(财综〔2001〕94 号)的精神,我局制定了《测绘工程产品价格》和《测绘工程产品困难类别细则》。现印发给你们,自颁布之日起执行。对于执行中发现的问题,请及时向我们反映。

    附件:1. 测绘工程产品价格(略)
        2. 测绘工程产品困难类别细则(略)

国家测绘局
二〇〇二年一月二十八日

关于进一步加强
安全生产工作的意见

国测办字〔2002〕7 号

各省、自治区、直辖市测绘主管部门,计划单列市测绘主管部门,局所属各单位,机关各司(室):

党中央、国务院高度重视安全生产问题,多次重申要从讲政治、保稳定、促发展的高度认识安全生产的重要意义。最近,江泽民总书记就加强安全工作做出了许多重要指示。5 月 8 日下午,国务院紧急召开第 58 次常务(扩大)会议,研究部署安全生产工作。朱镕基总理指出,当前安全生产形势比较严峻,各地区、各部门、各企业都要高度重视,切实树立安全第一的观念,集中精力抓好安全生产,坚决采取有力措施,切实防止各类重大安全事故发生。5 月 14 日下午,国务院又召开了全国电视电话会议,就加强安全生产工作进行了专门部署。国务院要求,当前要突出抓好三个方面的工作:

一是切实树立安全第一的观念。安全生产事关人民群众生命和财产安全,事关社会稳定。一定要从实践"三个代表"的高度,从改革、发展、稳定的大局出发,真正警醒起来,集中力量抓安全生产,坚持安全第一。

二是立即在全国各个领域全面开展一次安全生产大检查。认真查找隐患,堵塞漏洞,坚决防止重大事故的发生。朱镕基总理指出,重大安全事故的发生,大都与管理不严、安全措施不落实有关,安全生产管理工作必须加强。要严格落实各项规章制度和操作规程,加强日常安全生产的检查工作,坚决纠正各种违规违章指挥和作业现象,做到有章必循,违章必究,绝不能姑息迁就。

三是严格执行安全生产责任制。安全生产责任重于泰山,要认真贯彻落实国务院《关于特大安全事故行政责任追究的规定》，发生特大安全事故，要追究有关领导干部的行政责任，构成犯罪的还要依法追究刑事责任。

国土资源部在部署安全生产工作时要求我局一定要按照国务院的要求进一步做好安全工作的组织部署，切实加强安全生产管理。现结合我局的工作特点，提出如下贯彻意见：

（一）加强安全教育，树立安全第一的意识。安全工作关系到政治稳定和经济发展。这个问题历来十分重要，现在更加重要。安全也是人民群众的根本利益之所在。安全问题与任何单位、任何环节、任何个人都紧密相关。安全问题必须常抓不懈。在安全问题上绝不能麻痹；绝不能侥幸；绝不能违规；绝不能蛮干。必须牢固树立安全第一的思想；树立"隐患险于明火、防范胜于救灾、责任重于泰山"的意识。当前，我们要切实抓好安全教育：一是要以已经发生的重大事故为警戒，开展警示教育，具体分析，举一反三。二是要结合本单位的实际，组织查摆影响安全的各种因素，提高警惕，加以防范。三是加强对安全知识、防灾救险方法、安全管理措施和责任制度等方面的宣传教育。四是要在日常工作中增强安全意识，在做好各项管理工作中，注意疏导和引导，不激化矛盾，把可能造成不安全的因素减到最低限度。

（二）紧密结合实际，解决重点问题。各单位在认真落实国测国字〔2002〕3号文件精神的基础上，对以下几个方面务必引起高度重视。一是要加强生产中的安全工作。测绘有许多条件艰苦的野外工作，特别是现在进入了汛期，可能引发事故的因素明显增多，工作中必须更加注意安全。二是全面加强交通安全和设备的管理。对于重要设备和各种在用交通工具，必须逐件地开展一次全面检查，设法检修保养，确保正常运行。对野外作业中疲劳驾驶、公车私开和非司机驾驶等问题，对设备中出现的电路老化、通讯失灵等问题，都要特别注意解决。三是要严密注意防火防盗、防食物中毒。特别是各种办公场所、老住宅楼和住宅小区、计算机房、食堂、招待所等重点环节，从加强消防安全、卫生管理等各个方面入手,一定要做好安全工作。四是要重视做好文件信息、保密方面的安全工作。特别是各种基础地理信息数据、资料、档案等,安全管理措施一定要十分严格。五是要重点研究解决影响本单位职工稳定的突出问题,注意做好理顺情绪、化解矛盾的工作。六是要严密防范法轮功分子可能引发的安全问题。要随时掌握本单位法轮功人员的动态,特别防范其制造安全事故、伤害群众。七是对当前在建工程项目,一定要注意施工安全管理。所有这些,都是与我们工作紧密相关的安全问题,各级领导必须高度重视,采取切实措施逐一认真解决好。

(三)全面开展检查,认真加以防范。各单位要结合自身实际,立即开展一次安全问题大检查。一定要全面检查。通过检查,坚决消除隐患、不留死角。一方面所有单位和个人都应当全面开展安全自查;另一方面上级对下级要加强重点性抽查和经常性督查。各单位要更加注意加强日常的安全管理,切实做到有章必循,违章必究。一定要突出重点,特别是重点部位、重点环节、重点领域要认真查找隐患,尽早堵塞漏洞,防患于未然。对检查中发现的问题,要限期进行整改。凡不具备安全生产条件的不能进行生产;凡是不具备安全作业条件的不能进行作业。一定要注意分析,要在检查中不断进行认真的总结,注意研究发现避灾保安全的有关规律,从规律上认识问题和寻找解决问题的办法,提高对事故和灾害现象的预见性,增强防范能力和安全工作水平。各单位开展安全检查和整改的情况,要在5月底以前向国家测绘局报告。

(四)加强组织领导,落实制度责任。安全生产人人有责,各级领导的责任尤为重大。各单位要认真学习国务院《关于特大事故安全行政责任追究的规定》。按照国务院的要求,各部门、各单位的一把手是安全生产的第一责任人,抓安全工作的领导要具体负责。各单位的主要领导要从讲政治的高度,重视抓好安全工作。同时,对安全工作必须加强组织保证和制度约束。安全工作一定要有具体的组织和人员负责,一定要有十分明确的工作制度和措施。要始终坚持预防为主、防治结合的工作方针；坚持党委（党组）领导、部门负责、群众参与、齐抓共管的工作思路；坚持强化内部防范、进行综合治理、开展定期检查、严格目标考核的工作方法。各单位安全管理的组织机构和责任制度，凡是还没有建立起来的，都要立即建立；对于已经建立的，也要进一步健全完善、工作到位。安全责任必须明确，赏罚必须分明。要层层落实责任制。要分工负责、各司其职。要人人注意安全，个个照章办事。现在各单位已经制订了一些相关的安全措施和管理制度，应当按照更加严格的要求进行重新审查，该修改完善的要及时修改完善。各项制度都必须加以落实。一定要强化"四个责任"、做到"四个到位"：即强化领导责任、单位责任、岗位责任、个人责任；做到动员宣传到位、责任落实到位、防范措施到位、消除隐患到位。

各单位都要结合自己的实际，对安全工作做出具体的部署。要从各个方面做好工作，以确保安全。

国家测绘局
二〇〇二年五月十五日

关于工程测量管理问题的批复

测管函〔2002〕39 号

山西省测绘局：

你局《关于可否将工程测量列入测绘法律法规调整范围问题的请示》(晋测字〔2002〕29 号)收悉。根据 2002 年 8 月 29 日全国人大常委会修订通过的《中华人民共和国测绘法》、国家测绘局"三定"规定及国务院法制办公室的有关答复意见，经研究，现批复如下：

一、工程测量是测绘法律法规的调整范围

1989 年，国务院发布的《中华人民共和国测绘成果管理规定》，第二条将工程测量成果列入了测绘成果管理的范畴。1990 年，国家机构编制委员会会议纪要(7)明确指出，市政工程测量"作为专业测绘，在业务上由国家测绘局归口管理"。2002 年 8 月 29 日，全国人大常委会修订通过的《中华人民共和国测绘法》第二十条规定"城市建设领域的工程测量活动，与房屋产权、产籍相关的房屋面积的测量，应当执行由国务院建设行政主管部门、国务院测绘行政主管部门负责组织编制的测量技术规范。水利、能源、交通、通信、资源开发和其他领域的工程测量活动，应当按照国家有关的工程测量技术规范进行"，明确将工程测量纳入了测绘法的调整范围。工程测量在业务上归口测绘部门管理并由测绘法律法规予以调整是明确的，是不容置疑的。

根据 1992 年全国人大常委会通过的《中华人民共和国测绘法》等法律法规及国家测绘局"三定"规定，国家测绘局 1992 年发布的《测绘项目管理办法》、1993 年发布的《测绘收费管理试行办法》等都从不同角度依法对工程测量进行了管理。1995 年，国家测绘局发布的《测绘资格审查认证管理规定》明确规定凡进入市场承担工程测量任务的单位，必须依法取得测绘主管部门颁发的《测绘资格证书》，目前全国已有包括建设部门在内的 20 多个部门的 6 255 个单位领取了

504

《测绘资格证书》，其中有很多测绘资格证书持证单位的业务范围中包含有工程测量的内容。测绘主管部门对工程测量实施的有效管理，对规范测绘市场和促进测绘事业的健康发展起到了积极的作用。

二、工程测量属工程勘察的说法没有法律依据

《城市规划法》第十七条规定，"编制城市规划应当具备勘察、测量及其他必要的基础资料"。这里，"勘察"与"测量"二者是并列的两个不同概念，而不是包含关系。《建设工程勘察设计管理条例》第二条对"勘察"有明确的定义，即"建设工程勘察，是指根据建设工程的要求，查明、分析、评价建设场所的地质地理环境特征和岩土工程条件"。因此，"勘察"并不包含"测量"。2001年8月，在国务院法制办公室在对黑龙江省人民政府法制办公室上报的《关于建设部门测绘管理职能问题的请示》的答复中，也明确指出依据《城市规划法》第十七条和《建设工程勘察设计管理条例》第二条的规定"建设工程勘察与城市规划测量的含义是不同的"。《工程勘察资质分级标准》与《城市规划法》、《建设工程勘察设计管理条例》的规定不一致的内容是无效的。

根据《中华人民共和国立法法》第四十二条以及全国人民代表大会常务委员会于1981年发布的《关于加强法律解释工作的决定》的规定，除全国人民代表大会常务委员外，其他任何部门都无权对《规划法》第十七条中有关"勘察"与"测量"含义进行解释。在没有法律依据的情况下，仅依靠"习惯做法"进行行政管理是违背"依法行政"原则的。

三、建设部门的职责是指导市政工程测量工作

根据国务院法制办公室有关"建设部门测绘管理职能的确定，应当依据'三定'方案的有关规定。根据建设部的'三定'方案，建设部指导城市勘察和市政工程测量工作"的答复精神及"职权法定"原则，建设部不能依据《工程勘察资质分级标准》将"工程测量"纳入其职责范围，并审批发放含工程测量内容的工程勘察资质证书。

国家测绘局政策法规司
二〇〇二年十月二十一日

关于对工艺性宝石
地球仪进行地图审核意见的函

测管函〔2002〕40 号

广东省国土资源厅：

近年来，由你厅转送我局审核的工艺性宝石地球仪越来越多，为了方便工作，经研究，我司提出如下处理意见：

1. 对国内销售的工艺性宝石地球仪，我局批准文件的有效期为两年，批准文件到期的，由你厅要求厂家按规定程序备案复审，核发新的批准文件。

2. 今后，凡经你厅受理，并初审合格转报我局审核的工艺性宝石地球仪，我局将其地图技术检定意见书函复你厅，由你厅负责对其进行复审。

3. 依据你厅的复审意见，我局再进行审批。经审核批准的，我局发地图图形审核批准书，由你厅转给送审单位并负责对其进行监制，使厂家严格按照批准的样球生产。需要出口的工艺性宝石地球仪，按《关于对地图产品进出口监管中遇到的有关问题的复函》(国测办字〔2001〕32 号)规定执行。

国家测绘局行业管理司
二○○二年十一月八日

506

关于进一步加强公开版地图
选题计划管理工作的通知

测办〔2002〕113号

各有关省、自治区、直辖市测绘行政主管部门：

为进一步加强公开版地图的选题计划管理工作，使地图市场健康有序地发展，现就有关问题通知如下：

一、中央级专门地图出版社编制公开版全国性、世界性地图和其他各类专题地图，其选题计划报国家测绘局审批，并由国家测绘局报送新闻出版总署备案。

二、地方专门地图出版社编制公开版全国（或世界）交通、旅游类专题地图，其选题计划经所在地省级测绘行政主管部门同意后，报国家测绘局审批。

三、中央和地方专门地图出版社编制公开版省、自治区、直辖市行政区域内的地方性行政区划地图，应遵守地图表现地的省、自治区、直辖市地图管理的有关规定。

四、编制公开版地图，应严格按照专业分工进行，选题计划不得超出新闻出版总署与国家测绘局核定的地图出版范围。

五、各出版社编制属国家测绘局审批的公开版地图，应于每年的12月1日前将下一年度的选题计划报国家测绘局审批。

六、本通知所称的全国性、世界性地图是指能体现我国在主权方面的意志和在国际社会中的政治、外交立场的地图，包括中国（或世界）政区地图、中国（或世界）地形图、中国（或世界）历史图、中国（或世界）图的地理底图和专门反映中国（或世界）全貌的挂图、图册、图集等。

国家测绘局办公室

二○○二年十二月三日

关于印发《公开地图内容表示若干规定》的通知

国测法字〔2003〕1 号

各省、自治区、直辖市测绘行政主管部门,计划单列市测绘行政主管部门,局所属各单位,机关各司(室):

为加强地图管理,正确反映国家版图的内容,规范和提高地图质量,维护国家主权和利益,国家测绘局制定了《公开地图内容表示若干规定》,现印发给你们,请遵照执行。

国家测绘局
二〇〇三年五月九日

公开地图内容表示若干规定

第一章 总 则

第一条 为了维护国家主权和利益,正确反映国家版图的内容,加强地图管理,规范地图编制,提高地图质量,依据《中华人民共和国测绘法》、《中华人民共和国地图编制出版管理条例》和国家有关法规,制定本规定。

第二条 各种载体表现的公开地图和地图产品,必须遵守本规定。

本规定所称公开地图和地图产品,包括各种类型的地图出版、印刷以及产品上附有示意性地图图形的工艺制品、地球仪等。

第三条　公开地图和地图产品上不得表示下列内容：

1. 国防、军事设施,及军事单位；

2. 未经公开的港湾、港口、沿海潮浸地带的详细性质,火车站内站线的具体线路配置状况；

3. 航道水深、船闸尺度、水库库容、输电线路电压等精确数据,桥梁、渡口、隧道的结构形式和河底性质；

4. 未经国家有关部门批准公开发表的各项经济建设的数据等；

5. 未公开的机场(含民用、军民合用机场)和机关、单位；

6. 其他涉及国家秘密的内容。

第二章　比例尺、开本、经纬线

第四条　公开地图的比例尺、开本应符合以下规定：

1. 中国地图比例尺等于或小于1∶100万；

2. 省、自治区地图,比例尺等于或小于1∶50万；直辖市地图及辖区面积小于10万平方千米的省、自治区地图,比例尺等于或小于1∶25万；

3. 市、县地图,开幅为一个全张,最大不超过两个全张；

4. 省、自治区、直辖市普通地图(集、册)(内容以政区为主),开本一般不超过32开本；

5. 香港特别行政区、澳门特别行政区地图、台湾省地图,比例尺、开本大小不限；

6. 教学图、时事宣传图、旅游图、交通图、书刊插图和互联网上登载使用的各类示意性地图,其位置精度不能高于1∶50万国家基本比例尺地图的精度。

第五条　比例尺等于或大于1∶50万的各类公开地图均不得绘出经纬线和直角坐标网。

第三章 界 线

第六条 中国国界线画法必须按照国务院批准发布的1∶100万《中国国界线画法标准样图》以及根据该图制作的其他比例尺中国国界线画法标准样图绘制。中国地图必须遵守下列规定:

1. 准确反映中国领土范围。

(1)图幅范围:东边绘出黑龙江与乌苏里江交汇处,西边绘出喷赤河南北流向的河段,北边绘出黑龙江最北江段,南边绘出曾母暗沙(汉朝以前的历史地图除外);

(2)中国全图必须表示南海诸岛、钓鱼岛、赤尾屿等重要岛屿,并用相应的符号绘出南海诸岛归属范围线。比例尺等于或小于1∶1亿的,南海诸岛归属范围线可由9段线改为7段线,即从左起删去第2段和第7段线,可不表示钓鱼岛、赤尾屿岛点。

2. 正确表示中国国界线与地貌、地物、经纬线、色带等要素之间的关系,正确标注国界线附近的地理名称。

第七条 中国示意性地图必须遵守下列规定:

1. 用实线表示中国疆域范围,陆地界线与海岸线粗细有区别,用相应的简化符号绘出南海诸岛范围线,并表示南海诸岛以及钓鱼岛、赤尾屿等重要岛屿岛礁;

2. 用轮廓线或色块表示中国疆域范围,南海诸岛范围线可不表示,但必须表示南海诸岛、钓鱼岛、赤尾屿等重要岛屿岛礁;

3. 比例尺等于或小于1∶1亿的,可不表示南海诸岛范围线以及钓鱼岛、赤尾屿等岛屿岛礁。

第八条 世界其他各国之间的界线,参照由国家测绘局认定的最新世界地图集表示。

第九条 中国历史疆界,参照由外交部和国家测绘局认定的中国历史地图集表示。

第十条 省、自治区、直辖市行政区域界线依据民政部、国家测绘局制定并报国务院审批的行政区域界线标准画法图表示。

第四章　有关省区及相邻国外地区地图

第十一条　广东省地图必须包括东沙群岛。

第十二条　海南省及南海诸岛地图表示规定：

1. 海南省全图，其图幅范围必须包括南海诸岛。南海诸岛既可以包括在全图内，也可以作附图。以单幅表示南海诸岛地图时，应配置一幅"南海诸岛在中国的地理位置"图作附图，海南岛的区域地图，也必须附"南海诸岛"地图；

2. 南海诸岛附图的四至范围是：北面绘出中国大陆和部分台湾岛，东面绘出马尼拉，南面绘出加里曼丹岛上印度尼西亚与马来西亚间的全部界线（对于不表示邻国间界线的专题图，南面绘出曾母暗沙和马来西亚的海岸线），西面绘出河内；

3. 南海诸岛作为海南省地图的附图时，附图名称为"海南省全图"；作为中国全图的附图时，一律称"南海诸岛"；

4. 专题地图上，南海诸岛作附图时，正图重复出现时，附图也要重复出现，不得省略。必须与正图一样表示有关的专题内容；

5. 东沙、西沙、中沙、南沙四群岛以及曾母暗沙、黄岩岛必须表示并注名称。大于1：400万的地图，黄岩岛应括注民主礁，即黄岩岛（民主礁）。比例尺过小时，可只画岛礁符号，不注岛礁名称；

6. 南海诸岛与大陆同时表示时，中国国名注在大陆上，南海诸岛范围内不注国名，不在岛屿名称下面括注"中国"字样。在不出现中国大陆的南海诸岛局部地图上，在各群岛和曾母暗沙、黄岩岛等名称下括注"中国"字样；

7. 南海诸岛的岛礁名称，按照1983年国务院批准公布的标准名称标注。

第十三条　新疆维吾尔自治区表示规定：

新疆维吾尔自治区地图和绘有新疆维吾尔自治区西部的地区

图,其图幅范围西部应绘出喷赤河南北流向的河段。

第十四条 香港特别行政区、澳门特别行政区表示规定：

1. 香港特别行政区界线必须按1∶10万《中华人民共和国香港特别行政区行政区域图》表示，比例尺等于或小于1∶4 000万的地图可不表示其界线；

澳门特别行政区地图内容必须按1∶2万《中华人民共和国澳门特别行政区行政区域图》表示；

2. 在分省设色的地图上，香港界内的陆地部分要单独设色；澳门自关闸以南地区和凼仔、路环两岛，要单独设色。比例尺等于或小于1∶600万时，可在澳门符号内设色；

3. 香港特别行政区、澳门特别行政区图面注记应注全称"香港特别行政区"、"澳门特别行政区"；比例尺等于或小于1∶600万的地图上可简注"香港"、"澳门"；

4. 香港城市地图图名应称"香港岛·九龙"；澳门城市地图图名应称"澳门半岛"；

5. 表示省级行政中心时，香港特别行政区、澳门特别行政区与省级行政中心等级相同；

6. 专题地图上，香港特别行政区、澳门特别行政区应与内地一样表示相应的专题内容。资料不具备时，可在地图的适当位置注明："香港特别行政区、澳门特别行政区资料暂缺"的字样。

第十五条 台湾省地图表示规定：

1. 台湾省在地图上应按省级行政区划单位表示。台北市作为省级行政中心表示（图例中注省级行政中心）。在分省设色的地图上，台湾省要单独设色；

2. 台湾省地图的图幅范围，必须绘出钓鱼岛和赤尾屿（以"台湾岛"命名的地图除外）。钓鱼岛和赤尾屿既可以包括在台湾省全图中，也可以用台湾本岛与钓鱼岛、赤尾屿的地理关系作插图反映；

3. 台湾省挂图，必须反映台湾岛与大陆之间的地理关系或配置相应的插图；

4. 专题地图上,台湾省应与中国大陆一样表示相应的专题内容,资料不具备时,必须在地图的适当位置注明:"台湾省资料暂缺"的字样;

5. 台湾省的文字说明中,必须对台湾岛、澎湖列岛、钓鱼岛、赤尾屿、彭佳屿、兰屿、绿岛等内容做重点说明。

第十六条 与中国接壤的克什米尔地区表示规定:

1. 克什米尔为印度和巴基斯坦争议地区,在表示国外界线的地图上,必须画出克什米尔地区界范围线和停火线,并注明"印巴停火线"字样;

2. 表示印巴停火线的地图上,应加印巴停火线图例;

3. 在印度河以南跨印巴停火线注出不同于国名字体的地区名"克什米尔";

4. 印巴停火线两侧分别括注"巴基斯坦实际控制区"和"印度实际控制区"字样;

5. 比例尺等于或小于 1∶2 500 万的地图,只画地区界、停火线,不注控制区和停火线注记;

6. 比例尺等于或小于 1∶1 亿的地图和 1∶2 500 万至 1∶1 亿的专题地图,只画地区界,停火线可不表示;

7. "斯利那加"作一般城市表示,不作行政中心处理;

8. 分国设色时,克什米尔不着色,在两控制区内沿停火线两侧和同中国接壤的地段,分别以印度和巴基斯坦的颜色作色带。

第十七条 有关地名注记表示规定:

俄罗斯境内以下地名必须括注中国名称,汉语拼音版地图和外文版地图除外:

1. "符拉迪沃斯托克"括注"海参崴";

2. "乌苏里斯克"括注"双城子";

3. "哈巴罗夫斯克"括注"伯力";

4. "布拉戈维申斯克"括注"海兰泡";

5. "萨哈林岛"括注"库页岛";

6. "涅尔琴斯克"括注"尼布楚";

7. "尼古拉耶夫斯克"括注"庙街";

8. "斯塔诺夫山脉"括注"外兴安岭"。

其他地名表示:

1. 长白山天池为中、朝界湖,湖名"长白山天池(白头山天池)"注国界内,不能简称"天池";

2. 西藏自治区门隅、珞瑜、下察隅地区附近的地名选取按1∶400万公开地图表示;

3. 香港特别行政区、澳门特别行政区、台湾省地名的外文拼写,采用当地拼写法。

第五章　其　他

第十八条　凡进口或引进、加工制作国外和港、澳、台地区的地图及附有中国地图图形产品必须遵守下列规定:

1. 将中国界线绘错或出现"一中一台"等问题的,必须修改;

2. 地图文字内容(含语音部分)必须符合国家有关规定。

第十九条　互联网上使用的中国地图,以国家测绘局网站上的地图为准,国家测绘局网址为:http://www.sbsm.gov.cn/。

第六章　附　则

第二十条　本规定由国家测绘局负责解释。

第二十一条　本规定自发布之日起施行。过去的有关规定,凡与本规定有抵触的,均按本规定执行。

关于实施《中华人民共和国测绘法》的意见

国测法字〔2003〕3 号

各省、自治区、直辖市测绘行政主管部门，计划单列市测绘行政主管部门：

新修订的《中华人民共和国测绘法》（以下简称测绘法），已于 2002 年 12 月 1 日起施行。为了切实做好实施测绘法工作，依法促进测绘事业发展，现提出以下意见，请结合本地实际情况贯彻执行。

一、充分认识实施测绘法的重大意义

测绘事业是经济建设、国防建设和社会发展的基础性事业，在全面建设小康社会的历史进程中，测绘在维护国家安全与主权、推动国民经济与社会信息化和实施可持续发展战略等方面起着十分重要的作用。测绘法是从事测绘活动和进行测绘管理的基本法律规范，是各类测绘单位及其从业人员从事测绘活动的行为规则，也是各级人民政府和各级测绘行政主管部门进行测绘监督管理和测绘行政执法的法律依据。

测绘法适应改革开放的新形势、社会主义市场经济的新要求和测绘事业的新发展，总结了我国测绘活动的实践经验，把党和国家对测绘工作的方针、政策以及发展方向通过法律形式确定下来，确立了一系列影响测绘事业长远发展的重要制度。新修订的测绘法强化了测绘工作的统一监督管理、明确了基础测绘的法律地位，对测绘市场准入、加强地图管理、增强公民的国家版图意识等做了明确规定，完善了法律责任、加大了对测绘违法行为的处罚力度，为促进测绘事业顺利发展提供了强有力的法律保障。实施好测绘法，对于促进我国测绘事业持续健康发展，提高测绘保障能力和水平，满足经济建设和

515

人民生活对空间地理信息日益增长的需求,推进测绘法制建设和测绘依法行政,加强测绘统一监管,规范测绘行为,具有十分重要的意义。

二、加快测绘立法工作,健全测绘法律体系

加快测绘立法是实施测绘法的一项重要工作,为了保证测绘事业在法制轨道上健康发展,必须不断加强测绘法制建设,加快测绘立法步伐。

我国测绘立法的目标是:通过各级测绘行政主管部门的共同努力,力争用5年时间基本建立起一个以测绘法为核心,以《中华人民共和国测绘成果管理条例》、《中华人民共和国地图管理条例》、《中华人民共和国测量标志保护条例》、《中华人民共和国基础测绘管理条例》、《中华人民共和国海洋基础测绘条例》等行政法规及地方性法规、部门规章、地方政府规章相配套和有关规范性文件为补充的中国测绘法律体系,为测绘事业的发展提供坚强的法律支撑,创造良好的法制环境。

为了实现上述目标,在测绘立法工作中,要贯彻党的十六大提出的"加强立法工作,提高立法质量"的精神,把立法质量放在第一位。同时,要注重规范行政行为和保护管理相对人的合法权益。国家测绘局将在过去立法工作的基础上,制定出今后五年的立法规划,安排年度测绘立法项目。各省、自治区、直辖市测绘行政主管部门要积极争取当地人大和政府的支持,在2004年底前修订出台地方测绘管理条例。各地还应结合本地的实际,研究制定测绘管理的相关法规和规章。

三、加强统一监管,大力推进依法行政

测绘法明确规定测绘工作由测绘行政主管部门实行统一监督管理,充分反映了社会主义市场经济发展的要求,强化了测绘行政主管部门的法定责任,也对测绘行政主管部门依法行政提出了新的要求。

加强测绘资质、资格和作业证的监督管理。依法落实"三证"的管理制度。2004年将按修订后的测绘资质管理办法统一核发《测绘资质证书》，依法纠正测绘资质"证"出多门的问题，建立我国测绘专业技术人员执业资格制度，使其与测绘单位资质管理结合起来。完善《测绘作业证》制度，统一部署换发《测绘作业证》工作。

加强测绘市场的监督管理。各级测绘行政主管部门要依法加强对重大测绘项目招投标的监督，规范测绘项目招投标行为，查处非法转包和重复测绘行为。逐步建立测绘资质单位信用制度，对有不良记录的测绘单位提出警示，对严重违法违规的测绘单位实行市场禁入。严厉查处房产测绘中存在的无证测绘、不执行国家房产测量规范、提供虚假房产测绘成果等违法违规行为，建立健全房产测绘成果鉴定制度。打破部门、行业垄断和地区分割，引导测绘市场向着统一、规范、有序的方向发展。继续加强地图市场的整顿与规范，加强宣传教育，增强公民的国家版图意识，繁荣地图市场。

加强测绘成果质量的监督管理。积极推动测绘单位开展质量保证体系认证，不断完善内部质量管理制度。深入开展测绘成果质量监督活动，充分发挥测绘产品质量监督检验机构的作用。加强对重大工程测量成果质量的监管，保证重点工程建设的测绘成果质量。加强对测绘基准的监督管理，严格相对独立平面坐标系统建立的审批制度。加强测绘成果和地理信息数据管理，开展测绘成果汇交和保密制度落实情况的检查。贯彻实施《重要地理信息数据审核公布管理规定》，确保向社会发布的重要地理信息数据的准确性和权威性。

加强测绘行政执法工作。切实做到有法必依、执法必严、违法必究。各级测绘行政主管部门要落实测绘行政执法职能，使执法机构的设置和人员配备与本部门的测绘行政执法职能相适应。加强执法人员的培训，提高其综合素质和执法水平，将依法行政基本知识和测绘法律法规学习考核与普法结合起来，定期组织学习和考核，并把考核情况作为各单位推进依法行政，加强队伍建设的重要内容和"四五"普法检查验收的重要指标。建立清正廉洁高效的测绘行政执法队伍。

强化测绘行政执法监督。各级测绘行政主管部门及其工作人员的一切执法行为必须符合法律法规规范，切实做到依法办事。严格执行《中华人民共和国行政处罚法》的规定，完善行政处罚程序，规范行政处罚文本，建立和完善行政处罚听证制度，以确保行政处罚决定的合法性，保障当事人的合法权益。要严格执行《中华人民共和国行政复议法》，认真履行行政复议职责，做到有错必纠。建立和推行行政执法责任制和评议考核制，明确行政执法职责，层层分解逐级监督。建立行政过错追究制度，对违法行为和消极不作为而造成重大后果的必须依法追究有关人员的责任。建立政务公开制度，公开办事依据，公开办事程序，公开办事标准，公开办事结果，简化程序、提高效率，通过程序的完善为行政管理相对人提供优质服务。

四、依法管理基础测绘，不断提高保障能力

测绘法将基础测绘列为专章，明确了基础测绘的性质和法律地位，确立了基础测绘分级管理及规划、计划、财政预算、成果更新等重要制度，充分体现了国家对基础测绘的高度重视，为加强基础测绘管理奠定了坚实的法律基础。

依法编制并落实基础测绘规划和计划。国家测绘局将按照测绘法的要求，会同有关部门编制国家基础测绘规划，报国务院批准，并配合国务院发展改革主管部门制定基础测绘管理制度。地方各级测绘行政主管部门要根据测绘法的规定及国家测绘局的要求，编制本行政区域的基础测绘规划。主动配合发展改革主管部门，认真组织编制基础测绘年度计划草案，依法将基础测绘纳入本级国民经济和社会发展年度计划及财政预算，并建立起相应的管理机制。

依法分级管理基础测绘。国家基本比例尺地图是基础测绘的重要组成部分。国家基本比例尺系列地图包括：1：500、1：1 000、1：2 000、1：5 000、1：1 万、1：2.5 万、1：5 万、1：10 万、1：25 万、1：50 万、1：100 万地形图。我国基础测绘实行分级管理，其原则为：1：2.5 万及以小比例尺地形图和相应尺度的基础地理信息系统数据库建设，国家一、二等控制网建设，属国家级基础测绘范畴;1∶1万至1∶5 000比例尺地形图和相应尺度的基础地理信息系统数据库建设,三、四等控制网建设,属省级基础测绘范畴;1∶2 000至1∶500 比例尺地形图和相应尺度的基础地理信息系统数据库建设,属市(地)、县级基础测绘范畴。各级测绘行政主管部门要按照分级管理的原则,依法做好基础测绘的管理工作。

建立和完善测绘标准体系。国家测绘局将会同国务院有关部门和军队测绘主管部门,加快测绘标准体系建设,做好地理信息标准制定、修订工作,促进国家地理空间信息平台建设和共享,制定、完善工程测量、房产测绘、地籍测绘等技术规范。各级测绘行政主管部门要加强对贯彻执行测绘标准的监督检查,并配合国家测绘局做好测绘标准的制定工作。

提高测绘部门的公共服务水平。各级测绘行政主管部门要加强测绘成果档案基础设施建设,确保测绘成果数据的安全,同时,做好测绘成果的存储、保管、维护和提供服务工作。定期发布测绘成果目录,努力实现基础测绘成果的网络化分发服务,促进测绘成果的广泛应用和社会化服务。

五、加强领导,保证测绘法的顺利实施

各级测绘行政主管部门要以党的十六大精神为指导,从实践"三个代表"重要思想、推进依法治国方略、维护社会主义法律尊严的高度,认真做好实施测绘法工作。在实施测绘法工作中,要认真贯彻胡锦涛总书记关于"加强测绘统一监督管理和基础测绘工作"的重要指示,紧紧抓住当前测绘发展的机遇,加快实现测绘由注重行政管理向依法管理转变,充分发挥测绘工作在全面建设小康社会过程中的基础性作用,努力开创测绘工作新局面。

各级测绘行政主管部门要把实施测绘法作为测绘依法行政、推动测绘事业发展的一项重要工作来抓。要继续深入地抓好测绘法的学习宣传工作。要积极争取当地政府的领导和支持,主动汇报工作、反映情况。要结合本地实际情况,研究制定实施测绘法的具体措施。

依法落实市(地)、县测绘行政管理职责。各省、自治区、直辖市测绘行政主管部门在加强自身建设的同时，要主动与省级编制部门及各市（地）人民政府沟通，全面落实市（地）、县级测绘行政管理职能、编制和人员，扭转部分市（地）、县级测绘管理工作缺位、工作不落实的局面。

加强对实施测绘法的指导与监督检查。国家测绘局将积极配合全国人大或有关专门委员会开展测绘法执法检查工作，并加强对实施测绘法工作的指导。各级测绘行政主管部门要自觉接受当地人大的监督检查，加强对下级做好实施测绘法工作的指导，建立实施测绘法的督察机制，确保测绘法认真贯彻实施，加快落实测绘法规定的各项制度，为全面推进测绘依法行政共同努力。

国家测绘局

二〇〇三年六月十八日

关于城市测量有关问题请示的批复

国测法字〔2003〕4号

新疆维吾尔自治区测绘局：

你局《关于城市测量有关问题的请示》(新测行〔2003〕19号)收悉。经研究，现批复如下：

新修订的《中华人民共和国测绘法》第二十二条规定："国家对从事测绘活动的单位实行测绘资质管理制度。从事测绘活动的单位应当具备下列条件，并依法取得相应等级的测绘资质证书后，方可从事测绘活动：……"；第二十三条规定："国务院测绘行政主管部门和省、自治区、直辖市人民政府测绘行政主管部门按照各自的职责负责测绘资质审查、发放资质证书，……"。

勘察与测绘是两个不同的概念。只取得工程勘察资质而未取得测绘资质的单位开展测绘活动是违反《中华人民共和国测绘法》的。县级以上测绘行政主管部门应当依据《中华人民共和国测绘法》做好本行政区域测绘工作的统一监督管理，对未取得测绘资质(格)证书擅自从事测绘活动的，应当按照《中华人民共和国测绘法》的规定给予相应的处罚。

国家测绘局

二○○三年六月三十日

关于对房产测绘与
房产测量称谓请示的批复

国测法字〔2003〕8 号

黑龙江测绘局：

你局《关于房产测绘与房产测量称谓的请示》（黑测发〔2003〕148号）收悉。经研究，现批复如下：

一、房产测绘是指为采集和表述房屋及其用地的有关信息而进行的测绘活动。房产测绘包括房产平面控制测量、房产调查，房产要素测量、房产图绘制、房产面积测量、变更测量等内容。房产面积测量是整个房产测绘工作的一个组成部分。

二、我局与建设部联合发布的《房产测绘管理办法》（建设部令第83 号）及我局发布的《测绘资格审查认证管理规定》（国家测绘局令第 8 号）等部门规章，均对包括房产面积测量在内的房产测绘行为进行了规范，并统称为房产测绘。

综上，房产测绘这一称谓是对整个房产测绘活动进行的概括，而房产测量仅是指房产测绘活动中的一小部分。在进行地方立法时，应当保持和国家立法的统一性，避免出现称谓上的不一致。

国家测绘局
二〇〇三年十一月四日

522

关于进一步加强地图市场
监督管理工作的意见

国测办字〔2003〕12 号

各省、自治区、直辖市、计划单列市测绘行政主管部门、工商行政管理局、新闻出版局、外经贸厅(商务厅)、外事办公室,广东海关分署,天津、上海特派办,各直属海关:

2001 年 10 月以来,各地、各有关部门认真贯彻落实《国务院办公厅转发国家测绘局等部门关于整顿和规范地图市场秩序意见的通知》(国办发〔2001〕79 号),加强组织领导,大力开展整顿和规范地图市场秩序的工作。通过一年多的集中整治,全国地图市场秩序明显好转,带有政治性问题的地图,尤其是有损国家主权、违背"一个中国"原则的地图基本杜绝,全民的国家版图意识普遍得到提高,政府对地图市场的监管力度有了明显的增强,整顿和规范地图市场秩序工作取得了阶段性成果。

但是,由于我国地图市场监督管理工作基础薄弱,各地工作进展不平衡,个别地方或部门对地图市场监督管理工作的重要性认识不足,措施不够有力,书刊、广告、电视和互联网等登载的中国地图图形漏绘南海诸岛、钓鱼岛、赤尾屿等重要岛屿以及错绘国界线的问题仍时有发生;带有政治性问题的地图还没有根本杜绝;违法生产经营地图产品的行为依然存在;地图市场状况与党中央、国务院的要求,与广大人民群众的期望还有一定的差距。整顿和规范地图市场秩序还有大量工作要做,是一项长期而又艰巨的任务,在集中整治这一阶段性工作结束后,要实现地图市场秩序的根本好转,必须进一步加强地图市场的日常监督管理。为此,现就今后进一步加强地图市场监督管理工作提出以下意见:

一、充分认识加强地图市场监督管理工作的重要性

地图是国家版图的主要表现形式,体现着一个国家在主权方面的意志和在国际社会中的政治、外交立场,具有严肃的政治性、严密的科学性和严格的法定性。地图上出现错误,尤其出现政治性问题,不仅将损害消费者的利益,而且将损害国家利益、民族尊严和我国的形象,造成极为恶劣的政治影响。因此,各地区、各部门一定要按照温家宝总理、吴仪副总理在全国整顿和规范市场经济秩序工作会议的讲话要求,本着对国家主权、国家安全和人民群众切身利益负责的精神,从讲政治的高度,充分认识加强地图市场监督管理工作的重要性,进一步增强责任感和紧迫感,把地图市场的监督管理作为一项重要工作,各司其职,各负其责,齐抓共管,常抓不懈。

二、今后一个时期的工作目标和主要任务

加强地图市场监督管理的工作目标是:用三年左右的时间,建立起政府高度重视和统一领导,各部门根据职责分工积极配合、协调作战的地图市场监督管理工作机制;完善相关法规,严格工作制度,提高依法行政水平;彻底杜绝有损国家主权、违背"一个中国"原则及各种带有政治性问题的地图产品;全面提高公民的国家版图意识;严格规范地图产品生产经营的各个环节,大力提高地图质量,丰富地图品种,繁荣地图市场。使地图的编制、印刷、出版、展示、登载、生产加工、经营销售走向规范化、法制化的道路。

加强地图市场监督管理的主要任务是:继续加强对地图市场的监督管理,巩固整顿和规范地图市场秩序取得的阶段性成果,标本兼治;严肃查处违法生产地图产品的行为,严厉查处存在政治性问题地图产品和生产经营者;加大对涉及中国地图图形的进出口产品的监管力度;深入持久地开展国家版图意识的宣传教育,加强法制建设,做好公共服务。

三、继续加大执法力度,严厉查处存在政治性问题的地图产品和生产经营者

地图市场的监督管理是一项长期的工作,各地区、各部门要树立长期作战的思想,坚持不断地开展市场整治工作,进一步巩固扩大整顿和规范地图市场秩序工作成果。要把查处损害国家主权、国家安全和违反"一个中国"原则的"问题地图",作为今后地图市场监督管理工作的重点,加大执法力度,防止市场上"问题地图"的反弹。对广告、标牌、票证、玩具、纪念品、工艺品、橱窗展示品以及互联网上登载有政治性问题的地图图形要加大检查力度,及时予以纠正;对在市场上销售的存在有政治性问题的地图产品要坚决没收;正在加工生产的要责令停产,收缴其半成品,并彻底追查底图来源;对经营错绘、漏绘、泄密,危害国家主权、安全,损害国家利益的地图产品经营者,要严厉查处,坚决打击。

四、加强地图编制、出版、经营、进出口的管理

地图是一种特殊产品,在生产经营的各个环节都必须遵守《测绘法》和《地图编制出版管理条例》、《出版管理条例》等有关法律法规。各级测绘行政主管部门要加强对地图市场的日常监督管理。各级新闻出版行政主管部门要加强对地图出版单位资质审核和地图出版范围、选题的审批,严格执行图书出版重大选题备案制度。各级工商行政管理部门在受理从事地图编制单位登记注册时,要查验测绘行政主管部门核发的地图编制资质证件,在办理广告业务和市场巡查中,凡发现涉及中国地图图形的广告、商品,都要查验测绘行政主管部门核发的《地图图形审核批准书》或标注在地图版权页上的"审图号"。各级商务部门在审批地图产品加工贸易业务时,要严格按原外经贸部《关于进一步加强加工贸易审批管理、严禁开展任何违法、违规加工贸易业务的紧急通知》执行。各级海关在监管中如发现有政治性问题的地图产品,一律予以扣留,并移送当地测绘行政主管部门处理。国家测绘局要会同外交部组织编制系列比例尺的标准样图,向社会公开和提供,为合法的地图产品生产经营活动创造良好的工作条件,并妥善处理有关地图涉外事件。各级测绘行政主管部门要强化地图编制的资质管理和地图审核工作,进一步推进资质审查和地图审核的政务公开,简化审批程序,缩短审批时间,提高办事效率。

五、加强宣传教育，提高全民的国家版图意识

提高全民的国家版图意识是实现地图市场秩序根本好转的一项基础性工作，也是一项长期任务。《测绘法》明确规定："各级人民政府应当加强对国家版图意识的宣传教育，增强公民的国家版图意识。"各地区、各有关部门要加强对地图管理法律法规宣传教育，普及地图知识，进一步增强全体公民特别是地图产品生产经营者的国家版图意识，提高他们认识地图、使用地图的能力。要加强宣传媒体登载和使用正确中国地图图形的管理，强化新闻媒体的示范、导向作用。同时，要有计划地组织各种宣传媒体对地图市场监管工作宣传报道，继续加大查处违法案件的曝光力度。

中小学教材中的地图是中小学生学习国家版图知识和接受爱国主义教育的极好教材。任何单位不得出版未经审定的中小学地图教材。各级测绘、新闻出版行政管理部门要加强对中小学地图教材、教辅材料中使用的地图图形、校园内张贴、展示的各类地图的检查力度，坚决杜绝带有政治性问题的地图和假冒伪劣地图进入中小学。

六、加强法制建设，全面实现地图市场的规范化、法制化管理

加强地图管理的法制化建设，对实现地图市场根本好转有着十分重要的作用。要以修订《地图编制出版管理条例》为契机，加快地图管理的立法工作。各有关部门要积极研究出台相关的法规和规章，各地要加快当地地图管理等相关法规、规章的制定或修订工作，逐步完善与市场经济相适应的地图管理的法律法规体系。各地、各部门要在认真总结集中整治地图市场经验的基础上，根据本部门的职责，查找影响本地区地图市场根本好转的主要问题，有针对性地解决好地图市场监督管理中暴露出来的深层次矛盾和问题。各部门要相互配合，建立相应的工作机制和制度，把可能出现问题的各个环节摸清、管住。要切实转变政府职能，严格依法行政，提高行政管理水平。

各地要继续发挥整顿和规范地图市场秩序工作领导小组或相应负责机构的组织协调作用，每年要召开一到两次会议，沟通情况，总

526

结、交流经验,针对存在的问题,制定综合治理的措施,并按部门职责分工予以落实。同时,有计划、有步骤地对省、市、县地图市场整顿工作进行督促和检查。经过三年的努力,全面实现我国地图市场的根本好转。

国家测绘局

国家工商行政管理总局

新闻出版总署

商务部

海关总署

外交部

二〇〇三年九月十日

关于印发《测绘管理工作国家秘密范围的规定》的通知

国测办字〔2003〕17 号

国务院各有关部门,各省、自治区、直辖市测绘行政主管部门,计划单列市测绘行政主管部门,各直属单位:

根据《中华人民共和国保守国家秘密法》有关规定,国家测绘局会同国家保密局制定了《测绘管理工作国家秘密范围的规定》。现印发给你们,请在有关工作中遵照执行。

附件:测绘管理工作国家秘密目录

国家测绘局
国家保密局
二〇〇三年十二月二十三日

测绘管理工作国家秘密范围的规定

第一条 根据《中华人民共和国保守国家秘密法》有关规定,国家测绘局会同国家保密局规定测绘管理工作国家秘密范围。

第二条 测绘管理工作中的国家秘密范围:

一、绝密级范围

(一)公开或泄露会严重损害国家安全、领土主权、民族尊严的;

(二)公开或泄露会导致严重外交纠纷的;

(三)公开或泄露会严重威胁国防战略安全或削弱国家整体军事

防御能力的。

二、机密级范围

(一)公开或泄露会对国家重要军事设施的安全造成严重威胁的;

(二)公开或泄露会对国家安全警卫目标、设施的安全造成严重威胁的。

三、秘密级范围

(一)公开或泄露会使保护国家秘密的措施可靠性降低或者失效的;

(二)公开或泄露会削弱国家局部军事防御能力和重要武器装备克敌效能的;

(三)公开或泄露会对国家军事设施、重要工程安全造成威胁的。

第三条 测绘管理工作中涉及国防和国家其他部门或行业的国家秘密,从其主管部门的国家秘密范围的规定。

第四条 本规定由国家测绘局负责解释。

第五条 本规定自颁布之日起施行。国家测绘(总)局原印发的有关规定与本规定不一致的,以本规定为准。

附件：

测绘管理工作国家秘密目录

序号	国家秘密事项名称	密级	保密期限	控制范围	备注
1	国家大地坐标系、地心坐标系以及独立坐标系之间的相互转换参数	绝密	长期	经国家测绘局批准的测绘成果保管单位及用户；经总参谋部测绘局批准的军事测绘成果保管单位及用户	
2	分辨率高于 $5'\times5'$，精度优于 ±1 毫伽的全国性高精度重力异常成果	绝密	长期	同上	
3	1∶1万、1∶5万全国高精度数字高程模型	绝密	长期	同上	
4	地形图保密处理技术参数及算法	绝密	长期	同上	
5	国家等级控制点坐标成果以及其他精度相当的坐标成果	机密	长期	经省级以上测绘行政主管部门批准的测绘成果保管单位及用户；经大军区以上军队测绘主管部门批准的军事测绘成果保管单位及用户	
6	国家等级天文、三角、导线、卫星大地测量的观测成果	机密	长期	同上	
7	国家等级重力点成果及其他精度相当的重力点成果	机密	长期	同上	

530

序号	国家秘密事项名称	密级	保密期限	控制范围	备注
8	分辨率高于 $30' \times 30'$，精度优于 ± 5 毫伽的重力异常成果；精度优于 ± 1 米的高程异常成果；精度优于 $\pm 3''$ 的垂线偏差成果	机密	长期	同上	
9	涉及军事禁区的大于或等于 $1:1$ 万的国家基本比例尺地形图及其数字化成果	机密	长期	同上	
10	$1:2.5$ 万、$1:5$ 万和 $1:10$ 万国家基本比例尺地形图及其数字化成果	机密	长期	同上	
11	空间精度及涉及的要素和范围相当于上述机密基础测绘成果的非基础测绘成果	机密	长期	同上；该成果测绘单位及其测绘成果保管单位	
12	构成环线或线路长度超过 $1\,000$ 千米的国家等级水准网成果资料	秘密	长期	经县市级以上测绘行政主管部门批准的测绘成果保管单位及用户；经大军区以上军队测绘主管部门批准的军事测绘成果保管单位及用户	
13	重力加密点成果	秘密	长期	同上	
14	分辨率在 $30' \times 30'$ 至 $1° \times 1°$，精度在 ± 5 毫伽至 ± 10 毫伽的重力异常成果；精度在 ± 1 米至 ± 2 米的高程异常成果；精度在 $\pm 3''$ 至 $\pm 6''$ 的垂线偏差成果	秘密	长期	同上	

序号	国家秘密事项名称	密级	保密期限	控制范围	备注
15	非军事禁区1∶5千国家基本比例尺地形图;或多张连续的、覆盖范围超过6平方千米的大于1∶5千的国家基本比例尺地形图及其数字化成果	秘密	长期	同上	
16	1∶50万、1∶25万、1∶1万国家基本比例尺地形图及其数字化成果	秘密	长期	同上	
17	军事禁区及国家安全要害部门所在地的航摄影像	秘密	长期	同上	
18	空间精度及涉及的要素和范围相当于上述秘密基础测绘成果的非基础测绘成果	秘密	长期	同上;该成果测绘单位及其测绘成果保管单位	
19	涉及军事、国家安全要害部门的点位名称及坐标;涉及国民经济重要工程设施精度优于±100米的点位坐标	秘密	长期	同上	
注:本规定所指"测绘成果"包括纸、光、磁等各类介质所承载的测绘数据、图件及相关资料					

关于印发《测绘事业单位会计电算化内部管理制度》的通知

测办〔2003〕38 号

各省、自治区、直辖市测绘行政主管部门,局所属各单位:

　　为了指导和规范测绘事业单位会计电算化工作,推动测绘系统会计电算化工作顺利开展,根据《中华人民共和国会计法》和财政部颁布的《会计电算化管理办法》、《会计电算化工作规范》有关规定,结合测绘事业单位会计工作的特点,我局制订了《测绘事业单位会计电算化内部管理制度》。现印发给你们,请遵照执行。对于执行过程中发现的问题,请及时向我局财务司反映。

国家测绘局办公室

二〇〇三年三月二十七日

测绘事业单位
会计电算化内部管理制度

一、总则

　　1. 为使测绘事业单位会计电算化内部管理工作程序化、规范化和科学化,提高会计电算化内部管理工作质量和效率,根据《会计法》、《会计电算化管理办法》、《会计电算化工件规范》等法律和有关财务会计制度,制定本制度。

　　2. 本制度是测绘事业单位会计电算化内部管理行为的基本规

范,是确保会计电算化各项业务工作质量而制定和实施的一系列程序、方法和措施。

3. 测绘事业单位会计人员要按照本制度的规定要求,履行会计电算化内部管理工作职责。

4. 本制度由国家测绘局财务司负责解释。

二、会计电算化岗位责任

一、会计电算化岗位设置

会计电算化岗位包括电算主管、制单、审核、记账、电算维护等。

二、各岗位的职责

(一)电算主管

1. 组织实施本单位会计电算化工作。

2. 负责会计电算化操作人员的管理工作,正确分配操作权限。

3. 负责组织账套设置,编辑通用转账凭证、常用快速凭证。

4. 一般不承担账务数据录入工作。

(二)制单人员

1. 输入、输出记账凭证,并按要求进行数据备份。

2. 不得进行审核操作。

(三)审核人员

1. 负责对原始凭证、记账凭证和输出的会计账簿、报表等进行审核。

2. 不得承担系统数据录入、制单和修改凭证工作。

(四)记账人员

1. 负责对经过审核的记账凭证,进行记账、对账和结账。

2. 每月打印现金和银行存款日记账,定期打印余额表、明细账、总账等各种账表,编制会计报表。

3. 负责对所有会计电算化资料进行整理装订,承担移交档案部门前的安全保管工作。

4. 定期对数据双备份。

(五)电算维护人员

534

负责计算机软、硬件系统的日常维护。

三、会计电算化审核管理

一、原始凭证的审核

1. 原始凭证必须合法、真实、准确、完整,财务手续齐全。

2. 对不真实、不合法的原始凭证不予受理,对记载不准确、不完整的原始凭证予以退回,并要求更正和补充。

二、记账凭证的审核

1. 对记账凭证的审核内容包括科目运用是否合理、借贷方向是否正确。记账凭证的金额与原始凭证的金额是否一致,摘要是否准确反映经济业务内容。

2. 审核发现错误时,应将错误凭证进行记录,并报财务负责人稽核后通知制单人员进行更正。审核无误后,由审核人员进行确认。

3. 未经审核的记账凭证一律不得记账。

三、对账簿及报表的审核

计算机内账簿及报表的审核内容主要包括:数据是否正确,账簿及报表钩稽关系是否一致等。未经审核的账簿一律不得编制会计报表。

四、对会计档案的审核

会计档案审核内容包括:文书会计档案、电子会计档案是否齐全、完整。

四、会计电算化操作管理

一、非电算化操作人员不得操作会计软件。

二、操作人员必须使用其真实姓名,按照各自的操作权限进行操作,不得越权登录,操作密码要严格保密。

三、操作人员未经财务负责人批准,不得擅自向任何人提供任何资料。

四、操作人员应做好经常性的数据备份工作。

五、操作人员不能使用来历不明的软盘(光盘)及其他介质,对外来的软盘(光盘)要进行杀毒处理。

六、操作人员应严格遵守计算机操作程序。

五、会计电算化硬件设备维护管理

一、硬件设备的管理

1. 会计电算化专用硬件设备由财务部门管理和使用，其他部门一般不得使用。

2. 任何人不得用会计电算化专用计算设备从事与会计电算化无关的活动。

3. 做好会计电算化专用硬件设备升级换代。

二、硬件设备的维护

1. 维护人员要定期对硬件设备进行检测、维护，一般每月全面检查一次。一旦发现硬件设备故障，及时通知有关部门或请专业人员修理并做好故障记录。

2. 按规定程序操作机器设备，尽量减少开机的时间和次数。

3. 定期清洁机房、计算机及其他设备。

三、安全保障

1. 机房内应注意防水、防潮、防火，机房内应配备灭火设备。

2. 机房内一切电源设备由专业部门统一安装。机房内只能安装一个电源总闸开关，工作中突然停电时必须立即关掉总闸开关及所有电器设备。

3. 严格遵守开、关机程序。

开机顺序：总电源→服务器 UPS 电源→网络服务器→网络显示器→工作站 UPS 电源→打印机→显示器→主机→进入财务管理系统。

关机顺序：首先退出财务管理系统，然后顺序关掉工作站主机→显示器→打印机→UPS 电源，确定各工作站全部关机后退出网络服务器中的财务管理系统→网络服务器→显示器→UPS 电源→总电源。

4. 严格设备安装程序。禁止带电的情况下，拆装计算机和打印机。

5. 要配备相应的不间断电源（UPS）。不得长时间利用 UPS 工作。

六、会计电算化软件系统维护管理

一、会计软件源程序的管理与维护

1. 会计软件源程序要有两套以上备份，并存放在安全地点。

2. 会计软件出现问题时，应及时通知软件商修复，并由维护人员进行安装、测试。

3. 除电算主管外，其他操作人员不得擅自对会计软件参数进行改动。

二、会计数据的修正与恢复

1. 会计数据的修正与恢复必须由维护人员或软件商维护人员负责。维护人员实施数据修正与恢复必须做好详细记录。

2. 由于凭证录入错误而导致会计账簿数据的错误，应采用凭证更正方法进行数据修正，不得采用维护操作手段修正。

3. 当出现未录入年初余额或年初余额未平但已记账、操作不当而引起的数据错误时，应由维护人员进行数据修正工作。

4. 除计算机硬盘遭破坏外，一般不允许数据恢复操作。

三、对会计数据备份的维护与管理

1. 必须使用质量合格的介质进行数据备份。

2. 对会计数据备份要进行认真检查，统一编号，存放在安全地点。

七、会计电算化档案管理

一、会计档案保管内容

1. 会计软件的操作手册、软盘（光盘）、源程序文件等系统文件。

2. 存储在软盘（光盘）上和以书面形式存放的会计凭证、会计账簿、会计报表，以及会计科目表、会计报表的取数公式、计算公式、报表格式及会计文件等。

3. 手工记录的各种辅助账。

二、会计档案的存放要求

1. 会计电算化资料按会计档案管理要求进行统一归档保管。

2. 会计数据备份和源程序备份应分别专柜存放在两个以上不同地点,并定期复制。

三、会计档案软盘(光盘)管理

1. 对计算机内会计资料应定期进行备份。日常使用备份时,应办理存取登记手续。

2. 会计档案软盘(光盘)应及时贴好安全封签。

四、会计电算化档案保存期限

1. 计算机输出的各类凭证、账簿、报表等的保管期限,按照《会计档案管理办法》的规定执行。

2. 会计电算化系统开发的全套电子文件档案,保存期限最低截至该系统停止使用或重大更改后三年。

3. 计算机内的凭证、账簿、报表等文件,应保存一至两个会计年度。

4. 计算机输出的会计档案发生短缺时,须补充打印,并由操作人员在输出文件上签字盖章。

五、会计档案调阅

1. 本单位人员借阅会计档案需由财务负责人批准。会计档案不得外借,其他单位如因特殊原因需要使用会计档案时,需经本单位财务负责人批准,办理借阅手续。

2. 任何人不得复制、转移、删改、更换会计档案。

六、会计档案销毁

电算化档案销毁前,应认真清点核对,填制档案销毁清单,经批准后,统一销毁。销毁后,监销人要在销毁清册上签名盖章,并将监销情况报告领导。

八、会计电算化账务管理

一、每年年初,应根据现行会计制度建立本年度的账务文件,正确地设置全部级次的会计科目。对已使用的会计科目不得修改或

538

删除。

二、新会计年度开始后的 20 天内,要完成各账户的结转手续。年初余额在当年记账以前不得修改,当年记账以后如有调整,只能通过填制记账凭证进行修改。

三、填制记账凭证要规范,编号应当连续。编号出现间断时,应在断号后的第一张凭证上注明间断的编号,并在输出的该张凭证上注明断号的原因和签字盖章。

四、记账凭证必须经过审核人员确认后,才能登记入账。

五、总账、现金账和银行账均可采用计算机输出的活页账装订,可以不登记订本式日记账,如现金处理收支较多的可设置辅助账。

每日须将当日发生的现金收支数据输入计算机,并编制库存日报表,并在报表上签字盖章。

六、现金账和银行账应做到日清月结,其他账每月至少记账一次。及时核对总账和明细账。

七、必须定期将计算机内的账簿数据打印为书面账簿,平时可以只打印已满页的账簿数据。

九、会计电算化报表管理

一、电算化会计报表按报送对象不同,分为对外报表和内部报表。对外报表应当按照现行会计制度和国家有关规定进行编制,不得变动。内部报表根据单位管理的需要进行编制。

二、账表之间的数据必须衔接一致、表与表之间的钩稽关系严密。

三、会计报表必须以软盘(光盘)和书面两种形式保存。软盘(光盘)数据和书面报表的数据必须一致。

四、应定期对计算机内的会计报表数据进行备份,并做好备份登记手续。

五、会计报表必须定期以书面的形式打印出来,整理成册,并由会计主管领导审阅签字、盖章。

六、年终了,必须将年度会计报表数据统一整理归档。

关于做好市县测绘行政管理
职责落实工作的通知

测办〔2003〕65 号

各省、自治区、直辖市测绘行政主管部门：

《中华人民共和国测绘法》(以下简称测绘法)于 2002 年 8 月 29 日由九届全国人大常委会第二十九次会议修订通过，2002 年 12 月 1 日起施行。测绘法对各级人民政府及其测绘行政主管部门应当履行的职责做出了明确的规定。最近，胡锦涛总书记在中央人口资源环境工作座谈会上强调："加强测绘统一监督管理和基础测绘工作。"为了认真贯彻测绘法，落实胡锦涛总书记讲话精神，加强市、县测绘行政管理工作，现就落实市、县测绘行政管理职责的有关问题通知如下，请结合本地实际情况，认真研究落实。

一、落实市、县测绘行政管理职责是做好测绘行政管理工作的基础

测绘工作是国民经济和社会发展的一项前期性、基础性工作，它为经济建设、国防建设、科学研究、文化教育、行政管理、人民生活等提供重要的地理信息服务，是社会主义现代化建设事业必不可少的一种重要保障手段。近些年来，市、县经济的快速发展，对测绘事业的发展产生了很大的推动作用；同时，测绘事业也为市、县经济的发展提供了重要的保障。根据我国国民经济快速发展的形势和依法行政的要求，测绘法将原来中央和省级测绘行政管理体制延伸到市、县，这是我国测绘行政管理体制的一次重大改革，充分反映了国家对市、县测绘行政管理工作的高度重视，也为市、县测绘行政管理工作提出了新的要求。市、县测绘行政主管部门是全国测绘行政管理体系的重要组成部分，市、县测绘行政管理工作是全国测绘行政管理工

540

作的基础。依法落实市、县测绘行政管理职责,是贯彻实施测绘法的重要工作内容,对于保障和促进市、县经济建设的发展,加强测绘工作的统一监督管理,使测绘工作更好地为市、县经济建设服务具有重要意义。

二、依法落实市、县测绘行政管理职责

测绘法是我国测绘行政管理的基本依据,各级测绘行政主管部门都必须依据测绘法做好测绘行政管理工作。测绘法对市、县测绘行政管理工作做出了具体规定,要求市、县人民政府测绘行政主管部门应当履行下列职责:

(一)负责本行政区域测绘工作的统一监督管理;

(二)组织管理本行政区域的基础测绘工作,会同本级政府其他有关部门组织编制本行政区域的基础测绘规划,会同本级政府发展计划部门编制本行政区域的基础测绘年度计划,组织实施本行政区域的基础测绘规划和年度计划;

(三)管理本行政区域的基础测绘成果,并依法做好测绘成果的提供服务;

(四)会同本级政府土地行政主管部门编制本行政区域的地籍测绘规划,组织管理本行政区域的地籍测绘;

(五)会同有关部门依法监督管理本行政区域的测绘市场;

(六)依法对使用本级政府财政资金的测绘项目和使用本级政府财政资金的建设工程测绘项目提出立项意见;

(七)依法监管本行政区域地图的编制、出版、展示、登载,开展国家版图意识的宣传教育;

(八)依法监督管理本行政区域测绘成果质量;

(九)加强本行政区域测量标志保护,组织本行政区域内永久性测量标志的检查维护;

(十)受省级测绘行政主管部门的委托,做好测绘资质证书、测绘作业证及其他有关工作;

(十一)依法查处测绘违法行为。

各地应当结合本地区的实际情况，将上述职责具体化。

三、加强沟通，确保测绘行政管理职能到位

测绘法规定，市、县测绘行政管理工作由市、县人民政府测绘行政主管部门负责。当前，在我国的市、县测绘行政管理工作中，机构不健全、人员不到位的问题十分突出。各省、自治区、直辖市测绘行政主管部门要认真研究市、县测绘行政管理的各项工作，在加强自身建设的同时，要结合本地区的实际，从有利于推动测绘事业发展、加强测绘管理工作的角度出发，主动与各市、县级人民政府沟通，提出市、县测绘行政管理机构建设的切实可行的建议，促使市、县测绘行政管理机构落到实处。市、县测绘管理机构，无论以何种形式存在都要确保依法行使职能，落实人员编制，做到职责到位、人员到位、工作到位。

各级测绘行政主管部门的领导和干部都要增强依法行政意识，认真研究测绘行政管理问题，积极开展学习研讨和经验交流，加强培训工作，努力提高测绘依法行政的水平和能力。国家测绘局将举办市、县测绘行政管理学习班，各省、自治区、直辖市测绘行政主管部门也应当把各级测绘行政管理人员的培训工作列入计划，通过培训，使测绘行政管理人员依法行政能力和水平得到提高，建设一支依法行政意识强、业务素质高的测绘行政管理队伍。

四、强化统一监督管理，严格依法行政

对本行政区域测绘工作进行统一监督管理是测绘法赋予市、县人民政府测绘行政主管部门的法定职责，是适应社会主义市场经济发展的一个重要制度。市、县人民政府测绘行政主管部门要切实加强测绘工作的统一监督管理，要逐步理顺管理体制，解决计划经济时期遗留下来的多部门分散管理的问题，解决长期以来存在的测绘行政管理不到位的问题。对于在机构改革中测绘行政管理机构发生变化的市、县，要按照测绘工作统一监督管理的原则，切实做好测绘资料、测绘业务工作的移交，保证测绘行政管理工作的正常进行。

市、县测绘行政主管部门在加强对测绘工作统一监督管理的同

时，积极争取有关部门的支持和配合，认真解决与有关部门在测绘管理中的难点问题，如市、县基础测绘、地籍测绘、房产测绘、测绘市场和地图市场的管理等问题。要加强与工商、新闻出版、质量监督、公安等综合执法部门的联系与协作，使测绘行政管理工作形成行为规范、运转协调、公正透明、廉洁高效的局面。

国家测绘局办公室
二〇〇三年五月三十日

关于印发《测绘作业证
管理规定》的通知

国测法字〔2004〕5 号

各省、自治区、直辖市测绘行政主管部门,计划单列市测绘行政主管部门:

为使测绘工作顺利进行,保障测绘外业人员进行测绘活动时的基本权利,我局依据《中华人民共和国测绘法》,制定了《测绘作业证管理规定》,现予印发,请遵照执行。

国家测绘局
二〇〇四年三月十九日

测绘作业证管理规定

第一条 为使测绘工作顺利进行,保障测绘外业人员进行测绘活动时的基本权利,根据《中华人民共和国测绘法》,制定本规定。

第二条 测绘外业作业人员和需要持测绘作业证的其他人员(以下简称测绘人员)应当领取测绘作业证。进行外业测绘活动时应当持有测绘作业证。

第三条 国家测绘局负责测绘作业证的统一管理工作。

省、自治区、直辖市人民政府测绘行政主管部门负责本行政区域内测绘作业证的审核、发放和监督管理工作。

省、自治区、直辖市人民政府测绘行政主管部门,可将测绘作业证的受理、审核、发放、注册核准等工作委托市(地)级人民政府测绘

544

行政主管部门承担。

第四条 测绘作业证的式样,由国家测绘局统一规定。测绘作业证在全国范围内通用。

第五条 测绘单位申领测绘作业证,应当向单位所在地的省、自治区、直辖市人民政府测绘行政主管部门或者其委托的市(地)级人民政府测绘行政主管部门提出办证申请,并需填写《测绘作业证申请表》和《测绘作业证申请汇总表》。

省、自治区、直辖市人民政府测绘行政主管部门或者其委托的市(地)级人民政府测绘行政主管部门应当自收到办证申请,并确认各种报表及各项手续完备之日起三十日内,完成《测绘作业证》的审核发证工作。

测绘单位领取测绘作业证,应当交纳证件工本费。测绘作业证工本费收费依照国务院有关主管部门核定的标准执行。

第六条 领证单位必须如实反映领证人员情况,严格执行领证规定,不得弄虚作假、虚报冒领,并对领证人员的真实情况负责。

第七条 测绘人员在下列情况下应当主动出示测绘作业证:

(一)进入机关、企业、住宅小区、耕地或者其他地块进行测绘时;

(二)使用测量标志时;

(三)接受测绘行政主管部门的执法监督检查时;

(四)办理与所进行的测绘活动相关的其他事项时。

进入保密单位、军事禁区和法律法规规定的需经特殊审批的区域进行测绘活动时,还应当按照规定持有关部门的批准文件。

第八条 各有关部门、单位和个人,对依法进行外业测绘活动的测绘人员应当提供测绘工作便利并给予必要的协助。

任何单位和个人不得阻挠和妨碍测绘人员依法进行的测绘活动。

第九条 测绘人员进行测绘活动时,应当遵守国家法律法规,保守国家秘密,遵守职业道德,不得损毁国家、集体和他人的财产。

第十条 测绘人员必须依法使用测绘作业证,不得利用测绘作业证从事与其测绘工作身份无关的活动。

测绘人员对测绘作业证应当妥善保存，防止遗失，不得损毁，不得涂改。测绘作业证只限持证人本人使用，不得转借他人。

测绘人员遗失测绘作业证，应当立即向本单位报告并说明情况。所在单位应当及时向发证机关书面报告情况。

第十一条　测绘人员离（退）休或调离工作单位的，必须由原所在测绘单位收回测绘作业证，并及时上交发证机关。

测绘人员调往其他测绘单位的，由新调入单位重新申领测绘作业证。

第十二条　测绘单位办理遗失证件的补证和旧证换新证的，省、自治区、直辖市人民政府测绘行政主管部门或者其委托的市（地）级人民政府测绘行政主管部门应当自收到补（换）证申请之日起三十日内，完成补（换）证工作。

第十三条　测绘作业证由省、自治区、直辖市人民政府测绘行政主管部门或者其委托的市（地）级人民政府测绘行政主管部门负责注册核准。每次注册核准有效期为三年。注册核准有效期满前三十日内，各测绘单位应当将测绘作业证送交单位所在地的省、自治区、直辖市人民政府测绘行政主管部门或者其委托的市（地）级人民政府测绘行政主管部门注册核准。过期不注册核准的测绘作业证无效。

第十四条　省、自治区、直辖市人民政府测绘行政主管部门应当明确相应的机构负责测绘作业证的审核、发放和管理工作，应当及时汇总本地区领取测绘作业证情况并于当年 12 月底以前报国家测绘局。

第十五条　测绘人员有下列行为之一的，由所在单位收回其测绘作业证并及时交回发证机关，对情节严重者依法给予行政处分；构成犯罪的，依法追究刑事责任：

（一）将测绘作业证转借他人的；

（二）擅自涂改测绘作业证的；

（三）利用测绘作业证严重违反工作纪律、职业道德或者损害国家、集体或者他人利益的；

（四）利用测绘作业证进行欺诈及其他违法活动的。

第十六条　测绘单位申报材料不真实，虚报冒领测绘作业证的，由省、自治区、直辖市人民政府测绘行政主管部门收回冒领的证件，并根据其情节给予通报批评。

第十七条　省、自治区、直辖市人民政府测绘行政主管部门，可根据本地区的实际情况，制定测绘作业证管理的具体规定。

第十八条　本规定由国家测绘局负责解释。

第十九条　本规定自二〇〇四年六月一日起施行。一九九五年一月十四日国家测绘局发布的《测绘工作证管理规定》同时废止。

测绘作业证申请表(表一)

姓　名		性别		出生日期		照片
职　称			职务			
本人身份证号码						
工作单位						
单位地址						
工作简历						
申领人签名　　　　　　　　　　　　　　　　　　　年　月　日						
申请单位意见　　　　　　　　　　　　　　　年　月　日(盖章)						
市(地)级测绘行政主管部门意见:						
省级测绘行政主管部门意见:　　　　　　　　年　月　日(盖章)						
发证编号			发证日期	年　月　日		

说明:1. 此表由申领单位如实填写,一式二份。

　　　2. 另交申请人员彩色照片1张。

548

测绘作业证申请汇总表(表二)

申请单位			
地 址		邮政编码	
联 系 人		电话	
申请领取《测绘作业证》人 数	外业作业人 员 数		
	其他人员数		
	合计:		
单位意见			年 月 日(章)
市(地)级测绘行政主管部门意 见			年 月 日(章)
省级测绘行政主管部门意见			年 月 日(章)
备 注			

说明:1. 此表由申请领证单位填写。

2. 此表只对本次申请情况进行汇总。

关于海域使用测量
资质管理工作的通知

国测管字〔2004〕13 号

沿海省、自治区、直辖市和计划单列市测绘行政主管部门,海洋行政主管部门,各海域使用测量资质单位:

为了规范海域使用测量资质管理,确保海域使用确权发证工作的顺利进行,根据《中华人民共和国测绘法》、《中华人民共和国海域使用管理法》和《中华人民共和国行政许可法》,国家测绘局、国家海洋局就海域使用测量单位资质管理工作有关事宜通知如下:

一、国家测绘局是全国测绘工作的行政主管部门,对测绘资质依法实行统一管理;国家海洋局已开展的海域使用测量单位资质管理工作交由国家测绘局管理。

二、根据《关于印发〈测绘资质管理规定〉和〈测绘资质分级标准〉的通知》精神,国家测绘局拟开展测绘资质证书复审换证工作。届时,已取得国家海洋局颁发的海域使用测量资质证书的单位,应按国家测绘局的统一部署,参加测绘资质证书复审换证,经审查合格后,换发相应等级的测绘资质证书。

三、在测绘资质证书复审换证工作中,对已经国家海洋局培训并取得《海域使用测量岗位培训证书》的技术人员,按照其实际技术职务(职称)计入专业技术人员数量,视同为海洋测绘专业技术人员。

四、沿海省、自治区、直辖市测绘行政主管部门在“海洋测绘”业务范围中增设“海籍测量”专项丁级标准,该标准商海洋行政主管部门制定。

五、在测绘资质证书复审换证工作之前,各有关单位持有的《海域使用测量资质证书》有效,可继续承接海域使用测量工作。测绘资质证书换发结束之日起,原《海域使用测量资质证书》自动失效。

六、各级测绘和海洋行政主管部门应密切配合,加强合作,切实做好资质证书的衔接工作。县级以上各级测绘行政主管部门应当加强对海洋测绘资质的监督和管理。

国家测绘局
国家海洋局
二〇〇四年四月三十日

关于贯彻实施《中华人民共和国 行政许可法》的通知

国测法字〔2004〕6 号

各省、自治区、直辖市测绘行政主管部门，计划单列市测绘行政主管部门、机关各司室、局属各单位：

《中华人民共和国行政许可法》（以下简称行政许可法）将于2004 年 7 月 1 日起施行。全面贯彻实施行政许可法，促进各级测绘行政主管部门严格依法行政，是各级测绘行政主管部门、机关各司室当前的一项重要工作。为了切实贯彻实施好行政许可法，现将有关工作通知如下：

一、充分认识贯彻行政许可法的重要意义，切实加强行政许可法的学习宣传培训

行政许可法所确立的行政许可设定制度、行政许可的统一办理制度、行政许可实施程序制度、行政机关对被许可人的监督检查制度、实施行政许可的责任制度等，都是对现行行政许可制度的重大改革和创新，对促进政府对经济社会事务的管理进一步制度化、规范化、法制化，促进政府管理创新和职能转变，对于保护公民、法人和其他组织的合法权益，深化行政审批制度改革，推进行政管理体制改革，从源头上预防和治理腐败，保障和监督行政机关有效实施行政管理具有重要的意义。测绘行政主管部门承担着测绘行政管理和提供测绘公共服务的重要职责，各级测绘行政主管部门的工作人员特别是领导干部，要从依法治国，实践"三个代表"重要思想、坚持执政为民和全面推进依法行政的高度，按照国务院《关于贯彻实施中华人民共和国行政许可法的通知》（国发〔2003〕23 号）的要求，充分认识实施行政许可法的重要性和紧迫性，增强自觉性和主动性，真正把贯彻实施行政许可法作为各级测绘行政主管部门的一项重要任务，切实抓紧抓好。

各级测绘行政主管部门要按照学用结合的原则，与测绘法律法规的学习相结合，抽出专门时间组织学习培训，保证学习效果。国家测绘局拟于今年举办两期行政许可法培训班，分别对各省、自治区、直辖市测绘行政主管部门（以下简称省局）测绘法制和实施测绘行政许可的分管领导、职能部门负责人进行系统的行政许可法培训。各省局要认真组织好本辖区内市、县级人民政府测绘行政主管部门实施测绘行政许可人员的培训工作，并进行必要的考核，确保培训质量，避免出现因对行政许可法的条文理解的不深不透而导致的违反法律的现象。各地要将行政许可法作为今年"四五"普法工作的重点内容之一，加强行政许可法的宣传教育。

二、抓紧做好有关测绘行政许可规定、项目和实施机关的清理工作，为行政许可法的贯彻实施奠定基础

各级测绘行政主管部门要结合行政审批制度改革工作，严格按照行政许可法关于行政许可的设定主体、设定形式、设定权限等有关规定，对本级测绘行政主管部门制定的规范性文件进行清理，对违反法律、法规和规章及越权制定的行政许可的规范性文件，予以修改或废止。

经国务院行政审批制度改革工作领导小组办公室（以下简称国审办）初步审核，国家测绘局保留了"外国组织或者个人来华从事测绘活动审批"、"采用国际坐标系统审批"、"建立相对独立的平面坐标系统审批"、"测绘资质审批"、"测绘专业技术人员执业资格审批"、"永久性测量标志拆迁审批"、"测绘计量检定人员资格审批"、"编制中小学教学地图审批"、"地图审核"、"对外提供我国测绘资料审批"、"国家基础测绘成果资料使用审批"等 11 项测绘行政许可项目，其中"国家基础测绘成果资料使用审批"属于根据国家测绘局部门规章设定的行政许可项目，国审办已初步同意将其列入国务院发布的决定予以保留，国家测绘局也将根据国务院法制办的统一工作安排，在修订《中华人民共和国测绘成果管理规定》时将其上升为行政法规。由省、自治区、直辖市人民政府规范性文件或者省局规范性文件设定的测绘行政许可项目,各省局要本着加强测绘统一监管的原则,结合本地测绘管理工作的实际需要,在制(修)订地方性测绘法规时,抓紧提出上升为地方性法规的处理意见。测绘行政许可项目和规定的清理工作要在2004年7月1日前全部完成,有关清理结果要依法向社会公布,并报国家测绘局。

各级测绘行政主管部门要根据行政许可法的规定,对委托其他机关实施的测绘行政许可进行清理。没有法律、法规或者规章的明确规定,测绘行政主管部门不得委托其他行政机关实施测绘行政许可,已经委托实施的,都要坚决予以纠正。各级测绘行政主管部门要按照行政许可法的要求,确定一个机构统一受理行政许可申请、统一送达行政许可决定,以方便测绘行政许可申请人。

三、做好配套制度的建设工作和政务公开,提高测绘依法行政的水平

行政许可法中规定了相对集中行政许可权制度、"一个窗口"对外制度、行政许可信息共享制度、听证制度、招标拍卖制度、行政许可决定的公示制度、监督检查制度等一系列重要制度,为保证这些制度的落实,国家测绘局将加快研究制定《测绘行政许可程序规定》等相关的配套制度,并针对保留的11项测绘行政许可项目分别制定相应的行政许可具体规定,使测绘行政许可更具可操作性。各地也要结合本地的实际情况,就建立完善上述具体制度进行积极研究,依法制订相关配套制度,建立健全相应的具体工作制度和工作程序,有关制度要依法予以公布,并报国家测绘局。

根据行政许可法的规定,各级测绘行政主管部门要在7月1日前,将有关测绘行政许可的事项、依据、条件、数量、程序、期限以及需要提交的全部材料的目录和申请书示范文本等在办公场所予以公示,并将有关内容在网站上予以登载。各级测绘行政主管部门可将测绘行政许可公示的内容汇编成册,提供给测绘行政许可申请人。

各级测绘行政主管部门要采取有效措施,逐步建立和完善网上测绘行政许可管理信息系统,方便测绘行政许可申请人,提高测绘公共服务的水平。

四、严格测绘行政主管部门的检查责任,加强对测绘行政许可的监督检查

要加强对测绘系统内部自上而下的执法检查,把测绘资质审批、地图审核、国家基础测绘成果资料使用审批等作为重点检查项目,把是否依法设定、受理、审查、决定行政许可和是否依法收费、监督等情况作为重点内容进行检查,发现违法实施测绘行政许可的,要坚决予以纠正,并依法追究有关责任人的责任。各级测绘行政主管部门要依法认真办理公民、法人和其他组织对违法和不正当行政许可决定的申诉、检举和行政复议申请,及时发现并解决违法实施测绘行政许可的行为。

各省局要根据《关于做好市县测绘行政管理职责落实工作的通知》(测办〔2003〕65 号)的要求,充分发挥市(地)、县级人民政府测绘行政主管部门作用,要通过强化基础测绘成果使用监督、依法监督管理测绘市场、强化本行政区域内地图市场的监管、依法监督管理本行政区域测绘成果质量、组织本行政区域内永久性测量标志的检查维护、依法查处测绘违法行为等措施,加强对被许可人从事测绘行政许可事项的监督检查,以扭转测绘行政主管部门存在的重许可、轻监管或者只许可、不监管的现象。

五、加强对贯彻实施行政许可法工作的领导,保障行政许可法的顺利实施

各省局要将贯彻实施行政许可法工作列入议事日程,制订工作规划,搞好组织协调,把各项工作落到实处。国家测绘局将于 6 月份召开全国测绘系统贯彻实施行政许可法工作会议,总结、交流测绘系统学习贯彻行政许可法的经验,安排部署测绘系统贯彻实施行政许可法的有关工作,进一步促进行政许可法在测绘系统的贯彻实施。今年,国家测绘局还将对省局贯彻实施行政许可法的情况进行抽查。

对于在贯彻实施行政许可法中遇到的问题要及时向本级人民政府或者国家测绘局反映。

党的十六大对政府法制工作提出了更高要求,各级测绘行政主管部门要适应全面推进依法行政的要求,采取切实有效的措施,进一步解决法制工作机构在机构、人员、经费方面的困难,充分发挥其协助本单位领导办理法制事项的参谋、助手作用。同时,要以贯彻实施行政许可法为契机,通过采取加强岗位培训、规范工作程序、完善责任制度等各种有效措施,提高实施行政许可人员和测绘行政执法人员的素质,提高其依法行政的自觉性。

各级测绘行政主管部门要根据行政许可法的规定,将实施行政许可所需经费列入本部门的预算。要坚决杜绝出现测绘行政主管部门通过实施行政许可违法收取费用以解决办公经费、人员福利等问题。测绘行政主管部门实施行政许可违法收取费用,或者不执行"收支两条线"规定,截留、挪用、私分或者变相私分实施行政许可收取的费用的,要依法追究直接责任人和负责人的责任。

国家测绘局
二〇〇四年五月八日

关于贯彻落实《全面推进依法行政实施纲要》的通知

国测法字〔2004〕7 号

各省、自治区、直辖市测绘行政主管部门，计划单列市测绘行政主管部门，机关各司室：

2004 年 3 月 22 日，国务院印发了《全面推进依法行政实施纲要》（国发〔2004〕10 号，以下简称《纲要》）。《纲要》确立了建设法治政府的目标，明确了今后十年全面推进依法行政的指导思想和具体目标、基本原则和要求、主要任务和措施，是建设法治政府的纲领性文件，是我国社会主义民主法制建设的一件大事。保证《纲要》全面、正确地实施，是当前和今后一个时期各级测绘行政主管部门的一项重要任务。各级测绘行政主管部门务必要对《纲要》的实施给予高度重视，切实做好各项有关工作。

一、充分认识《纲要》的重要意义，扎扎实实地抓紧《纲要》的学习、宣传工作

《纲要》以邓小平理论和"三个代表"重要思想为指导，总结了近年来推进依法行政的基本经验，适应全面建设小康社会的新形势和依法治国的进程，确立了建设法治政府的目标，对进一步推进我国社会主义政治文明建设具有重大而深远的意义。当前，各级测绘行政主管部门的首要任务是，要从立党为公、执政为民的高度，充分认识《纲要》的重大意义，对照《纲要》并紧密结合测绘部门以及测绘工作的实际，开展有针对性的学习和宣传。各级测绘行政主管部门领导干部和测绘法制工作机构的工作人员要先行一步，认真学习、正确理解、准确把握、深刻领会《纲要》的精神实质和主要内容。要根据本地区的实际情况，制定《纲要》的学习、宣传和培训计划，并认真组织实施。要通过开展多种形式的学习、宣传和培训活动，使各级测绘行政主管部门机关全体工作人员的思想统一到《纲要》精神上来，为贯彻落实《纲要》，全面推进测绘依法行政奠定良好的基础。

二、加强测绘立法工作，进一步提高制度建设质量

《纲要》明确了制度建设的基本要求，要求科学合理制定政府立法工作计划，改进政府立法工作方法，扩大政府立法工作的公众参与程度，积极探索对政府立法项目的成本效益分析制度，建立和完善规章修改、废止工作制度和规章、规范性文件的定期清理制度。各级测绘行政主管部门在工作中要严格执行《纲要》的这些规定，并建立健全各种相关配套工作制度、程序和机制，切实提高测绘立法质量和实施效果。国家测绘局将出台法规制定程序规定，并根据修订后的《测绘法》制订测绘立法规划。各省、自治区、直辖市测绘行政主管部门在地方性测绘法规起草过程中，要把提高立法质量作为地方性测绘法规起草工作的重点，使地方性测绘法规既符合上位法的规定，又具有可操作性和地方特色，能够切实解决地方测绘管理工作中存在的问题，有利于推动地方测绘事业的发展。

三、严格测绘行政执法，强化对测绘行政行为的监督

《纲要》强调，要理顺行政执法体制，加快行政程序建设，规范行政执法行为，推行行政执法责任制。各省、自治区、直辖市测绘行政主管部门要充分发挥市、县级人民政府测绘行政主管部门在测绘行政执法中的作用，建立信息通畅、运转灵活、协调有力的测绘行政执法网络。各级测绘行政主管部门要根据《纲要》的要求，完善测绘行政执法人员持证上岗制度；建立上岗前培训和岗位培训制度；建立健全行政执法责任制；规范测绘行政执法程序；建立评议考核制和执法过错或者错案责任追究制。要切实解决测绘行政执法中存在的有法不依、执法不严、权责脱节等问题，规范测绘行政执法行为、提高行政执法水平。

《纲要》提出，要完善行政监督制度，创新政府层级监督新机制，强化对行政行为的监督。各级测绘行政主管部门要遵循有权必有

责、用权受监督、侵权要赔偿、违法受追究的原则，全面履行测绘行政管理职责，确保行政权力真正用于为人民谋利益。要健全依法对公民、法人和其他组织对测绘部门规章和规范性文件提出异议的处理办法，完善有关测绘行政复议工作制度。各级测绘行政主管部门要积极配合监察、审计等专门监督机关的工作，自觉接受专门监督机关的监督；要接受新闻舆论监督和社会监督，完善群众举报违法行为的制度；要创新测绘行政层级监督新机制，探索建立重大测绘行政许可向上一级报备制度和测绘行政许可统计制度。

四、进一步转变测绘行政管理职能，建立健全科学民主的决策机制

《纲要》要求依法界定和规范经济调节、市场监管、社会管理和公共服务的职能，合理划分和依法规范各级行政机关的职能和权限，改革行政管理方式并推进政府信息公开。各级测绘行政主管部门要根据《测绘法》等法律法规的规定，切实加强对测绘工作的统一监督管理，强化公共服务职能和公共服务意识，提高测绘公共服务的水平。测绘行政主管部门要充分运用间接管理、动态管理和事后监督管理等手段实施测绘管理，依法履行测绘市场监管职能，要采取有力措施打破测绘市场的部门保护、地区封锁和行业垄断，建设统一、开放、竞争、有序的现代测绘市场体系。要加快电子政务建设，推进政府上网工程的建设和运用，公开测绘管理信息，切实把测绘管理职能转到主要为测绘市场主体服务和创造良好发展环境上来。

《纲要》明确，要健全行政决策机制，完善行政决策程序，建立健全决策跟踪反馈和责任追究制度。各级测绘行政主管部门要依法建立和完善测绘行政决策的内部决策规则、专家辅助决策系统和听取公众意见、建议的程序；要按照"谁决策、谁负责"的原则，建立健全决策责任追究制度，实现决策权和决策责任相统一；要明确机构和人员，定期对决策的执行情况进行跟踪与反馈，并适时修正和完善有关决策；重大测绘行政决策在决策过程中要进行合法性论证。

五、加强领导,精心规划,切实把《纲要》提出的各项任务落到实处

各级测绘行政主管部门的主要负责同志、机关各司室的主要负责同志要切实担负起贯彻执行《纲要》、全面推进依法行政第一责任人的职责,一级抓一级,逐级落实。要切实把贯彻执行《纲要》列入重要议事日程,定期进行研究、部署,对贯彻执行《纲要》中出现的问题要及时研究解决。各级测绘行政主管部门的法制工作机构要按照《纲要》的要求,努力当好本级测绘行政主管部门及其领导在依法行政方面的参谋、助手和法律顾问,以高度的责任感和使命感,踏实工作,切实履行职责,为全面推进测绘依法行政做出应有的贡献。

贯彻落实《纲要》是一项全局性和长期性的系统工程,涉及面广,难度大,需要测绘行政主管部门内各个职能机构的共同努力。要根据国务院办公厅《关于贯彻落实全面推进依法行政实施纲要的实施意见》(国办发〔2004〕24号)要求精神,把《纲要》的内容进行逐项分解,做到相关职能机构目标清晰、责任明确。各级测绘行政主管部门要拟定贯彻落实《纲要》的实施意见,抓紧研究本部门依法行政五年规划的相关工作、年度安排以及相关的配套措施,确定不同阶段的目标要求,提出工作进度,突出重点,分步实施,确保《纲要》在测绘系统得到全面正确执行和"经过十年左右坚持不懈的努力,基本实现建设法治政府的目标"的实现。

国家测绘局
二〇〇四年五月十九日

关于对私营测绘企业测绘资质
管理有关问题的批复

国测管字〔2004〕14 号

浙江省测绘局：

《浙江省测绘局关于测绘资质管理有关问题的紧急请示》（浙测〔2004〕45 号）收悉。经研究，现批复如下：

一、《中华人民共和国测绘法》（以下简称《测绘法》）以及国家测绘局根据《中华人民共和国行政许可法》制定的《测绘资质管理规定》，对申请单位的所有制形式没有限制。对于私营测绘企业申请测绘资质，只要符合《测绘法》和《测绘资质管理规定》等规定的相应条件，测绘行政主管部门应当依法受理，且不得超出《测绘资质管理规定》做出其他限制性规定。

二、《测绘法》对涉密测绘事项规定："测绘成果属于国家秘密的，适用国家保密法律、行政法规的规定。"私营测绘企业能否从事涉密测绘业务，应当由测绘项目委托方根据其具体项目涉密情况，依据国家有关保守国家秘密的法律法规要求，自行选定承担其中测绘项目的单位。测绘项目委托方和承担方应当对涉密测绘成果及项目的保密工作负责。因此，私营测绘企业能否从事涉密测绘业务，不宜在测绘资质证书中注明。测绘行政主管部门应当重点加强对测绘成果的保密监督管理工作。

国家测绘局

二〇〇四年六月七日

关于《测绘管理工作国家秘密范围的规定》有关问题的复函

测办〔2004〕61 号

浙江省测绘局：

你局《关于执行测绘管理工作国家秘密范围的规定有关问题的请示》（浙测〔2004〕18 号）收悉,有关问题答复如下：

一、考虑到测绘成果的形式多样且在不断的发展变化,《测绘管理工作国家秘密目录》很难把以后产生的国家秘密测绘成果列入其中,因此不能笼统理解为未列入《测绘管理工作国家秘密目录》的测绘成果均可以公开。《测绘管理工作国家秘密目录》中未做规定、新产生的测绘成果,符合《中华人民共和国保守国家秘密法》第二条、第八条和《中华人民共和国保守国家秘密法实施办法》第四条规定,应当作为"不明确事项",先行拟定密级,采取保密措施。再报有权批准密级的部门批准,并报国家测绘局备案。对泄露后会给本单位工作造成被动或损失的测绘信息应作为工作秘密。除上述两种情形外均可公开,如：大于 1∶5 千国家基本比例尺地形图（覆盖范围小于 6 平方千米）、非军事禁区及非国家安全要害部门所在地的航摄影像等。

二、《测绘管理工作国家秘密目录》序号 1 中的转换参数包含独立坐标系与国家大地坐标系之间的转换参数,控制范围按《测绘管理工作国家秘密目录》中"绝密"级条款控制。

三、1∶1 万、1∶5 万全国范围高精度数字高程模型为"绝密",非全国性的 1∶1 万、1∶5 万高精度数字高程模型的密级按其他相应条款的规定确定。

四、1∶1 万国家基本比例尺地形图及其数字化成果为"秘密"其中涉及军事禁区的为"机密",其密级应分别标注；当提供大于

1∶5千国家基本比例尺地形图的覆盖范围超过 6 平方千米时,该批测绘成果整体上按"秘密"级测绘成果管理,单幅图不再标注密级。

　　五、关于国家安全要害部门的定义,在国家测绘局和国家保密局没有做出新的解释前,暂按《中华人民共和国保守国家秘密法》第二十二条的规定"属于国家秘密不对外开放的场所、部位"的表述掌握。

国家测绘局办公室

二〇〇四年五月二十一日

关于印发《国家测绘局政府采购
管理实施办法（试行）》的通知

国测财字〔2004〕63 号

局所属各单位：

　　为了加强我局政府采购工作，规范政府采购行为，提高政府采购资金使用效益，根据《政府采购法》和《中央单位政府采购管理实施办法》等法律法规，我局制定了《国家测绘局政府采购管理实施办法（试行）》，现印发你们，请遵照执行。执行中如有问题和意见，请及时反映。

国家测绘局

二○○四年十月十二日

国家测绘局政府采购
管理实施办法（试行）

第一章　总　　则

　　第一条　为了加强国家测绘局（以下简称国家局）政府采购的监督管理，规范政府采购行为，提高政府采购资金的使用效益，依据《政府采购法》和《中央单位政府采购管理实施办法》等法律法规，结合测绘工作特点，制定本办法。

564

第二条　本办法适用于有政府采购活动的国家局本级及所属单位。

第三条　国家局政府采购是指国家局本级及所属单位按照政府采购法律、行政法规和制度规定的范围、方式和程序，使用财政性资金(预算资金和预算外资金)和单位自筹资金，采购国务院公布的政府集中采购目录以内或者采购限额标准以上的货物、工程和服务的行为。

第四条　政府采购应遵循公开、公平、公正、诚实信用和效益的原则。

第五条　国家局财务司是负责国家局政府采购的监督管理部门，履行全面的监督管理职责。其主要职责是：制定国家局政府采购管理实施办法；编制审核国家局政府采购预算和计划；组织并实施本部门集中采购项目的采购活动；指导监督检查所属单位政府采购工作。

所属单位主要职责是：严格执行各项政府采购规定；完整编制本单位政府采购预算和计划；组织和实施本单位的政府采购工作；依法签订和履行政府采购合同；编报本单位政府采购信息统计报表。

第六条　政府采购工作应由财务部门统一管理，管理的主要内容是：确定政府采购项目、编制政府采购预算和制定政府采购实施计划、明确采购组织形式、确定采购方式、实施采购；确定中标或成交供应商、签订及履行合同、资金支付与结算、采购文件的保存以及采购统计的编报等。

第二章　政府采购的组织形式、方式及范围

第七条　政府采购组织形式分为政府集中采购、部门集中采购和单位自行采购。

政府集中采购，是指国家局本级和所属单位将属于政府集中采购目录中的政府采购项目委托政府集中采购机构代理的采购活动。

部门集中采购,是指国家局本级及所属单位采购的列入国家局部门集中采购范围的项目,并由国家局统一组织实施的采购活动。采购范围主要包括:国家基础航空摄影项目、特定的测绘项目、大型修缮及设备购置项目、大型基建项目及其他专项等。

单位自行采购,也称分散采购,是指所属单位组织的除以上两项采购范围以外、采购限额标准以上政府采购项目的采购活动。采购范围及限额标准主要包括:10万元以上(含10万元)的单件物品及服务,30万元(含30万元)以上的专用设备,50万元以上(含50万元)的大宗物品及工程项目以及列入政府采购目录的货物、工程和服务。其中单项或批量采购金额一次性达到120万元以上的货物(或服务)采购项目、200万元以上的工程项目,必须采用公开招标采购方式。

第八条 政府采购的方式依次为:公开招标、邀请招标、竞争性谈判、单一来源采购、询价及国务院政府采购监督管理部门认定的其他采购方式。

公开招标是政府采购的主要方式。

第九条 因特殊情况,达到公开招标数额标准但需采用其他采购方式的项目,应逐级上报,经国家局财务司审核报财政部批准后组织实施。

第十条 符合下列情况之一的货物或服务,可采用邀请招标方式采购:

(一)具有特殊性,只能从有限范围的供应商处采购;

(二)公开招标方式成本过高。

邀请招标必须有3家以上供应商投标。

第十一条 符合下列情况之一的货物或服务,可采用竞争性谈判方式采购:

(一)招标后少于3家供应商投标或者没有合格标的;

(二)技术复杂或性质特殊,不能事先确定详细规格和具体要求的,不能计算出价格总额的;

（三）采用招标方式不能满足时间要求的。

第十二条　符合下列情况之一的货物或服务，可采用单一来源方式采购：

（一）只能从唯一供应商处采购的；

（二）原采购的后续维修、扩充或零配件供应等只能向原供应商采购，且采购资金总额不超过原合同采购金额10％的；

（三）涉及国家安全或保密的采购。

第十三条　采购的货物规格、标准统一，且价格变化幅度小的，可采取询价方式采购。但必须对比3家以上供应商择优选定。

第三章　政府采购的预算管理

第十四条　国家局本级及所属单位应将本单位年度政府采购项目及资金计划，按照年度部门预算要求，填列政府采购预算表，经国家局汇总后报财政部审批。

第十五条　国家局按照财政部批复的政府采购预算，制定政府集中采购、部门集中采购的实施计划。实施计划主要内容包括：确定采购人、采购项目、采购金额、采购方式和具体实施要求等。

第十六条　国家局要在规定的时间内，将制定的政府集中采购的实施计划报送政府集中采购机构，委托该机构组织实施；将制定的部门集中采购实施计划报财政部备案。

第十七条　对已批复的政府采购预算需要调整的，应当按照预算管理程序和登记备案管理方式进行。

第十八条　凡属于政府采购的项目而未纳入当年政府采购预算的，不得列入当年支出。

第四章　政府采购工作程序

第十九条　政府采购管理及程序包括：政府集中采购管理及程

序、部门集中采购管理及程序、单位自行采购管理及程序以及其他管理规定。

第二十条 政府集中采购的工作程序：

（一）国家局根据财政部下达的部门预算和政府集中采购目录，在规定的时间内编制政府集中采购实施计划，报送政府集中采购机构。

（二）国家局与政府集中采购机构签订委托代理采购协议，确定委托代理事项，约定双方的权利与义务。

（三）资金支付及结算按有关程序办理。

第二十一条 部门集中采购的工作程序：

（一）明确采购项目范围。国家局财务司根据财政部下达的部门预算，进一步明确测绘部门集中采购项目范围，逐级下达到所属预算单位。

（二）编制计划。所属预算单位根据国家局的要求，编制部门集中采购实施计划报送国家局。

（三）制订方案。国家局财务司汇总所属单位上报的部门集中采购实施计划，制订具体操作方案。

（四）实施采购。国家局财务司依法采用相应的采购方式组织采购活动。择优确定政府采购代理机构，签订委托代理协议。实行公开招标的，其招标信息必须首先在财政部指定的媒体上公告；采用其他采购方式的，应当报财政部批准。采购活动中遇到需要请示的问题，原则上以文件形式报财政部。

（五）评标结束后，采购人应按规定及时确定中标人，并发出中标通知书。其中，实行公开招标采购的，其招标结果或中标供应商名单应在财政部指定的媒体上公告。

（六）采购人要在中标通知书发出 30 日内，完成合同签订工作，并组织采购项目验收工作。

（七）资金支付结算按国库集中支付规定程序办理。

（八）采购完成后的 30 日内，采购人提交政府采购工作总结报

568

告,报国家局财务司备案。

第二十二条 国家局所属单位采购项目中属于单位自行采购的必须进行单位自行采购。单位自行采购一般由单位自行组织实施。

实施单位应根据国家局批复的预算,编制单位自行采购实施计划。包括采购方式、采购项目、采购金额,逐级报国家局审查备案。

单位自行采购的工作程序比照部门集中采购程序执行。其中符合公开招标条件的采购项目,应采用公开招标方式采购。

第二十三条 国家局所属单位要加强政府采购基础管理工作,汇总编报年度政府采购统计资料,对实施政府采购工作中形成的文件资料要按照档案管理的要求妥善保管。

第五章 监督检查

第二十四条 国家局要加强对政府采购工作的监督管理,除对政府采购预算中的采购项目每年进行专项审计检查外,应定期或不定期地对所属单位的自行采购活动进行审计检查。

第二十五条 国家局所属单位应建立健全政府采购工作的内部监督制约机制。

第二十六条 国家局及所属单位的财务、审计、纪检监察部门对本单位政府采购工作负有监督检查职责,在检查中发现问题的,应按有关规定予以处理。

第六章 附 则

第二十七条 本办法由国家局负责解释。

第二十八条 本办法自发布之日起执行。

关于印发《国家测绘局项目支出预算管理办法(试行)》的通知

国测财字〔2004〕65 号

局所属各单位:

为提高财政资金使用效益和项目支出预算编制工作质量,规范和加强我局项目支出预算管理,根据财政部《中央本级项目支出预算管理办法》及有关规章制度,我局制定了《国家测绘局项目支出预算管理办法(试行)》并经局务会议审议通过,现印发你们,请遵照执行。执行中如有问题和意见,请及时反馈。

国家测绘局
二○○四年十一月三日

国家测绘局项目支出预算管理办法(试行)

第一章 总 则

第一条 为提高财政资金使用效益和项目支出预算编制工作质量,规范和加强国家测绘局项目支出预算管理,根据财政部《中央本级项目支出预算管理办法》及有关规章制度,制定本办法。

第二条 国家测绘局项目支出预算由国家测绘局本级及所属预

算单位项目支出预算组成。本办法所称"局本级",是指国家测绘局本级财务;所称"所属预算单位",是指与国家测绘局本级财务直接发生预算缴款、拨款关系的单位;所称"项目单位",是指直接负责项目申请并组织项目实施的单位。

第三条　本办法适用于国家测绘局本级及所属预算单位的项目支出预算管理。

第四条　项目支出预算是国家测绘局本级及所属预算单位为完成特定的行政工作任务或事业发展目标而编制的年度项目支出计划。

第五条　项目支出预算管理的基本原则

(一)综合预算的原则。项目支出预算要体现预算内外资金统筹安排的要求。

(二)科学论证、分类排序的原则。对申报的项目应当进行充分的可行性论证和严格审核,并按照项目的性质进行科学分类和按轻重缓急进行合理排序,优先安排急需、可行的项目。

(三)追踪问效的原则。对预算安排项目的执行过程实施追踪问效,并对项目完成结果进行绩效评价。

第二章　项目的分类与申报

第六条　项目按其性质分为基本建设类项目、行政事业类项目和其他类项目三种类型。

(一)基本建设类项目,是指按照国家关于基本建设管理的规定,用基本建设资金安排的项目。

(二)行政事业类项目,是指由行政事业费开支的项目,主要包括:专项业务项目、大型修缮项目、大型购置项目、大型会议项目和其他项目。

1. 专项业务项目,是指国家测绘局本级及所属预算单位为履行其职责,在开展测绘专业业务活动中持续发生的特定支出项目。主要包括:基础测绘项目、国家基础航空摄影项目和其他测绘业务工作项目。

2. 大型修缮项目,是指国家测绘局本级及所属预算单位按照国家有关规定,经有关部门鉴定需要对其危险性房屋、建筑物及附属设施修缮和大型专业设备修理等项目。

3. 大型购置项目,是指国家测绘局本级及所属预算单位按照国家有关规定在基本支出以外的设备购置项目。

4. 大型会议项目,是指国家测绘局本级及所属预算单位按照国家有关规定召开的"一类会议"和经国务院批准召开的国际性会议等项目。

5. 其他项目,是指国家测绘局本级及所属预算单位在上述项目之外发生的支出项目。

(三)其他类项目,是指除基本建设类项目和行政事业类项目之外发生的支出项目,主要包括科技三项费用等资金安排的项目。

第七条 项目按编报要求分为国务院已研究确定项目、经常性专项业务费项目、跨年度支出项目和其他项目四种类别。

(一)国务院已研究确定项目,是指国务院已研究确定需由财政预算资金重点保障安排的支出项目。

(二)经常性专项业务费项目,是指国家测绘局本级及所属单位为维持其正常运转而发生的大型设施、大型设备、大型专用网络运行费和为完成特定工作任务而持续发生的支出项目。

(三)跨年度支出项目,是指除以前年度延续的国务院已研究确定项目和经常性专项业务费项目之外,经财政部批准并已确定分年度预算,需在本年继续安排预算的项目和当年新增的需在本年度及以后年度继续安排预算的支出项目。

(四)其他项目,是指除以上三类项目之外,国家测绘局本级及所属预算单位为完成其职责需安排的支出项目。

第八条 申报条件

申报的项目应当同时具备以下条件:

572

（一）符合国家有关方针政策和财政资金支持的方向和范围；

（二）属于测绘行政工作和事业发展需要安排的项目，并符合国家测绘局发布的有关业务项目申报指南；

（三）有明确的项目目标、组织实施计划和科学合理的项目预算，并经过科学可行性论证。

第九条 项目申报分为新增项目和延续项目。

新增项目，是指本年度新增的需列入预算的项目。

延续项目，是指以前年度批准的、需在本年度预算中继续安排的项目。

第十条 申报项目必须按照国家有关编制项目支出预算的要求，填写统一的项目申报文本。项目申报文本（范本）由项目支出预算汇总表、项目申报书、项目可行性报告（编写提纲）和项目评审报告组成。

第十一条 项目申报文本的填报要求

（一）基本建设类项目、其他类项目中的科技三项费用等项目，按照国家有关部门现行规定进行申报。

（二）除上述项目之外的项目，国家测绘局本级及所属预算单位申报当年预算时，都应按财政部要求填写项目支出预算汇总表、项目申报书并附有关材料。

（三）新增项目中预算数额较大或专业技术复杂的项目，应当填报项目的可行性报告和项目评审报告。

（四）延续项目中项目计划和项目预算没有变化的，可以不再填报项目的可行性报告和项目评审报告；而延续项目中项目计划和项目预算发生较大变化的，需要重新填报项目可行性报告和项目评审报告。

（五）国家测绘局本级及所属预算单位应当按照规定的时间报送项目申报材料，项目申报材料的内容必须真实、准确、完整。

第十二条 申报程序

（一）国家测绘局根据国家关于编制项目支出预算的要求，布置年度项目支出预算编制工作;根据测绘事业发展计划、财力和项目支出预算编制要求,制定和发布项目申报指南。

(二)所属预算单位按照国家测绘局发布的项目申报指南和预算管理级次申报项目,不得越级上报。

(三)国家测绘局对所属预算单位申报的项目进行审核,将符合条件的项目择优排序,统一汇总后按规定程序向财政部申报。

第三章　项目评审与审核

第十三条　对需要进行评审的项目,所属预算单位按规定组织相应的技术专家、财务专家或委托具有相应评审资质的机构进行评审。

第十四条　项目评审的内容包括:项目可行性评审、项目预算评审、项目风险与不确定因素评审等。

(一)项目可行性评审的内容:

1. 立项依据的充分性。项目与国家政策、测绘行政工作任务或测绘事业发展计划的关联性,项目立项的必要性与紧迫性等。

2. 目标设置的合理性。项目总体目标、阶段性目标的合理性,目标实现的技术路线的合理性及可能性,目标的可考性等。

3. 组织实施能力与条件。项目单位及其合作单位的人力、财力和技术能力等,组织实施条件的充分性,进度安排的合理性及环境支撑条件等。

4. 预期社会与经济效益。项目预期社会效益、经济效益、效益持续力、主要受益者等。

(二)项目预算评审的内容:

1. 资金筹措情况。项目预算资金来源的筹措情况、可靠性等。

2. 预算支出的合理性。项目预算支出内容、额度和标准的合法性、合理性、相关性及不合理预算所涉及的金额等。

(三)项目风险与不确定因素的评审内容:主要包括项目风险与

574

不确定因素、项目单位对风险的认识,应对措施的有效性等。

第十五条 评审专家或中介评审机构在按规定完成项目评审后,应出具评审报告,并对评审报告的真实性、完整性、公正性负责。

第十六条 对所有申报项目要按规定进行审核。项目审核的主要内容包括:

(一)项目申报单位及所申报的项目是否符合规定的申报条件;

(二)项目申请书是否符合规定的填报要求,相关材料是否齐全等;

(三)申报的项目是否经过充分的可行性论证,内容是否真实可靠,立项依据是否充分,项目实现的技术路线和项目支出预算是否合理,资金筹措是否可靠等;

(四)项目排序是否合理等。

第十七条 国家测绘局对申报的项目进行审核后,对符合条件的项目,分类排序纳入国家测绘局项目库。

对新增项目中预算数额较大或者专业技术复杂的项目和延续项目中项目计划及项目预算变化较大的项目,国家测绘局可以重新组织专家或委托中介机构进行评审。

第四章 项目库的设立与管理

第十八条 项目库是对项目进行规范化、程序化管理的数据库系统。项目库按照财政部统一制定项目库管理的规章制度、项目申报文本和计算应用软件等进行设立与管理。

第十九条 项目库分为国家测绘局项目库和所属预算单位项目库。国家测绘局及所属预算单位按规定对各自设立的项目库实行分级管理。

国家测绘局项目库,由国家测绘局按照项目支出预算管理要求,对所属预算单位申报项目进行审核、筛选、排序后设立。

所属预算单位项目库,由所属预算单位按照申报项目支出预算要求,根据国家测绘局发布的项目申报指南,结合本单位人力、财力、技术装备和生产能力等,对项目单位申报项目进行审核、筛选、排序后设立。

第二十条　项目库由负责预算管理工作的财务机构进行具体管理。

第二十一条　项目库中的项目应当按照轻重缓急、择优遴选后,按政府预算收支科目类(款)进行排序。

国务院已研究确定项目、经常性业务费项目和跨年度支出项目中的延续项目在项目库中应予以优先排序。

第二十二条　项目库中的延续项目实行滚动管理。每年项目支出预算批复后,国家测绘局及所属预算单位要对项目库进行清理,对到期项目予以取消。对延续项目滚动转入以后年度项目库,与下年新增项目一并申请项目支出预算。

项目库中的延续项目的名称、编码、项目的使用方向在以后年度申报预算时不得变动。

第五章　项目支出预算的核定与项目实施

第二十三条　申报年度项目支出预算的项目必须按择优排序的原则从本单位项目库中提取。

第二十四条　项目支出预算一经批复,项目单位必须严格按照批复的项目支出预算组织项目的实施,不得自行调整。预算执行过程中,如项目发生终止、撤销、变更,引起预算调整的,必须按照规定程序报批。

第二十五条　项目完成后,结余资金经报送财政部批准同意后,方可结转下一年度使用。

第二十六条　纳入政府采购预算的项目,要按照政府采购的有关规定组织实施。

第六章 项目的监督检查与绩效评价

第二十七条 国家测绘局及所属预算单位要对项目的实施过程和完成结果进行监督、检查。对违反有关法律、法规和财务规章制度的,要及时依法进行处理。

第二十八条 项目完成后,项目单位要按规定进行财务决算和审计,及时组织验收和总结,并将项目完成情况汇总报送国家测绘局。

第二十九条 国家测绘局对年度预算安排的项目实行绩效评价,绩效评价办法按国家有关规定另定。

第三十条 国家测绘局要将项目绩效评价结果作为加强项目管理及以后年度审核所属预算单位申报项目支出预算的参考依据。

第七章 附 则

第三十一条 本办法由国家测绘局负责解释。

第三十二条 本办法自印发之日起施行。

附件:项目申报文本(范本)

附件：

项目申报文本
（范本）

申报日期　年　月　日

项目支出预算汇总表

01. 行政事业类项目支出预算表（汇总）

02. 基本建设类项目支出预算表（汇总）

03. 其他类项目支出预算表（汇总）

行政事业类项目支出预算表（汇总）

单位：万元

科目编码	科目名称（项目）	项目排序号	起始年	终止年	项目单位	总投资			本年安排投资		
						合计	其中：财政投款		合计	财政投款	预算外资金	其他资金

基本建设类项目支出预算表（汇总）

单位：万元

科目编码	科目名称（项目）	项目排序号	起始年	终止年	项目单位	总投资		本年安排投资		
						合计	其中：财政拨款	合计	财政拨款	预算外资金	其他资金

其他类项目支出预算表（汇总）

科目编码	科目名称（项目）	项目排序号	起始年	终止年	项目单位	总投资		本年安排投资			
						合计	其中：财政拨款	合计	财政拨款	预算外资金	其他资金

附件2：

项目申报书

项目名称：_____

项目编码：☐☐☐☐☐☐☐☐☐☐☐☐☐☐☐

项目单位：_____

上级单位：_____

中央部门：_____

项目负责人		联系电话	
单位地址		邮政编码	
项目类型	1. 行政事业类项目□ 2. 基本建设类项目□ 3. 其他类项目□		
项目类别	1. 国务院已研究确定项目□　　2. 经常性专项业务费项目□ 3. 跨年度支出项目□　　　　　4. 其他项目□		
项目属性	1. 延续项目□　　　　　　　　2. 新增项目□		
预算科目	类		
	款		
项目申请理由及项目主要内容			

项目总体目标及分	阶段实施计划	
	项目组织实施条件	
	项目采购方式	1. 集中采购□ 2. 部门组织统一采购□ 3. 单位分散采购□

1. 集中采购□ 2. 部门组织统一采购□ 3. 单位分散采购□

品　　名	数　　量	金　　额

项目绩效评价结论

项目支出预算明细表

项目资金来源		资金来源	预算申请数	预算批复数
		合计		
		财政拨款		
		其中:申请当年财政预算		
		预算外资金		
		其他资金		
项目支出预算及测算依据	项目支出明细预算	明细支出项目		金额
		合计		
		1.		
		2.		
		3.		
		4.		
		5.		
		6.		
		7.		
		8.		
		9.		
		10.		
		11.		
		12.		
		13.		
		14.		
		15.		
		合　计		
	测算依据及说明	应按工作内容加以说明(可以另起一页。)		

586

附件 3：

项目可行性报告
（编写提纲）

一、基本情况

1. 项目单位基本情况：单位名称、地址及邮编、联系电话、法人代表姓名、人员、资产规模、财务收支、上级单位及所隶属的中央部门名称等情况。

可行性报告编制单位的基本情况：单位名称、地址及邮编、联系电话、法人代表姓名、资质等级等。

合作单位的基本情况：单位名称、地址及邮编、联系电话、法人代表姓名等。

2. 项目负责人基本情况：姓名、职务、职称、专业、联系电话、与项目相关的主要业绩。

3. 项目基本情况：项目名称、项目类型、项目属性、主要工作内容、预期总目标及阶段性目标情况；主要预期经济效益或社会效益指标；项目总投入情况（包括人、财、物等方面）。

二、必要性与可行性

1. 项目背景情况。项目受益范围分析；国家（含部门、地区）需求分析；项目单位需求分析；项目是否符合国家政策，是否属于国家政策优先支持的领域和范围。

2. 项目实施的必要性。项目实施对完成行政工作任务或促进事业发展的意义与作用。

3. 项目实施的可行性。项目的主要工作思路与设想；项目预算的合理性及可靠性分析；项目预期社会效益与经济效益分析；与同类项目的对比分析；项目预期效益的持久性分析。

4. 项目风险与不确定性。项目实施存在的主要风险与不确定性分析;对风险的应对措施分析。

三、实施条件

1. 人员条件。项目负责人的组织管理能力;项目主要参加人员的姓名、职务、职称、专业、对项目的熟悉情况。

2. 资金条件。项目资金投入总额及投入计划;对财政预算资金的需求额;其他渠道资金的来源及其落实情况。

3. 基础条件。项目单位及合作单位完成项目已经具备的基础条件(重点说明项目单位及合作单位具备的设施条件,需要增加的关键设施)。

4. 其他相关条件。

四、进度与计划安排

项目的阶段性目标情况,项目分阶段实施进度与计划安排情况。

五、主要结论

可行性报告结论应有项目论证负责人和专家签字,并对论证结论负责。

附件4：

项目评审报告

项目名称：_____

项目编码：☐☐☐☐☐☐☐☐☐☐☐☐☐☐☐

项目单位：_____

上级单位：_____

中央部门：_____

评审方式:专家评审☐   中介机构评审☐

评审日期：_____年_____月_____日

一、项目基本情况

项目名称	
项目单位	
项目类型	1. 行政事业类项目□　　2. 基本建设类项目□ 3. 其他类项目□
项目类别	1. 国务院已研究确定项目□ 2. 经常性专项业务费项目□ 3. 跨年度支出项目□ 4. 其他项目□
项目属性	1. 延续项目□　　　　　　　　　　2. 新增项目□

项目开始时间	年　月　日	项目完成时间	年　月　日

项目材料及法定 手续的完备性	

二、项目可行性评审

立项依据的充分性	内容:项目与国家政策、行政工作任务或事业发展计划的关联性,项目立项的必要性、紧迫性等。

目标设置的合理性	内容:项目总体目标、阶段性目标的合理性,目标实现的可能性,目标的可考核性等。
组织实施能力与条件	内容:项目单位及其合作单位的能力与条件,组织实施条件的充分性,进度安排的合理性及环境支撑条件等。
预期社会经济效益	内容:项目预期社会效益、经济效益、效益持续力、主要受益者等。

三、项目预算评审

资金筹措情况	内容:项目预算资金来源的筹措情况、可靠性等。
预算支出的合理性	内容:预算支出内容、额度和标准的经济合理性、依据的充分性,不合理预算所涉及的金额等。

四、项目风险与不确定因素

风险与不确定因素	内容:项目的风险和不确定因素、项目单位对风险的认识、应对措施的有效性等。

五、评审总体结论

评审意见	
建议	1. 优先选择□　　2. 可选择□　　3. 慎重选择□

评审机构	评审机构名称： 机构负责人（签字）： （公章）			
评审专家组	评审专家组名单			
	编号	姓名	单位	职称职务	签名
	评审专家组组长（签字）： 评审日期：　　年　月　日			

《项目申报文本》说明

1.《项目申报文本》是国家测绘局所属预算单位向国家测绘局申报项目支出预算时所使用的申报材料标准格式。

2.《项目申请文本》由项目支出预算汇总表、项目申请书、项目可行性报告和项目评审报告组成。

3. 所属预算单位申请项目支出预算时需按规定填写《项目申报文本》。基本建设类项目和其他类项目中的科技三项费用项目等，按照国家有关部门现行规定进行申报。行政事业类项目按照财政部规定申报，填写项目支出预算汇总表、项目申请书并附相关材料，其中，新增项目中预算数额较大且专业技术复杂项目或延续项目中项目及项目预算变化较大的，应当填报项目可行性报告和项目评审报告；延续项目中项目计划及项目预算没有变化的，可以不再填写项目可行性报告和项目评审报告。

4.“项目名称”由单位简称、项目内容组成，其中项目内容要按照规范的用语表述，简洁、明确，字数不超过 20 个汉字，如“××房屋维修”、“××会议”等。涉及测绘术语、有必要加以解释的应附上解释说明。

5.“项目单位”必须填写单位全称。

6.“项目负责人”必须填写项目单位直接组织实施该项目的负责人。

7.“新增项目”是指本年度新增的需列入预算的项目。

8.“延续项目”是指以前年度预算批准的，并已确定分年度预算，需在本年度及以后年度预算中继续安排的项目。

9.“国务院已研究确定项目”是指国务院已研究确定需由财政预算资金重点保障安排的支出项目。

10.“经常性专项业务费项目”是指为维持单位正常运转而发生的大型设施、大型设备、大型专用网络运行费和为完成特定工作任务而持续发生的支出项目。

11. "跨年度支出项目"是指除以前年度延续的国务院已研究确定项目和经常性专项业务费项目之外,经财政部批准并已确定分年度预算,需在本年度继续安排预算的项目和当年新增的需在本年度及以后年度继续安排预算的支出项目。

12. "其他项目"是指除"前三类支出项目"之外,单位为完成其职责需安排的支出项目。

13. "项目总体目标和分阶段实施计划"是指项目预期达到的目标以及预期实现的社会、经济和生态效益以及项目的分阶段实施计划,对项目总体目标应当从定性和定量的角度来进行表述。

14. "项目组织实施条件"是指项目单位在实施项目的过程中应当具备的人员条件、资金条件、基础条件和其他相关条件。

15. 凡是内容需选择的,应在选项后面的"□"中划"√"。

16. 项目绩效评价结论是指对以前年度延续项目中已实行绩效评价项目的考评结论。

17.《项目支出预算明细表》是审核项目支出预算的重要依据,要由项目单位根据实际情况和国家、部门规定的标准测算填报。如"大型修缮项目"按原材料、辅助材料、设备购置费用、人工费用等填写;"大型会议项目"按照交通费、差旅费、伙食费等填写。同时要在本表"测算依据和说明"中对申请项目预算的测算依据、计算方法做出详细说明。

预算批复数在申报预算时不填写,每年预算批复后按实际批复数填写。

18. 项目单位在填报《项目支出预算明细表》时如果涉及两个或两个以上不同用途的项目的,应当在表中分别填列。

19.《项目可行性报告》一般由项目单位组织编制,必要时可以委托中介机构编制。

关于配发测绘作业证工作的通知

测办〔2004〕76 号

各省、自治区、直辖市测绘行政主管部门：

为实施《中华人民共和国测绘法》(以下简称测绘法)的有关规定,维护测绘人员进行测绘活动的合法权利,保障测绘工作的顺利进行,国家测绘局决定,对从事野外作业的测绘人员和需要持有《测绘作业证》的其他人员配发《测绘作业证》。现将有关事宜通知如下：

一、目的和意义

测绘作业证件是证明正在进行测绘活动的作业人员的合法身份的证件。根据测绘法的规定,国家测绘局于 1995 年制定了《测绘工作证管理规定》,并印制了《测绘工作证》,在全国范围内向测绘人员配发。测绘人员依法使用《测绘工作证》,对维护自身的合法权利和保障测绘工作的顺利进行发挥了重要的作用。

2002 年 8 月 29 日,测绘法修订发布,并于同年 12 月 1 日起实施。测绘法将原法规定的测绘工作证件制度修改为测绘作业证件制度,应当根据测绘法将《测绘工作证》更名为《测绘作业证》,并对测绘人员配发《测绘作业证》。

二、依据和范围

为了贯彻测绘法,国家测绘局在原《测绘工作证管理规定》的基础上,重新制定了《测绘作业证管理规定》,作为配发《测绘作业证》的依据。

根据测绘法,从事测绘活动的单位必须依法取得相应等级的测绘资质证书。测绘人员在取得测绘资质的单位承担相应的测绘工作,才能配发《测绘作业证》。未取得测绘资质的单位的人员不具有配发《测绘作业证》的合法条件,不能配发。

根据《测绘作业证管理规定》的规定,配发《测绘作业证》的对象是取得《测绘资质证书》的单位中从事野外作业的测绘人员和需要持《测绘作业证》的其他人员。

三、组织与实施

国家测绘局负责组织管理全国的《测绘作业证》的配发工作。

各省、自治区、直辖市测绘行政主管部门按照《测绘作业证管理规定》负责本行政区域内《测绘作业证》的审核和发证。组织测绘单位申请《测绘作业证》可在测绘资质复审换证工作的同时进行,各省级测绘行政主管部门可委托市(地)级测绘行政主管部门受理申报。

各省、自治区、直辖市测绘行政主管部门在受理测绘单位的申请以后,要及时组织审核,尽快发放《测绘作业证》。

在颁发新的《测绘作业证》之前,应将旧《测绘工作证》收回,及时销毁。

四、要求

(一)各省、自治区、直辖市测绘行政主管部门要加强对配发工作的领导,认真做好组织实施工作。

(二)各省、自治区、直辖市测绘行政主管部门要做好宣传工作,使测绘人员了解《测绘作业证》的重要作用,熟悉测绘作业证管理规定,依法办事。在持证测绘时,遵守国家法律法规,保守国家秘密,遵守职业道德,不得损毁国家、集体和他人的财产。同时,也要使全社会对持有《测绘作业证》的测绘人员进行测绘活动予以理解和支持。

国家测绘局办公室
二〇〇四年六月二十一日

关于对《测绘资质管理规定》和《测绘资质分级标准》有关具体问题的处理意见

测办〔2004〕118 号

各省、自治区、直辖市测绘行政主管部门：

近来,部分省局和单位向我局咨询一些有关测绘资质审查中的政策性问题。为了准确理解和执行《测绘资质管理规定》和《测绘资质分级标准》,现提出《测绘资质管理规定》和《测绘资质分级标准》有关具体问题的处理意见,请遵照执行。

国家测绘局办公室

二〇〇四年十一月九日

《测绘资质管理规定》和《测绘资质分级标准》有关具体问题的处理意见

一、关于测绘持证单位实行体制改革后的资质审查问题

(一)对于实行整体转制的持证单位,改革后其条件仍然符合原测绘资质等级和业务范围要求的,应当认可其原有测绘资质等级和业务范围,并按照《测绘资质管理规定》办理单位名称变更手续,换发新的《测绘资质证书》。

(二)对于实行部分转制的持证单位,改革后其条件仍然符合原

测绘资质等级和业务范围要求的,继续认可其原有测绘资质等级和业务范围;改革后其条件不符合原测绘资质等级和业务范围要求的,应当重新申请取得测绘资质,原《测绘资质证书》作废并交回发证机关。

(三)对于持证单位因进行结构调整、合并重组而形成新的测绘单位,应当重新申请取得测绘资质,合并重组前的《测绘资质证书》作废,并交回发证机关。

二、对于已经取得测绘资质的单位的下属分支机构申请测绘资质问题

(一)对于已经取得测绘资质的单位,其下属的具有独立法人资格的分支机构申请测绘资质,必须以该分支机构具备的条件独立申请测绘资质。

(二)原具备测绘资质的单位,当其下属分支机构的人员和设备等从该单位剥离后,应按剥离后的实际条件进行审查,不具备相应测绘资质条件的,及时取消相应业务的测绘资质或降低测绘资质等级。

三、关于测绘单位组建的联合体的测绘资质认定问题

测绘持证单位之间组建联合体,不应以联合体的名义重复申请测绘资质,参加联营的单位应在各自所持《测绘资质证书》所载业务范围内承担测绘项目。

四、关于同一单位申请不同专业的不同等级测绘资质问题

对于一部分测绘业务符合某一等级测绘资质条件,另一部分测绘业务符合低于该等级测绘资质条件的单位,填写《测绘资质申请表》时,应当分别注明所申请的各等级的业务范围。测绘行政主管部门审查发证时,在《测绘资质证书》正本上仅载明最高等级的业务范围,在副本上分别载明各等级的业务范围。

五、关于测绘专业技术人员的认定问题

《测绘资质分级标准》中各专业标准所称测绘专业技术人员,并非特指该专业的技术人员,如大地测量专业标准规定的测绘专业技术人员数量,不仅是指大地测量专业的技术人员,而是包括各类测绘专业技术人员在内。

六、关于测绘专业技术人员的返聘和兼职问题

返聘和兼职专业技术人员不属于测绘单位的正式在职技术人员,不能将其作为申请相应等级测绘资质标准中最低标准的人员数。标准规定的测绘专业技术人员必须是在职在岗人员。超过最低标准的技术人员数中,返聘和兼职人员不做限制。

七、关于测绘专业技术人员职称的评定问题

《测绘资质分级标准》要求的各等级专业技术人员,其职称评定机构均应属于国家认可的具有职称评定资格的机构。在测绘资质审查中,对这些机构评定的专业技术职务予以认可。否则不予认可。

八、关于仪器设备的租赁问题

仪器设备是测绘资质审查的一个重要内容,申请《测绘资质证书》的单位必须拥有规定数量的仪器设备,且不能是租赁的。规定数量以外的辅助性仪器设备可以是租赁的。

九、关于仪器设备的证明问题

对于《测绘资质分级标准》规定种类和数量的仪器设备,应当按要求提供仪器设备清单和下列至少一项证明材料:购置发票或单据、调拨单、国家已经颁布检定规定和标准的仪器设备的检定证书、载有仪器设备状况的固定资产评估报告等。仪器设备清单应当载明仪器设备名称、型号、编号、购置时间、数量等,并加盖单位公章。

十、关于测绘成果管理制度的认定问题

对申请单位测绘成果及资料档案管理制度的认定是测绘资质审查的一项内容,但不是一个单项行政许可。在测绘资质审查中,应当按照《测绘资质分级标准》的规定,对申请单位进行测绘成果及资料档案管理制度的考核,具体考核办法由省、自治区、直辖市测绘行政主管部门制定。为有助于各地制定考核办法,国家测绘局转发了《河南省测绘局关于印发〈河南省测绘单位测绘成果资料档案管理认定标准(试行)〉的通知》,供各地制定考核办法时参考。

十一、关于复审换证期间是否可以申请增加业务范围问题

2004 至 2005 年的复审换证工作,将按照《测绘资质管理规定》和《测绘资质分级标准》,对原持证单位已取得的测绘业务范围进行核定。原持证单位提出复审换证申请时,可以申请增加新的测绘业务,测绘行政主管部门同时受理。

十二、关于地图印刷资质问题

修订后的《测绘资质管理规定》取消了地图印刷业务,今后从事地图印刷的单位不需要再取得测绘资质。在测绘资质复审换证前,原《测绘资格证书》载明的地图印刷业务范围继续有效。在复审换证和今后的测绘资质审查中,不再受理地图印刷资质申请。

十三、关于海域使用测量资质问题

根据国家测绘局、国家海洋局《关于海域使用测量资质管理工作的通知》(国测管字〔2004〕13 号)精神,国家海洋局已开展的海域使用测量单位资质管理工作交由测绘行政主管部门管理,已经取得国家海洋局颁发的海域使用测量资质证书的单位参加测绘资质复审换证,经审查合格后,换发相应等级的《测绘资质证书》。各省、自治区、直辖市测绘行政主管部门按照上述通知要求开展相应的复审换证工作。

十四、关于建立地理信息系统的资质问题

对于单纯从事硬件、软件开发活动的不属于测绘范畴,对于从事测绘法规定的测绘活动的单位,必须取得《测绘资质证书》。

十五、关于申请测绘资质所要提交的材料是原件还是复印件问题

国家测绘局进行甲级测绘资质审查时,只要求申请单位提供所需材料的复印件。各省、自治区、直辖市测绘行政主管部门在向国家测绘局转报本省甲级单位的申请材料,以及进行乙、丙、丁级测绘资质复审换证工作时,为便于核实情况,根据工作需要,可以查验申请单位提交材料的原件,查验后应及时退回申请单位。申请单位应当如实提交有关材料,并对其申请材料的真实性负责。

十六、关于甲级测绘资质的转报期限如何计算问题

根据《测绘资质管理规定》，为加强测绘资质管理，发挥各省、自治区、直辖市测绘行政主管部门的监督作用，对申请甲级测绘资质实行由省局转报国家测绘局的方式。为体现高效、便民的原则，省局自收到单位申请材料之日起，应在 30 个工作日内向国家测绘局转报。

十七、关于《测绘资质证书》有效期问题

《测绘资质管理规定》规定了《测绘资质证书》有效期为 5 年。有效期从发证之日起计算，至 5 年后与发证时相同的月日减 1 日。

十八、关于单位名称变更或者转制后，发证日期如何计算问题

（一）测绘单位名称变更，如果是从原单位分离出来（原单位依然存在），属于新增单位申请资质，应当重新办理资质审查手续，发证日期以取得新《测绘资质证书》之日起计算。

（二）原独立法人整体转制的，仅按更名办理。为其换发新证，发证日期与原发证日期保持一致。

十九、关于对丙、丁级资质标准进行调整的问题

国家测绘局依据《中华人民共和国测绘法》、《中华人民共和国行政许可法》等法律法规修订发布的《测绘资质管理规定》和《测绘资质分级标准》，将测绘单位的资质等级明确划分为甲、乙、丙、丁四级。《测绘资质分级标准》做出的各省级测绘行政主管部门可根据本地实际情况对丙、丁级标准进行调整的规定，是指对标准进行的微调，而不是取消某一等级标准。对丙、丁级标准进行调整时，可以适度提高或者降低。提高标准时，丙级标准不应高于乙级标准、丁级标准不应高于丙级标准；降低标准时，丙级标准不应低于丁级标准。各省级测绘行政主管部门对丙、丁级标准进行调整后，应当报送国家测绘局备案。

关于对工程建设中
有关测绘资质问题的批复

测办〔2004〕119 号

宁波市规划局:

你局《关于对工程建设中有关测绘资质问题的请示》(甬规字〔2004〕142 号)已收悉。现批复如下:

根据《中华人民共和国测绘法》(以下简称《测绘法》)第二条关于测绘"是指对自然地理要素或者地表人工设施的形状、大小、空间位置及其属性等进行测定、采集、表述以及对获取的数据、信息、成果进行处理和提供的活动"的规定,沉降观测属于测绘活动。根据《测绘法》第二十二条规定,从事测绘活动的单位应当依法取得相应等级的测绘资质证书后方可从事测绘活动。国家测绘局依据《测绘法》制定的《测绘资质管理规定》和《测绘资质分级标准》对沉降观测(属变形观测的一种)的资质标准做了具体的规定。因此,从事沉降观测活动的单位应当依照测绘法取得相应业务范围的测绘资质证书。

国家测绘局办公室

二〇〇四年十一月九日

国家测绘局公告

第 2 号

国家测绘局关于启用珠穆朗玛峰
高程新数据的公告

　　根据《中华人民共和国测绘法》,经国务院批准并授权,国家测绘局公布珠穆朗玛峰高程新数据,即日起在行政管理、新闻传播、对外交流、公开出版的地图、教材及社会公众活动中使用。

　　珠穆朗玛峰高程数据为:

　　珠穆朗玛峰峰顶岩石面海拔高程 8844.43 米。

　　参数:珠穆朗玛峰峰顶岩石面高程测量精度±0.21 米;峰顶冰雪深度 3.50 米。

　　原 1975 年公布的珠穆朗玛峰高程数据停止使用。

　　特此公告。

国家测绘局

二〇〇五年十月九日

关于对使用成都市
平面坐标系统的批复

国测国字〔2005〕4 号

四川测绘局：

你局上报的《关于建立成都市坐标系统的请示》（川测〔2004〕47号）、《成都市人民政府办公厅关于恳请将我市平面坐标系统一期工程转报国家测绘局审批的函》（成办函〔2004〕244 号）及补充材料收悉。根据《中华人民共和国测绘法》（以下简称《测绘法》）、《中华人民共和国行政许可法》的有关规定，批复如下：

一、根据《测绘法》第十条"大城市确需建立相对独立的平面坐标系统的，由国务院测绘行政主管部门批准"的规定，我局批准成都市规划管理局建设的成都市平面坐标系统作为成都市合法的相对独立的平面坐标系统。

二、根据《测绘法》及有关法律法规的规定，成都市规划管理局对成都市平面坐标系统及其成果依法管理、更新和维护；依法向社会公开、提供有关成果及服务；依法向省测绘主管部门汇交该系统成果副本（包括与国家坐标系统的转换参数）。

三、省测绘主管部门依法对成都市平面坐标系统的管理、运行、维护、更新和该系统成果的保管、使用、服务等实施监督管理。

四、未经国家测绘局批准，任何单位不得在成都市平面坐标系统控制范围内新建其他相对独立的平面坐标系统。

国家测绘局

二○○五年三月一日

关于加强网上地图管理的通知

国测办字〔2005〕5 号

各省、自治区、直辖市、计划单列市测绘行政主管部门，新闻出版局，通信管理局，新疆生产建设兵团测绘主管部门：

最近一个时期，国内一些网站包括政府网站发布的网上地图，存在损害我国主权和领土完整、违背一个中国原则、甚至泄露国家机密等严重问题，造成了恶劣的政治影响和安全隐患。为了加强对网上地图的管理，维护国家版图的庄严性和神圣感，确保国家安全，现就有关事项通知如下：

一、充分认识加强网上地图管理工作的重要性

近年来，互联网信息服务发展迅速，地图信息不断增加，在推进国家信息化建设方面发挥了积极的作用。但由于一些互联网信息提供者维护国家版图、保证国家安全和遵守地图管理法律法规的意识淡薄，造成网上地图不断出现一些影响恶劣的政治性问题和严重的泄密问题。例如：有的随意漏绘南海诸岛、钓鱼岛和赤尾屿；有的将台湾与祖国大陆用不同颜色标注，很容易给人造成两个国家的错误认识；有的使用从国外网站下载的中国地图图形，使我国的国界线表示严重变形，甚至部分领土丢失；有的将大比例尺涉密地图未作任何处理，就用作城市、景区规划图的底图，直接登载在网上，严重影响了国家安全。网上地图传播面广，容易复制下载，影响范围大，各省、自治区、直辖市、计划单列市测绘行政主管部门、新闻出版局和通信管理局一定要本着对国家主权、国家安全、民族尊严和人民群众切身利益负责的精神，从讲政治的高度，充分认识加强网上地图管理工作的重要性，根据职责分工密切配合，加强协作，杜绝各种违法违规地图在网上传播。

二、加强对网上地图的监管工作

各省、自治区、直辖市、计划单列市测绘行政主管部门和新闻出版局，要向网站大力宣传国家有关地图管理的法律法规，普及地图知识，对网上地图进行跟踪监督，防止违法违规地图的传播。

各省、自治区、直辖市、计划单列市测绘行政主管部门、新闻出版局和通信管理局要严格按照《中华人民共和国地图编制出版管理条例》、《出版管理条例》、《互联网信息服务管理办法》和《地图审核管理办法》等有关规定，积极采取有效措施，加强对网上地图的监督管理。在监管工作中，各省级测绘行政主管部门、新闻出版局发现有违法违规的网上地图，要保存网页，记录网址，通知有关网站及时更正，并依法查处；同时，将有关情况通报有关省通信管理局。各省通信管理局要与所在地省级测绘行政主管部门、新闻出版局密切配合，做好对违法违规网站和网上地图的查处。

三、加强对网上地图编制出版的管理

网站在线登载地图或提供网上地图下载的服务，属于网络出版行为，应严格遵守《中华人民共和国地图编制出版管理条例》、《出版管理条例》、《互联网信息服务管理办法》、《地图审核管理办法》和《互联网出版管理暂行规定》等有关规定，网站登载的地图应使用曾经在网络以外载体上依法出版的地图或从国家测绘局网站下载的地图；并将登载的地图，报所在地省级测绘主管部门、新闻出版局备案。网站登载的地图属新编制的，必须在登载前将地图送测绘行政主管部门审核，获得批准后，方可上网登载，并在网页显著位置标注地图审图号。

国家测绘局

新闻出版总署

信息产业部

二〇〇五年五月二十三日

关于全面推进依法行政　进一步加强测绘行政管理工作的意见

国测法字〔2005〕8 号

各省、自治区、直辖市测绘行政主管部门：

　　国务院发布《全面推进依法行政实施纲要》（以下简称《纲要》）以来，各级测绘主管部门按照国家测绘局的部署，认真贯彻实施《纲要》，进一步提高了依法行政的能力和水平，但也出现了一些新情况、新问题。为深入贯彻《纲要》，加强测绘行政管理工作，现将有关问题提出以下意见：

　　一、充分认识全面推进依法行政　进一步加强测绘行政管理工作的重要性

　　进一步加强测绘行政管理工作，是贯彻落实《纲要》，推进依法行政的迫切需要。《纲要》提出了合法行政、合理行政、程序正当、高效便民、诚实守信、权责统一等六项依法行政的基本要求。要做到依法行政，既要不超越法律规定，又要全面执行法律规定。当前，测绘行政管理工作中存在的突出问题是法律规定的职责落实不到位，部分省级测绘主管部门地位、性质还不能完全适应履行测绘法所赋予的行政管理职责的要求，不能完全适应依法行政的要求。在实际工作中，不同程度地存在着重事务轻行政、重微观轻宏观、重审批轻监管等思想观念和工作方式。对于这些问题，如不采取积极有效的措施加以解决，将会削弱测绘主管部门对测绘工作的统一监督管理，不利于全面推进依法行政。测绘主管部门必须加强测绘行政管理工作，才能保证《纲要》的贯彻实施。

　　进一步加强测绘行政管理工作，是全面贯彻实施测绘法的要求。测绘法明确规定了测绘主管部门承担着对测绘的统一监管和提供测

608

绘公共服务的职责,包括测绘准入管理、测绘市场监管、测绘标准化管理、测绘质量监督、建立和维护测绘基准与测绘系统、组织管理基础测绘、测绘成果管理、测量标志管理、为全社会提供基础地理信息服务等。要使测绘法得到全面贯彻实施,测绘主管部门必须全面履行测绘法赋予的职责,加强测绘行政管理工作。

各级测绘主管部门要充分认识全面推进依法行政,加强测绘行政管理工作的重要性,切实转变观念,增强依法行政的意识,对推进依法行政中存在的有关问题不能回避或顺其自然,而应当采取积极主动的措施加以解决,进一步加强测绘行政管理工作。

二、认真贯彻实施测绘法和《纲要》 全面落实测绘主管部门的职责

测绘法是我国测绘行政管理的基本依据,各级测绘主管部门都必须依据测绘法做好测绘行政管理工作。要切实加强测绘工作的统一监督管理,理顺测绘管理体制,健全测绘管理机构,切实解决测绘行政管理工作不到位的问题。要按照《纲要》的要求,在继续加强经济调节和市场监管职能的同时,完善测绘社会管理和公共服务职能。

在理顺管理体制,推进依法行政过程中,要积极争取地方人民政府对测绘行政管理工作的支持。测绘统一监管和提供基础地理信息服务是测绘主管部门依法履行职责的相互依存、相辅相成、相互促进、不可或缺的两个方面,测绘主管部门要结合本地区的实际,从有利于推动测绘事业发展,保持测绘行政管理工作连续性和稳定性,加强对测绘工作统一监督管理的角度出发,主动向本级人民政府汇报工作,对存在的问题,要积极主动地提出妥善的解决方案建议,确保省级测绘主管部门的执法主体地位符合测绘法的规定,有利于测绘主管部门履行职责落到实处,确保《纲要》在测绘系统的全面贯彻实施。

加强测绘统一监督管理。实行测绘工作的统一监督管理是测绘法赋予测绘主管部门的重要职责。统一监管重点是测绘市场,监管的工作内容包括测绘准入、测绘项目承发包活动的监督、测绘质量的监督、测绘成果的提供与使用的监管、查处测绘违法行为等。虽然，测绘主管部门对测绘工作的统一监管在不断加强，但是统一监管职责不到位，有法不依、执法不严、违法不究的问题依然存在。全面推进依法行政，就必须解决这些问题。

进一步做好测绘公共服务。测绘主管部门要严格按照《纲要》的要求，充分发挥测绘主管部门的技术优势、人才优势和基础地理信息优势，进一步简化测绘公共服务程序，努力降低测绘公共服务的成本，进一步发挥测绘公共服务在电子政务、数字区域和数字城市建设中的重要作用，不断开拓测绘公共服务新领域。树立主动服务意识，主动为领导决策和行政管理服务，为政府有关部门处理紧急突发事件服务，为国家和地方实施的重大战略服务，为重大工程建设服务，为提高人民生活质量服务。在为相关部门提供测绘公共服务的同时，要及时了解用户对测绘公共服务的意见和新的需求，并协助其开展相关的应用，拓展为政府部门服务的广度和深度，进一步强化测绘公共服务职能。

三、转变职能　加强宣传　不断提高测绘主管部门依法行政的能力和水平

推进依法行政，加强测绘行政管理工作，关键在于领导重视，抓好落实。各级测绘主管部门要把这项工作摆在重要位置，切实加强领导，要从思想上和行动上认真解决抓行政管理软的问题。今后一个时期，在提供及时有效的测绘公共服务的同时，要把主要精力转到抓依法行政、抓宏观管理、抓行业管理上来。把依法行政贯穿到各项工作中去，要花大力气认真研究测绘行政管理工作中存在的突出问题。要着力培养一批既懂业务，又具有行政管理理论知识和实践经验的行政管理人员，提高测绘部门依法行政的能力和水平。

各级测绘主管部门要加强面向社会各方面的宣传工作。广泛宣传测绘法和国家赋予测绘主管部门的行政管理职责；广泛宣传测绘事关国家安全和民族利益，测绘是实现国民经济和社会全面协调可持续发展的基础性工具，测绘成果是国家的重要基础性、战略性资

源,地理空间信息资源为经济社会信息化提供公共基础平台,地图关系国家版图完整和政治主张;广泛宣传测绘依法行政。在宣传中,切忌只谈测绘保障,不谈测绘行政管理。使各级政府和有关部门以及社会各界充分认识测绘在国民经济和社会发展中的重要地位。

国家测绘局
二○○五年六月十三日

关于对提供独立坐标系与世界大地坐标系之间的转换参数事的复函

国测函〔2005〕113 号

广东省国土资源厅：

你厅《关于提供独立坐标系与世界大地坐标系之间转换参数的请示》（粤国土资〔2005〕164 号）收悉。经研究，复函如下：

一、独立坐标系与 WGS84 坐标系之间的转换参数属于测绘管理工作国家秘密范畴，经过省级测绘行政主管部门批准，可以提供使用。使用单位应具有严格的保密管理制度，妥善保管坐标系之间的转换参数，确保国家秘密不泄漏。

二、为确保军事设施的安全，深圳市气象局利用 1∶1 万国家基础地理信息数据建立的地质灾害气象预警地理信息技术平台，上网公布前应按照《关于对外提供我国测绘资料的若干规定》履行报批程序。深圳市气象局应首先征得当地大军区同意后，再报你厅审批。

国家测绘局

二〇〇五年十一月一日

关于测绘资质申请材料
有关问题的批复

测管函〔2005〕12 号

北京市勘察设计与测绘管理办公室：

你办《关于测绘资质行政许可申请材料有关问题的请示》收悉。经研究，现批复如下：

一、原则同意你办拟定的《北京市测绘资质变更申请材料要求》。

二、测绘资质行政许可主要考核申请单位是否具备从事相应测绘业务活动的能力，因此《测绘资质管理规定》仅对单位初次申请测绘资质、测绘单位申请升级或变更业务范围时应当提交的材料做出了具体要求，而对测绘单位申请名称、住所、法定代表人变更时应当提交的材料没有做出统一规定。测绘单位申请变更名称、住所、法定代表人的，一般至少应当提交变更申请文件、相关主管部门对变更事项的批复文件（复印件）、已有测绘资质证书副本（复印件）、所在行政区域测绘主管部门对变更申请的推荐意见等证明材料。

三、测绘单位因改制、分立、重组、合并等体制改革变化而申请更名的，应当按照《测绘资质管理规定》对初次申请测绘资质的要求提交申请材料。测绘行政主管部门按照《关于对〈测绘资质管理规定〉和〈测绘资质分级标准〉有关具体问题的处理意见》（测办〔2004〕118号）办理资质审查手续。

国家测绘局行业管理司

二〇〇五年三月二十三日

关于测绘资质管理有关问题的批复

测办〔2005〕61 号

浙江省测绘局：

你局《关于测绘资质管理有关问题的请示》(浙测〔2005〕19 号)收悉。经研究,现批复如下：

一、大地测量专业的控制测量和工程测量专业中的控制测量,在技术要求、服务对象等方面都不尽相同,在测绘资质管理中二者有着严格的区别。取得工程测量中的控制测量业务范围的单位,只能从事工程建设范围内的控制测量,且无论该控制测量是否与国家坐标系统相联系,均不得超出工程建设范围承担覆盖其他区域的控制测量工作,其成果也仅限于为该工程建设服务。

二、根据《房产测绘管理办法》第十一条"房产测绘单位应当依照《中华人民共和国测绘法》和本办法的有关规定,取得省级以上测绘行政主管部门颁发的载明房产测绘业务的《测绘资格证书》。"和第十三条"申请单位应当向所在地省级测绘行政主管部门提出书面申请,并按照测绘资格审查认证管理的要求提交有关材料。省级测绘行政主管部门决定受理后 5 日内,转省级房地产行政主管部门初审。"的规定,在测绘资质管理中房产测绘专业中的各项业务范围是作为一个整体管理的,在资质初审时并未将有关房产面积测算与其他业务范围加以区别,因此,测绘行政主管部门应当将涉及房产测绘业务范围的全部申请材料转房地产行政主管部门初审。

国家测绘局办公室

二○○五年五月三十一日

关于加强测绘航空摄影
监督管理工作的通知

国测管字〔2005〕56 号

各省、自治区、直辖市测绘行政主管部门,各有关单位:

以测绘为目的的航空摄影(以下简称测绘航空摄影)是测绘工作的重要组成部分,是经济建设和社会发展的基础性工作,在信息化建设中具有重要作用。该项业务专业技术性强,对其成果质量要求高,且涉及国家安全。依照《中华人民共和国测绘法》和国家测绘局发布的《测绘资质管理规定》(以下简称《规定》),从事测绘航空摄影的单位必须取得测绘资质。在《规定》中,对测绘航空摄影的资质条件、申请方法、受理审查机关、审批程序等具有明确的规定,从事测绘航空摄影的单位,应当依照《规定》申请相应的测绘资质。

原持有《测绘资格证书》的单位,应当按照规定申请测绘资质复审换证,取得测绘行政主管部门颁发的、含有测绘航空摄影业务的《测绘资质证书》。从 2006 年 1 月 1 日起,从事测绘航空摄影,必须持有《测绘资质证书》。

凡未取得《测绘资质证书》的单位,不得参与测绘航空摄影的投标,也不得直接或间接地承担测绘航空摄影项目。测绘航空摄影项目的发包单位不得向不具有相应测绘资质的单位发包。在测绘航空摄影项目的招标活动中,招标单位应当查验投标单位的《测绘资质证书》,对于不具备相应测绘资质的单位,不得允许其参与投标活动。

各级测绘行政主管部门要加强对测绘航空摄影活动的监管,对未取得测绘资质和超越资质等级许可范围等从事测绘航空摄影、非法转包测绘航空摄影项目、测绘项目发包单位将测绘航空摄影项目发包给不具有相应测绘资质等级的单位等违法行为,应当依法予以查处。

国家测绘局
二○○五年七月十三日

关于对永久性测量标志拆迁
审批权限问题的批复

测办〔2005〕73 号

河北省测绘局：

你局冀测〔2005〕62 号文收悉。对永久性测量标志拆迁审批权限的问题批复如下：

国家Ⅰ、Ⅱ等三角点（含同等级的大地点），国家一、二等水准点（含同等级的水准点），国家天文点、重力点（包括地壳形变监测点等具有物理因素的点），GPS 点（B 级点精度以上，含 B 级点），以及国家明确规定需要重点保护的其他测量标志点等，由国家测绘局负责拆迁审批。其他测量标志点由省级测绘行政主管部门负责拆迁审批。

国家测绘局办公室

二〇〇五年六月十六日

关于长江航道局和长江水利委员会水文局下属分支机构申请增加测绘资质证书副本有关问题的通知

测办〔2005〕94 号

四川省、重庆市、湖北省、安徽省、江苏省、上海市测绘行政主管部门：

近日,长江航道局、长江水利委员会水文局分别向国家测绘局提出为其下属分支机构增加测绘资质证书副本的申请。上述两单位均为1995年国家测绘局首批甲级测绘资质颁证单位。长江航道局是从事长江干线航道维护管理建设与开发的独立法人事业单位,长江水利委员会水文局是为长江流域综合治理、防汛抗旱、水资源开发和管理、工程建设等提供监测、勘测等方面工作的独立法人事业单位。两单位沿长江流域分别下设若干分支机构,作业区域线长面广。此次申请增加副本的分支机构均为非独立法人单位。

鉴于上述情况,经研究,现就有关问题通知如下：

一、按照测绘资质管理的有关规定,非独立法人不能取得测绘资质证书。如果这些分支机构直接使用长江航道局或者长江水利委员会水文局的资质证书,则与分支机构的实际名称不一致。考虑两单位的内部管理体制及活动地域具有特殊性,对于符合甲级测绘资质标准条件的分支机构,同意增加测绘资质证书副本,在副本的单位名称后分别括注这些分支机构的名称;对于不符合甲级测绘资质标准条件的分支机构,不予增加测绘资质证书副本。

二、为便于这些分支机构开展测绘工作和地方测绘管理部门对其依法进行管理,根据属地化管理的原则,我局已要求长江航道局和长江水利委员会水文局通知其下属分支机构按照《测绘资质管理规定》准备申请材料,并送交分支机构所在地的省、直辖市测绘行政主

618

管部门。请分支机构所在地的省、直辖市测绘行政主管部门提出推荐意见后,将申请材料转报国家测绘局。

三、对于两单位下属分支机构具有独立法人资格的,应当要求其按照《测绘资质管理规定》独立申请测绘资质,不予增加测绘资质证书副本。

两单位为其下属分支机构增加副本的申请在测绘资质管理工作中具有一定代表性,今后遇有同类情况,均按照此通知精神办理。

请各省、自治区、直辖市测绘行政主管部门在做好测绘资质审查工作的同时,注意研究和归纳可能出现的新情况和新问题,并及时向国家测绘局报告。

国家测绘局办公室

二〇〇五年八月十七日

关于测绘资质业务范围
审批有关问题的批复

国测管字〔2005〕116 号

新疆维吾尔自治区测绘局：

你局《关于乙、丙、丁级测绘资质业务范围审批中有关问题的请示》收悉。经研究，现批复如下：

一、工程测量业务范围审批问题

《测绘资质分级标准》中的工程测量作业限额，是对取得该资质的单位可承担工程测量项目最高限量的规定，不作为核定承担工程测量项目种类的依据。单位性质不同，可承担的工程测量项目也不同。测绘行政主管部门应当对申请单位的测绘资质等级、主业和业绩等情况进行综合评价，最终核定其可承担的业务范围。

二、城镇规划定线与拨地测量授权审批问题

城镇规划定线与拨地测量是专门为城市规划、建设、管理等提供测绘服务的活动，与其他业务相比具有一定特殊性，一般应当由专业测绘队伍承担，测绘行政主管部门审批时应当充分考虑申请单位的性质。国家目前对该业务授权开展尚未做出统一规定，在此之前，地方法规有明确规定的，从其规定；地方法规未规定的，由各省、自治区、直辖市测绘行政主管部门规定。

国家测绘局

二○○五年十二月三十一日

关于印发全国测绘系统
推进依法行政五年规划
（2006 年—2010 年）的通知

国测法字〔2006〕1 号

各省、自治区、直辖市测绘行政主管部门，计划单列市测绘行政主管部门，局机关各司（室）：

现将《全国测绘系统推进依法行政五年规划（2006 年—2010 年）》印发给你们，请结合本地区实际情况，认真贯彻执行。

《全国测绘系统推进依法行政五年规划（2006 年—2010 年）》（以下简称《规划》）明确了今后五年测绘系统依法行政的指导思想和基本要求、工作目标和主要任务、实施步骤和保障措施，是推进测绘依法行政的重要政策性文件。贯彻实施好《规划》，对于全面贯彻落实国务院印发的《全面推进依法行政实施纲要》，解决测绘系统在依法行政工作中存在的薄弱环节，适应全面建设小康社会、和谐社会的新形势和依法治国的进程，全面履行测绘主管部门的法定职责，提高测绘系统依法行政的能力和水平，使测绘工作更好地为国民经济和社会发展服务具有重要意义。

各级测绘行政主管部门要以高度的责任感和使命感，切实加强对《规划》贯彻执行工作的领导，健全推进依法行政的工作机制，精心组织，狠抓落实，将《规划》所确定的各项任务分解到各职能部门，并提出具体要求，加强监督检查，确保《规划》的全面贯彻实施。

贯彻执行《规划》中的有关情况和问题请及时反馈国家测绘局政策法规司。

国家测绘局

二〇〇六年一月二十七日

全国测绘系统推进依法行政五年规划
（2006 年—2010 年）

为了认真贯彻国务院印发的《全面推进依法行政实施纲要》（以下简称《纲要》），全面推进测绘系统依法行政工作，按照《纲要》提出的"全面推进依法行政，经过十年左右坚持不懈的努力，基本实现建设法治政府的目标"的要求，结合测绘系统实际，制定全国测绘系统推进依法行政的五年规划。

一、指导思想和基本要求

（一）指导思想

1. 以邓小平理论和"三个代表"重要思想为指导，坚持执政为民，坚持以人为本，贯彻落实依法治国基本方略，以科学发展观统领测绘工作全局。增强测绘行政主管部门工作人员特别是领导干部的依法行政观念，提高依法行政能力，切实维护测绘行政管理相对人的合法权益。进一步转变职能，强化对测绘工作的统一监管，提高测绘公共服务水平和行政管理效能，促进测绘事业的健康发展，不断提高测绘工作为建设小康社会、构建社会主义和谐社会提供可靠、适用、及时的测绘保障的能力和水平。

（二）基本要求

2. 推进测绘依法行政必须维护宪法和法律的权威，确保法制统一和政令畅通。坚持开拓创新和循序渐进的统一，坚持测绘依法行政与提高测绘行政效率的统一。增强测绘管理工作透明度，创新服务和管理方式；做到合法行政、合理行政、程序正当、高效便民、诚实守信、权责统一；切实转变管理理念和工作作风，强化服务意识和服务职能，提高办事效率和测绘公共服务水平；强化责任意识，自觉接受社会及测绘行业的监督，做到执法有保障、有权必有责、用权受监督、违法受追究、侵权须赔偿。

二、工作目标和主要任务

（一）工作目标

3. 测绘法律体系不断完善。《中华人民共和国测绘法》(以下简称测绘法)的主要配套制度基本建立。提出的法规、规章草案,制定的规范性文件等符合法律规定的权限和程序,能够充分反映测绘行业的实际,为测绘事业协调发展提供制度保证。

4. 测绘领域法律、法规、规章得到贯彻实施。测绘行政管理相对人的合法权益得到保护,违法行为能够被及时纠正和处罚,统一、开放、竞争、有序的测绘市场逐步形成,测绘市场监管更加公正、有效和透明。

5. 政府职能进一步转变。测绘市场监管和基础测绘公共服务职能基本到位,应对突发事件和风险的能力明显增强。测绘行政主管部门与市场、社会的关系基本理顺,测绘行政主管部门与其他部门之间的职能和权限比较明确。行为规范、运转协调、公正透明、廉洁高效的测绘行政管理体制基本形成。

6. 测绘行政执法监督的各项制度和机制基本建立。测绘系统的层级监督明显加强,测绘违法行政行为得到及时纠正。权责明确、监督有效、保障有力的测绘行政执法体制基本建立。测绘行政许可依法得到规范。

7. 科学民主的测绘决策机制初步形成。科学化、民主化、规范化的测绘行政决策机制、程序和决策责任追究制度基本建立。测绘行政主管部门的决策事项、依据和结果依法公开,制定的政策相对稳定,测绘行政管理做到公开、公平、公正、便民、高效、诚信。

8. 测绘依法行政的能力和水平不断提高。各级测绘行政主管部门工作人员特别是各级领导干部依法行政观念明显增强,依法行政能力不断提高,善于运用法律手段管理和处理复杂测绘事务和突发事件。

（二）主要任务

9. 加强测绘立法工作，提高测绘立法质量。《纲要》要求"提高制度建设质量"。测绘行政主管部门要按照条件成熟、突出重点、统筹兼顾的原则，在广泛征询基层测绘行政主管部门和管理相对人、服务对象的意见的基础上，科学合理地制定测绘立法工作规划和计划。测绘法规、规章草案的提出、规范性文件的制定，要紧紧围绕测绘发展战略目标来进行。对重大或者关系测绘行政管理相对人、服务对象切身利益的草案，要通过座谈会、论证会、听证会或者在公共媒体以及测绘行政主管部门网站上公布立法草案等方式听取意见。建立健全立法调查研究制度和专家咨询论证制度，提高立法调查研究的质量。建立规章、规范性文件实施效果评估制度，定期对规章、规范性文件的实施情况进行评估。加强对规范性文件的清理工作，适时对测绘行政主管部门制定的规章、规范性文件进行修改和废止。

10. 切实转变政府职能，创新测绘管理方式。《纲要》明确要"转变政府职能""改革管理方式"。各级测绘行政部门要依法履行测绘法所赋予的测绘行政管理职能，强化测绘市场监管和公共服务，切实做到履行职能不"缺位"、不"错位"和不"越位"，确保测绘行政管理合法高效。依法采取授权、委托等方式赋予市、县测绘行政主管部门更多的行政管理职责，强化对市、县测绘行政主管部门履行测绘工作统一监管职责的监督和指导。协调解决与有关部门的职责交叉问题，提高测绘行政管理效率。强化测绘公共服务意识，拓展基础测绘公共服务的广度和深度，逐步建立公开、公平、公正的测绘公共服务体系。引导和规范测绘行业组织和中介机构的健康发展。制定测绘政务信息公开、共享制度，除涉及国家秘密和依法受到保护的商业秘密、个人隐私的事项外，各级测绘行政主管部门应当通过网站、政府公报、新闻媒体等形式公开政务信息。加快电子政务建设，通过电子政务将办理事项和主体、权限、责任、程序以及条件等，予以固定和公开。加强测绘行政主管部门政府网站建设，使网上办公成为测绘管理与服务的重要手段，实现便民和高效。

11. 加强基础测绘管理,提高公共服务水平。《纲要》要求要"强化公共服务职能和公共服务意识"。测绘行政主管部门要紧密围绕社会发展和经济建设的需求提供测绘保障服务,积极建立和完善以"数字中国"和"数字区域"地理空间框架为主体的测绘公共服务体系,加强各级区域地理空间框架建设和应用工作。加强市、县级测绘行政主管部门的基础测绘职能,推进市、县基础测绘工作。建立和完善基础测绘需求调查制度,强化科学论证和民主参与,提高基础测绘规划和计划的编制质量,发挥基础测绘规划的引导、规范作用。突出国家和地方基础测绘规划和计划的有限目标和重点任务,建立和完善基础测绘规划备案制度,加强基础测绘工作的统筹。建立基础测绘项目的立项、审批、验收的动态管理机制,完善基础测绘项目的绩效考评机制。研究建立测量标志的分级、分类保护制度,健全测量标志保护责任制,探索测量标志保护的新途径、新方法。加强测绘标准化体系建设,加快研究制定基础地理信息框架数据、数据更新、质量控制和产品模式以及地理信息交换、共享、服务、安全、保密等方面的标准。完善有关突发事件的预警和应急处理的测绘保障机制。推进信息化测绘服务体系建设,充分发挥基础测绘成果在电子政务、电子商务、数字区域和数字城市建设中的重要作用。

12. 加强测绘市场监管,规范测绘市场秩序。《纲要》指出要"依法履行市场监管职能,保证市场监管的公正性和有效性"。转变测绘市场监管的方式,主要运用经济和法律手段,依法履行测绘市场监管职能。努力打破部门保护、行业垄断和地区封锁,建设与社会主义市场经济体制相适应的统一、开放、竞争、有序的测绘市场。测绘行政主管部门要建立健全测绘市场准入公示制度,依法听取社会各方面的意见。建立测绘资质单位管理的档案制度,定期公布测绘单位依法测绘的情况,完善测绘市场清出制度。进一步落实市、县级测绘行政主管部门的测绘市场监管职责,加强对测绘单位生产经营行为的监管,重点加强对涉及面广、与人民群众利益密切相关的测绘生产经营行为的监督管理。加强测绘资质信息管理系统建设,形成全国联网、实时更新的测绘资质信息管理体系。完善和加强测绘成果质量监督检查制度，充分发挥测绘成果质量监督检验机构的作用，提高监督检查的权威性和有效性。依法加强对测绘工程项目招标投标活动的监督管理。研究建立测绘工程项目监理制度。完善测绘成本费用定额和测绘工程产品价格的标准。加快推行测绘专业技术人员执业资格制度，建立和完善测绘专业技术人员的资格考试、注册、执业和退出的动态管理制度。

13. 坚持管理与服务相结合，规范和繁荣地图市场。认真贯彻落实国务院办公厅转发国家测绘局、中宣部、外交部、教育部、商务部、海关总署、国家工商总局、新闻出版总署八部门《关于加强国家版图意识宣传教育和地图市场监管工作的意见》的通知精神，组织开展国家版图意识宣传教育活动，不断增强公民的国家版图意识。完善对地图产品监管的部门间协调机制，将地图市场的专项检查和日常监管有机结合起来，进一步提高监管效率。进一步完善地图编制、审核管理的制度，制定导航电子地图、网络地图的管理政策，制定中小学教学地图的审定办法和审定标准。加强对各种新表现形式地图的监管研究，制定相应的管理措施。认真组织实施"国家版图工程"，组织制作系列比例尺国界线和行政区域界线标准画法地图向社会发布。

14. 加强测绘成果管理，促进测绘成果应用。正确处理好维护国家安全与推广测绘成果应用的关系，科学确定测绘工作国家秘密范围。完善涉及国家秘密测绘成果生产、加工、使用的保密管理措施，建立测绘成果保密动态管理机制。在保障国家安全的前提下，进一步扩大测绘成果的应用范围，发挥测绘成果的效益。建立和完善对涉及国家秘密测绘成果使用的监管和服务措施。积极推进地理信息资源共建共享机制建设，加快服务于电子政务、电子商务、车载导航等的基础地理信息平台建设。加强对测绘成果著作权的研究。加快测绘成果目录检索查询系统建设，强化测绘成果档案的日常管理与维护，推动异地存储容灾工作，形成国家、省二级基础测绘成果异地存储容灾机制。加强测绘成果汇交管理，建立测绘成果汇交情况公示制。完善重要地理信息数据审核公布管理制度，确保向社会公布的重要地理信息数据的准确性和权威性。

15. 加强对地理信息产业监督管理，引导和规范地理信息产业健康发展。加强地理信息产业发展政策研究，制定地理信息产业发展的技术政策、经济政策和监管政策。整顿和规范地理信息市场秩序，为地理信息产业的健康发展营造良好的环境。完善地理信息产业相关技术标准，促进地理信息的共享。规范基础地理信息数据在地理信息产业中的应用，鼓励和推广应用基础地理信息平台，发挥基础地理信息数据的基础性作用。鼓励和支持对地理信息资源的增值开发，推动地理信息的广泛应用，培育和发展地理信息产业市场。

16. 规范测绘行政许可行为，深化行政审批制度改革。《纲要》明确要求"规范行政许可行为，改革行政许可方式"。对于依法设定的测绘行政许可，要进一步完善许可条件、许可程序等内容。建立测绘许可定期评价机制，对已设定测绘行政许可的实施情况及其存在的必要性适时进行评价，并向行政许可的设定机关报告意见。改革对测绘行政许可事项的管理方式，充分利用间接管理手段、动态管理机制和事后监督检查，加强对测绘行政许可事项的监管，发挥行政规划、行政指导、行政合同等方式的作用。建立实施重大测绘行政许可备案制，纠正擅自增加行政许可条件、改变法定行政程序及违法实施测绘行政许可等违法行为。继续进行测绘行政审批项目的清理，完善测绘行政审批制度改革后的测绘市场监管措施。

17. 理顺测绘行政执法体制，规范测绘行政执法行为。《纲要》要求"理顺行政执法体制"，"规范行政执法行为"。努力建立起与测绘行政执法责任相适应的测绘行政管理体制，下移测绘行政执法重心，充分发挥市、县测绘行政主管部门的执法主体作用。制定测绘违法案件立案标准，对测绘违法行为的管辖权限进行合理划分。明确测绘违法案件处罚标准，减少测绘行政执法人员的自由裁量权。建立重大行政处罚决定的集体研究决策制度，保证测绘行政执法行为的合法性、合理性。建立测绘行政处罚决定向上一级备案制度。建立测绘行政处罚案卷评查制度,探索建立行政许可案卷评查制度,量化案卷评查标准。规范测绘行政执法文书。认真贯彻落实国务院办公厅《关于推行行政执法责任制的若干意见》,建立健全行政执法责任制和执法过错或者错案责任追究制。完善测绘行政执法人员的培训考核和持证上岗制度,对测绘行政执法人员的职业道德、测绘法律知识、测绘业务知识、执法技能要定期进行全面的培训和考核。加大测绘行政处罚决定的执行力度,维护测绘行政执法的权威。

18. 完善测绘行政监督机制,强化对行政行为的监督。《纲要》指出要"完善行政监督制度和机制,强化对行政行为的监督"。各级测绘行政主管部门要自觉接受人大、政协的监督,接受司法监督,接受监察、审计等专门监督机关的监督,接受群众监督和舆论监督。加强各级测绘行政主管部门的内部依法行政监督制度建设。依法做好行政复议工作,建立健全适合测绘系统行政复议工作特点的工作程序和内部工作制度,通过行政复议及时有效监督下级测绘行政主管部门严格依法行政。依法加强测绘系统上级行政机关对下级行政机关的执法监督工作。建立测绘行政执行监督机制,对布置的工作要有检查、有考核、有总结、有激励,确保测绘系统政令畅通、运转高效。

19. 完善行政决策机制,实现科学民主决策。《纲要》明确要"建立健全科学民主决策机制"。测绘行政主管部门要进一步完善内部决策规则,实现事权、决策权和决策责任相统一。把合法性审查和集体决策作为重大决策过程的必经环节。对在测绘行政管理中涉及面广、与测绘行业利益密切相关的决策事项,应当向社会公布,或者通过举行座谈会、听证会、论证会等形式广泛听取意见。及时对决策的执行情况进行跟踪与反馈,按照"谁决策、谁负责"的原则,完善决策责任追究的程序、范围、形式。

20. 强化依法行政教育培训,提高测绘依法行政能力。《纲要》明确要"提高领导干部依法行政的能力和水平","建立行政机关工作人员学法制度,增强法律意识,提高法律素质,强化依法行政知识培训"。各级测绘行政主管部门要继续深入开展测绘行政主管部门公务员学法用法和依法行政的教育培训,要把依法行政知识列入公务员初任培训、任职培训、更新知识培训和专门业务培训的重要内容。测绘行政主管部门法制工作机构要定期举办领导干部依法行政知识培训班,定期开展依法行政培训。完善理论学习中心组依法行政学习和法律学习制度。结合"五五"普法工作和公务员培训登记制度,对测绘行政主管部门工作人员的学法时间和考试情况等进行登记。把依法行政情况作为考核测绘行政主管部门工作人员业绩的重要内容,完善考核制度,制定具体的措施和办法。

三、实施步骤和保障措施

(一)实施步骤

21. 贯彻落实《纲要》,全面推行依法行政,是一项全局性、长期性的系统工程,既要整体推进,又要重点突出,各级测绘行政主管部门要根据本规划,并结合本地区实际,认真抓好各项任务分解,制定年度工作安排,明确每年度需要完成的任务。本规划自 2006 年起到 2010 年分三个阶段进行:

第一阶段:准备阶段,2006 年。这一阶段主要抓好《纲要》的系统学习、宣传和培训,制定贯彻落实《纲要》的五年规划,并制定五年规划的实施意见,将五年规划所确定的任务分解到职能部门。

第二阶段:贯彻实施与制度建设阶段,2007 年-2009 年。要按照本规划的要求全面组织各项配套制度建设并认真实施。开展依法行政系统培训,提高测绘系统全体干部职工的依法行政意识。在本规划实施中期,国家测绘局将组织对五年规划的实施情况进行抽查。

第三阶段:检查总结阶段,2010 年。上半年各级测绘行政主管部门对本部门五年规划的落实情况进行自查,下半年国家测绘局组织全国测绘系统进行互查,同时将对规划的实施情况进行抽查,总结五年规划实施情况,表彰先进,提出新的要求。根据《纲要》和五年规划的完成情况,启动下一个五年规划的制定工作,在测绘系统确保"经过十年左右的不懈努力,基本实现建设法治政府的目标"。

（二）保障措施

22. 加强组织领导,确保工作落实。国家测绘局推进依法行政的工作,由国家测绘局局长负总责,成立国家测绘局推进依法行政工作领导小组,领导小组组长由国家测绘局局长担任,副组长由国家测绘局分管法制工作的副局长担任,领导小组成员由国家测绘局机关各司(室)主要负责同志组成,负责协调、指导、检查全国测绘系统和国家测绘局机关推进测绘依法行政的各项工作,领导小组办公室设在国家测绘局政策法规司。各级测绘行政主管部门应成立由主要领导同志为组长的推进依法行政工作领导小组,协调、指导和检查本地区和本机关推进测绘依法行政的各项工作。

23. 科学制定规划,明确落实责任。贯彻落实《纲要》涉及面广,综合性强,难度大,需要测绘行政主管部门内各个职能机构各司其职、共同努力。各级测绘行政主管部门要结合测绘工作实际,精心组织制定落实《纲要》和本规划的具体办法和工作措施,确定不同阶段的重点,有计划、有步骤地推进依法行政,做到五年有规划、年度有安排。加强依法行政的政策研究工作,认真分析推进测绘依法行政工作中相对薄弱的环节,提出推进依法行政工作的具体措施,分解工作任务,把各项工作和责任落到实处。各级测绘行政主管部门主要领导要切实担负起推进依法行政工作的第一责任人的责任,把贯彻执行《纲要》列入重要议事日程,积极进行研究、部署,对贯彻执行《纲要》中出现的问题要及时研究解决,形成一级抓一级、逐级抓落实的工作局面。对于积极推进依法行政成绩突出的单位,予以表彰和奖励;对于落实推进依法行政方案和措施不力的,要予以通报批评,并追究有关人员相应的责任。各级测绘行政主管部门要将推进依法行政工作的组织、调研、宣传、奖励等工作经费列入经费预算,保证推进依法行政工作的顺利开展。

24. 建立报告制度,推进制度实施。根据《纲要》提出的"定期报告推进依法行政工作情况"的要求,下级测绘行政主管部门要在每年12月底前,将本年度推进依法行政工作情况向上一级测绘行政主管部门报告。报告内容包括:本年度推进依法行政所采取的措施,取得的成效,存在的问题以及整改情况;本年度对依法行政情况的检查结果;行政管理相对人及服务对象对测绘行政主管部门反映强烈的不依法行政的问题所采取的措施和处理结果;下一年度推进依法行政工作的方案;贯彻落实《纲要》及本规划的情况等。

25. 加强测绘法制工作机构建设,加大推进测绘依法行政的力度。《纲要》提出"各级人民政府和政府各部门要切实加强政府法制机构和队伍建设"。各级测绘行政主管部门负责法制工作的机构在贯彻实施《纲要》中担负着制度建设、组织协调、情况交流、跟踪检查等重要职责,各级测绘行政主管部门要根据其所承担的任务,进一步加强测绘法制机构建设,提高测绘法制干部队伍的政治和业务素质。加强测绘行政执法人员队伍建设,努力提高测绘行政执法的水平和能力。测绘法制工作机构也要切实增强政治意识、大局意识和责任意识,努力当好本级测绘行政主管部门及其领导在依法行政方面的参谋、助手和法律顾问,以高度的责任感和使命感,踏实工作,切实履行职责,不断提高工作质量和水平,为全面推进测绘依法行政做出应有贡献。

关于进一步加强
重要地理信息数据审核
公布管理工作的通知

国测成字〔2006〕1号

各省、自治区、直辖市测绘行政主管部门,局直属各单位:

重要地理信息数据关系到国家安全、领土完整、民族尊严,具有严肃的政治性、严密的科学性和严格的法定性。《中华人民共和国测绘法》第三十二条明确规定:"中华人民共和国领域和管辖的其他海域的位置、高程、深度、面积、长度等重要地理信息数据,由国务院测绘行政主管部门审核,并与国务院其他有关部门、军队测绘主管部门会商后,报国务院批准,由国务院或者国务院授权的部门公布。"

然而,近一段时期,一些地区、部门和单位,甚至个人未按规定报请审核批准,擅自公布重要地理信息数据。这种无视国家法律法规的行为,不仅损害了国家法律法规的尊严,破坏了法律法规的严肃性,而且造成同一位置多重数据的混乱局面,甚至可能会在一些敏感问题上导致不良后果。为了防止此类问题的发生,规范审核公布行为,现就进一步加强重要地理信息数据审核公布管理工作的有关问题通知如下:

一、充分认识做好重要地理信息数据审核公布管理工作的重要性。各省、自治区、直辖市测绘行政主管部门要站在维护国家安全利益、站在构建社会主义和谐社会的高度,提高对重要地理信息数据审核公布管理工作重要意义的认识,加强领导。要把重要地理信息数据审核公布管理工作作为依法行政的重要内容,将此项工作列入领导议事日程抓紧、抓好。

二、加强对重要地理信息数据审核公布管理工作的宣传。加大重要地理信息数据审核公布管理工作的宣传力度,运用各种宣传手段,深入宣传依法审核公布重要地理信息数据的重要意义,通过深入的政策宣传、正确的舆论导向,使社会各界深入了解国家有关的法律法规,增强依法发布重要地理信息数据的政治意识、责任意识。

三、完善法规体系,建立健全规章制度。今年国家测绘局将开展对《重要地理信息数据审核公布管理规定》的修订工作,进一步明确重要地理信息数据的范围和分类,明确国家与地方的管理职责,提高规定的适用性和可操作性。各省、自治区、直辖市测绘行政主管部门要积极配合,共同做好上述法规的修订和规章制度的制定工作,推进重要地理信息数据审核公布管理工作的法制化、规范化。

四、加强重要地理信息数据审核公布监管工作力度。各省、自治区、直辖市测绘行政主管部门要结合本地实际,采取切实可行的措施,做到管理职能到位、措施到位、监管力度到位。对发现的违法违规擅自公布重要地理信息数据的行为要坚决制止、予以纠正,情节严重的要依法严肃处理,切实履行好测绘行政主管部门的监管职责。

对于拟申请公布的重要地理信息数据,有关部门和单位必须请具备测量条件,具有测绘资质的单位进行测量,同时在实施测量前,需将施测方案先行报测绘行政主管部门审核,以避免造成重大浪费。

五、开展对已公布的重要地理信息数据的清理工作。各省、自治区、直辖市测绘行政主管部门要根据本通知附表所列内容的要求,组织对本行政区域已公布的重要地理信息数据进行一次全面认真的清理。对清理情况进行认真梳理、深刻分析,对出现的问题予以纠正,问题严重的要依法查处。对新情况、新问题提出建议,并于 2006 年 6 月底前,将有关情况以书面形式报送国家测绘局。

附件:已公布的重要地理信息数据情况登记表

国家测绘局

二〇〇六年四月十日

633

附件：

已公布的重要地理信息数据情况登记表

单位：(盖章)   填表时间：

序号	数据名称	测绘单位	审批部门	公布部门	公布时间	公布形式	公布费用	标志物建立情况	标志物委托保管情况	备注
1										
2										

关于塞尔维亚共和国和黑山共和国在地图上表示方法的通知

国测图字〔2006〕1 号

各省、自治区、直辖市测绘行政主管部门，新疆生产建设兵团测绘主管部门，各有关单位：

根据国家有关部门的通知精神，现将塞尔维亚共和国和黑山共和国在地图上的表示方法通知如下：

在以后出版的地图上，塞尔维亚共和国和黑山共和国分别作为独立国家表示，原塞黑境内的塞尔维亚共和国和黑山共和国之间的界线改为两国之间的国界，两国其他部分的国界不变，图上分别标注"塞尔维亚共和国"和"黑山共和国"，或简称"塞尔维亚"和"黑山"，其首都分别为"贝尔格莱德"和"波德戈里察"。在以国家为单位设色的地图上应分别设色。

国家测绘局
二〇〇六年七月十八日

635

关于委托管理和提供使用
1：50 000 基础地理信息数据的通知

国测成字〔2006〕2 号

各省、自治区、直辖市测绘行政主管部门，国家基础地理信息中心：

全国 1：50 000 基础地理信息数据库已经建成，为了使 1：50 000数据成果得到更广泛的应用，经研究，我局拟提供并委托各省、自治区、直辖市测绘行政主管部门管理和提供使用所在行政区域的相关成果。现将有关事项通知如下：

一、本次委托管理的成果主要为所在省级行政区域内的 1：50 000数字线划地图（DLG）数据、数字栅格地图（DRG）数据、数字高程模型（DEM）数据、数字正射影像（DOM）数据、地名数据、土地利用和土地覆盖数据、县乡道数据。

二、我局委托各省、自治区、直辖市测绘行政主管部门按相关测绘成果管理的法律法规的要求，管理和提供使用所在行政区域的 1：50 000基础地理信息数据成果。在确保国家秘密安全的前提下，各地要积极做好测绘成果的推广应用，并配合我局开展与掌握地理信息要素的省级部门间的共建共享工作。

三、为了进一步推动系统内共建共享机制的建立和完善，本次提供的测绘成果均按无偿提供，免收一切费用。

四、请各省、自治区、直辖市测绘行政主管部门通过所在省级人民政府或政府办公厅来函的方式，尽快来我局办理测绘成果委托管理和提供使用的相关手续。

五、请国家基础地理信息中心做好相关成果提供准备工作。

国家测绘局
二〇〇六年四月十七日

关于在公开地图上
表示民用机场的通知

国测成字〔2006〕5 号

各省、自治区、直辖市测绘行政主管部门，各有关单位：

为加强地图编制管理，规范公开地图内容表示，经商中国民用航空总局，现对原可在公开地图上表示的 45 个民用机场进行了调整（见附件 1），同时新增加 139 个可在公开地图上表示的民用机场（见附件 2）。请各地图编制单位按照有关规定在公开地图上正确表示机场符号和名称，各地图审核部门加强审核，严格把关。

    附件：1. 可在公开地图上表示的民用机场名单
          2. 新增可在公开地图上表示的民用机场名单

国家测绘局

二○○六年十二月十三日

可在公开地图上表示的民用机场名单

序号	机场名	序号	机场名
1	北京/首都	24	石家庄/正定
2	海拉尔/东山	25	太原/武宿
3	天津/滨海	26	长沙/黄花
4	广州/白云	27	南宁/吴圩
5	桂林/两江	28	郑州/新郑
6	深圳/宝安	29	海口/美兰
7	武汉/天河	30	兰州/中川
8	三亚/凤凰	31	西双版纳/嘎洒
9	西安/咸阳	32	厦门/高崎
10	昆明/巫家坝	33	福州/长乐
11	南昌/昌北	34	济南/遥墙
12	杭州/萧山	35	南京/禄口
13	宁波/栎社	36	上海/浦东
14	合肥/骆岗	37	上海/虹桥
15	青岛/流亭	38	烟台/莱山
16	威海/大水泊	39	成都/双流
17	重庆/江北	40	喀什/喀什
18	西昌/青山	41	长春/大房身
19	乌鲁木齐/地窝堡	42	佳木斯
20	哈尔滨/太平	43	大连/周水子
21	牡丹江/海浪	44	延吉/朝阳川
22	沈阳/桃仙	45	齐齐哈尔/三家子
23	呼和浩特/白塔		

新增可在公开地图上表示的民用机场名单

序号	机场名称	所在区域	所在城市/省
1	张家界荷花机场	中南地区	湖南
2	临沧机场	西南地区	云南
3	北海福成机场	中南地区	广西
4	迪庆香格里拉机场	西南地区	云南
5	柳州白莲机场	中南地区	广西
6	思茅机场	西南地区	云南
7	梧州长洲岛机场	中南地区	广西
8	常州奔牛机场	华东地区	江苏
9	昭通机场	西南地区	云南
10	常德桃花源机场	中南地区	湖南
11	丽江三义机场	西南地区	云南
12	且末机场	西北地区	新疆
13	温州永强机场	华东地区	浙江
14	阿克苏机场	西北地区	新疆
15	敦煌机场	西北地区	甘肃
16	和田机场	西北地区	新疆
17	嘉峪关机场	西北地区	甘肃
18	库尔勒机场	西北地区	新疆
19	潍坊机场	华东地区	山东
20	临沂机场	华东地区	山东
21	庆阳机场	西北地区	甘肃
22	东营机场	华东地区	山东
23	西宁曹家堡机场	西北地区	青海

序号	机场名称	所在区域	所在城市/省
24	九江庐山机场	华东地区	江西
25	格尔木机场	西北地区	青海
26	景德镇机场	华东地区	江西
27	银川河东机场	西北地区	宁夏
28	黄岩路桥机场	华东地区	浙江
29	赣州黄金机场	华东地区	江西
30	舟山机场	华东地区	浙江
31	义乌机场	华东地区	浙江
32	衢州机场	华东地区	浙江
33	黄山屯溪机场	华东地区	安徽
34	安庆机场	华东地区	安徽
35	阜阳机场	华东地区	安徽
36	北京/定陵机场	华北地区	北京
37	北京/大溶洞机场	华北地区	北京
38	天津塘沽机场	华北地区	天津
39	滨海东方通用直升机场	华北地区	天津
40	大同东王庄机场	华北地区	山西
41	昌黎/黄金海岸机场	华北地区	河北
42	邯郸机场	华北地区	河北
43	长海大长山岛机场	东北地区	辽宁
44	沈阳于洪全胜机场	东北地区	辽宁
45	长春二道河子机场	东北地区	吉林
46	敦化机场	东北地区	吉林
47	嫩江机场	东北地区	黑龙江
48	哈尔滨平房机场	东北地区	黑龙江
49	塔河机场	东北地区	黑龙江
50	加格达奇机场	东北地区	黑龙江

序号	机场名称	所在区域	所在城市/省
51	佳西机场	东北地区	黑龙江
52	八五六农航站机场	东北地区	黑龙江
53	新民农用机场	东北地区	辽宁
54	白城机场	东北地区	吉林
55	沈阳苏家屯红宝山机场	东北地区	辽宁
56	辽中机场	东北地区	辽宁
57	绥芬河直升机货运机场	东北地区	黑龙江
58	龙华机场	华东地区	上海
59	启东直升机场	华东地区	江苏
60	安吉直升机场	华东地区	浙江
61	横店体育机场	华东地区	浙江
62	石老人直升机场	华东地区	山东
63	泰山直升机场	华东地区	山东
64	南昌青云谱机场	华东地区	江西
65	高东海上救助机场	华东地区	上海
66	蓬莱沙河口机场	华东地区	山东
67	春兰直升机场	华东地区	江苏
68	安阳北郊机场	中南地区	河南
69	郑州上街机场	中南地区	河南
70	荆门漳河机场	中南地区	湖北
71	南航三亚珠海直升机起降场	中南地区	海南
72	深圳南头直升机场	中南地区	广东
73	湛江坡头直升机场	中南地区	广东
74	珠海九州直升机场	中南地区	广东
75	罗定机场	中南地区	广东
76	阳江合山机场	中南地区	广东
77	湛江新塘机场	中南地区	广东

序号	机场名称	所在区域	所在城市/省
78	海南东方机场	中南地区	海南
79	海南亚太机场	中南地区	海南
80	安顺黄果树机场	西南地区	贵州
81	广汉机场	西南地区	四川
82	新津机场	西南地区	四川
83	遂宁机场	西南地区	四川
84	成都温江机场	西南地区	四川
85	九寨沟直升机场	西南地区	四川
86	西安阎良机场	西北地区	陕西
87	蒲城机场	西北地区	陕西
88	石河子通用航空机场	西北地区	新疆
89	喀纳斯直升机场	西北地区	新疆
90	永州零陵机场	中南地区	湖南
91	包头二里半机场	华北地区	内蒙
92	赤峰机场	华北地区	内蒙
93	通辽机场	华北地区	内蒙
94	锡林浩特机场	华北地区	内蒙
95	宜宾菜坝机场	西南地区	四川
96	乌兰浩特机场	华北地区	内蒙
97	乌海机场	华北地区	内蒙
98	泸州蓝田机场	西南地区	四川
99	绵阳南郊机场	西南地区	四川
100	秦皇岛山海关机场	华北地区	河北
101	长治王村机场	华北地区	山西
102	丹东浪头机场	东北地区	辽宁
103	珠海三灶机场	中南地区	广东
104	梅县机场	中南地区	广东

序号	机场名称	所在区域	所在城市/省
105	锦州机场	东北地区	辽宁
106	朝阳机场	东北地区	辽宁
107	汕头外砂机场	中南地区	广东
108	湛江机场	中南地区	广东
109	九寨黄龙机场	西南地区	四川
110	攀枝花保安营机场	西南地区	四川
111	洛阳北郊机场	中南地区	河南
112	贵阳龙洞堡机场	西南地区	贵州
113	沙市机场	中南地区	湖北
114	铜仁大兴机场	西南地区	贵州
115	黑河机场	东北地区	黑龙江
116	宜昌三峡机场	中南地区	湖北
117	万州五桥机场	西南地区	重庆
118	恩施许家坪机场	中南地区	湖北
119	拉萨贡嘎机场	西南地区	西藏
120	昌都邦达机场	西南地区	西藏
121	襄樊刘集机场	中南地区	湖北
122	广元盘龙机场	西南地区	四川
123	南阳姜营机场	中南地区	河南
124	伊宁机场	西北地区	新疆
125	德宏芒市机场	西南地区	云南
126	大理机场	西南地区	云南
127	保山机场	西南地区	云南
128	阿勒泰机场	西北地区	新疆
129	榆林西沙机场	西北地区	陕西
130	南通兴东机场	华东地区	江苏
131	武夷山机场	华东地区	福建

序号	机场名称	所在区域	所在城市/省
132	延安二十里堡机场	西北地区	陕西
133	连云港白塔埠机场	华东地区	江苏
134	泉州晋江机场	华东地区	福建
135	汉中机场	西北地区	陕西
136	库车机场	西北地区	新疆
137	徐州观音机场	华东地区	江苏
138	安康机场	西北地区	陕西
139	盐城机场	华东地区	江苏

关于印发《建立相对独立的平面坐标系统管理办法》的通知

国测法字〔2006〕5 号

各省、自治区、直辖市、计划单列市测绘行政主管部门,新疆生产建设兵团测绘主管部门:

为了加强对建立相对独立的平面坐标系统的管理,避免重复建设,促进测绘成果共享,我局根据《中华人民共和国测绘法》的规定,制定了《建立相对独立的平面坐标系统管理办法》,现予印发,请遵照执行。

国家测绘局
二○○六年四月十二日

建立相对独立的平面坐标系统管理办法

第一条 为加强对建立相对独立的平面坐标系统的管理,避免重复建设,促进测绘成果共享,根据《中华人民共和国测绘法》等法律法规,制定本办法。

第二条 在中华人民共和国领域和管辖的其他海域,建立相对独立的平面坐标系统,应当遵守本办法。

本办法所称相对独立的平面坐标系统是指:为了满足在局部地区大比例尺测图和工程测量的需要,以任意点和方向起算建立的平面坐标系统或者在全国统一的坐标系统基础上，进行中央子午线投影变换以及平移、旋转等而建立的平面坐标系统。

第三条 下列确需建立相对独立的平面坐标系统的，由国家测绘局负责审批：

（一）50万人口以上的城市；

（二）列入国家计划的国家重大工程项目；

（三）其他需国家测绘局审批的。

下列确需建立相对独立的平面坐标系统的，由省、自治区、直辖市测绘行政主管部门（以下简称省级测绘行政主管部门）负责审批：

（一）50万人口以下的城市；

（二）列入省级计划的大型工程项目；

（三）其他需省级测绘行政主管部门审批的。

第四条 一个城市只能建立一个相对独立的平面坐标系统。

第五条 建立相对独立的平面坐标系统，应当与国家坐标系统相联系。

第六条 城市确需建立相对独立的平面坐标系统的，由申请单位向该城市的测绘行政主管部门提交申请材料，经测绘行政主管部门审核并报该市人民政府同意后，逐级报省级测绘行政主管部门；直辖市确需建立相对独立的平面坐标系统的，由申请单位向该市的测绘行政主管部门提交申请材料，经测绘行政主管部门审核并报该市人民政府同意后，报国家测绘局；其他需要建立相对独立的平面坐标系统的，由建设单位向拟建相对独立的平面坐标系统所涉及的省级测绘行政主管部门提交申请材料。

申请建立城市相对独立的平面坐标系统的单位和申请建立其他相对独立的平面坐标系统的建设单位以下统称为申请人。

第七条 申请人应当提交下列申请材料一式四份：

（一）《建立相对独立的平面坐标系统申请书》（见附件）；

（二）属工程项目的申请人的有效身份证明（复印件）；

（三）立项批准文件（复印件）；

(四)能够反映建设单位测绘成果及资料档案管理设施和制度的证明文件(复印件);

(五)建立城市相对独立的平面坐标系统的,应当提供该市人民政府同意建立的文件(原件)。

申请人应当如实提交有关材料,并对申请材料的真实性负责。

第八条 属于国家测绘局审批范围的,由省级测绘行政主管部门提出意见后,转报国家测绘局。

省级测绘行政主管部门向国家测绘局转报的意见应当包含下列内容:

(一)申请建立相对独立的平面坐标系统的区域内及周边地区现有坐标系统的情况;

(二)对建立相对独立的平面坐标系统申请是否批准的建议。

第九条 申请人提交的申请材料齐全、符合规定形式要求的,国家测绘局、省级测绘行政主管部门(以下统称测绘行政主管部门)应当受理其申请,并向申请人出具书面受理通知。

申请材料不齐全或者不符合法定形式的,测绘行政主管部门应当当场或者在五日内一次性告知申请人需要补正的全部内容。

对不予受理的,必须向申请人书面说明理由,并退回申请材料。

国家测绘局向申请人出具的书面通知,应当同时抄送有关转报申请的省级测绘行政主管部门。

第十条 测绘行政主管部门受理申请后,应当依法对申请材料进行审查。

测绘行政主管部门做出行政许可决定需要听证、检测、鉴定和专家评审的,依法组织实施。

第十一条 有以下情况之一的,对建立相对独立的平面坐标系统的申请不予批准:

(一)申请材料内容虚假的;

(二)国家坐标系统能够满足需要的;

(三)已依法建有相关的相对独立的平面坐标系统的;

（四）测绘行政主管部门依法认定的应当不予批准的其他情形。

第十二条　测绘行政主管部门应当自受理建立相对独立的平面坐标系统的申请之日起二十日内做出行政许可决定。二十日内不能做出行政许可决定的，经负责人批准，可以延长十日，并应当将延长期限的理由告知申请人。

测绘行政主管部门依法进行听证、检测、鉴定和专家评审的，所需时间不计算在行政许可期限内。测绘行政主管部门应当将所需时间书面告知申请人。

第十三条　测绘行政主管部门做出行政许可决定后，应当自做出决定之日起十日内向申请人送达准予或者不准予建立相对独立的平面坐标系统的书面决定。

国家测绘局做出的行政许可决定，应当同时抄送有关省级测绘行政主管部门。

第十四条　被许可人要求变更行政许可事项的，依照本办法的规定重新办理审批手续。

第十五条　经批准建立的相对独立的平面坐标系统，涉及本办法第二条所定义的系统参数被改变的，依照本办法的规定重新办理审批手续。

第十六条　违反本办法规定的，依照《中华人民共和国测绘法》及《中华人民共和国行政许可法》有关规定予以处罚。

第十七条　省级测绘行政主管部门可以依据本办法制定实施办法。

第十八条　对《中华人民共和国测绘法》修订实施前（2002年12月1日前）未履行法定手续建立且仍然在使用的相对独立的平面坐标系统，省级测绘行政主管部门应当组织进行清理，并按本办法的规定责令相关单位补办审批手续。

第十九条　本办法自发布之日起施行。

附件：

建立相对独立的平面坐标系统申请书

申请建立单位名称：

　　（公章）

坐标系统名称：

申请日期：

拟建相对独立的平面坐标系统情况表

申请单位情况	单位名称		单位性质	
	单位地址		邮政编码	
	联系人		联系电话	
	上级主管部门	单位名称		
		联系人	联系电话	
申请单位义务	系统建设后能否实现与国家坐标系统建立联系			
	系统建设后能否保证其更新维护			
	系统建设后能否依法汇交成果副本			
	系统建设后能否按照国家有关规定及时将成果向用户提供使用			
拟建坐标系统情况	坐标系统名称			
	坐标系统建设时间			
	坐标系统开始启用时间			
	坐标系统建设引用标准			
	坐标系统原点位置			
	控制网布设及等级			
	中央子午线	° ′ ″		
	投影种类			
	投影面高程	米		
	系统使用覆盖范围(四至)			
区域内现有坐标系统情况	本区域内现有坐标系统及与拟建系统关系			

系统建设必要性及可行性专家论证意见	注：可另页填写（需附必要性、可行性报告论证意见及论证专家组签字名单、单位、联系电话）。
系统管理单位的政府主管部门意见	注：可另页填写。 （单位公章）
省级测绘行政主管部门转报建议	建议包括：申请人所提交材料的真实性评价；承担建立相对独立的平面坐标系统的单位的资质及能力评价；拟建坐标系统在本区域内是否唯一；本区域内现有坐标系统与拟建坐标系统关系情况；在该区域建立相对独立的平面坐标系统是否必要；是否需要进行听证、检测、鉴定和专家评审；是否建议准予在该区域建立相对独立的平面坐标系统等。 注：可另页填写。 （单位公章）
备注	

关于印发《测绘计量检定人员资格认证办法》的通知

国测法字〔2006〕6 号

各省、自治区、直辖市、计划单列市测绘行政主管部门,新疆生产建设兵团测绘主管部门:

为了加强对测绘计量检定人员的管理,保证测绘计量检定工作质量,我局根据有关法律法规的规定,制定了《测绘计量检定人员资格认证办法》,现予印发,请遵照执行。

国家测绘局

二〇〇六年四月十二日

测绘计量检定人员资格认证办法

第一条 为加强对测绘计量检定人员的管理,保证测绘计量检定工作质量,依据《中华人民共和国计量法》、《中华人民共和国计量法实施细则》等法律法规,制定本办法。

第二条 本办法所称测绘计量检定人员,是指受聘于测绘计量检定机构,从事非强制性测绘计量检定工作的专业技术人员。

第三条 测绘计量检定人员须经省级以上测绘行政主管部门考核认证,取得《计量检定员证》,方可从事测绘计量检定工作。省级测绘行政主管部门不具备条件的,由国家测绘局负责考核认证。

测绘计量检定人员资格证书统一使用《计量检定员证》,加盖组织考核认证的测绘行政主管部门印章。《计量检定员证》由国家测绘局统一提供。

第四条　申请考核认证人员(以下简称申请人)经其所在单位推荐,按照国家测绘局确定的报名时间及有关要求向所在地省级测绘行政主管部门或者国家测绘局(以下统称测绘行政主管部门)提出资格考核申请。

第五条　申请人应当具备以下条件:

(一)具有中专以上文化程度;

(二)具有技术员以上技术职称;

(三)了解计量工作的相关法律、法规、规章;

(四)熟练掌握所从事测绘计量检定项目的专业知识和操作技能;

(五)受聘于测绘计量检定机构。

第六条　申请人应当提交以下申请材料:

(一)《测绘计量检定人员资格认证申请表》(见附件)一式 2 份;

(二)学历证书复印件 1 份;

(三)技术职称证书复印件 1 份;

(四)聘用合同复印件 1 份;

(五)一寸近期正面免冠照片 2 张。

第七条　申请人提交的申请材料齐全、符合法定形式的,测绘行政主管部门应当受理,并向申请人出具书面受理通知。

申请材料不齐全或者不符合法定形式的,测绘行政主管部门应当当场或者在五日内一次性告知申请人需要补正的全部内容。

对不予受理的,必须向申请人书面说明理由,并退回申请材料。

第八条　测绘计量检定人员资格考试于每年第三季度举行一次。具体考试时间和有关事项由国家测绘局在举行考试六十日前公布。

测绘计量检定人员资格考试实行全国统一命题。国家测绘局负责组织考试试题的命题和提供工作。

第九条　申请人初次申请考核认证计量检定员资格的,应当通过以下科目的考试：

（一）测绘、计量基础知识；

（二）申请检定项目、测绘器具的专业知识和实际操作技能；

（三）相关法律法规知识；

（四）相应的测绘计量技术规范（规程）或者技术标准。

申请增加测绘计量检定项目的，应当通过以下科目的考试：

（一）申请增加的检定项目、测绘器具的专业知识和实际操作技能；

（二）相应的测绘计量技术规范（规程）或者技术标准。

第十条 测绘计量检定人员资格考试的合格分数线由国家测绘局确定。

测绘计量检定人员资格考试结果，由组织考试的测绘行政主管部门书面通知申请人所在单位。

第十一条 对考试成绩达到合格分数线的申请人，组织考核认证的测绘行政主管部门应当对其申请材料进行审核，自考试成绩确定之日起二十日内，做出准予颁证或者不予颁证的决定。二十日内不能做出决定的，经主管领导批准，可以延长十日，并将延长期限的理由告知申请人。

第十二条 经审核合格准予颁证的，组织考核认证的测绘行政主管部门应当在做出准予颁证决定后的十日内，向申请人颁发、送达《计量检定员证》及相关文件。经审核做出不予颁证决定的，应当书面说明理由，并告知申请人享有依法申请行政复议或者提起行政诉讼的权利。

对准予颁证的测绘计量检定人员，其名单及证书编号、检定项目、有效期限等在做出颁证决定后的十日内，在相关媒体上公布。

第十三条 组织考核认证的测绘行政主管部门应当对所颁发的《计量检定员证》进行登记造册。由省级测绘行政主管部门颁发《计量检定员证》的人员名单及证书编号、检定项目、有效期限等，应当向国家测绘局备案。

第十四条 《计量检定员证》有效期为五年。在有效期届满九十日前,测绘计量检定人员应当按照本办法规定,向原颁证机关提出复审申请;逾期未经复审的,其《计量检定员证》自动失效。

第十五条 原颁证机关根据复审申请,在《计量检定员证》有效期届满前做出延续或者重新考试的决定。需要重新考试的,按照本办法的规定进行考试;不需要考试的,在《计量检定员证》上注明延续期限并加盖核准章后,在十日内向申请人颁发、送达《计量检定员证》。

第十六条 本办法自颁布之日起施行。

附件：

测绘计量检定人员资格考核认证申请表

姓名		性别		出生年月		计量工作年限		照片
学历		所学专业			技术职称			
电话		电子邮箱						
聘用单位				法人代表		电话		
单位地址						邮编		

申请考核项目	
聘用单位意见	负责人签字：　　　　年　月　日 （盖公章）
考试成绩	

656

国土测绘司意见	质量监督处承办人员意见	签字： 年 月 日
	质量监督处负责人意见	签字： 年 月 日
	分管司领导意见	签字： 年 月 日
	司长意见	签字： 年 月 日 （盖司章）
局领导意见		签字： 年 月 日
备注		

制表:国家测绘局

关于做好国家测绘局政府
门户网站内容保障工作的通知

国测办字〔2006〕7 号

各省、自治区、直辖市测绘行政主管部门,计划单列市测绘行政主管部门,局所属各单位,机关各司(室):

随着信息技术的普及,政府门户网站已成为社会各界了解情况、获取信息、宣传自我的重要手段和途径。为进一步推进国家测绘局政府门户网站(http://www.sbsm.gov.cn,以下简称国家局网站)建设,加强测绘宣传,推行政务公开,服务社会公众,现就做好国家局网站内容保障工作有关事项通知如下:

一、充分认识做好国家局网站内容保障工作的重要性

国家局网站是我局应用信息技术履行职能的重要方式,是社会各界了解测绘的重要窗口,是宣传测绘、展示测绘在经济社会发展中所发挥作用的重要阵地。做好国家局网站内容保障工作是测绘宣传工作的重要组成部分,是扩展测绘宣传工作深度和广度的迫切需要,是我局推进政府管理方式创新,建设服务型政府的重要举措。做好这项工作,对于促进政务公开,提高行政效能,便于公众知情、参与和监督,促进测绘事业发展具有重要意义。各单位各部门必须从加快测绘事业发展的战略高度,进一步提高对做好国家局网站内容保障工作重要性的认识,增强责任意识和紧迫感,积极转变观念,转变作风,狠抓落实,切实加强国家局网站内容保障工作。

二、国家局网站内容保障工作的指导思想和原则

国家局网站内容保障工作要以邓小平理论和"三个代表"重要思想为指导,坚持全面落实科学发展观,围绕为经济社会提供有力测绘保障和服务的目标,坚持立党为公、执政为民,及时公布国家测绘法

658

律法规和测绘工作的重大决策、规范性文件等权威信息,推进依法行政,促进政务公开;积极开展网上公共服务,增进政府与公众的沟通交流,接受公众监督,增强政府工作透明度。

国家局网站内容保障工作要坚持"共建共享,及时准确,强化服务"的原则,确保信息全面、准确、权威,构建网上政务公开主渠道;要充分发挥各单位、各部门的积极性,以各省级测绘行政主管部门、局所属各单位网站为基础,构建以国家局网站为枢纽,各省(区、市)测绘行政主管部门、局所属各单位网站为节点的测绘系统政府网站体系,促进信息资源共享与利用;要充分利用信息技术,整合信息资源和服务项目,努力拓展覆盖面和影响力,增强网上服务的能力和水平。

三、国家局网站内容保障工作的主要方式

国家局网站内容主要来源于局机关各司(室)、各省(区、市)测绘行政主管部门、计划单列市测绘行政主管部门,局所属有关单位,采取信息报送、网站链接、栏目共建等方式保障网站内容的丰富和及时更新。

(一)信息报送。局机关各司(室)、各省(区、市)测绘行政主管部门、计划单列市测绘行政主管部门,局所属有关单位既可通过国家局网站后台管理系统,将拟发布的信息提交到国家局网站的相应栏目信息数据库中,也可通过电子邮件、传真等方式提供给国家测绘局管理信息中心,以供审批选用。

(二)网站链接。包括主页链接和栏目链接。主页链接是将各省(区、市)测绘行政主管部门、局所属有关单位网站的主页与国家局网站实现链接导航,方便用户访问;栏目链接是将各省(区、市)测绘行政主管部门、局所属有关单位网站中的重要栏目及其内容整合在国家局网站的相应栏目中,实现信息和服务的准确快速定位。

(三)栏目共建。对于热点专题类和内容相对独立的栏目,可采取国家局网站与各有关单位合作共建。

四、国家局网站内容保障工作的主要任务

（一）国家测绘局办公室负责指导网站建设规划、组织协调和发布重要信息内容的审核等工作，加快推进国家测绘局网上行政审批、网上办公流程和电子政务建设。

（二）局机关各司（室）要积极主动为网站栏目设定献计献策，指定专人，及时为相关栏目内容的更新提供素材；制定印发的不涉及国家秘密的重要规范性文件，原则上均应及时发布于"法律法规"等栏目中，并在"新闻"中配发相应的新闻通稿和政策背景解读；涉及局领导参加的重要活动和重要讲话的，分管司（室）要发布在"领导讲话"等栏目中；做好各自业务领域信息的提供工作，及时将开展的重要工作以及测绘领域的各项重要工作情况反映在国家局网站的"新闻"和"部门公告"等栏目中。

（三）各省（区、市）测绘行政主管部门、计划单列市测绘行政主管部门，局所属有关单位要确定相关部门负责网站信息提供工作，指定专人负责报送本地区、本单位的重要测绘工作信息，充分利用国家局网站平台宣传测绘，丰富网站信息，促进网站建设。

（四）国家测绘局管理信息中心负责国家局网站的建设、管理、维护和信息更新工作。认真开展网站日常维护工作，及时做好信息更新工作；要提高安全防范意识，制订应急预案，确保网站安全可靠运行；要适时调整栏目设置，结合测绘重点工作及时增减栏目，提供及时快捷的信息服务。

（五）国家测绘局管理信息中心要建立健全网站信息报送机制，明确稿件质量要求，加强有关业务培训，确保上网信息及时、准确；完善和规范网站信息采集、审核和发布制度，严格把关，未经审核的信息不得上网发布。

国家测绘局

二〇〇六年二月十三日

关于贯彻落实《全国测绘系统推进依法行政五年规划（2006年—2010年）》的实施意见

国测法字〔2006〕7号

局机关各司（室）：

《全国测绘系统推进依法行政五年规划（2006年—2010年）》（国测法字〔2006〕1号，以下简称《规划》）已经正式印发。现就贯彻落实《规划》提出如下实施意见。

一、提高认识，明确目标

制定并贯彻实施《规划》是国家测绘局全面贯彻落实国务院印发的《全面推进依法行政实施纲要》的重要举措。《规划》确定了今后五年全国测绘系统推进测绘依法行政的总体目标和主要任务，如期完成《规划》所确定的目标和任务，是一项繁重的任务，局机关各司（室）在推进测绘依法行政进程中起着关键作用，承担着重要责任。局机关各司（室）及全体公务员都要充分认识贯彻实施《全面推进依法行政实施纲要》和推进依法行政工作的重大意义以及完成任务的艰巨性，切实把《规划》所确定的各项任务落到实处，如期完成《规划》所确定的目标，提高依法行政的能力和水平，在全国测绘系统起到带头和表率作用。

二、突出重点，明确分工

《规划》明确了推进测绘依法行政的12个方面的任务，内容涉及国家测绘局机关各司（室）。局机关各司（室）既要各司其职、突出重点，又需要密切配合、整体推进。现就局机关各司（室）重点任务分工如下：

（一）加强测绘立法工作，提高测绘立法质量

1. 科学合理地制定测绘立法工作规划和计划。建立健全立法调查研究制度和专家咨询论证制度。(法规司)

2. 对重大或者关系测绘行政管理相对人、服务对象切身利益的草案,要通过座谈会、论证会、听证会或者向社会公布立法草案等方式听取意见。建立规章、规范性文件实施效果评估制度。适时对测绘行政主管部门制定的规章、规范性文件进行修改和废止。(法规司组织各有关司室)

(二)切实转变政府职能,创新测绘管理方式

1. 强化测绘市场的统一监督管理,切实做到履行职能不"缺位"、不"错位"和不"越位",确保测绘行政管理合法高效。依法采取授权、委托等方式赋予市、县测绘行政主管部门更多的行政管理职责,强化对市、县测绘行政主管部门履行测绘工作统一监管职责的监督和指导。协调解决与有关部门的职责交叉问题,提高测绘行政管理效率。(法规司)

2. 强化测绘公共服务意识,拓展基础测绘公共服务的广度和深度,逐步建立公开、公平、公正的测绘公共服务体系。(国土司、成果司)

3. 引导和规范测绘行业组织和中介机构的健康发展。(人事司、法规司)

4. 制定测绘政务信息公开、共享制度。加快电子政务建设。加强测绘行政主管部门政府网站建设。(办公室)

(三)加强基础测绘管理,提高公共服务水平

1. 积极建立和完善以数字中国地理空间框架为主体的测绘公共服务体系,加强各级区域地理空间框架建设和应用工作。(国土司、成果司、财务司)

2. 加强市、县级测绘行政主管部门的基础测绘职能,推进市、县基础测绘工作。(法规司、财务司、国土司)

3. 建立和完善基础测绘需求调查制度,强化科学论证和民主参与,提高基础测绘规划和计划的编制质量,发挥基础测绘规划的引

导、规范作用。建立和完善基础测绘规划备案制度。建立基础测绘项目的立项、审批、验收的动态管理机制,完善基础测绘项目的绩效考评机制。(财务司、国土司)

4. 研究建立测量标志的分级、分类保护制度,健全测量标志保护责任制,探索测量标志保护的新途径、新方法。(法规司)

5. 加快研究制定基础地理信息框架数据、数据更新、质量控制和产品模式以及地理信息交换、共享、服务、安全、保密等方面的标准。(国土司、成果司)

6. 完善有关突发事件的预警和应急处理的测绘保障机制。推进信息化测绘服务体系建设,充分发挥基础测绘成果在电子政务、电子商务、数字区域和数字城市建设中的重要作用。(国土司、成果司)

(四)加强测绘市场监管,规范测绘市场秩序

1. 转变测绘市场监管的方式,主要运用经济和法律手段,依法履行测绘市场监管职能。努力打破部门保护、行业垄断和地区封锁,建设与社会主义市场经济体制相适应的统一、开放、竞争、有序的测绘市场。(法规司)

2. 建立健全测绘市场准入公示制度。建立测绘资质单位管理的档案制度,定期公布测绘单位依法测绘的情况,完善测绘市场清出制度。(法规司)

3. 进一步落实市、县级测绘行政主管部门的测绘市场监管职责,加强对测绘单位生产经营行为的监管,重点加强对涉及面广、与人民群众利益密切相关的测绘生产经营行为的监督管理。(法规司、成果司、国土司)

4. 加强测绘资质信息管理系统建设,形成全国联网、实时更新的测绘资质信息管理体系。依法加强对测绘工程项目招标投标活动的监督管理。(法规司)

5. 完善和加强测绘成果质量监督检查制度,充分发挥测绘成果质量监督检验机构的作用。研究建立测绘工程项目监理制度。(国土司)

6. 完善测绘成本费用定额和测绘工程产品价格的标准。(财务司)

7. 加快推行测绘专业技术人员执业资格制度。(人事司)

(五)坚持管理与服务相结合,规范和繁荣地图市场

1. 认真贯彻落实国务院办公厅转发国家测绘局、中宣部、外交部、教育部、商务部、海关总署、国家工商总局、新闻出版总署等八部门《关于加强国家版图意识宣传教育和地图市场监管工作的意见》的精神,组织开展国家版图意识宣传教育活动。完善对地图产品监管的部门间协调机制。(成果司)

2. 进一步完善地图编制、审核管理的规章制度,制定导航电子地图、网络地图的管理政策,制定中小学教学地图的审定办法和审定标准。加强对各种新表现形式地图的监管研究,制定相应的管理措施。(成果司、法规司)

3. 认真组织实施"国家版图工程",组织制作系列比例尺国界线和行政区域界线标准画法地图向社会发布。(成果司、国土司)

(六)加强测绘成果管理,促进测绘成果应用

1. 科学确定测绘管理工作国家秘密范围。完善涉及国家秘密测绘成果生产、加工、使用的保密管理措施,建立测绘成果保密动态管理机制。在保障国家安全的前提下,进一步扩大测绘成果的应用范围,发挥测绘成果的效益。建立和完善使用国家秘密测绘成果的监管和服务措施。加强对测绘成果著作权的研究。(成果司)

2. 积极推进地理信息资源共建共享机制建设,加快服务于电子政务、电子商务、车载导航等的基础地理信息平台建设。(成果司、国土司)

3. 加快测绘成果目录检索查询系统建设,强化测绘成果档案的日常管理与维护,推动异地存储容灾工作,形成国家、省二级基础测绘成果异地存储容灾机制。加强测绘成果汇交管理,建立测绘成果汇交情况公示制。完善重要地理信息数据审核公布管理制度。(成果司)

664

（七）加强对地理信息产业监督管理，引导和规范地理信息产业健康发展

1. 加强地理信息产业发展政策研究，制定地理信息产业发展的技术政策、经济政策和监管政策。（成果司、法规司、国土司）

2. 整顿和规范地理信息市场秩序，为地理信息产业的健康发展营造良好的环境。（成果司、法规司）

3. 完善地理信息产业相关技术标准，促进地理信息的共享。（国土司）

4. 规范基础地理信息数据在地理信息产业中的应用，鼓励和推广应用基础地理信息平台，发挥基础地理信息数据的基础性作用。鼓励和支持对地理信息资源的增值开发，推动地理信息的广泛应用，培育和发展地理信息市场。（成果司、法规司）

（八）规范测绘行政许可行为，深化行政审批制度改革

1. 对于依法设定的测绘行政许可，要进一步完善许可条件、许可程序等内容。建立测绘许可定期评价机制。改革对测绘行政许可事项的管理方式，充分利用间接管理手段、动态管理机制和事后监督检查，加强对测绘行政许可事项的监管，发挥行政规划、行政指导、行政合同等方式的作用。（法规司组织各有关司室）

2. 建立实施重大测绘行政许可备案制，纠正擅自增加行政许可条件、改变法定行政程序及违法实施测绘行政许可等违法行为。继续进行测绘行政审批项目的清理，完善测绘市场监管措施。（法规司）

（九）理顺测绘行政执法体制，规范测绘行政执法行为

1. 努力建立起与测绘行政执法责任相适应的测绘行政管理体制，下移测绘行政执法重心，充分发挥市、县测绘行政主管部门的执法主体作用。（法规司）

2. 制定测绘违法案件立案标准，对测绘违法行为的管辖权限进行合理划分。明确测绘违法案件处罚标准，减少测绘行政执法人员的自由裁量权。建立重大行政处罚决定的集体研究决策制度，保证

测绘行政执法行为的合法性、合理性。建立测绘行政处罚决定向上一级备案制度。建立测绘行政处罚案卷评查制度,探索建立行政许可案卷评查制度,量化案卷评查标准。规范测绘行政执法文书。(法规司)

3. 认真贯彻落实国务院办公厅《关于推行行政执法责任制的若干意见》,建立健全行政执法责任制和执法过错或者错案责任追究制。加大测绘行政处罚决定的执行力度,维护测绘行政执法的权威。(法规司)

4. 完善测绘行政执法的培训考核和持证上岗制度,对测绘行政执法人员的职业道德、测绘法律知识、测绘业务知识、执法技能要定期进行全面的培训和考核。(人事司、法规司)

(十)完善测绘行政监督机制,强化对行政行为的监督

1. 加强各级测绘行政主管部门内部依法行政监督制度的建设。开展治理测绘领域的商业贿赂专项工作。(纪检监察室、法规司)

2. 建立健全测绘系统行政复议的工作程序和内部工作制度。(法规司)

3. 依法加强测绘系统上级行政机关对下级行政机关的执法监督工作。建立测绘行政执行监督机制。(法规司、办公室)

(十一)完善行政决策机制,实现科学民主决策

1. 完善内部决策规则,实现事权、决策权和决策责任相统一。把合法性审查和集体决策作为重大决策过程的必经环节。对在测绘行政管理中涉及面广、影响大的决策事项,应当向社会公布,或者通过举行座谈会、听证会、论证会等形式广泛听取意见。(办公室组织各有关司室)

2. 对决策的执行情况进行跟踪检查,按照"谁决策、谁负责"的原则,完善决策责任追究的程序、范围、形式。(办公室)

(十二)强化依法行政教育培训,提高测绘依法行政能力

1. 开展测绘行政主管部门公务员学法用法和依法行政的教育培训。测绘行政主管部门法制工作机构要定期举办领导干部依法行

政知识培训班。(人事司、法规司)

2. 完善理论学习中心组依法行政学习和法律学习制度。(机关党委、法规司)

3. 结合"五五"普法工作和公务员培训登记制度,对测绘行政主管部门工作人员的学法时间和考试情况等进行登记。(人事司、法规司)

4. 把依法行政情况作为考核测绘行政主管部门工作人员业绩的重要内容,完善考核制度,制定具体的措施和办法。(人事司、法规司)

三、加强领导,狠抓落实

贯彻落实《规划》,是涉及国家测绘局机关各方面的全局性、整体性工作,局机关各司(室)要根据职责分工,把贯彻落实《规划》列入议事日程,切实加强领导,认真负起责任。局机关各司(室)要根据各自的职能和本意见所确定的职责分工,落实工作任务,积极开展相关制度建设并抓好实施。有关牵头司(室)要担负起统筹协调的责任,认真抓好组织落实;其他责任司(室)要主动配合,积极参与;法规司要认真做好协调服务、督促指导和情况交流工作,确保完成《规划》所确定的各项任务。

国家测绘局

二〇〇六年四月三十日

关于做好社会主义新农村建设
测绘保障服务的意见

国测办字〔2006〕10 号

各省、自治区、直辖市测绘行政主管部门,新疆生产建设兵团测绘主管部门,计划单列市测绘行政主管部门,局所属各单位,机关各司(室):

　　党的十六届五中全会在深刻分析当前国际国内形势、全面把握我国经济社会发展阶段性特征的基础上,从党和国家事业发展全局出发,提出了建设社会主义新农村的重大历史任务。这是我国改革开放和社会主义现代化建设的一件大事,也是全面建设小康社会的一件大事。测绘作为经济建设和社会发展的一项前期性、基础性事业,在社会主义新农村建设中具有重要的先行作用。为了认真贯彻中共中央国务院《关于推进社会主义新农村建设的若干意见》(中发〔2006〕1 号)文件精神,现就做好社会主义新农村建设测绘保障服务工作提出如下意见:

　　一、提高认识,增强做好社会主义新农村建设测绘保障的责任感

　　建设社会主义新农村是贯彻落实科学发展观的必然要求,是推进全面建设小康社会进程和现代化建设的战略举措,是构建社会主义和谐社会的具体体现。各级测绘行政主管部门要认真学习中发〔2006〕1 号文件精神,从实践"三个代表"重要思想和贯彻落实科学发展观的高度,深刻认识建设社会主义新农村的重要性和紧迫性,切实做好测绘保障服务工作。

　　(一)做好社会主义新农村建设测绘保障,是社会主义新农村建设的迫切要求。社会主义新农村的科学规划、基础设施建设,需要以测绘成果作为基础资料;建设现代农业,需要测绘提供基础数据和技术支持;推进农业信息化建设,测绘是不可或缺的重要保障和支撑条件。社会主义新农村建设的目标和任务对测绘工作提出了广泛需求。

(二)做好社会主义新农村建设测绘保障,是测绘工作服务党和国家中心工作的重要体现。服务党和国家中心工作,为经济社会发展做好保障服务,是测绘工作的出发点和落脚点。建设社会主义新农村是当前党和国家的一项重大任务。各级测绘部门要以高度的责任感和紧迫感,关心支持新农村建设,服务保障新农村建设。

(三)做好社会主义新农村建设测绘保障,是推动测绘事业发展的重要机遇。全面建设小康社会,最艰巨、最繁重的任务在农村。社会主义新农村建设为测绘工作提供了发展的空间,能够拓宽测绘服务渠道,拓展测绘应用领域,不断加强公益性测绘事业,不断提高测绘保障能力和服务水平。

二、突出重点,切实做好社会主义新农村建设测绘保障工作

建设社会主义新农村是一项艰巨而繁重的长期任务。要立足当前,着眼长远;要统筹规划,科学安排,充分发挥测绘高新技术和地理信息数据资源优势,找准切入点和着力点,把握工作重点,提高服务意识,创新服务方式,认真做好社会主义新农村建设测绘保障工作。

(一)积极为社会主义新农村建设规划提供测绘保障。充分利用全国 1∶25 万、1∶5 万和省级 1∶1 万基础地理信息数据库,积极配合中央和省级有关部门,为制订新农村建设规划和工作措施及时提供地理信息数据和技术支持。认真实施县域基础测绘保障工程,加快县域地区大比例尺地形图测制工作,主动为县域规划提供基础资料。组织实施乡村用图保障工程,努力做到一乡一图,有条件的地方可充分利用航空影像和卫星影像制作影像地图、三维虚拟地图,积极为乡镇规划、村庄规划提供测绘服务。

(二)积极为涉农重大工程和农村基础设施建设提供测绘保障。充分利用地理信息和测绘技术,配合农业、国土部门开展第二次全国农业普查和第二次全国土地资源调查;针对生态环境变化、退耕还林、天然林保护、土地荒漠化等涉农问题,会同林业等部门开展地理空间信息动态变化的分析;配合气象部门开展灾害天气预报服务;配合国土、气象部门开展泥石流等地质灾害监测和预报;配合广电部门实施广播电视"村村通"工程。积极为乡村饮水、道路、能源、电力、农田水利等乡村基础设施建设以及土地整理、中小河流治理提供测绘保障。

(三)积极为提高农业生产力水平提供测绘保障。要充分利用地理信息和测绘高新技术,为农业结构调整、精准农业、农村现代流通体系建设等农村生产力发展提供测绘保障。充分发挥影像地图、三维虚拟地图的效用,为农村旅游开发提供支持。

(四)积极为推动农业综合信息服务平台建设提供测绘保障。积极推动以国家标准地理信息数据为基础的农业综合信息服务平台建设,充分发挥地理信息及技术对整合涉农信息资源的作用,推进"金农工程"和农业信息化建设。国家测绘局将与国务院有关部门联合开展县域经济信息化及地理信息应用试点工作。

(五)积极为提高农民生活质量提供测绘保障。积极开展送图下乡活动,根据农业、农村、农民的特点和需求,大力开发适农测绘产品,编制出版物美价廉的地图读物,为乡村教育发展、农民科学文化水平和生活质量提高提供服务。

三、加强领导,逐步完善社会主义新农村建设测绘保障工作机制

为社会主义新农村建设提供及时可靠适用的测绘保障,是一项宏大艰巨的工程,各级测绘行政主管部门要结合本地区本单位实际,充分发挥积极性、主动性和创造性,采取有力措施,力争取得实效。

(一)加强组织领导。要把为社会主义新农村建设提供测绘保障服务列为2006年和今后一个时期的重点工作,做好长远规划,明确工作目标和任务。加强与各级政府有关部门的沟通,及时了解各部门在服务社会主义新农村建设中对测绘的需求;主动深入农村地区,及时了解农村发展和农民对测绘的需求。要按照"工业反哺农业、城市支持农村和多予少取放活"的方针,不断开拓思路,创新方式,探索为新农村建设做好测绘保障服务的有效模式和运行机制。

（二）加大资金投入。针对社会主义新农村建设的需求，要在项目和资金安排等方面向农村地区倾斜。积极争取发展改革、财政等部门支持，加大针对农村地区测绘工作的投入，争取设立社会主义新农村建设测绘保障专项。国家测绘局将争取财政部门对边远地区、少数民族地区的基础测绘给予资金支持。

（三）加强科技创新。新农村建设任务艰巨而繁重，而现有测绘成果又难以满足新农村建设的需要。要发挥科技创新在新农村建设测绘保障服务中的主力军作用，充分利用新技术、创造新方法，创新实施乡村用图保障工程，加强地理信息与其他涉农信息的整合分析，为新农村建设提供及时、快捷、实用的测绘保障服务。

（四）加强试点和宣传。做好新农村建设测绘保障，是一项全新的事业，要做好试点工作，发挥示范带动作用。加强对测绘在社会主义新农村建设中发挥保障作用的典型事例、先进人物的宣传。各地要把开展社会主义新农村建设测绘保障的进展情况、主要经验和典型事迹，及时报送国家测绘局。

国家测绘局
二〇〇六年三月十四日

关于测绘资质业务范围涵盖
内容请示的批复

测管函〔2006〕11 号

湖北省测绘局：

你局《关于测绘资质业务范围涵盖内容的请示》（鄂测〔2006〕29号）收悉。经研究，批复如下：

持有《测绘资质证书》的单位，在相应等级的《测绘资质证书》所载的专业范围和规定的作业限额内从事测绘活动，应当包括所从事测绘项目的总体方案和可行性报告编制、技术设计、施测、成果整理等各个环节，同意你局关于《测绘资质证书》的各专业范围应涵盖上述内容的意见。

国家测绘局行业管理司
二〇〇六年四月二十七日

测绘地理信息法律法规文件汇编

下 卷

国家测绘地理信息局
法规与行业管理司 编

测绘出版社
·北京·

关于印发《基础测绘成果提供使用管理暂行办法》的通知

国测法字〔2006〕13 号

各省、自治区、直辖市、计划单列市测绘行政主管部门,新疆生产建设兵团测绘主管部门,局所属各单位:

为规范基础测绘成果提供、使用的管理,贯彻公开、便民、高效的原则,保障合理使用基础测绘成果,根据《中华人民共和国测绘法》、《中华人民共和国测绘成果管理条例》及有关法律法规的规定,我局制定了《基础测绘成果提供使用管理暂行办法》,现予印发,请遵照执行。

国家测绘局

二〇〇六年九月二十五日

基础测绘成果提供使用管理暂行办法

第一条 为规范基础测绘成果提供、使用的管理,保障基础测绘成果的有效利用,根据《中华人民共和国测绘法》、《中华人民共和国测绘成果管理条例》及有关法律法规,制定本办法。

第二条 凡提供、使用属于国家秘密的基础测绘成果,应当遵守本办法。提供、使用不涉及国家秘密的基础测绘成果,由测绘成果资料保管单位按照便民、高效的原则,制定相应的提供、使用办法,报同级测绘行政主管部门批准后实施。

外国组织和个人以及在我国注册的外商独资企业和中外合资、

673

合作企业申请使用我国基础测绘成果的具体办法,另行制定。

第三条 国家测绘局负责全国基础测绘成果提供、使用管理工作。县级以上地方人民政府测绘行政主管部门负责本行政区域内基础测绘成果的提供、使用管理工作。

第四条 国家测绘局支持和鼓励各级测绘行政主管部门与掌握地理信息要素的部门建立共建共享机制。

第五条 使用下列基础测绘成果,向国家测绘局提出申请:

(一)全国统一的一、二等平面控制网、高程控制网和国家重力控制网的数据、图件;

(二)1∶50万、1∶25万、1∶10万、1∶5万、1∶2.5万国家基本比例尺地图、影像图和数字化产品;

(三)国家基础航空摄影所获取的数据、影像等资料,以及获取基础地理信息的遥感资料;

(四)国家基础地理信息数据;

(五)其他应当由国家测绘局审批的基础测绘成果。

第六条 使用下列基础测绘成果,向省、自治区、直辖市测绘行政主管部门提出申请:

(一)本行政区域内统一的三、四等平面控制网、高程控制网的数据、图件;

(二)本行政区域内的1∶1万、1∶5 000等国家基本比例尺地图、影像图和数字化产品;

(三)本行政区域内的基础航空摄影所获取的数据、影像等资料,以及获取基础地理信息的遥感资料;

(四)本行政区域内的基础地理信息数据;

(五)属国家测绘局审批范围,但是已经委托省、自治区、直辖市测绘行政主管部门负责管理的基础测绘成果;

(六)其他应当由省、自治区、直辖市测绘行政主管部门审批的基础测绘成果。

第七条 向市(地)、县级测绘行政主管部门申请使用基础测绘成果的具体范围和审批办法,由省、自治区、直辖市测绘行政主管部门规定。

第八条 申请使用基础测绘成果应当符合下列条件:

(一)有明确、合法的使用目的;

(二)申请的基础测绘成果范围、种类、精度与使用目的相一致;

(三)符合国家的保密法律法规及政策。

第九条 申请使用基础测绘成果,应当提交《基础测绘成果使用申请表》(样式见附件1)及加盖有关单位公章的证明函(样式见附件2),属于各级财政投资的项目,须提交项目批准文件。

证明函按如下规定出具:

(一)申请使用的基础测绘成果属于国家测绘局或者其他省、自治区、直辖市测绘行政主管部门受理审批范围的,应当提供申请人所在地的省、自治区、直辖市测绘行政主管部门出具的证明函;

(二)申请使用的基础测绘成果属于本省、自治区、直辖市测绘行政主管部门受理审批范围的,应当提供申请人所在地的县级以上测绘行政主管部门出具的证明函;

(三)属于中央国家机关或者单位的申请人,应当提供其所属中央国家机关或者单位司(局)级以上机构出具的证明函。其中,申请无偿使用基础测绘成果的,应当由中央国家机关、单位或者办公厅另行出具公函;

(四)属于军队和武警部队的申请人,应当提供其所属师级以上机构出具的公函。

第十条 省、自治区、直辖市测绘行政主管部门申请管理并对外提供该省级行政区域全部范围的国家级基础测绘成果的,需持省级人民政府或者政府办公厅公函,向国家测绘局申请办理委托管理手续。

第十一条 申请人应当对其申请材料实质内容的真实性负责。测绘行政主管部门不得要求申请人提交与审批工作无关的技术资料和其他材料。

第十二条　申请人提交的申请材料齐全、符合规定形式要求的，测绘行政主管部门应当受理其申请，并向申请人出具书面受理通知。

申请材料不齐全或者不符合法定形式的，测绘行政主管部门应当当场或者在五日内一次性告知申请人需要补正的全部内容。

对不予受理的，必须向申请人书面说明理由，并退回申请材料。

第十三条　测绘行政主管部门应当自受理使用申请之日起二十个工作日内做出决定。

测绘行政主管部门受理使用申请后，能够当场做出决定的，应当当场做出决定。

第十四条　测绘行政主管部门做出准予使用基础测绘成果决定的，应当自决定之日起十个工作日内向申请人送达批准文件，并同时抄送申请人所在地的县级以上测绘行政主管部门。

测绘行政主管部门依法做出不准予使用基础测绘成果决定的，应当书面说明理由，并告知申请人享有依法申请行政复议或者提起行政诉讼的权利。

第十五条　经测绘行政主管部门批准准予使用基础测绘成果的，被许可使用人持批准文件到指定的测绘成果资料保管单位领取。

测绘成果资料保管单位应当按照批准文件的内容，及时向被许可使用人提供基础测绘成果。其中，提供基础地理信息数据的，需与被许可使用人签订基础地理信息数据提供使用许可协议（样式见附件3）。

第十六条　被许可使用人应当严格按照下列规定使用基础测绘成果：

（一）被许可使用人必须根据基础测绘成果的密级按国家有关保密法律法规的要求使用，并采取有效的保密措施，严防泄密；

（二）所领取的基础测绘成果仅限于在被许可使用人本单位的范围内，按批准的使用目的使用，不得扩展到所属系统和上级、下级或者同级其他单位；

（三）被许可使用人若委托第三方开发，项目完成后，负有督促其销毁相应测绘成果的义务。第三方为外国组织和个人以及在我国注册的外商独资企业和中外合资、合作企业的,被许可使用人应当履行对外提供我国测绘成果的审批程序,依法经国家测绘局或者省、自治区、直辖市测绘行政主管部门批准后,方可委托;

(四)被许可使用人应当在使用基础测绘成果所形成的成果的显著位置注明基础测绘成果版权的所有者;

(五)被许可使用人主体资格发生变化时,应向原受理审批的测绘行政主管部门重新提出使用申请。

测绘行政主管部门应当依法对基础测绘成果的使用情况进行跟踪检查。

第十七条 任何单位和个人发现违法使用基础测绘成果的,应当向测绘行政主管部门举报,测绘行政主管部门应当及时核实、处理。

第十八条 对基础测绘成果的申请、审批、提供、使用等过程中发生的违法行为,根据相关法律法规的规定予以处罚;构成犯罪的,依法追究刑事责任。

第十九条 本办法由国家测绘局负责解释。

第二十条 本办法自颁布之日起施行。

基础测绘成果使用申请表

申请人基本情况		
名　　称		
地　　址		
申请人企业、事业单位 或者社会团体代码		
邮政编码		联系电话
电子邮件		
经办人姓名		身份证号码
申请使用基础测绘成果资料的相关内容		
成果资料 名称		
种类、范围 及精度		
使用目的		

申请人 承诺	一、对所提供的申请材料实质内容的真实性负责； 二、使用测绘成果资料符合国家的保密管理规定，不危害国家安全和利益； 三、测绘成果资料存放设施与条件，符合国家保密、消防及档案管理的有关规定和要求，并建立了完善的测绘成果资料保密内部管理制度； 四、不擅自复制、转让或者转借测绘成果。 （签章） 年　月　日
备　注	

本申请表可由国家测绘局网站下载。

附件2：

基础测绘成果资料使用证明函

　　兹介绍　　　　　　同志前往贵单位办理基础测绘成果资料使用审批手续，　　　　　　　　　所填写的《基础测绘成果使用申请表》内容属实。

　　特此证明。

（印章）

年　月　日

附件 3：

基础地理信息数据提供使用许可协议
编号：

本协议赋予使用方依据测绘行政主管部门的批准文件，享有本协议所明确规定的基础地理信息数据的使用权。提供方保证，提供方是基础地理信息数据的法定授权提供者，并被授权具体行使基础地理信息数据的版权及相关权利。本协议为不可转让和非独占的。本许可协议由许可协议文本和附表组成。

1. 使用方的责任和义务：

(1)必须根据基础地理信息数据的密级，按国家有关保密法律法规的要求使用，并采取有效的保密措施，严防泄密。

(2)基础地理信息数据仅限于在本单位(本单位以使用方在登记机关的登记为限)的范围内使用，不得扩展到所属系统和上级、下级或者同级其他单位。但获得特别许可的除外。

如委托第三方开发，项目完成后，使用方必须要求第三方不得保留基础地理信息数据，并承担督促、监督其销毁相应基础地理信息数据的责任。第三方为外国组织和个人以及在我国注册的外商独资企业和中外合资、合作企业的，被许可使用人应当履行对外提供我国测绘成果的审批程序，依法经国家测绘局或者省、自治区、直辖市测绘行政主管部门批准后，方可委托。

(3)在使用基础地理信息数据所形成的成果的显著位置，注明基础地理信息数据版权的所有者。

(4)使用方主体资格发生变化时，应向提供方重新提出使用申请，并需重新签订使用许可协议。

(5)利用涉及国家秘密的基础地理信息数据开发生产的产品，未经国务院测绘行政主管部门或者省、自治区、直辖市测绘行政主管部门进行保密技术处理的,其秘密等级不得低于所用基础地理信息数据的秘密等级。

2. 提供方的责任和义务:

(1)提供方应当根据测绘行政主管部门的批准文件,及时向使用方提供基础地理信息数据,同时提供相应数据说明。

(2)提供方有义务在公共网站上及时公布基础地理信息数据新的版本信息。

(3)提供方不承担因基础地理信息数据本身的瑕疵而对使用方所造成的任何后果的任何责任。

3. 违约条款:

(1)提供方违反附表中关于提供数据的内容、时间等的约定,应采取有效措施,及时补救。

(2)使用方违反国家法律法规、有关规定及本协议的约定,除按国家相关规定处理外,提供方将终止其使用权,并收回其所提供的基础地理信息数据及相关资料。

4. 本协议一式四份,具有同等效力,双方各持二份。

5. 本协议未尽事宜,双方将协商解决。

提供方(盖章):　　　　　　使用方(盖章):

地址:　　　　　　　　　　　地址:

代表(签字):　　　　　　　代表(签字):

日期:　　　　　　　　　　　日期:

电话:　　　　　　　　　　　电话:

协议签订地点:

附表：

编号：

提供方	
使用方	

许可使用的基础地理信息数据				
数据名称	密级	地理范围		数据格式
数据内容			版权所有	
特别许可				
数据载体	1. 光盘;2. 磁带;3. 其他			
使用用途				

其他事项				
提交数据的时间	年 月 日		地点	
费用	1. 部分成本费 2. 介质、人工费 3. 其他		金额	
使用方付款方式			付款时间	
备注：				

关于加强测绘质量
管理工作的通知

国测国字〔2006〕15 号

各省、自治区、直辖市、计划单列市测绘行政主管部门：

为了认真贯彻《测绘法》，加大测绘质量统一监管力度，为经济社会发展提供可靠的测绘保障，现就 2006 年加强测绘质量管理工作通知如下：

一、充分认识测绘质量管理工作的重要性。测绘成果质量事关经济建设质量和人民群众生活，《测绘法》明确规定"县级以上人民政府测绘行政主管部门应当加强对测绘成果质量的监督管理"。各级测绘行政主管部门要从贯彻落实《测绘法》和履行政府职能的高度，提高对测绘质量管理工作的认识，并将质量监督管理纳入依法行政工作内容，切实抓紧抓好。

二、加大测绘质量监督检验力度。测绘质量监督检验是保障测绘产品质量、规范测绘市场秩序和管理测绘行业的重要手段。各省、自治区、直辖市和计划单列市测绘行政主管部门要进一步加强对测绘质量监督检验工作的领导，健全质量监督检验制度，结合本地实际，面向经济建设主战场和社会热点问题加大监督检验力度，提高监督检验的有效性和权威性。监督检验结果要与测绘资质管理工作和整顿测绘市场秩序挂钩，坚决淘汰产品质量低劣的测绘单位。

三、组织实施 1∶1 万基础测绘产品质量专项检查。为全面了解"十五"期间全国 1∶1 万基础测绘产品质量状况，为"十一五"及今后加强基础测绘质量管理打好基础，国家局今年已部署开展全国 1∶1 万基础测绘产品质量专项检查活动。请各省、自治区、直辖市测绘行政主管部门按照国家局的要求，认真做好自查工作，并配合做好核查或抽查工作。

四、研究制定《测绘质量监督管理条例》。为了从根本上解决测绘质量统一监管问题,国家测绘局拟研究制定《测绘质量监督管理条例》,今年将就各级测绘行政主管部门的质量监管职能、基础测绘质量管理制度改革、重大建设项目中的测绘质量监督、测绘质检机构规范化建设以及测绘工程监理制等重大问题开展调研,请各省、自治区、直辖市和计划单列市测绘行政主管部门配合做好有关工作。

五、筹备全国测绘质量管理工作会议。为总结测绘质量管理工作经验,找出存在的问题和不足,讨论审议拟出台的政策和措施,并对今后的质量管理工作进行部署,国家测绘局拟于 2007 年召开全国测绘质量管理工作会议,请各省、自治区、直辖市和计划单列市测绘行政主管部门积极配合,共同做好会议筹备工作。

六、加强测绘质量管理的政策研究。为进一步理清测绘质量管理工作思路,建立健全测绘质量监督管理体系,请各省、自治区、直辖市和计划单列市测绘行政主管部门就以下问题开展政策研究,提出相关意见和建议,并于今年 9 月底之前将研究的意见和建议报国家测绘局。一是测绘行政主管部门的质量监督管理职能有哪些,市、县级质量监督管理职能怎样落实;如何提高质量监督检验的有效性,如何开展针对国家重大建设项目的测绘质量监督管理;二是基础测绘成果和政府公共财政投入的其他测绘成果实行强制检验的必要性和可行性;如何建立基础测绘项目设计、生产与检验的相互制约机制,怎样改革基础测绘项目验收制度;三是测绘质检机构的性质、定位及今后的发展方向,建立怎样的测绘质检机构和人员队伍准入控制制度;四是如何提高测绘项目全过程质量控制的有效性,实行测绘工程监理制的必要性与可行性等。

国家测绘局
二〇〇六年五月八日

关于进一步做好行政执法
责任制有关工作的通知

测办〔2006〕31 号

各省、自治区、直辖市测绘行政主管部门：

行政执法责任制是规范和监督行政机关行政执法活动的一项重要制度。为贯彻落实《国务院办公厅关于推行行政执法责任制的若干意见》（国办发〔2005〕37 号），进一步加强测绘部门行政执法责任制工作，经研究，现就做好有关工作提出如下要求：

一、抓紧完成测绘行政执法主体的确认工作

各级测绘行政主管部门要切实加强对测绘执法工作的领导，依法建立健全省、市、县三级测绘行政执法体制。按照本级人民政府的部署和要求，尽快完成测绘行政执法主体的确认工作。个别未经地方性法规授权或行政机关合法委托履行测绘行政执法职责的单位，要抓紧推动立法进程，落实执法主体。

各省、自治区、直辖市测绘行政主管部门要加强对市、县测绘行政执法主体确认工作的指导，继续按照我局《关于做好市县测绘行政管理职责落实工作的通知》（测办〔2003〕65 号）的要求，做好与有关部门以及市、县人民政府的沟通工作，推动市、县测绘行政执法主体的落实。

有关测绘行政执法主体的清理、确认和公告情况，要及时汇总报告我局。

二、做好测绘行政执法岗位配置和上岗培训工作

各级测绘行政主管部门要科学配置执法岗位，注意避免交叉重复，有利于协调配合，不同层级的执法岗位也要相互衔接，做到执法流程清楚。根据执法岗位的配置，确定各执法部门（处、室或科）和执法岗位的执法职责，做到权力与责任挂钩。我局根据各单位执法岗

686

位的配置情况,实施行政执法人员执法资格制度。

测绘行政执法人员执法,必须具备执法资格,持有国家测绘局或地方人民政府颁发的执法证件。为保障市、县测绘行政执法人员履行执法职责,我局将对《测绘行政执法证管理规定》(国家测绘局第7号令)进行修订,把测绘行政执法证的配置范围延伸到市、县测绘行政主管部门,各级测绘行政主管部门要根据执法岗位严格确定测绘行政执法证的规模和数量。我局将于下半年组织全国测绘执法人员的上岗培训和考试考核工作,经考试考核合格的,按照修订后的《测绘行政执法证管理规定》发放测绘行政执法证。

三、加快落实行政执法责任

推行行政执法责任制,关键是要落实行政执法责任。各级测绘行政主管部门一是要抓紧研究行政执法评议考核工作,根据不同执法岗位的具体情况和特点,确定评议考核方案,公布评议考核标准,对行政执法人员行使行政执法职权和履行法定义务的情况进行评议考核。二是要建立行政执法违法过错责任追究制度,根据行政执法人员违反法定义务的不同情形,预设过错行为,确定承担责任的种类和内容,追究违法过错责任。三是要探索行政执法奖励机制,对行政执法绩效突出的行政执法部门和行政执法人员予以表彰,调动行政执法部门和行政执法人员提高行政执法质量和水平的积极性。

四、加强检查和指导,做好交流总结工作

推行行政执法责任制工作环节多,涉及面广,工作量大。各省、自治区、直辖市测绘行政主管部门要切实负起责任,加强对这项工作的检查和指导。通过有效方式,推动本部门行政执法责任制工作的交流。要认真研究工作中的问题,收集整理有关情况,总结推行测绘行政执法责任制的经验,进一步提高测绘行政执法水平。有关工作完成后,请将工作总结报告我局。

国家测绘局办公室

二〇〇六年三月三十一日

关于加强外国的组织或者个人
来华测绘管理工作的通知

国测管字〔2006〕36 号

各省、自治区、直辖市、计划单列市测绘行政主管部门,教育、科技、安全厅(局、委),海关广东分署、天津、上海特派办、各直属海关,旅游、保密局:

测绘及其成果直接涉及国家秘密和国家安全。当前,随着我国对外开放的不断深入,外国的组织或者个人(以下简称外国人)来华从事测绘活动的需求增多。一些外国人来华从事非法测绘活动或非法窃取我国重要地理信息数据的事件也时有发生,国内一些单位未经批准擅自同外国人合资、合作从事测绘活动的情况屡禁不止,呈多发态势,这些行为已对国家安全构成了隐患。为加强外国人来华测绘管理,确保国家安全,现就有关工作通知如下:

一、统一思想,进一步提高国家安全和保密意识

近年来,一些外国人来华非法对我国地理空间信息数据进行测定、采集、处理,确定我国重要目标位置,并擅自发布我国的相关重要地理信息数据。这些非法行为,造成极为恶劣的政治影响,给我国国家安全带来了隐患。

各部门要从维护国家安全和主权、维护国家尊严的高度,提高对测绘工作重要性的认识,增强对外国人来华测绘管理工作的责任感和紧迫感。认真研究分析当前存在的问题,统一思想,进一步提高国家安全和保密意识,在各自职责范围内,按照分工,密切配合,采取有效措施,切实加强对外国人来华测绘管理。

二、加快制度建设,规范外国人来华测绘管理

加快外国人来华测绘管理制度的建设。国家测绘局要尽快出台

外国的组织或者个人来华测绘管理办法，对外国人来华从事测绘活动的形式、可以从事的测绘活动业务范围、具体审批程序、监督管理等做出明确规定。国家测绘局会同国家保密局就有关外国人来华测绘的保密管理提出具体要求。根据国务院颁布的《中华人民共和国测绘成果管理条例》，加紧研究制定外国人来华测绘成果汇交的具体规定；进一步完善对外提供我国测绘成果的管理制度，严格测绘成果的提供审批，加强测绘成果的使用监管。

三、加强全程监管，杜绝非法测绘

严格把好"入口""出口"关。海关在监管中发现进出境人员携带涉嫌涉及国家秘密的测绘成果出境的，应按照保密法的有关规定办理，构成犯罪的，要移交国家安全等司法机关追究其刑事责任。有关部门要加强外国人来华测绘的成果保密检查，加强和完善互联网登载、传输我国地理信息数据的管理，防止将我国的涉密测绘成果携带、传输出境。

加强和完善科学研究、教学、旅游探险等合作项目中测绘活动的监管。科技、教育、旅游等部门要对今年以来批准的包含测绘活动的涉外项目进行全面清理，不得允许未经测绘行政主管部门批准的外国人以任何形式在我国境内从事测绘活动。对经批准的包含测绘活动的有关项目，也要对其测绘活动进行全程监督管理，杜绝超越批准范围从事测绘的情况发生。

加强测绘市场的动态监管。测绘部门要严把测绘市场准入关，建立测绘活动日常巡查机制，做好涉外测绘活动的跟踪监督，加大检查力度，及时发现并杜绝各种非法测绘活动。

四、加大执法力度,严惩违法行为

对外国人未经批准擅自来华测绘的或者超越批准范围从事测绘活动的,测绘部门要依法没收其测绘工具和测绘成果,并依法予以处罚。对未经批准对外提供属于国家秘密的测绘成果或者擅自将属于国家秘密的测绘成果携带出境的,保密部门要依法予以处理。对擅自登载、传输属于国家秘密的测绘成果的网站,有关部门要依法予以处理。上述行为触犯国家安全法和刑法的,要依法移交国家安全等司法机关追究其刑事责任。

教育、科技、旅游等部门对外国人来华项目中涉及测绘内容而不按规定程序予以报批的,应责令停止测绘活动,并移交测绘部门依法进行处理;涉外项目的中方陪同、接待人员发现外国人违法从事测绘活动而不予以制止的,要依法取消其导游、翻译、测绘等相关执业资格,情节严重的,追究其相应的法律责任。

有关部门要尽快开展整顿和规范地理空间信息数据市场秩序工作,确保涉密地理空间信息数据的安全,加大打击外国人来华违法测绘的力度。

五、加强宣传教育,普及测绘法律法规

各有关部门要结合本部门工作,开展测绘法律法规宣传教育。要将测绘法的宣传纳入"五五"普法的重点内容,充分利用报纸、广播、电视、互联网等传媒,扩大测绘法的宣传面,推动测绘法律法规进机关、进乡村、进社区、进学校、进企业、进单位,促进测绘法律法规知识的普及,提高全社会的依法测绘意识和保密意识。

旅游、保密等部门要把外国人来华测绘管理列入有关培训教材,多渠道、多途径开展培训工作,提高有关部门管理人员及导游、翻译等接待、陪同人员的国家安全意识。

六、密切配合,切实抓好落实

各有关部门要高度重视,把加强我国对外国人来华测绘管理工作作为一项重要工作,做好部署和安排。同时,加强协调,密切配合,尽快建立信息通报、配合调查、案件移送等制度,形成统一监管、条块

结合、上下联动的工作机制，切实做好外国人来华测绘管理工作，杜绝非法测绘，消除国家安全隐患，确保外国人来华测绘活动依法、有序进行。

各有关部门要根据本通知精神，结合各自工作实际，制定具体实施意见，切实抓好落实。

国家测绘局
教育部
科学技术部
国家安全部
海关总署
国家旅游局
国家保密局
二〇〇六年八月四日

关于测绘持证单位的分支机构
独立从事测绘活动请示的批复

测管函〔2006〕42 号

江苏省测绘局:

你局《关于测绘持证单位的分支机构能否独立从事测绘活动的请示》(苏测〔2006 年〕150 号)收悉。经研究,批复如下:

依照《中华人民共和国测绘法》的规定,从事测绘活动的单位必须取得测绘资质证书。测绘持证单位的分支机构未取得测绘资质证书,不能以该分支机构的名义承揽测绘业务。请你局加强测绘资质管理,依法处理有关问题。

国家测绘局行业管理司
二〇〇六年十一月十七日

关于建立测绘资质管理
信息系统的通知

测办〔2006〕50 号

各省、自治区、直辖市测绘行政主管部门：

为了加强测绘统一监督管理，推进电子政务，方便申请人采用数据电文和网络技术申报查询，实现测绘资质管理信息的充分共享和有效利用，提高工作效率，国家测绘局决定建立测绘资质管理信息系统（以下简称"系统"），现就有关问题通知如下：

一、系统建设是推行电子政务的一项重要举措，是贯彻实施测绘法和行政许可法的一项重要工作。目前，全国的测绘资质管理软件不统一，参差不齐，有关数据和信息仍然由各级测绘行政主管部门采取人工录入的方式，未能有效地实现数据和信息的自动采集和网络申报，工作效率低，数据不规范；也未能实现各级测绘行政管理部门之间的信息共享，信息的真实性和有效性不能及时反映，不利于有效地进行测绘统一监管。通过系统建设，实现测绘资质和测绘作业证的网上申报、网上受理审批，辅助领导决策和测绘统一监管，实现信息共享和面向社会提供信息服务，对于提高测绘资质管理水平、加强测绘统一监管具有重要意义。

二、系统建设分为国家测绘局、省级测绘行政主管部门、测绘单位三个层次，同时兼顾市、县测绘行政主管部门对系统的应用。主要实现以下功能：

国家测绘局对全国甲级测绘资质申请和年度注册实现互联网上受理、审批、日常管理，根据需要可以进行全国所有甲、乙、丙、丁测绘单位和人员信息的汇集、统计分析、共享和发布。

省级测绘行政主管部门对乙、丙、丁级测绘资质申请、年度注册

693

和测绘作业证实现互联网上受理、审批、日常管理;实现与国家测绘局和全国省级测绘行政主管部门之间测绘资质管理信息共享。

测绘单位实现通过互联网申请测绘资质、年度注册和申请测绘作业证。单位基本信息、人员和设备资料、图表、文档以及证照等实现数字化,生成规范的上报数据,通过在线、电子邮件等形式完成申请,确保数据的准确、安全、及时。

建立覆盖全行业的动态数据库,构成一个覆盖测绘行业的数字化、网络化管理信息体系,辅助各级测绘行政主管部门对测绘单位、项目、市场和作业人员的动态监管,满足测绘资质监督检查的信息支持。

逐步实现县级以上各级测绘行政主管部门之间测绘资质管理信息传递,为领导决策提供信息支持;面向测绘单位和社会提供信息服务。

三、系统建设已经列入国家测绘局重点工作计划,由国家测绘局行业管理司会同国家测绘局管理信息中心组织实施。各省、自治区、直辖市测绘行政主管部门负责领导并组织实施本行政区域内的系统建设和推广应用。国家测绘局行业管理司和国家测绘局管理信息中心通过招标,确定四维益友科技有限公司为研发单位,承担系统软件的研发、应用培训和技术服务工作。

国家测绘局于2006年6月30目前完成系统安装,并开始试运行甲级测绘单位的网上申请和网上受理审批。2007年1月1日起,全国甲级资质单位年度注册工作正式运行网上申报、受理、审批,并与全国各省、自治区、直辖市测绘行政主管部门实现数据共享,面向社会公众发布有关信息。

各省、自治区、直辖市测绘行政主管部门应着手开展本行政区域内系统建设的准备工作,到2007年底前完成系统安装和试运行。2008年1月1日起,乙、丙、丁级测绘资质审查、年度注册和测绘作业证正式运行网上申报、受理和审批,并在全国和各省、自治区、直辖市测绘行政主管部门之间实现数据共享和发布。

鉴于各地实际情况和经济发展水平不同,在市、县级测绘行政主管部门实现数据共享事宜,由各省、自治区、直辖市测绘行政主管部门自行安排。

四、各省、自治区、直辖市测绘行政主管部门要高度重视系统建设工作,将其作为推进电子政务和加强测绘行业管理工作的一项重要内容,指定一名领导同志负责,结合本地实际情况,切实抓紧抓好。

各省、自治区、直辖市测绘行政主管部门的系统软件由研发单位免费安装调试,其他所需硬件及软件由省、自治区、直辖市测绘行政主管部门自行解决。

请各省、自治区、直辖市测绘行政主管部门及时将系统建设过程中遇到的问题和有关建议反馈国家测绘局行业管理司。在系统建设中的其他具体事宜,国家测绘局行业管理司将另行通知。

国家测绘局办公室

二〇〇六年四月三十日

关于实行测绘资质行政许可
公示制度的通知

国测管字〔2006〕51 号

各省、自治区、直辖市测绘行政主管部门：

为进一步规范测绘资质行政许可工作，确保测绘资质行政许可的公开、公平、公正，便于测绘行业和社会公众的监督，国家测绘局决定实行测绘资质行政许可公示制度。现将有关事项通知如下：

一、从 2007 年 3 月 1 日起，对初次申请测绘资质单位和申请升级的各等级测绘资质单位，在做出测绘资质行政许可决定前，应将拟做出的决定向社会公示。

二、甲级测绘资质行政许可，由国家测绘局在其网站上进行公示。乙、丙、丁级测绘资质行政许可，由省、自治区、直辖市测绘行政主管部门在其网站或采取其他形式进行公示，也可以在国家测绘局网站进行公示。

三、公示的主要内容应当包括申请测绘资质单位的名称、申请内容、拟批准的资质等级和业务范围等，同时告知公示机关名称、地址、邮编、电子信箱等。

四、公示时间为公示之日起 7 个工作日。任何单位及个人对公示内容有异议的，可向公示机关反映。单位反映情况需加盖公章，个人反映情况要签署真实姓名，并留下联系电话、地址、邮政编码。被公示单位如对公示的审查意见有异议，可在公示期间以书面形式向公示机关反映意见。

五、对单位、个人提出的问题，公示机关应认真核实，视情况做出解释或处理；对举报的违法违纪问题，要按有关规定严肃处理。

六、公示期满后，国家测绘局或省、自治区、直辖市测绘行政主管部门应当在法定期限内做出测绘资质行政许可决定,并在其网站上或采取其他形式,将批准测绘资质单位的名称、地址、邮编、法定代表人、资质证书号、发证日期、有效期、业务范围等向社会公开,便于社会公众查询和监督。

2007年3月1日前已批准的测绘资质单位,由发证机关将上述信息登载在其网站上或者采取其他形式予以公开。

七、请各省、自治区、直辖市测绘行政主管部门按照本通知要求,及时修改有关测绘资质行政许可的程序规定,确保2007年3月1日起实施测绘资质行政许可公示制度。

国家测绘局
二〇〇六年十二月二十九日

关于印发《测绘信访规定》的通知

测办〔2006〕53 号

各省、自治区、直辖市、计划单列市测绘行政主管部门,新疆生产建设兵团测绘主管部门,局所属各单位、机关各司(室):

为深入贯彻落实国务院《信访条例》,规范测绘系统信访工作,根据国家信访局工作要求,我们重新研究制订了信访工作规定。现将《测绘信访规定》印发给你们,请结合工作实际,认真贯彻落实。

国家测绘局办公室
二○○六年五月十二日

测绘信访规定

第一章　总　则

第一条　为加强测绘系统的信访工作,畅通信访渠道,维护信访秩序,保障群众合法权益,根据国务院《信访条例》,制定本规定。

第二条　本规定称信访是指公民、法人或者其他组织采用书信、电子邮件、传真、电话、走访等形式,提出建议、意见或者投诉请求,依法由测绘行政主管部门处理的活动。

采用前款规定的形式,反映情况,提出建议、意见或者投诉请求的公民、法人或者其他组织,称信访人。

第三条　测绘系统信访工作应当遵循:属地管理、分级负责,谁主管、谁负责原则;畅通信访渠道,方便信访人原则;实事求是,有错必纠原则;依法、及时、就地解决问题与疏导教育相结合原则;坚持科学、民主决策,依法履行职责,从源头上预防导致信访事项矛盾的原则。

第二章　工作机构及职责

第四条　国家测绘局信访工作机构设在局办公室,履行下列职责:

(一)负责局机关信访日常工作;

(二)负责受理、交办、转送向局机关提出的信访事项;

(三)协调办理中央、国务院有关部门转送、交办的信访事项;

(四)督促检查重要信访事项的处理,指导测绘系统信访工作;

(五)对信访信息进行研究分析,开展调查研究,提出完善政策、解决问题的建议;

(六)承办局领导授权或交办的其他信访事项。

第五条　县级以上地方测绘行政主管部门应当按照有利工作、方便信访人的原则,确定负责信访工作的机构,配备与工作任务相适应的专职或兼职工作人员,并提供必要的工作保障,确保信访渠道畅通。

第六条　信访工作人员应当做到:

(一)熟悉测绘相关法律、法规和有关方针、政策,全心全意为人民服务,严格依法行政,作风正派,责任心强,实事求是,廉洁奉公。

(二)认真处理人民来信,热情接待群众来访,依法解答信访人提出的问题,耐心做好疏导工作,宣传测绘法律、法规和有关方针、政策,教育和引导群众以理性合法的方式表达利益要求,依法维护自身合法权益,自觉维护信访秩序。

(三)保护信访人的隐私权利,不得将举报、控告材料、信访人姓名及其他有关情况透露或者转送给被举报、被控告的对象或者单位。

第七条　县级以上测绘主管部门应当公布信访工作机构的通信

地址、电子信箱、投诉电话、信访接待的时间和地点、查询信访事项处理及结果的方式等相关事项,以及其他为信访人提供便利的相关事项;应当建立健全信访工作制度,主要负责人应当阅批重要来信,接待重要来访,听取信访工作汇报,研究解决信访工作中的突出问题。

第三章　信访事项的受理

第八条　对依法应当通过诉讼、仲裁、行政复议等法定途径解决的投诉请求,信访人应当依照有关法律、行政法规规定向有关机关提出;不属于测绘主管部门职权范围内的信访事项,信访工作机构应当告知信访人向有权处理的部门或者人民政府提出。

第九条　依照法定职责属于测绘行政主管部门职权范围内的信访事项,有关测绘行政主管部门应按照"属地管理、分级负责,谁主管、谁负责"的原则,在十五个工作日内,按以下方式处理:

1. 属于下级测绘行政主管部门职权范围内的信访事项,直接转送有管辖权的下级测绘行政主管部门;

2. 涉及下级测绘行政主管部门负责人或者工作人员的信访事项,应当转送其上一级测绘行政主管部门;

3. 属于上级测绘行政主管部门职权范围内的信访事项,直接报送有管辖权的上级测绘行政主管部门;

4. 问题重大、紧急,需要反馈办理结果的信访事项,应当将制作的《信访事项交办书》,直接交由有权处理的测绘行政主管部门在指定的期限内办理,并在规定的期限内向交办的测绘行政主管部门提交《信访事项办结报告》,反馈信访事项的办理结果;

5. 属于本部门职权范围内的信访事项,应当受理,并制作《信访事项转送书》,转交内设机构办理,不得推诿、敷衍、拖延。

以上信访事项,能够当场答复的,应当场答复;不能当场答复的,应当在十五个工作日内,将是否受理情况以《信访事项受理通知书》或《信访事项不予受理通知书》的形式告知信访人;信访人的姓名(名称）、住址不清的除外。

第十条　接到转送、交办信访事项的测绘行政主管部门应当自收到《信访事项转送书》或者《信访事项交办书》之日起十五日内决定是否受理，并书面告知信访人。

信访事项已经受理，信访人在规定期限内向受理的测绘行政主管部门的上级部门提出同一信访事项的，上级部门不再受理，并出具《信访事项不予受理通知书》，书面告知信访人。

第四章　信访事项的办理

第十一条　测绘行政主管部门对依法受理的信访事项，应当听取信访人陈述事实和理由；必要时可以要求信访人、有关组织和人员说明情况；需要进一步核实有关情况的，可以向其他组织和人员调查。

第十二条　测绘行政主管部门办理信访事项，应依照有关法律、法规、规章及其他有关规定，分别做出以下处理，并制作《信访事项处理意见书》，书面答复信访人：

（一）请求事实清楚，符合法律、法规、规章或者其他有关规定的，予以支持；

（二）请求事由合理但缺乏法律依据的，应当对信访人做好解释工作；

（三）请求缺乏事实根据或者不符合法律、法规、规章或者其他有关规定的，不予支持。

上级测绘行政主管部门应当及时向下级测绘行政主管部门通报信访事项的转送、交办情况；下级测绘行政主管部门应当定期向上一级测绘行政主管部门报告转送、交办信访事项的办理情况。

第十三条　下列内容的信件应报测绘行政主管部门负责信访工作领导阅批：

（一）有关测绘事业发展和行业管理、科技和改革等方面的重要

意见、建议;

(二)带有普遍性、倾向性和苗头性的重大问题;

(三)涉及稳定的重要情况和动态;

(四)反映对重大问题推诿不办、明显违反政策的来信;

(五)其他需经领导同志阅批的信件。

上报的信件经领导批示后,由指定经办人按批示意见具体落实,在规定期限内无反馈结果的,由经办人负责催办。

第十四条 来访人反映的问题属内设部门职责范围内的,由信访部门通知相关部门及时安排人员接待来访群众。

接待处理集体来访时,要加强与有关测绘行政主管部门和单位的联系、沟通,避免矛盾激化,事态扩大;集体来访反映的问题涉及多个内设部门的,应协调有关部门共同处理。

第十五条 进京上访凡有下列情况之一的,可以请地方测绘行政主管部门或相关单位派人来京协调处理:

(一)问题比较复杂的疑难特殊案件和人数众多的集体来访,久劝不返,需要及时处理的;

(二)多次来访、多次交办无处理结果,处理难度较大的;

(三)来访人有异常表现或者意外情况,需要与地方有关部门、单位当面研究的;

(四)其他需要来京协调处理的情况。

第十六条 信访事项应当自受理之日起60日内办结;情况复杂的,经测绘行政主管部门或者单位负责信访工作领导批准,可以适当延长办理期限,但延长期限不得超过30日,并告知信访人延期理由。法律、行政法规另有规定的,从其规定。

信访事项受理后,发现信访人就该信访事项又提起行政复议或者行政诉讼,有关部门已经受理的,信访工作机构可以决定终止办理。

第十七条 信访人对信访事项处理意见不服的,可以自收到《信访事项处理意见书》之日起30日内请求原办理机关的上一级机关复查。原办理机关为省级测绘行政主管部门的,按照国务院有关规定向省级人民政府请求复查;由国家测绘局所属单位办理的信访事项向国家测绘局请求复查。

收到复查请求的机关应当自收到复查请求之日起 30 日内提出复查意见,并制作《信访事项复查意见书》,予以书面答复。

第十八条 信访人对复查意见不服的,可以自收到书面答复之日起 30 日内向复查机关的上一级机关请求复核。原复查机关为省级测绘主管部门的,按照国务院有关规定向省级人民政府请求复核;原复查机关为国家测绘局的,应请求国家测绘局予以复核。

收到复核请求的机关应当自收到复核请求之日起 30 日内提出复核意见,制作《信访事项复核意见书》,书面答复信访人。

第十九条 信访人对复核意见不服,仍然以同一事实和理由提出投诉请求的,测绘行政主管部门不再受理,但应当向信访人做好解释工作,并出具《信访事项不再受理通知书》。

第二十条 测绘行政主管部门出具的《信访事项处理意见书》、《信访事项复查意见书》、《信访事项复核意见书》、《信访事项不予受理通知书》和《信访事项不再受理通知书》,应当加盖测绘行政主管部门印章。

第五章 督 办

第二十一条 信访工作机构发现有下列情形之一的,应当及时督办,并提出改进建议:

(一)无正当理由未按规定的办理期限办结信访事项的;

(二)未按规定反馈信访事项办理结果的;

(三)未按规定程序办理信访事项的;

(四)办理信访事项推诿、敷衍、拖延的;

(五)不执行信访处理意见的;

(六)其他需要督办的情形。

收到改进建议的部门和单位应当在 30 日内书面反馈情况,未采纳改进建议的,应当说明理由。

第二十二条 信访工作机构对于信访人反映的有关政策性问题,应当及时向本部门报告,并提出完善政策、解决问题的建议。

第二十三条 对在信访工作中推诿、敷衍、拖延、弄虚作假造成严重后果的机关工作人员,信访工作机构可以向有关部门提出给予行政处分的建议。

第二十四条 信访工作机构应当就以下事项定期提交信访情况分析报告:

(一)受理信访事项的数据统计、信访事项涉及领域以及被投诉较多的单位;

(二)转送、督办情况以及采纳改进建议的情况;

(三)提出的政策性建议及其被采纳情况。

第六章　法律责任

第二十五条 在办理信访事项过程中,有下列行为之一的,上级测绘行政主管部门应当责令限期改正;造成严重后果的,主管人员和直接责任人员,依法追究行政或法律责任。

(一)对属于其法定职权范围内的信访事项不予受理的;

(二)推诿、敷衍、拖延信访事项办理或者未在法定期限内办结信访事项的;

(三)对重大、紧急信访事项和信访信息隐瞒、谎报、缓报,或者授意他人隐瞒、谎报、缓报的;

(四)玩忽职守、徇私舞弊,将信访人的检举、揭发材料或者有关情况透露给被检举、揭发的人员或者单位以及打击报复信访人的;

(五)机关工作人员在处理信访事项过程中,作风粗暴,激化矛盾并造成严重后果的。

第二十六条 信访人在信访过程中应当遵守法律、法规,不得损害国家、社会、集体的利益和其他公民的合法权利，自觉维护社会公共秩序和信访秩序，如有违反，依照《信访条例》第二十条规定，由公安机关对其进行处理。

　　第二十七条　信访人捏造歪曲事实、诬告陷害他人，构成犯罪的，依法追究刑事责任；尚不构成犯罪的，由公安机关依法给予治安管理处罚。

第七章　附　则

　　第二十八条　本规定自 2006 年 5 月 15 日起施行。原《国家测绘局信访工作规定》（测办〔1999〕40 号）废止。

关于印发《测绘科技专著
出版基金管理办法》的通知

测办〔2006〕95 号

各省、自治区、直辖市、计划单列市测绘行政主管部门,新疆生产建设
兵团测绘主管部门,局所属有关单位,武汉大学:

《测绘科技专著出版基金管理办法》业经修订,现予印发,请遵照
执行。同时将第三届测绘科技专著出版基金管理委员会名单公布
如下:

主任委员:陈俊勇

副主任委员:李维森　赵晓明

委员:李永雄　闵宜仁　柏玉霜　刘小波　陈　军

　　　张继贤　高锡瑞　孙承志

秘书:卜庆华

国家测绘局办公室

二〇〇六年七月二十日

测绘科技专著出版基金管理办法

第一章　总　则

第一条　为了推动测绘科学技术的进步,促进测绘科技知识的
传播和应用,国家测绘局设立测绘科技专著出版基金(以下简称专著

706

基金），并制定本办法。

第二条 专著基金主要由国家测绘局和中国地图出版社（测绘出版社）的共同拨款构成，同时接受包括作者所在单位在内的其他各种渠道提供的出版资助。

第三条 专著基金主要用于资助对推动测绘科技进步具有重要意义、但预期经济效益难以维持出版成本的测绘学术理论、应用技术专著及测绘学科优秀博士论文的出版。同时，适当资助测绘教材和测绘技术标准的出版。

第四条 专著基金的使用以我国测绘科技发展政策为导向，与测绘科学研究与人才培养计划相结合，专著基金项目的安排采用"同行评议、择优支持、统一出版"的办法。

第二章 管理机构

第五条 国家测绘局成立专著基金管理委员会（以下简称基金委），负责审定专著基金资助出版工作规划、基金委年度工作计划、工作总结、资助项目的经费预算、专著基金的预决算，并负责专著基金申请项目的立项评审。

基金委对申请项目每年进行一至二次集中评审。必要时，经基金委正副主任同意，可聘请同行专家参加评审工作。

第六条 基金委设立专著基金办公室（以下简称基金办），挂靠在中国地图出版社（测绘出版社）。主要负责编制专著基金资助出版工作规划（草案）、基金委年度工作计划（草案）和年度资助出版项目及专著基金的经费预算（草案），负责专著基金项目申请的受理和送审，了解专著基金的执行情况以及其他日常工作。

第七条 中国地图出版社（测绘出版社）负责受资助项目合同的签订和出版工作管理、专著基金的财务管理。

第三章 基金的立项

第八条 申请资助的测绘科技专著必须具备如下条件：

1. 符合国家相关的科技政策和科技发展规划的规定和要求；

2. 学术理论著作必须具有较高的学术价值、创新性和先进性；应用技术著作应具有较高的实用价值和新颖性；

3. 符合国家有关的图书出版和保密规定。

第九条 申请者必须具备下列条件：

1. 申请者必须是著作权的所有者，著作权属多人时，须全体人员签署申请意见；

2. 申请者须在已完成全部书稿之后方可提出申请；

3. 申请者在申请时，必须附 3 名具有高级技术职称的同行专家对该专著的推荐书；博士论文作者在申请时需附导师的推荐意见；

4. 申请者应同意受资助的出版物由中国地图出版社（测绘出版社）出版。

第十条 申请者须填写《测绘科技专著出版基金申请书》（可直接从国家测绘局网站、中国地图出版社网站下载）一式三份，并附相应材料，包括完整书稿两份和其他能反映书稿水平和特点的材料（奖励情况、鉴定证书、学术评价等）。

第十一条 测绘规划教材和测绘行业技术标准类项目的立项，由基金办与国家测绘局有关部门共同协商后直接报基金委审议，不受理个人申请。

第十二条 如下类型的著作不属于资助范围：

1. 译文集；

2. 科普读物；

3. 地图集（册、幅）。

第十三条 基金办常年受理测绘科技专著出版基金项目的申请。

第四章　项目的审批

第十四条　基金办负责申请材料的形式审查工作。对形式审查合格且书稿总字数在 20 万字以上的,基金办将申请材料送交基金委。

基金委认为必要时,可聘请 3~5 名同行专家对申请资助的专著书稿进行书面评审。

形式审查合格且书稿总字数在 20 万字以下的,可不进行书面评审而直接送交集中评审。

第十五条　在形式审查、书面评审及有关各方就资助测绘教材与测绘行业标准的出版协商意见的基础上,由专著基金管理委员会召开评审工作会议,对当年的项目进行集中评审。

第十六条　书面评审和集中评审工作实行回避制度。委员及专家本人或其直系亲属如有申请项目送交评审时,委员及专家本人一律回避该项目的评审活动。

第十七条　基金办根据集中评审意见编制专著基金年度资助出版计划,由中国地图出版社(测绘出版社)统一报国家测绘局审批。

第五章　基金的管理

第十八条　中国地图出版社(测绘出版社)根据批准的基金项目计划,与申请者按项目签订出版合同,并对每个受资助项目单独建账安排出版。

基金办负责对每个项目的实施情况进行监督检查,在每次基金委会议上报告基金使用情况和项目执行情况。

第十九条　专著基金专项用于支付基金项目在编辑出版过程中所发生费用的不足部分,以及评审工作所需费用。

第二十条　如遇特殊情况致使专著不能按期出版时,基金办应向基金委书面提出延期出版或撤销资助的建议。

对延期出版的,由中国地图出版社(测绘出版社)与申请者双方根据出版合同中的相应条款共同协商修改出版合同;对撤销资助的,应收回资助金。

第二十一条　基金办应将每年基金项目的执行情况和基金工作总结报基金委审核后,上报国家测绘局。

第六章　附　则

第二十二条　由专著基金资助出版的相应出版物在出版时,须在封面上使用测绘科技专著出版基金的徽标,并在扉页上显著位置标注"测绘科技专著出版基金资助"字样。

第二十三条　本办法自发布之日起实施。

关于推广应用测绘资质
管理信息系统的通知

测办〔2006〕123 号

各省、自治区、直辖市测绘行政主管部门：

建立测绘资质管理信息系统（以下简称"系统"）是国家测绘局2006 年重点工作项目，日前已经完成系统软件的研发工作，并通过局有关部门组织的验收。按照国家测绘局下发的《关于建立测绘资质管理信息系统的通知》（测办〔2006〕50 号）的要求，下一阶段的重点工作是在全国测绘资质管理工作中推广应用。现将推广应用的有关事宜通知如下：

一、为尽快实现各等级测绘资质单位申报、受理、审批实现网上办理，计划在 2007 年 3 月底前完成相应的系统安装工作，2007 年5 月 1 日起试运行。由于系统建设涉及面广、时间紧，请各省、自治区、直辖市测绘行政主管部门按照统一部署按时完成推广应用工作。

二、国家测绘局行业管理司负责组织实施全国甲级测绘资质单位的系统推广工作，各省、自治区、直辖市测绘行政主管部门负责组织实施本行政区域内各等级测绘资质单位的系统推广工作。系统开发单位（北京四维益友信息技术有限公司）具体负责培训和技术服务等工作。

三、系统推广工作分为两个阶段。第一阶段（2006 年 11 月至2007 年 3 月），在国家测绘局安装使用系统，在各省、自治区、直辖市测绘行政主管部门推广使用系统中的"省级版"，在全国甲级测绘资质单位中推广使用系统中的"企业版"。第二阶段（2007 年 4 月至12 月），在各地市级测绘行政主管部门推广使用系统中的"地市版"，在各乙、丙、丁级测绘资质单位推广使用系统中的"企业版"，并与全国各省、自治区、直辖市测绘行政主管部门实现数据共享,面向社会公众发布有关信息。

四、各省、自治区、直辖市测绘行政主管部门的系统"省级版",各地市级测绘行政主管部门的系统"地市版",由北京四维益友信息技术有限公司免费提供。全国各等级测绘资质单位的"企业版"系统,由单位自行购置。

五、为保证系统推广工作顺利进行,在系统推广期间组织相应的培训。培训分两个阶段:第一阶段为省、自治区、直辖市测绘行政主管部门和甲级测绘资质单位的培训阶段,在 2007 年 3 月底前完成;第二阶段为地市级测绘行政主管部门和乙、丙、丁级资质单位的培训阶段,培训时间由各省、自治区、直辖市测绘行政主管部门在建设和推广应用系统的"省级版"时与负责培训的技术单位协商确定,培训应在 2007 年内完成。有关培训班的具体组织实施工作由北京四维益友信息技术有限公司安排。

各省、自治区、直辖市测绘行政主管部门要高度重视测绘资质管理信息系统的推广应用工作,将其作为推进电子政务和加强测绘行业管理工作的一项重要内容,结合本地实际情况,切实抓紧落实。全国各等级测绘资质单位要积极支持系统建设工作。

国家测绘局办公室

二〇〇六年十一月十四日

关于对年检（审）事项
有关问题的批复

测办〔2006〕126 号

山西省测绘局：

你局《关于对年检（审）事项有关问题的请示》（晋测字〔2006〕25号）收悉。经研究，现批复如下：

一、"测绘资质年度注册"是国务院测绘行政主管部门根据《中华人民共和国测绘法》第二十三条有关测绘资质管理的"具体办法由国务院测绘行政主管部门商国务院其他有关部门规定"和《中华人民共和国行政许可法》第六十一条"行政机关应当建立健全监督制度，通过核查反映被许可人从事行政许可事项活动情况的有关材料，履行监督责任"的规定建立的，是按年度对测绘单位进行书面形式核查，确认其是否继续符合现有测绘资质的基本条件和监督检查其履行测绘法律法规制度情况的一项非审批年度注册制度。"测绘资质年度注册"作为依法建立的测绘行政许可的监管手段，对于加强测绘资质管理，防止和打击违法测绘行为，维护测绘市场秩序有着重要作用。

二、"测绘作业证注册审核"是测绘行政主管部门保障测绘外业人员进行测绘活动时的基本权利、掌握测绘外业人员变动情况的一项重要措施，是测绘行政主管部门依法履行职责，保障测绘外业人员合法权益的重要手段。

三、根据测绘法赋予国务院测绘行政主管部门的职责，国务院测绘行政主管部门具有以规范性文件的形式制定"测绘资质年度注册"、"测绘作业证注册审核"等相关行政管理制度的职责。各级测绘行政主管部门应当认真执行上述制度，依法履行测绘监督管理职责。

国家测绘局办公室

二〇〇六年十一月二十四日

关于印发《测绘项目中标准制修订管理工作程序（试行）》的通知

测国土函〔2006〕142 号

各有关单位：

为加强对测绘项目中标准制修订工作的统一管理与协调，提高测绘标准的科学性、协调性和适用性，我司研究制定了《测绘项目中标准制修订管理工作程序》。现印发给你们，请遵照执行。执行中有何意见和建议，请及时反馈我司。

国家测绘局国土测绘司
二〇〇六年九月八日

附件：

测绘项目中标准制修订管理工作程序（试行）

一、为加强对测绘项目中标准制修订工作的统一管理与协调，提高测绘标准的科学性、协调性和适用性，制定本程序。

二、各单位实施的基础测绘项目、重大测绘专项中，需要制修订测绘国家标准、行业标准及项目专用的技术规定、规范的（以下均称为"标准"），均应遵守本程序。

三、标准制修订管理工作主要分为计划管理和审查管理。

四、标准的制修订计划由项目实施单位（牵头单位）以书面形式向国土测绘司提出，计划中应包括：

1. 拟制修订标准的名称；

2. 目的、适用范围和主要技术内容；

3. 与已有标准的关系，包括所涉及的相关标准名称、现有标准不适用性分析、拟引用或采用的国际标准名称等；

4. 项目实施时间进度计划。

五、对项目实施单位报送的标准制修订计划，国土测绘司首先组织国家测绘局测绘标准化研究所进行必要性、协调性审查。审查内容主要包括：

1. 拟制修订标准的内容是否为项目所需且现有标准不能满足；

2. 拟制修订标准的主要技术内容与已有标准的协调性；

3. 所报计划与测绘标准化规划及正在执行的标准制修订项目的协调性；

4. 其他需要协调的问题。

六、未通过必要性、协调性审查的标准制修订计划，国土测绘司将以书面形式说明理由，并组织测绘标准化研究所有关专家协助解决有关标准的需求和使用问题。

七、通过必要性、协调性审查的标准制修订计划，原则上由项目实施单位组织有关专家进行标准文本的起草和编写，需要与有关标准制修订项目结合的，在国土测绘司的协调下统筹安排。

八、所起草的标准文本应在一定范围内征求意见；重要标准的征求意见，由国土测绘司负责组织。

九、标准文本起草完成后，项目实施单位应以书面形式将标准文本、编制说明和标准征求意见汇总处理表等送测绘标准化研究所进行形式审查。审查内容主要包括：

1. 标准编写格式与体例；
2. 标准编写内容与计划的一致性；
3. 标准内容的科学性和先进性；
4. 与相关标准的协调性。

测绘标准化研究所审查后应出具书面审查意见。

十、在上述工作的基础上，项目实施单位应以书面形式将标准文本、编制说明、征求意见汇总处理表和测绘标准化研究所的书面审查意见报送国土测绘司，由国土测绘司组织测绘标准化工作委员会或有关专家进行评审；评审通过后正式批准执行。

十一、标准起草和审查所需经费从所服务的基础测绘项目或专项经费中列支。

关于导航地图产品中增加部分民用机场设施的复函

成果函〔2006〕156 号

北京四维图新导航信息技术有限公司：

你公司《关于导航地图产品中增加部分民用机场设施的请示》（四维图新开字〔2006〕10 号）收悉。经研究复函如下：

一、根据中国民用航空总局反馈的意见，同意在导航地图产品上，增加附件名单所列民用机场的有关信息。

二、民用机场位置的具体表示方法是将机场、机场跑道、机场候机楼等有关建筑物浓缩为点状或示意性符号，放在机场的停车场或旅客进出港口处，标注相应的机场名称，但不得标注（显示）经纬度坐标。

三、增加民用机场的导航地图产品，在公开出版前，应严格按照国家有关政策，履行保密处理和地图出版审查程序，确保测绘工作中国家秘密的安全。

　　附件：1. 可在导航地图上表示的民用机场名单（一）
　　　　　2. 可在导航地图上表示的民用机场名单（二）

国家测绘局测绘成果管理与应用司
二〇〇六年九月十五日

附件1：

可在导航地图上表示的民用机场名单(一)

序号	机场名	序号	机场名
1	北京/首都	24	石家庄/正定
2	海拉尔/东山	25	太原/武宿
3	天津/滨海	26	长沙/黄花
4	广州/白云	27	南宁/吴圩
5	桂林/两江	28	郑州/新郑
6	深圳/宝安	29	海口/美兰
7	武汉/天河	30	兰州/中川
8	三亚/凤凰	31	西双版纳/嘎洒
9	西安/咸阳	32	厦门/高崎
10	昆明/巫家坝	33	福州/长乐
11	南昌/昌北	34	济南/遥墙
12	杭州/萧山	35	南京/禄口
13	宁波/栎社	36	上海/浦东
14	合肥/骆岗	37	上海/虹桥
15	青岛/流亭	38	烟台/莱山
16	威海/大水泊	39	成都/双流
17	重庆/江北	40	喀什/喀什
18	西昌/青山	41	长春/大房身
19	乌鲁木齐/地窝堡	42	佳木斯
20	哈尔滨/太平	43	大连/周水子
21	牡丹江/海浪	44	延吉/朝阳川
22	沈阳/桃仙	45	齐齐哈尔/三家子
23	呼和浩特/白塔		

附件2：

可在导航地图上表示的民用机场名单(二)

序号	机场名称	所在区域	所在城市/省
1	张家界荷花机场	中南地区	湖南
2	临沧机场	西南地区	云南
3	北海福成机场	中南地区	广西
4	迪庆香格里拉机场	西南地区	云南
5	柳州白莲机场	中南地区	广西
6	思茅机场	西南地区	云南
7	梧州长洲岛机场	中南地区	广西
8	常州奔牛机场	华东地区	江苏
9	昭通机场	西南地区	云南
10	常德桃花源机场	中南地区	湖南
11	丽江三义机场	西南地区	云南
12	且末机场	西北地区	新疆
13	温州永强机场	华东地区	浙江
14	阿克苏机场	西北地区	新疆
15	敦煌机场	西北地区	甘肃
16	和田机场	西北地区	新疆
17	嘉峪关机场	西北地区	甘肃
18	库尔勒机场	西北地区	新疆
19	潍坊机场	华东地区	山东
20	临沂机场	华东地区	山东

序号	机场名称	所在区域	所在城市/省
21	庆阳机场	西北地区	甘肃
22	东营机场	华东地区	山东
23	西宁曹家堡机场	西北地区	青海
24	九江庐山机场	华东地区	江西
25	格尔木机场	西北地区	青海
26	景德镇机场	华东地区	江西
27	银川河东机场	西北地区	宁夏
28	黄岩路桥机场	华东地区	浙江
29	赣州黄金机场	华东地区	江西
30	舟山机场	华东地区	浙江
31	义乌机场	华东地区	浙江
32	衢州机场	华东地区	浙江
33	黄山屯溪机场	华东地区	安徽
34	安庆机场	华东地区	安徽
35	阜阳机场	华东地区	安徽
36	北京/定陵机场	华北地区	北京
37	北京/大溶洞机场	华北地区	北京
38	天津塘沽机场	华北地区	天津
39	滨海东方通用直升机场	华北地区	天津
40	大同东王庄机场	华北地区	山西
41	昌黎/黄金海岸机场	华北地区	河北
42	邯郸机场	华北地区	河北
43	长海大长山岛机场	东北地区	辽宁

序号	机场名称	所在区域	所在城市/省
44	沈阳于洪全胜机场	东北地区	辽宁
45	长春二道河子机场	东北地区	吉林
46	敦化机场	东北地区	吉林
47	嫩江机场	东北地区	黑龙江
48	哈尔滨平房机场	东北地区	黑龙江
49	塔河机场	东北地区	黑龙江
50	加格达奇机场	东北地区	黑龙江
51	佳西机场	东北地区	黑龙江
52	八五六农航站机场	东北地区	黑龙江
53	新民农用机场	东北地区	辽宁
54	白城机场	东北地区	吉林
55	沈阳苏家屯红宝山机场	东北地区	辽宁
56	辽中机场	东北地区	辽宁
57	绥芬河直升机货运机场	东北地区	黑龙江
58	龙华机场	华东地区	上海
59	启东直升机场	华东地区	江苏
60	安吉直升机场	华东地区	浙江
61	横店体育机场	华东地区	浙江
62	石老人直升机场	华东地区	山东
63	泰山直升机场	华东地区	山东
64	南昌青云谱机场	华东地区	江西
65	高东海上救助机场	华东地区	上海
66	蓬莱沙河口机场	华东地区	山东

序号	机场名称	所在区域	所在城市/省
67	春兰直升机场	华东地区	江苏
68	安阳北郊机场	中南地区	河南
69	郑州上街机场	中南地区	河南
70	荆门漳河机场	中南地区	湖北
71	南航三亚珠海直升机起降场	中南地区	海南
72	深圳南头直升机场	中南地区	广东
73	湛江坡头直升机场	中南地区	广东
74	珠海九州直升机场	中南地区	广东
75	罗定机场	中南地区	广东
76	阳江合山机场	中南地区	广东
77	湛江新塘机场	中南地区	广东
78	海南东方机场	中南地区	海南
79	海南亚太机场	中南地区	海南
80	安顺黄果树机场	西南地区	贵州
81	广汉机场	西南地区	四川
82	新津机场	西南地区	四川
83	遂宁机场	西南地区	四川
84	成都温江机场	西南地区	四川
85	九寨沟直升机场	西南地区	四川
86	西安阎良机场	西北地区	陕西
87	蒲城机场	西北地区	陕西
88	石河子通用航空机场	西北地区	新疆
89	喀纳斯直升机场	西北地区	新疆

序号	机场名称	所在区域	所在城市/省
90	永州零陵机场	中南地区	湖南
91	包头二里半机场	华北地区	内蒙
92	赤峰机场	华北地区	内蒙
93	通辽机场	华北地区	内蒙
94	锡林浩特机场	华北地区	内蒙
95	宜宾菜坝机场	西南地区	四川
96	乌兰浩特机场	华北地区	内蒙
97	乌海机场	华北地区	内蒙
98	泸州蓝田机场	西南地区	四川
99	绵阳南郊机场	西南地区	四川
100	秦皇岛山海关机场	华北地区	河北
101	长治王村机场	华北地区	山西
102	丹东浪头机场	东北地区	辽宁
103	珠海三灶机场	中南地区	广东
104	梅县机场	中南地区	广东
105	锦州机场	东北地区	辽宁
106	朝阳机场	东北地区	辽宁
107	汕头外砂机场	中南地区	广东
108	湛江机场	中南地区	广东
109	九寨黄龙机场	西南地区	四川
110	攀枝花保安营机场	西南地区	四川
111	洛阳北郊机场	中南地区	河南
112	贵阳龙洞堡机场	西南地区	贵州

序号	机场名称	所在区域	所在城市/省
113	沙市机场	中南地区	湖北
114	铜仁大兴机场	西南地区	贵州
115	黑河机场	东北地区	黑龙江
116	宜昌三峡机场	中南地区	湖北
117	万州五桥机场	西南地区	重庆
118	恩施许家坪机场	中南地区	湖北
119	拉萨贡嘎机场	西南地区	西藏
120	昌都邦达机场	西南地区	西藏
121	襄樊刘集机场	中南地区	湖北
122	广元盘龙机场	西南地区	四川
123	南阳姜营机场	中南地区	河南
124	伊宁机场	西北地区	新疆
125	德宏芒市机场	西南地区	云南
126	大理机场	西南地区	云南
127	保山机场	西南地区	云南
128	阿勒泰机场	西北地区	新疆
129	榆林西沙机场	西北地区	陕西
130	南通兴东机场	华东地区	江苏
131	武夷山机场	华东地区	福建
132	延安二十里堡机场	西北地区	陕西
133	连云港白塔埠机场	华东地区	江苏
134	泉州晋江机场	华东地区	福建
135	汉中机场	西北地区	陕西

序号	机场名称	所在区域	所在城市/省
136	库车机场	西北地区	新疆
137	徐州观音机场	华东地区	江苏
138	安康机场	西北地区	陕西
139	盐城机场	华东地区	江苏

关于做好外国的组织或者个人来华测绘有关工作的通知

国测法字〔2007〕2 号

国务院各有关部门,各省、自治区、直辖市测绘行政主管部门、保密工作部门:

根据《中华人民共和国测绘法》(以下简称《测绘法》)的有关规定,2007 年 1 月 19 日,国土资源部以第 38 号令发布了《外国的组织或者个人来华测绘管理暂行办法》(以下简称《暂行办法》),将于 2007 年 3 月 1 日起施行。为保障《暂行办法》的顺利实施,做好外国的组织或者个人(以下简称外国人)来华测绘的管理工作,现对贯彻实施《暂行办法》的有关工作通知如下:

一、充分认识《暂行办法》颁布实施的重要意义

随着改革开放的不断深入,我国在经济、科技、文化等领域的国际交流日益频繁,其中涉及外国人来华开展测绘活动的合作项目和内容也越来越多。但是,近年来外国人未经批准,擅自在我国从事测绘活动的事件时有发生,损害了我国的安全和利益。为保证并推进我国与国际经济、科技、文化的交流与合作事务顺利、有序地开展,规范和引导外国人在我国领域和管辖的其他海域依法从事测绘活动,根据《测绘法》和《中华人民共和国行政许可法》的规定,《暂行办法》确立了外国人来华测绘应当遵循的原则,规范了外国人从事测绘活动的形式,明确了对外国人从事测绘活动的限制。《暂行办法》规定了中外合资合作企业禁止从事的业务范围、外国人来华测绘的审批程序、外国人来华测绘成果的管理、对外国人来华测绘的监督管理,对于加强对外国人在中华人民共和国领域和管辖的其他海域从事测绘活动的管理,维护国家安全和利益,推进测绘依法行政,促进中外

经济、科技和文化的交流与合作具有重要意义。

二、认真学习贯彻《暂行办法》

《暂行办法》对《测绘法》的相关规定进行了细化。明确在外国人来华测绘的形式方面，只能采取如下两种形式：一是合资、合作形式，即依法设立合资、合作企业，并依法取得测绘资质；二是一次性测绘形式，即经国务院及其有关部门或者省、自治区、直辖市人民政府批准，外国人来华开展科技、文化、体育等活动时，需要进行的测绘活动。在外国人来华测绘限制方面，外国人来华测绘应当符合《测绘管理工作国家秘密范围的规定》；合资、合作测绘企业必须中方控股，且不得从事大地测量、测绘航空摄影、行政区域界线测绘、海洋测绘、地形图和普通地图编制、导航电子地图编制以及国务院测绘行政主管部门规定的其他测绘活动；合资、合作测绘或者一次性测绘的，应当保证中方测绘人员全程参与具体测绘活动。在外国人来华测绘审批程序方面，《暂行办法》根据外国人来华测绘的两种不同形式分别进行了规定，明确了国家测绘局和军队测绘主管部门会同审批的工作衔接，赋予了省级测绘行政主管部门对外国人来华测绘进行初审的职责。在外国人来华测绘成果管理方面，《暂行办法》强调来华测绘成果的管理依照有关测绘成果管理法律法规的规定执行；来华测绘成果归中方部门或者单位所有的，未经批准，不得以任何形式将测绘成果携带或者传输出境。在法律责任方面，明确违反《暂行办法》规定，法律法规已规定处罚的，从其规定；对违反《暂行办法》的规定，但法律法规未规定处罚的，设定了法律责任。

各级测绘行政主管部门要组织相关工作人员认真学习《暂行办法》，使他们能够全面掌握《暂行办法》的内容，正确执行《暂行办法》的各项规定。国家测绘局将于今年上半年举办《暂行办法》培训班，对省级测绘行政主管部门的有关人员进行培训。各级测绘行政主管部门要将《暂行办法》纳入测绘"五五"普法的重要内容，加强宣传教育，使社会各方面都能了解《暂行办法》的主要内容，增强管理相对人遵守《暂行办法》的自觉性。

各省、自治区、直辖市测绘行政主管部门要切实履行好外国人来华测绘的初审职责，认真核实申请材料的真实性，并结合本地实际情况，提出初审意见。必要时，可征求本地保密、国家安全和省军区等有关方面的意见。

外国人在中国领域内从事测绘活动，事关国家主权、安全和利益，各级测绘行政主管部门要正确处理好长远利益与近期利益、国家利益与单位利益、全局利益与局部利益的关系，本着既要维护国家安全和利益，又要依法为外国人来华测绘服务的原则，认真做好《暂行办法》的贯彻落实工作。

三、加强测绘活动中的保密管理

根据《测绘法》关于外国人来华从事测绘活动，不得涉及我国国家秘密和危害国家安全的规定，测绘委托方不得将涉及我国国家秘密或者国家安全的项目委托给中外合资、合作企业进行测绘；中外合资、合作测绘企业应当在《测绘资质证书》载明的业务范围内从事测绘活动，并且不得违反法律法规规定承接涉及国家秘密或者国家安全的测绘项目。

具体项目是否涉及国家秘密，由项目委托方按照《测绘管理工作国家秘密范围的规定》以及有关主管部门的国家秘密范围规定来确定。凡拟将项目委托中外合资、合作企业进行测绘的，项目委托方应当事先按照《测绘管理工作国家秘密范围的规定》以及有关部门的保密规定，对拟将委托的项目进行审查，确定项目是否涉及国家秘密。将涉及国家秘密或者国家安全的项目委托给中外合资、合作企业测绘的，依法追究项目委托方及其直接责任人的法律责任。

国务院有关部门应明确本业务系统的国家秘密范围，明确不允许合资、合作测绘的具体项目，以便测绘委托方遵照执行。有关规定请抄送国家保密局和国家测绘局。

四、强化来华测绘的监督管理

加强对来华测绘成果的保密管理和监督管理，是各级测绘行政主管部门和保密工作部门的重要职责。保密工作部门要会同测绘行政主管部门做好外国人来华测绘的保密管理工作,定期组织开展测绘成果保密检查。测绘行政主管部门要从合资、合作测绘的资质审查和一次性测绘的审批入手,加强对测绘成果的提供、使用和管理的监督,建立健全来华测绘成果汇交制度,严肃查处未经审批将测绘成果携带或者传输出境的行为,保证我国测绘成果的安全。

县级以上地方人民政府测绘行政主管部门、保密工作部门要加强对外国人来华测绘监督检查力度,定期检查本行政区域内的来华测绘活动是否涉及国家秘密。要加大行政执法力度,及时查处违法测绘活动,保障国家秘密的安全。县级以上地方人民政府测绘行政主管部门要建立外国人来华测绘监督检查机制,加强对本行政区域内外国人来华测绘的监督管理,定期对外国人来华测绘活动的范围、测绘成果汇交、参加测绘活动的人员等内容进行检查。同时,外国人来华测绘可能涉及的相关部门和单位也要强化国家安全意识和依法测绘意识,结合本部门、本单位的工作实际,采取切实有效的措施,规范外国人来华测绘行为,保证将《暂行办法》的各项规定落到实处。

国家测绘局
国家保密局
二〇〇七年二月二十八日

关于正确使用中国
示意性地图的通知

国测图字〔2007〕3 号

各省、自治区、直辖市、计划单列市测绘行政主管部门,新疆生产建设兵团测绘主管部门,局所属各单位、机关各司(室):

最近,各地陆续发现一些商品包装、广告、宣传品等使用的中国示意性地图,未能完整、准确地反映中国领土范围,或随意用其他图形遮盖中印边界走向、台湾岛等,在社会上引起了强烈反响。为进一步规范中国示意性地图的使用,现将有关要求重申如下:

一、充分认识使用正确中国示意性地图的重要性

中国示意性地图作为国家版图的表现形式,具有严肃的政治性和严格的法定性。各级测绘行政主管部门要本着对国家主权、领土完整、民族尊严负责的精神,从讲政治的高度,充分认识使用正确中国示意性地图的重要性,大力开展国家版图意识宣传教育活动,提高广大人民群众使用完整、准确中国示意性地图的自觉性。

二、进一步规范中国示意性地图的展示、登载行为

任何单位和个人在生产、经营、科研、教学、宣传等活动中,公开展示、登载中国示意性地图,都必须完整、准确反映中国领土范围,保持国界线的形状特征,不得随意删减或用其他图形遮盖。属于新编制的,必须按照国务院批准发布的《中国国界线画法标准样图》绘制,要特别注意台湾岛、南海诸岛、钓鱼岛、赤尾屿等重要岛屿和中印边界线走向的正确画法;从国家测绘局或者省级测绘行政主管部门网站下载直接使用的,不得对其内容进行编辑改动;由国外设计、编制的中国示意性地图,凡不符合我国国界线画法的,不得直接使用。

三、严格依法履行中国示意性地图送审程序

中国示意性地图在出版、展示、登载、引进、生产、加工前，必须送国务院或者省级测绘行政主管部门审核，经批准后才可出版、展示、登载、生产和加工。直接使用国家测绘局或者省级测绘行政主管部门网站上提供下载的地图，未对其地图内容进行任何编辑改动、删减、遮盖的，可以不送审。

各级测绘行政主管部门要切实履行好地图市场的统一监管职能，并充分发挥广大人民群众的监督作用，通过设立"问题地图"举报电话（电子邮箱），建立和完善快速应对地图突发事件的工作机制。一经发现地图违法违规案件，坚决予以查处，最大限度消除"问题地图"产生的不良影响，维护国家主权和领土完整。

国家测绘局

二〇〇七年三月六日

732

关于对部分测绘行政许可实行
集中受理的通知

国测法字〔2007〕5 号

各省、自治区、直辖市、计划单列市测绘行政主管部门,新疆生产建设兵团测绘主管部门,局所属各单位:

为进一步贯彻落实《中华人民共和国行政许可法》规定的便民原则,提高办事效率,提供优质服务,国家测绘局结合现有办公条件,决定自 2007 年 7 月 1 日起对部分测绘行政许可实行集中受理。现将有关事项通知如下:

一、集中受理的测绘行政许可事项包括:涉及国家秘密的基础测绘成果提供使用审批和地图审核。

二、国家测绘局在国家基础地理信息中心设立测绘行政许可集中受理窗口(以下简称受理窗口)。

地址:北京市海淀区紫竹院百胜村 1 号,邮政编码:100044,电话:68489486,传真:68416047,电子邮件:XZXKSL@sbsm. gov. cn。

三、自 2007 年 7 月 1 日起,申请人申请纳入集中受理的测绘行政许可,向受理窗口直接递交或者邮寄申请材料,国家测绘局测绘成果管理与应用司将不再直接接受申请材料。

行政许可决定书由受理窗口向申请人统一发放。

申请人根据国家测绘局有关规定通过互联网提出行政许可申请的,按网上受理审批程序执行。

四、纳入集中受理的行政许可,其具体内容和许可程序规定等在受理窗口和国家测绘局网站(www. sbsm. gov. cn)公示,申请人可自行查阅。

五、各省、自治区、直辖市、计划单列市测绘行政主管部门,新疆生产建设兵团测绘主管部门,局所属各单位要做好测绘行政许可实行集中受理的宣传和引导工作,确保测绘行政许可集中受理工作顺利运行。

　　六、各单位在实行集中受理工作中遇到的情况和问题,请及时反馈国家测绘局测绘成果管理与应用司。

　　联系人:程军、翟义青

　　电话:68314767、68310325

国家测绘局

二〇〇七年五月三十一日

关于实施地图审核委托工作的通知

国测图字〔2007〕5 号

有关省、自治区、直辖市测绘行政主管部门：

为认真贯彻《地图审核管理规定》(国土资源部令第 34 号)，切实简化地图送审程序、缩短地图审核时间，国家测绘局拟将部分地图审核工作委托具备审核能力的省级测绘行政主管部门代行审核职能。现将有关事项通知如下：

一、地图审核委托的范围

根据《地图审核管理规定》，委托审核的范围是：涉及国界线的省级行政区域地图；省、自治区、直辖市历史地图(不涉及国界线)；省、自治区、直辖市地方性中小学教学地图；世界性和全国性示意地图。

二、申请委托的条件

省级测绘行政主管部门具备下列条件的，可以申请地图审核委托：

(一)设有专门的地图内容审查工作机构；

(二)有健全的地图审核工作制度；

(三)具有 2 名以上(含 2 名)符合《地图审核管理规定》要求的地图内容审查人员。

三、申请委托的程序

省级测绘行政主管部门以书面形式向国家测绘局提出申请，国家测绘局对申请委托的省级测绘行政主管部门进行审核。符合条件的，国家测绘局出具《地图审核委托书》(见附件)，正式委托其代行相关地图审核职能，授权使用"国家测绘局地图审批专用章"，同时向社会公布。

四、其他

(一)已委托给相关省级测绘行政主管部门审核的地图，国家测绘局原则上不再受理。

（二）未取得地图审核委托的省级测绘行政主管部门所在行政区域，涉及需国务院测绘行政主管部门审核的地图，仍由国家测绘局负责审核。

（三）国家测绘局将加强对地图审核委托工作的监管，不定期抽查受委托的省级测绘行政主管部门地图审核工作。发现存在问题的，将按照有关规定予以责任追究。

各省级测绘行政主管部门要建立健全地图内容审查工作机构和工作制度，培养地图审查专业人员；符合条件的，积极向国家测绘局申请地图审核委托。

附件：地图审核委托书

国家测绘局

二〇〇七年五月十日

附件：

地图审核委托书

委托方：国家测绘局

受托方：

一、委托范围

根据《地图审核管理规定》，国家测绘局决定将_____项地图审核事宜委托给受托方代行审核职能：

（一）涉及国界线的省级行政区域地图；

（二）省、自治区、直辖市历史地图（不涉及国界线）；

（三）省、自治区、直辖市地方性中小学教学地图；

（四）世界性和全国性示意地图，包括：

1. 工艺性地球仪和对外加工产品上附着的地图；

2. 同一出版物（教辅出版物除外）插图中涉及的世界性和全国性地图（单幅地图总数少于 10 幅的）；

3. 文化用品、工艺品、纪念品、印刷品、玩具等产品附着涉及的世界性和全国性地图；

4. 影视、广告、标牌、票证、展览等附着涉及的世界性和全国性地图；

5. 国家测绘局书面认可的其他世界性和全国性示意地图。

二、委托权限

在严格遵守国家有关地图管理的法律法规的情况下，受托方行使被委托审核地图的受理、审查、决定和送达职能，承担被委托审核地图的样图（样品）备案和核查工作。

三、委托期限

委托期限自 2007 年__月__日至 2008 年__月__日。

四、受托方的权利和义务

（一）严格遵守和执行地图审核管理的有关规定，接受国家测绘局对被委托地图审核工作的管理。

（二）以国家测绘局名义受理本行政区域范围内或者在本行政区域范围内出版、印刷、展示、登载、引进、生产、加工的被委托审核的地图。

（三）不得再委托其他组织或者个人实施地图审核。

（四）使用由国家测绘局统一提供的地图审核申请表、地图审核批准书等格式文档。做出批准意见的，签署地图审核意见表，并核发由国家测绘局统一分配的审图号。

（五）被授权使用的"国家测绘局地图审批专用章"仅在地图审核批准书和地图审核不予批准书上使用，其他地方使用无效。

（六）被委托审核的地图无明确审核标准和依据时，应当及时报告国家测绘局，或者在5个工作日内移交给国家测绘局审核。

（七）每月10日前，应当将上月被委托审核批准的地图名称、审图号等基本信息报国家测绘局备案。

五、委托解除或延续

有下列情形之一的，国家测绘局有权视情节轻重暂时中止或解除委托：

（一）不履行本委托书规定的；

（二）超越委托权限的；

（三）违反地图审核管理有关规定的；

（四）因某种原因丧失受委托能力，而难以完成被委托地图审核任务的；

（五）国家法律法规另有规定的。

受托方在委托期间内认真履行相应的权利和义务，国家测绘局可按规定延续委托。

委托方（盖章）：国家测绘局　　　　　代表签字：

年　月　日

关于导航电子地图管理
有关规定的通知

国测图字〔2007〕7 号

各导航电子地图制作资质单位,有关出版社:

为进一步加强导航电子地图管理,规范导航电子地图市场秩序,根据《中华人民共和国测绘法》以及有关规定,现就有关事项通知如下:

一、导航电子地图的数据采集活动,应当由具有导航电子地图测绘资质的单位承担,必须按照《导航电子地图安全处理技术基本要求》(GB20263—2006)进行,不得采用任何测量手段获取不得采集的内容。

二、导航电子地图的编辑加工、格式转换和地图质量测评等活动,属于导航电子地图编制活动,只能由依法取得导航电子地图测绘资质的单位实施。没有资质的单位,不得以任何形式从事上述导航电子地图编制活动。

三、公开出版、展示和使用的导航电子地图,不得以任何形式(显式或隐式)表达涉及国家秘密和其他不得表达的属性内容。必须按照《公开地图内容表示若干规定》、《导航电子地图安全处理技术基本要求》等有关规定与标准,对上述内容进行过滤并删除,并送国家测绘局指定的机构进行空间位置的保密技术处理。

四、导航电子地图在公开出版、展示和使用前,必须按照规定程序送国家测绘局审核。未依法经国家测绘局审核批准的导航电子地图,一律不得公开出版、展示和使用。

五、经审核批准的导航电子地图,编制出版单位应当严格按照地图审核批准的样图出版、展示和使用。改变地图内容的(包括地图数据格式转换、地图覆盖范围变化、地图表示内容更新等），应当按照规定程序重新送审。

六、导航电子地图编制单位，必须按照地图审核批准书上载明的用途使用导航电子地图，严格实行"一图一审"，不得"一号多用"。对于公开出版的导航电子地图，出版（或编制）单位应当自出版之日起60日内向国家测绘局地图技术审查中心送交样品一式两份备案。

七、公开出版、展示和使用的导航电子地图，应当在地图版权页或地图的显著位置上载明审图号。导航电子地图著作权人有权在地图上署名并显示著作权人的标志。

八、导航电子地图测绘资质单位申请使用地图保密插件，须报国家测绘局批准，由国家测绘局指定的机构负责办理。在地图保密插件使用过程中，应当严格遵守国家保密法律法规规定，确保国家秘密和相关保密技术的安全。未经批准，不得擅自超数量使用地图保密插件。

九、除依法取得导航电子地图测绘资质的外，其他单位和个人在使用导航电子地图过程中，不得携带其他带有空间定位系统（如GPS等）信号接收、定位功能的仪器开展显示、记录、存储、标注空间坐标、高程、地物属性信息，以及检测、校核、更改导航电子地图相关内容等测绘活动。

十、由导航电子地图、导航软件、导航设备构成的导航产品，不得设置以文本或数据库等任何形式显示、记录、存储涉密基础地理信息数据（坐标、高程等）的功能选项。

十一、导航电子地图测绘资质单位要加强对地图数据的保密管理，配备必要的设施，采取必要的措施，确保涉密测绘成果资料的安全。未经依法审批，不得向外国的组织和个人以及在我国注册的外商独资和中外合资、合作企业提供涉密测绘成果资料。

十二、外国的组织和个人在我国境内不得从事地图数据采集、编辑加工、格式转换和地图质量测评等导航电子地图编制出版活动。公开出版的导航电子地图产品需要出口的，应当执行国家出版管理的有关规定。

十三、各省、自治区、直辖市测绘行政主管部门要进一步加大导航电子地图市场的监管力度,严肃查处各种违法违规行为。对违反有关规定的导航电子地图资质单位,国家测绘局在年度注册时将予以缓期注册,并限期整改;情节严重的,将不予注册,并依法予以降低测绘资质等级、注销测绘资质直至吊销测绘资质的处罚。

国家测绘局

二〇〇七年十一月十九日

关于竣工测量专业范围
注释内容的批复

国测法字〔2007〕6号

北京市规划委员会：

你委《关于增加我市测绘资质业务范围注释的请示》（市规文〔2007〕678号）收悉。经研究，批复如下：

鉴于北京市规划和建设工程对竣工测量专项工作的特殊要求，同意你委关于批准竣工测量业务范围时括注建设工程、地下管线注释内容的意见，即竣工测量（建设工程）、竣工测量（地下管线）。请结合你市实际情况，依法做好有关工作。

国家测绘局
二〇〇七年五月三十一日

关于印发《全国测绘行政执法依据》和《全国测绘行政执法职权分解》的通知

国测法字〔2007〕10 号

各省、自治区、直辖市测绘行政主管部门：

为进一步推行行政执法责任制，落实各级测绘行政主管部门的执法职责，全面推进依法行政，根据《国务院办公厅关于推行行政执法责任制的若干意见》(国办发〔2005〕37 号)的要求，我局在对现行有效并且全国适用的测绘行政执法依据进行全面梳理、对测绘行政执法职权进行科学分解的基础上，形成了《全国测绘行政执法依据》和《全国测绘行政执法职权分解》。现印发给你们，请按以下要求贯彻执行：

一、充分认识推行行政执法责任制的重要意义。要加强组织领导，采取切实措施，进一步转变行政管理职能，加强行政执法工作，提高监管水平，推进依法行政。

二、切实抓好测绘行政执法工作。要按照《全国测绘行政执法依据》和《全国测绘行政执法职权分解》的要求，并结合执法工作实际，将执法职权进一步分解到具体执法岗位和执法人员，明确执法程序和执法标准，确定执法责任，建立健全行政执法评议考核制度，进一步提高测绘行政执法质量和水平。

三、加强对市、县级测绘行政主管部门测绘行政执法工作的指导。落实测绘行政执法职权的重点在市、县，省级测绘行政主管部门要督促检查市、县级测绘行政主管部门落实各项测绘行政执法职权的情况，总结市、县推行行政执法责任制工作的经验，及时研究反馈执行中发现的问题。

附件：1. 全国测绘行政执法依据
      2. 全国测绘行政执法职权分解

国家测绘局
二〇〇七年七月二十六日

附件1:

全国测绘行政执法依据

序号	法律(1部)	发布机关	生效时间
1	中华人民共和国测绘法	全国人大常委会	2002.12.1
行政法规、国务院文件(6件)			
2	中华人民共和国测绘成果管理条例	国务院	2006.9.1
3	中华人民共和国测量标志保护条例	国务院	1997.1.1
4	中华人民共和国地图编制出版管理条例	国务院	1995.10.1
5	关于对外提供我国测绘资料的若干规定	国务院	1983.12.16
6	国务院对确需保留的行政审批项目设定行政许可的决定	国务院	2004.7.1
7	关于印发国家测绘局职能配置、内设机构和人员编制规定的通知	国务院办公厅	1998.6.12
部门规章(7件)			
8	外国的组织或者个人来华测绘管理暂行办法	国土资源部	2007.3.1
9	地图审核管理规定	国土资源部	2006.8.1
10	重要地理信息数据审核公布管理规定	国土资源部	2003.5.1
11	房产测绘管理办法	建设部国家测绘局	2001.5.1
12	测绘行政处罚程序规定	国家测绘局	2000.1.4

序号	法律(1 部)	发布机关	生效时间
13	测绘行政执法证管理规定	国家测绘局	2000.1.4
14	国家基础地理信息数据使用许可管理规定	国家测绘局	1999.12.22
规范性文件(9 件)			
15	基础测绘计划管理办法	国家发展和改革委员会 国家测绘局	2007.3.5
16	注册测绘师制度暂行规定	人事部 国家测绘局	2007.3.1
17	基础测绘成果提供使用管理暂行办法	国家测绘局	2006.9.25
18	测绘资质监督检查办法	国家测绘局	2005.10.1
19	测绘资质管理规定	国家测绘局	2004.6.1
20	测绘作业证管理规定	国家测绘局	2004.6.1
21	国家基础航空摄影经费管理办法	财政部	2003.1.1
22	基础测绘经费管理办法	财政部	2001.12.5
23	测绘市场管理暂行办法	国家测绘局 国家工商行政管理局	1995.7.1

附件2：

全国测绘行政执法职权分解

一、行政许可（共 12 项）

（一）测绘资质审批

1. 实施机关：国家测绘局、省级测绘行政主管部门

2. 法律依据：

（1）《中华人民共和国测绘法》第二十二条第一款"国家对从事测绘活动的单位实行测绘资质管理制度。"

（2）《中华人民共和国测绘法》第二十三条第一款"国务院测绘行政主管部门和省、自治区、直辖市人民政府测绘行政主管部门按照各自的职责负责测绘资质审查、发放资质证书，具体办法由国务院测绘行政主管部门商国务院其他有关部门规定。"

（二）地图审核

1. 实施机关：国家测绘局、省级测绘行政主管部门

2. 法律依据：

（1）《中华人民共和国测绘法》第三十三条第一款"各级人民政府应当加强对编制、印刷、出版、展示、登载地图的管理，保证地图质量，维护国家主权、安全和利益。具体办法由国务院规定。"

（2）《中华人民共和国地图编制出版管理条例》第十七条"出版或者展示未出版的绘有国界线或者省、自治区、直辖市行政区域界线地图（含图书、报刊插图、示意图）的，在地图印刷或者展示前，应当依照下列规定送审试制样图一式两份：

（一）绘有国界线的地图，跨省、自治区、直辖市行政区域的地图，以及台湾、香港、澳门地区地图，报国务院测绘行政主管部门审核；

（二）省、自治区、直辖市行政区域范围内的地方性地图，报有关省、自治区、直辖市人民政府负责管理测绘工作的部门或者国务院测

绘行政主管部门审核;

(三)历史地图、世界地图和时事宣传图,报外交部和国务院测绘行政主管部门审核。

(三)编制中小学教学地图审批

1. 实施机关:国家测绘局、省级测绘行政主管部门

2. 法律依据:

《中华人民共和国地图编制出版管理条例》第十四条"全国性中、小学教学地图,由国务院教育行政管理部门会同国务院测绘行政主管部门和外交部组织审定;地方性中、小学教学地图,可以由省、自治区、直辖市人民政府教育行政管理部门会同省、自治区、直辖市人民政府负责管理测绘工作的部门组织审定。

任何出版单位不得出版未经审定的中、小学教学地图。"

(四)建立相对独立的平面坐标系统审批

1. 实施机关:国家测绘局、省级测绘行政主管部门

2. 法律依据:

《中华人民共和国测绘法》第十条第一款"因建设、城市规划和科学研究的需要,大城市和国家重大工程项目确需建立相对独立的平面坐标系统的,由国务院测绘行政主管部门批准;其他确需建立相对独立的平面坐标系统的,由省、自治区、直辖市人民政府测绘行政主管部门批准。"

(五)采用国际坐标系统审批

1. 实施机关:国家测绘局

2. 法律依据:

《中华人民共和国测绘法》第九条第二款"在不妨碍国家安全的情况下,确有必要采用国际坐标系统的,必须经国务院测绘行政主管部门会同军队测绘主管部门批准。"

(六)永久性测量标志拆迁审批

1. 实施机关:国家测绘局、省级测绘行政主管部门

2. 法律依据:

《中华人民共和国测绘法》第三十七条"进行工程建设,应当避开永久性测量标志;确实无法避开,需要拆迁永久性测量标志或者使永久性测量标志失去效能的,应当经国务院测绘行政主管部门或者省、自治区、直辖市人民政府测绘行政主管部门批准;涉及军用控制点的,应当征得军队测绘主管部门的同意。所需迁建费用由工程建设单位承担。"

(七)外国的组织或者个人来华从事测绘活动审批

1. 实施机关:国家测绘局

2. 法律依据:

《中华人民共和国测绘法》第七条第一款"外国的组织或者个人在中华人民共和国领域和管辖的其他海域从事测绘活动,必须经国务院测绘行政主管部门会同军队测绘主管部门批准,并遵守中华人民共和国的有关法律、行政法规的规定。"

(八)对外提供我国测绘成果资料审批

1. 实施机关:国家测绘局、省级测绘行政主管部门

2. 法律依据:

(1)《中华人民共和国测绘法》第二十九条第二款"测绘成果属于国家秘密的,适用国家保密法律、行政法规的规定;需要对外提供的,按照国务院和中央军事委员会规定的审批程序执行。"

(2)《中华人民共和国测绘成果管理条例》第十八条"对外提供属于国家秘密的测绘成果,应当按照国务院和中央军事委员会规定的审批程序,报国务院测绘行政主管部门或者省、自治区、直辖市人民政府测绘行政主管部门审批;测绘行政主管部门在审批前,应当征求军队有关部门的意见。"

(九)利用属于国家秘密的基础测绘成果审批

1. 实施机关:县级以上测绘行政主管部门

2. 法律依据:

《中华人民共和国测绘成果管理条例》第十七条第一款"法人或者其他组织需要利用属于国家秘密的基础测绘成果的,应当提出明

确的利用目的和范围,报测绘成果所在地的测绘行政主管部门审批。"

(十)测绘计量检定人员资格审批

1. 实施机关:县级以上测绘行政主管部门

2. 法律依据:

(1)《中华人民共和国计量法》第二十条"县级以上人民政府计量行政部门可以根据需要设置计量检定机构,或者授权其他单位的计量检定机构,执行强制检定和其他检定、测试任务。执行前款规定的检定、测试任务的人员,必须经考核合格。"

(2)《中华人民共和国计量法实施细则》第二十九条"国家法定计量检定机构的计量检定人员,必须经县级以上人民政府计量行政部门考核合格,并取得计量检定证件。其他单位的计量检定人员,由其主管部门考核发证。无计量检定证件的,不得从事计量检定工作。计量检定人员的技术职务系列,由国务院计量行政部门会同有关主管部门制定。"

(十一)测绘行业特有工种职业技能鉴定站审批

1. 实施机关:国家测绘局

2. 法律依据:

《国务院对确需保留的行政审批项目设定行政许可的决定》(国务院第 412 号令)第 454 项:

454	设立测绘行业特有工种职业技能鉴定站审批	国家测绘局

(十二)测绘专业技术人员执业资格审批

1. 实施机关:国家测绘局

2. 法律依据:

《中华人民共和国测绘法》第二十五条"从事测绘活动的专业技术人员应当具备相应的执业资格条件,具体办法由国务院测绘行政主管部门会同国务院人事行政主管部门规定。"

750

二、非行政许可审批(共1项)

(一)基础测绘规划备案

1. 实施机关:国家测绘局、省、市级测绘行政主管部门

2. 法律依据:

《中华人民共和国测绘法》第十二条"国务院测绘行政主管部门会同国务院其他有关部门、军队测绘主管部门组织编制全国基础测绘规划,报国务院批准后组织实施。县级以上地方人民政府测绘行政主管部门会同本级人民政府其他有关部门根据国家和上一级人民政府的基础测绘规划和本行政区域内的实际情况,组织编制本行政区域的基础测绘规划,报本级人民政府批准,并报上一级测绘行政主管部门备案后组织实施。"

三、行政处罚(共57项)

(一)未经批准,擅自建立相对独立的平面坐标系统

1. 实施机关:省、市、县级测绘行政主管部门

2. 处罚种类:警告,责令改正,罚款

3. 法律依据:

《中华人民共和国测绘法》第四十条第一项"违反本法规定,有下列行为之一的,给予警告,责令改正,可以并处十万元以下的罚款;构成犯罪的,依法追究刑事责任;尚不够刑事处罚的,对负有直接责任的主管人员和其他直接责任人员,依法给予行政处分:(一)未经批准,擅自建立相对独立的平面坐标系统的;"

(二)建立地理信息系统,采用不符合国家标准的基础地理信息数据

1. 实施机关:省、市、县级测绘行政主管部门

2. 处罚种类:警告,责令改正,罚款

3. 法律依据:

(1)《中华人民共和国测绘法》第四十条第二项"违反本法规定,有下列行为之一的,给予警告,责令改正,可以并处十万元以下的罚款;构成犯罪的,依法追究刑事责任;尚不够刑事处罚的,对负有直接

责任的主管人员和其他直接责任人员,依法给予行政处分;(二)建立地理信息系统,采用不符合国家标准的基础地理信息数据的。"

(2)《中华人民共和国测绘成果管理条例》第二十九条第一项"违反本条例规定,有下列行为之一的,由测绘行政主管部门或者其他有关部门依据职责责令改正,给予警告,可以处 10 万元以下的罚款;对直接负责的主管人员和其他直接负责人员,依法给予处分:(一)建立以地理信息数据为基础的信息系统,利用不符合国家标准的基础地理信息数据的;"

(三)未经批准,在测绘活动中擅自采用国际坐标系统

1. 实施机关:省、市、县级测绘行政主管部门

2. 处罚种类:警告,责令改正,罚款

3. 法律依据:

《中华人民共和国测绘法》第四十一条第一项"违反本法规定,有下列行为之一的,给予警告,责令改正,可以并处十万元以下的罚款;构成犯罪的,依法追究刑事责任;尚不够刑事处罚的,对负有直接责任的主管人员和其他直接责任人员,依法给予行政处分:(一)未经批准,在测绘活动中擅自采用国际坐标系统的;"

(四)擅自发布中华人民共和国领域和管辖的其他海域的重要地理信息数据

1. 实施机关:国家测绘局、省级测绘行政主管部门

2. 处罚种类:警告,责令改正,罚款

3. 法律依据:

(1)《中华人民共和国测绘法》第四十一条第二项"违反本法规定,有下列行为之一的,给予警告,责令改正,可以并处十万元以下的罚款;构成犯罪的,依法追究刑事责任;尚不够刑事处罚的,对负有直接责任的主管人员和其他直接责任人员,依法给予行政处分:(二)擅自发布中华人民共和国领域和管辖的其他海域的重要地理信息数据的;"

(2)《中华人民共和国测绘成果管理条例》第二十九条第二项"违

反本条例规定,有下列行为之一的,由测绘行政主管部门或者其他有关部门依据职责责令改正,给予警告,可以处 10 万元以下的罚款;对直接负责的主管人员和其他直接负责人员,依法给予处分:(二)擅自公布重要地理信息数据的;"

(3)《重要地理信息数据审核公布管理规定》第十五条"国务院有关部门具有下列情形之一的,由国务院测绘行政主管部门依法给予警告,责令改正,可以并处十万元以下的罚款;构成犯罪的,依法追究刑事责任;尚不够刑事处罚的,对负有直接责任的主管人员和其他直接责任人员,依法给予行政处分:

(一)擅自发布已经国务院批准并授权国务院有关部门公布的重要地理信息数据的;

(二)擅自发布未经国务院批准的重要地理信息数据的。"

(4)《重要地理信息数据审核公布管理规定》第十六条"单位和个人具有下列情形之一的,由省级测绘行政主管部门依法给予警告,责令改正,可以并处十万元以下罚款;构成犯罪的,依法追究刑事责任;尚不够刑事处罚的,对负有直接责任的主管人员和其他直接责任人员,依法给予行政处分:

(一)擅自发布已经国务院批准并授权国务院有关部门公布的重要地理信息数据的;

(二)擅自发布未经国务院批准的重要地理信息数据的。"

(五)不汇交测绘成果资料

1. 实施机关:县级以上测绘行政主管部门

2. 处罚种类:责令限期汇交,罚款,[暂扣测绘资质证书,吊销测绘资质证书](发证机关决定)

3. 法律依据:

《中华人民共和国测绘法》第四十七条"违反本法规定,不汇交测绘成果资料的,责令限期汇交;逾期不汇交的,对测绘项目出资人处以重测所需费用一倍以上二倍以下的罚款;对承担国家投资的测绘项目的单位处一万元以上五万元以下的罚款,暂扣测绘资质证书,自暂扣测绘资质证书之日起六个月内仍不汇交测绘成果资料的,吊销测绘资质证书,并对负有直接责任的主管人员和其他直接责任人员依法给予行政处分。"

（六）测绘成果质量不合格

1. 实施机关:县级以上测绘行政主管部门

2. 处罚种类:责令补测或者重测,责令停业整顿,[降低测绘资质等级,吊销测绘资质证书](发证机关决定)

3. 法律依据:

《中华人民共和国测绘法》第四十八条"违反本法规定,测绘成果质量不合格的,责令测绘单位补测或者重测;情节严重的,责令停业整顿,降低资质等级直至吊销测绘资质证书;给用户造成损失的,依法承担赔偿责任。"

（七）未按照测绘成果资料的保管制度管理测绘成果资料,造成测绘成果资料损毁、散失

1. 实施机关:省、市、县级测绘行政主管部门

2. 处罚种类:警告,责令改正,没收违法所得,依法承担赔偿责任

3. 法律依据:

《中华人民共和国测绘成果管理条例》第二十八条第一项"违反本条例规定,测绘成果保管单位有下列行为之一的,由测绘行政主管部门给予警告,责令改正;有违法所得的,没收违法所得;造成损失的,依法承担赔偿责任;对直接负责的主管人员和其他直接责任人员,依法给予处分:(一)未按照测绘成果资料的保管制度管理测绘成果资料,造成测绘成果资料损毁、散失的;"

（八）擅自转让汇交的测绘成果资料

1. 实施机关:省级测绘行政主管部门

2. 处罚种类:警告,责令改正,没收违法所得,依法承担赔偿责任

3. 法律依据:

754

《中华人民共和国测绘成果管理条例》第二十八条第二项"违反本条例规定,测绘成果保管单位有下列行为之一的,由测绘行政主管部门给予警告,责令改正;有违法所得的,没收违法所得;造成损失的,依法承担赔偿责任;对直接负责的主管人员和其他直接责任人员,依法给予处分:(二)擅自转让汇交的测绘成果资料的"。

（九）未依法向测绘成果的使用人提供测绘成果资料

1. 实施机关:省、市、县级测绘行政主管部门

2. 处罚种类:警告,责令改正,没收违法所得,依法承担赔偿责任

3. 法律依据:

《中华人民共和国测绘成果管理条例》第二十八条第三项"违反本条例规定,测绘成果保管单位有下列行为之一的,由测绘行政主管部门给予警告,责令改正;有违法所得的,没收违法所得;造成损失的,依法承担赔偿责任;对直接负责的主管人员和其他直接责任人员,依法给予处分:(三)未依法向测绘成果的使用人提供测绘成果资料的。"

（十）在对社会公众有影响的活动中使用未经依法公布的重要地理信息数据

1. 实施机关:省、市、县级测绘行政主管部门

2. 处罚种类:责令改正,警告,罚款

3. 法律依据:

《中华人民共和国测绘成果管理条例》第二十九条第三项"违反本条例规定,有下列行为之一的,由测绘行政主管部门或者其他有关部门依据职责责令改正,给予警告,可以处10万元以下的罚款;对直接负责的主管人员和其他直接负责人员,依法给予处分:(三)在对社会公众有影响的活动中使用未经依法公布的重要地理信息数据的。"

（十一）未取得测绘资质证书,擅自从事测绘活动

1. 实施机关:省、市、县级测绘行政主管部门

2. 处罚种类:责令停止违法行为,没收违法所得和测绘成果,

罚款

3. 法律依据：

《中华人民共和国测绘法》第四十二条第一款"违反本法规定,未取得测绘资质证书,擅自从事测绘活动的,责令停止违法行为,没收违法所得和测绘成果,并处测绘约定报酬一倍以上二倍以下的罚款。"

(十二)以欺骗手段取得测绘资质证书从事测绘活动

1. 实施机关:国家测绘局、省级测绘行政主管部门

2. 处罚种类:吊销资质证书(发证机关决定),没收违法所得和测绘成果,罚款

3. 法律依据：

《中华人民共和国测绘法》第四十二条第二款"以欺骗手段取得测绘资质证书从事测绘活动的,吊销测绘资质证书,没收违法所得和测绘成果,并处测绘约定报酬一倍以上二倍以下的罚款。"

(十三)超越资质等级许可的范围从事测绘活动

1. 实施机关:县级以上测绘行政主管部门

2. 处罚种类:责令停止违法行为,没收违法所得和测绘成果,罚款,责令停业整顿,[降低资质等级,吊销测绘资质证书](发证机关决定)

3. 法律依据：

《中华人民共和国测绘法》第四十三条第一项"违反本法规定,测绘单位有下列行为之一的,责令停止违法行为,没收违法所得和测绘成果,处测绘约定报酬一倍以上二倍以下的罚款,并可以责令停业整顿或者降低资质等级;情节严重的,吊销测绘资质证书:(一)超越资质等级许可的范围从事测绘活动的;"

(十四)以其他测绘单位的名义从事测绘活动

1. 实施机关:县级以上测绘行政主管部门

2. 处罚种类:责令停止违法行为,没收违法所得和测绘成果,罚款,责令停业整顿,[降低资质等级,吊销测绘资质证书](发证机关决

定）

3. 法律依据：

《中华人民共和国测绘法》第四十三条第二项"违反本法规定，测绘单位有下列行为之一的，责令停止违法行为，没收违法所得和测绘成果，处测绘约定报酬一倍以上二倍以下的罚款，并可以责令停业整顿或者降低资质等级；情节严重的，吊销测绘资质证书：（二）以其他测绘单位的名义从事测绘活动的；"

（十五）允许其他单位以本单位的名义从事测绘活动

1. 实施机关：县级以上测绘行政主管部门

2. 处罚种类：责令停止违法行为，没收违法所得和测绘成果，罚款，责令停业整顿，[降低资质等级，吊销测绘资质证书]（发证机关决定）

3. 法律依据：

《中华人民共和国测绘法》第四十三条第三项"违反本法规定，测绘单位有下列行为之一的，责令停止违法行为，没收违法所得和测绘成果，处测绘约定报酬一倍以上二倍以下的罚款，并可以责令停业整顿或者降低资质等级；情节严重的，吊销测绘资质证书：（三）允许其他单位以本单位的名义从事测绘活动的。"

（十六）测绘项目的发包单位将测绘项目发包给不具有相应资质等级的测绘单位或者迫使测绘单位以低于测绘成本承包

1. 实施机关：省、市、县级测绘行政主管部门

2. 处罚种类：责令改正，罚款

3. 法律依据：

《中华人民共和国测绘法》第四十四条"违反本法规定，测绘项目的发包单位将测绘项目发包给不具有相应资质等级的测绘单位或者迫使测绘单位以低于测绘成本承包的，责令改正，可以处测绘约定报酬二倍以下的罚款。发包单位的工作人员利用职务上的便利，索取他人财物或者非法收受他人财物，为他人谋取利益，构成犯罪的，依法追究刑事责任；尚不够刑事处罚的，依法给予行政处分。"

(十七)测绘单位将测绘项目转包

1. 实施机关:县级以上测绘行政主管部门

2. 处罚种类:责令改正,没收违法所得,罚款,责令停业整顿,[降低资质等级,吊销测绘资质证书](发证机关决定)

3. 法律依据:

《中华人民共和国测绘法》第四十五条"违反本法规定,测绘单位将测绘项目转包的,责令改正,没收违法所得,处测绘约定报酬一倍以上二倍以下的罚款,并可以责令停业整顿或者降低资质等级;情节严重的,吊销测绘资质证书。"

(十八)未取得测绘执业资格,擅自从事测绘活动

1. 实施机关:市、县级测绘行政主管部门

2. 处罚种类:责令停止违法行为,没收违法所得,罚款

3. 法律依据:

《中华人民共和国测绘法》第四十六条"违反本法规定,未取得测绘执业资格,擅自从事测绘活动的,责令停止违法行为,没收违法所得,可以并处违法所得二倍以下的罚款;造成损失的,依法承担赔偿责任。"

(十九)外国的组织或者个人未经批准,擅自在中华人民共和国领域和管辖的其他海域从事测绘活动

1. 实施机关:省、市、县级测绘行政主管部门

2. 处罚种类:责令停止违法行为,没收测绘成果和测绘工具,罚款,责令限期离境(公安机关决定)

3. 法律依据:

《中华人民共和国测绘法》第五十一条第一项"违反本法规定,有下列行为之一的,责令停止违法行为,没收测绘成果和测绘工具,并处一万元以上十万元以下的罚款;情节严重的,并处十万元以上五十万元以下的罚款,责令限期离境;所获取的测绘成果属于国家秘密,构成犯罪的,依法追究刑事责任:(一)外国的组织或者个人未经批准,擅自在中华人民共和国领域和管辖的其他海域从事测绘活

动的;"

（二十）外国的组织或者个人未与中华人民共和国有关部门或者单位合资、合作，擅自在中华人民共和国领域从事测绘活动

1. 实施机关：省、市、县级测绘行政主管部门

2. 处罚种类：责令停止违法行为，没收测绘成果和测绘工具，罚款，责令限期离境（公安机关决定）

3. 法律依据：

《中华人民共和国测绘法》第五十一条二项"违反本法规定，有下列行为之一的，责令停止违法行为，没收测绘成果和测绘工具，并处一万元以上十万元以下的罚款；情节严重的，并处十万元以上五十万元以下的罚款，责令限期离境；所获取的测绘成果属于国家秘密，构成犯罪的，依法追究刑事责任：（二）外国的组织或者个人未与中华人民共和国有关部门或者单位合资、合作，擅自在中华人民共和国领域从事测绘活动的;"

（二十一）编制、印刷、出版、展示、登载的地图发生错绘、漏绘、泄密、危害国家主权或者安全，损害国家利益

1. 实施机关：省级测绘行政主管部门

2. 处罚种类：责令停止发行、销售、展示，罚款，没收全部地图及违法所得

3. 法律依据：

（1）《中华人民共和国测绘法》第四十九条"违反本法规定，编制、印刷、出版、展示、登载的地图发生错绘、漏绘、泄密，危害国家主权或者安全，损害国家利益，构成犯罪的，依法追究刑事责任；尚不够刑事处罚的，依法给予行政处罚或者行政处分。"

（2）《中华人民共和国地图编制出版管理条例》第二十五条第一款第三项、第四项"违反本条例规定，有下列行为之一的，由国务院测绘行政主管部门或者省、自治区、直辖市人民政府负责管理测绘工作的部门责令停止发行、销售、展示，对有关地图出版社处以 300 元以上10 000元以下的罚款；情节严重的，由出版行政管理部门注销有关

地图出版社的地图出版资格；(三)地图上国界线或者省、自治区、直辖市行政区域界线的绘制不符合国家有关规定而出版的；(四)地图内容的表示不符合国家有关规定，造成严重错误的。"

第二款"有前款第(三)项、第(四)项所列行为之一的，还应当没收全部地图及违法所得。"

(二十二)未按规定送审地图的或者擅自使用未经审核批准的地图

1. 实施机关：省级测绘行政主管部门

2. 处罚种类：责令停止发行、销售、展示，责令限期改正，警告，罚款

3. 法律依据：

(1)《中华人民共和国地图编制出版管理条例》第二十五条第一款第一项"违反本条例规定，有下列行为之一的，由国务院测绘行政主管部门或者省、自治区、直辖市人民政府负责管理测绘工作的部门责令停止发行、销售、展示，对有关地图出版社处以 300 元以上10 000元以下的罚款；情节严重的，由出版行政管理部门注销有关地图出版社的地图出版资格：(一)地图印刷或者展示前未按照规定将试制样图报送国务院测绘行政主管部门或者省、自治区、直辖市人民政府负责管理测绘工作的部门审核的；"

(2)《地图审核管理规定》第二十五条第一项"违反本规定，有下列行为之一的，由国务院测绘行政主管部门或者省级测绘行政主管部门责令限期改正，给予警告，并可以处五千元以上二万元以下的罚款：(一)未按规定送审地图的或者擅自使用未经审核批准的地图的；"

(二十三)专题地图在印刷或者展示前未按照规定将试制样图报有关行政主管部门审核

1. 实施机关：省级测绘行政主管部门

2. 处罚种类：责令停止发行、销售、展示，罚款

3. 法律依据：

《中华人民共和国地图编制出版管理条例》第二十五条第一款第二项"违反本条例规定,有下列行为之一的,由国务院测绘行政主管部门或者省、自治区、直辖市人民政府负责管理测绘工作的部门责令停止发行、销售、展示,对有关地图出版社处以 300 元以上10 000元以下的罚款;情节严重的,由出版行政管理部门注销有关地图出版社的地图出版资格:(二)专题地图在印刷或者展示前未按照规定将试制样图报有关行政主管部门审核的;"

(二十四)地图上国界线或者省、自治区、直辖市行政区域界线的绘制不符合国家有关规定而出版

1. 实施机关:省级测绘行政主管部门

2. 处罚种类:责令停止发行、销售、展示,罚款,没收全部地图及违法所得

3. 法律依据:

《中华人民共和国地图编制出版管理条例》第二十五条第一款第三项"违反本条例规定,有下列行为之一的,由国务院测绘行政主管部门或者省、自治区、直辖市人民政府负责管理测绘工作的部门责令停止发行、销售、展示,对有关地图出版社处以 300 元以上10 000元以下的罚款;情节严重的,由出版行政管理部门注销有关地图出版社的地图出版资格:(三)地图上国界线或者省、自治区、直辖市行政区域界线的绘制不符合国家有关规定而出版的;"

第二款"有前款第(三)项、第(四)项所列行为之一的,还应当没收全部地图及违法所得。"

(二十五)地图内容的表示不符合国家有关规定,造成严重错误

1. 实施机关:省级测绘行政主管部门

2. 处罚种类:责令停止发行、销售、展示,罚款,没收全部地图及违法所得

3. 法律依据:

《中华人民共和国地图编制出版管理条例》第二十五条第一款第四项"违反本条例规定,有下列行为之一的,由国务院测绘行政主管

部门或者省、自治区、直辖市人民政府负责管理测绘工作的部门责令停止发行、销售、展示,对有关地图出版社处以 300 元以上10 000元以下的罚款;情节严重的,由出版行政管理部门注销有关地图出版社的地图出版资格:(四)地图内容的表示不符合国家有关规定,造成严重错误的。"

第二款"有前款第(三)项、第(四)项所列行为之一的,还应当没收全部地图及违法所得。"

(二十六)未取得相应测绘资质,擅自编制地图

1. 实施机关:省、市、县级测绘行政主管部门

2. 处罚种类:责令停止违法行为,没收违法所得和测绘成果,罚款

3. 法律依据:

(1)《中华人民共和国测绘法》第四十二条第一款"违反本法规定,未取得测绘资质证书,擅自从事测绘活动的,责令停止违法行为,没收违法所得和测绘成果,并处以测绘约定报酬一倍以上二倍以下的罚款。"

(2)《中华人民共和国地图编制出版管理条例》第二十四条"违反本条例规定,未取得相应测绘资格,擅自编制地图的,由国务院测绘行政主管部门或者其授权的部门,或者省、自治区、直辖市人民政府负责管理测绘工作的部门或者其授权的部门,依据职责责令停止编制活动,没收违法所得,可以并处违法所得一倍以下的罚款。"

(二十七)未在地图上载明依法核发审图号

1. 实施机关:省级测绘行政主管部门

2. 处罚种类:责令限期改正,警告,罚款

3. 法律依据:

《地图审核管理规定》第二十四条第一项"违反本规定,有下列行为之一的,由国务院测绘行政主管部门或者省级测绘行政主管部门责令限期改正,给予警告,并可以处三千元以上一万元以下的罚款。(一)未在地图上载明国务院测绘行政主管部门或者省级测绘行政主

管部门核发的审图号的;"

(二十八)经审核批准的地图,未按规定报送备案样图

1. 实施机关:省级测绘行政主管部门

2. 处罚种类:责令限期改正,警告,罚款

3. 法律依据:

《地图审核管理规定》第二十四条第二项"违反本规定,有下列行为之一的,由国务院测绘行政主管部门或者省级测绘行政主管部门责令限期改正,给予警告,并可以处三千元以上一万元以下的罚款。(二)经审核批准的地图,未按规定报送备案样图的。"

(二十九)经审核批准的地图,未按审查意见修改

1. 实施机关:省级测绘行政主管部门

2. 处罚种类:责令限期改正,警告,罚款

3. 法律依据:

《地图审核管理规定》第二十五条第二项"违反本规定,有下列行为之一的,由国务院测绘行政主管部门或者省级测绘行政主管部门责令限期改正,给予警告,并可以处五千元以上二万元以下的罚款:(二)经审核批准的地图,未按审查意见修改的。"

(三十)弄虚作假、伪造申请材料,骗取地图审核批准

1. 实施机关:省级测绘行政主管部门

2. 处罚种类:警告,罚款

3. 法律依据:

《地图审核管理规定》第二十六条第一项"违反本规定,有下列行为之一的,由国务院测绘行政主管部门或者省级测绘行政主管部门给予警告,并处二万元以上三万元以下的罚款:(一)弄虚作假、伪造申请材料,骗取地图审核批准的;"

(三十一)伪造或者冒用地图审核批准文件和地图审图号

1. 实施机关:省级测绘行政主管部门

2. 处罚种类:警告,罚款

3. 法律依据:

《地图审核管理规定》第二十六条第二项"违反本规定,有下列行为之一的,由国务院测绘行政主管部门或者省级测绘行政主管部门给予警告,并处二万元以上三万元以下的罚款:(二)伪造或者冒用地图审核批准文件和地图审图号的。"

(三十二)在测量标志占地范围内烧荒、耕作、取土、挖沙或者侵占永久性测量标志用地

1. 实施机关:市、县级测绘行政主管部门

2. 处罚种类:责令限期改正,警告,罚款,承担赔偿责任

3. 法律依据:

(1)《中华人民共和国测量标志保护条例》第二十三条"有本条例第二十二条禁止的行为之一,或者有下列行为之一的,由县级以上人民政府管理测绘工作的部门责令限期改正,给予警告,并可以根据情节处以 5 万元以下的罚款;对负有直接责任的主管人员和其他直接责任人员,依法给予行政处分;造成损失的,应当依法承担赔偿责任:"

(2)《中华人民共和国测量标志保护条例》第二十二条第二项"测量标志受国家保护,禁止下列有损测量标志安全和使测量标志失去使用效能的行为:(二)在测量标志占地范围内烧荒、耕作、取土、挖沙或者侵占永久性测量标志用地的;"

(三十三)在距永久性测量标志 50 米范围内采石、爆破、射击、架设高压电线

1. 实施机关:市、县级测绘行政主管部门

2. 处罚种类:责令限期改正,警告,罚款,承担赔偿责任

3. 法律依据:

(1)《中华人民共和国测量标志保护条例》第二十三条"有本条例第二十二条禁止的行为之一,或者有下列行为之一的,由县级以上人民政府管理测绘工作的部门责令限期改正,给予警告,并可以根据情节处以 5 万元以下的罚款;对负有直接责任的主管人员和其他直接责任人员,依法给予行政处分;造成损失的,应当依法承担赔偿

责任；"

(2)《中华人民共和国测量标志保护条例》第二十二条第三项"测量标志受国家保护,禁止下列有损测量标志安全和使测量标志失去使用效能的行为:(三)在距永久性测量标志 50 米范围内采石、爆破、射击、架设高压电线的;"

(三十四)在测量标志占地范围内,建设影响测量标志使用效能的建筑物

1. 实施机关:市、县级测绘行政主管部门

2. 处罚种类:警告,责令改正,罚款,承担赔偿责任

3. 法律依据:

(1)《中华人民共和国测绘法》第五十条第四项"违反本法规定,有下列行为之一的,给予警告,责令改正,可以并处五万元以下的罚款;造成损失的,依法承担赔偿责任;构成犯罪的,依法追究刑事责任;尚不够刑事处罚的,对负有直接责任的主管人员和其他直接责任人员,依法给予行政处分:(四)在测量标志占地范围内,建设影响测量标志使用效能的建筑物的;"

(2)《中华人民共和国测量标志保护条例》第二十三条"有本条例第二十二条禁止的行为之一,或者有下列行为之一的,由县级以上人民政府管理测绘工作的部门责令限期改正,给予警告,并可以根据情节处以 5 万元以下的罚款;对负有直接责任的主管人员和其他直接责任人员,依法给予行政处分;造成损失的,应当依法承担赔偿责任;"

(3)《中华人民共和国测量标志保护条例》第二十二条第四项"测量标志受国家保护,禁止下列有损测量标志安全和使测量标志失去使用效能的行为:(四)在测量标志的占地范围内,建设影响测量标志使用效能的建筑物的;"

(三十五)在测量标志上架设通信设施、设置观望台、搭帐篷、拴牲畜或者设置其他有可能损毁测量标志的附着物

1. 实施机关:市、县级测绘行政主管部门

2. 处罚种类:责令限期改正,警告,罚款,承担赔偿责任

3. 法律依据:

(1)《中华人民共和国测量标志保护条例》第二十三条"有本条例第二十二条禁止的行为之一,或者有下列行为之一的,由县级以上人民政府管理测绘工作的部门责令限期改正,给予警告,并可以根据情节处以 5 万元以下的罚款;对负有直接责任的主管人员和其他直接责任人员,依法给予行政处分;造成损失的,应当依法承担赔偿责任。"

(2)《中华人民共和国测量标志保护条例》第二十二条第五项"测量标志受国家保护,禁止下列有损测量标志安全和使测量标志失去使用效能的行为:(五)在测量标志上架设通讯设施、设置观望台、搭帐篷、拴牲畜或者设置其他有可能损毁测量标志的附着物的;"

(三十六)擅自拆除设有测量标志的建筑物或者拆除建筑物上的测量标志

1. 实施机关:市、县级测绘行政主管部门

2. 处罚种类:责令限期改正,警告,罚款,承担赔偿责任

3. 法律依据:

(1)《中华人民共和国测量标志保护条例》第二十三条"有本条例第二十二条禁止的行为之一,或者有下列行为之一的,由县级以上人民政府管理测绘工作的部门责令限期改正,给予警告,并可以根据情节处以 5 万元以下的罚款;对负有直接责任的主管人员和其他直接责任人员,依法给予行政处分;造成损失的,应当依法承担赔偿责任。"

(2)《中华人民共和国测量标志保护条例》第二十二条第六项"测量标志受国家保护,禁止下列有损测量标志安全和使测量标志失去使用效能的行为:(六)擅自拆除设有测量标志的建筑物或者拆除建筑物上的测量标志的。"

(三十七)其他有损测量标志安全和使用效能

1. 实施机关:市、县级测绘行政主管部门

2. 处罚种类：责令限期改正，警告，罚款，承担赔偿责任

3. 法律依据：

(1)《中华人民共和国测量标志保护条例》第二十三条"有本条例第二十二条禁止的行为之一，或者有下列行为之一的，由县级以上人民政府管理测绘工作的部门责令限期改正，给予警告，并可以根据情节处以 5 万元以下的罚款；对负有直接责任的主管人员和其他直接责任人员，依法给予行政处分；造成损失的，应当依法承担赔偿责任。"

(2)《中华人民共和国测量标志保护条例》第二十二条第七项"测量标志受国家保护，禁止下列有损测量标志安全和使测量标志失去使用效能的行为：(七)其他有损测量标志安全和使用效能的。"

(三十八)干扰或者阻挠测量标志建设单位依法使用土地或者在建筑物上建设永久性测量标志

1. 实施机关：市、县级测绘行政主管部门

2. 处罚种类：责令限期改正，警告，罚款，承担赔偿责任

3. 法律依据：

《中华人民共和国测量标志保护条例》第二十三条第一项"有本条例第二十二条禁止的行为之一，或者有下列行为之一的，由县级以上人民政府管理测绘工作的部门责令限期改正，给予警告，并可以根据情节处以 5 万元以下的罚款；对负有直接责任的主管人员和其他直接责任人员，依法给予行政处分；造成损失的，应当依法承担赔偿责任：(一)干扰或者阻挠测量标志建设单位依法使用土地或者在建筑物上建设永久性测量标志的；"

(三十九)工程建设单位未经批准擅自拆迁永久性测量标志或者使永久性测量标志失去使用效能的，或者拒绝按照国家有关规定支付迁建费用

1. 实施机关：市、县级测绘行政主管部门

2. 处罚种类：责令限期改正，警告，罚款，承担赔偿责任

3. 法律依据：

《中华人民共和国测量标志保护条例》第二十三条第二项"有本条例第二十二条禁止的行为之一,或者有下列行为之一的,由县级以上人民政府管理测绘工作的部门责令限期改正,给予警告,并可以根据情节处以5万元以下的罚款;对负有直接责任的主管人员和其他直接责任人员,依法给予行政处分;造成损失的,应当依法承担赔偿责任:(二)工程建设单位未经批准擅自拆迁永久性测量标志或者使永久性测量标志失去使用效能的,或者拒绝按照国家有关规定支付迁建费用的;"

(四十)违反操作规程使用永久性测量标志,造成永久性测量标志损毁

1. 实施机关:市、县级测绘行政主管部门

2. 处罚种类:警告,责令改正,罚款,承担赔偿责任

3. 法律依据:

(1)《中华人民共和国测绘法》第五十条第六项"违反本法规定,有下列行为之一的,给予警告,责令改正,可以并处五万元以下的罚款;造成损失的,依法承担赔偿责任;构成犯罪的,依法追究刑事责任;尚不够刑事处罚的,对负有直接责任的主管人员和其他直接责任人员,依法给予行政处分:(六)违反操作规程使用永久性测量标志,造成永久性测量标志损毁的。"

(2)《中华人民共和国测量标志保护条例》第二十三条第三项"有本条例第二十二条禁止的行为之一,或者有下列行为之一的,由县级以上人民政府管理测绘工作的部门责令限期改正,给予警告,并可以根据情节处以5万元以下的罚款;对负有直接责任的主管人员和其他直接责任人员,依法给予行政处分;造成损失的,应当依法承担赔偿责任:(三)违反测绘操作规程进行测绘,使永久性测量标志受到损坏的;"

(四十一)无证使用永久性测量标志并且拒绝县级以上人民政府管理测绘工作的部门监督和负责保管测量标志的单位和个人查询

1. 实施机关:市、县级测绘行政主管部门

2. 处罚种类:责令限期改正,警告,罚款,承担赔偿责任

3. 法律依据:

《中华人民共和国测量标志保护条例》第二十三条第四项"有本条例第二十二条禁止的行为之一,或者有下列行为之一的,由县级以上人民政府管理测绘工作的部门责令限期改正,给予警告,并可以根据情节处以 5 万元以下的罚款;对负有直接责任的主管人员和其他直接责任人员,依法给予行政处分;造成损失的,应当依法承担赔偿责任;(四)无证使用永久性测量标志并且拒绝县级以上人民政府管理测绘工作的部门监督和负责保管测量标志的单位和个人查询的。"

(四十二)损毁或者擅自移动永久性测量标志和正在使用中的临时性测量标志

1. 实施机关:市、县级测绘行政主管部门

2. 处罚种类:警告,责令改正,罚款,承担赔偿责任

3. 法律依据:

《中华人民共和国测绘法》第五十条第一项"违反本法规定,有下列行为之一的,给予警告,责令改正,可以并处五万元以下的罚款;造成损失的,依法承担赔偿责任;构成犯罪的,依法追究刑事责任;尚不够刑事处罚的,对负有直接责任的主管人员和其他直接责任人员,依法给予行政处分:(一)损毁或者擅自移动永久性测量标志和正在使用中的临时性测量标志的;"

(四十三)侵占永久性测量标志用地

1. 实施机关:市、县级测绘行政主管部门

2. 处罚种类:警告,责令改正,罚款,承担赔偿责任

3. 法律依据:

《中华人民共和国测绘法》第五十条第二项"违反本法规定,有下列行为之一的,给予警告,责令改正,可以并处五万元以下的罚款;造成损失的,依法承担赔偿责任;构成犯罪的,依法追究刑事责任;尚不够刑事处罚的,对负有直接责任的主管人员和其他直接责任人员,依法给予行政处分:(二)侵占永久性测量标志用地的;"

（四十四）在永久性测量标志安全控制范围内从事危害测量标志安全和使用效能的活动

1. 实施机关：市、县级测绘行政主管部门

2. 处罚种类：警告，责令改正，罚款，承担赔偿责任

3. 法律依据：

《中华人民共和国测绘法》第五十条第三项"违反本法规定，有下列行为之一的，给予警告，责令改正，可以并处五万元以下的罚款；造成损失的，依法承担赔偿责任；构成犯罪的，依法追究刑事责任；尚不够刑事处罚的，对负有直接责任的主管人员和其他直接责任人员，依法给予行政处分：（三）在永久性测量标志安全控制范围内从事危害测量标志安全和使用效能的活动的；"

（四十五）擅自拆除永久性测量标志或者使永久性测量标志失去使用效能，或者拒绝支付迁建费用

1. 实施机关：市、县级测绘行政主管部门

2. 处罚种类：警告，责令改正，罚款，承担赔偿责任

3. 法律依据：

《中华人民共和国测绘法》第五十条第五项"违反本法规定，有下列行为之一的，给予警告，责令改正，可以并处五万元以下的罚款；造成损失的，依法承担赔偿责任；构成犯罪的，依法追究刑事责任；尚不够刑事处罚的，对负有直接责任的主管人员和其他直接责任人员，依法给予行政处分：（五）擅自拆除永久性测量标志或者使永久性测量标志失去使用效能，或者拒绝支付迁建费用的；"

（四十六）擅自向第三方提供或者转让国家基础地理信息数据

1. 实施机关：国家测绘局、省级测绘行政主管部门

2. 处罚种类：没收测绘成果和违法所得，罚款，承担赔偿责任

3. 法律依据：

《国家基础地理信息数据使用许可管理规定》第二十九条第一项"使用单位违反本规定，有下列行为之一的，由省级以上测绘主管部门收回国家基础地理信息数据和有关资料，根据国家基础地理信息

770

数据制作的衍生成果或者已取得的非法收入一并没收;情节严重的,可以并处 3 万元以下的罚款;造成损失的,使用单位应当承担赔偿责任:(一)擅自向第三方提供或者转让国家基础地理信息数据的;"

(四十七)未经提供单位许可使用国家基础地理信息数据

1. 实施机关:国家测绘局、省级测绘行政主管部门

2. 处罚种类:没收测绘成果和违法所得,罚款,承担赔偿责任

3. 法律依据:

《国家基础地理信息数据使用许可管理规定》第二十九条第二项"使用单位违反本规定,有下列行为之一的,由省级以上测绘主管部门收回国家基础地理信息数据和有关资料,根据国家基础地理信息数据制作的衍生成果或者已取得的非法收入一并没收;情节严重的,可以并处 3 万元以下的罚款;造成损失的,使用单位应当承担赔偿责任:(二)未经提供单位许可使用国家基础地理信息数据的;"

(四十八)使用单位的身份变更或者改变国家基础地理信息数据的用途又不及时向提供单位提出申请并重新签订使用许可协议

1. 实施机关:国家测绘局、省级测绘行政主管部门

2. 处罚种类:没收测绘成果和违法所得,罚款,承担赔偿责任

3. 法律依据:

《国家基础地理信息数据使用许可管理规定》第二十九条第三项"使用单位违反本规定,有下列行为之一的,由省级以上测绘主管部门收回国家基础地理信息数据和有关资料,根据国家基础地理信息数据制作的衍生成果或者已取得的非法收入一并没收;情节严重的,可以并处 3 万元以下的罚款;造成损失的,使用单位应当承担赔偿责任:(三)使用单位的身份变更或者改变国家基础地理信息数据的用途又不及时向提供单位提出申请并重新签订使用许可协议的;"

(四十九)对获得的国家基础地理信息数据保管不当,造成数据全部或者部分丢失、被窃,又不及时向提供单位报告

1. 实施机关:国家测绘局、省级测绘行政主管部门

2. 处罚种类:没收测绘成果和违法所得,罚款,承担赔偿责任

3. 法律依据：

《国家基础地理信息数据使用许可管理规定》第二十九条第四项"使用单位违反本规定，有下列行为之一的，由省级以上测绘主管部门收回国家基础地理信息数据和有关资料，根据国家基础地理信息数据制作的衍生成果或者已取得的非法收入一并没收；情节严重的，可以并处3万元以下的罚款；造成损失的，使用单位应当承担赔偿责任：(四)对获得的国家基础地理信息数据保管不当，造成数据全部或者部分丢失、被窃，又不及时向提供单位报告的；"

(五十)使用国家基础地理信息数据时，不按规定标示版权所有者或者擅自改变版权所有者

1. 实施机关：国家测绘局、省级测绘行政主管部门

2. 处罚种类：没收测绘成果和违法所得，罚款，承担赔偿责任

3. 法律依据：

《国家基础地理信息数据使用许可管理规定》第二十九条第五项"使用单位违反本规定，有下列行为之一的，由省级以上测绘主管部门收回国家基础地理信息数据和有关资料，根据国家基础地理信息数据制作的衍生成果或者已取得的非法收入一并没收；情节严重的，可以并处3万元以下的罚款；造成损失的，使用单位应当承担赔偿责任：(五)使用国家基础地理信息数据时，不按规定标示版权所有者或者擅自改变版权所有者的。"

(五十一)伪造身份或者掩盖其对国家基础地理信息数据的真实使用用途，骗取国家基础地理信息数据

1. 实施机关：国家测绘局、省级测绘行政主管部门

2. 处罚种类：没收测绘成果和违法所得，罚款

3. 法律依据：

《国家基础地理信息数据使用许可管理规定》第三十条"伪造身份或者掩盖其对国家基础地理信息数据的真实使用用途，骗取国家基础地理信息数据的，由省级以上测绘主管部门责令停止使用，收回其取得的国家基础地理信息数据和有关资料，根据国家基础地理信

息数据制作的衍生成果或者已取得的非法收入一并没收;情节严重的,可以并处非法所得 50％至 100％的罚款;构成犯罪的,由司法机关追究其刑事责任。"

(五十二)在房产面积测算中不执行国家标准、规范和规定

1. 实施机关:国家测绘局、省级测绘行政主管部门

2. 处罚种类:降级或者取消房产测绘资格

3. 法律依据:

《房产测绘管理办法》第二十一条第一项"房产测绘单位有下列情形之一的,由县级以上人民政府房地产行政主管部门给予警告并责令限期改正,并可处以 1 万元以上 3 万元以下的罚款;情节严重的,由发证机关予以降级或者取消其房产测绘资格:(一)在房产面积测算中不执行国家标准、规范和规定的;"

(五十三)在房产面积测算中弄虚作假、欺骗房屋权利人

1. 实施机关:国家测绘局、省级测绘行政主管部门

2. 处罚种类:降级或者取消房产测绘资格

3. 法律依据:

《房产测绘管理办法》第二十一条第二项"房产测绘单位有下列情形之一的,由县级以上人民政府房地产行政主管部门给予警告并责令限期改正,并可处以 1 万元以上 3 万元以下的罚款;情节严重的,由发证机关予以降级或者取消其房产测绘资格:(二)在房产面积测算中弄虚作假、欺骗房屋权利人的;"

(五十四)房产面积测算失误,造成重大损失

1. 实施机关:国家测绘局、省级测绘行政主管部门

2. 处罚种类:降级或者取消房产测绘资格

3. 法律依据:

《房产测绘管理办法》第二十一条第三项"房产测绘单位有下列情形之一的,由县级以上人民政府房地产行政主管部门给予警告并责令限期改正,并可处以 1 万元以上 3 万元以下的罚款;情节严重的,由发证机关予以降级或者取消其房产测绘资格:(三)房产面积测

算失误,造成重大损失的。"

(五十五)以伪造证明文件、提供虚假材料等手段,骗取一次性测绘批准文件

1. 实施机关:国家测绘局

2. 处罚种类:撤销批准文件,责令停止测绘活动,罚款,收缴测绘成果

3. 法律依据:

《外国的组织或者个人来华测绘管理暂行办法》第十八条第一项"违反本办法规定,有下列行为之一的,由国务院测绘行政主管部门撤销批准文件,责令停止测绘活动,处3万元以下的罚款。有关部门对中方负有直接责任的主管人员和其他直接责任人员,依法给予行政处分;构成犯罪的,依法追究刑事责任。对形成的测绘成果依法予以收缴:(一)以伪造证明文件、提供虚假材料等手段,骗取一次性测绘批准文件的;"

(五十六)超出一次性测绘批准文件的内容从事测绘活动

1. 实施机关:国家测绘局

2. 处罚种类:撤销批准文件,责令停止测绘活动,罚款,收缴测绘成果

3. 法律依据:

《外国的组织或者个人来华测绘管理暂行办法》第十八条第二项"违反本办法规定,有下列行为之一的,由国务院测绘行政主管部门撤销批准文件,责令停止测绘活动,处3万元以下的罚款。有关部门对中方负有直接责任的主管人员和其他直接责任人员,依法给予行政处分;构成犯罪的,依法追究刑事责任。对形成的测绘成果依法予以收缴:(二)超出一次性测绘批准文件的内容从事测绘活动的。"

(五十七)未经依法批准将测绘成果携带或者传输出境

1. 实施机关:国家测绘局

2. 处罚种类:罚款

3. 法律依据:

《外国的组织或者个人来华测绘管理暂行办法》第十九条"违反本办法规定,未经依法批准将测绘成果携带或者传输出境的,由国务院测绘行政主管部门处3万元以下的罚款;构成犯罪的,依法追究刑事责任。"

四、行政监督检查(共9项)

(一)测绘成果质量的监督检查

1. 实施机关:县级以上测绘行政主管部门

2. 法律依据:

《中华人民共和国测绘法》第三十四条"测绘单位应当对其完成的测绘成果质量负责。县级以上人民政府测绘行政主管部门应当加强对测绘成果质量的监督管理。"

(二)基础测绘经费使用情况的监督检查

1. 实施机关:县级以上测绘行政主管部门

2. 法律依据:

《基础测绘经费管理办法》第十八条"基础测绘经费的管理与使用要严格遵守国家有关财务、会计制度和财经纪律。

财政部门和测绘主管部门应对基础测绘经费的使用情况进行监督检查。基础测绘项目组织实施单位和承担单位应接受审计、监察等部门的审计与监督。对于弄虚作假、截留、挪用、挤占基础测绘经费等违反财务制度和财经纪律的行为,要给予有关责任人经济和行政处罚;构成犯罪的,移交司法部门处理。"

(三)测绘资质的监督检查

1. 实施机关:县级以上测绘行政主管部门

2. 法律依据:

《测绘资质监督检查办法》第三条"测绘资质监督检查是指测绘行政主管部门对测绘单位资质进行的监督检查,以及对测绘单位是否在资质许可的范围内从事测绘活动和履行测绘法律法规制度情况进行的监督检查。

各级测绘行政主管部门是测绘资质监督检查机关。"

（四）测绘市场的监督检查

1. 实施机关：县级以上测绘行政主管部门

2. 法律依据：

《测绘市场管理暂行办法》第三条"县级以上人民政府测绘主管部门和工商行政管理部门负责监督管理本行政区域内的测绘市场。"

（五）对外国的组织或者个人来华测绘的监督检查

1. 实施机关：县级以上测绘行政主管部门

2. 法律依据：

《外国的组织或者个人来华测绘管理暂行办法》第十六条"县级以上地方人民政府测绘行政主管部门，应当加强对本行政区域内来华测绘的监督管理，定期对下列内容进行检查：（一）是否涉及国家安全和秘密；（二）是否在《测绘资质证书》载明的业务范围内进行；（三）是否按照国务院测绘行政主管部门批准的内容进行；（四）是否按照《中华人民共和国测绘成果管理条例》的有关规定汇交测绘成果副本或者目录；（五）是否保证了中方测绘人员全程参与具体测绘活动。"

（六）对基础测绘成果的使用情况的监督检查

1. 实施机关：县级以上测绘行政主管部门

2. 法律依据：

《基础测绘成果提供使用管理暂行办法》第十六条第二款"测绘行政主管部门应当依法对基础测绘成果的使用情况进行跟踪检查。"

（七）地图审核监督检查

1. 实施机关：国家测绘局、省级测绘行政主管部门

2. 法律依据：

《地图审核管理规定》第三条"国务院测绘行政主管部门统一监督管理全国的地图审核工作。省、自治区、直辖市测绘行政主管部门（以下简称省级测绘行政主管部门）监督管理本行政区域内的地图审核工作。"

（八）基础测绘中长期规划和年度计划的执行情况监督检查

1. 实施机关：县级以上测绘行政主管部门

2. 法律依据：

《基础测绘计划管理办法》第二十七条"县级以上人民政府发展改革主管部门会同同级测绘行政主管部门对基础测绘中长期规划和年度计划的执行情况进行监督检查。"

（九）对航摄项目经费的实施进行监督、检查

1. 实施机关：国家测绘局

2. 法律依据：

《国家基础航空摄影经费管理办法》第二十四条"财政部、国家测绘局对航摄项目经费的实施进行监督、检查。对违反国家有关法律、法规和财务规章制度的,要按照国家有关规定进行处理。"

五、行政奖励（共 3 项）

（一）测绘科学技术进步奖励

1. 实施机关：县级以上测绘行政主管部门

2. 法律依据：

《中华人民共和国测绘法》第六条"国家鼓励测绘科学技术的创新和进步,采用先进的技术和设备,提高测绘水平。

对在测绘科学技术进步中做出重要贡献的单位和个人,按照国家有关规定给予奖励。"

（二）测绘标志保护工作奖励

1. 实施机关：县级以上测绘行政主管部门

2. 法律依据：

《中华人民共和国测量标志保护条例》第七条"对在保护永久性测量标志工作中做出显著成绩的单位和个人,给予奖励。"

（三）测绘成果管理工作奖励

1. 实施机关：县级以上测绘行政主管部门

2. 法律依据：

《中华人民共和国测绘成果管理条例》第五条"对在测绘成果管理工作中做出突出贡献的单位和个人,由有关人民政府或者部门给予表彰和奖励。"

六、其他行政执法行为(共 20 项)

(一)不予批准升级和增加测绘业务范围

1. 实施机关:国家测绘局、省级测绘行政主管部门

2. 法律依据:

《测绘资质管理规定》第十六条第二款"申请升级的测绘单位在申请之日前 2 年内有下列行为之一的,不予批准升级和增加测绘业务范围:(一)采用不正当手段承接测绘项目的;(二)将承接的测绘项目转包或者违法分包的;(三)测绘成果质量不合格,造成损失且情节严重的;(四)有其他违法行为的。"

(二)注销《测绘资质证书》

1. 实施机关:国家测绘局、省级测绘行政主管部门

2. 法律依据:

(1)《测绘资质管理规定》第二十条"有下列情形之一的,发证机关应当注销《测绘资质证书》:(一)《测绘资质证书》有效期届满未延续的;(二)测绘单位依法中止的;(三)测绘资质审查决定依法被撤销、撤回的;(四)《测绘资质证书》依法被吊销的;(五)测绘单位在 2 年内未承接测绘项目的;(六)法律法规规定的应当注销《测绘资质证书》的其他情形。"

(2)《测绘资质监督检查办法》第十九条"测绘资质发证机关对 1 年内未参加年度注册的测绘单位予以公告;对 2 年内未参加年度注册的测绘单位,注销其《测绘资质证书》。"

(三)缓期注册

1. 实施机关:国家测绘局、省级测绘行政主管部门

2. 法律依据:

《测绘资质监督检查办法》第十三条"有下列行为之一的,予以缓期注册:(一)未按时报送年度注册材料的、年度注册材料不符合规定要求的;(二)应当变更的事项未变更的;(三)未按规定登记测绘项目的。"

(四)不予注册测绘资质证书

1. 实施机关:国家测绘局、省级测绘行政主管部门

2. 法律依据:

《测绘资质监督检查办法》第十四条"有下列行为之一的,不予注册:(一)年度注册材料弄虚作假的;(二)不符合相应测绘资质标准条件的;(三)单位信用不良,被投诉且造成较大影响,并经核查属实的;(四)测绘成果质量不合格给用户造成损失且情节严重的;(五)缓期注册的测绘单位逾期未整改的;(六)有严重违反测绘法律法规行为的。"

(五)收回其测绘作业证并及时交回发证机关

1. 实施机关:市、县级测绘行政主管部门

2. 法律依据:

《测绘作业证管理规定》第十五条"测绘人员有下列行为之一的,由所在单位收回其测绘作业证并及时交回发证机关,对情节严重者依法给予行政处分;构成犯罪的,依法追究刑事责任:(一)将测绘作业证转借他人的;(二)擅自涂改测绘作业证的;(三)利用测绘作业证严重违反工作纪律、职业道德或者损害国家、集体或者他人利益的;(四)利用测绘作业证进行欺诈及其他违法活动的。"

(六)基础测绘规划组织实施

1. 实施机关:县级以上测绘行政主管部门

2. 法律依据:

《中华人民共和国测绘法》第十二条"国务院测绘行政主管部门会同国务院其他有关部门、军队测绘主管部门组织编制全国基础测绘规划,报国务院批准后组织实施。

县级以上地方人民政府测绘行政主管部门会同本级人民政府其他有关部门根据国家和上一级人民政府的基础测绘规划和本行政区域内的实际情况,组织编制本行政区域的基础测绘规划,报本级人民政府批准,并报上一级测绘行政主管部门备案后组织实施。"

(七)地籍测绘规划编制与组织管理

1. 实施机关:县级以上测绘行政主管部门

2. 法律依据：

《中华人民共和国测绘法》第十八条"国务院测绘行政主管部门会同国务院土地行政主管部门编制全国地籍测绘规划。县级以上地方人民政府测绘行政主管部门会同同级土地行政主管部门编制本行政区域的地籍测绘规划。

县级以上人民政府测绘行政主管部门按照地籍测绘规划,组织管理地籍测绘。"

（八）永久性测量标志保护

1. 实施机关：县级以上测绘行政主管部门

2. 法律依据：

《中华人民共和国测绘法》第三十九条"县级以上人民政府应当采取有效措施加强测量标志的保护工作。

县级以上人民政府测绘行政主管部门应当按照规定检查、维护永久性测量标志。

乡级人民政府应当做好本行政区域内的测量标志保护工作。"

（九）接收汇交的测绘成果副本或者目录,未依法出具汇交凭证

1. 实施机关：国家测绘局、省级测绘行政主管部门

2. 法律依据：

《中华人民共和国测绘成果管理条例》第二十六条第一项"违反本条例规定,县级以上人民政府测绘行政主管部门有下列行为之一的,由本级人民政府或者上级人民政府测绘行政主管部门责令改正,通报批评;对直接负责的主管人员和其他直接责任人员,依法给予处分:(一)接收汇交的测绘成果副本或者目录,未依法出具汇交凭证的;"

（十）未及时向测绘成果保管单位移交测绘成果资料

1. 实施机关：国家测绘局、省级测绘行政主管部门

2. 法律依据：

《中华人民共和国测绘成果管理条例》第二十六条第二项"违反本条例规定,县级以上人民政府测绘行政主管部门有下列行为之一

的,由本级人民政府或者上级人民政府测绘行政主管部门责令改正,通报批评;对直接负责的主管人员和其他直接责任人员,依法给予处分:(二)未及时向测绘成果保管单位移交测绘成果资料的;"

(十一)未依法编制和公布测绘成果资料目录

1. 实施机关:国家测绘局、省级测绘行政主管部门

2. 法律依据:

《中华人民共和国测绘成果管理条例》第二十六条第三项"违反本条例规定,县级以上人民政府测绘行政主管部门有下列行为之一的,由本级人民政府或者上级人民政府测绘行政主管部门责令改正,通报批评;对直接负责的主管人员和其他直接责任人员,依法给予处分:(三)未依法编制和公布测绘成果资料目录的;"

(十二)收回注册测绘师资格证书,3年内不得参加资格考试

1. 实施机关:国家测绘局

2. 法律依据:

《注册测绘师制度暂行规定》第十一条"对以不正当手段取得《中华人民共和国注册测绘师资格证书》的,由发证机关收回。自收回该证书之日起,当事人3年内不得再次参加注册测绘师资格考试。"

(十三)注销注册,收回注册证和执业印章

1. 实施机关:国家测绘局

2. 法律依据:

《注册测绘师制度暂行规定》第二十二条"注册申请人有下列情形之一的,应由注册测绘师本人或者聘用单位及时向当地省、自治区、直辖市人民政府测绘行政主管部门提出申请,由国家测绘局审核批准后,办理注销手续,收回《中华人民共和国注册测绘师注册证》和执业印章:(一)不具有完全民事行为能力的;(二)申请注销注册的;(三)注册有效期满且未延续注册的;(四)被依法撤销注册的;(五)受到刑事处罚的;(六)与聘用单位解除劳动或者聘用关系的;(七)聘用单位被依法取消测绘资质证书的;(八)聘用单位被吊销营业执照的;(九)因本人过失造成利害关系人重大经济损失的;(十)应当注销注

册的其他情形。"

（十四）不予注册

1. 实施机关：国家测绘局

2. 法律依据：

《注册测绘师制度暂行规定》第二十三条"注册申请人有下列情形之一的，不予注册：（一）不具有完全民事行为能力的；（二）刑事处罚尚未执行完毕的；（三）因在测绘活动中受到刑事处罚，自刑事处罚执行完毕之日起至申请注册之日止不满3年的；（四）法律、法规规定不予注册的其他情形。"

（十五）撤销注册，3年内不得申请注册

1. 实施机关：国家测绘局

2. 法律依据：

《注册测绘师制度暂行规定》第二十四条"注册申请人以不正当手段取得注册的，应当予以撤销，并由国家测绘局依法给予行政处罚；当事人在3年内不得再次申请注册；构成犯罪的，依法追究刑事责任。"

（十六）市、县级基础测绘年度计划指标内容确定

1. 实施机关：省级测绘行政主管部门

2. 法律依据：

《基础测绘计划管理办法》第二十一条"市、县级基础测绘年度计划的指标内容，由各省、自治区、直辖市发展改革主管部门会同同级测绘行政主管部门确定，并报国务院发展改革主管部门和测绘行政主管部门备案。"

（十七）市、县级基础测绘年度计划指标内容备案

1. 实施机关：国家测绘局

2. 法律依据：

《基础测绘计划管理办法》第二十一条"市、县级基础测绘年度计划的指标内容，由各省、自治区、直辖市发展改革主管部门会同同级测绘行政主管部门确定，并报国务院发展改革主管部门和测绘行政

主管部门备案。"

（十八）基础测绘年度计划指标体系制定

1. 实施机关：国家测绘局、省级测绘行政主管部门

2. 法律依据：

《基础测绘计划管理办法》第二十三条"国家和省级基础测绘年度计划指标体系由国务院发展改革主管部门和测绘行政主管部门统一研究制定，市、县级基础测绘年度计划指标体系由省级发展改革部门和测绘行政主管部门研究制定后报国务院发展改革主管部门和测绘行政主管部门审查批准。"

（十九）市、县级基础测绘年度计划指标体系审查批准

1. 实施机关：国家测绘局

2. 法律依据：

《基础测绘计划管理办法》第二十三条"国家和省级基础测绘年度计划指标体系由国务院发展改革主管部门和测绘行政主管部门统一研究制定，市、县级基础测绘年度计划指标体系由省级发展改革部门和测绘行政主管部门研究制定后报国务院发展改革主管部门和测绘行政主管部门审查批准。"

（二十）基础测绘年度计划指标体系调整意见批准

1. 实施机关：国家测绘局

2. 法律依据：

《基础测绘计划管理办法》第二十四条"根据测绘科学技术发展水平的实际要求，应当及时对基础测绘年度计划指标体系进行调整，其中国家和省级基础测绘年度计划指标体系由国务院发展改革主管部门和测绘行政主管部门统一调整，市、县级基础测绘年度计划指标体系由省级发展改革主管部门和测绘行政主管部门提出调整意见后报国务院发展改革主管部门和测绘行政主管部门批准。"

关于转发财政部《国家西部1∶5万地形图空白区测图工程专项经费管理办法》的通知

国测财字〔2007〕12 号

国家测绘局西部测图工程项目部、各有关单位：

为加强国家西部1∶5万地形图空白区测图工程(以下简称西部测图工程)的管理,现将"财政部关于印发《国家西部1∶5万地形图空白区测图工程专项经费管理办法》的通知"(财预〔2006〕887号、以下简称专项经费管理办法)转发给你们,请遵照执行。结合我局的情况,有关事项通知如下：

一、专项经费管理办法中明确的国家测绘局的部分管理职责通过西部测图工程项目部(以下简称项目部)具体落实。项目部要进一步加强对工程专项经费的管理,认真做好以下几项工作：

(一)编制西部测图工程年度专项经费预算草案和政府采购实施方案；

(二)负责组织年度项目细化预算的编报工作；

(三)负责组织年度项目经费决算的编报工作；

(四)建立有关的报告制度,及时掌握项目预算执行情况和工程实施进展情况；

(五)配合国家测绘局对专项经费使用情况进行监督检查与绩效评价；

(六)负责项目部管理费的财务会计管理工作。

二、项目部及各项目承担单位要严格按照专项经费管理办法的要求,切实加强项目经费管理,认真履行相应职责,做好项目经费的年度预算细化和决算工作。对所承担的项目要按规定的开支范围和

784

标准进行成本费用核算,定期将项目预算执行和任务完成等有关情况上报项目部,经项目部审核汇总后报国家测绘局。

　　附件:国家西部1∶5万地形图空白区测图工程专项经费管理办法

国家测绘局

二〇〇七年五月二十二日

关于印发《国家西部1∶5万地形图空白区测图工程专项经费管理办法》的通知

财建〔2006〕887 号

国家测绘局：

为了加强西部1∶5万地形图空白区测图工程经费的管理，按照国家现行财政、财务管理的有关规定，我们制定了《国家西部1∶5万地形图空白区测图工程专项经费管理办法》。现印发给你们，请遵照执行。

附件：国家西部1∶5万地形图空白区测图工程专项经费管理办法

财政部

二〇〇六年十二月二十四日

附件：

国家西部1∶5万地形图空白区测图
工程专项经费管理办法

第一章　总　　则

第一条　为了加强国家西部1∶5万地形图空白区测图工程（以下简称西部测图工程）专项经费的管理，提高资金的使用效率，保障西部测图工程任务的顺利完成，根据国家预算管理要求和测绘事业单位财务、会计制度等有关规定，制定本办法。

第二条　本办法适用于国家西部1∶5万地形图空白区测图工程项目。

第三条　西部测图工程专项经费（以下简称专项经费）是指中央财政安排的专门用于开展西部测图工程的专项资金。

第四条　专项经费管理的基本原则：

（一）科学论证原则。对申报的年度专项经费要进行可行性论证和审核，科学合理地安排项目。

（二）专款专用原则。专项经费按规定用于西部测图工程任务，专款专用，不得截留、挤占和挪用。

（三）公开、公平、公正、诚实信用原则。在项目承担单位的确定上要引入竞争机制，对属于政府采购范围的项目，应按照政府采购的有关规定实施；对达到公开招标限额标准的，应采用公开招标方式。

（四）合同制管理原则。工程项目的实施应采用合同制进行管理。

（五）绩效评价原则。财政部和国家测绘局对西部测图工程的实施过程及完成结果进行绩效评价。

第二章　管理职责

第五条　财政部、国家测绘局、项目承担单位应按国家有关法律法规、财务会计制度,合理安排、使用和管理专项经费。

第六条　财政部的职责:

(一)核定专项经费总预算和年度预算;

(二)核批专项经费用款计划,并按规定方式支付资金;

(三)会同国家测绘局对专项经费使用管理情况进行监督检查;

(四)审批专项经费年度财务决算;

(五)对专项经费实行绩效评价;

(六)对专项经费使用中执行政府采购的情况进行监督管理。

第七条　国家测绘局的管理职责:

(一)编报年度专项经费预算和决算;

(二)审核下达专项经费预算,指导和组织相关的政府采购工作;

(三)审核、汇总并编报年度专项经费用款计划;

(四)监督检查专项经费使用和管理情况。

第八条　项目承担单位的职责:

(一)编报本单位的专项经费年度预算、用款计划和决算;

(二)承担本单位专项经费的财务管理和会计核算;

(三)按项目进度,合理安排预算支出;

(四)接受有关部门的监督与检查。

第三章　预算管理

第九条　专项经费预算编报和审批按以下程序进行:

(一)国家测绘局按照西部测图工程总体实施方案,编制专项经费总预算报财政部;财政部按照国家现行财政财务的有关规定审核确定专项经费总预算和分年度预算。

（二）根据财政部确定的分年度经费预算,国家测绘局组织项目承担单位编制年度专项经费预算草案。

（三）国家测绘局对项目承担单位上报的专项经费预算进行审核,汇总纳入国家测绘局部门预算,上报财政部。

（四）财政部对国家测绘局上报的专项经费预算进行审核,并通过国家测绘局部门预算,下达专项经费预算控制数。

（五）国家测绘局根据财政部下达专项经费预算控制数,将经费预算指标分解到项目承担单位。其中,国家测绘局所属预算单位的专项经费预算直接编入该单位预算,非国家测绘局所属预算单位的专项经费预算编入国家测绘局本级预算。

第十条　国家测绘局在财政部批复部门预算后 15 日内,将专项经费预算下达到项目承担单位,(非国家测绘局所属承担单位除外)。

项目承担单位按照下达预算、工作计划或工程合同开展专项工作。

第十一条　预算一经批复,必须严格执行,执行过程中原则上不予调整。确需调整预算,按规定程序报批。

第十二条　属于政府采购的,应编制政府采购预算,并严格按照政府采购有关规定执行。

第四章　经费管理

第十三条　专项经费的开支范围主要包括:测绘生产费、安全保障费、质量控制费、管理费和其他费用。

（一）测绘生产费是指项目承担单位为完成西部测图工程任务实施测绘生产所发生的费用,包括踏勘与设计、控制测量、数据采集、数据库建库、制图与印刷、应用服务、平台系统建设、生产试验与产品试制、成果验收与归档等。

（二）安全保障费是指为完成西部测图工程而购置必备的特殊交通运输工具、仪器、通讯设备、外业生活与安全装备、医疗保健设备等所发生的费用。

（三）质量控制费是指用于西部测图工程全过程的质量监督和监理所发生的费用。

（四）管理费是指国家测绘局批准组建的专门组织、协调、实施和管理西部测图工程所发生的费用，包括项目前期论证立项、项目论证评审、项目实施方案及相关制度制订、项目技术设计、技术培训、政府采购组织实施、成果验收、监督检查、绩效考评等与西部测图工程管理活动相关的费用。

（五）其他费用是指在西部测图工作中出现的不可测因素和突发事件的费用，以及其他与西部测图工程相关的费用。

第十四条 测绘生产费和质量控制费对应的项目安排应引入竞争机制，择优确定项目承担单位；安全保障费的支付标准，参照国家制定的价格；管理费的支出应符合西部测图工程管理活动的要求，单独向财政部申报，财政部核定后列入西部测图工程预算。

第十五条 项目承担单位应按规定的开支范围和标准进行成本费用核算。成本费用可设置以下明细科目：人员费、办公费、印刷费、咨询费、手续费、邮电费、水电费、交通费、差旅费、出国费、维修（护）费、租赁费、会议费、培训费、招待费、专用材料费、劳务费、委托业务费、专用设备购置费、交通工具购置费及其他费用等。

第十六条 专项经费支出按规定实行国库集中支付。

国家测绘局所属预算单位根据合同规定的工程进度和工作需要按季编报分月用款计划，经国家测绘局审核报财政部核批。

非国家测绘局所属预算单位执行工程任务所需经费，经国家测绘局审核报财政部核批。

第十七条 专项经费开支应与预算口径一致，不得用于单位的自筹基本建设支出、上缴上级支出和对附属单位补助等支出。

第十八条 年度终了，项目承担单位按照有关规定编制年度专项经费决算报国家测绘局，国家测绘局审核汇总纳入国家测绘局部门决算后报财政部。

第十九条　项目资金结余按财政部有关规定处理。

第五章　资产管理

第二十条　使用专项经费形成的各种资产应按承担项目单位的性质,依照国家国有资产管理的有关规定,纳入本单位实施管理。

第二十一条　项目承担单位应加强对装备和物资的管理,实行统一登记、统一核算、合理调配,在会计账簿中应据实分类登记和核算。对符合固定资产标准的,应按会计制度规定设立固定资产卡片,完整地记录固定资产情况和使用情况,做到账实、账证相符。

第二十二条　项目承担单位应建立装备和物资的采购、配备、保管、使用、维修维护、报废、处置等管理责任制度,以保证其完整和安全,防止国有资产的闲置或流失。

第六章　管理与监督

第二十三条　专项经费的管理和使用要严格遵守国家有关财经法规、政府采购制度、财务和会计制度。

财政部和国家测绘局应对专项经费的使用情况进行监督检查。项目部和项目承担单位应当接受财政、审计等部门的监督检查。对截留、挪用、挤占专项经费、弄虚作假等违反财务制度和财经纪律的行为,按有关法律、法规的规定处理。

第二十四条　项目承担单位承担的项目因故中止,由国家测绘局负责主持或组织清理,项目承担单位应积极配合,及时清理账目与资产,编制决算报表及资产清单,上报国家测绘局。剩余经费上缴财政。

由于人为因素中止项目造成损失的,要追究有关单位和个人的责任。

第二十五条　西部测图工程完工后,财政部和国家测绘局要对整体项目进行总体验收,验收材料包括项目工作报告书、项目决算报告和项目审计报告等。

第二十六条 专项经费应按照财政部有关绩效评价办法进行绩效考评,考评工作由财政部和国家测绘局组织实施。

第七章 附 则

第二十七条 项目承担单位应根据本办法制定专项经费管理实施细则。

第二十八条 本办法由财政部负责解释。

关于印发《国家测绘局重点实验室建设与管理办法(试行)》的通知

各省、自治区、直辖市、计划单列市测绘行政主管部门,新疆生产建设兵团测绘主管部门,局所属有关单位,有关高校:

为加强国家测绘局重点实验室建设和运行的管理,加快测绘科技创新体系建设,现将《国家测绘局重点实验室建设与管理办法(试行)》印发你们,请认真贯彻执行。执行中有何问题或意见,请及时反馈国家测绘局国土测绘司。

附件:1.《国家测绘局重点实验室建设申请书》编制提纲

2.《国家测绘局重点实验室建设可行性研究报告》编制提纲

3. 国家测绘局重点实验室可行性论证提纲

4.《国家测绘局重点实验室建设计划任务书》编制提纲

5. 已成立的国家测绘局重点实验室名单

国家测绘局
二○○七年四月十八日

国家测绘局重点实验室建设与管理办法
（试行）

第一章 总 则

第一条 为规范和加强国家测绘局重点实验室（以下简称实验室）的建设和运行管理，促进实验室的持续健康发展，使实验室在科技自主创新、产学研结合发挥积极的作用，参照《国家重点实验室建设与管理暂行办法》的有关规定制定本办法。

第二条 本办法所指实验室是指由国家测绘局按照规定程序批准建立，依托测绘系统的科研、生产、教学单位以及相关企业并按规定管理和运行的部门级实验室。国家测绘局鼓励测绘科研、生产、教学单位以及相关企业联合建立实验室。

由国家测绘局组织申报的国家级实验室参照本办法进行管理。

第二章 申请与批准

第三条 国家测绘局根据测绘事业发展、信息化测绘体系建设的需要和国家有关方针政策，提出实验室建设的规划和总体布局。各依托单位提出成立实验室的申请应符合规划和总体布局的要求。

第四条 实验室的依托单位（或联合依托单位的一方）必须是国家测绘局系统所属单位或部门，且能够提供实验室运行所必需的保障条件。

第五条 申请成立实验室的依托单位必须在测绘基础研究、应用基础研究或前沿技术领域具备明显的技术优势，具有优秀的科技人才和相应的研究成果，具备较先进的仪器设备和完善的配套设施并能够提供开放使用,所提出的实验室研究方向符合国家测绘局关于实验室总体布局规划的要求。

第六条 报批程序:

(一)同时具备本办法第四条、第五条规定的申报范围及条件的单位,应以公文正式报送《国家测绘局重点实验室建设申请书》(以下简称《申请书》,编制提纲见附件1)。联合申报单位应共同填报《申请书》,并分别以公文正式报送国家测绘局。

国家测绘局对《申请书》进行初审,提出审查意见并通知申报单位,必要时,国家测绘局将组织进行现场考察。

(二)根据审查意见,申报单位编制《国家测绘局重点实验室建设可行性研究报告》(以下简称《可行性研究报告》,编制提纲见附件2)。

国家测绘局组织由相关领域的技术专家和管理专家等组成的论证委员会对实验室进行现场考察和可行性论证(可行性论证提纲见附件3)。

(三)根据实验室建设总体规划,参考论证委员会意见,国家测绘局提出是否通过可行性论证的意见。对于通过可行性论证的实验室,将通知申报单位在《可行性研究报告》的基础上编报《国家测绘局重点实验室建设计划任务书》(以下简称《建设计划任务书》,编制提纲见附件4)。

《建设计划任务书》经审查合格后,国家测绘局将正式批准成立实验室,并命名和授牌。申报单位按《建设计划任务书》组织实施实验室的建设与运行工作。

第三章 运行与管理

第七条 国家测绘局是实验室的上级主管部门,主要职责是:

(一)贯彻国家有关实验室建设和管理的方针、政策,制定实验室发展规划;

（二）根据学科发展趋势、测绘事业发展需要以及实验室实际运行状况，调整实验室的布局及结构，对实验室进行重组、整合或撤销；

（三）制定实验室建设的相关管理政策；

（四）聘任实验室学术委员会；

（五）组织进行实验室的考核和评估；

（六）从现有实验室中，整合、推荐申报国家级重点实验室。

第八条 实验室依托单位的主要职责是：

（一）为实验室提供配套的项目经费、运行经费及相关的人事、财务等后勤保障；

（二）配合做好实验室的验收、考核和评估工作；

（三）必要时向国家测绘局提出实验室研究方向、任务、目标等重大调整意见。

第九条 根据测绘科技发展规划和自身的研究方向，实验室可直接向国家测绘局申报项目，实验室或其依托单位必须提供不低于申请经费额度的配套经费。国家测绘局将根据申报项目的学术、技术内容以及实验室的评估结果，择优予以支持。

第十条 实验室应加强横向联系和交流，相互合作，发挥各自的优势，实行"开放、流动、竞争、协作"的运行机制和学术委员会领导下的主任负责制。

第十一条 实验室主任应是本领域高水平的学术、学科带头人，具有较强的组织管理和协调能力。在征得国家测绘局同意后，实验室主任由依托单位聘任，任期为五年。实验室主任年龄一般不超过六十岁，每年在实验室工作时间不少于六个月。

第十二条 学术委员会是实验室的决策和咨询机构，主要任务是审议实验室的目标、任务和研究方向，审议实验室的重大学术活动、年度工作计划，审议开放课题。学术委员会会议每年至少召开一次。学术委员会由国内外相关领域优秀专家组成，其中本单位学术委员一般不超过总人数的三分之一。

第十三条 实验室实行课题制管理，研究队伍由固定人员和流动人员组成,按实验室所设学科在实验室主任推荐的基础上公开聘任。其相关费用按依托单位有关规定执行。

第十四条　开放课题由实验室根据测绘科技发展规划和各自的研究方向以项目指南的形式每年向社会公开发布,自由申请,吸引国内外优秀科技人才参与。

第十五条　开放课题经费由实验室依托单位配套经费支付,国家测绘局支持的项目经费主要用于解决基础测绘工作中的重大理论问题研究或应用基础研究课题。开放课题申请经过专家评审后,报学术委员会审核后实施。实验室的年度项目指南和支持的开放课题报国家测绘局备案。

第十六条　实验室固定人员可承担本机构设立的开放课题,但一般不得超过开放课题总经费的50%。同一申请人申请的开放课题不得同时超过两项。开放课题执行国家有关的项目管理规定。

第十七条　实验室应建立对仪器设备、数据、资料和成果等的管理制度。对实验室完成的专著、论文、软件、数据库等研究成果均应署实验室名称,专利申请、技术成果转让、推荐奖励等均按国家有关规定办理。

第十八条　实验室应以学术报告会、技术交流会、研讨会、成果展示会、技术培训等不同形式定期开展学术或技术交流活动。

第十九条　实验室需要更名、变更研究方向或进行结构调整、重组时,须由实验室主任提出书面报告,经学术委员会论证后,由依托单位报国家测绘局审批。

第四章　考核与评估

第二十条　依托单位应每年对实验室工作进行年度考核,并将考核结果报国家测绘局。

第二十一条　在年度考核的基础上,国家测绘局每五年对实验室建设与运行情况进行一次全面评估,同时,在考核的基础上,每年可选择部分实验室进行中期评估。

第二十二条　评估工作本着"公开、公平、公正"和坚持"依靠专家、发扬民主、实事求是、公正合理"的原则进行。参评实验室应认真准备和接受评估,准确真实地提供相关材料,不得以任何方式影响评估的公正性。

第二十三条　每年4月1日前,国家测绘局确定本年度计划评估的实验室名单,并通知依托单位。参评实验室的依托单位于实验室评估清单下达之日后的三个月内,向国家测绘局正式提交实验室评估申请书。

第二十四条　国家测绘局负责遴选评估专家。评估专家应为本学科领域学术水平高、责任心强的一线科学家及少数科研管理专家,参评实验室正、副主任、固定人员,学术委员会正、副主任,依托单位学术委员,实验室依托单位或其他直接相关者不得作为评估专家。

第二十五条　评估由专家组主持,通过听取实验室主任报告、召开座谈会、审查实验室年度报告、抽查实验记录以及个别访谈等形式对实验室的建设与运行情况进行评估,评估的主要内容包括:

（一）科技自主创新能力建设情况及其效果;

（二）重大科技成果及其应用情况;

（三）建设计划或运行计划执行情况;

（四）人才队伍建设情况,特别是人员的开放流动情况;

（五）仪器设备共享管理和运行情况。

第二十六条　实验室主任报告主要对评估期限内实验室运行状况进行全面、系统总结。代表性成果主要是指评估期限内以实验室为基地、以实验室固定人员为主产生的、符合实验室发展方向的重大科研成果,国内外合作研究的重大成果以适当权重考虑。主要成果需有实验室署名,未署名的成果不参加评估。

第二十七条　专家组对实验室记名打分,并提出评估意见。国家测绘局审核专家评估结果,按优秀、合格、不合格三类确定评估结果,并予以公布。

第二十八条　评估结果为"不合格"的实验室,应提出整改措施,并申请参加下一年度的实验室评估。未提出参加下一年度评估申请或下一年度评估结果仍为"不合格"的实验室,将不再列入国家测绘局重点实验室序列。

　　第二十九条　对评估结果为"优秀"的实验室原则上不再进行中期评估。其他申请不参加评估或中途退出评估的实验室,视为放弃国家测绘局重点实验室资格。

　　对被评估为"优秀"的实验室,国家测绘局在下一评估期内的项目经费安排中根据科技计划予以优先资助。

　　第三十条　参评实验室的依托单位应合理安排评估时间,积极支持、配合做好评估工作,评估期间不得安排与评估工作无关的活动。

第五章　附　则

　　第三十一条　本办法由国家测绘局负责解释。

　　第三十二条　本办法自公布之日起施行。

附件1：

《国家测绘局重点实验室建设
申请书》编制提纲

一、实验室研究方向、内容

二、国内外该学科（领域）最新进展，发展趋势、应用前景

三、建设实验室的目的、意义（实验室建成后对国家和依托单位的作用、贡献）

四、实验室现有研究工作的基础、水平（在国内和国际上的影响和地位；近5年承担的国家及省部级重大科研任务、代表性科研成果和奖励、发明专利，代表性论文或学术专著）

五、科研队伍状况及培养人才的能力（学术带头人简介及其代表性成果，高水平人才的吸引和稳定，研究生培养情况）

六、已具备的科研条件（科研用房、仪器设备、配套设施）

七、主要工作规划、预期目标、水平（从研究内容、科研条件、人才队伍等方面阐述）

八、开放合作与运行管理设想

九、实验室依托单位意见（配套经费和运行费支持额度）

附件 2：

《国家测绘局重点实验室
建设可行性研究报告》编制提纲

一、实验室名称、依托单位、主管部门、联系方式

二、建设重点实验室的重要性和必要性

三、国内外及同行单位在相关领域研究开发的现状和发展趋势

四、依托单位在本领域的技术优势和现有基础条件

1. 技术骨干与研发队伍情况

2. 储备的重要科技成果

3. 已有的实验仪器设备

4. 能提供重点实验室建设的经费和配套支撑条件

五、重点实验室的主要目标和任务

1. 主要任务和研究方向

2. 近中期目标及发展战略与思路

六、建设的主要内容

1. 总体设计、结构和布局

2. 组织机构、人员及人才培养

3. 规章制度与运行机制

4. 建设规模与装备

5. 建设周期与进度

6. 经费预算、资金筹措和使用

七、实验室主任、学术委员会主任及委员的提名及其基本情况

八、依托单位意见(保障条件与经费配套等的承诺)

附件 3：

国家测绘局重点实验室
可行性论证提纲

一、论证对象

已经向国家测绘局提交《申请书》，并列入国家测绘局重点实验室建设计划，申请可行性论证的重点实验室。

二、论证依据

1.《国家测绘局重点实验室管理办法》

2. 国家测绘局批复的相关文件

3. 国家测绘局批复的《可行性研究报告》

4. 各级主管部门下发的有关文件

三、论证评审内容

（一）基本能力

1. 拥有学术研究开发的基本用房及相关设备等配套设施

2. 具备相关的研究试验及开发能力

3. 仪器设备到位、支撑条件保证、试验条件具备

4. 管理规章制度和组织机构设计合理

5. 人员规模适当、人员结构合理

（二）主要成绩

1. 承担相关的重大科研开发任务及其取得的重大科技成果

2. 为国家测绘管理与决策提供的技术支持和服务

（三）存在的问题及其对策

（四）今后的发展思路与设想

四、论证方式

1. 采取听取汇报及现场考察相结合的形式。

2. 被论证的实验室必须根据《可行性研究报告》中的建设目标，

以及论证提纲中的论证内容提供相关的报告和文件。

3. 国家测绘局主持召开实验室可行性论证会议,聘请相关领域的专家及管理人员组成论证委员会,一般为 7 至 11 人,其中管理人员一般不超过三分之一。

4. 论证委员会在听取实验室可行性研究报告后,根据论证内容进行实地考察。对实验室的建设及其所形成的能力和业绩进行评议,并提出是否通过论证的详细意见。

5. 国家测绘局审核全部论证文件,在依托单位落实解决论证时专家指出的各项问题后,对通过论证的实验室予以审批。

附件 4：

《国家测绘局重点实验室建设
计划任务书》编制提纲

一、实验室基本信息

实验室中英文名称,学科领域,建设承担单位及单位负责人,建设地点。

二、实验室研究方向、主要研究内容及预期研究目标

在分析本领域发展趋势和状况的基础上,结合本实验室已有工作基础,确立研究方向、近期主要研究内容和预期研究目标。

三、队伍建设及人才培养计划

现有队伍和人才培养情况介绍,实验室规模和队伍结构的总体规划,稳定和吸引优秀高水平人才的具体措施,吸引人才计划。

四、实验平台建设与经费

建设经费概算与落实计划,实验室各研究单元的构成(结合研究内容和队伍设置阐述),现有科研条件(仪器设备、科研用房、配套设施)情况,仪器设备购(研)置计划及理由,基建或配套设施改善计划。

五、实验室管理运行机制

实验室日常运行管理,人员聘用及流动,仪器设备管理与使用,开放合作设想。

六、实验室主任、学术委员会主任及委员提名及其基本情况

七、专家论证意见

八、依托单位的支持(包括配套经费和运行费落实情况)

九、主管部门的支持(包括配套经费和运行费落实情况)

十、依托单位意见

十一、主管部门审查意见

附件：1. 实验室固定人员名单（列出姓名、性别、出生年月、职称、研究方向或专业等主要信息。研究、技术和管理人员分别排列，其中研究人员按照研究单元排列。）

2. 学术委员会提名名单

3. 实验室现有主要仪器设备清单

4. 实验室仪器设备购（研）置计划清单

5. 实验室承担的重要科研项目清单

6. 实验室重要获奖清单

7. 实验室重要专著、论文、专利等科研成果清单

附件5：

已成立的国家测绘局重点实验室名单

一、测绘遥感信息工程国家重点实验室（武汉大学）

二、大地测量与地球动力学国家测绘局重点实验室（武汉大学）

三、极地测绘科学国家测绘局重点实验室（武汉大学、黑龙江测绘局）

四、地理空间信息工程国家测绘局重点实验室（中国测绘科学研究院）

五、数字制图与国土信息应用工程国家测绘局重点实验室（武汉大学、四川测绘局）

六、现代工程测量国家测绘局重点实验室（陕西测绘局、同济大学）

七、精密工程测量与测量机器人国家测绘局重点实验室（武汉大学）

八、测试计量技术与通信工程国家测绘局重点实验室（武汉大学）

关于印发《基础测绘成果应急
提供办法》的通知

国测法字〔2007〕13 号

各省、自治区、直辖市、计划单列市测绘行政主管部门，新疆生产建设
兵团测绘主管部门，局所属各单位：

为在应对突发事件过程中主动快速提供基础测绘成果服务，维
护国家和人民生命财产安全，更好地发挥测绘保障作用，根据《中华
人民共和国突发事件应对法》、《中华人民共和国测绘法》、《中华人民
共和国测绘成果管理条例》等法律法规的规定以及《国家突发公共事
件总体应急预案》的要求，我局制定了《基础测绘成果应急提供办
法》。该办法已经局务会议审议通过，现予印发，请遵照执行。

国家测绘局
二〇〇七年十二月二十八日

基础测绘成果应急提供办法

第一条 为了在应对突发事件过程中主动快速提供基础测绘成
果服务，维护国家和人民生命财产安全，更好地发挥测绘保障作用，
根据《中华人民共和国突发事件应对法》、《中华人民共和国测绘法》、
《中华人民共和国测绘成果管理条例》等法律法规以及《国家突发公
共事件总体应急预案》，制定本办法。

第二条 本办法所称突发事件，是指《中华人民共和国突发事件
应对法》所规定的突然发生，造成或者可能造成严重社会危害，需要

采取紧急处置措施予以应对的自然灾害、事故灾难、公共卫生事件和社会安全事件。

第三条 在应对突发事件时申请使用和提供基础测绘成果，应当遵守本办法。

申请用于预防、监测可能发生的突发事件以及灾后重建等所需的基础测绘成果，按照《基础测绘成果提供使用管理暂行办法》的规定执行。

第四条 基础测绘成果应急提供应当遵循以下原则：

（一）时效性：及时提供应对突发事件所需的各种基础测绘成果；

（二）安全性：按照国家保密法律法规的相关要求提供基础测绘成果，确保国家秘密安全；

（三）可靠性：所提供基础测绘成果的范围、种类、数量等应当与所需一致，各种相关资料应当一致；

（四）无偿性：应对突发事件所需的基础测绘成果无偿提供使用。

第五条 各级测绘行政主管部门应当加强应急服务能力建设，按照职责分工负责相应的基础测绘成果的应急提供和使用审批。

突发事件发生地的测绘行政主管部门应当快速响应，积极做好提供基础测绘成果应急服务的相关工作。

第六条 申请基础测绘成果应急服务，应当具备以下条件：

（一）发生突发事件；

（二）申请人为应对突发事件的相关部门或者单位。

第七条 申请基础测绘成果应急服务，采用简化申请程序的方式办理。

申请人可先电话向相应测绘行政主管部门提出要求，再以加盖本部门印章的传真形式如实提交应急申请材料，主要包括突发事件的概况以及所需测绘成果的范围、种类、数量等。

第八条 各级测绘行政主管部门应当当场或者在 4 小时内完成基础测绘成果应急服务申请的审核与批复，明确并及时通知相关测绘成果保管单位。

基础测绘成果不能满足应对突发事件需求时,测绘行政主管部门应予以说明,并提出有关应急解决方案。

第九条 基础测绘成果应急提供时,各级测绘行政主管部门可无偿调用所缺的基础测绘成果。被调用方接到调用方加盖本机关印章的书面通知(传真)后,应在 8 小时内(特殊情况不超过 24 小时)准备好相关基础测绘成果,并及时通知调用方领取。无正当理由,被调用方不得以任何借口拒绝或者延迟提供。

第十条 测绘成果保管单位负责提供应对突发事件时所需的基础测绘成果。

第十一条 测绘成果保管单位应当根据相关批复或者调用通知(情况特别紧急时,可以依据相关测绘行政主管部门的电话通知),在最短时间内完成基础测绘成果应急提供,一般提供期限为 8 小时,特殊情况不超过 24 小时。

第十二条 被许可使用人应当到指定的测绘成果保管单位领取应对突发事件所需的基础测绘成果,并同时按照《基础测绘成果提供使用管理暂行办法》的规定办理领用手续。

情况特别紧急时,测绘行政主管部门可以及时向有关部门送达所需的基础测绘成果。在确保安全的前提下,也可经涉密网络传输有关数据,以提高应急时效。

第十三条 被许可使用人应当在 7 个工作日内,按照《基础测绘成果提供使用管理暂行办法》的规定,向测绘行政主管部门提交有关申请材料,补齐基础测绘成果使用审批手续。

第十四条 被许可使用人应当严格按照国家有关保密和知识产权等法律法规的要求保管和使用基础测绘成果,并向相应测绘行政主管部门反馈测绘成果应急服务的效用信息。

因应对突发事件领(调)用的基础测绘成果,不得另作他用。

第十五条 在应对突发事件时,有关测绘行政主管部门违反本办法第九条的规定,拒绝或者延迟无偿调用基础测绘成果的,由上一级测绘行政主管部门责令立即改正;对主要负责人、负有责任的主管人员和其他责任人员依法给予处分;构成犯罪的,依法追究刑事责任。

第十六条　申请、审批、提供基础测绘成果过程中存在违规行为,或者擅自将所申请基础测绘成果另作他用的,根据有关法律法规的规定予以处罚;构成犯罪的,依法追究刑事责任。

第十七条　本办法自颁布之日起施行。

关于进一步加强国家测绘局
政府网站建设的意见

国测办字〔2007〕15 号

各省、自治区、直辖市、计划单列市测绘行政主管部门，新疆生产建设兵团测绘主管部门，局所属各单位，机关各司(室)：

为深入贯彻落实党的十六大和十六届三中、五中、六中全会以及全国电子政务工作座谈会精神，按照《国务院办公厅关于加强政府网站建设和管理工作的意见》(国办发〔2006〕104 号)、《国务院办公厅关于进一步做好中央政府门户网站内容保障工作的意见》(国办发〔2006〕61 号)精神，现就进一步加强国家测绘局政府网站(以下简称"局政府网站")建设工作提出如下意见：

一、深刻领会、提高认识，增强办好局政府网站的紧迫感

政府网站是各级人民政府以及政府部门在互联网上发布政务信息和提供在线服务、与公众互动交流的重要平台。随着社会信息化的发展，政府网站已成为政府应用信息技术履行职能的重要形式。办好政府网站，有利于促进政府依法行政，提高社会管理和公共服务水平，保障公众知情权、参与权和监督权，对于加强政府自身建设和推进行政管理体制改革具有重要意义。

各单位、各部门要以邓小平理论和"三个代表"重要思想为指导，全面落实科学发展观，按照构建社会主义和谐社会的要求，认真学习、深刻领会、积极贯彻国务院关于电子政务建设的一系列决策和部署；要高度重视局政府网站建设工作，进一步提高认识，增强责任感和紧迫感；要对局政府网站建设工作进行统筹规划，重点围绕政务信息公开、在线办事和公众参与三大功能，努力把局政府网站办成政务公开的重要窗口和建设服务机关、效能机关的重要平台。

二、丰富内容、挖掘深度,着力加强政府信息发布

各单位、各部门要按照严格依法、全面真实、及时便民的要求,做好政府信息发布,推进政务公开。

(一)及时发布政务信息。局政府网站要及时更新机构概况、领导简介等栏目,公布测绘法规、规划及实施情况、重大工作部署、重要会议和活动、重要人事任免等信息,不断提升信息发布的广度和深度。国家测绘局举办的重要活动要逐步实现局政府网站直播。

(二)适时推出专题、专栏政务信息。围绕局重点工作,以及社会公众关注的热点问题,局政府网站要适时发布政策法规解读、热点政务介绍等权威测绘信息,引导公众进一步了解、支持测绘工作。各单位、各部门要积极配合,立足测绘特色,研究拟定专题。

(三)规范发布程序,保证政务信息质量。要建立严格规范的信息采集、审核和发布制度,按照有关保密工作的规定,加强审查,层层把关,确保发布的信息内容、发布的程序合法合规;要研究制定政务信息的分类标准,编制信息公开目录,明确信息发布的时限。

三、拓宽范围、面向需求,切实提高网上服务水平

各单位、各部门要坚持以服务为导向,捕捉、发掘社会公众的需求,增强服务意识,加强网站的服务功能建设。

(一)拓展服务范围。要认真梳理本单位、本部门的服务事项,局政府网站建设部门在此基础上,整合信息资源,协调设计建设局政府网站。要针对不同受众和群体,逐步在局政府网站提供各类主题服务和公益服务,满足社会和公众的需求。

(二)提高在线办事能力和水平。要逐步推进行政许可项目的在线办理,确保"十一五"期间我局50%以上行政许可项目实现在线办理。要在局政府网站上提供切实有效的服务路径和办理流程,按照外网受理、内网办理、外网反馈的在线办理模式,通过一点受理、抄告相关、并联审批、限时反馈,为社会和公众提供便捷的服务。

(三)逐步实现"一站式服务"。局政府网站主管部门要统筹协调测绘系统政府网站体系建设,整合和发掘现有网站资源,加强局政府

网站门户功能建设,逐步面向测绘单位和社会公众提供"一站式服务"。

四、发掘热点、创新栏目,稳步推进互动交流

各单位、各部门要按照总体规划、分步实施、严格审理、确保安全的原则,加强局政府网站互动栏目建设,不断丰富互动交流方式,为公众参与互动交流创造条件。

(一)加强对热点问题的宣传和引导。要围绕局重点工作,密切关注并准确把握网上舆情热点,通过在线访谈、热点解答、网上咨询等栏目,做好宣传和解疑释惑工作。局政府网站建设部门要积极策划各级测绘行政主管部门以及所属单位的负责人在局政府网站进行在线访谈,扩大社会影响。

(二)做好信息受理和反馈。要通过局长信箱、公众监督信箱、公众留言等,接受公众的建言献策和情况反映。局政府网站主管部门针对网上反映的问题,要及时组织反馈材料;要及时在网站发布有关负责人对网上涉及问题所作的批示、处理情况。

(三)逐步推进网上调查。要围绕测绘重大决策和与公众利益密切相关的事项,积极开展网上调查、网上听证、网上评议等工作,征集公众的意见和建议,及时分析汇总,为决策提供参考。

五、推进研发、维护安全,提升局政府网站技术保障能力

各单位、各部门要加强基础设施的建设,进一步提高网站建设的技术水平。

(一)不断推进技术研发。局政府网站建设部门要根据网站运行和内容建设的需要,加强网络技术平台和重要业务应用系统建设以及功能性软件研发。在条件具备的时候,逐步统一测绘系统政府网站的网络技术平台和重要业务应用系统。

(二)进一步做好安全建设。局政府网站建设部门要按照电子政务安全规范和技术要求,完善局政府网站的安全基础设施,制定完备的安全策略和应急预案,加强安全技术手段的应用。要做好日常巡检和随时监测,不断提高对网络攻击、病毒入侵、系统故障等的安全防范和应急处置能力,确保网站全天候工作、信息页面正常浏览、办事和互动平台畅通有效。

六、统筹协调、明确责任,完善局政府网站运行管理机制

做好局政府网站建设的关键是各单位、各部门合理分工、积极配合,并逐步形成一套完善的机制。

(一)统一管理、合作分工。国家测绘局办公室是局政府网站主管部门,负责对局政府网站建设工作进行统筹规划,指导、监督和协调;国家测绘局管理信息中心是局政府网站建设部门,负责对局政府网站建设和管理,提供相应的技术保障;机关各司(室)以及其他各单位、各部门要积极配合,主动为局政府网站建设提供内容保障。

(二)完善网站运行管理机制。国家测绘局逐步建立和完善局政府网站的信息保障、栏目共建、信息处理和反馈、办事服务、互动交流等各方面的工作机制,并进一步明确工作责任。各单位、各部门要认真执行各项制度,明确具体责任人和联络人,积极为局政府网站建设提供内容保障。

(三)建立监督和考核评估机制。对已经建立的各项机制,各单位、各部门对其执行情况要加强监督,并定期对执行效果进行评估。要制定监督和考核评估的办法,考核评估包括服务效率和服务质量两方面。各单位、各部门要将考核情况纳入年度绩效考核工作内容。

(四)加强对省级测绘主管部门政府网站建设的指导。国家测绘局在做好局政府网站建设的同时,要加强与省级测绘主管部门政府网站的沟通和联系,为其提供必要的技术保障,支持省级测绘主管部门政府网站建设。

七、深化建设、协同推进,做好中央政府门户网站内容保障工作

中央政府门户网站开通以来,各部门积极配合国务院办公厅做好内容保障工作,使中央政府门户网站的内容不断丰富,功能逐步增强,日益成为政务公开的重要窗口和建设服务型政府的重要平台。各单位、各部门要按照国务院办公厅的要求,通过深化局政府网站建设,进一步做好对中央政府门户网站的内容保障工作。

（一）完善内容保障的工作制度。要积极协助局政府网站建设部门做好内容保障工作，及时提供所需的各种信息。要建立健全内容保障工作的信息采编、报送、审核、发布等工作制度，保证各个环节运行顺畅；逐步完善业务规范，建立快速反应机制。

（二）推进业务协调和资源共享。要根据内容保障工作的要求，逐步实现本单位、本部门网站与局政府网站在网络技术平台、业务应用系统、网站栏目设置等方面的对接或兼容，以方便重要信息的网上抓取和及时报送。局政府网站建设部门要对各单位各部门的网站建设及时提供指导。

（三）做好业务培训工作。要培养一批在实际工作中能抓住新闻点快速报道、熟练进行专题制作、熟练进行采编发的业务人员；要通过定期开展不同层次、不同内容的培训和交流，提高业务人员的工作能力和水平。

做好局政府网站建设工作意义重大，任务艰巨。各单位、各部门要进一步转变观念、扎实工作、狠抓各项工作措施落实，不断提高局政府网站的建设和服务水平。

国家测绘局
二○○七年七月十六日

关于导航测试活动性质
认定问题的批复

测办〔2007〕19 号

上海市测绘管理办公室:

你办《关于请对导航测试活动性质予以解释的紧急请示》(沪测管〔2007〕第 12 号)收悉。经研究,批复如下:

根据《中华人民共和国测绘法》第二条的规定,"本法所称测绘,是指对自然地理要素或者地表人工设施的形状、大小、空间位置及其属性等进行测定、采集、表述以及对获取的数据、信息、成果进行处理和提供的活动"。在导航测试活动中,运用相关仪器采集空间地理信息,并通过获取的数据、信息对软件数据、资料进行核对、修正等,属于测绘活动。

请你办依照《中华人民共和国测绘法》、《外国的组织或者个人来华测绘管理暂行办法》等有关法律法规,加强外国的组织或者个人来华从事测绘活动的管理,依法查处违法测绘活动。

国家测绘局办公室
二〇〇七年四月三日

816

关于界定测绘活动及测量用 GPS 问题的复函

国测函〔2007〕23 号

新疆维吾尔自治区测绘局：

你局《关于界定测绘活动及测量用 GPS 的请示》(新测图〔2007〕5 号)收悉。经研究,现函复如下：

一、凡是精度高于 100 米,并在测绘活动中使用的各种 GPS 接收设备,均为测量用 GPS。

二、在进行生态环境考察及考古、登山、探险、旅游等活动中,使用 GPS 接收设备采集地理坐标并对坐标所对应的自然地理要素或者地表人工设施的形状、大小、空间位置及其属性进行测定、采集、表述的,均属测绘活动范畴。

三、在我国境内使用国外印制的我国地形图,并对地形图上的相关地理信息要素进行采集、标注或者更新的,属于测绘活动。

凡外国的组织或者个人未经批准,擅自在我国领域和管辖的其他海域从事测绘活动的,应当根据《中华人民共和国测绘法》、《外国的组织或者个人来华测绘管理暂行办法》的规定予以严肃查处。

国家测绘局
二〇〇七年三月十三日

关于印发《测绘行业技师考评管理办法（试行）》的通知

国测人字〔2007〕30 号

各省、自治区、直辖市测绘行政主管部门，局所属各单位，机关各司（室）：

现将《测绘行业技师考评管理办法（试行）》印发给你们，请遵照执行。

附件：测绘行业技师考评管理办法（试行）

国家测绘局

二〇〇七年八月一日

附件：

测绘行业技师考评管理办法（试行）

第一条 为做好测绘行业技师考评工作，根据有关规定，结合测绘行业的实际情况制定本办法。

第二条 技师按照技术等级分为技师和高级技师。

第三条 技师考评工作按照严格标准、德才兼备、注重实绩的原则进行。

第四条 根据《中华人民共和国职业分类大典》，列入测绘行业技师考评范围的职业有大地测量员、摄影测量员、地图制图员、工程测量员、地籍测绘员、房产测量员。

第五条 技师考评分为理论知识考试、技能操作考核和综合评审。

第六条 国家测绘局综合管理技师考评工作；国家测绘局职业技能鉴定指导中心（以下简称"中心"）成立技师评审委员会，统一组织技师的综合评审工作；测绘行业特有工种职业技能鉴定站（以下简称鉴定站）负责理论知识考试与技能操作考核工作。

第七条 申报条件：

（一）取得高级职业资格证书后，连续从事本职业工作7年以上者；或取得高级职业资格证书后，连续从事本职业工作5年以上，经本职业技师正规培训达规定标准学时，并取得结业证书者，可申报技师。

（二）取得技师职业资格后，连续从事本职业工作8年以上者；或取得技师职业资格证书后，连续从事本职业工作5年以上，经本职业高级技师正规培训达规定标准学时，并取得结业证书者，可申报高级技师。

第八条 考评程序：

（一）符合申报条件的人员，向鉴定站办理申报手续，填写《测绘行业技师考评申报表》，提交评审材料和有关高级职业资格证书原件。

评审材料可以是论文、技术工作报告、业绩总结等。

（二）鉴定站对符合条件的人员进行理论知识考试与技能操作考核，并将理论知识考试与技能操作考核合格者的成绩及评审材料上报"中心"。

理论知识考试与技能操作考核均实行百分制，成绩皆达 60 分以上者为合格。

（三）技师评审委员会组织有关职业评审工作小组按照国家职业标准进行评审。

（四）"中心"将技师考评合格的人员情况汇总，报国家测绘局人事司验印后，向考评合格的人员颁发劳动和社会保障部统一印制的《职业资格证书》。

第九条 鉴定站违反本办法，在社会上造成不良影响的，国家测绘局给予通报批评；情节严重的，吊销其《职业技能鉴定许可证》。

第十条 技师评审工作小组和鉴定站工作人员违反本办法，弄虚作假、徇私舞弊的，将根据人事管理权限给予处分，并停止相关工作。

第十一条 申报技师的人员违反本办法，弄虚作假的，2 年内不得申报技师考评；已经取得职业资格的，予以撤销。

第十二条 本办法由国家测绘局人事司解释。

第十三条 本办法从发布之日起执行。

关于印发《测绘行业职业技能鉴定质量督导管理办法》的通知

国测人字〔2007〕31 号

各省、自治区、直辖市测绘行政主管部门,局所属各单位,机关各司(室):

现将《测绘行业职业技能鉴定质量督导管理办法》印发给你们,请遵照执行。

附件:测绘行业职业技能鉴定质量督导管理办法

国家测绘局

二〇〇七年八月一日

附件：

测绘行业职业技能鉴定质量督导管理办法

第一章　总　则

第一条　为规范测绘行业职业技能鉴定工作，加强职业技能鉴定管理，提高职业技能鉴定质量，根据劳动和社会保障部《职业技能鉴定质量督导工作规程》制定本办法。

第二条　测绘行业职业技能鉴定质量督导是指国家测绘局、省级测绘行政主管部门及国家测绘局职业技能鉴定指导中心（以下简称"中心"）按照国家职业技能鉴定的有关规定，向测绘行业特有工种职业技能鉴定站派出质量督导员，对其贯彻执行国家职业技能鉴定有关法规政策和职业标准、考评人员聘用、试题试卷提取、考务实践及证书管理等工作进行监督和检查。

第三条　测绘行业职业技能鉴定质量督导应依据国家法律、法规和国家职业标准及其他政策性、技术性文件，遵循客观公正、科学规范的原则开展工作。

第四条　国家测绘局负责全国测绘行业职业技能鉴定质量督导的管理和指导工作，统筹规划本行业质量督导员资格培训、考核和认证工作；各省级测绘行政主管部门负责本地区测绘行业职业技能鉴定质量督导的管理和指导工作，负责本地区测绘行业职业技能鉴定质量督导员人选的推荐工作；"中心"承担测绘行业职业技能鉴定质量督导员（以下简称质量督导员）的资格培训、认证考核，以及相关质量督导工作。

第二章　质量督导员

第五条　质量督导员应具备下列条件：

热爱职业技能鉴定工作,廉洁奉公、办事公道、作风正派,具有良好的职业道德和敬业精神;具备一定的文字表达能力与语言沟通能力。同时还符合以下要求之一:

(一)具有考评人员资格三年或技师资格五年以上;

(二)从事职业技能鉴定行政和技术管理工作;

(三)熟悉鉴定理论或质量管理知识与方针政策,并参加技能考评工作三年以上;

(四)具有测绘专业中专以上或相当于中专以上学历,并在本行业有一定威信。

第六条 质量督导员实行培训考核认证制度。质量督导员应当接受有关法律法规、政策,职业道德,职业技能鉴定管理和督导等内容的培训。

质量督导员资格考核采取笔试方式进行。经培训和考核合格后,由劳动和社会保障部颁发《职业技能鉴定质量督导员》证卡。有效期为三年。

质量督导员三年有效期满须重新培训考核,考核合格后换发新证卡,同时收回旧证卡。考核不合格者,收回旧证卡并注销其质量督导员资格。

第七条 质量督导员实行委派制,由省级以上测绘行政主管部门或"中心"委派,执行测绘行业职业技能鉴定质量督导工作。具体工作职责如下:

(一)对测绘行业职业技能鉴定机构贯彻执行有关职业技能鉴定法规、规章和政策的情况实施督导;

(二)对测绘行业特有职业技能鉴定站及相应考核机构的工作实施督导。包括职业技能鉴定站运行条件和鉴定范围、试题及题库、考评人员资格、参加鉴定人员的资格条件审查、考务管理程序和考场秩序以及职业资格证书管理等;

(三)对群众举报的职业技能鉴定违纪情况进行调查、核实;

(四)对测绘行业职业技能鉴定工作中的重大问题进行调查研

究,提出建议。

第三章 质量督导

第八条 职业技能鉴定质量督导分现场督考和经常性检查两种形式。

现场督考主要是对考试现场和工作现场的质量督导。由"中心"制定督考方案,报国家测绘局人事司备案后组织实施。

经常性检查主要是测绘行政主管部门定期对鉴定机构进行单项和全面的质量检查与评估。

第九条 职业技能鉴定质量督导方式主要有:

(一)监督职业技能鉴定活动;

(二)听取情况汇报;

(三)查阅有关文件、档案、资料;

(四)进行个别访问、调查问卷、测试和复核;

(五)现场调查;

(六)撰写督导报告。

第十条 在职业技能鉴定质量督导工作中,被督导单位及有关人员有下列情形之一的,质量督导员可提请其主管部门对该单位按有关规定予以处理。

(一)拒绝向质量督导员提供有关情况和文件、资料的;

(二)阻挠有关人员向质量督导人员反映情况的;

(三)对提出的督导意见,拒不采取改进措施的;

(四)弄虚作假、采取欺骗手段干扰职业技能鉴定质量督导工作的;

(五)打击、报复质量督导员的;

(六)其他影响质量督导工作的行为。

第四章　监督与纪律

第十一条　为有效地对质量督导员的行为进行监督,每次督导活动都要由质量督导员签订责任书,同时被督导单位对质量督导员的督导情况要提出反馈意见。

第十二条　质量督导员在执行督导任务时,必须严格执行质量督导员工作守则和考场规则,实行回避制度。

第十三条　质量督导员实行轮换制度。质量督导员在同一个被督导单位连续从事督导工作一年内不能超过三次;督导小组成员每次轮换不能少于三分之一。

第十四条　质量督导员实行年度考核和评议制度。质量督导员的年度考核和评议工作由"中心"负责,考核结果作为是否委派的主要依据。

对于取得质量督导员资格但两年内未参加督导工作的,应取消其资格,收回质量督导员资格证卡。

第十五条　质量督导员有下列情况之一的,由其所在单位给予批评教育;情节严重的,给予行政处分,同时报请劳动保障部门取消其质量督导员资格。

(一)违反职业技能鉴定有关规定的;

(二)因渎职贻误工作的;

(三)利用职权谋取私利的;

(四)利用职权包庇或打击报复他人,侵害他人合法权益的;

(五)其他妨碍工作正常进行,并造成恶劣影响的。

第五章　附　则

第十六条　本办法由国家测绘局人事司解释。

第十七条　本办法自发布之日起执行。

关于外籍华人到中资
测绘单位工作有关问题的批复

测管函〔2007〕34 号

江苏省测绘局：

你局《关于外籍华人到中资测绘单位工作的请示》（苏测〔2007〕95 号）收悉。经研究，现批复如下：

依照《中华人民共和国测绘法》、《中华人民共和国公司法》、《中华人民共和国公司登记管理条例》等法律法规的规定，对外籍华人到中资测绘单位从事测绘活动的，或者由于中资测绘公司的股东变更为外籍华人而使该公司应当依法申请变更登记为中外合资、合作企业的，应当依照《外国的组织或者个人来华测绘管理暂行办法》的有关规定办理。

国家测绘局行业管理司

二〇〇七年八月十七日

关于测绘资质管理
有关问题的批复

测办〔2007〕34 号

浙江省测绘局：

　　你局《关于测绘资质管理有关问题的请示》（浙测〔2007〕40 号）收悉。经研究，批复如下。

　　原则同意你局关于在测绘资质年度注册和日常检查中发现不符合相应资质条件的单位，给予一定整改期限的意见，但整改期限不应超过 2 个月。对于整改的单位，应当书面通知其存在的问题和拟处理意见，并要求其在规定期限内报送整改材料。经过整改依然不符合测绘资质条件，或者未在规定期限内报送整改材料的，应当降低测绘资质等级或者注销测绘资质。其中，降低甲级测绘单位资质等级或注销甲级测绘单位资质，由省级测绘行政主管部门提出建议，报送国家测绘局决定。

国家测绘局办公室

二〇〇七年五月二十八日

关于对使用太原市平面坐标系统的批复

国测国字〔2007〕41 号

太原市国土资源局：

你局上报的《建立相对独立的平面坐标系统申请书》及补充材料收悉。根据《中华人民共和国测绘法》（以下简称《测绘法》）、《中华人民共和国行政许可法》的有关规定，经研究，批复如下：

一、根据《测绘法》第十条"大城市确需建立相对独立的平面坐标系统的，由国务院测绘行政主管部门批准"的规定，现批准太原市国土资源局建设的太原市平面坐标系统作为太原市合法的相对独立的平面坐标系统。

二、根据《测绘法》及有关法律法规的规定，太原市国土资源局负责对太原市平面坐标系统及其成果依法进行管理、更新和维护；依法向社会公开、提供有关成果及服务；依法向省测绘主管部门汇交该系统成果副本（包括与国家坐标系统的转换参数）。

三、未经国家测绘局批准，任何单位不得在太原市平面坐标系统控制范围内新建其他相对独立的平面坐标系统。

四、省测绘主管部门依法对太原市平面坐标系统的管理、运行、维护、更新和该系统成果的保管、使用、服务等实施监督管理。

国家测绘局

二〇〇七年七月二十四日

关于测绘资质条件中
独立法人问题的批复

测办〔2007〕109号

上海市测绘管理办公室：

你办《关于请对测绘资质审核条件中独立法人予以解释的请示》〔沪测管函〔2007〕第15号〕收悉。经研究，现批复如下：

《测绘资质管理规定》第六条中"独立的法人单位"，是对申请测绘资质的单位的主体资格进行规定。依照该规定，申请测绘资质的单位应具有独立法人资格，但不要求其内设测量部门必须具有独立法人资格。

依照《测绘资质分级标准》的规定，申请测绘资质的单位除人员应符合要求外，其质量保证体系、档案管理制度、测绘项目业绩等也应符合标准条件，并经测绘行政主管部门认定或考核通过。以科研、设计、建设、施工、咨询等为主要业务的单位，还应设有相对独立建制的测绘生产机构，应有主管测绘生产的领导和主管测绘质量的负责人。

请你办在测绘资质行政许可中综合把握标准条件，依法严格审查，并加强资质许可的事后监管。

关于你办提出丙、丁级资质标准偏低问题，将在修订《测绘资质管理规定》和《测绘资质分级标准》时进行研究，通过科学合理调整资质业务范围和标准条件，逐步引导和规范测绘市场。

国家测绘局办公室
二〇〇七年十二月二十八日

关于加强互联网地图和地理信息服务网站监管的意见

国测图字〔2008〕1号

各省、自治区、直辖市人民政府，国务院各部委、各直属机构：

随着卫星定位技术、遥感技术、地理信息系统技术和网络技术的进步，基于互联网的地图和地理信息服务发展迅速，在给人们的工作、生活提供便利的同时，也出现了许多不容忽视的问题。一些单位和个人违反国家有关法律法规的规定，不具资质或未经批准，擅自提供互联网地图和地理信息服务，发布错误的国家版图，把一些敏感的、不宜公开的、甚至是涉及国家秘密的相关地理坐标数据信息标注在互联网地图上。这些问题的出现，严重损害了国家利益，威胁国家安全。为加强互联网地图和地理信息服务网站的监督管理，经国务院同意，现提出以下意见：

一、充分认识加强互联网地图和地理信息服务网站监管的重要性

地理信息是国民经济建设和国家安全的重要基础数据。互联网地图作为地理信息的载体之一，同其他地图一样，是国家版图的主要表现形式，体现着一个国家在主权方面的意志和在国际社会中的政治、外交立场，具有严密的科学性、严肃的政治性和严格的法定性。互联网地图出现错误，不仅损害消费者的利益，而且损害国家利益、民族尊严，甚至可能造成极为恶劣的政治影响；如果在互联网地图上擅自标注、加载、上传重要地理信息数据和属性，就有可能泄露国家秘密，给国家安全造成隐患。

各地区和各有关部门一定要本着对国家主权、民族尊严和人民群众切身利益高度负责的精神，从讲政治和维护国家安全的战略高度,充分认识加强互联网地图和地理信息服务网站监管工作的重要性,进一步规范互联网地图编制、出版、登载和上传地理信息的行为,深入开展国家版图意识和安全保密意识的宣传教育活动,杜绝损害国家主权、安全和民族尊严的"问题地图"在互联网上传播。

二、严格执行互联网地图和地理信息服务活动的市场准入制度

互联网地图是一种特殊的地图产品,从事互联网地图和地理信息服务活动必须遵守国家法律法规的规定。从事互联网地图编制活动,必须经国务院测绘行政主管部门审批,并取得相应的测绘资质证书。从事互联网地图出版活动,应经国务院新闻出版部门审批,并取得互联网出版许可证。外国的组织或者个人不得在我国境内从事互联网地图编制和出版活动。

互联网地图在登载、出版前,应当报国务院测绘行政主管部门或者省、自治区、直辖市测绘行政主管部门审核;从事互联网地图和地理信息服务的,应当依法向信息产业(通信)主管部门申请办理互联网信息服务经营许可证或者履行备案手续。任何单位和个人不得在互联网上擅自公布重要地理信息数据。在互联网上需要使用重要地理信息数据的,应当使用依法公布的重要地理信息数据。利用涉及国家秘密的测绘成果开发生产互联网地图和提供地理信息服务,必须先经国务院测绘行政主管部门或者省、自治区、直辖市测绘行政主管部门进行保密技术处理。

三、进一步加强对互联网地图和地理信息服务网站的监管

测绘行政主管部门要加强互联网地图测绘资质的管理和互联网地图登载、出版前的审核;采取措施,坚决制止涉密地图、高精度坐标成果及重要地形地物属性等通过网络扩散。要加快地理信息公共服务平台建设,积极研制公众版数字化地图产品,促进测绘成果的社会化应用。

新闻出版行政部门要加强互联网地图出版管理,严格执行互联网地图出版管理的有关规定,对违反国家出版法规的互联网地图出版行为进行查处。

工商行政管理部门在受理互联网地图和地理信息服务网站(企

业)登记注册时,要查验是否取得了测绘行政主管部门颁发的相应测绘资质证书和新闻出版行政部门颁发的具有互联网地图出版业务的互联网出版许可证。

保密部门要加强对互联网地图和地理信息安全保密工作的指导,会同有关部门严肃查处泄露国家秘密的违法违规行为。

通信管理部门要协助配合有关主管部门加强对互联网地图和地理信息服务网站的监管。对危害国家主权、安全和利益的互联网地图和地理信息服务网站,相关主管部门要做出关闭网站的行政处罚;网站拒不执行的,通信管理部门依法通知互联网接入服务提供者停止为其网站提供接入服务。

四、严肃查处互联网地图和地理信息服务违法违规行为

各有关部门要着力开展对互联网地图的专项整治,规范互联网地图和地理信息服务活动,并强化日常监管。各地区要根据本地实际情况,对本行政区域内的互联网地图和地理信息服务网站进行全面、彻底的检查。凡未经国家或省级测绘行政主管部门审核批准的互联网地图,一律不得登载和转发;对于存在问题的互联网地图,要依法查处纠正。凡未取得从事互联网地图出版业务许可的经营主体,一律停止互联网地图出版活动。要以情节严重、社会反响强烈的典型违法案件为突破口,进一步加大打击违法从事互联网地图和地理信息服务活动的力度,公布互联网地图和地理信息服务中严重违法的单位和企业名单以及典型违法案件查处情况。

五、深入开展国家版图和安全保密意识的宣传教育活动

各地区、各有关部门要在继续深入开展国家版图意识宣传教育的同时,加强网络信息安全的宣传教育工作,采取多种形式,广泛深入地宣传地图管理、保密等法律法规。教育网站经营者依法文明办网,教育公民不向互联网上传不宜公开的地理信息。引导互联网地图和地理信息服务行业加强自律,强化网站经营者的信息安全意识和社会责任感。建立举报奖励制度,鼓励广大人民群众积极举报违法违规互联网地图和地理信息泄密案件,发挥公众参与和社会监督作用。

依法从事互联网地图和地理信息服务的企业要严格自律,禁止

832

传输、标注、发布危害国家主权和领土完整的"问题地图"和可能危害国家安全的地理信息。

六、积极推进互联网地图和地理信息服务管理的法制建设

有关部门要加快《中华人民共和国地图编制出版管理条例》的修订工作,制定相应的配套规章,做到有法可依,依法行政,进一步规范互联网地图和地理信息服务网站活动,强化安全保密措施。

国务院有关部门要相互配合,协调指导各省、自治区、直辖市有关部门开展互联网地图和地理信息服务网站监管工作,定期对工作情况进行督促检查。要建立由有关部门参加的情况通报制度,及时通报、处理互联网地图和地理信息服务中出现的违法违规行为。地方各级人民政府要组织协调有关部门采取长期有效、切实可行的监管措施,加强互联网地图和地理信息服务网站的监管,促进和谐网络建设和地理信息产业的繁荣发展。

国家测绘局

外交部

公安部

信息产业部

国家工商行政管理总局

新闻出版总署

国务院新闻办公室

国家保密局

二〇〇八年二月二十五日

国家测绘局公告

第 2 号

　　根据《中华人民共和国测绘法》,经国务院批准,我国自 2008 年 7 月 1 日起,启用2000国家大地坐标系。现公告如下:

　　一、2000国家大地坐标系是全球地心坐标系在我国的具体体现,其原点为包括海洋和大气的整个地球的质量中心。2000国家大地坐标系采用的地球椭球参数如下:

　　长半轴　　　　　　　$a = 6\ 378\ 137\text{m}$

　　扁率　　　　　　　　$f = 1/298.257\ 222\ 101$

　　地心引力常数　　　　$GM = 3.986\ 004\ 418 \times 10^{14}\,\text{m}^3\,\text{s}^{-2}$

　　自转角速度　　　　　$\omega = 7.292\ 115 \times 10^{-5}\,\text{rad}\ \text{s}^{-1}$

　　二、2 000国家大地坐标系与现行国家大地坐标系转换、衔接的过渡期为 8—10 年。

　　现有各类测绘成果,在过渡期内可沿用现行国家大地坐标系;2008 年 7 月 1 日后新生产的各类测绘成果应采用2000国家大地坐标系。

　　现有地理信息系统,在过渡期内应逐步转换到2000国家大地坐标系;2008 年 7 月 1 日后新建设的地理信息系统应采用2000国家大地坐标系。

　　三、国家测绘局负责启用2000国家大地坐标系工作的统一领导,制定2000国家大地坐标系转换实施方案,为各地方、各部门现有测绘成果坐标系转换提供技术支持和服务;负责完成国家级基础测绘成果向2000国家大地坐标系转换,并向社会提供使用。国务院有关部门按照国务院规定的职责分工,负责本部门启用2000国家大地坐标系工作的组织实施和本部门测绘成果的转换。

四、县级以上地方人民政府测绘行政主管部门,负责本地区启用2000国家大地坐标系工作的组织实施和监督管理,提供坐标系转换技术支持和服务,完成本级基础测绘成果向2000国家大地坐标系的转换,并向社会提供使用。

特此公告。

国家测绘局

二〇〇八年六月十八日

关于加强涉密测绘成果
管理工作的通知

国测成字〔2008〕2 号

各省、自治区、直辖市、计划单列市测绘行政主管部门,新疆生产建设兵团测绘主管部门,局所属各单位:

为进一步加强涉及国家秘密的测绘成果的管理,保障测绘成果的开发利用,深入贯彻落实《国务院关于加强测绘工作的意见》(国发〔2007〕30 号)和中央关于加强保密工作的有关精神,现就有关要求通知如下:

一、建立健全保密管理制度

(一)涉及国家秘密的测绘成果(以下简称涉密测绘成果)事关国家安全和利益,从事涉密测绘成果生产、加工、保管和使用等方面工作的单位(以下简称涉密单位),应当遵守国家保密法律、法规和有关规定(见附件),建立健全保密管理制度,按照积极防范、突出重点、严格标准、明确责任的原则,对落实保密制度的情况进行定期或不定期的检查,及时解决保密工作中的问题。

(二)涉密单位应当建立保密管理领导责任制,加强对本单位保密工作的组织领导,切实履行保密职责和义务;设立保密工作机构,配备保密管理人员。应当根据接触、使用、保管涉密测绘成果的人员情况,区分核心、重要和一般涉密人员,实行分类管理,进行岗前涉密资格审查,签署保密责任书,加强日常管理和监督。

二、强化安全保密措施

(三)涉密单位应当依照国家保密法律、法规和有关规定,对生产、加工、提供、传递、使用、复制、保存和销毁涉密测绘成果,建立严格登记管理制度,加强涉密计算机和存储介质的管理,禁止将涉密载体作为废品出售或处理。

（四）涉密单位要依照国家有关规定，及时确定涉密测绘成果保密要害部门、部位，明确岗位责任，设置安全可靠的保密防护措施。

（五）涉密单位应当对涉密计算机信息系统采取安全保密防护措施，不得使用无安全保密保障的设备处理、传输、存储涉密测绘成果。

三、规范成果提供使用行为

（六）县级以上测绘行政主管部门要依法履行提供涉密测绘成果的行政审批职能，明确规定申请、受理、审批、提供、使用等环节的具体要求，并向社会公布；要明确本机关负责成果管理的机构统一办理审批事项，不得多头审批、越级审批。

（七）法人或者其他组织申请使用涉密测绘成果，应当具有明确、合法的使用目的和范围，具备成果保管、保密的基本设施与条件，按管理权限报测绘成果所在地的县级以上测绘行政主管部门审批。

（八）经审批获得的涉密测绘成果，被许可使用人（以下简称用户）只能用于被许可的使用目的和范围。使用目的或项目完成后，用户要按照有关规定及时销毁涉密测绘成果，由专人核对、清点、登记、造册、报批、监销，并报提供成果的单位备案；也可请提供成果的单位核对、回收，统一销毁。如需要用于其他目的的，应另行办理审批手续。任何单位和个人不得擅自复制、转让或转借。

（九）用户若委托第三方承担成果开发、利用任务的，第三方必须具有相应的成果保密条件，涉及测绘活动的，还应具备相应的测绘资质；用户必须与第三方签订成果保密责任书，第三方承担相关保密责任；委托任务完成后，用户必须及时回收或监督第三方按保密规定销毁涉密测绘成果及其衍生产品。

（十）涉密测绘成果严格实行"管""用"分开。测绘成果保管单位不得擅自使用涉密测绘成果。确因工作需要使用的，必须按照涉密测绘成果提供使用管理办法，办理审批手续。

（十一）要按照国家相关定密、标密规定，及时、准确地为测绘活动中产生的涉密测绘成果或衍生产品标明密级和保密期限。涉密测绘成果及其衍生产品,未经国家测绘局或者省、自治区、直辖市测绘行政主管部门进行保密技术处理的,不得公开使用,严禁在公共信息网络上登载发布使用。

四、依法对外提供测绘成果

(十二)经国家批准的中外经济、文化、科技合作项目,凡涉及对外提供我国涉密测绘成果的,要依法报国家测绘局或者省、自治区、直辖市测绘行政主管部门审批后再对外提供。

(十三)外国的组织或者个人经批准在中华人民共和国领域内从事测绘活动的,所产生的测绘成果归中方部门或单位所有;未经国家测绘局批准,不得向外方提供,不得以任何形式将测绘成果携带或者传输出境。

严禁任何单位和个人未经批准擅自对外提供涉密测绘成果。

五、切实加强统一监督管理

(十四)依法对涉密测绘成果实行统一保管和提供。测绘成果保管单位负责接收和保管本地区涉密测绘成果,并按照批准文件向用户提供。其他任何单位,不得擅自提供涉密测绘成果。

(十五)县级以上测绘行政主管部门要尽快落实测绘成果汇交制度,全面掌握本地区涉密测绘成果的生产、保管、使用情况;会同保密等有关部门,定期组织全面检查,及时组织重点抽查;依法加强涉密基础测绘成果使用情况的跟踪检查。检查结果报告上级主管部门。

(十六)发现问题,要严肃处理,认真整改。属于泄密问题或者存在失泄密隐患的,要立即采取补救措施并及时报告。造成泄密后果的,要依照党纪政纪予以处理,追究相关人员的责任;情节严重、构成犯罪的,要移送有关部门,依法追究刑事责任。

六、加强保密管理工作的宣传教育

(十七)要强化涉密人员的保密教育,切实增强保密意识,筑牢严守国家秘密的思想防线。要开展岗位培训工作,丰富培训内容,提高培训质量,推动保密教育培训制度化规范化。

(十八)要利用多种有效方式,开展测绘成果保密管理宣传工作,提高公众对测绘成果保密工作重要性的认识,自觉遵守测绘成果保密法律法规,切实维护国家安全利益。

各省、自治区、直辖市测绘行政主管部门要加强督促检查,各地区各涉密单位要结合实际,认真研究,狠抓落实。工作中有何问题以及意见和建议,请及时函告我局。

附件:测绘成果保密工作相关法规文件目录

国家测绘局

二○○八年三月二十五日

附件：

测绘成果保密工作相关法规文件目录

一、《中华人民共和国测绘法》

二、《中华人民共和国保守国家秘密法》

三、《中华人民共和国测绘成果管理条例》

四、《中华人民共和国保守国家秘密法实施办法》

五、《国家秘密文件、资料和其他物品标志的规定》(国家保密局、国家技术监督局令第 3 号)

六、《中共中央办公厅、国务院办公厅关于转发〈中共中央保密委员会办公室、国家保密局关于国家秘密载体保密管理的规定〉的通知》(中办　厅字〔2000〕58 号)

七、《测绘管理工作国家秘密范围的规定》(国家测绘局、国家保密局　国测办字〔2003〕17 号)

八、《基础测绘成果提供使用管理暂行办法》(国测法字〔2006〕13号)

九、《计算机信息系统保密管理暂行规定》(国保发〔1998〕1 号)

十、《计算机信息系统国际联网保密管理规定》(国保发〔1999〕10号)

十一、《保密检查的基本要求》(国保〔1991〕73 号)

说明：本目录所列为部分相关法规文件。

关于印发《国家测绘局政府网站内容保障暂行办法》的通知

国测办字〔2008〕4号

机关各司（室），局所属各单位，各省、自治区、直辖市、计划单列市测绘行政主管部门，新疆生产建设兵团测绘主管部门：

《国家测绘局政府网站内容保障暂行办法》已经局领导审核同意，现予印发，请遵照执行。

附件：局政府网站栏目内容保障方案

国家测绘局
二〇〇八年三月二十五日

国家测绘局政府网站内容保障暂行办法

第一条 为进一步加强国家测绘局政府网站（以下简称局网站）建设工作，提高局网站栏目质量，根据国务院办公厅关于加强政府网站内容保障机制建设的精神和我局实际情况，制定本办法。

第二条 局网站是我局电子政务建设的重要组成部分，对于促进政务公开，转变工作方式，提高公共服务水平，加强对外宣传具有重要意义。

第三条 局网站的建设重在内容，网上信息要体现权威性、准确性、全面性、严肃性和时效性。

第四条 局网站内容保障工作应当遵循以下原则：分工负责，合

841

力共建;及时准确,公开透明;强化服务,便民利民。

第五条　局网站按照我局的主要职能和工作内容设置主站、局领导子站、各司(室)子站,并与局所属各单位和各省、自治区、直辖市测绘行政主管部门,新疆生产建设兵团测绘主管部门,计划单列市测绘行政主管部门网站链接。

第六条　局办公室负责局网站的总体建设规划、保障协调,对局网站信息审核发布工作进行指导、监督和管理,对局网站发布的重要信息进行审核。局机关各司(室)按照职能分工负责局网站主站相关内容的审核和本司(室)子站内容收集、编辑、审核、更新、维护等工作。

局领导子站的内容提供、更新和维护工作,由局办公室和局领导主管的司(室)共同负责。

第七条　局管理信息中心承担局网站的建设、管理和维护工作,负责对局所属单位和各省、自治区、直辖市测绘行政主管部门,新疆生产建设兵团测绘主管部门,计划单列市测绘行政主管部门报送局网站的信息进行汇总、编辑、送审并更新。

局所属各单位和各省、自治区、直辖市测绘行政主管部门,新疆生产建设兵团测绘主管部门,计划单列市测绘行政主管部门负责为局网站提供内容保障,并做好本单位网站建设工作。

第八条　局网站内容保障方式如下:

(一)信息报送。信息报送是指局机关各司(室)、局所属各单位和各省、自治区、直辖市测绘行政主管部门,新疆生产建设兵团测绘主管部门,计划单列市测绘行政主管部门(以下简称"各部门、各单位")的信息员通过网站信息报送系统或指定的电子信箱向局网站报送信息,供局网站选用。

(二)网上抓取。网上抓取是指通过内容采集系统从各有关单位网站上自动抓取已公布的信息,经编辑导入局网站的相应栏目。

(三)子站模式。子站模式是通过统一网站平台建设,使各部门拥有独立的信息发布窗口,实现各部门政务工作与网站工作的有机结合。子站建设由局办公室统一规划,并会同各有关部门、单位共同实施。

(四)栏目共建。栏目共建是局网站与各有关部门、单位合作建设热点专题类和内容相对独立的栏目。栏目共建在局办公室的指导下进行。

(五)网站链接。网站链接包括主页链接和栏目链接。主页链接是将各单位网站的主页与局网站链接；栏目链接是将各单位网站的重要栏目与局网站的相应栏目链接。各单位新增链接由局管理信息中心报局办公室批准后实施。

第九条 各部门、各单位向局网站报送的信息，必须经本部门、本单位负责人审核同意。

第十条 下列信息须经局办公室审核，必要时，由局办公室呈送局领导审定后方可在局网站发布。拟在局网站主站发布的，由局管理信息中心送审，拟在子站发布的，由子站负责司(室)送审。

涉及党和国家领导人有关测绘的指示、批示、讲话、活动的信息；涉及测绘法律、法规、部门规章和重要法规的发布实施的信息；涉及重要地理信息数据公布的信息；涉及国家测绘局与中央国家机关有关部门、军队有关部门、地方人民政府联合发文、合作和工作情况的信息；涉及国家测绘局名义对国内外重大事件表态的信息；涉及国家测绘局主要领导同志重要讲话、活动的信息；涉及国家测绘局名义对测绘重要政策、重大测绘事件的评论、综述的信息；涉及重大测绘违法案件、涉外敏感事件、测绘突发事件和重大事故的信息；涉及重要人事调整的信息。

第十一条 下列信息按局内设机构职责分工，经相关司(室)审核并由司(室)负责人签字后方可在局网站发布：

涉及国家测绘局行政管理职能、基础测绘、国界线测绘、行政区域界线测绘、地籍测绘和其他全国性或重大测绘项目、重大测绘科技项目的信息。

第十二条 第十条、第十一条规定之外的其他信息，拟在局网站主站发布的，由局管理信息中心按照有关规定进行采编和录用；拟在子站发布的,由子站负责司(室)按照有关规定进行采编和录用。

第十三条　审核部门重点从政治上、政策上和提法上对信息进行审核把关。未经审核的信息一律不得在局网站发布。

第十四条　各部门、各单位要按照《中华人民共和国政府信息公开条例》以及国家测绘局有关政府信息公开的规定,主动将应当公开政务信息上网发布。机关各司(室)要不断充实和及时更新本司(室)子站内容。

第十五条　按照国家测绘局有关政府信息公开的规定须在局网站发布的各类信息,原则上自形成之日起2个工作日内报送局网站,重大事件信息要根据实际情况及时报送。

局管理信息中心对重大事件信息应当在接到审核稿件后2小时内上网发布。

第十六条　局机关各司(室)可根据工作需要,对子站设置以及具体栏目提出调整意见,经局办公室审核同意后由局管理信息中心调整。

第十七条　各部门、各单位要明确1名网站信息员负责,及时、准确、全面地收集、整理、报送本单位的有关信息。

网站信息员应当具有较高的政治素质和信息意识,并具有较强的文字表达能力。网站信息员对编报的信息应在内容筛选、文字加工、核对等环节严格把关,确保信息质量。

第十八条　各部门、各单位领导要支持本部门、本单位网站信息员开展工作,在参加会议、情况调研、资料搜集等方面为其提供必要的条件。

第十九条　各部门、各单位要严格执行国家保密管理规定,杜绝在局网站上报送和发布涉密信息。

第二十条　局办公室要及时举办内容保障工作的相关培训,定期组织对各单位、各部门信息上网量、时效性和访问量进行评估,评估结果报送局领导并通报各单位和部门。

第二十一条　局办公室根据网站信息员的工作成绩,评选出年度优秀网站信息员并给予奖励。

第二十二条　本办法自印发之日起施行。

附件：

局政府网站栏目内容保障方案

栏目名称				保障方式	保障部门
政务公开	机构概览	部门介绍	部门职责	报送	局办公室
			联系方式		
			地理位置		
		局长之窗			局办公室
		内设机构		报送	局办公室
		地方测绘部门		报送	各地方测绘行政主管部门、新疆生产建设兵团测绘主管部门、省级主要测绘单位
		直属单位		报送	各直属单位
		测绘社团		报送	各测绘社团
	通知公告			报送	局机关各司（室）
	测绘要闻			报送	局机关各司（室）、地方测绘行政主管部门、新疆生产建设兵团测绘主管部门、省级主要测绘单位、局直属单位、测绘社团、测绘报社
	工作动态			报送、网上抓取	测绘报社、地方测绘行政主管部门、新疆生产建设兵团测绘主管部门、省级主要测绘单位、局直属单位、测绘社团

	栏目名称		保障方式	保障部门
政务公开	规划计划	测绘规划	报送、网上抓取	局规划司、局国土司、局成果司、局行管司、局人事司、局直属单位、地方测绘行政主管部门
		年度工作要点	报送	局办公室、局国土司、局财务司、局成果司、局行管司、局人事司、局党办、局直属单位、地方测绘行政主管部门、省级主要测绘单位
		工作总结		
	政策法规	法律法规	报送	局行管司
		部门规章	报送	局行管司
		重要规范性文件	报送	局各司室
		地方性法规	报送	地方测绘行政主管部门
		政策法规解读	报送	局各司室
		法制宣传教育	报送	局行管司、地方测绘行政主管部门、测绘报社
	人事人才	干部任免	报送	局人事司
		公务员管理 / 公务员考录	报送	局人事司
		公务员管理 / 公务员法学习		
		测绘人才 / 专家管理	报送	局人事司
		测绘人才 / 职称管理		

846

栏目名称			保障方式	保障部门
政务公开	人事人才	教育培训	有关政策	报送	局人事司
			培训动态		
		注册测绘师	有关政策		局人事司
			政策释义		
		职业技能鉴定	有关政策	报送	局人事司
			鉴定机构		
			特有工种（职业）目录		
	财政公开	采购与招标		报送	局财务司
		专项经费管理		报送	
		财政预决算		报送	
		价格与收费		报送	
	测绘监管	资质管理	有关政策	报送	局行管司
			甲级测绘单位	报送	
			导航电子地图资质单位	报送	
		地图监管	监管动态	报送	局成果司
			相关文件		
		行政执法			局行管司
		质量监管	工作动态	报送	局国土司
			质量公告		
			检验/检定机构		
		信用建设			局行管司
		测量标志管理		报送	局成果司

栏目名称			保障方式	保障部门
政务公开	基础测绘	项目管理	报送	局国土司
		测绘基准体系		
		基本比例尺地形图		
		遥感资料获取		
		基础地理信息系统		
		数字中国建设		
	标准计量	标准公告	报送、链接	局国土司
		标准目录		
		标准化组织		
		计量管理		
		测绘学名词		
	测绘成果	成果管理	报送	局成果司
		成果应用与推广 / 成果分发服务	链接	国家基础地理信息中心
		成果应用与推广 / 应用实例	报送	局成果司,地方测绘行政主管部门,局所属各单位、行业单位
		成果应用与推广 / 地理信息产业发展	报送	局成果司
		地理信息审核公布	报送	局成果司
		地图审核结果公告	报送	局成果司
		数据共建共享	报送	局成果司
		国家版图宣传教育 / 相关文件	报送	局成果司
		国家版图宣传教育 / 版图知识	报送	局成果司

栏目名称			保障方式	保障部门
政务公开	测绘科技	科技创新体系	报送	局国土司
		信息化测绘体系	报送	局国土司
		科技项目管理	报送	局国土司
		科技成果推广		局国土司
		测绘科普		
	交流合作	外事管理	报送	局办公室
		双边合作		
		多边合作		
		港澳台事务		
		相关站点链接		
	党建工作	党建园地	报送	直属机关党委
		青年之友		
		廉政之声		
		职工之家		
		精神文明		
	专题专栏		报送	专题涉及各有关单位
办事服务	行政许可	服务指南	报送	局办公室、局行管司
		表单下载		
	在线办理	测绘资质管理信息系统	链接	局行管司
		政务信息报送系统	链接	局办公室
		测绘行政执法管理信息系统	链接	局行管司
		地图远程审查系统	链接	局地图技术审查中心
	在线咨询		共建	各有关司(室)

	栏目名称		保障方式	保障部门
办事服务	地图服务	浏览与下载	报送	局地图技术审查中心
		地图服务网站	链接、共建	局地图技术审查中心、地方测绘行政主管部门
		地图出版	链接	各相关单位
	信息查询	地图审核结果公告查询	报送	局成果司
		测绘标准查询	报送	局国土司
		大事记查询	报送	局管理信息中心
		测绘科技成果奖励查询	报送	局国土司
		计量检定员查询	报送	局国土司
		测绘行政执法证查询	报送	局行管司
	公文查询		报送	局办公室
	下载中心	行政许可附件、重要规范性文件附件、测绘统计、软件、其他	共建、链接	局有关司（室）
	网站地图		报送	局管理信息中心
	成果分发		链接	国家基础地理信息中心
	测绘统计	统计法规	报送	局管理信息中心
		工作动态		
		管理机构		
		报表制度		
		数据发布		
		软件指南 软件介绍		
		软件指南 软件使用说明		
		软件指南 软件下载		

	栏目名称		保障方式	保障部门
公众参与	测绘论坛		共建	各有关司(室)
	公众留言	留言及留言查询,答复留言	共建	各有关司(室)
	网上调查	热点问题、焦点问题等	报送	局有关司(室)
	意见征集	业务规划、方案等	报送	局有关司(室)
	网上投诉		共建	局有关司(室)
	在线访谈	有关测绘法规、政策以及社会关注的话题	共建	局办公室、测绘报社
	公务员监督信箱		共建	局人事司
英文版	局领导		共建	局办公室、局外事办
	部门职责			局办公室、局外事办
	内设机构			局行管司、局外事办
	法律法规			局办公室、局外事办
	年度要点			局办公室、局外事办
	重要活动			局办公室、局外事办
	联系我们			局办公室、局外事办

关于印发《地图内容审查上岗证管理暂行办法》的通知

国测图字〔2008〕4号

各省、自治区、直辖市、计划单列市测绘行政主管部门,新疆生产建设兵团测绘主管部门,局所属各单位、机关各司(室):

为加强地图审核管理,提高地图内容审查质量,规范地图内容审查行为,推行地图内容审查人员持证上岗制度,国家测绘局制定了《地图内容审查上岗证管理暂行办法》。现予印发,请遵照执行。

附件:地图内容审查上岗证申请表

国家测绘局
二〇〇八年六月十九日

地图内容审查上岗证管理暂行办法

第一条 为加强对地图内容审查上岗证(以下简称上岗证)的管理,规范地图内容审查行为,提高地图内容审查质量,根据《地图审核管理规定》,制定本办法。

第二条 上岗证是测绘行政主管部门所属地图内容审查机构的工作人员经考核认定,具备地图内容审查资格的证明。

从事地图内容审查工作的人员,应当持有上岗证。

第三条 测绘行政主管部门在实施地图审核行政许可时,应当以持有上岗证的地图内容审查人员(以下简称持证人)签署的地图内容审查意见为依据。

第四条　国家测绘局负责上岗证的制作、颁发和监督管理。

省、自治区、直辖市测绘行政主管部门（以下简称省级测绘行政主管部门）负责本行政区域内持证人的日常管理工作。

第五条　上岗证的内容包括：姓名、性别、出生年月、工作单位、个人照片、发证机关、国家测绘局印章、发证日期、编号、持证规定等。编号由大写英文字母 DTSC 和四位阿拉伯数字组成。

第六条　申请上岗证应当同时具备下列条件：

（一）属于地图内容审查机构在编在岗人员并从事地图内容审查工作；

（二）具有中级以上相关专业技术职务或者从事地图内容审查工作三年以上；

（三）两年内参加过国家测绘局组织的地图内容审查业务培训，并考核合格。

第七条　申请上岗证应当提交下列材料：

（一）地图内容审查上岗证申请表；

（二）具有中级以上相关专业技术职务的，提交有关证明材料。

所在省级测绘行政主管部门对上述材料进行初审后，报国家测绘局审核（国家测绘局地图技术审查中心的申报材料直接报国家测绘局）。

第八条　持证人应当遵守法律法规和国家测绘局有关规定，履行岗位职责，恪守职业道德，保守工作秘密。

第九条　国家测绘局对上岗证实行考核注册制度，每两年考核注册一次。未经考核注册或者被注销的，上岗证失效。

第十条　持证人符合下列条件的，予以注册：

（一）具有良好的职业操守，无违法违规行为；

（二）参加国家测绘局组织的地图内容审查业务培训，并考核合格。

第十一条　持证人有下列情形之一的，不予注册并注销其上岗证：

（一）已不符合本办法规定持证条件的；

（二）在地图内容审查工作中出现重大责任事故的；

（三）以欺骗手段获取上岗证的；

（四）在地图内容审查工作中弄虚作假、徇私舞弊的；

（五）擅自将送审的地图提供给他人使用的；

（六）从事其他违法活动的。

第十二条　违反本办法第十一条第（三）至第（六）项被注销上岗证的，不得再次申请。

其他情形致使上岗证失效的，地图内容审查人员可在两年后按照本办法重新申请。

第十三条　上岗证考核注册工作由国家测绘局统一组织进行。国家测绘局可以委托省级测绘行政主管部门负责本行政区域内上岗证的考核注册工作，并按要求将考核注册结果报国家测绘局，由国家测绘局向社会公布。

第十四条　持证人应当妥善保管上岗证，防止遗失和损毁。

遗失上岗证或者损毁的上岗证不能使用的，持证人应当向所在省级测绘行政主管部门报告并说明情况。需要申请补办的，按本办法第七条相关程序办理。

第十五条　本办法由国家测绘局负责解释。

第十六条　本办法自 2008 年 7 月 1 日起施行。

附件：

地图内容审查上岗证申请表

姓　　名		性　　别		民　　族		照 片
出生年月		从事地图内容审查工作年限				
工作单位						
学　　历		专　　业				
专业技术职务						
工作 简历						
何时何地接受 过国家测绘局 组织的地图内 容审查业务培训						
本单 位意 见	年　　月　　日(章)					
省级测绘行政 主管部门 初审意见	年　　月　　日(章)					
国家测绘局 审核意见	年　　月　　日(章)					
备　　注	(申请补办地图内容审查上岗证的,请在此栏注明)					

注:除本表外,还应当提供同底1寸照片一张。

关于印发《测绘标准化工作管理办法》的通知

国测国字〔2008〕6 号

各省、自治区、直辖市测绘行政主管部门,局所属有关单位:

为加强测绘标准化工作的统一管理,提高测绘标准的科学性、协调性和适用性,促进工作的规范化、制度化。根据《中华人民共和国标准化法》、《中华人民共和国测绘法》及国家有关规定,国家测绘局制定了《测绘标准化工作管理办法》,并已经局务会议审议通过。现予印发,请遵照执行。

国家测绘局
二〇〇八年三月十日

测绘标准化工作管理办法

第一章 总 则

第一条 为了加强测绘标准化工作的统一管理与协调,促进有关工作的规范化、制度化,提高测绘标准的科学性、协调性和适用性,根据《中华人民共和国标准化法》、《中华人民共和国测绘法》及国家有关规定,制定本办法。

第二条 测绘国家标准、测绘行业标准、标准化指导性技术文件的规划、立项、制定、修订,地方标准的备案以及上述标准的贯彻实施和监督管理,适用本办法。

第三条　测绘标准化工作的主要任务是:贯彻国家有关标准化工作的法律、法规,加强测绘标准化工作的统筹协调;组织制定和实施测绘标准化工作的规划、计划;建立和完善测绘标准体系;加快测绘标准的制定、修订,并对标准的宣传、贯彻与实施进行指导和监督。

第四条　测绘标准化工作是测绘事业的重要组成部分,是测绘工作统一监管的重要内容。各级测绘行政主管部门应当将其纳入基础测绘规划和计划,并积极配合有关部门建立健全公共财政对测绘标准化工作的投入机制,保证必要的的工作经费。

鼓励相关组织和个人按照测绘标准化规划和标准体系的要求,积极提出标准提案,参与标准制定、修订工作。

第五条　测绘标准化工作应当认真分析研究国际标准和国外先进标准,结合我国实际情况积极采用和吸收,并积极参与国际标准的制定工作。

第六条　测绘标准及相关研究成果纳入测绘科技成果奖励范围。

第二章　组织机构与职责分工

第七条　国家测绘局负责管理全国测绘标准化工作,其职责是:

(一)贯彻国家标准化工作的法律、行政法规、方针和政策,制定测绘标准化管理的规章制度;

(二)组织制定和实施国家测绘标准化规划、计划,建立测绘标准体系;

(三)组织实施测绘国家标准项目和标准复审;

(四)组织制定、修订、审批、发布和复审测绘行业标准和测绘行业标准化指导性技术文件;

(五)负责测绘标准的宣传、贯彻、实施和监督工作;归口负责测绘标准化工作的国际合作与交流;

（六）指导省、自治区、直辖市测绘行政主管部门的标准化工作。

第八条 省、自治区、直辖市测绘行政主管部门负责本行政区域内的测绘标准化管理工作，其职责是：

（一）贯彻国家标准化工作的法律、法规、方针和政策，制定贯彻实施的具体办法；

（二）组织制定和实施地方测绘标准化规划、计划；

（三）组织实施测绘地方标准项目；

（四）组织宣传、贯彻与实施测绘标准并监督检查；

（五）指导下级测绘行政主管部门的标准化工作。

第九条 国家测绘局测绘标准化工作委员会（以下简称测绘标委会）是国家测绘局在测绘标准化方面的决策咨询和技术归口组织。其职责是：

（一）负责测绘标准体系制定、修订，协助编制国家测绘标准化规划；

（二）负责测绘国家标准与行业标准项目提案及送审稿的审查，提出审查意见和立项建议；负责相关国家标准的复审工作，提出复审结论；

（三）协助组织和指导测绘国家标准、测绘行业标准、标准化指导性技术文件的制定、修订工作；

（四）组织测绘国家标准与行业标准的宣传、培训和咨询工作，承担已颁布标准实施情况的调查分析工作；

（五）承担对重要测绘工程项目的标准化审查工作，向国家测绘局提出测绘标准化成果奖励项目的建议；

（六）组织测绘标准化学术交流，跟踪、分析、翻译相关国际标准和国外先进标准，并提出采纳国际标准的建议；

（七）办理国家测绘局交办的测绘标准化方面的其他工作。

第三章 测绘标准

第十条 测绘领域内,需要在全国范围内统一的技术要求,应当制定国家标准;对没有国家标准而又需要在测绘行业范围内统一的技术要求,可以制定测绘行业标准;对没有国家标准和行业标准而又需要在省、自治区、直辖市范围内统一的技术要求,可以制定相应地方标准。

第十一条 下列需要在全国范围内统一的技术要求,应当制定测绘国家标准:

(一)测绘术语、分类、模式、代号、代码、符号、图式、图例等技术要求;

(二)国家大地基准、高程基准、重力基准和深度基准的定义和技术参数,国家大地坐标系统、平面坐标系统、高程系统、地心坐标系统和重力测量系统的实现、更新和维护的仪器、方法、过程等方面的技术要求;

(三)国家基本比例尺地图、公众版地图及其测绘的方法、过程、质量、检验和管理等方面的技术要求;

(四)基础航空摄影的仪器、方法、过程、质量、检验和管理等方面的技术指标和技术要求,用于测绘的遥感卫星影像的质量、检验和管理等方面的技术要求;

(五)基础地理信息数据生产及基础地理信息系统建设、更新与维护的方法、过程、质量、检验和管理等方面的技术要求;

(六)测绘工作中需要统一的其他技术要求。

第十二条 测绘国家标准及测绘行业标准分为强制性标准和推荐性标准。下列情况应当制定强制性测绘标准或者强制性条款:

(一)涉及国家安全、人身及财产安全的技术要求;

(二)建立和维护测绘基准与系统必须遵守的技术要求;

(三)国家基本比例尺地图测绘与更新必须遵守的技术要求;

（四）基础地理信息标准数据的生产和认定；

（五）测绘行业范围内必须统一的技术术语、符号、代码、生产与检验方法等；

（六）需要控制的重要测绘成果质量技术要求；

（七）国家法律、行政法规规定强制执行的内容及其技术要求。

第十三条 测绘行业标准不得与测绘国家标准相违背，测绘地方标准不得与测绘国家标准和测绘行业标准相违背。

第十四条 符合下列情形之一的，可以制定测绘标准化指导性技术文件：

（一）技术尚在发展中，需要有相应的标准文件引导其发展或者具有标准化价值，尚不能制定为标准的；

（二）采用国际标准化组织以及其他国际组织（包括区域性国际组织）技术报告的；

（三）国家基础测绘项目及有关重大专项实施中，没有国家标准和行业标准而又需要统一的技术要求。

第四章　标准项目的立项

第十五条 测绘国家标准、测绘行业标准和标准化指导性技术文件制定、修订项目的立项建议采用自上而下和自下而上相结合的方式，由测绘标委会提出。

第十六条 测绘标准项目立项应当遵循以下程序：

（一）测绘标委会根据测绘标准化规划和国家有关规定，编制并发布标准制修订项目指南，并常年公开征集标准项目提案；

（二）申请单位提出的标准项目提案应当以书面形式报测绘标委会秘书处（以下简称秘书处）进行形式审查；

（三）通过形式审查的标准项目提案，由秘书处提交测绘标委会进行立项审查；

（四）重要的基础性、通用性标准以及基础测绘生产和重大测绘

工程急需的有关标准,由秘书处直接组织编写标准项目提案报测绘标委会进行立项审查;

（五）秘书处对审查通过的标准项目提案进行汇总、整理,形成立项建议报国家测绘局;

（六）测绘标委会报送的立项建议经国家测绘局审核,属于测绘国家标准和国家标准化指导性技术文件的,由国家测绘局报国务院标准化行政主管部门审批立项;属于测绘行业标准和行业标准化指导性技术文件的,由国家测绘局批准立项。

第十七条 测绘地方标准在立项前,省级测绘行政主管部门应当书面征求国家测绘局意见。书面材料包括:拟制订、修订标准的名称;目的、适用范围和主要技术内容;与已有标准的关系,包括所涉及的相关标准名称、现有标准不适用性分析等。

第五章 标准的制定、修订

第十八条 标准的制定、修订应当遵循下列基本要求和程序:

（一）项目承担（主编）单位编制标准制定、修订技术设计和实施方案,起草标准征求意见稿,同时编写《编制说明》及有关附件,向测绘领域生产、科研、教育、管理部门和企业等有关单位广泛征求意见;

（二）对各方面的反馈意见进行认真分析研究,修改补充标准征求意见稿,提出标准送审稿,连同《编制说明》、《意见汇总处理表》及有关附件,报送秘书处进行形式审查;

（三）通过形式审查的,由秘书处提交测绘标委会对标准送审稿进行专家审查;

（四）测绘标准制定、修订计划项目承担（主编）单位应当根据专家审查的意见,对标准送审稿进行认真修改,完成标准报批稿及其相关材料,经秘书处复核后,测绘国家标准和国家标准化指导性技术文件报批稿及其相关材料报送国家测绘局审核,并转报国务院标准化行政主管部门审批;测绘行业标准和行业标准化指导性技术文件报批稿及其相关材料报送国家测绘局审批,并按规定报国务院标准化行政主管部门备案。

第十九条 标准起草过程中征求意见一般由项目承担(主编)单位进行,强制性标准等重大标准可由国家测绘局组织征求意见,并在国家测绘局网站登载。征求意见的时间一般为两个月。

第六章 标准的审批、发布、实施与监督

第二十条 对报送的标准报批稿及其相关材料,属于测绘国家标准和国家标准化指导性技术文件的,报国务院标准化行政主管部门批准、编号、发布;属于测绘行业标准和行业标准化指导性技术文件的,由国家测绘局批准、编号、发布。

测绘行业标准和行业标准化指导性技术文件的编号由行业标准代号、标准发布的顺序号及标准发布的年号构成。

(一)强制性测绘行业标准编号:

CH ××××(顺序号)—××××(发布年号);

(二)推荐性测绘行业标准编号:

CH/T××××(顺序号)—××××(发布年号);

(三)测绘行业标准化指导性技术文件编号:

CH/Z××××(顺序号)—××××(发布年号)。

第二十一条 测绘地方标准的发布,按照国家和地方有关规定执行。测绘地方标准发布后三十日内,省级测绘行政主管部门应当向国家测绘局备案。备案材料包括:地方标准批文、地方标准文本、标准编制说明及相关材料各一份。

第二十二条 强制性测绘标准及强制性条款必须执行。推荐性标准被强制性测绘标准引用的,也必须强制执行。不符合强制性标准或强制性条款的测绘成果或者地理信息产品,禁止生产、进口、销售、发布和使用。

第二十三条 测绘企事业单位应当积极采用和推广测绘标准,

并应当在成果(产品)上或者其说明书、包装物上标注所执行标准的编号和名称。

第二十四条　各级测绘行政主管部门应当加强对测绘标准实施的监督检查,对不执行强制性标准或强制性条款的单位和个人应当依法予以纠正和查处。

第二十五条　各级测绘行政主管部门和测绘标准化工作机构,应当大力开展测绘标准的宣传、贯彻和培训活动,普及标准化知识,促进标准的实施。

第七章　标准的复审

第二十六条　测绘标准的复审工作由国家测绘局组织测绘标委会实施。

第二十七条　标准复审周期一般不超过五年。属于下列情况之一的应当及时进行复审:

（一）不适应科学技术的发展和经济建设需要的;

（二）相关技术发生了重大变化的;

（三）标准实施中出现重大技术问题或有重要反对意见的。

第二十八条　测绘国家和行业标准化指导性技术文件发布后三年内必须复审,以决定是否继续有效、转化为标准或者撤销。

第二十九条　测绘国家标准和国家标准化指导性技术文件的复审结论经国家测绘局审查同意,报国务院标准化行政主管部门审批发布。

第三十条　测绘行业标准和行业标准化指导性技术文件的复审结论由国家测绘局审批。对确定为继续有效或者废止、撤销的,由国家测绘局发布公告;对确定为修订、转化的,按本办法规定的程序进行修订。

第八章 附 则

第三十一条 测绘标委会对标准项目提案及标准送审稿进行审查的具体办法,按照国家有关规定和本办法制定。

第三十二条 本办法自发布之日起施行。

关于加强测绘质量管理的若干意见

国测国字〔2008〕8 号

各省、自治区、直辖市、测绘行政主管部门,局所属各单位:

为认真贯彻党的十七大精神,落实《中华人民共和国测绘法》(以下简称《测绘法》)和《国务院关于加强测绘工作的意见》,进一步提高测绘质量,为经济社会发展和全面建设小康社会提供更为可靠的测绘保障服务,促进测绘事业和地理信息产业又好又快发展,现就加强测绘质量管理工作提出如下意见:

一、提高对测绘质量管理工作的认识

(一)充分认识测绘质量的重要性。测绘质量不仅关系到各项工程建设的质量和安全,关系到经济社会规划决策的科学性、准确性,而且涉及国家主权、利益和民族尊严,影响着国家信息化建设的顺利进行。因此,提高测绘质量是国家信息化发展和重大工程建设质量的基础保证,是提高政府管理决策水平的重要途径,是维护国家主权和人民群众利益的现实需要,也是测绘事业和地理信息产业实现可持续发展的必然要求。

(二)质量管理是测绘统一监管的重要内容。测绘质量监督管理是《测绘法》赋予测绘行政主管部门的一项重要职责和依法行政的重要内容,也是提高行业管理能力和公共服务水平的有力抓手。各级测绘行政主管部门要将测绘质量监督管理作为加强测绘统一监管的重要内容,完善体制机制,强化监督检查,推进制度创新,加强队伍建设,全面提升测绘为经济建设、国防建设和社会发展服务的整体质量和水平。

二、完善测绘质量管理体制和机制

(三)进一步明确管理职责和主体。在对全国测绘质量实行统一监管的总体要求下,国家测绘局重点加强对影响面广、社会反映强烈的重大测绘项目和重大建设工程测绘项目质量的监督检查;地方测绘行政主管部门负责对本行政区域内测绘单位和测绘项目质量工作的日常监督管理。基础测绘项目的质量,由组织实施该项目的测绘行政主管部门监督管理;非基础测绘项目的质量,由项目实施地的测绘行政主管部门监督管理。

(四)落实测绘项目质量责任制。测绘项目参与各方共同对测绘项目质量负责。测绘项目出资人要依法择优选择项目承担单位,并自觉接受测绘行政主管部门的监督;设计单位要按国家有关法律法规和技术标准进行项目设计,确保设计质量,应无条件帮助解决因设计造成的质量问题,并承担设计质量责任;施测单位必须严格按照合同、有关标准、项目设计书施测,确保所使用的仪器、设备、软件等符合国家有关规定;负责质量检验或验收的单位及专家,要严格依据国家有关规定、标准和设计书的要求,对项目进行检验或验收,并对做出的结论负责。

(五)指导测绘单位规范内部质量管理。测绘行政主管部门要积极指导和鼓励测绘单位自觉建立并有效实施质量管理体系,提高质量意识,走质量效益型道路。继续贯彻实施测绘部门多年来行之有效的"二级检查、一级验收"等质量控制制度。要指导和推动测绘单位广泛开展质量教育活动,有计划、分层次地组织开展岗位技术培训和职业技能鉴定工作,加强职工的思想素质教育和职业道德教育,切实提高测绘人员的质量意识和履行质量责任的能力。

三、强化监督检查和社会监督

(六)加大监督检查的力度和广度。要着力加强对涉及国家主权和安全、关系人身和财产安全、社会反映强烈的重点项目质量的监督检查。"十一五"期间,国家测绘局将重点开展重大测绘工程成果质量的监督检查。地方测绘行政主管部门要积极支持和配合全国性检查活动,同时要建立质量管理的长效机制,制定详细的分级分类检查目录和计划,扩大监督检查的覆盖面,缩短覆盖周期。甲、乙级测绘单位至少每2—3年检查一次,丙、丁级测绘单位至少每4—5年检查一次。测绘仪器、设备检校情况应作为监督检查的重要内容。

各级测绘行政主管部门要根据检查内容,主动会同有关部门加强联合执法。要将监督检查结果作为测绘资质年度注册的重要依据。对多次出现质量问题或问题特别严重的单位,要责令停产整顿、降低资质等级、直至注销资质证书。要综合运用法律、行政和经济等手段,加大监管力度。

(七)强化社会监督,营造诚实守信的市场环境。测绘行政主管部门要注重发挥新闻媒体和社会舆论的监督促进作用。要加强测绘市场信用体系建设,加快建立健全包括质量信用在内的测绘信用档案公示制度,根据测绘单位的质量信用情况进行分类监管,及时将质量信誉良好的单位和不好的单位分类向社会公布。在招投标活动中,要加大对低质压价等恶性竞争行为的打击力度,努力营造全行业重质量、讲信誉的良好氛围和市场环境。

四、推进政策研究和制度创新

(八)加快推动测绘监理制度的建立。根据《国务院关于加强测绘工作的意见》提出的建立测绘质量监理制度的要求,国家测绘局鼓励开展相关的政策研究和探索,为测绘监理制度的建立奠定基础。有条件的省级测绘行政主管部门,可以通过地方政策的制定,积极开展试点工作。在试点工作中要重点研究和探索以下政策问题:一是强制实行监理的项目范围;二是质检单位进入监理市场的利弊;三是注册监理师与注册测绘师的业务范围和责权关系;四是符合测绘活动技术和行为特点的、科学可行的监理方式。

(九)探索质量文件备案制度。重点测绘项目的质量文件备案,是要求项目承担单位在项目验收完成后,将相关质量合格文件和质量检验报告报送相应测绘行政主管部门存查的一种制度。各级测绘行政主管部门要结合本地区的实际,积极探索建立这一制度的可行途径,为确定科学合理的备案项目范围、备案内容、工作程序及后续管理措施等积累实践经验。

(十)探索设计与施测分离的测绘项目实施方式。设计质量是测绘项目质量的基础。多年来,同一测绘项目在同一单位内从设计到施测的"一条龙"作业方式,已经暴露出许多弊端,设计内容不全、技术要求偏低、随意修改设计等现象时有发生。借鉴建设工程项目管理的有关办法,有条件的地区可根据当地实际情况,有步骤、有条件地在较大规模的测绘项目中试行设计与施测相分离的方式。通过试行,总结利弊,探讨与之相适应的测绘资质管理、项目管理的办法和政策。

五、加强质量管理与检验队伍建设

(十一)强化质量管理的组织保障。测绘质量管理是各级测绘行政主管部门的重要职能,必须在组织和人员上予以保障落实。省级测绘行政主管部门要设立或明确测绘质量管理职能部门,负责质量管理法规制度建设、监督检查计划的制订与组织实施、质量问题的仲裁和协助处理有关的行政复议等工作;市、县级测绘行政主管部门要有明确的测绘质量管理人员,在省级测绘行政主管部门的指导下开展工作。

(十二)优化质检单位工作环境。质检单位是测绘行政主管部门进行测绘质量监督管理的技术保障单位和业务执行机构,必须进一步落实质检单位的事业职能。要加大对质量检验、计量检定基础设施建设维护的投入,全面提高质检单位履行职责的能力。质检单位受委托承担的基础测绘项目质量检验任务,委托部门应按照国家规定的成本定额或收费标准独立拨付质检经费;不得因被检项目未获通过而拖欠或克扣质检经费。要使质检单位在经费和利益上与被检单位脱钩,为其独立、客观、公正地行使职权创造有利环境。国家测绘局正配合有关部门抓紧推进《测绘产品质量监督检验收费标准》的修订,为质检收费提供科学、合理、合法的标准和依据。

(十三)规范质检队伍的建设与管理。要逐步实行专业质检人员持证上岗制度和考核淘汰制度,加强对专业质检人员的业务培训和继续教育,全面提升专业质检人员的技术水平。可通过考试、考核等形式,在全行业范围内选拔一批具备较高专业水平和检验能力的专家,充实质检力量。国家测绘局将制定国家重大测绘项目质检专家选拔管理办法,建立国家级测绘质量监督检验专家库。省级测绘行政主管部门要结合本地实际,本着宁缺毋滥的原则,科学论证市、县建立质检单位的必要性和可行性,可采取设立省级质检单位分支机构的方式,解决市县的有关需求。

各级测绘行政主管部门要以科学发展观统筹测绘质量管理工作,解放思想、求真务实、创新机制、努力工作,认真履行测绘质量监管职能,强化质量意识,全面提升测绘行业的整体质量水平,为经济建设、国防建设和社会发展,提供准确、可靠的测绘保障和服务。

国家测绘局
二〇〇八年四月七日

关于为国家扩大内需促进经济增长做好测绘保障服务的若干意见

国测办字〔2008〕11 号

各省、自治区、直辖市、计划单列市测绘行政主管部门,新疆生产建设兵团测绘主管部门,局所属各单位,局机关各司(室):

今年以来,在党中央国务院的坚强领导下,面对极其复杂严峻的国际国内形势,我国保持了国民经济平稳较快发展。近期,为了更加有效地应对国际金融危机对我国经济造成的负面影响,党中央国务院做出了扩大内需、促进经济平稳较快增长的决策部署。为了贯彻落实好党中央的部署和要求,进一步做好测绘保障服务工作,满足国民经济建设和社会发展的需求,经研究,提出以下意见:

一、统一思想认识,明确重点任务

(一)准确把握精神。要全面理解和准确把握党中央精神,充分认识党中央关于扩大内需促进经济增长战略决策的重大意义,切实把思想和行动统一到党中央的分析判断和决策部署上来。要认真研究国家扩大内需促进经济增长十大措施对测绘工作的新要求,进一步优化测绘发展思路,及时调整测绘生产力布局,积极主动服务大局,服务社会,服务民生,为扩大内需促进经济增长提供可靠、适用、及时的测绘保障,着力提高测绘对促进经济增长的贡献率。

(二)明确工作思路。要深入贯彻落实科学发展观,解放思想,改革创新,着眼于经济社会发展全局,按照党中央关于扩大内需促进经济增长的决策部署,把项目更多地调到现实需求上来,把建设更好地放到公共服务上来,把产品更快地转到有利于民生上来,把资金更有效地用到扩大内需上来,把工作重心切实做到促进发展上来,举全国测绘之力,加快构建数字中国,丰富地理信息,搭建共享平台,保障社

870

会需求,为扩大内需提供有力的测绘保障服务,为促进经济增长做出应有贡献。

(三)突出工作重点。要把贯彻落实好党中央国务院关于当前进一步扩大内需促进经济增长的十项措施,积极主动做好相应测绘保障服务,加强测绘基础建设,提高保障能力和水平作为工作的重点,按照"出手要快、出拳要重、措施要准、工作要实"的要求,进一步发挥中央和地方两个积极性,加快测绘项目组织实施,加快论证重大测绘项目,加快测绘科技进步与创新,强化测绘公共服务,繁荣地理信息产业,推动测绘事业科学发展,辐射带动经济社会相关领域发展进步。

二、加快项目实施,提高保障水平

(四)保障服务要到位。要认真分析当前进一步扩大内需促进经济增长的十项措施对测绘保障服务的需求,找准切入点和结合点,提前筹划、主动服务,充分发挥测绘部门的资源优势、技术优势和人才优势,切实为保障性安居工程建设,农村基础设施建设,铁路、公路和机场等重大基础设施建设,生态环境建设,地震灾区恢复重建等国家和地方重大工程建设做好测绘保障服务,发挥好测绘的基础性作用。

(五)重大项目要加快。加快推进我国西部1:5万地形图空白区测绘,带动西部地区测绘发展。加快实施国家测绘成果档案存储与服务设施建设项目,推动全国各级测绘成果档案存储与服务设施建设。加强统筹协调,整合国家、省、市、县各级基础测绘力量,加快1:5万基础地理信息数据库更新、1:1万地形图测绘、1:1万及更大比例尺基础地理信息数据库建设和更新等项目的实施进程。尽快启动实施国家现代测绘基准体系基础设施建设、高分辨率立体测图卫星、海岛(礁)测绘等国家重大测绘项目,加快省级相关项目的立项和实施,尽早发挥项目效益。

(六)带动性项目要优先。加强上下联动,采取有效措施带动地方各级基础测绘发展。要在认真总结数字城市建设示范工程经验的基础上,择优遴选一批地级市加快推广,在此基础上进一步扩大推广范围,加大推广力度。要紧密结合各省、市、县新农村建设的需求,加快实施"百镇千村测图"和"一村一图"等测绘保障服务工程。要继续配合国家有关部门做好边远地区、少数民族地区基础测绘专项补助经费项目的实施。要通过优先实施带动性项目,发挥中央和地方各级政府的积极性,利用3年左右的时间,直接带动各方面近100亿元的资金投入,为扩大内需注入新的活力。

(七)基础建设要加强。要抓住国家扩大内需促进经济增长给测绘事业发展带来的机遇,着力加强测绘能力建设,提高测绘保障服务水平。紧密结合国务院有关部门、地方各级政府出台的关于扩大内需促进经济增长的具体举措,积极论证争取一批新的测绘项目。加快做好全国地理信息公共服务平台建设、信息化测绘技术装备建设、新农村建设测绘保障、地理信息产业基地建设等项目的论证立项工作。

(八)公共项目要推进。要按照统筹规划、统一设计、统一标准的原则,加快建设国家、省、市三级互联,资源共享,能够满足防灾减灾、电子政务等方面需求的全国地理信息公共服务平台。完善全国测绘成果网络化目录服务系统,加快建立全国地理信息资源目录服务系统。进一步完善应急测绘保障预案,健全应急测绘保障体系。积极推进长城测量、文物普查测绘保障、第二次全国土地调查测绘保障、经济普查测绘保障、重要地理信息数据获取和审查发布等工作。

(九)急需项目要放开。积极探索增加测绘投入,提高测绘保障服务能力,更好满足经济社会发展对测绘保障服务需求的新思路、新办法和新途径。对于市县大比例尺地形图测绘及其地理信息数据库建设、航空摄影和高分辨率卫星遥感影像获取等社会需求强烈、短时间内政府又难以加大投入的测绘项目,有条件的地区,可以通过试点,探索研究政府主导下的、以财政投入为主体的多元化测绘投入模式,适当引入社会资金,加快发展。

(十)民生项目要快上。按照《国家汶川地震灾后恢复重建总体规划》对测绘工作的要求,加强灾区基础测绘和其他测绘工作,加快

872

恢复和建设灾区测绘基础设施,建设灾情监测评估地理信息系统,确保灾后重建、测绘先行。加快公益性地理信息服务网站建设和资源整合,着力打造互联网地图服务知名品牌;加快公众版地形图研究,进一步丰富地图品种,不断推出精品地图,繁荣地图市场,满足人民群众的物质文化生活需要。加强对房产测绘质量、重大建设工程测绘质量等的监督检查,维护百姓权益和利益。

(十一)产业发展要支持。本着稳定行业、扩大就业的原则,在确保国家安全和测绘质量的前提下,对工程测量、地籍测绘、房产测量和地理信息系统工程等测绘活动实行适度宽松的市场准入政策,扩大产业规模,创造更多就业岗位。大力支持卫星导航电子地图、互联网地图和地理信息服务等高新技术产业化发展,推动汽车、通讯、物流、出行服务、网络服务等产业发展。要通过鼓励地理信息产业基地建设、推进产业化项目示范以及提供基础地理信息资源、测绘技术指导、实施政府采购倾斜政策等方式,保持产业平稳快速增长,推动地理信息产业总产值 2010 年力争达到 1 000 亿元。

三、加强组织领导,狠抓工作落实

(十二)增强紧迫感责任感。测绘系统各单位要进一步增强做好扩大内需促进经济增长测绘保障服务的紧迫感和责任感,紧密围绕党中央的决策部署,结合本地区本单位测绘工作实际,加强组织领导,周密安排部署,注重统筹兼顾,切实抓出成效。要通过强有力的测绘保障,服务拉动内需促进经济平稳较快增长。

(十三)精心组织狠抓落实。测绘系统各单位要把做好扩大内需促进经济增长测绘保障服务作为当前的头等大事来抓,主要负责同志要亲自抓好各项工作的落实。各省级测绘行政主管部门要认真落实和配合国家测绘局的各项相关举措,积极争取省级人民政府的支持,加强对市县测绘行政主管部门的指导和监督。要狠抓工作落实,能出台的措施要尽快出台,已立项的项目和出台的措施要抓紧落到实处。

(十四)简化审批提高效率。要加快测绘行政许可集中受理和在线办理,对应急测绘保障等特殊项目的审批,要特事特办、即理即办。要通过修改审批程序规定、实行行政委托等方式,依法下放审批权限,将部分地图的审核、拆迁测量标志、提供测绘成果、建立相对独立坐标系等审批权力下放,提高审批效率。要适当简化基础测绘项目、基本建设项目、测绘科技项目等的审批程序,缩短审批时间,提高工作效率。

(十五)严格资金项目管理。要严格遵守国家和地方有关项目管理、经费管理、财务管理方面的法规规定,在允许的职责权限和范围内,遵照规定的程序进行测绘项目和资金调整。需报经上一级领导部门或有关部门审批的,必须严格按照规定程序报批。要建立健全责任制,加强对投资安排、项目管理、资金使用、项目质量、实施效果等各个环节的监督检查。

(十六)抓好安全保密管理。要严格执行测绘安全生产规定,坚持以人为本,安全第一,预防为主,确保测绘安全生产。要妥善处理测绘成果保密与利用的关系,坚持以保证涉密测绘成果安全、维护国家安全和利益为前提,严格执行国家有关保密法律法规和测绘成果保密法律法规,在确保国家安全的前提下推进测绘成果的广泛利用。

做好扩大内需、促进经济平稳较快增长测绘保障服务是测绘部门的应尽责任,是一项艰巨而紧迫的任务。测绘系统各单位要进一步解放思想,开拓创新,求真务实,扎实工作,共同为实现经济繁荣和社会和谐努力奋斗。

各单位贯彻落实本意见重大举措要及时向国家测绘局报告。

国家测绘局
二〇〇八年十一月二十五日

关于测绘成果管理有关问题的批复

国测法字〔2008〕11 号

山西省测绘局:

你局《关于"没收测绘成果"有关问题的请示》(晋测字〔2008〕9号)收悉。经研究,现批复如下:

在数字化技术条件下,测绘成果的表现形式日益多样化,测绘成果的载体也由传统的纸质向光、磁等介质转变。《测绘管理工作国家秘密范围的规定》(国测办字〔2003〕17 号)明确规定:"'测绘成果'包括纸、光、磁等各类介质所承载的测绘数据、图件及相关资料。"《中共中央保密委员会办公室、国家保密局关于国家秘密载体保密管理的规定》(厅字〔2000〕58 号)第二条也明确规定:"磁介质载体包括计算机硬盘、软盘和录音带、录像带等。"请你局参照以上有关规定确定"没收测绘成果"的具体内容,并依法做出行政处罚。

国家测绘局

二〇〇八年十月二十九日

关于做好强制性国家标准
《基础地理信息标准数据基本
规定》实施工作的通知

国测国字〔2008〕14 号

各省、自治区、直辖市测绘行政主管部门，局所属有关单位：

国家测绘局组织制定的《基础地理信息标准数据基本规定》（以下简称"标准"）已作为强制性国家标准经国家质量监督检验检疫总局和国家标准化管理委员会批准发布（编号为：GB21139—2007），并于 2008 年 3 月 1 日起实施。为做好本标准的宣传、贯彻实施及监督工作，确保标准得到认真执行，现将有关事项和要求通知如下：

一、制定标准的意义与作用

国家测绘局根据《中华人民共和国测绘法》、《中华人民共和国测绘成果管理条例》的有关规定，为贯彻落实《国务院关于加强测绘工作的意见》"在电子政务、公共安全、位置服务等方面，分类构建权威、标准的基础地理信息公共平台"的要求，确保基础地理信息数据的质量，保障以地理信息数据为基础的各类信息系统建设与应用的顺利进行和地理信息资源共建共享，组织制定了《基础地理信息标准数据基本规定》强制性国家标准。标准的制定与实施，将在保障以地理信息为基础的信息系统建设的统一和互联互通、避免重复建设、重复投入、促进信息化建设的顺利实施和可持续发展、规范基础地理信息标准数据的生产与认定行为、保护有关建设工程的安全、维护基础地理信息数据使用者、消费者的合法权益等方面发挥重要作用。

二、认真做好标准宣传贯彻工作

各地区、各单位要认真做好标准的宣传贯彻工作。各级测绘行政主管部门要积极组织本地区相关单位进行集中培训和认真学习，并提出相关要求。同时，要通过网络、报纸、期刊和杂志等各种媒介进行大力宣传，推动与地理信息系统相关的各专业部门了解本标准。

国家测绘局将组织编写出版本标准使用指南，举办标准培训班，以进一步推动本标准的宣传贯彻。

三、做好基础地理信息标准数据目录的认定和公布工作

各省级测绘行政主管部门要切实履行职责，委托省级测绘质检机构，依据本标准规定的认定程序、内容和范围等要求，尽快组织认定和公布一批基础地理信息标准数据目录，以满足地理信息系统和地理信息公共平台建设中对基础地理信息标准数据的迫切需要。

国家测绘局将尽快确定认定机构，组织认定和公布一批国家级基础地理信息标准数据目录。

四、组织开展地理信息系统建设应用情况监督检查

各级测绘行政主管部门要按照《中华人民共和国标准化法》等相关法律法规的规定，积极协调联合当地技术监督和标准化管理部门，共同采取行动，对各部门、各单位建立地理信息系统遵守本标准的情况，组织开展监督检查。凡不符合本标准的基础地理信息数据将不得向有关用户和建设工程提供，不得用于有关信息系统的建设。对于已建立的信息系统，如未采用符合本标准的基础地理信息数据，应责成系统建设者尽快制定整改计划和措施，逐步替换为符合国家标准的数据。在整改过程中，测绘部门要积极提供数据和技术支持。

五、要加快标准基础地理信息数据的生产

各级测绘行政主管部门在做好本标准的实施监督的同时，还要组织相关单位加快标准基础地理信息数据的生产，增加数量、提高质量、优化结构，满足基础地理信息公共平台建设的需求，全面贯彻落实《国务院关于加强测绘工作的意见》中提出的"为自然资源和地理空间基础信息数据库完善，提供科学、准确、及时的基础地理信息数据"、"分类构建权威、标准基础地理信息公共平台，更好地满足政府、

企业以及人民生活等方面对基础地理信息公共产品服务的迫切需要"等要求，为经济社会的发展提供及时、可靠的测绘服务和保障。

　　附件：强制性国家标准《基础地理信息标准数据基本规定》情况介绍

国家测绘局

二〇〇八年五月六日

附件:

强制性国家标准《基础地理信息标准数据基本规定》情况介绍

一、适用范围

本标准适用于基础地理信息标准数据的生产、认定和使用。

二、主要内容

本标准从数学基础、数据内容、生产过程、数据认定四个方面对标准的基础地理信息数据进行了界定。

1. 数学基础。是为准确描述基础地理信息空间位置特征制定的数学法则,主要包括统一的空间参照系和地图投影系统。它若不规范,基础地理信息数据就缺乏了统一的空间定位参照,必然难以给专题信息搭载提供一个统一的定位基础。譬如,采用不同坐标系统的两个数据集未实施坐标转换前,无法拼接、计算和分析。因此,本标准从平面坐标系统、高程系统、比例尺、地图投影和图幅分幅五个方面对数学基础提出了具体明确的要求。

2. 数据内容。基础地理信息数据的内容必须有科学合理的范围。本标准按要素将基础地理信息分为 12 类:测量控制点数据、水系数据、居民点及设施数据、交通数据、管线数据、境界与政区数据、地貌数据、植被与土质数据、地名数据、数字正射影像数据、地籍测量数据和其他数据,并对每一类至少应当包括的内容进行了具体的要求。

3. 生产过程。基础地理信息数据不同于一般的工业产品,仅依靠对最终成果(产品)的检验或检测难以确定其质量和可靠性。因此,对基础地理信息数据生产过程的控制和最终成果的质量检验同样重要,甚至过程方案的科学性与否直接影响或决定最终成果的可靠性。所以,本标准对基础地理信息标准数据的生产过程进行了规范。提出了项目设计书内容的要求、资料和数据源的要求、质量检查验收的要求、仪器设备的要求和执行标准的要求等。

4. 数据认定。规定了基础地理信息标准数据认定的程序、范围、内容等要求。基础地理信息数据在数学基础、数据内容和生产过程三个方面满足规定的要求后,要成为标准数据还必须经过相应的机构按照规定的程序进行认定。

关于向港资企业提供国家秘密基础测绘成果有关问题的批复

测办函〔2008〕14 号

广东省国土资源厅：

你厅《关于对外提供国家秘密基础测绘成果的请示》(粤国土资测管报〔2008〕41 号)收悉。经研究，现就来文提及的有关问题批复如下：

一、广州市越德企业管理咨询有限公司(港资企业)投资新丰县首期 200 万吨/年新型干法旋窑水泥生产线项目，申请使用1：1 万电子版地形图事，请按对外提供测绘成果审批事宜处理，并由内地合作方提出申请。审批工作中的法规依据仍为国务院批转国家测绘局的《关于对外提供我国测绘资料的若干规定》(国发〔1983〕192 号)。

二、根据《关于对外提供我国测绘资料的若干规定》，你厅在审批工作中，必须要求内地合作方提交当地政府同意开展合作项目的批准文件，并按规定程序事先征求军队部门的意见。

三、具备上述条件后，亦应对拟提供的韶关市新丰县回龙镇 5 幅1：1 万电子版地形图进行保密处理。地图几何精度的处理按地形图非线性保密处理技术进行，属性内容参照国家强制性标准《导航电子地图安全处理技术基本要求》执行。

四、有关保密处理事宜请直接与中国测绘科学研究院联系办理。

国家测绘局办公室
二〇〇八年二月二十八日

关于采用 2000 国家大地坐标系相关保密问题的批复

国测保字〔2008〕15 号

中国测绘科学研究院:

你院《关于采用2000国家大地坐标系相关保密问题处理建议的函》(测研院函〔2008〕70号)收悉。经研究,批复如下:

一、根据国家有关测绘、保密法律法规规定,2000国家大地坐标系下的测绘成果依据《测绘管理工作国家秘密范围的规定》确定密级,并按照规定的保密期限、控制范围进行管理。

二、对是否属于国家秘密、属于何种密级不明确的事项,按照有关保密规定逐级报至有权确定该事项密级的上级机关。在确定密级前,产生该事项的机关、单位应当按照拟定的密级,先行采取保密措施。

三、现行参心坐标系与2000国家大地坐标系下同一幅地形图平移量的密级,应与相应比例尺地形图的密级相一致。

四、属于国家秘密的2000国家大地坐标系下的测绘成果,必须依照国家保密法律法规进行严格管理;提供利用涉密基础测绘成果的,依照测绘成果管理条例的规定履行行政审批手续。

国家测绘局保密委员会

二〇〇八年七月一日

关于进一步加强测绘航空摄影
监督管理工作的通知

国测国字〔2008〕16 号

各省、自治区、直辖市、计划单列市测绘行政主管部门,新疆生产建设兵团测绘主管部门:

测绘航空摄影是以测绘为目的航空摄影,测绘航空影像获取是重要的测绘活动,也是涉及国家安全的特殊测绘活动,属测绘工作统一监督管理范畴。按照《测绘法》关于"国务院测绘行政主管部门负责全国测绘工作的统一监督管理"的规定,为规范测绘航空摄影市场行为,维护国家安全和利益,提高测绘航空摄影成果使用效益和公共服务水平,现就进一步加强测绘航空摄影监督管理有关工作通知如下:

一、高度重视测绘航空摄影监督管理工作。各级测绘行政主管部门要坚持以邓小平理论和"三个代表"重要思想为指导,深入贯彻科学发展观,根据《测绘法》规定和《国务院关于加强测绘工作的意见》(国发〔2007〕30 号)要求,充分认识加强测绘航空摄影监督管理工作的重要意义,进一步增强依法行政的主动性和责任意识,真正把测绘航空摄影的管理纳入测绘工作统一监督管理的范畴,切实做到依法行政。

二、统筹基础航空摄影发展规划和计划。根据经济社会发展需要,各级测绘行政主管部门要进一步加强对本区域测绘航空摄影工作的统筹协调,在充分了解和掌握相关部门需求的基础上,结合下一级基础航空摄影发展规划和计划,编制本区域基础航空摄影发展规划和计划,并报上一级测绘行政主管部门备案。

三、确立和完善基础航空摄影计划分级管理制度。按照《测绘法》和《基础测绘计划管理办法》关于"基础测绘实行分级管理"的规定，做好与发展改革、财政等部门的沟通，将基础航空摄影纳入本级国民经济和社会发展年度计划及财政预算，形成公共财政对基础航空摄影持续稳定的投入机制，建设基础航空摄影与经济社会发展对测绘保障需求相适应的良好环境。

四、完善测绘航空摄影市场资质管理制度。严格执行测绘资质审查制度，从事测绘航空摄影活动的单位必须依法取得包含测绘航空摄影专业的测绘资质。探索建设测绘航空摄影市场信用体系，建立航摄单位信用档案和信用信息公示制度。

五、建立测绘航空摄影实施前征求意见和审查的制度。为充分利用已有的测绘成果，提高财政资金使用效益，各级测绘行政主管部门应加强同发展改革、财政等有关部门的沟通和协商，按照《测绘法》关于使用财政资金的测绘项目"在批准立项前应当征求本级人民政府测绘行政主管部门的意见"的规定，建立征求和反馈意见的机制，制订可操作的工作程序。对于"无订单"自主测绘航空摄影活动，有关实施单位必须事先报省级测绘行政主管部门审批同意方能施行。省级测绘行政主管部门要加强与军队空域审批部门协作，完善测绘行政主管部门参与测绘航空摄影实施前的审查制度。

六、强化测绘航空摄影成果汇交和目录发布制度。严格执行《测绘法》和《测绘成果管理条例》关于测绘航空摄影成果执行无偿汇交的制度。省级测绘行政主管部门于每年3月底前向国务院测绘行政主管部门汇交本区域内上年度测绘航空摄影成果目录。各级测绘部门应定期更新测绘航空摄影成果目录，并将目录通过网站等方式向社会公布。

七、大力推进测绘航空摄影成果共建共享工作。各级测绘行政主管部门要尽快构建本区域基础航空影像数据库，同时进一步加强与有关部门的沟通与合作，逐步建立测绘航空摄影成果的共建共享机制，以提高测绘航空摄影成果使用效益和公共服务水平。

八、加大测绘航空摄影监督管理行政执法力度。各级测绘行政主管部门要根据实际情况，坚持依法行政，进一步制定和完善测绘航空摄影监督管理政策。对无资质、超资质从事测绘航空摄影活动的单位和不按照规定汇交测绘航空摄影成果的单位，要按照《测绘法》和《测绘成果管理条例》的有关规定予以查处。

　　各级测绘行政主管部门要注重发挥新闻媒体的宣传和社会舆论的监督作用，适时联合有关部门开展测绘航空摄影活动专项检查。

国家测绘局

二〇〇八年五月六日

关于加强地理信息产业从业
单位测绘资质管理工作的通知

测办〔2008〕23 号

各省、自治区、直辖市测绘行政主管部门,中国地理信息系统协会:

为贯彻落实《国务院关于加强测绘工作的意见》(国发〔2007〕30号,以下简称《意见》)提出的"进一步加强测绘资质管理,从事地理信息数据的采集、加工、提供等测绘活动必须依法取得测绘资质证书,严格市场准入"的要求,国家测绘局决定于今年开展加强地理信息产业从业单位测绘资质管理工作。现将有关要求通知如下:

一、地理信息产业是测绘事业的重要组成部分,加强对地理信息产业从业单位的测绘资质管理,对于规范地理信息市场行为,促进地理信息产业健康发展,具有十分重要的意义。各级测绘行政主管部门要切实履行《测绘法》赋予的测绘工作统一监管职责,通过有效开展工作,将地理信息产业从业单位纳入测绘资质管理,以保障国家地理信息数据安全,维护地理信息市场秩序。

二、各省、自治区、直辖市测绘行政主管部门要依据《测绘法》、《意见》及本通知要求,对已取得地理信息系统工程资质的单位,通过年度注册和实地检查等方式,核查资质条件,强化日常监管,确保依法测绘;对凡涉及地理信息数据采集、加工、提供等活动(见附件1)且未纳入测绘资质管理的,加强调查摸底,要求其必须依法取得测绘资质。请各省、自治区、直辖市测绘行政主管部门于 2008 年 9 月 30 日前,向国家测绘局报送地理信息产业从业单位的调查摸底情况表(见附件2)。

三、国家测绘局正在组织修订《测绘资质管理规定》和《测绘资质分级标准》,计划于 2008 年第三季度完成,并拟于 2008 年第四季度专门部署开展对地理信息产业从业单位的测绘资质审查和发证工作（具体要求另行通知）。

四、请中国地理信息系统协会加强与各省、自治区、直辖市测绘行政主管部门的联系沟通，协助其做好地理信息产业从业单位的调查摸底工作，并积极提供有关研究成果和技术咨询服务。

五、各省、自治区、直辖市测绘行政主管部门要充分发挥市、县测绘行政主管部门在地理信息产业市场监管中的作用，明确要求，强化督察，抓好落实。要积极发挥当地社团组织密切联系行业、信息沟通顺畅等优势，广泛动员各方力量参与工作。要加强与有关职能部门的协作配合，拓宽调查渠道，丰富调查手段。

六、各级测绘行政主管部门要充分利用当地政府网站、报刊、广播、电视等媒体资源，加大对开展地理信息产业从业单位测绘资质管理工作的宣传力度。通过营造良好的舆论氛围和社会环境，引导地理信息产业从业单位切实提高思想认识，自觉接受测绘管理。

鉴于此项工作涉及面广、工作量大，请各省、自治区、直辖市测绘行政主管部门统筹安排部署，精心组织实施。国家测绘局将对各地工作的进展情况适时组织抽查。工作中遇到的问题，请及时与国家测绘局行业管理司联系沟通。

联系人：国家测绘局行业管理司　孙　超

电话（兼传真）：010－68314765

E-mail：chzz@sbsm.gov.cn

中国地理信息系统协会　李　玲

电话：010－88586455

附件1：地理信息数据采集、加工、提供活动的界定范围
　　　2：地理信息产业从业单位调查摸底情况表

国家测绘局办公室

二〇〇八年三月二十日

附件 1：

地理信息数据采集、
加工、提供活动的界定范围

　　地理信息数据采集活动：利用计算机等装置获取地理信息数据的系列活动。主要包括：野外测量、遥感、GPS 信息采集、现场调查、已有资料数字化等。

　　地理信息数据加工活动：对已经获取的地理信息数据进行再生产的系列活动。主要包括：数据的规范化、坐标转换、编码、属性添加、数据入库、地理分析、可视化表达，以及数据维护、管理和数据更新等。

　　地理信息数据提供活动：供应地理信息数据的系列活动。主要包括：将加工后的地理信息数据直接供应用户使用；或通过开发相应的系统为社会服务，将地理信息数据间接供应用户使用，如：地理信息系统基础平台和各专业平台（政务地理信息系统、交通地理信息系统、房产地理信息系统等）的开发建设；地理信息网站的建设，各类应用服务等。

附件2：

地理信息产业从业单位调查摸底情况表

		甲级	乙级	丙级	丁级	合计
测绘资质情况	已取得资质单位数					
	需申请资质单位数					
	合计					
登记注册情况	事业单位数					
	国有企业数					
	民营企业数					
从业人员数量						
年服务总值(元)						
备注		表中尚未或无法全面反映的情况，请另纸报送				

关于导航电子地图有关问题的批复

测办〔2008〕47 号

深圳市凯立德计算机系统技术有限公司：

你公司《关于导航电子地图保密处理及审图号使用问题的请示》（凯立德〔2008〕09 号）收悉。经研究，现将有关问题复函如下：

一、按照地图管理的有关规定，任何导航电子地图在公开出版、展示（含地图质量测试）前，必须依法送测绘行政主管部门审核。

二、送审导航电子地图时，必须明确数据范围（即所包含的城市），并事先经国家测绘局指定的机构进行保密技术处理。

三、国家测绘局对审核合格的导航电子地图颁发地图审核批准文件，并核发审图号。地图出版单位据此出版、发行该导航电子地图。

四、在已经出版、发行的导航电子地图基础上更新地图表示内容、变更数据范围或者进行数据格式转换的，必须重新履行地图审核程序。

鉴此，你单位请示中第一部分的 1、2、3、4 和第二部分的 1、2 不符合地图管理的有关规定。如有类似做法，应予以纠正。

国家测绘局办公室
二〇〇八年五月十九日

关于对新疆维吾尔自治区测绘局
有关人才援疆有关问题的批复

测办〔2008〕50 号

新疆维吾尔自治区测绘局：

　　你局《关于选派机关处级干部赴国家测绘局机关工作学习的请示》（新测人〔2008〕8 号）、《关于 2008 年测绘专家援疆需求的请示》（新测人〔2008〕14 号）、《关于举办面向西部地区（新疆）专业技术人员高新技术培训班的请示》（新测人〔2008〕15 号）、《关于 2008 年选派专业技术人员赴国家测绘局直属单位参加学习培训的请示》（新测人〔2008〕16 号）4 个文件收悉。经研究，现就有关问题批复如下：

　　一、同意你局从 2008 年下半年起，每年上下半年各选派 1 名机关处级干部到我局机关挂职工作 6 个月，挂职岗位由我局根据选派干部基本情况和我局机关实际确定。挂职期间的工资、福利、医疗、往返交通费等由你局负责，住宿、市内交通补贴、午餐补助由我局承担。

　　二、同意 2008 年选派 4 名测绘专家赴你局进行工作指导。由国家基础地理信息中心选派 1 名卫星影像及数码影像数据处理技术方面专家，由中国测绘科学研究院选派 1 名数字城市建设方面专家，由陕西测绘局选派 1 名遥感软件的深层次应用方面专家，由黑龙江测绘局选派 1 名 1∶1 万基础测绘项目生产方面专家。有关费用由我局和你局共同承担，其中，专家在疆期间的食宿费用由你局承担，往返交通费及人员补贴由我局承担。

　　三、同意 2008 年面向西部地区测绘专业技术人员新技术培训班在你局举办，列入我局年度教育培训计划。

　　四、同意你局 2008 年选派 8 名专业技术人员分别到陕西测绘局、黑龙江测绘局、四川测绘局和国家基础地理信息中心学习培训。派出人员往返交通费由你局承担，在接收单位发生的住宿及培训等费用由我局和接收单位共同承担。

请积极与相关单位沟通协调，认真做好有关工作。

国家测绘局办公室
二〇〇八年五月二十二日

关于实行测绘资质
行政许可在线办理的通知

测办〔2008〕80 号

各省、自治区、直辖市测绘行政主管部门:

为做好测绘资质行政许可工作,推进政务公开,近年来,国家测绘局和绝大多数省、自治区、直辖市测绘行政主管部门基本建立了测绘资质管理信息系统,甲级测绘资质行政许可和许多地方的乙丙丁级测绘资质行政许可实现了在线申请和查询,初步实现了测绘资质行政许可高效便民的目标。为进一步规范测绘资质许可程序,减低行政成本,提高行政效率,国家测绘局决定对测绘资质行政许可实行在线办理。现将有关事项通知如下:

一、提高认识,增强紧迫感和责任感

《国务院办公厅关于进一步做好中央政府门户网站内容保障工作的意见》(国办发〔2006〕61 号)要求:各部门要提高行政许可在线办理能力,确保'十一五'期间 50%的行政许可项目实现在线办理。国家信息化领导小组《关于印发〈国家电子政务总体框架〉的通知》(国信〔2006〕2 号)要求:统筹中央与地方需求,以提高应用水平为重点,以政务信息开发利用为主线,建立信息共享和业务协同机制;政府门户网站成为政府信息公开的重要渠道,50%以上的行政许可项目能够实现在线办理。各级地方测绘行政主管部门要深刻领会有关文件精神,充分认识到实行测绘资质行政许可在线办理,是测绘行政主管部门推行电子政务的重要举措,是解决全国测绘资质管理软件标准不统一、信息不共享,杜绝以欺骗手段跨地区借用人员和仪器设备申报测绘资质行为的有效方法。各省、自治区、直辖市测绘行政主管部门要增强实行测绘资质行政许可在线办理的紧迫感和责任感,将此项工作作为贯彻《国务院关于加强测绘工作的意见》中提出的"加快建立测绘市场信用体系,严格市场准入和退出机制"的重要工作,加强组织领导,抓紧制订工作方案,明确工作机构和人员,确保必要经费。

二、明确测绘资质行政许可在线办理的目标

全国所有测绘资质许可要实现"外网受理、内网办理、外网反馈"的在线办理目标。此项工作完成后,要使全国各级测绘行政主管部门的工作人员,根据授权可以在线查询核实全国所有测绘资质单位的相关信息,全国测绘资质单位信息要实现在线动态更新。

三、提升测绘资质行政许可在线办理软件的技术水平

为确保测绘资质许可信息数据在线运行的快速、安全、稳定,国家测绘局今年将根据新修订的《测绘资质管理规定》及《测绘资质分级标准》升级原有测绘资质管理信息系统。各省、自治区、直辖市测绘行政主管部门根据本地区实际,可以选用国家测绘局行业管理司推荐的测绘资质管理信息系统软件;也可以自行研发相应的软件,但必须符合国家测绘局行业管理司规定的数据标准。凡使用自行研发软件的,由所在地的省级测绘行政主管部门将测绘行政许可信息数据完整准确适时地导入国家测绘局的测绘资质信息数据库内。

四、测绘资质行政许可在线办理有关工作要求

(一)2009年5月31日前,各省、自治区、直辖市的测绘行政主管部门要完成本地区的测绘资质行政许可在线办理工作。2009年6月30日前,实现国家测绘局和省级测绘行政主管部门测绘资质行政许可信息数据互联互通。

(二)各级测绘行政主管部门要加强对测绘资质行政许可在线办理工作的检查指导,将工作成效列入本地区测绘依法行政的考核指标体系和评选测绘管理先进单位的标准。

国家测绘局办公室

二〇〇八年八月十一日

关于中外合资（合作）企业使用
保密测绘成果有关问题的批复

成果函〔2008〕87 号

新疆维吾尔自治区测绘局：

你局《关于中外合资（合作）企业使用保密测绘成果有关问题的请示》（新测行〔2008〕25 号）收悉。根据《中华人民共和国测绘法》、《中华人民共和国保守国家秘密法》、《中华人民共和国测绘成果管理条例》及其他有关法律法规规定，批复如下：

一、新疆金川矿业有限公司（中澳合资企业）拟在新疆伊犁招标开展地形图测绘和勘探钻孔测量活动，必须是经国务院及其有关部门或者省、自治区、直辖市人民政府批准开展的经济、文化、科技等合作项目中需要进行的测绘活动。凡不属于实施合作项目需要的，不得开展或组织开展各种形式的测绘活动。

二、合作项目所需测绘活动，禁止在同一地区、同一点上同时采用国家坐标系统和国际坐标系统获取提供测绘成果。

三、实施测绘的单位必须依照国家相关保密法律法规和《测绘管理工作国家秘密范围的规定》（国测办字〔2003〕17 号），对涉密测绘成果严格保管，依法报经你局审批后方可向新疆金川矿业有限公司提供使用。

四、测绘任务完成后，实施测绘的单位应当依法向你局汇交测绘成果副本。

五、请你局根据批复意见进行处理，并加强监督管理。制止违法测绘行为，防止泄露国家秘密，切实维护国家安全。

国家测绘局测绘成果管理与应用司

二〇〇八年九月九日

关于加强涉军测绘
管理工作的紧急通知

测办〔2008〕94 号

各省、自治区、直辖市测绘行政主管部门,各导航电子地图资质单位:

当前,我国测绘市场总体保持健康发展,测绘法规、政策、制度逐步完善,市场监管力度不断加大。但也存在一些问题,一些测绘单位的内部管理尤其是保密管理混乱,部分测绘人员的法制意识和保密意识淡薄;一些地方测绘行政主管部门监管不到位,致使涉军非法测绘等事件时有发生,给国防军事安全带来隐患。为了加强涉军测绘管理工作,现就有关事项紧急通知如下:

一、深刻认识加强涉军测绘管理工作的重要性

随着国民经济和社会信息化进程的加快,各方面对地理信息资源的需求不断增长,地理信息数据采集活动在新形势下呈现出范围广、覆盖全、比例尺大、现势性强等特点,与国防安全的关系更加密切,测绘活动涉及国家安全隐患的问题日趋突出。各级测绘行政主管部门和测绘单位一定要树立国家安全和利益高于一切的观念,深刻认识加强涉军测绘管理工作的重要性,采取坚决有效措施,完善法规制度,明确责任,加强管理,有效制止非法测绘活动,维护测绘市场秩序。

二、迅速开展涉军测绘等情况的全面检查

各省、自治区、直辖市测绘行政主管部门要迅速组织开展对本地测绘单位近 3 年来涉军测绘情况的全面检查,测绘单位要主动开展自查整改。对发生过被军方或者安全机关、公安机关查扣人员、设备和讯问调查的,测绘单位要将事件经过、原因、处理结果等书面上报所在的省级测绘行政主管部门。要通过专项检查,摸清情况,找准问

896

题,制定管理措施,堵塞国家安全漏洞和隐患。

三、加强对测绘活动的日常监管

各级测绘行政主管部门要按照本地法规规章的规定,加强测绘项目的登记备案工作,强化对本地区测绘活动的监管。测绘单位在项目施测前,必须提前踏勘熟悉测区情况,凡可能涉及军事禁区、军事管理区的,要主动与当地驻军联系。根据《中华人民共和国军事设施保护法》的有关规定,未经军区级以上军事机关批准,测绘人员一律不得进入军事禁区;测绘人员进入军事管理区的,必须经过军事管理区管理单位的许可。对发现涉军测绘活动的,要配合军方和国家安全部门查清事件原因,确认测绘活动是否涉密,妥善进行处理。

根据测绘法的规定,测绘单位未经国家测绘局批准,不得在我国领域内与外国的组织或个人以合资合作方式从事测绘活动;测绘人员必须持有效的测绘作业证件,必须依法使用、提供涉密测绘成果,各级测绘行政主管部门要强化日常监督检查,督促测绘单位依法从事测绘活动。导航电子地图资质单位不得以任何形式雇用外籍员工,从事导航电子地图数据采集的人员要穿着标志明显的作业服装,作业车辆应当粘贴或喷涂明显的测绘作业标志。

四、加大对涉军非法测绘的查处力度

各省、自治区、直辖市测绘行政主管部门要充分发挥市县测绘管理部门的市场监管职责,落实到具体工作岗位和个人。要加强与当地安全、保密、工商等部门的沟通,明确职责分工,建立协作机制,形成监管合力。对有关部门移送的涉军非法测绘案件,及时依法查办,做到涉密数据没有全部收缴不放过、泄密事件原因没有完全查清不放过、涉案人员没有得到依法处理不放过。今后,凡经国家安全机关查实属于非法测绘的,要依法吊销该单位的测绘资质证书,向社会公开曝光,清出测绘市场,触犯国家刑法的,依法追究刑事责任。

五、加强测绘单位法律法规知识的学习培训

各省、自治区、直辖市测绘行政主管部门要充分利用广播、电视、报刊、互联网等新闻媒体,结合测绘法制宣传教育,强化测绘单位的

测绘成果保密意识,增强测绘单位及其人员依法测绘的自觉性。各测绘单位近期要对全体员工进行一次法律法规知识培训,重点学习《中华人民共和国测绘法》、《中华人民共和国军事设施保护法》、《中华人民共和国国家安全法》、《中华人民共和国保守国家秘密法》、《中华人民共和国测绘成果管理条例》等法律法规,教育引导测绘人员依法从事地理信息数据采集、加工、保管、提供、使用等活动。

各省、自治区、直辖市测绘行政主管部门要按照本通知要求,切实采取有效措施,加强涉军测绘管理工作,并将本行政区域内涉军测绘活动的检查清理、自查自纠和治理整顿等情况,于 2008 年 10 月底前书面报送国家测绘局。

国家测绘局办公室
二〇〇八年九月二十七日

898

关于印发测绘行政
执法文书格式文本的通知

测办〔2008〕110 号

各省、自治区、直辖市测绘行政主管部门：

　　为进一步规范测绘行政执法行为，完善查处案件程序，建立健全测绘行政执法案卷评查制度，根据国务院《全面推进依法行政实施纲要》和国务院办公厅《关于推行行政执法责任制的若干意见》（国办发〔2005〕37 号），结合测绘行政执法工作的性质和特点，我局制定了《测绘行政执法文书格式文本》（以下简称《执法文书》）。现印发给你们，并将有关事项通知如下：

　　一、要充分认识统一行政执法文书的重要性，切实加强领导，采取措施，认真施行《执法文书》。尤其要加强对市、县级测绘行政主管部门推广使用《执法文书》的指导，确保行政执法工作的严肃性和权威性。

　　二、要组织各级测绘行政执法人员认真学习，准确掌握、正确使用《执法文书》，并做好与原有执法文书的衔接工作。从 2009 年 1 月 1 日起凡立案查处的测绘违法案件，一律使用统一的测绘行政执法文书。

　　《执法文书》文本可从国家测绘局政府网站上下载。各级测绘行政主管部门在使用《执法文书》时遇到的有关问题，请及时反馈我局。

　　附件：1. 测绘行政执法文书格式文本
　　　　　2. 关于制定《测绘行政执法文书格式文本》的说明

国家测绘局办公室
二〇〇八年十二月九日

附件1：

测绘行政执法文书格式文本

卷宗编号：_____

测绘行政执法
卷　宗

行政机关：_____

案　　由：_____

当 事 人：_____

承 办 人：_____

立案日期：_____ 结案日期：_____

归档日期：_____ 保存期限：_____

国家测绘局印制

测绘行政执法
卷宗目录

序　号	材料名称	页　次

测绘行政执法
立案审批表

案　　由						
案件来源						
当事人	单位	名　称				
		地　址				
		法定代表人	姓名	性别	身份证号码	
			民族	职务	国　　籍	
					护照号码	
		电话(传真)				
	个人	姓　名		性别	身份证号码	
		单　位		职务	国　　籍	
					护照号码	
		住　址		电话(传真)		
案情摘要立案依据						
承办人意见		签名:　　　年　月　日				
承办部门意见		签名:　　　年　月　日				
执法监督部门意见		签名:　　　年　月　日				
行政机关负责人意见		签名:　　　年　月　日				

(多个当事人时可附页)

902

测绘行政执法案件移送审批表

<table>
<tr><td colspan="3">案　　由</td><td colspan="6"></td></tr>
<tr><td colspan="3">案件来源</td><td colspan="6"></td></tr>
<tr><td rowspan="7">当事人</td><td rowspan="4">单位</td><td colspan="2">名　　称</td><td colspan="5"></td></tr>
<tr><td colspan="2">地　　址</td><td colspan="5"></td></tr>
<tr><td rowspan="2">法定代表人</td><td>姓名</td><td></td><td>性别</td><td></td><td>身份证号码</td><td></td></tr>
<tr><td>民族</td><td></td><td>职务</td><td></td><td>国　籍
护照号码</td><td></td></tr>
<tr><td></td><td colspan="2">电话(传真)</td><td colspan="5"></td></tr>
<tr><td rowspan="3">个人</td><td colspan="2">姓　　名</td><td></td><td>性别</td><td></td><td>身份证号码</td><td></td></tr>
<tr><td colspan="2">单　　位</td><td></td><td>职务</td><td></td><td>国　籍
护照号码</td><td></td></tr>
<tr><td colspan="2">住　　址</td><td></td><td colspan="2">电话(传真)</td><td colspan="2"></td></tr>
<tr><td colspan="3">受移送机关</td><td colspan="6"></td></tr>
<tr><td colspan="3">移送原因
法律依据</td><td colspan="6"></td></tr>
<tr><td colspan="3">主要违法
事　　实</td><td colspan="6"></td></tr>
<tr><td colspan="3">承办人
意　　见</td><td colspan="6">签名：　　　年　月　日</td></tr>
<tr><td colspan="3">承办部门
意　　见</td><td colspan="6">签名：　　　年　月　日</td></tr>
<tr><td colspan="3">执法监督
部门意见</td><td colspan="6">签名：　　　年　月　日</td></tr>
<tr><td colspan="3">行政机关
负责人
意　　见</td><td colspan="6">签名：　　　年　月　日</td></tr>
</table>

(多个当事人时可附页)

测绘行政执法案件移送书

（　）测执［　］号

_____

_____ :

_____一案，

经初步调查,该案_____

_____

_____

_____,

根据《中华人民共和国行政处罚法》的规定,现移送你单位进行查处。

　　附件:1. 案件有关材料目录及材料

　　　　　2. 送达回证

（印　章）
年　月　日

904

测绘行政执法督办函

( )测执[ ] 号

_____

_____:

　　_____

　　_____

_____的违法行为,

涉嫌违反_____

_____

_____的规定,现将有关案卷材料转交你单位,请调查处理,并于

_____年_____月_____日前将调查结果及处理意见函告我单位。

　　附:案卷材料_____册,共_____页。

（印　章）
年　月　日

测绘行政执法询问(调查)通知书

( )测执[ ] 号

_____

_____ :

    为调查_____

_____一事,

请于_____年_____月_____日_____时_____分到_____

_____

_____接受询问(调查)。

    特此通知

(印 章)

年 月 日

测绘行政执法询问(调查)笔录

时间:_____年___月___日___时___分至___日___时___分

地点:_____

询问(调查)人:_____

被询问(调查)人:_____ 性别:____ 职务:_____ 民族:_____

身份证件:_____ 证件号码:_____ 国籍:_____

工作单位:_____ 电话:_____

单位地址:_____

住址:_____

与被调查人(事)关系:_____

　　问:我们是_____的行政执法人员,这是我们的行政执法证件,证号_____。你对在场进行询问(调查)的人员有无需要申请回避的? 答:_____

　　问:现就有关_____
情况对你进行询问(调查),你应如实回答。询问(调查)中,你有陈述和申辩的权利,你听清楚了吗?

　　答:_____

_____

_____(可接附页)

_____

[询问(调查)笔录逐页顶格,由询问(调查)人、被询问(调查)人签名,并注明日期]

第　页共　页

测绘行政执法现场检查（勘验）笔录

案由：_____

检查（勘验）时间：__年__月__日__时__分至__日__时__分

检查（勘验）地点：_____

被检查（勘验）单位（人）：_____法定代表人：_____

检查（勘验）人：_____

见证人：_____单位：_____职务：_____

　　我们是_____的行政执法人员，这是我们的行政执法证件，证号_____。检查（勘验）人员中有无需要回避的？_____现就有关_____情况进行现场检查（勘验）。

　　检查（勘验）过程及结果：_____

_____

_____

_____

_____

_____

_____

_____（可接附页或附图）

_____

　　〔现场检查（勘验）笔录逐页顶格，由当事人、检查（勘验）人、见证人签名，并注明日期〕

第　页共　页

测绘行政执法证据先行登记保存审批表

案　　由	
当 事 人	
地　　址	
电　　话	
保存原因、 方式及地点	
保存期限	年　月　日至　年　月　日
承 办 人 意　　见	签名：　　　　　年　月　日
承办部门 意　　见	签名：　　　　　年　月　日
行政机关 负责人意见	签名：　　　　　年　月　日

测绘行政执法证据先行登记保存通知书

（　）测执〔　〕号

_____

_____ ：

　　因_____案件调查取证工作的需要，根据《中华人民共和国行政处罚法》第三十七条第二款的规定，决定对你（单位）的下列物品予以证据先行登记保存。登记保存期间，维持其原有状态不得改变，不准使用、销售或转移。

　　登记保存期限：___年____月___日至___年___月___日

　　登记保存地点：_____

　　登记保存方式：_____

　　证据先行登记保存物品清单附后。

（印　章）

年　月　日

910

附件：

证据先行登记保存物品清单

序号	物品名称	规格、型号	单位	数量	备注

当事人签名：＿＿＿＿＿＿＿＿＿＿＿＿＿＿＿＿＿＿＿＿＿＿＿＿＿＿

保管人签名：＿＿＿＿＿＿＿＿＿＿＿＿＿＿＿＿＿＿＿＿＿＿＿＿＿＿

执法人员签名：＿＿＿＿＿＿＿＿＿＿＿＿＿＿＿＿＿＿＿＿＿＿＿＿

第　页共　页

测绘行政执法抽样取证通知书

（　）测执〔　〕　号

_____

_____：

      因_____案件调查取证工作的需要，根据《中华人民共和国行政处罚法》第三十七条第二款的规定，决定对你（单位）的下列物品进行抽样取证。

      抽样取证时间：_____

      抽样取证地点：_____

      抽样取证物品清单附后。

                                （印　章）

                                  年　月　日

附件：

抽样取证物品清单

序号	物品名称	规格、型号	抽样数量	样本基数	样本单价	备注

当事人签名：_____

执法人员签名：_____

第　页共　页

测绘行政执法
证据先行登记保存物品处理审批表

案　　由	
当 事 人	
地　　址	
基本案情 及相关物品情况	
承 办 人 意　　见	签名：　　　　　　　年　月　日
承办部门 意　　见	签名：　　　　　　　年　月　日
行政机关 负责人意见	签名：　　　　　　　年　月　日

测绘行政执法
证据先行登记保存物品处理通知书

（ ）测执〔 〕 号

_____

_____ :

　　你(单位)于_____年___月___日被行政机关依法予以证据先行登记保存的物品,经研究决定处理如下:

_____

_____

_____

_____

_____

_____

_____

　　证据先行登记保存物品清单附后。

（印　章）
年　月　日

测绘行政执法抽样取证物品处理通知书

（　　）测执〔　　〕　号

_____

_____：

　　你（单位）于_____年___月___日被行政机关依法予以抽样取证的物品，经研究决定处理如下：

_____

_____

_____

_____

_____

_____

　　抽样取证物品清单附后。

（印　章）

年　月　日

测绘行政执法鉴定委托书

（　）测执〔　〕号

_____

_____ ：

　　因案件调查需要，委托你（单位）进行鉴定。

　　鉴定内容：_____

_____

_____

_____

_____。

　　鉴定要求：_____

_____

_____

_____

_____。

　　请于_____年_____月_____日前将鉴定结果提交我单位。

　　联系人：_____联系电话：_____

（印　章）

年　月　日

测绘行政执法行政处罚告知书

（　）测执〔　〕　号

_____

_____ :

　　你（单位）_____ 的行为，违

反了_____

_____

的规定。以上事实有_____为证。

　　根据_____

的规定，拟对你（单位）做出如下行政处罚：

_____

_____ 。

　　根据《中华人民共和国行政处罚法》第三十一条、第三十二条和第四十二条的规定，你（单位）享有陈述、申辩的权利，符合听证要求的，同时享有听证的权利。要求上述权利，应在收到本告知书之日起3日内向本机关提出。逾期不提出的，视为放弃以上权利。

　　本机关地址：_____

　　联系人：_____电话：_____邮编：_____

（印　章）

年　月　日

测绘行政执法不予行政处罚决定书

（ ）测执〔 〕 号

_____

_____ :

　　经查,你(单位)_____

_____ 的行为,违

反了_____

_____ 的规定。以

上事实有_____

_____ 为证。

　　鉴于违法行为轻微并及时纠正,没有造成危害后果,根据《行政处罚法》第二十七条第二款的规定,决定对你(单位)不予行政处罚。

_____

　　如不服本决定,可在收到本处罚决定书之日起 60 日内向同级人民政府或上级测绘行政主管部门申请行政复议,也可在收到本行政处罚决定书之日起 3 个月内直接向人民法院提起行政诉讼。

（印　章）

年　月　日

测绘行政执法行政处罚听证通知书

( )测执[ ] 号

_____

_____ :

  根据你(单位)的要求,本机关定于____年____月____日_____时_____分在_____

对_____一案举行听证。经本行政机关负责人指定,本次听证由_____担任主持人。

  届时你(单位)凭本通知书参加听证,若无故缺席视为放弃听证。

  参加听证前请做好以下准备:

  (一)携带本人身份证明以及有关证据材料;

  (二)通知有关证人出席作证;

  (三)如申请该主持人回避,请于____月____日前向本机关提出申请并说明理由;

  (四)可委托 1 至 2 名代理人,携带授权委托书以及有关证据材料参加听证。

(印 章)
年 月 日

测绘行政执法行政处罚听证意见书

案　　　由：_____

听证主持人：_____

听　证　员：_____

听证基本情况（听证笔录附后）：_____

_____

_____

_____

_____

听证结论及处理意见：_____

_____

_____

_____

_____（可接附页）

_____

听证主持人签名：_____

听　证　员　签　名：_____

记　录　人　签　名：_____

年　月　日

第　页共　页

测绘行政执法行政处罚听证笔录

案　　由：＿＿＿＿＿＿＿＿＿＿＿＿＿＿＿＿＿＿＿＿＿＿＿＿

听证机关：＿＿＿＿＿＿＿＿＿＿＿　听证地点：＿＿＿＿＿＿＿＿＿

听证时间：＿＿＿年＿＿＿月＿＿＿日＿＿＿时听证方式：＿＿＿＿＿＿

当 事 人：＿＿＿＿＿＿＿＿＿＿＿＿＿＿＿＿＿＿＿＿＿＿＿＿

地　　址：＿＿＿＿＿＿＿＿＿＿＿　电话：＿＿＿＿＿＿＿＿＿

法定代表人：＿＿＿＿性别：＿＿＿＿职务：＿＿＿＿国籍：＿＿＿

委托代理人：＿＿＿＿工作单位：＿＿＿＿＿＿＿＿国籍：＿＿＿

　　　　　＿＿＿＿工作单位：＿＿＿＿＿＿＿＿国籍：＿＿＿

案件调查人：＿＿＿＿行政执法证号：＿＿＿＿＿＿职务：＿＿＿＿

　　　　　＿＿＿＿行政执法证号：＿＿＿＿＿＿职务：＿＿＿＿

证　　人：＿＿＿＿＿＿＿＿＿＿＿＿＿＿＿＿＿＿＿＿＿＿＿＿

　　　　　＿＿＿＿＿＿＿＿＿＿＿＿＿＿＿＿＿＿＿＿＿＿＿＿

听证主持人：＿＿＿＿＿＿＿＿＿＿　听证员：＿＿＿＿＿＿＿＿＿

记 录 人：＿＿＿＿＿＿＿＿＿＿＿　翻译：＿＿＿＿＿＿＿＿＿

笔录内容：(主持人宣布听证员和听证会纪律,核对当事人、委托代理
人、案件调查人身份。主持人询问当事人是否要求听证员回避。)

＿＿＿＿＿＿＿＿＿＿＿＿＿＿＿＿＿＿＿＿＿＿＿＿＿＿＿＿＿＿

＿＿＿＿＿＿＿＿＿＿＿＿＿＿＿＿＿＿＿＿＿＿＿＿（可接附页）

＿＿＿＿＿＿＿＿＿＿＿＿＿＿＿＿＿＿＿＿＿＿＿＿＿＿＿＿＿＿

[听证笔录逐页顶格,由当事人、委托代理人、案件调查人、听证主持
人以及听证员签名,并注明日期]

第　页共　页

922

测绘行政执法情节复杂(重大)案件合议记录

案　　由：_____

合议地点：_____合议时间：_____年_____月_____日

合议主持人：_____记 录 人：_____

参加人员(姓名、职务)：_____

_____

_____

合议记录(主要违法事实、证据、处罚依据及处罚建议)：

_____

_____

_____

_____

_____

_____

_____

_____

_____

_____(可接附页)

_____

(合议记录逐页顶格,由全体参会人员签名,并注明日期)

第　　页共　　页

测绘行政执法行政处罚决定审批表

案　由							
立案时间			案件来源				
当事人	单位	名　称					
		地　址					
		法定代表人	姓名		性别	身份证号码	
			民族		职务	国　　籍	
						护 照 号 码	
		电话(传真)					
	个人	姓　名			性别	身份证号码	
		单　位			职务	国　　籍	
						护 照 号 码	
		住　址			电话(传真)		
主要违法事实、处罚意见及法律依据							
承办人意见		签名：　　　年　月　日					
承办部门意见		签名：　　　年　月　日					
执法监督部门意见		签名：　　　年　月　日					
行政机关负责人意见		签名：　　　年　月　日					

（多个当事人时可附页）

测绘行政执法行政处罚决定书

（　）测执〔　〕　号

_____

_____：

　　经查,你(单位)_____

的行为,违反了_____

_____的规定。

以上事实有_____为证。

　　根据_____

_____的规定,决定对你(单位)做出如下行政处罚:

_____

_____

_____

　　履行方式和期限:_____

_____

　　逾期不履行行政处罚决定的,本行政机关将依法申请人民法院强制执行。如不服本处罚决定,可在收到本处罚决定书之日起 60 日内向同级人民政府或上级测绘行政主管部门申请行政复议,也可在收到本行政处罚决定书之日起 3 个月内直接向人民法院提起行政诉讼。

（印章）

年　月　日

测绘行政执法当场行政处罚决定书

（　）测执〔　〕　号

_____

_____：

　　经查，你（单位）_____

的行为，违反了_____

_____的规定。

　　根据_____

_____的规定，决定对你（单位）做出如下行政处罚：

_____

_____

_____

_____

　　如不服本处罚决定，可在收到本处罚决定书之日起 60 日内向同级人民政府或上级测绘行政主管部门申请行政复议，也可在收到本行政处罚决定书之日起 3 个月内直接向人民法院提起行政诉讼。

　　当事人签名或盖章：_____执法地点：_____

　　行政执法人员签名：_____行政执法证号：_____

　　行政执法人员签名：_____行政执法证号：_____

（印章）

年　月　日

测绘行政执法责令停止违法行为通知书

（　）测执〔　〕　号

_____

_____：

    经查,你(单位)_____

_____的行为,

违反了_____

_____的规定。

    根据_____

_____的规定,

责令你(单位)自收到本通知书之日起停止下列违法行为:

       _____

_____

_____

_____,听候处理。

（印章）

年　月　日

测绘行政执法送达回证

送达文书文号	
受送达人	
受送达人地址	
送达方式	
受送达人签名或盖章	
送达人签名或盖章	
送达时间	年　月　日　时　分
受送达人拒收事由和日期	
代收人或见证人签名	
备　　注	

测绘行政执法行政处分建议书

（　）测执〔　〕　号

_____

_____:

　　经调查证实,你单位_____

在_____

_____一案中,有以下违法行为:

　　_____

_____

_____

_____

_____

_____。

　　建议对_____的违法行为给予相应行政处分,并将处理结果函告我单位。

　　附件:案件有关材料

（印章）

年　月　日

测绘行政执法行政处罚强制执行申请书

(　)测执〔　〕　号

_____

_____人民法院：

_____一案，本
机关已于____年____月____日将《测绘行政执法行政处罚决定书》
((　)测执〔　〕　号)送达当事人_____。
当事人在法定期限内未履行行政处罚决定。

根据《中华人民共和国行政处罚法》第五十一条第三项的规定，
特申请强制执行。

附件：案件有关材料

此致

（印章）
年　月　日

测绘行政执法撤案审批表

案　　由			
当 事 人			
立案时间		案件来源	
撤案理由			
承 办 人 意　　见	签名：　　　　　　　　　年　月　日		
承办部门 意　　见	签名：　　　　　　　　　年　月　日		
执法监督 部门意见	签名：　　　　　　　　　年　月　日		
行政机关 负责人意见	签名：　　　　　　　　　年　月　日		

测绘行政执法记录纸

测绘行政执法询问（调查）记录纸

_____

_____

_____

_____

_____

_____

_____

_____

_____

_____

_____

_____

_____

_____

_____

_____

_____

_____

[询问（调查）笔录逐页顶格，由询问（调查）人、被询问（调查）人签名，并注明日期]

第　页共　页

测绘行政执法现场检查（勘验）记录纸

————————————————————

————————————————————

————————————————————

————————————————————

————————————————————

————————————————————

————————————————————

————————————————————

————————————————————

————————————————————

————————————————————

————————————————————

————————————————————

————————————————————

————————————————————

————————————————————

[现场检查（勘验）笔录逐页顶格，由当事人、检查（勘验）人、见证人签名，并注明日期]

第　页共　页

测绘行政执法行政处罚听证意见记录纸

[行政处罚听证意见由听证主持人、听证员、记录人签名,并注明日期]

第 页共 页

测绘行政执法行政处罚听证记录纸

[行政处罚听证笔录逐页顶格,由当事人、委托代理人、案件调查人、
听证主持人以及听证员签名,并注明日期]

第　页共　　页

测绘行政执法
情节复杂(重大)案件合议记录纸

_____

_____

_____

_____

_____

_____

_____

_____

_____

_____

_____

_____

_____

_____

_____

_____

_____

_____

_____

[情节复杂(重大)案件合议记录逐页顶格,由全体参会人员签名,并注明日期]

第　页共　页

测绘行政执法备考表

卷内共有文件_____件,计_____页。

卷内有关情况说明:

立卷人:_____

_____年_____月_____日

检查记载

日期	缺损程度及原因	页号	处理结果	检查人

938

附件 2：

关于制定《测绘行政
执法文书格式文本》的说明

一、制定的必要性

执法文书是行政执法的重要载体，是执法行为的具体体现。统一测绘行政执法文书格式，是贯彻国务院《全面推进依法行政实施纲要》、国务院办公厅《关于推行行政执法责任制的若干意见》的重要举措，也是测绘行政主管部门落实科学发展观、转变职能、推进依法行政的客观要求，对于推动建立"权责明确、行为规范、监督有效、保障有力"的测绘行政执法体制，提高测绘行政执法质量和水平，保障广大测绘行政执法人员依法办案，保护行政相对人的合法权益具有重要意义。

近年来，各级测绘行政主管部门认真履行测绘统一监管职责，严厉查处各类测绘违法案件，为建立统一、竞争、有序的测绘市场提供了强有力的法律保障。但测绘行政执法工作还存在一个比较突出的问题，就是全国测绘系统行政执法文书不规范、不统一，给测绘行政执法造成了一定的难度，客观上也增大了执法的随意性。目前，国土资源部、环境保护部等中央部门基本上统一了本系统的行政执法文书，不仅使行政执法工作更加规范，也保证了行政执法的合法、准确、高效，进一步完善了对行政执法全过程的监督制约机制。当前，各省级测绘行政主管部门也迫切需要国家局统一测绘系统的行政执法文书。

为贯彻落实国务院《全面推进依法行政实施纲要》和国务院办公厅《关于推行行政执法责任制的若干意见》的有关规定，依据《中华人民共和国行政处罚法》、《测绘行政处罚程序规定》等法律法规，结合测绘行政执法工作的实际，我局组织制定了《测绘行政执法文书格式文本》(以下简称《执法文书》)。

二、起草过程

根据国务院《全面推进依法行政实施纲要》和国务院办公厅《关于推行行政执法责任制的若干意见》的要求,我局行业管理司对测绘行政执法工作中查处测绘违法案件进行了深入细致的调查,就案件办理过程及一些省局已有的执法文书进行对比分析,组织部分省局有关人员,参阅国务院有关部门和部分省局的行政执法文书,草拟了《执法文书》初稿。在此基础上,多次组织有关专家、执法人员进行反复修改,并印发各省级测绘行政主管部门征求意见。根据各方反馈来的意见和建议,对《执法文书》做了进一步的修改和完善后,又再次召开了由部分省局主管执法工作的处级领导参加的审议会,几易其稿最终定稿形成了《执法文书》。

三、遵循的主要原则

(一)统一性原则。《执法文书》的制订力求做到五个"统一",即"统一种类、统一名称、统一编号、统一格式、统一内容",从而进一步规范执法程序和执法行为,促进案卷管理制度更加规范,为健全行政执法案卷评查制度和执法评议考核机制奠定基础。

(二)规范性原则。一是规范了文种。对法律法规中明确规定的或执法工作中经常使用的文书,都制订了相应的执法文书格式;二是规范了样式。对表格式文书、填空式文书等不同的文书形式,分别规定了不同的样式;三是规范了用语。语言表达力求准确精练,文书内容力求简明易懂。

(三)实用性原则。一是制订的 34 种执法文书,是经过反复征求意见后确定下来的,涵盖了立案、调查取证、行政处罚等各个环节,基本满足了当前执法工作的需要;二是结合测绘行政执法工作实际,执法文书内容简洁,填写简便,强调可操作性;三是对一些不常用或不成熟的文书没有录入,将在今后的执法过程中继续探索和完善。

四、有关问题的说明

(一)关于执法文书的适用范围

执法文书是行政执法行为的重要载体,对于判断行政行为的合法性具有重要作用。因此《执法文书》适用于测绘行政执法监督检查和行政处罚等各项行政执法活动,不仅包括做出行政处罚决定的案件,也包括对测绘违法行为做出其他处理的案件,将在更大范围内有效地规范测绘行政执法程序,严格规范测绘行政执法行为。

(二)关于执法文书的种类

执法文书是行政机关查处各类行政违法案件的各环节、步骤等基本情况的具体体现,是测绘行政执法人员正确执法的凭证,也是行政执法主体在行政复议、行政诉讼中最直接、最有力的执法证据。因此,执法文书种类,要求贯穿测绘行政执法查处案件工作的全过程,从立案、管辖、调查、取证、审查决定、做出行政处罚或其他查处、送达、执行到结案装订成卷等各个环节都要有相应的执法文书。现实中执法文书种类很多,国家也没有明确规定必须制作哪些执法文书格式文本。为此,我们确定执法文书的种类掌握以下几个原则:一是法律法规中有明文规定的,如行政处罚决定书等;二是行政执法过程中几个最基本的环节,如立案、调查等执法文书;三是在行政执法过程中运用较多,趋于成熟,各部门基本上都在使用的执法文书。据此共确定出 34 种执法文书。

(三)关于执法文书的内容

执法文书的性质要求执法文书必须严谨、规范、客观和权威。一是在形式上,要充分、系统地表达出各《执法文书》的概念、结构及其功能。二是在内容表述上,要以《行政处罚法》,《测绘法》等法律法规为依据。没有法律依据,但属于行政执法工作内部管理需求的,也在执法文书中给予了规定,如填写"执法人员证件号"等。三是执法文书不仅要规范测绘行政执法行为,成为执法合法性的一个基本保障,还要提高测绘行政执法的工作效率,因此,填写执法文书要简捷,防止手续繁杂捆住执法人员的手脚,影响行政执法效能。

（四）关于执法文书的分类

科学分类有利于更加准确地了解测绘行政执法工作。随着行政执法工作的不断开展，执法文书的种类、格式也将不断完善和发展，必须加强对执法文书的动态管理。

1. 根据行政执法活动立案、管辖、调查、取证、审查决定、做出行政处罚或其他处理、送达、执行、案卷装订等阶段，执法文书分为五类。

第一类，立案、管辖方面的法律文书。包括：立案审批表、案件移送审批表、案件移送书、督办函等4种执法文书。

第二类，调查、取证方面的法律文书。包括：询问（调查）通知书、询问（调查）笔录、现场检查（勘验）笔录、证据先行登记保存审批表、证据先行登记保存通知书、证据先行登记保存物品清单、证据先行登记保存物品处理审批表、证据先行登记保存物品处理通知书、抽样取证通知书、抽样取证物品清单、抽样取证物品处理通知书、鉴定委托书等12种执法文书。

第三类，审查决定方面的法律文书。包括：情节复杂（重大）案件合议记录、责令停止违法行为通知书、行政处分建议书、行政处罚强制执行申请书、撤案审批表、送达回证等6种执法文书。

第四类，处罚方面的法律文书。包括：行政处罚告知书、不予行政处罚决定书、行政处罚听证通知书、行政处罚听证意见书、行政处罚听证笔录、行政处罚决定审批表、行政处罚决定书、当场行政处罚决定书等8种执法文书。

第五类，案件卷宗部分。包括：卷宗封面、卷宗目录、行政执法记录纸、备考表等4种执法文书。

2. 根据执法文书涉及的范围分为三类。

第一类，在机关内部运转的执法文书。包括：立案审批表、案件移送审批表、督办函、证据先行登记保存审批表、证据先行登记保存物品处理审批表、行政处罚听证意见书、行政处罚决定审批表、情节复杂（重大）案件合议记录、撤案审批表、送达回证、卷宗封面、卷宗目录、行政执法记录纸、备考表等 14 种执法文书。

第二类,涉及行政相对人的执法文书。包括:询问(调查)通知书、询问(调查)笔录、现场检查(勘验)笔录、证据先行登记保存通知书、证据先行登记保存物品清单、证据先行登记保存物品处理通知书、抽样取证通知书、抽样取证物品清单、抽样取证物品处理通知书、行政处罚告知书、不予行政处罚决定书、行政处罚听证通知书、行政处罚听证笔录、行政处罚决定书、当场行政处罚决定书、责令停止违法行为通知书等 16 种执法文书。

第三类,与其他管理部门相关联的执法文书。包括:案件移送书、鉴定委托书、行政处分建议书、行政处罚强制执行申请书等 4 种执法文书。

从分类可见,有针对内部管理的,有针对行政相对人的,有针对其他部门的,充分体现出执法文书的全面性和系统性。

测绘行政执法文书格式文本目录

序号	名　　称
1	测绘行政执法卷宗封面
2	测绘行政执法卷宗目录
3	测绘行政执法立案审批表
4	测绘行政执法案件移送审批表
5	测绘行政执法案件移送书
6	测绘行政执法督办函
7	测绘行政执法询问(调查)通知书
8	测绘行政执法询问(调查)笔录
9	测绘行政执法现场检查(勘验)笔录
10	测绘行政执法证据先行登记保存审批表
11	测绘行政执法证据先行登记保存通知书
12	测绘行政执法证据先行登记保存物品清单
13	测绘行政执法抽样取证通知书
14	测绘行政执法抽样取证物品清单
15	测绘行政执法证据先行登记保存物品处理审批表
16	测绘行政执法证据先行登记保存物品处理通知书
17	测绘行政执法抽样取证物品处理通知书
18	测绘行政执法鉴定委托书
19	测绘行政执法行政处罚告知书
20	测绘行政执法不予行政处罚决定书
21	测绘行政执法行政处罚听证通知书
22	测绘行政执法行政处罚听证意见书

序号	名 称
23	测绘行政执法行政处罚听证笔录
24	测绘行政执法情节复杂(重大)案件合议记录
25	测绘行政执法行政处罚决定审批表
26	测绘行政执法行政处罚决定书
27	测绘行政执法当场行政处罚决定书
28	测绘行政执法责令停止违法行为通知书
29	测绘行政执法送达回证
30	测绘行政执法行政处分建议书
31	测绘行政执法行政处罚强制执行申请书
32	测绘行政执法撤案审批表
33	测绘行政执法记录纸(6种)
34	测绘行政执法备考表

关于加快测绘市场
信用体系建设的通知

国测管字〔2009〕1 号

各省、自治区、直辖市、计划单列市测绘行政主管部门,新疆生产建设兵团测绘主管部门:

近年来,一些地方相继开展了测绘市场信用体系建设的试点工作,并取得了一定进展。根据《国务院关于加强测绘工作的意见》(国发〔2007〕30 号)关于"加快建立测绘市场信用体系"的要求,为加强对测绘市场信用体系建设的指导,加快测绘市场信用体系建设,现就有关事项通知如下:

一、充分认识测绘市场信用体系建设的重要意义

市场经济是信用经济,测绘市场信用体系是我国社会信用体系的重要组成部分。建立测绘市场信用体系既是完善我国测绘市场运行机制的客观需要,也是整顿和规范测绘市场经济秩序的治本之策,对于保证测绘成果质量,提高测绘服务水平,杜绝不正当竞争,形成良好测绘市场秩序,维护国家安全和利益,更好地履行市场监管和公共服务的职能都具有重要意义。各级测绘行政主管部门应当进一步统一思想,提高认识,扎实推进测绘市场信用体系建设顺利进行。

二、明确测绘市场信用建设的指导思想和目标

建立测绘市场信用体系的指导思想是:以科学发展观为指导,按照国务院关于加快建设社会信用体系的总体要求,结合测绘行业实际,以法制为基础,以信用为核心,以测绘服务合同履约、测绘成果质量、依法测绘情况、测绘成果汇交、测绘成果保密等为记录重点,依托测绘资质管理信息系统,建立测绘市场活动主体信用情况记录、共享、公布等机制,健全测绘市场信用管理制度和奖惩机制建设,建立健全测绘市场信用体系。

建立测绘市场信用体系的目标是：到 2012 年，基本建立起覆盖全国测绘企、事业单位的市场信用平台，建立健全测绘市场活动主体的信用分类管理制度，实现信用信息的征集、查询、发布、共享和应用；测绘市场信用体系的建设和运行做到有法可依；测绘市场信用奖惩机制基本建立；测绘单位及其从业人员的信用意识明显提高；守法诚信的测绘市场环境初步形成。

三、完善测绘市场信用制度

（一）健全市场信用管理制度

测绘市场信用体系建设是一项系统工程，需要逐步建立健全相关配套管理制度。国家测绘局在总结部分地方试点成功经验的基础上，逐步建立测绘市场信用信息的征集、记录、评价、发布、共享等管理制度，依法客观公正地应用信用信息。各省、自治区、直辖市测绘行政主管部门结合本地测绘市场信用体系建设的需要，做好本辖区测绘单位信用信息的征集工作，确保信用信息及时、准确、有效，并按要求将有关信息报国家测绘局。

（二）构建测绘市场信用平台

测绘市场信用平台在国家测绘局和省、自治区、直辖市测绘行政主管部门两级建立。国家测绘局将在已经正式运行的测绘资质管理信息系统基础上，组织研发信用信息系统，用于信用信息的征集、记录、传送和发布，并逐步实现全国测绘市场信用信息的查询和共享。各省、自治区、直辖市测绘行政主管部门负责本地测绘市场信用平台建设，实现与国家测绘局信用平台的互联互通，并逐步通过该平台实现测绘服务合同履约、依法测绘情况、测绘成果质量、测绘成果保密、测绘项目招投标等信息的发布。

（三）建立信用奖惩长效机制

建立测绘市场信用奖惩长效机制。将信用评价结果与招投标、测绘资质、年度注册、评奖评优紧密挂钩，形成长效机制。对长期守法诚信的测绘单位，要给予大力宣传、表彰和政策优惠；对有不良信用记录或违法违规的测绘单位,要通过信用公示、重点监控、资质调控等方式进行综合管理,促使其改善自身信用。

四、加大测绘信用体系建设工作力度

(一)加强组织领导,明确相关责任

各级测绘行政主管部门要高度重视测绘市场信用体系建设工作,切实加强组织领导,明确相关职能部门责任,保证信用体系建设顺利进行。国家测绘局负责制定测绘市场信用体系建设总体框架和基本制度,建立全国测绘市场信用体系平台。各省、自治区、直辖市测绘行政主管部门负责对本辖区测绘单位信用信息进行征集、记录、考核和发布。

(二)认真抓好试点,分步实施推进

全国测绘市场信用体系建设刚刚起步,国家测绘局正在部分省开展试点。各省、自治区、直辖市测绘行政主管部门应当结合本地实际进行积极探索,在部分有条件的地区可以先行推进试点。在总结试点成功经验的基础上,完善相关制度,发挥示范作用,加快本地的测绘市场信用体系建设步伐。

(三)加强舆论宣传,倡导信用理念

各级测绘行政主管部门要重视测绘市场信用体系建设的宣传工作,通过举办理论研讨、政策培训、技术咨询等各类以信用为主题的活动,把信用教育与普法教育有机结合起来,使信用观念、信用意识、信用道德深入人心,努力在全行业营造以守信为荣、失信为耻的良好氛围,为测绘市场信用体系建设奠定良好的思想基础。

国家测绘局
二〇〇九年一月四日

关于印发《国家测绘局重点
实验室评估规则（试行）》的通知

国测科发〔2009〕1号

各有关单位：

　　为加强国家测绘局重点实验室（以下简称实验室）的运行管理，规范实验室评估工作，更好地发挥实验室评估的导向作用，现将《国家测绘局重点实验室评估规则（试行）》印发给你们，请认真贯彻执行。执行中有何问题或意见，请及时反馈国家测绘局科技与国际合作司。

　　附件：《国家测绘局重点实验室评估规则（试行）》

国家测绘局科技与国际合作司
二〇〇九年九月二十七日

国家测绘局重点实验室评估规则（试行）

第一章　总则

　　第一条　为加强国家测绘局重点实验室（以下简称实验室）的运行管理，规范实验室评估工作，更好地发挥实验室评估的导向作用，不断增强实验室的科技创新能力，根据《国家测绘局重点实验室建设与管理办法》（试行），特制定本规则。

第二条 评估是实验室管理的重要环节,主要目的是:全面检查和了解实验室建设和运行情况,总结经验,发现问题,以评促建,加快发展,规范实验室管理与运行。

第三条 评估工作贯彻"依靠专家、发扬民主、实事求是、科学合理"和"公平、公正、公开"、定性评估和定量评估相结合的原则,力求简捷、高效。主要评价指标包括科研水平和贡献、队伍建设与人才培养、开放交流与运行管理等方面。

第四条 国家测绘局定期组织对实验室的评估。每五年对实验室进行一次全面评估,所有实验室原则上都应参加评估。

第二章 工作责任

第五条 国家测绘局是实验室的上级主管部门,主管实验室评估工作,主要负责制定评估规则和指标体系,确定评估任务,制订评估实施方案,接受评估申请,组织专家评估,公布评估结果。

第六条 实验室依托单位或共建单位主要负责:配合国家测绘局组织、指导实验室做好评估准备工作,审核评估申请材料的真实性和准确性,为实验室评估提供支持和保障。

第七条 参评实验室应认真准备和接受评估,准确真实地提供相关材料,如实向评估专家组报告相关情况,并按照评估意见加强和完善实验室的运行管理。

第三章 评估程序

第八条 国家测绘局根据实验室管理工作的需要确定每年的评估工作方案,并适时将被评估实验室名单通知依托单位。在实验室评估名单下达后两个月内,参评实验室向国家测绘局提交《国家测绘局重点实验室评估申请书》(详见附件1)。

第九条 国家测绘局组织专家进行评估,可根据需要进行现场评估。评估专家为本学科(领域)学术水平高、责任心强的一线技术专家及科研管理专家。评估专家应当坚持实验室评估的基本原则,科学、客观、公正地进行评估。

第十条 评估结束后一个星期内,评估专家组向国家测绘局提交评估报告和其他相关资料。国家测绘局于评估报告提交后一个月内公布评估结果。

第四章 评估实施

第十一条 评估专家组由 5-7 人组成。评估工作的主要内容包括:

1. 审查实验室按要求提供的书面材料;

2. 听取实验室主任报告和代表性成果学术报告;

3. 检查仪器设备共享和运行管理情况、科研成果特别是成果转化情况、开放交流情况、队伍建设和人才培养情况;

4. 根据需要,召开座谈会和进行个别访谈等。

第十二条 实验室主任报告主要对评估期限内实验室运行状况进行全面、系统总结。代表性成果主要是指评估期限内以实验室为基地、以实验室固定人员为主产生的、符合实验室发展方向的重大测绘科研成果和科技成果转化,所有成果必须有实验室署名。

第十三条 专家组根据对评估材料、报告和评估中了解到的相关情况进行综合分析,按照给定的评估指标体系分别对被评估实验室进行定量和定性评分(评分表见附件 2、3),并形成书面评估意见(格式见附件 4)。

第五章 评估结果

第十四条 国家测绘局审核评估报告,按照定性评估结果和定量评估结果各占 50% 的原则,确定各被评估实验室的最后得分并作为评估结果。评估结果分为优秀、合格、不合格三类。

第十五条 国家测绘局将根据评估结果的类别,在实验室科研经费方面给予分类资助。连续两次评估结果为"优秀"的实验室可通过依托单位或共建单位向国家测绘局申请免参加一次评估,其结果视为"合格"。

第十六条 评估结果为"不合格"的实验室,应提出相应整改措施并限期整改,必须参加下一次的实验室评估,未参加下一次的实验室评估或评估结果仍为"不合格"的实验室,将不再列入国家测绘局重点实验室序列。

第六章 附则

第十七条 评估专家实行严格的回避制度。与实验室有直接利害关系者不得作为评估专家。实验室可提出希望回避的专家名单并说明理由,与评估申请书一起上报。

第十八条 本规则自发布之日起施行。

第十九条 本规则由国家测绘局负责解释。

附件 1：

国家测绘局重点实验室评估申请书

实验室名称：

实验室主任：

依托单位名称：

国 家 测 绘 局

年　　月　　日

一、简表

<table>
<tr><td rowspan="6">实验室</td><td>名　称</td><td colspan="6"></td></tr>
<tr><td>批准日期</td><td colspan="2">开放日期</td><td colspan="3">上次评估日期</td></tr>
<tr><td>联系人</td><td colspan="2">E-mail</td><td colspan="3"></td></tr>
<tr><td>移动电话</td><td colspan="2">传真</td><td colspan="3"></td></tr>
<tr><td>通讯地址</td><td colspan="3">邮政编码</td><td colspan="2"></td></tr>
<tr><td colspan="6"></td></tr>
<tr><td rowspan="3">实验室主任</td><td>姓　名</td><td colspan="2">出生日期</td><td colspan="3">民　族</td></tr>
<tr><td>职　称</td><td colspan="5">学科专长</td></tr>
<tr><td>职　务</td><td colspan="2">最后学位</td><td colspan="3">A. 博士　B. 硕士　C. 学士</td></tr>
<tr><td rowspan="3">学委会主任</td><td>姓　名</td><td colspan="2">出生日期</td><td colspan="3">民族</td></tr>
<tr><td>职　称</td><td colspan="5">学科专长</td></tr>
<tr><td>职　务</td><td colspan="2">最后学位</td><td colspan="3">A. 博士　B. 硕士　C. 学士</td></tr>
<tr><td rowspan="9">依托单位</td><td>名　称</td><td colspan="3">主管部门</td><td colspan="2"></td></tr>
<tr><td>性　质</td><td colspan="3">A. 高等院校　B. 科研单位
C. 生产单位　D. 其他</td><td colspan="2">邮政编码</td></tr>
<tr><td>详细地址</td><td colspan="5"></td></tr>
<tr><td>名　称</td><td colspan="3">主管部门</td><td colspan="2"></td></tr>
<tr><td>性　质</td><td colspan="3">A. 高等院校　B. 科研单位
C. 生产单位　D. 其他</td><td colspan="2">邮政编码</td></tr>
<tr><td>详细地址</td><td colspan="5"></td></tr>
<tr><td>名　称</td><td colspan="3">主管部门</td><td colspan="2"></td></tr>
<tr><td>性　质</td><td colspan="3">A. 高等院校　B. 科研单位
C. 生产单位　D. 其他</td><td colspan="2">邮政编码</td></tr>
<tr><td>详细地址</td><td colspan="5"></td></tr>
</table>

实验室基本情况表

测绘科技自主创新能力	国家科技奖		省部级科技奖			专利软件著作权				学术论著				
	一等	二等	一等	二等	三等	发明	实用	软件著作权(平台)	软件著作权(单项)	SCI	EI或国家一级学报	核心期刊或国际会议论文	一般期刊或国内会议论文	专著

科技成果	国家重大测绘工程(万元)	国家级项目(万元)				其他项目(万元)	成果推广应用	新技术产品	
		973、国家自然基金	863、国防科工项目、测绘科技项目、国际合作	科技支撑、条件平台			成果转化与应用推广(项)	国家级	省部级

人才建设	人员组成								人才培养		
	两院院士	国家级称号	省部级称号	博士生导师	正高职称	副高职称	中级及以下	客座研究人员	博士后	博士生	硕士生

开放交流	开放基金(万元)	举办学术会议(次)				实验室管理		实验室年报	设施条件		
		国际大型学术会议	国际一般或国内大型	国内一般	学术委员会会议	管理制度体制建设	配套经费(万元)	每两年次数	软件(万元)	硬件(万元)	科研办公用房(m^2)

填表说明

1. 各类经费均按规定的评估期限内的实际留存经费总额计算；

2. 发表论文以正式发表为准，只统计以实验室为第一作者单位的论文；

3. 实验室固定人员所指导研究生在读期间的成果也可列入计算；

4. 人员组成中按实验室的固定组成人员计算，一人拥有国家级称号和省部级称号等多等级称号的，只统计最高项，人员分数不重复计算；

5. 提供材料必须准确真实，**若发现所提供材料失实，一经查实，视为本次评估不合格；**

6. 管理体制和制度建设主要是指管理体制是否符合要求，制度建设是否健全；

7. 配套经费指依托单位的配套经费，不包括用于对外开放的经费。

8. 附表 1—13 中的表格内容与"实验室基本情况表"对应，可根据内容情况自主续行。

二、工作报告

主要内容包括:实验室总体定位情况,包括实验室的主要研究方向与目标;在国内外相同学科领域实验室的地位和作用,在测绘科技发展中的作用;所取得的成果和进展;队伍建设和人才培养情况;开放交流和运行管理情况;目前存在问题和改进建议。(5 000字以内)

三、附表

1. 获科技奖励情况

序号	项目名称	奖项名称、等级	完成单位	完成时间
1				
2				
3				

注:多个完成单位按顺序排列。

2. 专利及软件著作权情况

序号	成果类型	成果名称	完成人	授权单位名称	专利号或著作权编号
1					
2					
3					

注:成果类型请依次以批准发明专利(国外、中国)、软件著作权(平台、单项)为序分别填报。

3. 学术论著情况

序号	成果类型	成果名称	完成人	刊物、出版社名称	年、卷、期或章、节
1					
2					
3					

注:成果类型请依次以论文(SCI、EI 或国内一级学报、核心期刊或国际会议论文、一般期刊或国内会议论文)、专著或其中章节为序分别填报。

4. 新技术产品

序号	产品名称	编号	负责人	认定机构
1				
2				
3				

注:需取得国家或省(部)认定。

5. 科研项目

序号	项目、课题名称	编号	课题来源	负责人	起止日期	经费(万元)
1						
2						
3						

6、成果推广应用

序号	成果名称	负责人	推广类别	经费(万元)
1				
2				
3				

注:推广类别指成果转让或技术服务等。

7. 固定人员情况

序号	姓名	性别	最后学历	所学专业	在实验室从事的研究方向	职称	在实验室工作起止时间	称号
1								
2								
3								

注:称号是指两院院士、国家级称号、省部级称号、博士生导师、正高、副高、中级及以下等。

958

8. 流动人员情况

序号	姓名	性别	从事专业	职称	来自国家	工作单位	在实验室研究天数
1							
2							
3							

注:在"实验室研究天数"栏中填写每人在实验室从事科研工作的实际天数。

9. 人才培养

序号	学生姓名	性别	导师姓名	类别	入学时间
1					
2					
3					

注:类别是指博士后、博士生或硕士生,请按类型依次填写。

10. 条件设备

序号	设备名称	设备类型	型号	单价(万元)	台(件)	总值(万元)
1						
2						
3						

注:设备类型是指软件或硬件,请依次按软件、硬件为序填报。

11. 实验室开放课题情况

序号	课题名称	编号	负责人	工作单位	起止时间	资助经费(万元)
1						
2						
3						
4						

12. 举办大型学术会议情况

序号	会议名称	主办单位名称	召开时间	参加人数	类别
1					
2					
3					
4					

注:请国际大型(200人以上)、国际一般或国内大型(100人以上)、国内一般(100人以下)、学术委员会会议等类别排序,并在类别栏中注明。

13、重点实验室学术委员会组成

序号	姓名	性别	职称	学术委员会职务	从事专业	工作单位
1						
2						
3						
4						

四、附件材料

按照上面附表内容顺序提供相关证明材料复印件,并依列顺序整理:

(1)获奖情况提供获奖证书复印件;

(2)专利及软件著作权提供相应的证书复印件;

(3)学术论著,论文提供检索证明和期刊封面、目录、正文首页复印件;专著提供封面、目录或承担章节的证明复印件;

(4)新技术产品认证证书复印件;

(5)科研项目提供合同复印件;

(6)成果推广应用提供应用效益证明或转让合同复印件;

(7)条件设备提供购置设备的购置合同复印件;

(8)实验室开放课题情况提供开放基金合同复印件;

(9)举办大型学术会议提供会议通知。

五、审核意见

实验室自评估意见： 　　　　　　　　　　　数据审核人：　　实验室主任： 　　　　　　　　　　　　　　　　　　　　（单位公章） 　　　　　　　　　　　　　　　　　　　　年　月　日
依托单位(一)审核意见： 　　　　　　　　　　　依托单位负责人签字： 　　　　　　　　　　　　　　　　　　（单位盖章） 　　　　　　　　　　　　　　　　　　年　月　日
依托单位(二)审核意见： 　　　　　　　　　　　依托单位负责人签字： 　　　　　　　　　　　　　　　　　　（单位盖章） 　　　　　　　　　　　　　　　　　　年　月　日
依托单位(三)审核意见： 　　　　　　　　　　　依托单位负责人签字： 　　　　　　　　　　　　　　　　　　（单位盖章） 　　　　　　　　　　　　　　　　　　年　月　日
国家测绘局审核意见： 　　　　　　　　　　　负责人签字： 　　　　　　　　　　　　　　　　（单位公章） 　　　　　　　　　　　　　　　　年　月　日

附件 2：

国家测绘局重点实验室定量评估评分表

序号	评估内容		评估指标	得分	备注
一	研究水平和贡献				
（一）	测绘科技自主创新能力				
1	国家科技三大奖	一等	60分/项		1. 按获奖人员排序,第一名系数 1.0,第二 0.7、第三 0.5、第四 0.3、第五 0.2,其后 0.1 2. 内容基本相同的但获得不同等级的奖励,按最高等级计算 3. 奖励不重复计算
1	国家科技三大奖	二等	10分/项		
2	省部级科技奖	一等	4分/项		
2	省部级科技奖	二等	1分/项		
2	省部级科技奖	三等	0.5分/项		
3	专利、软件著作权	发明	10分/项		
3	专利、软件著作权	实用	4分/项		
3	专利、软件著作权	软件著作权（平台）	4分/项		
3	专利、软件著作权	软件著作权（单项或工具）	1分/项		

序号	评估内容		评估指标	得分	备注
4	学术论著	SCI	1分/篇		1. 按第一单位、第一作者计 2. 按最高等级计算分数,不重复计算 3. 实验室固定人员所指导的研究生也按此计算 4. 含实验室资助课题发表的学术论著
		EI 或国家一级学报	0.4 分/篇		
		核心期刊或国际会议论文	0.2 分/篇		
		一般期刊或国内会议论文	0.1 分/篇		
		专著	3 分/部		
5	新技术产品	国家级	4 分/项		1. 按单位排序,第一名系数1.0,第二 0.7、第三 0.5、第四 0.3、第五 0.2,其后 0.1 2. 不重复计算
		省级	1 分/项		
(二)	重大测绘科技成果及基础测绘生产应用				
1	国家级项目	973、国家自然基金	1分/10 万		课题按实验室固定人员获批项目的实到经费计算 国家级项目或重大专项课题牵头人员享有课题所有经费权,子课题人员按实到经费计算,如果子课题人员和牵头人同在一个实验室,按牵头人计算,不得重复计算。
		863、科技支撑、条件平台	1分/20 万		
2	重大测绘科技专项		1分/50 万		
3	其他项目	测绘科技项目、国防科工、国际合作	1分/30 万		
		其他省市等项目	1分/30 万		

序号	评估内容		评估指标	得分	备注
4	测绘领域推广应用	成果转化与应用推广	2分/项		
二	人才队伍建设				
1	人员组成	两院院士	10分/人		1. 按实验室的固定组成人员计算； 2. 各种国家级称号、省部级称号都算，但只统计一项； 3. 人员分数不重复计算；
		国家级称号	10分/人		
		省部级称号	6分/人		
		博士生导师	5分/人		
		正高职	4分/人		
		副高职	2分/人		
		博士及硕士	1分/人		
		客座研究人员	1分/人		
2	人才培养	博士后	0.8分/人		
		博士	0.4分/人		
		硕士	0.2分/人		
三	运行(建设)计划执行				
1	开放基金项目		1分/10万		连续两年没有开放基金扣总分的10分
2	举办学术会议	国际大型学术会议	10分/次		200人次以上
		国际一般或国内大型	3分/次		200人次以下
		国内一般	1分/次		100人次以下
		学术委员会会议	2分/次		连续两年未召开实验室学术委员会会议扣总分的10分

序号	评估内容		评估指标	得分	备注
3	实验室管理	管理体制	3分		是否符合要求
		制度建设	3分		制度是否健全
		配套经费	1分/10万		指依托单位的配套经费，不包括用于对外开放的经费
4	实验室年报	每年一次	4分		
		每两年一次	2分		
5	设施条件	软件	1分/100万		设备数量、先进程度、使用情况、开放程度等
		硬件	1分/300万		
		科研办公用房	1分/200平方米		
总分 （1. 年科研项目不足，500万，扣10分；2. 正式人员少于10人的实验室，扣10分）					
百分制得分 （将当年参评实验室中得分最高者设为100分，依比例计算得出本实验室的百分制得分）					
专家组组长签字：					

附件 3：

实验室定性评估专家打分表

实验室名称				
依托单位		评估时间	年 月 日	
评估内容	参考指标	量化计分		
		得分	参考值	
总体定位和研究方向(20分)	总体定位(10分) 研究方向(10分)			
自主创新能力(20分)	获奖、专利情况(8分) 科技论著成果(8分) 新技术产品(4分)			
科研成果及转化应用(20分)	承担科研任务(10分) 成果转化与应用推广(10分)		每项参考值为： 优秀 18～20 合格 14≤×≤18 不合格<14	
队伍建设和人才培养(20分)	队伍建设与团队建设(8分) 人才培养(8分) 荣誉称号(4分)(省部以上)			
开放交流和运行管理(20分)	科研基础平台(8分) 学术交流(4分) 运行管理(4分) 依托单位支持(4分)			
量化等级与计分参考值		优秀：90～100　合格：70～89 不合格：0～69		
专家签字：		总分		

附件4：

国家测绘局重点实验室评估专家综合评估意见

实验室名称	
实验室依托单位	
工作单位	

建议的评估结果	优秀_____；合格_____；不合格_____；

评估意见：(对包括总体定位和研究方向、研究水平与贡献、队伍结构与团队建设、开放交流与运行管理、依托单位的支持等方面的评价意见以及实验室建设和运行中存在的问题和建议。)

评估专家组组长(签名)：

年　　月　　日

(纸面不敷,可加页)

关于进一步做好
测绘应急保障工作的通知

国测信发〔2009〕1 号

各省、自治区、直辖市、计划单列市测绘行政主管部门,新疆生产建设兵团测绘主管部门,局所属各单位,机关各司(室):

自 2009 年 3 月 18 日国家测绘局印发《国家测绘应急保障预案》以来,各级测绘行政主管部门切实加强测绘应急保障工作,积极为突发公共事件和防灾减灾提供测绘应急保障服务,有力地发挥了测绘的保障服务作用。

4 月 27 日,黑龙江省沾河林业局伊南河林场发生草甸森林火灾。黑龙江测绘局主动与有关单位取得联系,发挥地理信息资源和技术优势,依托黑龙江省地理信息公共服务平台,利用防火指挥系统和三维演示系统,为省领导决策指挥和火灾现场扑救工作提供了有利的技术支持和测绘保障。7 月 5 日,乌鲁木齐市发生了打砸抢烧严重暴力犯罪事件。新疆维吾尔自治区测绘局立即启动测绘应急保障预案,开通测绘成果提供绿色通道,积极编制维稳工作用图;国家基础地理信息中心、北京天目创新科技有限公司也积极提供测绘成果资料和最新卫星遥感影像图,为平息"7·5"事件发挥了重要作用,受到了有关部门的肯定。黑龙江、新疆等地测绘行政主管部门以及国家基础地理信息中心、北京天目创新科技有限公司等单位在应对突发自然灾害和社会安全事件中充分利用自身优势,及时主动,积极提供测绘应急保障服务,为政府应对突发事件提供了高效有序的测绘保障。

为进一步做好测绘应急保障工作,现将有关事项通知如下:

一、提高认识,加强领导,进一步健全完善测绘应急保障体系。

《国务院办公厅关于印发国家测绘局主要职责内设机构和人员编制规定的通知》(国办发〔2009〕26号)中明确提出"加强测绘公共服务和应急保障……的职责","承担组织提供测绘公共服务和应急保障的责任"。这是在新形势下国务院赋予测绘行政主管部门的新职责。各省级测绘行政主管部门要充分认识加强测绘应急保障工作的重要性和必要性,进一步增强工作紧迫感和责任感,高度重视测绘应急保障服务工作,加强测绘应急保障的组织领导,切实做好测绘应急保障的各项工作。各地、各单位要按照《国家测绘应急保障预案》的要求,制定或完善本部门测绘应急保障预案。预案编制要符合实际,职责清晰,简明扼要,可操作性强。要成立或调整本级测绘应急保障领导和办事机构,结合日常工作,组建测绘应急保障队伍。

二、认真总结,积累经验,不断提高测绘应急保障服务水平。测绘系统建立测绘应急保障工作机制时间较短、经验不足。各级测绘行政主管部门和有关单位要对每一次测绘应急保障服务工作进行认真总结,摸索规律,积累经验。要定期对测绘应急保障预案进行评估,对不适应应急要求的要及时调整和完善。要加强测绘应急保障经验交流,互相学习,取长补短。要加强对测绘应急保障人员的新知识、新技术培训,提高其应急专业技能;适时在重点地区、重点领域组织开展有针对性的测绘应急保障演练,做到精心组织、注重实效、不走过场,以达到落实预案、磨合机制、锻炼队伍的目的,从而不断提高应急保障服务的能力和水平。

三、精心准备,积极主动,及时提供测绘应急保障服务。各级测绘行政主管部门要全面了解掌握测绘信息资源分布状况,完善测绘数据共享机制,特别是要掌握有关地理信息企业数据资源情况。收集、整理突发事件的重点防范地区的各类专题信息和测绘成果;根据潜在需求,有针对性地组织制作各种专题测绘产品,确保在国家需要应急测绘保障时,能够快速响应,高效服务。要增强政治敏锐性,提高主动服务意识,在突发公共事件和自然灾害中,要主动向党委、政府和上级机关报告测绘应急保障成果资料储备状况和服务能力,并及时提供测绘应急保障服务。要通过有关新闻媒体,大力宣传测绘应急保障服务工作,扩大社会影响。

请各地、各单位于 2009 年 10 月 30 日前将本地区、本单位测绘应急组织机构建设情况、具体责任人及通讯联络方式报送国家测绘应急保障领导小组办公室;2009 年 11 月 30 日前,将本地区、本单位测绘应急保障预案报我局备案,我局将适时组织预案评比;2009 年 12 月 20 日前,将本地区、本单位 2009 年度测绘应急保障工作情况简要报告我局。

联系方式:徐　永　63882112
翟义青　63882115

国家测绘局
二〇〇九年九月十七日

关于加强涉密地理信息
数据应用安全监管的通知

各省、自治区、直辖市、计划单列市测绘行政主管部门，新疆生产建设兵团测绘主管部门，局所属有关单位：

涉密地理信息数据是国家重要的基础性、战略性信息资源，关系到国家安全。近年来，我国地理信息产业发展迅猛，地理信息数据应用广泛，有力促进了经济社会又好又快发展。但在涉密地理信息数据开发利用中也出现了不少问题。一些企事业单位无测绘资质或超越资质等级许可范围，非法处理、加工和使用涉密地理信息数据；一些企事业单位和个人违反保密制度和测绘成果管理规定，擅自提供、传输涉密地理信息数据，导致失、泄密事件不断发生；一些企事业单位已经建成或正在建设的、集成了涉密地理信息数据的地理信息系统违反保密规定直接在互联网或其他公开环境上运行；国外的一些组织或者个人通过与我国一些企事业单位合资合作，获取我国涉密地理信息数据，给我国家安全和利益带来隐患。

为深入贯彻落实中央关于加强保密工作的有关精神和《国务院关于加强测绘工作的意见》（国发〔2007〕30 号），进一步加强涉密地理信息数据应用安全监管，保障地理信息资源有序开发利用，促进地理信息产业健康发展，现就有关要求通知如下：

一、经依法审批获得涉密地理信息数据的企事业单位（以下简称用户），必须遵守国家保密法律、法规和有关规定，建立健全保密管理制度，不得擅自向其他单位和个人复制、提供、转让或转借涉密地理信息数据。严禁任何单位和个人未经批准擅自对外提供涉密地理信息数据。

971

二、涉密地理信息数据只能用于被许可的范围。使用目的实现后不再需要使用涉密地理信息数据的用户要按照国家相关规定及时销毁涉密地理信息数据,并报涉密地理信息数据提供单位备案;也可请提供数据的单位核对、回收,统一销毁。如需超许可范围使用的,应另行办理审批手续。

三、用户在涉及加工、处理、集成等使用涉密地理信息数据的建设项目(以下简称涉密项目)招投标中,必须委托给国内具有相应测绘资质的单位(以下简称第三方)承担。严禁委托给外国企业或者外商独资、中外合资、合作企业以及具有外资背景的企业承担涉密项目建设。

四、若需第三方参与涉密项目的,在涉密项目建设前,用户必须与第三方签订地理信息数据保密责任书,明确责任和义务。涉密项目完成后,用户必须及时回收或监督第三方按规定销毁涉密地理信息数据及其衍生产品(新产生的涉密地理信息数据)。

五、在使用涉密地理信息数据的项目中,用户必须严格管理,设定涉密环境,科学合理确定使用人,落实责任,确保使用过程中涉密地理信息数据及其衍生品的安全。严禁将涉密项目在公开环境下使用,特别是在互联网上使用。

六、各级测绘行政主管部门要依法依规对持有涉密地理信息数据的用户运行的地理信息系统进行定期或不定期的检查。发现问题,要及时纠正,督促整改;情节严重的,要依法严肃处理。

七、各级测绘行政主管部门要切实强化对各有关企事业单位相关涉密人员的保密教育和岗位培训,增强保密意识,筑牢严守国家秘密的思想防线。

各地区各单位要结合实际,认真研究,狠抓落实,确保涉密地理信息数据安全,切实维护国家安全和利益。工作中的有关问题以及意见、建议,请及时函告国家测绘局地理信息与地图司。

国家测绘局
二〇〇九年十月二十日

关于印发《公开地图内容表示补充规定（试行）》的通知

国测图字〔2009〕2号

各省、自治区、直辖市测绘行政主管部门，计划单列市测绘行政主管部门，新疆生产建设兵团测绘主管部门，局所属各单位、机关各司（室）：

为加强地图管理，维护国家安全、主权和利益，促进地图市场繁荣发展，国家测绘局制定了《公开地图内容表示补充规定（试行）》，以进一步完善、规范地图内容表示。现印发给你们，请遵照执行。执行中遇到的问题请及时反馈国家测绘局。

国家测绘局
二〇〇九年一月二十三日

公开地图内容表示补充规定（试行）

第一条 为加强地图管理，进一步规范地图内容表示，维护国家安全、主权和利益，促进地图市场繁荣发展，根据《中华人民共和国测绘法》和其他有关法律、行政法规，制定本补充规定。

第二条 本补充规定所称公开地图，是指公开出版、销售、传播、登载和展示的地图和涉及地图图形的产品。

第三条 公开地图位置精度不得高于 50 米，等高距不得小于 50 米，数字高程模型格网不得小于 100 米。开本可不受限制。

第四条 利用涉及国家秘密的测绘成果编制的公开地图，在依法送测绘行政主管部门进行地图审核前应当采用国家测绘局规定的统一方法进行保密技术处理。

第五条 公开地图不得表示下列内容（对社会公众开放的除外）：

（一）指挥机关、地面和地下的指挥工程、作战工程，军用机场、港口、码头，营区、训练场、试验场，军用洞库、仓库，军用通信、侦察、导航、观测台站和测量、导航、助航标志，军用道路、铁路专用线，军用通信、输电线路，军用输油、输水管道等直接服务于军事目的的各种军事设施；

（二）军事禁区、军事管理区及其内部的所有单位与设施；

（三）武器弹药、爆炸物品、剧毒物品、危险化学品、铀矿床和放射性物品的集中存放地等与公共安全相关的设施；

（四）专用铁路及站内火车线路、铁路编组站，专用公路；

（五）未公开机场；

（六）国家法律法规、部门规章禁止公开的其他内容。

第六条 公开地图不得表示下列内容的具体形状及属性（用于公共服务的设施可以标注名称），确需表示位置时其位置精度不得高于 100 米：

（一）大型水利设施、电力设施、通信设施、石油和燃气设施、重要战略物资储备库、气象台站、降雨雷达站和水文观测站（网）等涉及国家经济命脉，对人民生产、生活有重大影响的民用设施；

（二）监狱、劳动教养所、看守所、拘留所、强制隔离戒毒所、救助管理站和安康医院等与公共安全相关的单位；

（三）公开机场的内部结构及运输能力属性；

（四）渡口的内部结构及属性。

第七条 公开地图不得表示下列内容的属性：

（一）重要桥梁的限高、限宽、净空、载重量和坡度属性，重要隧道的高度和宽度属性，公路的路面铺设材料属性；

（二）江河的通航能力、水深、流速、底质和岸质属性，水库的库容

974

属性,拦水坝的构筑材料和高度属性,水源的性质属性,沼泽的水深和泥深属性;

(三)高压电线、通信线、管道的属性。

第八条 重要地理信息数据的表示应当以国家依法公布的数据为准。

第九条 省、自治区、直辖市行政区域界线以及市、县级行政区界线画法,应当按照国务院最新批准发布的标准画法图绘制。

第十条 绘制中国地图(含示意性中国地图)应完整表示中国领土,不得随意压盖中国地图图形范围。

第十一条 本补充规定由国家测绘局负责解释。

第十二条 本补充规定自发布之日起施行。原规定与本补充规定有不符的,按本补充规定执行。

关于印发《测绘自主创新产品认定管理办法（试行）》的通知

国测科发〔2009〕3号

各省、自治区、直辖市、计划单列市测绘行政主管部门，新疆生产建设兵团测绘主管部门，局所属有关单位，有关企事业单位：

为贯彻实施《国家中长期科学和技术发展规划纲要（2006－2020年）》（国发〔2005〕44号）和《国务院关于加强测绘工作的意见》（国发〔2007〕30号），加快事关测绘事业发展，具有自主知识产权的关键技术和重大测绘科技成果的转化，实现我国测绘科技自主创新与跨越发展，根据《国务院关于实施〈国家中长期科学和技术发展规划纲要（2006－2020年）〉若干配套政策的通知》（国发〔2006〕63号）的有关规定，现将《测绘自主创新产品认定管理办法（试行）》印发给你们，请遵照执行。执行中有何意见和建议，请及时反馈国家测绘局。

国家测绘局
二〇〇九年十月十日

测绘自主创新产品认定管理办法（试行）

第一章 总 则

第一条 为贯彻落实国务院《国家中长期科学和技术发展规划纲要（2006－2020年）》（国发〔2005〕44号）、《国务院关于加强测绘工作的意见》(国发〔2007〕30号)、科技部、国家发展和改革委员会、财政部《关于印发〈国家自主创新产品认定管理办法(试行)〉的通知》(国科发计字〔2006〕539号)等文件精神,组织开展测绘自主创新产品认定管理工作,鼓励开展自主创新,营造激励自主创新的环境,提升自主创新能力,带动高新技术产业快速发展,特制定本办法。

第二条　本办法所称测绘自主创新产品(以下简称新产品)是指促进测绘事业发展,代表先进技术发展方向,拥有自主知识产权、创新程度高、技术水平先进、应用前景良好的产品。

第三条　国家测绘局科技与国际合作司负责测绘自主创新产品认定、管理和监督等工作。按照公开、公正、公平、科学的原则组织开展自主创新产品认定工作并发布《测绘自主创新产品目录》(以下简称《产品目录》)。对列入《产品目录》的产品推荐进入《国家自主创新产品目录》。

第四条　各级测绘部门和单位用财政性资金进行政府采购时,应优先购买列入《产品目录》的产品。其中,对具有较大市场潜力并需要重点扶持的或首次投向市场的产品,可以由各级测绘部门和单位进行订购或首购,并在促进科技成果转化和相关产业化政策中给予重点支持,以引导全社会支持测绘自主创新产品的发展。

第二章　申报条件

第五条　测绘自主创新产品认定工作遵循自愿申请的原则。凡持有新产品的在中国境内注册登记的具有独立法人资格的企事业单位均可申请认定。

第六条　申请认定的产品应具备以下条件:

(一)产品符合国家法律法规,符合国家产业技术政策和其他相关产业政策;

(二)产品具有自主知识产权,且权益状况明确。产品具有自主知识产权,是指我国的权利人具有独立支配权或相对控制权的知识产权,即我国的公民、法人或非法人单位,所依法拥有的、可以独立地行使知识产权各项权能的知识产权,或虽然不拥有所有权,但在一个较长的时期内可以独立行使知识产权各项权能,并能不受他人制约地进行集成创新和引进消化吸收再创新的知识产权。自主知识产权的来源方式主要包括:自主研发或设计;受让或受赠;企业并购或重组;获得 5 年以上的独占许可。

(三)产品创新度高。掌握产品生产的核心技术和关键工艺;或应用新技术原理、新设计构思,对原有产品有根本性改进,显著提高了产品的功能和性能;或在国内外率先提出技术标准;产品技术先进,在同类产品中处于国内领先或国际先进水平;

(四)产品质量稳定可靠,具有潜在的经济效益和较大的市场前景或能替代进口;

(五)列入国家或测绘科技计划的产品、获国家或测绘科技奖励的产品、在国家测绘局组织的软件测评中获得推荐的软件产品或通过国家测绘局组织的科技成果鉴定的产品,将优先认定为测绘自主创新产品。

第三章　申报和认定程序

第七条　凡申请认定测绘自主创新产品的单位,按要求向国家测绘局科技与国际合作司提出申请,填写《测绘自主创新产品认定申请表》(详见附件),并提交以下材料:

(一)工商管理部门核发的营业执照副本或营业执照复印件;事业单位登记证书;

(二)说明产品知识产权状况的证明材料(凡属于联合申报或多个单位共同享有知识产权的,必须提交与产品技术归属及权限有关的技术转让、技术许可、授权、合作生产、合作开发的合同或协议);

(三)说明产品自主创新水平的证明材料(鉴定证书或其他相当的技术证明材料,属专利技术的产品需附专利证书,获奖产品需附获奖证明）；

（四）产品采用标准证明；

（五）辅助材料（对申请表和必备材料未充分说明的情况做进一步说明，有利于了解情况，申报单位可根据产品的具体情况选择提交），一般包括：

1. 若有环境污染的项目，需提交产品环保达标证明；

2. 若属中外合资，应附股比说明；

3. 生产规模、产品进入市场的证明材料（销售合同，销售发票）；

4. 出口产品须提交出口证明；

5. 获得国家或省级部门立项支持的证明、主要用户报告等有效证明；

6. 国家测绘局组织的产品测评的推荐证明。

第八条　国家测绘局科技与国际合作司组织产品相关领域的专家对产品申报材料进行审查与评价，必要时可进行现场考察或要求申请单位进行陈述和答辩。

第九条　国家测绘局对经专家评审通过的产品进行审定，并通过国家测绘局官方网站和《中国测绘报》等媒体向社会公示三周。

第十条　对公示无异议的产品，国家测绘局科技与国际合作司将其列入《产品目录》，在国家测绘局官方媒体上向社会公布，核发《测绘自主创新产品认定证书》。

第十一条　被认定的测绘自主创新产品有效期根据产品的不同特点分为 2—3 年。有效期内，若产品状况发生变化，被授予单位应及时向国家测绘局科技与国际合作司报告。对不再符合认定条件的产品，将取消其测绘自主创新产品资格，并收回认定证书。有效期满，被授予单位可再次申请认定，但应在有效期截止前三个月提出。

第四章　监督管理

第十二条　国家测绘局科技与国际合作司负责对申请单位和参

与认定工作的人员实施监督管理:

(一)产品认定结果及参与产品认定工作的相关部门和机构接受全社会监督。对于有异议的产品,任何单位和个人可向国家测绘局科技与国际合作司申述,国家测绘局科技与国际合作司根据情况进行调查或组织复议,并反馈调查结果;

(二)申请单位提交的各种材料应真实可靠。在测绘自主创新产品申报认定过程中隐瞒真实情况、提供虚假材料或采取其他欺诈手段骗取测绘自主创新产品证书的,由国家测绘局科技与国际合作司撤销其认定证书,从《产品目录》中删除并予以公告,三年内不再受理该单位的测绘自主创新产品申请;

(三)经调查发现参与评审的专家在评审过程中泄露认定产品的技术秘密、非法占有申请单位的科技成果或在认定工作中弄虚作假、出现重大失误且造成严重后果的,取消其评审专家资格。

第十三条 建立测绘自主创新产品进入市场后的跟踪考核和评估机制,对产品质量存在重大缺陷和问题的,取消其自主创新产品资格。

第五章 附 则

第十四条 本办法由国家测绘局科技与国际合作司负责解释。

第十五条 本办法自发布之日起施行。

附件:测绘自主创新产品认定申请书

附件：

编号	

测绘自主创新产品认定申请书

产品名称

单位名称（公章）

填表人

填表日期

国家测绘局科技与国际合作司制

二〇〇九年九月

填表说明

1. 填写前请认真阅读申请书内容。申请书各项内容,要实事求是,逐条认真填写。文字表达要简洁、明确、严谨。不受理内容不全或含糊不清,以及手续不全的申请书。

2. 将所有提交的申报材料加盖单位公章后,按照《测绘自主创新产品认定管理办法(试行)》第七条的款项顺序装订成册,作为申请书的附件。

3. 本申请书一式三份,用 A4 纸双面打印,加盖单位公章,并提交申请书的电子文档。

4. 国家测绘局科技与国际合作司

联系地址:北京市海淀区莲花池西路 28 号

邮政编码:100830

联系电话:010－63882320　63882321

一、产品基本情况

产品中文名称		(限35个汉字)	
产品型号			
产品所属类型	( )	1-软件类产品　　2-硬件类产品　　3-数据类产品	
产品所属 应用领域	( )	1-GIS　2-大地测量　3-航空航天遥感 4-地图制图及数据库　5-导航	
获得何种知识 产权或专利		产品研制 成功时间	
产品研发负责人概况	姓　名	职　务	
	联系地址	联系电话 及电子邮件	
	所从事 研究方向		
产品研发单位概况	单位名称	单位注册类型	
	单位法 人代码	单位法人代表	
	联系人	邮政编码	
	通信地址		
	联系电话	1.　　　　　　2.	
单位承诺	法人代表郑重承诺:在此申报表中所填内容及附件均属实。若出现问题,本单位愿承担一切责任。特此声明! 法人代表签字(章):　　　　　日期: 单位公章:		

二、产品详细介绍（逐条详细填写）

1. 产品所属技术领域,详细技术内容（原理）,性能指标等。

2. 产品知识产权状况。

3. 产品的自主创新情况,创造性、先进性、核心、关键技术等。

4. 产品市场需求、推广应用情况,与当前国内外同类技术产品市场竞争力比较情况。

5. 经济效益和社会效益情况。（不少于 300 字）

6. 产品其他情况。

三、附件材料（相关证明材料按照《测绘自主创新产品认定管理办法（试行）》第七条的款项顺序装订成册）

关于进一步加强
涉密测绘成果管理工作的通知

国测成字〔2009〕3 号

各省、自治区、直辖市、计划单列市测绘行政主管部门,新疆生产建设兵团测绘主管部门,局属各单位,机关各司(室):

为进一步加强涉密测绘成果管理,切实做好涉密测绘成果提供使用工作,针对一段时期以来涉密测绘成果管理制度执行不力、涉密测绘成果的提供使用存在不规范行为、出现随意领用涉密测绘成果甚至丢失涉密航空摄影成果等问题,根据国家有关法律法规的规定,现将有关要求通知如下:

一、严格遵守航空摄影成果先送审后提供使用的规定。未按照国务院、中央军委有关规定,经有关军区进行保密审查的航空摄影成果一律不得提供使用。

二、必须严格按照先归档入库再提供使用的规定管理涉密测绘成果。国家级基础测绘成果向国家基础地理信息中心归档入库;地方基础测绘成果向地方相应测绘成果保管单位归档入库。未归档入库的涉密测绘成果一律不得提供使用。测绘行政主管部门要及时在全国测绘成果目录服务系统上发布、更新测绘成果目录信息,方便使用。

三、要严格执行涉密测绘成果提供使用审批制度。县级以上测绘行政主管部门要明确本机关负责成果管理的机构统一办理审批事项,不得多头审批、越级审批。未经行政审批,任何单位、部门和个人不得擅自提供使用涉密测绘成果。

四、各测绘资质单位或者测绘项目出资人依法开展测绘活动获取的涉密测绘成果,应当采取必要的措施确保成果安全。需要向其他法人或者组织提供使用的,必须按管理权限报测绘成果所在地的县级以上测绘行政主管部门批准同意。

五、涉密测绘成果使用单位,必须依据经审批同意的使用目的和范围使用涉密测绘成果。使用目的或项目完成后,使用单位必须按照有关规定及时销毁涉密测绘成果。如需要用于其他目的的,应另行办理审批手续。任何单位和个人不得擅自复制、转让或转借涉密测绘成果。

六、各级测绘行政主管部门要进一步加强涉密测绘成果管理工作,切实防范和化解涉密测绘成果资料失泄密隐患和风险,加强监督检查,对违反规定,擅自提供涉密测绘成果的行为要依法严查,对造成失泄密事件的要依法追究其相关行政或刑事责任。

涉密测绘成果关系国家安全和利益,各省、自治区、直辖市测绘行政主管部门要进一步加强统一监督管理,切实规范成果提供使用行为。各地区各单位要结合实际,认真研究,狠抓落实,确保涉密测绘成果安全,维护国家利益。工作中的有关问题以及意见、建议,请及时函告我局测绘成果管理与应用司。

国家测绘局

二〇〇九年三月十一日

关于委托浙江省测绘局
代行部分地图审核职能的通知

国测图发〔2009〕4 号

浙江省测绘局：

　　为提高地图审核效率,根据《中华人民共和国行政许可法》和《地图审核管理规定》,现将国家测绘局审核的部分地图委托你局代行审核,有关事项通知如下：

　　一、委托审核的地图范围为工艺性地球仪和对外加工产品上附着的地图。

　　二、以国家测绘局名义受理你省范围内的被委托审核的地图。使用由国家测绘局统一提供的地图审核申请表、地图审核批准书等格式文档(见附件1)。做出批准决定的,签署地图审核意见表,并核发由国家测绘局统一分配的审图号。审图号格式为：GS〔××××年〕××××号(如 GS〔2010〕4001 号)。审图号的 4001—6000 号段由你局颁发。

　　三、从事委托审核的地图内容审查工作,应当由持有《地图内容审查上岗证》的地图内容审查人员承担。

　　四、授权你局刻制并使用"国家测绘局地图审批专用章(浙)",印章样式参照"国家测绘局地图审批专用章"(见附件2)。

　　五、加强印章的使用管理,"国家测绘局地图审批专用章(浙)"仅限于对委托审核的地图实施行政许可时使用。

　　六、严格遵守和执行地图审核管理的有关规定。每 6 个月将被委托审核批准的地图名称、审图号等信息报国家测绘局备案。此次委托审核的地图不得再委托其他组织或者个人实施地图审核。

　　七、被委托审核的地图无明确审核标准和依据时,应当及时报告国家测绘局,并移交给国家测绘局审核。在审核中遇到有关技术问题时,请及时与国家测绘局地图技术审查中心联系(电话:010-63881508,63881511)。

    附件:1."国家测绘局地图审核申请表"和"国家测绘局地图审
          核批准书"样式
        2."国家测绘局地图审批专用章"样式

                                        国家测绘局
                                        二〇〇九年十一月十六日

国家测绘局地图审核申请表

送审单位(盖章)

送审单位 基本情况	单位名称			传 真	
	电 话			联系人	
	地 址			邮 编	
试制样图 相关信息	图 名				
	规 格		图幅数量		
	版 次	初版□ 再版□	原审图号		
	用 途	公开出版□ 公开展示□ 公开登载□ 书刊插图□ 对外加工□ 境外引进□ 礼品赠送□ 其他( )			
	形 式	纸质图□ 电子地图□ 地球仪□ 其他产品( )			
地理底图 资料说明	所用基本资料名称				
	原编制者或出版者				
	使用许可证明文件	有□ 无□			
相关材料 提供情况	地图编制单位及测绘资质等级证书证号			证号	
	是否有地图出版范围的批准文件		有□ 无□	文号	
	是否有新闻出版主管部门的送审函件		有□ 无□	文号	
	是否有世界性和全国性地图编制选题的批准文件		有□ 无□	文号	
	是否有中小学国家课程教材编写的核准文件		有□ 无□	文号	
	是否有保密技术处理的证明文件		有□ 无□	文号	
	是否有专业保密部门审查的证明文件		有□ 无□	文号	
	境外引进的地图是否有相关证明材料		有□ 无□		
	是否有其他书面说明材料		有□ 无□		
受理情况 (受理部门 填写)	收件日期				
	送审样图及材料是否齐全		受理意见		
	受理日期		经办人签名		
	送交审查机构日期				

国家测绘局
地图审核批准书

审图号：GS(　　)　　号

送审单位：
地图名称：
规　格：
用　途：

（加盖审批专用章）

签发日期：　　年　　月　　日

990

说　　明

1. 涉及地图著作权事项，由你单位自行负责。

2. 地图技术审查意见书（测技检字〔　　　　〕第号）为本批准书的组成部分。地图存在问题的，必须按照审查意见和样图批注意见进行修改。

3. 必须在地图适当位置载明审图号。

4. 本批准书载明的地图名称、规格、用途不得擅自改变，否则需重新送审。

5. 地图出版物应当自出版之日起 60 日内向国家测绘局地图技术审查中心送交样本一式两份备案。

6. 涉及专业内容的地图，必须严格遵守保密法律、法规，不得表示任何国家秘密事项。

7. 对外加工的地图产品，必须遵守国家有关规定，并全部运输出境，不得在境内销售、散发。

附件2：

"国家测绘局地图审批专用章"样式

国家测绘局地图审批专用章

关于印发国家测绘
应急保障预案的通知

国测成字〔2009〕4 号

各省、自治区、直辖市、计划单列市测绘行政主管部门,新疆生产建设兵团测绘主管部门,局所属各单位,机关各司(室):

为健全国家测绘应急保障工作机制,加强测绘应急保障管理,有效整合利用国家测绘资源,提高测绘应急保障能力,根据国家相关法律法规及政策规定,我局制定了《国家测绘应急保障预案》。经局务会议审议通过,现予印发,请认真贯彻执行。

国家测绘局
二〇〇九年三月十八日

国家测绘应急保障预案

为健全国家测绘应急保障工作机制,有效整合利用国家测绘资源,提高测绘应急保障能力,为国家应对突发事件提供高效有序的测绘保障,依据《中华人民共和国突发事件应对法》、《中华人民共和国测绘法》、《中华人民共和国测绘成果管理条例》、《国家突发公共事件总体应急预案》、《国务院关于加强测绘工作的意见》,制定本预案。

1 应急范围

1.1 保障任务

测绘应急保障的核心任务是为国家应对突发自然灾害、事故灾难、公共卫生事件、社会安全事件等突发公共事件高效有序地提供地图、基础地理信息数据、公共地理信息服务平台等测绘成果,根据需要开展遥感监测、导航定位、地图制作等技术服务。

1.2　保障对象

国家测绘应急保障对象是:

(1)党中央、国务院;

(2)国家突发事件应急指挥机构及国务院有关部门;

(3)重大突发事件所在地人民政府及其有关部门;

(4)参加应急救援和处置工作的中国人民解放军、中国人民武装警察部队;

(5)参加应急救援和处置工作的其他相关单位或组织。

1.3　应急响应分级

除国家突发事件有重大特殊要求外,根据突发事件救援与处置工作对测绘保障的紧急需求,将测绘应急响应分为两个等级。

(1)Ⅰ级响应

需要进行大范围联合作业;大量的数据采集、处理和加工;成果提供工作量大的测绘应急响应。

(2)Ⅱ级响应

以提供现有测绘成果为主,具有少量的实地监测、数据加工及专题地图制作需求的测绘应急响应。

2　组织体系

2.1　领导机构

成立国家测绘应急保障领导小组(以下简称领导小组),负责领导、统筹、组织全国测绘应急保障工作。国家测绘局局长任组长,副局长任副组长。成员由局机关各司(室)和局所属有关事业单位主要领导组成。

2.2　办事机构

领导小组下设办公室,设在测绘成果管理与应用司,作为领导小组的办事机构,承担测绘应急日常管理工作。测绘成果管理与应用司司长任领导小组办公室主任。

2.3 工作机构

局直属事业单位为国家测绘应急保障主要工作机构,承担重大测绘应急保障任务。

国家基础地理信息中心主要负责应急测绘成果提供、数据处理与加工、应急地理信息服务平台运行、维护与更新等任务。作为国家测绘应急保障的常设机构单位,设置专门机构,确定专职人员,负责重大突发事件跟踪报告等测绘应急信息及保障日常工作。

中国测绘科学研究院主要负责应急技术保障、应急航摄任务的具体实施及其数据加工处理、专题图制作等任务。

中国地图出版社负责公开出版发行的应急地图产品的储备与提供等任务。

其他局属单位根据总体部署,承担相应测绘应急保障任务。

国家应急测绘中心成立后,本预案将依据其职能调整相关职责。

2.4 地方机构

各省级测绘行政主管部门负责本行政区域测绘应急保障工作,成立本级测绘应急保障领导和办事机构。在本级人民政府的领导和领导小组的指导下,统筹、组织本行政区域突发事件测绘应急保障工作。按照领导小组的要求,调集整理现有成果、采集处理现势数据、加工制作专题地图,并及时向国家测绘局提供。

2.5 社会力量

具有测绘资质的相关企、事业单位作为国家测绘应急保障体系的重要组成部分,根据总体部署,承担相应测绘应急保障任务。

3 应急响应

3.1 应急启动

特别重大、重大突发事件发生,或者收到国家一级、二级突发事件警报信息、宣布进入预警期后,领导小组办公室迅速提出应急响应级别建议,报领导小组研究确定。由领导小组组长宣布启动Ⅰ级响应,分管测绘成果的副组长宣布启动Ⅱ级响应。响应指令由领导小组办公室通知各有关部门、单位。

各有关部门、单位接到指令后,应迅速启动本部门、单位应急预案。并根据职责分工,部署、开展测绘应急保障工作。

3.2　应急响应

3.2.1　Ⅱ级响应

(1)基本要求

承担应急任务的有关部门、单位人员、设备、后勤保障应及时到位;启动 24 小时值班制度。领导小组办公室应迅速与相关国家突发事件应急指挥机构沟通,与事发地省级测绘行政主管部门取得联系,并保持信息联络畅通。

(2)成果速报

在Ⅱ级响应启动后 4 小时内,组织相关单位向党中央、国务院及有关应急指挥机构提供现有适宜的事发地测绘成果。

(3)成果提供

立即开通测绘成果提供绿色通道,按相关规定随时受理、提供应急测绘成果。

(4)专题加工

根据救援与处置工作的需要,组织有关单位进行局部少量的航空摄影等实地监测;收集国家权威部门专题数据;快速加工、生产事发地专题测绘成果。

(5)信息发布

如确有需要的,可通过政府门户网站向社会适时发布事发地应急测绘成果目录及能够公开使用的测绘成果。

3.2.2　Ⅰ级响应

(1)启动Ⅱ级响应的所有应急响应措施。

(2)领导小组各成员单位主要负责人出差、请假的,必须立即返回工作岗位;确实不能及时返回的,可先由主持工作的领导全面负责。

(3)根据国家应急指挥机构的特殊需求,及时组织开发专项应急地理信息服务系统。

（4）无适宜测绘成果，急需进行大范围联合作业时，由领导小组办公室提出建议，报经领导小组批准后，及时采用卫星遥感、航空摄影、地面测绘等手段获取相应测绘成果。

（5）领导小组成员单位（部门）根据各自工作职责，分别负责综合协调、成果提供、数据获取、数据处理、宣传发动、后勤保障等工作，并将应急工作进展及时反馈领导小组办公室。

3.3 响应中止

突发事件的威胁和危害得到控制或者消除，政府宣布停止执行应急处置措施，或者宣布解除警报、终止预警期后，由领导小组组长决定中止Ⅰ级响应，分管测绘成果的副组长决定中止Ⅱ级响应。响应终止通知由领导小组办公室下达。

各级测绘行政主管部门应继续配合突发事件处置和恢复重建部门，做好事后测绘保障工作。

3.4 涉密测绘成果管理

应急测绘成果属于国家秘密的，申请使用人应按规定及时补办测绘成果提供使用审批手续；并严格按照国家保密法律法规及测绘法律法规做好测绘成果的保管使用工作。对不具备长期保管条件的，由领导小组办公室或事发地测绘行政主管部门负责督促其在任务结束后，按规定程序将所领用的涉密测绘成果进行销毁处理并报备。

4 保障措施

4.1 制定测绘应急保障预案

各省级测绘行政主管部门和局所属有关单位应制定本部门、本单位测绘应急保障预案，报国家测绘局备案。并结合实际有计划、有重点地组织预案演练，原则上每年不少于一次。

4.2 组建高素质测绘应急保障队伍

领导小组办公室按要求建立测绘应急保障专家库，根据实际需要协调有关专家为测绘应急保障决策及处置提供咨询、建议与技术指导；各单位遴选政治和业务素质较高的技术骨干组成测绘应急快速反应队伍。

4.3　测绘应急保障资金

根据测绘应急保障工作需要,结合预算管理有关规定,将应急保障工作所需资金纳入预算,对应急保障资金的使用和效果进行监督。

4.4　做好测绘应急保障成果资料储备工作

全面了解掌握测绘信息资源分布状况,完善测绘数据共享机制;收集、整理突发事件的重点防范地区的各类专题信息和测绘成果,根据潜在需求,有针对性地组织制作各种专题测绘产品,确保在国家需要应急测绘保障时,能够快速响应,高效服务。

4.5　建设应急地理信息服务平台

在全国地理信息公共服务平台基础上,根据中办、国办(国务院应急办)、国家减灾委、国家防总及公安、安全等有关部门的特殊要求,开发完善应急地理信息服务平台,提高测绘应急保障的效率、质量和安全性。

4.6　完善测绘应急保障基础设施

规划建设全国性测绘应急技术装备保障系统,并建立突发事件测绘应急服务装备快速调配机制。重点推进测绘卫星体系项目建设,加快测绘应急生产装备和设施更新,联通政府内网,改造与扩容测绘专网,提高测绘应急保障服务能力。

4.7　加快测绘应急高技术攻关

深入研究应急测绘信息快速获取、处理、服务技术,实现"3S"与网络、通讯、辅助决策技术集成。

4.8　确保通讯畅通

充分利用现代通讯手段,建立国家测绘应急保障通讯网络,确保信息畅通。领导小组办公室组织编制国家测绘应急保障工作通讯录,并适时更新。

5　监督与管理

5.1　检查与监督

应急响应指令下达后,各级测绘行政主管部门应对所属单位测绘应急保障执行时间和进度进行监督,及时发现潜在问题,并迅速采取有效措施,确保按时保质完成测绘应急保障任务。

5.2 责任与奖惩

各部门、各单位主要负责人是测绘应急保障的第一责任人。国家测绘应急保障工作实行责任追究,对在测绘应急保障工作中存在失职、渎职行为的人员,将依照《中华人民共和国突发事件应对法》等有关法律法规追究责任。

对在国家测绘应急保障工作中做出突出贡献的先进集体和个人给予表彰和奖励。

5.3 宣传和培训

通过有关媒体,及时对国家测绘应急保障工作进行报道。定期对测绘应急保障人员进行新知识新技术培训,提高其应急专业技能。

5.4 预案管理与更新

本预案由领导小组组织实施。国家测绘局将定期组织对各地区各单位测绘应急保障预案及实施进行检查评估。

6 附 则

6.1 名词术语解释

突发事件:指突然发生,造成或者可能造成严重社会危害的需要采取应急处置措施予以应对的自然灾害、事故灾难、公共卫生事件、社会安全事件。

测绘应急保障:指各级测绘行政主管部门为国家应对突发事件提供的测绘保障活动。

6.2 预案实施时间

本预案自印发之日起实施。

关于委托广东省国土资源厅代行部分地图审核职能的通知

国测图发〔2009〕5 号

广东省国土资源厅:

　　为提高地图审核效率,根据《中华人民共和国行政许可法》和《地图审核管理规定》,现将由国家测绘局审核的部分地图委托你厅代行审核,有关事项通知如下:

　　一、委托审核的地图范围为工艺性地球仪和对外加工产品上附着的地图。

　　二、以国家测绘局名义受理你省范围内的被委托审核的地图。使用由国家测绘局统一提供的地图审核申请表、地图审核批准书等格式文档(见附件1)。做出批准决定的,签署地图审核意见表,并核发由国家测绘局统一分配的审图号。审图号格式为:GS(××××年)××××号(如 GS〔2010〕2001 号)。审图号的 2001—4000 号段由你厅颁发。

　　三、从事委托审核的地图内容审查工作,应当由持有《地图内容审查上岗证》的地图内容审查人员承担。

　　四、授权你厅刻制"国家测绘局地图审批专用章(粤)",印章样式参照"国家测绘局地图审批专用章"(见附件2)。

　　五、加强印章的使用管理,"国家测绘局地图审批专用章(粤)"仅限于对委托审核的地图实施行政许可时使用。

　　六、严格遵守和执行地图审核管理的有关规定。每 6 个月将被委托审核批准的地图名称、审图号等信息报国家测绘局备案。此次委托审核的地图不得再委托其他组织或者个人实施地图审核。

　　七、被委托审核的地图无明确审核标准和依据时,应当及时报告国家测绘局,并移交给国家测绘局审核。在审核中遇到有关技术问题时,请及时与国家测绘局地图技术审查中心联系(电话:010－63881508,63881511)。

附件:1.“国家测绘局地图审核申请表”和“国家测绘局地图审核批准书”样式
　　　2.“国家测绘局地图审批专用章”样式

国家测绘局
二〇〇九年十一月十六日

附件1：

国家测绘局地图审核申请表

送审单位（盖章）

送审单位 基本情况	单位名称				传　真		
	电　话				联系人		
	地　址				邮　编		
试制样图 相关信息	图　名						
	规　格			图幅数量			
	版　次	初版□　再版□		原审图号			
	用　途	公开出版□　　公开展示□　　公开登载□　　书刊插图□ 对外加工□　　境外引进□　　礼品赠送□　　其他（　　　　）					
	形　式	纸质图□　　电子地图□　　地球仪□　　其他产品（　　　　）					
地理底图 资料说明	所用基本资料名称						
	原编制者或出版者						
	使用许可证明文件		有□　无□				
相关材料 提供情况	地图编制单位及测绘资质等级证书证号			证号			
	是否有地图出版范围的批准文件		有□　无□	文号			
	是否有新闻出版主管部门的送审函件		有□　无□	文号			
	是否有世界性和全国性地图编制选题的批准文件		有□　无□	文号			
	是否有中小学国家课程教材编写的核准文件		有□　无□	文号			
	是否有保密技术处理的证明文件		有□　无□	文号			
	是否有专业保密部门审查的证明文件		有□　无□	文号			
	境外引进的地图是否有相关证明材料		有□　无□				
	是否有其他书面说明材料		有□　无□				
受理情况 （受理部门 填写）	收件日期						
	送审样图及材料是否齐全			受理意见			
	受理日期			经办人签名			
	送交审查机构日期						

1002

国家测绘局
地图审核批准书

审图号:GS( ) 号

送审单位:
地图名称:
规　格:
用　途:

（加盖审批专用章）

签发日期：　　年　　月　　日

1003

说　　明

1. 涉及地图著作权事项,由你单位自行负责。

2. 地图技术审查意见书(测技检字〔　　　　　〕第号)为本批准书的组成部分。地图存在问题的,必须按照审查意见和样图批注意见进行修改。

3. 必须在地图适当位置载明审图号。

4. 本批准书载明的地图名称、规格、用途不得擅自改变,否则需重新送审。

5. 地图出版物应当自出版之日起 60 日内向国家测绘局地图技术审查中心送交样本一式两份备案。

6. 涉及专业内容的地图,必须严格遵守保密法律、法规,不得标示任何国家秘密事项。

7. 对外加工的地图产品,必须遵守国家有关规定,并全部运输出境,不得在境内销售、散发。

附件 2：

"国家测绘局地图审批专用章"样式

国家测绘局地图审批专用章

关于加强互联网地图管理工作的通知

国测图发〔2009〕6 号

各省、自治区、直辖市、计划单列市测绘行政主管部门，新疆生产建设兵团测绘主管部门，局属有关单位：

互联网地图作为信息时代国家版图的主要表现形式之一，体现了国家在主权方面的意志和在国际社会中的政治、外交立场，具有严密的科学性、严肃的政治性和严格的法定性，并事关国家安全。为加强互联网地图管理，规范互联网地图编制和服务，根据《中华人民共和国测绘法》等法律、法规和规定，现就有关事项通知如下：

一、互联网地图服务单位应当依法取得相应的互联网地图服务测绘资质，并在资质许可的范围内提供互联网地图服务。

二、互联网地图服务单位提供增值服务（包括浏览、搜索、导航、定位、标注、复制、链接、发送、转发、引用、嵌入、下载等）必须使用经测绘行政主管部门审核批准的互联网地图。

三、互联网地图的编制（包括编辑加工、格式转换、质量测评）、更新等活动，必须由取得相应电子地图编制或者导航电子地图制作专业范围测绘资质的单位承担。

编制、更新互联网地图，必须遵守公开地图内容表示等有关地图管理规定。

四、互联网地图服务单位引进的境外地图必须按相关进口地图的规定管理。

五、提供互联网地图服务的数据库服务器不得设在境外（含港澳台地区）。

六、互联网地图必须由相应互联网地图编制单位按照地图审核有关管理规定送审。未经依法审核批准的互联网地图，一律不得公开登载、传输。

互联网地图审图号有效期为 2 年。审图号有效期内地图表示内容发生变化或审图号到期前,应重新送审,取得新的审图号。

七、任何单位或个人不得在互联网上登载危害国家主权和民族尊严的地图,不得在互联网上传输、标注可能危害国家主权、安全的地理信息。

八、互联网地图服务单位的地图安全审校人员应不断增强国家版图意识和地理信息安全保密意识,认真对用户上传标注的兴趣点和其他新增兴趣点进行审查,确保所有信息符合国家公开地图内容表示等有关规定。

不得公开的兴趣点,任何单位或个人不得以任何形式进行存储、记录、传播。

地图安全审校人员须经省级以上测绘行政主管部门培训考核合格,持证上岗。

九、互联网地图服务单位应采取有效措施规范用户上传标注行为,及时发布相关警示信息。互联网地图服务中出现的泄密等安全问题,互联网地图服务单位应当承担相应的法律责任。

十、互联网地图服务单位每 6 个月应将新增兴趣点送交审核批准互联网地图的测绘行政主管部门备案。

十一、在互联网上登载、复制、发送、转发、引用、嵌入互联网地图,必须在相应页面显著位置标明地图审图号和著作权信息,并应经互联网地图著作权人的同意。

任何单位或个人不得复制、链接、发送、转发、引用、嵌入未经依法审核批准的互联网地图。

十二、各省级测绘行政主管部门要按属地化(互联网信息服务许可证号或备案号)管理原则,强化对互联网地图及其运行系统(平台)的日常监管和跟踪检查,建立跟踪监管系统,加强对互联网地图服务从业人员培训,及时依法查处各种违法违规行为。

附件:互联网地图审查要求

国家测绘局

二〇〇九年十二月二十八日

附件：

互联网地图审查要求

一、互联网地图是指登载在互联网上或者通过互联网发送的基于服务器地理信息数据库形成的具有实时生成、交互控制、数据搜索、属性标注等特性的电子地图。包括二维地图以及影像地图、三维虚拟现实地图、实景（街景）地图等。

二、互联网地图采用离线和在线审查相结合的形式进行。互联网地图送审单位应构建好相应互联网地图服务运行系统（平台），并提供基于互联网的内部网址和登录账号用于在线审查。

三、送审互联网地图，应提交下列材料：

（一）地图审核申请表；

（二）地图数据来源、生产方式、数据范围、数据尺度、数据格式、服务方式等情况的书面说明材料；

（三）导航电子地图制作或电子地图编制的测绘资质证书复印件；

（四）互联网地图服务单位的互联网地图服务资质证书复印件；

（五）互联网地图数据及浏览软件；

（六）常用格式的兴趣点电子文档和待确认的涉密兴趣点。兴趣点电子文档应当包括位置信息、名称、类别、说明注记等内容；

（七）在线审查的内部网址和登录账号；

（八）利用涉及国家秘密的测绘成果编制的互联网地图，应提交国家测绘局批准进行保密技术处理的文件、指定机构进行保密技术处理的证明文件复印件。

关于印发关于加强现代化测绘技术装备建设促进信息化测绘发展的指导意见的通知

国测财字〔2009〕8 号

各省、自治区、直辖市、计划单列市测绘行政主管部门,新疆生产建设兵团测绘主管部门:

根据《国务院关于加强测绘工作的意见》(国发〔2007〕30 号),为加速推进《全国基础测绘中长期规划纲要》的实施,大力提升测绘技术装备水平,促进信息化测绘发展,我局制定了《关于加强现代化测绘技术装备建设,促进信息化测绘发展的指导意见》,现印发给你们。

测绘技术装备的升级换代,是推进测绘手段、产品形式和服务方式深刻变革的重要途径。各地测绘部门要根据本通知的精神,结合本地区实际,抓紧时间开展本地区测绘技术装备建设方案的研究制订工作,积极与本地政府及有关部门沟通、汇报,争取支持。有关工作进展情况请及时反馈我局。

国家测绘局
二〇〇九年二月十七日

关于加强现代化测绘技术装备建设促进信息化测绘发展的指导意见

根据《国务院关于加强测绘工作的意见》的有关要求,为实现《全国基础测绘中长期规划纲要》所确定的信息化测绘体系建设目标,现就今后一段时间现代化测绘技术装备建设工作提出如下意见。

一、加强现代化测绘技术装备建设的重要性和必要性

"十五"期间,国家测绘局开展并完成了以装备建设为主要内容的"国家基础测绘设施项目",建立了国家级和省级数字化测绘生产基地和地理信息中心,形成了数字化测绘技术体系。在这一体系支撑下,国家测绘局加速推进数字中国地理空间框架建设,着力推动测绘业务从单纯的地理信息数据采集、建库和地图制作,向实时快速更新和提供地理信息综合服务转变。测绘在国民经济和社会发展各领域,特别是在四川汶川特大地震抗震救灾工作中发挥重要作用。但是,经过近十年的发展,现有的数字化测绘生产和服务能力已经不能完全适应新时期测绘发展的要求,其在功能、效率等方面已经不能满足快速更新和服务的需求。测绘公共服务能力低、成果开发利用不足等问题依然存在,与当前我国经济社会发展的客观需求不相适应。

为此,根据胡锦涛同志在 2008 年两院院士大会讲话中关于要加快遥感、地理信息系统、全球定位系统、网络通信技术应用的有关要求,按照《国务院关于加强测绘工作的意见》关于加强现代化测绘装备建设,促进信息化测绘体系发展和《全国基础测绘中长期规划纲要》的有关精神,充分利用国际国内先进的现代测绘高新技术,大力推进新一轮测绘生产、管理、服务技术装备体系建设,不断加大测绘能力建设力度,持续促进数字化测绘向信息化测绘转变,使测绘更好地服务于经济社会发展。

二、现代化测绘技术装备建设的指导思想、原则和总体思路

(一)指导思想和原则

坚持以中国特色社会主义理论为指导,全面贯彻落实科学发展观。将加强现代化测绘技术装备建设作为贯彻落实《国务院关于加强测绘工作的意见》和《全国基础测绘中长期规划纲要》的重要举措加以推动,并与"十二五"规划工作紧密衔接。要坚持的原则是:

1. 坚持整体和局部相结合。按照信息化测绘体系建设要求,合理布局全国现代化测绘技术装备建设。根据不同地区的实际需要开展实际设计和建设工作,确保装备建设与测绘需求相适应。

2. 坚持改造和提升相结合。重视对现有数字化测绘生产基地和地理信息中心的升级改造,进一步提高现有技术装备的生产能力;大力提升基础地理信息快速更新和综合服务能力。

3. 坚持近期和远期相结合。现代化测绘装备建设的目标设计既要考虑瞄准国内外先进技术水平的要求,又要结合本地区、单位的实际情况,实事求是,量力而行。

4. 坚持创新和引进相结合。鼓励和支持自主创新和国产装备研发,优先选择具有自主知识产权的国产测绘技术装备。密切跟踪世界测绘技术装备的最新发展,适度引进国际上高精尖技术装备。

(二)总体思路

围绕提高基础地理信息更新效率和应用服务水平,按照统一规划、分级建设的要求,对现有数字化测绘生产基地和地理信息中心进行技术升级和改造。在此基础上,通过配备先进技术装备,重点解决基础地理信息数据获取效率、应急处理能力、网络化服务等方面的问题,逐步形成现代化测绘技术装备体系,推动测绘业务流程和组织方式的优化,最终实现基础地理信息获取实时化、处理自动化、服务网络化和应用社会化。

三、结合实际认真规划装备建设目标和主要任务

以建设测绘强国为目标,立足国际一流水平,根据《全国基础测绘中长期规划纲要》关于到 2020 年形成信息化测绘体系的总体要求,从提高现代测绘生产、管理和服务的整体效率出发,完成对现有数字化测绘生产基地和地理信息中心的技术改造;完成信息实时获取、快速自动处理、信息服务及应用、质量自动检测、协同化集成管理等方面的技术装备配备和能力建设;充分依靠现代计算机网络技术和系统集成技术,完成对测绘技术装备资源的整合集成,形成符合信息化测绘要求、布局合理、功能齐备的现代化测绘技术装备体系,为信息化测绘体系建设提供技术先进的物质条件。

主要任务包括：

（一）数字化测绘生产基地和地理信息中心技术装备更新改造

充实、完善和更新数据采集、处理、存储、产品制作和成果提供服务等业务专用的图形/影像扫描、图形输出、服务器、光磁介质存储、网络交换等硬件设备和数据生产、管理、应用服务等软件系统，在此基础上进一步优化地理信息获取、处理、存储和服务等业务流程，促进测绘生产技术及管理方式的提高和改进，增强地理信息的快速获取、更新、处理、服务的整体能力。

（二）现代测绘基准技术装备建设

按照建立国家统一、高精度、地心、动态现代测绘基准体系的要求，围绕建设由全国卫星定位连续运行基准站和国家空间大地控制网构成的大地测量参考框架、国家一等水准网和国家重力控制网等的需求，配备高精度卫星定位、精密高程测量、高精度重力测量、控制测量等系统。加强基准台站、有关技术装备与现代通讯网络配套设施的集成，实现基准信息获取、处理、传输和应用服务的一体化。

（三）地理信息实时获取技术装备建设

在推进现代化测绘技术装备建设过程中，要把地理信息实时获取技术装备建设作为关键内容。通过高新技术装备配备，建设卫星遥感数据获取系统、航空遥感数据获取系统、重力测量数据获取系统、地面测量数据获取系统以及水下测量数据获取系统等，形成从空中到地面的基础地理信息数据获取体系，提高实时化信息获取能力。

——卫星遥感数据获取系统

卫星遥感数据获取系统要具备利用多种遥感平台获得多源、多时相、多分辨率对地观测遥感数据的能力，以满足国家基本比例尺地形图更新、国家重大测绘工程建设以及应急测绘保障服务等对高分辨率卫星遥感数据实时获取的需要。在国家支持发展自主测绘卫星系统的前提下，装备建设的重点是卫星遥感数据地面应用系统，卫星遥感数据预处理系统，多源卫星遥感数据管理、分发和备份系统等。

——航空遥感数据获取系统

1012

航空遥感数据获取系统要具备利用各类航空遥感平台获得多维、高精度、全天候、多时相影像数据的能力。装备建设的重点是轻型或无人驾驶航空摄影飞行器,新一代航空数码摄影系统,机载激光雷达数据获取系统,机载合成孔径雷达数据获取系统,机载宽波段高分辨率和高光谱数据获取系统,多传感器集成系统,IMU/DGPS辅助数字航空摄影测量系统以及相应的初级影像处理系统等。

——重力测量数据获取系统

重力测量数据获取系统要在维持我国重力基准的高精度与现势性的基础上,提高确定全球重力场模型和精化大地水准面的精度与分辨率。大力发展卫星重力探测系统,重点发展航空重力测量系统,按需配备地面绝对和相对重力测量仪器以及相应的数据处理系统,形成航天、航空和地面配套发展格局。

——地面测量数据获取系统

地面测量数据获取系统要具备在地面上采用静态或动态的模式获得地表三维信息及相关信息的能力。装备建设的重点是加强对现有外业测绘技术装备的更新和集成,提高其能力和效率;配备高精度多系统的卫星定位接收系统,车载三维数据采集及景观数据获取处理系统,地面激光雷达数据采集系统,基于便携式装备的野外数据采集系统,高精度集成化超站测量系统,全野外多功能测量工作/生活宿营车等。

——水下测量数据获取系统

水下测量数据获取系统要提高对水面高程及水深等信息进行采集的能力。装备建设的重点是高性能导航定位系统、水下深度测量系统等装备。

(四)地理信息数据处理技术装备建设

地理信息数据处理技术装备建设要提高各类地理信息数据处理的质量、效率和自动化水平,适应地理信息快速更新、重大测绘工程建设、应急测绘保障服务的需要。装备建设的重点是卫星导航定位数据处理系统;高性能遥感数据集群与协同处理系统;高分辨率卫星/航空遥感数据处理系统;多种合成孔径雷达数据处理系统;航空/地面激光雷达数据处理系统;地面测量及控制网数据快速处理系统;水下测量数据快速处理系统;支持自动化信息处理软件系统的高性能服务器系统;海量地理信息数据缓存管理及安全处理等系统。

（五）地理信息应用服务技术装备建设

在推进现代化测绘技术装备建设过程中，要把地理信息应用服务技术装备建设作为核心内容。地理信息应用服务技术装备的作用，主要是为测绘部门面向国民经济和社会发展各领域的公共服务提供支撑。装备建设的重点是地理信息产品制作系统，网络化地理信息分发服务系统，位置服务系统。

——地理信息产品制作系统要形成在各级基础地理信息数据库基础上，通过整合各类信息资源，为国民经济建设、社会发展和公众按需提供多样化地理信息产品服务的能力。装备建设的重点是基础地理信息公共产品数据库系统，地理信息统计分析系统，地图产品制作与地图输出设备等。

——网络化地理信息分发服务系统要形成网上地理信息目录服务、地图下载、在线数据服务以及三维影像地图服务的能力。装备建设的重点是地理信息公众查询检索和在线地图标注互助系统，基于网络的地理信息一站式服务系统以及其他专门软件系统等。

——位置服务系统建设要形成对卫星定位数据处理和面向社会播发的能力，为智能交通、现代物流、车载导航、手机定位等提供实时导航定位服务。装备建设的重点是各参考站点的基础设施和广域传输网络，定位信息管理、处理、发布系统，信息反馈信号处理系统等。在建设过程中要同步考虑卫星定位连续参考站点区域选择、站点布局等问题。

（六）应急测绘服务系统技术装备建设

在推进现代化测绘技术装备建设过程中，要把应急测绘服务系统技术装备建设作为重点内容。应急测绘服务系统主要作用是对重大突发事件提供快速、准确的测绘保障服务。根据重大突发事件的影响程度,国家将重点建设应对影响面广、造成损失严重、恢复重建难度大的重大自然灾害的应急测绘服务系统。有关地方应当根据本地区突发事件发生发展规律,结合当地应急体系建设的需要建设测绘应急服务能力。

——规划建设全国性应急测绘服务技术装备保障系统,在开展基础地理信息获取、处理和服务技术装备建设的基础上,根据应急工作的需要,重点配备航空遥感飞行平台、数码航摄仪、影像快速处理系统、制图综合处理与快速输出系统、大场景三维仿真系统等技术装备,提高应急能力。

——建立突发事件应急测绘服务装备调用与快速集结机制。围绕提高快速反应能力,加强现代测绘技术装备与网络、通讯等信息基础设施的集成,提高应急技术保障能力。制定技术装备应急动员政策,建立全国测绘技术装备应急动员机制。

(七)测绘业务网络和协同化集成管理系统技术装备建设

——测绘业务网建设要满足测绘业务协同化集成管理、测绘生产自动化管理和地理信息网络化服务的需要。依托国家公共主干网,进一步增强"中国测绘网"传输网络系统的性能和覆盖范围。加强测绘单位局域网络建设。装备建设的重点是"中国测绘网"传输网络和相关设备,海量地理信息数据网络搜索与交换系统等。

——协同化集成管理系统要具备信息化测绘的核心业务运行、管理控制、决策分析以及信息综合处理等功能,并可以提供组织权限配置、业务配置和流程定制工具。建立以过程控制为中心的协同业务控制和管理机制,跟踪和监控业务过程运行状态,显著提高业务管理的快速响应能力和工作质量。装备建设的重点是开发或引进适合信息化测绘的一站式协同化业务管理软件系统、配套工作站及服务器等硬件和通讯装备等。

(八)安全、保密系统技术装备建设

安全、保密系统技术装备建设要为测绘生产、管理和信息应用服务提供安全保障环境。建设重点是安全生产系统和信息安全保密系统。

——安全生产系统建设要满足保障测绘生产,特别是外业测绘安全生产管理的要求。装备建设的重点是利用现代通讯手段和卫星定位等技术构建外业测绘生产安全监控系统,并为作业人员配备相应的手持终端设备等。

——信息安全保密系统建设要按照国家有关涉及国家秘密的计算机信息系统建设的要求,保证涉密基础地理信息及其相应共享应用网络系统的正常运作得到高效、灵敏和强有力的保护,防止失密泄密和数据破坏等事件的发生。装备建设的重点是:物理安全防护、备份与恢复基础设施,计算机信息系统安全保密保障系统,重要基础地理信息及系统异地备份中心和相关软件硬件系统。建设过程中要统筹考虑国家级基础地理信息异地备份中心的布局、数量和规模及其基础设施建设问题。

(九)质量检测、仪器检定技术装备建设

加强测绘成果质量检测系统和测绘仪器检定系统装备建设,要重点围绕提高测绘成果质量检测和测绘仪器检定的标准化、自动化、权威性和准确性能力开展。装备建设的重点是成果质量自动检查软件系统;野外实地检测综合测量车;标准计量器具;高精度测角、测距、测温、测压仪器检定装置;检定数据处理、分析系统,以及比长基线、航空摄影仪、重力测量仪、卫星定位接收系统检定场或实验室等。在开展装备建设的过程中,要同步考虑各种检定场所的布局、数量和规模及其基础设施建设问题。

四、营造现代化测绘技术装备建设的政策环境

(一)进一步完善测绘技术装备投入政策

建立健全国家和地方共同投入测绘技术装备的有效机制。进一步完善测绘技术装备分级投入机制,继续争取各级政府加大对测绘技术装备建设的财政投入。今后几年,国家测绘局将按照信息化、规范化和标准化的要求,在统筹规划信息化测绘体系建设的基础上,重点投入对优化全国测绘生产力布局、增强全国测绘服务保障能力有突出意义、带有战略性质的高新技术装备。各地测绘部门也要结合本地区测绘工作实际，在地方政府的支持下，抓紧开展相关研究和建设工作。

（二）高度重视测绘技术装备自主创新

紧密跟踪和充分了解国际上测绘技术装备发展的现状。支持测绘科研院所和测绘生产单位在测绘技术装备研制开发方面的合作，自主研发和推出成熟的高水平国产化测绘高新技术装备硬件、软件。建立测绘技术装备测评制度。对于运行质量稳定可靠，成熟的国产装备，按照政府采购的要求优先考虑购置配备。同时，充分借鉴国际上发展现代化测绘技术装备的经验，适度引进质量优异的先进的高技术关键核心装备。

（三）加强测绘技术装备管理

各级测绘部门在建立健全国有资产管理制度的同时，要不断完善与加强测绘技术装备的使用、调配和处置的有效管理机制，为建立突发事件应急测绘服务装备调用与快速集结机制提供条件保障。

（四）加强装备人才队伍建设

进一步强化测绘技术装备管理机构的职能。大力调整技术装备队伍人才结构，把懂技术、精应用的人员充实到装备人才队伍中来；有计划地开展装备人才队伍业务培训工作，提高测绘装备人员的专业技能，建立一支与信息化测绘发展相适应的现代化测绘装备人才队伍。

关于印发测绘新闻宣传工作
管理办法的通知

国测办字〔2009〕11 号

各省、自治区、直辖市、计划单列市测绘行政主管部门，新疆生产建设
兵团测绘主管部门，局所属各单位，机关各司（室）：

《测绘新闻宣传工作管理办法》已经 2009 年 5 月 25 日国家测绘
局局长办公会议审议通过，现予印发，请认真贯彻执行。

国家测绘局
二〇〇九年六月二日

测绘新闻宣传工作管理办法

第一章　总　则

第一条　为加强和规范测绘新闻宣传工作，根据党和国家有关
新闻宣传工作的方针政策，结合测绘事业发展和测绘新闻宣传工作
实际，制定本办法。

第二条　测绘新闻宣传工作的指导思想：以邓小平理论和"三个
代表"重要思想为指导，深入贯彻落实科学发展观，坚持高举旗帜、围
绕大局、服务人民、改革创新，坚持解放思想、实事求是、与时俱进，坚
持贴近实际、贴近生活、贴近群众，为测绘事业又好又快发展营造良
好的舆论氛围。

第三条　测绘新闻宣传工作的基本原则：统一领导、统筹协调、分工负责，全面准确、广泛深入、务求实效；统一思想、凝聚力量，振奋精神、鼓舞士气，推动发展、促进和谐。

第四条　测绘新闻宣传工作的主要内容：

（一）党和国家领导人视察测绘工作的情况及重要指示精神。

（二）测绘系统、测绘行业各单位贯彻落实党中央、国务院重大方针、政策的情况。

（三）测绘法律、法规、部门规章、重要规范性文件及其执行情况。

（四）国家测绘局（以下简称局）召开的重要会议、做出的重大部署、开展的重要工作、组织的重大活动。

（五）基础测绘建设、测绘科技进步、对外合作交流、测绘保障服务、地理信息产业发展等方面的进展和成就。

（六）测绘规划计划、经济管理、资质资格、标准质量、地图和成果管理以及政务公开等方面的举措和成效。

（七）党的建设、廉政建设、队伍建设、精神文明建设、测绘文化建设等方面的举措和成效。

（八）测绘工作中公众关注的热点问题和突发事件。

第五条　对在测绘新闻宣传工作中表现突出的单位和个人给予奖励。

第二章　测绘新闻宣传工作的组织保障

第六条　测绘新闻宣传工作由局党组统一领导，分管新闻宣传工作的局领导具体负责。

第七条　测绘新闻宣传工作职责分工：

（一）局办公室负责测绘新闻宣传工作的统一归口管理，主要职责是：制定和监督落实年度及重点工作的新闻宣传计划；组织协调重大宣传活动、重要采访；审核或组织审核重要新闻稿件；指导中国测绘宣传中心、局管理信息中心的新闻宣传工作；负责联系中宣部、新闻出版总署、国务院新闻办公室等新闻宣传主管部门。

（二）局机关各司（室）在测绘新闻宣传方面的主要职责是：提出有关宣传主题，提供有关背景材料；参与策划、筹备和组织实施与本司（室）业务有关的重大宣传活动、新闻发布会、新闻通气会；根据安排接受采访或协助开展有关采访活动；负责审核与本司（室）业务工作有关的重要新闻稿件。

（三）中国测绘宣传中心负责测绘新闻宣传工作的组织实施，主要职责是：负责策划新闻宣传活动，起草局重要会议、重大部署、重要工作、重大活动的宣传方案；承办局新闻发布会和新闻通气会，承担局拟以国务院新闻办公室名义召开的新闻发布会的有关准备工作；组织新闻采访，编辑出版《中国测绘报》、《中国测绘》杂志；负责联系中央新闻媒体；负责收集、分析、整理中央和社会新闻媒体对测绘工作的报道并报局办公室。

（四）局管理信息中心负责测绘新闻宣传有关工作，主要职责是：负责局网站新闻的编辑和发布工作；负责向中国政府网报送有关新闻稿件；负责收集、分析、整理网络媒体对测绘工作的报道并报局办公室。

（五）各省、自治区、直辖市、计划单列市测绘行政主管部门、新疆建设兵团测绘主管部门、局所属各单位在测绘新闻宣传方面的主要职责是：负责本地区、本单位测绘新闻宣传工作；向局提供重要新闻线索和有关背景材料；向中国测绘宣传中心和局管理信息中心提供新闻稿件；根据局安排接受采访或协助开展有关采访活动。各单位要明确测绘新闻宣传工作的分管领导和工作部门，并报局办公室备案。

第三章　测绘新闻宣传工作的组织实施

第八条　测绘新闻宣传工作要精心策划、认真组织、务求实效。出台测绘法律、法规、部门规章和重要规范性文件、召开重要会议、部署重要工作、举办重大活动等的宣传报道,要与相关业务工作同时策划、同时报审、提前做好准备。多渠道筹集测绘新闻宣传工作经费。

第九条 局实行新闻发言人制度。局办公室为新闻发言人的日常工作办事机构。

第十条 涉及重大宣传事项,采取相应新闻发布方式进行。测绘新闻发布方式有:

(一)以国务院新闻办公室名义召开新闻发布会。主要发布与经济社会发展关系密切且广大群众普遍关心的重大测绘成就、重要测绘活动和事件等,由局领导或局新闻发言人作为新闻发布人出席发布会并答记者问。

(二)局新闻发布会。主要发布局有关重大工作进展、工作成就,由局领导或局新闻发言人作新闻发布讲话并答记者问。

(三)局新闻通气会。主要向媒体通报一段时间内有关重点工作的准备、实施和进展等情况,由局领导介绍情况并答记者问,有关司(室)负责人答记者问。

(四)测绘新闻发布还可采取接受媒体记者专访,提供新闻稿件,以及答复记者的电话、传真和电子邮件问询等方式。

第十一条 拟以国务院新闻办公室名义召开的测绘新闻发布会工作分工:

(一)新闻发布会主题由有关司(室)提出,局办公室审核并报分管新闻宣传工作的局领导批准。一般要提前2个月确定发布主题。

(二)局办公室负责与国务院新闻办公室联系沟通。

(三)中国测绘宣传中心起草新闻发布会方案,局办公室审核并报局领导审定。

(四)局领导组织召开协调会,研究具体组织准备工作,明确任务分工和时限要求等。

(五)有关司(室)组织准备有关素材,起草新闻发布会讲话初稿,提前20天送局办公室审核。

(六)中国测绘宣传中心收集、整理、编印有关宣传材料,主要包括:拟发放中外记者的书面材料、答记者问素材等,提前 10 天送局办公室审核,必要时有关司(室)协助审核。

(七)局办公室将新闻发布会讲话、拟发放中外记者的书面材料报局领导审核后送国务院新闻办公室审定。

(八)局科技与国际合作司组织翻译拟发放中外记者的书面材料。

第十二条 局新闻发布会或新闻通气会工作分工:

(一)新闻发布会或新闻通气会主题由有关司(室)提出,局办公室审核并报分管宣传工作的局领导批准。一般要提前 20 天确定会议主题。

(二)中国测绘宣传中心起草新闻发布会或新闻通气会方案,局办公室审核并报局领导审定。

(三)局领导或局办公室组织召开协调会,研究具体组织准备工作,明确任务分工和时限要求等。

(四)有关司(室)组织准备有关素材并提前 10 天送中国测绘宣传中心;起草新闻发布会或新闻通气会讲话初稿并提前 5 天送局办公室审核。

(五)中国测绘宣传中心收集、整理、编印有关宣传材料,主要包括:新闻通稿、有关背景材料等,提前 5 天送局办公室审核,必要时有关司(室)协助审核。

(六)局办公室将新闻发布会或新闻通气会材料提前 3 天报局领导审定。

(七)中国测绘宣传中心负责联络邀请新闻记者,承办会务工作。

第十三条 测绘新闻宣传工作要充分发挥中央和地方新闻媒体、社会新闻媒体以及网络媒体的优势。中国测绘宣传中心要与中央和社会有关新闻媒体建立良好协作关系,及时收集、整理并提供有关稿件和素材,协助开展有关采访活动。

第十四条 接受中央、地方以及社会新闻媒体采访要求:

(一)媒体申请采访,一般应向局办公室提交采访函。局办公室提出接受采访单位、部门或人员的建议,报分管新闻宣传工作的局领导批准。

（二）接受采访的对象一般应为局领导、司（室）负责人、测绘单位的领导或专家。未经批准,局机关工作人员不得擅自接受记者采访。

（三）接受采访的主题和内容要坚持有利于测绘事业发展,有利于进一步增强公众对测绘事业的关心、理解和支持,有利于测绘工作中的热点、焦点问题的解疑释惑,有利于展现政府形象、弘扬社会正气、营造良好的舆论氛围。

（四）接受采访的单位、部门和人员要认真准备,积极配合,努力为记者提供相关信息和采访便利。

第十五条 测绘报刊、网站要按照局党组的要求和年度测绘新闻宣传工作要点,不断改进方式方法,增强测绘报刊、网站的吸引力、感染力,充分发挥好测绘新闻宣传主阵地的作用。

第十六条 需要在《中国测绘报》或局网站重点宣传报道的事项,由有关司（室）提出,局办公室统筹安排,必要时报分管新闻宣传工作的局领导批准;有关司（室）及时将素材或稿件提供中国测绘宣传中心或局管理信息中心。

第四章　会议和领导活动的宣传报道

第十七条 对会议的宣传报道:

（一）对全国测绘工作会议（全国测绘局长会议）、局召开的或局与国务院有关部门联合召开的全国性重要会议、在我国召开的影响较大的国际性测绘会议,由主办司（室）提出宣传草案,中国测绘宣传中心起草宣传方案,局办公室审核,报分管新闻宣传工作的局领导批准后实施。

（二）对以局名义召开的其他会议、局机关各司（室）召开的会议,需要宣传报道的,由主办司（室）准备新闻稿件;需要中国测绘宣传中心记者采访的,由主办司（室）提出,局办公室协调。

第十八条 对局领导活动的报道：

（一）对局领导的重要活动，由有关司（室）提供素材，中国测绘宣传中心起草新闻稿，局办公室审核；或由有关司（室）起草新闻稿，局办公室审核。

（二）局领导到基层调研、检查工作，可作综合报道，减少单纯程序性、行踪性报道，原则上不对随行的各司（室）、局所属单位负责人列名报道。由中国测绘宣传中心协调当地记者站采访或由有关司（室）起草新闻稿。新闻稿不超过1500字。

（三）局机关各司（室）、局所属单位负责人的活动，一般不报道；确需报道的，需经局办公室同意，必要时报分管新闻宣传工作的局领导批准。

第五章　重要稿件的审核

第十九条 测绘新闻宣传工作实行重要稿件审核制度。《中国测绘报》、局网站刊发的重要稿件，以及拟提供中央和地方新闻媒体、社会新闻媒体以及网络媒体的重要测绘新闻稿件，应当报局审定。

第二十条 重要稿件的范围：

（一）党和国家领导人视察测绘工作、对测绘工作做出重要指示的稿件。

（二）以局名义对国内外重大事件表态的稿件。

（三）局与中央国家机关、军队有关部门、地方人民政府联合发文、合作等方面的稿件。

（四）局领导重要讲话、重要活动的稿件。

（五）重大测绘违法案件、涉外测绘事件、测绘突发事件和重大事故等方面的稿件。

（六）其他需要送审的重要稿件。

第二十一条 重要稿件送审的程序：

（一）需局审核的重要稿件，由中国测绘宣传中心、局管理信息中心报局办公室。

（二）局办公室审核或协调有关司（室）审核，必要时报请局领导审定。

（三）局办公室将审定稿或审核意见反馈送审单位。

第二十二条 重要稿件送审及审核的时限：

（一）送审单位应在重要稿件形成后及时报局办公室，预留必要的审核时间。

（二）局机关各司（室）一般要在24小时内提出审核意见；需报局领导审定的，适当延长审核时限。

（三）局领导或审核部门要求送审单位对稿件进行修改的，送审单位应在修改后重新送审。

（四）《中国测绘报》出刊前一工作日内仍未审定的重要稿件，原则上不安排在次日报纸刊出；特别重要的新闻，确需在次日报纸刊出的，报经分管新闻宣传工作的局领导批准，可延长审核时限。

（五）需征得上级领导机关同意或需经国务院其他部门审核的稿件，审核时限不受本办法限制。

第二十三条 重要稿件审核的内容：

（一）审核部门负责审查重要稿件的政治方向、相关政策措施、有关业务内容、保密等。

（二）审核部门不负责具体文字的审校工作。

第六章　附　则

第二十四条 本办法由局办公室负责解释。

第二十五条 本办法自发布之日起施行。局办公室《关于进一步改进测绘报刊对会议和领导同志活动新闻报道的意见》（测办〔2003〕85号）、《国家测绘局政府网站登载时政信息审核规定》（测办〔2006〕45号）、《国家测绘局新闻宣传重要稿件送审管理办法》（测办〔2006〕122号）同时废止。

关于印发测绘资质管理规定和测绘资质分级标准的通知

国测管字〔2009〕13 号

各省、自治区、直辖市、计划单列市测绘行政主管部门：

为加强测绘资质管理,规范测绘市场秩序,促进测绘事业发展,依据《中华人民共和国测绘法》、《中华人民共和国行政许可法》等法律法规,我局对 2004 年颁布的《测绘资质管理规定》和《测绘资质分级标准》进行了修订,现将修订后的《测绘资质管理规定》和《测绘资质分级标准》印发给你们,请遵照执行。

国家测绘局
二〇〇九年三月十二日

测绘资质管理规定

第一章　总　　则

第一条　为了加强对测绘资质的监督管理,规范测绘资质许可行为,维护测绘市场秩序,促进测绘行业发展,依据《中华人民共和国测绘法》、《中华人民共和国行政许可法》,制定本规定。

第二条　从事测绘活动的单位,应当依法申请取得《测绘资质证书》,并在测绘资质等级许可的范围内从事测绘活动。

第三条　国家测绘局负责全国测绘资质的统一监督管理工作。

县级以上地方人民政府测绘行政主管部门负责本行政区域内测绘资质的监督管理工作。

第四条　测绘资质分为甲、乙、丙、丁四级。

测绘资质的专业范围划分为：大地测量、测绘航空摄影、摄影测量与遥感、工程测量、地籍测绘、房产测绘、行政区域界线测绘、地理信息系统工程、海洋测绘、地图编制、导航电子地图制作、互联网地图服务。

测绘资质各个专业范围的等级划分及其考核条件由《测绘资质分级标准》规定。

第二章　资质申请

第五条　国家测绘局负责审批甲级测绘资质并颁发甲级《测绘资质证书》。

省、自治区、直辖市人民政府测绘行政主管部门负责受理甲级测绘资质申请并提出初审意见；负责受理乙、丙、丁级测绘资质申请，做出审批决定，颁发乙、丙、丁级《测绘资质证书》。

省、自治区、直辖市人民政府测绘行政主管部门可以委托设区的市（州）人民政府测绘行政主管部门受理本行政区域内乙、丙、丁级测绘资质申请并提出初审意见。

第六条　申请测绘资质的单位应当具备下列基本条件：

（一）具有企业或者事业单位法人资格；

（二）有与申请从事测绘活动相适应的专业技术人员；

（三）有与申请从事测绘活动相适应的仪器设备；

（四）有健全的技术、质量保证体系和测绘成果及资料档案管理制度；

（五）有与申请从事测绘活动相适应的保密管理制度及设施；

（六）有满足测绘活动需要的办公场所。

第七条　测绘单位生产、加工、利用属于国家秘密范围测绘成果

的,其保密管理工作应当符合下列条件,并向测绘资质审批机关提交有关书面材料:

(一)依照国家有关保密和测绘法律法规,建立健全保密管理制度;

(二)设立保密工作机构,配备保密管理人员;

(三)依照国家有关规定,确定本单位保密要害部门、部位,明确岗位职责,设置安全可靠的保密防护措施;

(四)与涉密人员签署保密责任书,核心涉密人员应持有省级以上测绘行政主管部门颁发的涉密人员岗位培训证书;

(五)对单位职工进行经常性的保密教育培训,定期开展保密检查工作。

第八条 测绘资质审批机关应当在办公场所和政府网站公示测绘资质许可的依据、条件、程序和期限。

测绘资质受理机关应当推行电子政务,方便申请单位采用测绘资质管理信息系统,以数据电文方式进行在线申请。

第九条 初次申请测绘资质和申请测绘资质升级的,应当提交下列材料:

(一)《测绘资质申请表》;

(二)企业法人营业执照或者事业单位法人证书;

(三)法定代表人的简历及任命或者聘任文件;

(四)符合规定数量的专业技术人员的任职资格证书、任命或者聘用文件、劳动合同、毕业证书、身份证等证明材料;

(五)当年单位在职专业技术人员名册;

(六)符合省级以上测绘行政主管部门认可的测绘仪器检定单位出具的检定证书、购买发票、调拨单等证明材料;

(七)测绘质量保证体系、测绘成果及资料档案管理制度;

(八)测绘生产和成果的保密管理制度、管理人员、工作机构和基本设施等证明;

(九)单位住所及办公场所证明;

（十）反映本单位技术水平的测绘业绩及获奖证明（初次申请测绘资质可不提供）；

（十一）其他应当提供的材料。

测绘单位申请变更业务范围的，应当提供前款第（一）、（六）、（十）项材料及第（四）项中相应专业技术人员材料。

第十条　测绘单位申请变更单位名称、住所、法定代表人的，应当提交下列材料：

（一）变更申请文件；

（二）变更事项的证明材料；

（三）《测绘资质证书》正、副本；

（四）其他应当提供的材料。

第三章　资质审查

第十一条　测绘资质受理机关应当自收到申请材料之日起5日内做出受理决定。

申请单位涉嫌违法测绘被立案调查的，案件结案前，不受理其测绘资质申请。

第十二条　测绘资质审批机关需要对申请材料的实质内容进行核实的，由测绘资质审批机关或者其委托的下级测绘行政主管部门指派两名以上工作人员进行核查。

第十三条　测绘资质审批机关应当自受理申请之日起20日内做出审批决定。20日内不能做出决定的，经测绘资质审批机关领导批准，可以延长10日，并应当将延长期限的理由告知申请单位。

第十四条　申请单位符合法定条件的，测绘资质审批机关应当做出拟批准的书面决定，向社会公示7日，并于做出正式批准决定之日起10日内向申请单位颁发《测绘资质证书》。

测绘资质审批机关做出不予批准的决定，应当向申请单位书面说明理由。

第十五条 《测绘资质证书》分为正本和副本,由国家测绘局统一印制,正、副本具有同等法律效力。

《测绘资质证书》有效期最长不超过 5 年。编号形式为:等级＋测资字＋省、自治区、直辖市编号＋顺序号。

第十六条 《测绘资质证书》有效期满需要延续的,测绘单位应当在有效期满 60 日前,向测绘资质审批机关申请办理延续手续。

对在《测绘资质证书》有效期内遵守有关法规、技术标准,信用档案无不良记录且继续符合测绘资质条件的单位,经测绘资质审批机关批准,有效期延续 5 年。

第十七条 测绘单位自取得《测绘资质证书》之日起,原则上 3 年后方可申请升级。

初次申请测绘资质原则上不得超过乙级。

申请的测绘专业只设甲级的,不受前款规定限制。

第十八条 测绘单位在领取新的《测绘资质证书》的同时,须将原《测绘资质证书》交回测绘资质审批机关。

测绘单位遗失《测绘资质证书》,应当及时在公众媒体上刊登遗失声明,持补证申请等其他证明材料到测绘资质审批机关办理补证手续。测绘资质审批机关应当在 5 日内办理完毕。

第四章 年度注册

第十九条 年度注册是指测绘资质审批机关按照年度对测绘单位进行核查,确认其是否继续符合测绘资质的基本条件。

测绘资质年度注册时间为每年的 3 月 1 日至 31 日。测绘单位应当于每年的 1 月 20 日至 2 月 28 日按照本规定的要求向省级测绘行政主管部门或其委托设区的市(州)级测绘行政主管部门报送年度注册的相关材料。

取得测绘资质未满六个月的单位,可以不参加年度注册。

第二十条 测绘资质年度注册程序:

（一）测绘单位按照规定填写《测绘资质年度注册报告书》，并在规定期限内报送相应测绘行政主管部门；

（二）测绘行政主管部门受理、核查有关材料；

（三）测绘行政主管部门对符合年度注册条件的，予以注册；对缓期注册的，应当向测绘单位书面说明理由；

（四）省级测绘行政主管部门向社会公布年度注册结果。

测绘资质年度注册专用标志样式由国家测绘局统一规定。

第二十一条　测绘资质年度注册核查的主要内容：

（一）单位性质、名称、住所、法定代表人及专业技术人员变更情况；

（二）测绘单位的从业人员总数、注册资金及出资人的变化情况和上年度测绘服务总值；

（三）测绘仪器设备检定及变更情况；

（四）完成的主要测绘项目、测绘成果质量以及测绘项目备案和测绘成果汇交情况；

（五）测绘生产和成果的保密管理情况；

（六）单位信用情况；

（七）违法测绘行为被依法处罚情况；

（八）测绘行政主管部门需要核查的其他情况。

第二十二条　有下列行为之一的，予以缓期注册：

（一）未按时报送年度注册材料或者年度注册材料不符合规定要求的；

（二）《测绘资质证书》记载事项应当变更而未申请变更的；

（三）测绘仪器未按期检定的；

（四）未按照规定备案登记测绘项目的；

（五）经监督检验发现有测绘成果质量批次不合格的；

（六）未按照规定汇交测绘成果的；

（七）测绘单位无正当理由未参加年度注册的；

（八）单位信用不良经核查属实的。

第二十三条 缓期注册的期限为 60 日。测绘行政主管部门应当书面告知测绘单位限期整改,整改后符合规定的,予以注册。

第五章 监督检查

第二十四条 各级测绘行政主管部门履行测绘资质监督检查职责,可以要求测绘单位提供专业技术人员名册及工资表、劳动保险证明、测绘仪器的购买发票及检定证书、测绘项目合同、测绘成果验收(检验)报告等有关材料,并可以对测绘单位的技术质量保证制度、保密管理制度、测绘资料档案管理制度的执行情况进行检查。

第二十五条 各级测绘行政主管部门实施监督检查时,不得索取或者收受测绘单位的财物,不得谋取其他利益。

有关单位和个人对依法进行的监督检查应当协助与配合,不得拒绝或者阻挠。

第二十六条 测绘单位违法从事测绘活动被依法查处的,查处违法行为的测绘行政主管部门应当将违法事实、处理结果告知上级测绘行政主管部门和测绘资质审批机关。

第二十七条 各级测绘行政主管部门应当加强测绘市场信用体系建设,将测绘单位的信用信息纳入测绘资质监督管理范围。

取得测绘资质的单位应当向测绘资质审批机关提供真实、准确、完整的单位信用信息。

测绘单位信用信息的征集、等级评价、公布和使用等办法由国家测绘局另行制定。

第六章 罚 则

第二十八条 测绘单位违法从事测绘活动的,依照《中华人民共和国测绘法》及有关法律、法规的规定予以处罚。

第二十九条 有下列情形之一的,测绘资质审批机关应当注销资质、降低资质等级或者核减相应业务范围：

（一）测绘资质有效期满未延续的；

（二）测绘单位依法终止的；

（三）测绘资质审查决定依法被撤销、撤回的；

（四）《测绘资质证书》依法被吊销的；

（五）测绘单位在 2 年内未承担相应测绘项目的；

（六）甲、乙级测绘单位在 3 年内未承担单项合同额分别为 100 万元以上和 50 万元以上测绘项目的；

（七）测绘单位年度注册材料弄虚作假的；

（八）测绘单位不符合相应测绘资质标准条件的；

（九）缓期注册期间逾期未整改或者整改后仍不符合规定的；

（十）测绘单位连续 2 次被缓期注册的。

第三十条 测绘单位在申请之日前 2 年内有下列行为之一的，不予批准测绘资质升级和变更业务范围：

（一）采用不正当手段承接测绘项目的；

（二）将承接的测绘项目转包或者违规分包的；

（三）经监督检验发现有测绘成果质量批次不合格的；

（四）涂改、倒卖、出租、出借或者以其他形式非法转让《测绘资质证书》的；

（五）允许其他单位、个人以本单位名义承揽测绘项目的；

（六）有其他违法违规行为的。

第三十一条 测绘单位违反本规定第七条的，责令改正，并由测绘资质审批机关给予通报批评；情节严重的，依照国家保密法律、行政法规的有关规定予以处理；构成犯罪的，依法追究刑事责任。

第三十二条 测绘单位在从事测绘活动中，因泄露国家秘密被国家安全机关查处的，测绘资质审批机关应当注销其《测绘资质证书》。

第三十三条 各级测绘行政主管部门及其工作人员违反本规定的，依照《中华人民共和国测绘法》和《中华人民共和国行政许可法》的有关规定予以处理。

第七章　附　则

第三十四条　中外合资、合作企业测绘资质的申请、受理和审查另行规定。

第三十五条　本规定自二〇〇九年六月一日起施行。国家测绘局二〇〇四年二月十六日发布的《测绘资质管理规定》和二〇〇五年六月十五日发布的《测绘资质监督检查办法》同时废止。

测绘资质分级标准

前　言

一、依据《中华人民共和国测绘法》和《测绘资质管理规定》，结合测绘行业发展实际，制定本标准。本标准是各级测绘行政主管部门进行测绘资质审查的基本依据。

二、本标准划分为通用标准、专业标准两部分。

通用标准是指对申请不同专业测绘资质统一适用的标准。

专业标准是根据不同测绘专业的特殊需要制定的专项标准，包括大地测量、测绘航空摄影、摄影测量与遥感、工程测量、地籍测绘、房产测绘、行政区域界线测绘、地理信息系统工程、海洋测绘、地图编制、导航电子地图制作、互联网地图服务等专业。

由于测绘科技的发展或者其他特殊需要，国家测绘局可以做出特别规定。

三、凡申请《测绘资质证书》的单位，必须同时达到通用标准和相应的专业标准要求。

丙级测绘资质的业务范围仅限于工程测量、摄影测量与遥感、地籍测绘、房产测绘、地理信息系统工程、海洋测绘，且不超过上述范围内的四项业务。

丁级测绘资质的业务范围仅限于工程测量、地籍测绘、房产测绘、海洋测绘，且不超过上述范围内的三项业务。

四、本标准中的测绘专业技术人员和测绘相关专业技术人员，是指取得测绘及相关专业技术任职资格的人员。

五、本标准中的作业限额，是指承担测绘项目的最高限量。

六、本标准中各等级测绘资质的定量考核标准是指最低限量。

七、省级测绘行政主管部门可以根据本地实际情况，适当调整乙、丙、丁级考核标准，调整后的标准，不得高于上一级标准或者不得低于下一级标准。调整后的标准应报国家测绘局备案。

八、本标准自二〇〇九年六月一日起施行。国家测绘局二〇〇四年二月十六日印发的《测绘资质分级标准》同时废止。

通用标准

一、主体资格

1. 具有独立法人资格。企业法人中的甲级测绘单位注册资金不低于500万元；乙级测绘单位注册资金不低于200万元；丙级测绘单位注册资金不低于100万元；丁级测绘单位注册资金不低于50万元。申请导航电子地图制作资质的企业注册资金不低于6 000万元。

2. 以规划、勘察、设计、施工等为主要业务的单位，应当设有相对独立建制的测绘生产机构和主管测绘生产的负责人。

3. 申请测绘资质的中外合资、合作企业的主体资格，依照《外国的组织或者个人来华测绘管理暂行办法》的有关规定执行。

二、专业技术人员

1. 本标准所称高级、中级和初级专业技术人员，是指经具备相应职称评定资格的机构颁发或认可的具有相应专业技术职务任职资格的人员。

2. 未取得专业技术职务任职资格的其他测绘从业人员,应当通过测绘职业技能鉴定。

3. 本标准所称测绘相关专业技术人员,是指地质、水利、勘察、物探、道桥、工民建、规划、海洋勘测、土地资源管理、计算机等工程技术人员,或者能够提供其在校期间所学专业开设测绘专业为必修课程证明的工程技术人员,但不得超过本标准对专业技术人员要求数量的50%。申请地理信息系统工程、互联网地图服务资质的单位,测绘相关专业技术人员不得超过本标准对专业技术人员要求数量的70%。

4. 同一单位申请两个以上测绘专业的,对人员数量的要求不累加计算。

5. 法定退休人员、兼职人员和没有签订劳动合同的人员不得计入专业技术人员。

三、仪器设备

按各专业标准核算仪器设备数量时,非本单位所有的仪器设备、租借的仪器设备、检定有效期已过的仪器设备或者不能正常使用的仪器设备等,均不能列入。

随着科学技术的发展,性能指标更优越的仪器设备可以替代某一专业标准所规定的相应仪器设备。

使用通用测绘专业软件的,应当通过国家测绘局组织的测评。

四、办公场所

各等级测绘单位的办公场所:甲级不少于500平方米,乙级不少于250平方米,丙级不少于80平方米,丁级不少于40平方米。

五、质量管理

1. 质量保证体系认证:甲级测绘单位应当通过ISO 9000系列质量保证体系认证;乙级测绘单位应当通过ISO 9000系列质量保证体系认证或者通过省级测绘行政主管部门考核;丙级测绘单位应当通过ISO 9000系列质量保证体系认证或者通过设区的市(州)级以上测绘行政主管部门考核;丁级测绘单位应当通过县级以上测绘行

政主管部门考核。

2. 配备专门的质量检验机构和质检人员：甲、乙级测绘单位质检机构、人员齐全，丙级测绘单位配备专门质检人员，丁级测绘单位配备兼职质检人员。

六、档案和保密管理

1. 有健全的测绘成果及资料档案管理制度、保密制度和相应的设施；有明确的保密岗位责任，与涉密人员签订了保密责任书；明确专人保管、提供统计报表；建立测绘成果核准、登记、注销、检查、延期使用等管理制度；有适宜测绘成果存储的介质和库房。

2. 资料档案管理考核：甲、乙级测绘单位应当通过省级测绘行政主管部门考核，取得通过考核的证明文件；丙级测绘单位应当通过设区的市(州)级以上测绘行政主管部门考核，取得通过考核的证明文件；丁级测绘单位应当通过县级以上测绘行政主管部门考核，取得通过考核的证明文件。

七、测绘业绩

凡申请测绘资质升级和变更业务范围的，应当具有以下业绩：

1. 获奖情况

申请甲级：近3年内获得不少于2项省级以上测绘行政主管部门认定的优秀测绘工程奖。

申请乙级：近3年内获得不少于1项省级以上测绘行政主管部门认定的优秀测绘工程奖。

2. 业务规模和质量水平

申请甲级：近3年内承揽的测绘服务总值不少于1200万元，且有3个以上测绘工程项目通过省级以上测绘行政主管部门组织的质量认可。

申请乙级：近3年内承揽的测绘服务总值不少于400万元，且有2个以上测绘工程项目通过设区的市(州)级以上测绘行政主管部门组织的质量认可。

申请丙级：近3年内承揽的测绘服务总值不少于80万元，且有1个以上测绘工程项目通过县级以上测绘行政主管部门组织的质量认可。

大地测量专业标准

专业范围	考核指标	考核内容	考核标准		备注
			甲级	乙级	
1. 卫星定位测量 2. 三角测量 3. 水准测量 4. 天文测量 5. 重力测量 6. 大地测量数据处理	人员规模	测绘及相关专业技术人员	50人(高级5,中级14)	25人(高级2,中级8)	微机等其他仪器设备配套齐全
	仪器设备	卫星定位测量 GPS接收机	10台(5mm+1ppm精度以上)	6台(5mm+1ppm精度以上)	
		三角测量 全站仪	10台(2秒级精度以上)	5台(2秒级精度以上)	
		水准测量 水准仪	10台(S1级精度以上)	5台(S1级精度以上)	
		天文测量 天文测量设备	2台套		
		重力测量 重力仪	4台(0.02毫伽精度以上)		
		作业限额	无限额限制		1:C级以下; 2~4:三等以下; 5:专业重力测量; 6:相应于上述限额

测绘航空摄影专业标准

专业范围	考核指标	考核内容	考核标准		备注
			甲级	乙级	
1. 胶片航空摄影 2. 数码航空摄影 3. 机载激光扫描 4. 机载 SAR 成像	人员规模	测绘及相关专业技术人员	25 人(高级 3,中级 8)	15 人(高级 2,中级 5)	微机等其他仪器设备配套齐全
	仪器设备	航摄仪及其他传感器	23cm×23cm 像幅胶片航摄仪,7000×11000 以上像素框幅式(推扫式)数字航摄仪,机载 LIDAR,总数不少于 4 台套(其中,7000×11000 以上像素框幅式(推扫式)数字航摄仪至少 1 台套	23cm×23cm 像幅胶片航摄仪,7000×11000 以上像素框幅式(推扫式)数字航摄仪,机载 LIDAR,总数不少于 2 台套	
	作业限额		无限额限制	大于 1:8000 比例尺,1000km² 以下;1:35000—1:8000 比例尺,30000km² 以下	

摄影测量与遥感专业标准

专业范围		考核指标	考核内容	考核标准			备注
				甲级	乙级	丙级	
摄影测量与遥感	外业	人员规模	测绘及相关专业技术人员	50人（高级5、中级14）	25人（高级2、中级8）	8人（中级3）	微机等其他仪器设备配套齐全
		仪器设备	GPS接收机	6台（其中5mm＋1ppm以上精度不少于3台）	3台（其中5mm＋1ppm以上精度不少于2台）		
			全站仪	6台（2秒级精度以上）	4台（2秒级精度以上）	2台（2秒级精度以上）	
			水准仪	6台（S3级精度以上）	3台（S3级精度以上）	2台（S3级精度以上）	
	内业	仪器设备	全数字摄影测量系统（或遥感图像处理系统）	15台套	8台套	4台套	
			影像扫描仪	1台			
			图形扫描仪（A1幅面以上）	1台	1台		
			彩色绘图仪（A0幅面以上）	2台	1台		
			彩色绘图仪（A1幅面以上）			1台	
			交换机	2台	1台		

1040

续表

专业范围	考核指标	考核内容	考核标准			备注
			甲级	乙级	丙级	
		作业限额	无限额限制	1：500 比例尺，30 km²以下；1：1 000 比例尺，60 km²以下；1：2 000 比例尺，100 km²以下；1：5 000 比例尺，200 km²以下；1：1 万比例尺，300 km²以下	1：500 比例尺，20km²以下；1：1 000 比例尺，30 km²以下；1：2 000 比例尺，50 km²以下；1：5 000 比例尺，100 km²以下；小于或等于 1：1 万比例尺的不得承担	

工程测量专业标准

专业范围	考核指标	考核内容	考核标准				备注
			甲级	乙级	丙级	丁级	
1. 控制测量 2. 地形测量 3. 城乡规划定线测量 4. 城乡用地测量 5. 规划检测测量 6. 日照测量 7. 市政工程测量 8. 水利工程测量 9. 建筑工程测量 10. 精密工程测量 11. 线路工程测量 12. 地下管线测量 13. 桥梁测量 14. 矿山测量 15. 隧道测量 16. 变形(沉降观测) 17. 形变测量 18. 竣工测量	人员规模	测绘及相关专业技术人员	50人(高级5,中级14)	25人(高级2,中级8)	8人(中级3)	4人(中级1)	微机等其他仪器设备配套齐全 从事专业范围10,16,17的,要求配备0.5秒级精度以上全站仪和S05级精度以上水准仪各不少于1台 从事专业范围8,12,14的,应当分别配备测深仪、地下管线探测仪、陀螺仪等相应的专业仪器设备
	仪器设备	GPS接收机	6台(5mm+1ppm精度以上)	4台(5mm+1ppm精度以上)	3台(5mm+1ppm精度以上)		
		全站仪	10台(其中2秒级精度以上不少于5台)	5台(其中2秒级精度以上不少于3台)	3台(其中2秒级精度以上不少于1台)	2台(5秒级精度以上)	
		水准仪	6台(S3级精度以上)	3台(S3级精度以上)	2台(S3级精度以上)	1台(S3级精度以上)	
		A1幅面以上绘图仪	2台	1台	1台		

1042

专业范围	考核指标	考核内容	考核标准				备注
			甲级	乙级	丙级	丁级	
		作业限额	无限额限制	1:三等以下； 2:1:500比例尺，30 km²以下；1:1 000比例尺，50 km²以下；1:2 000比例尺，80 km²以下；1:5 000比例尺，100 km²以下；1:1万比例尺，200 km²以下； 3—4:无限额限制； 5:建设工程总建筑面积50万 m²以下;国家重点建设工程不得承担； 6:无限额限制； 7:特大城市一般道路,大中等城市主干道路,一般立交桥工程测量； 8:库容在1亿 m³以下的水库板纽工程、排水流量在1 000 m³以下的河道的河道治理工程、2级和3级堤防5 m³/s以下的引治理工程；流量在5 m³/s以下的引调水工程、30万亩以下的灌溉排涝工程、投资在50亿元以下的防洪工程、5万亩以下的围垦工程、5 000公顷以下的水土保持生态工程	1:四等以下； 2:1:500比例尺，15 km²以下；1:1 000比例尺，20 km²以下；1:2 000比例尺，30 km²以下；1:5 000比例尺，60 km²以下； 3—4:无限额限制； 5:建设工程总建筑面积30万 m²以下;国家重点建设工程不得承担； 6:无限额限制； 7:大中等城市一般道路,小城市道路； 8:库容在1 000万 m³以下水库板纽工程、排水流量在100 m³以下的水闸工程、4级和5级堤防的河道治理工程；流量在0.5 m³/s以下的引调水工程、3万亩以下的灌溉排涝工程、投资在0.5亿元以下的防洪工程、0.5万亩以下的围垦工程、1-500公顷以下的水土保持生态工程	1:等级以外； 2:1:500比例尺,10 km²以下;1:1 000比例尺;1:2 000比例尺,15 km²以下;1:2 000比例尺,20 km²以下; 3—4:无限额限制； 5:建设工程总建筑面积20万 m²以下国家重点建设工程不得承担； 6:不得承担； 7:局部市政工程； 8:一般水渠、农田水利工程	

1043

专业范围	考核指标	考核内容	考核标准				备注
			甲级	乙级	丙级	丁级	
		作业限额	无限额限制	9:建筑范围小于1 km²,单个建筑物和设施10万m²以下; 10:一般精密设备安装; 11:300 km以下; 12:300 km以下; 13:多孔跨径总长在100 m以下的桥梁; 14:100 km²以下; 15:4 km²以下; 16—17:建筑面积在10万m²以下或者高度在100 m以下的建筑; 18:相应于上述限额	9:30层以下的住宅,高度70 m以下的非住宅性质的民用建筑; 10:不得承担; 11:200 km以下; 12:200 km以下; 13:多孔跨径总长在30 m以下的桥梁; 14:100 km²以下; 15:3 km以下; 16—17:建筑面积在2万m²以下或者高度在50 m以下的建筑; 18:相应于上述限额	9:7层以下的住宅,高度24 m以下的非住宅性质的民用建筑; 10:不得承担; 11:100 km以下; 12:100 km以下; 13:不得承担; 14:局部矿山测量、巷道测量; 15—17:不得承担; 18:相应于上述限额	

地籍测绘专业标准

专业范围	考核指标	考核内容	考核标准 甲级	乙级	丙级	丁级	备注
	人员规模	测绘及相关专业技术人员	50人（高级5,中级14）	25人（高级2,中级8）	8人（中级3）	4人（中级1）	微机等其他仪器设备配套齐全
	仪器设备	GPS接收机	6台（5mm+1ppm精度以上）	4台（5mm+1ppm精度以上）	3台（5mm+1ppm精度以上）		
		全站仪	10台（其中2秒级精度以上不少于5台）	5台（其中2秒级精度以上不少于3台）	3台（其中2秒级精度以上不少于1台）	2台（5秒级精度以上）	
		水准仪	6台（S3级精度以上）	3台（S3级精度以上）	2台（S3级精度以上）	1台（S3级精度以上）	
		A1幅面以上绘图仪	2台	1台	1台		
1.平面控制测量 2.界址点测量 3.其他地籍要素调查与测绘 4.地籍图测绘 5.面积量算		作业限额	无限额限制	1:三等以下；2—5:1:500比例尺,30 km²以下;1:1000比例尺,50 km²以下;1:2000比例尺,80 km²以下;1:5000比例尺,100 km²以下;1万比例尺,200 km²以下	1:四等以下；2—5:1:500比例尺,15 km²以下;1:1000比例尺,20 km²以下;1:2000比例尺,30 km²以下;1:5000比例尺,60 km²以下	1:等级以下；2—5:1:500比例尺,10 km²以下;1:1000比例尺,15 km²以下;1:2000比例尺,20 km²以下	

房产测绘专业标准

专业范围	考核指标	考核内容	考核标准 甲级	乙级	丙级	丁级	备注
1. 房产平面控制测量	人员规模	测绘及相关专业技术人员	50人（高级5,中级14）	25人（高级2,中级8）	8人（中级3）	4人（中级1）	
2. 房产面积预测算	仪器设备	GPS接收机	6台（5mm+1ppm精度以上）	3台（5mm+1ppm精度以上）	2台（5mm+1ppm精度以上）		仅从事专业范围5,6的,对GPS接收机不作要求;微机等其他仪器设备配套齐全
3. 房产面积测算		全站仪	5台（2秒级精度以上）	3台（2秒级精度以上）	2台（2秒级精度以上）	1台（2秒级精度以上）	
4. 房产要素调查与测量		水准仪	3台（S3级精度以上）	2台（S3级精度以上）	1台（S3级精度以上）	1台（S3级精度以上）	
5. 房产变更调查与测量		A1幅面以上绘图仪	2台	1台	1台		
6. 房产图测绘		手持测距仪	20台	12台	6台	3台	
		作业限额	无限额限制	1:三等以下;2-6:规划用地面积在100万m²,规划总建筑面积200万m²以下的居住小区、建筑群体	1:四等以下;2-6:规划用地面积在50万m²,规划总建筑面积100万m²以下的居住小区、建筑群体	1:等级以下;2-6:规划用地面积在30万m²,规划总建筑面积50万m²以下的居住小区、建筑群体	

行政区域界线测绘专业标准

专业范围	考核指标	考核内容	考核标准		备注
			甲级	乙级	
1. 界桩埋设 2. 边界点测定 3. 边界线及相关地形要素调绘 4. 边界协议书和附图标绘 5. 边界点位置和边界线走向说明的编写 6. 行政区域界线详图集的编纂	人员规模	测绘及相关专业技术人员	50 人（高级 5、中级 14）	25 人（高级 2、中级 8）	具有 GPS 数据处理软件、电磁波导线、水准测量数据处理软件等。编图软件具有数据处理、地图编制、数据转换等功能 微机等其他仪器设备配套齐全
	仪器设备	GPS 接收机	6 台（10mm＋5ppm 精度以上）	3 台（10mm＋5ppm 精度以上）	
		全站仪	10 台（5 秒级精度以上）	5 台（5 秒级精度以上）	
		水准仪	4 台（S3 级精度以上）	3 台（S3 级精度以上）	
		A1 幅面以上绘图仪	2 台	1 台	

地理信息系统工程专业标准

专业范围	考核指标	考核内容	考核标准			备注
			甲级	乙级	丙级	
1. 摄影测量数据处理 2. 空间遥感地理信息数据处理	人员规模	测绘及相关专业技术人员	50人(高级5,中级14,且高,中级计算机专业技术人员不少于5人)	25人(高级2,中级8,且高,中级计算机专业技术人员不少于3人)	8人(中级3)	
3. 外业采集的地理信息数据处理		GPS接收机	6台(其中5mm+1ppm以上精度不少于3台)	3台(其中5mm+1ppm以上精度不少于2台)	2台(5mm+1ppm精度以上)	GPS接收机仪限申请专业范围8
4. 地图数字化	仪器设备	网络交换机	4台	2台	1台	微机等其他仪器设备配套齐全
5. 建立数据库		磁带库或磁盘库列	1台(2TB以上)	1台(1TB以上)		
6. 建立基础地理信息系统		A0幅面图形扫描仪	1台			
7. 建立专业地理信息系统		影像扫描仪(含1台航片扫描仪)	3台	2台	1台	
8. 外业地理信息数据采集		A0幅面以上绘图仪	2台	1台	1台	

1048

专业范围	考核指标	考核内容	考核标准			备注
			甲级	乙级	丙级	
		项目基础	具备大型地理信息系统工程或组织地理信息数据库建设的组织、设计、开发与集成经验	具备中小型地理信息系统工程或地理信息数据库建设的组织、设计、开发与集成经验		
		作业限额	无限额限制	设区的市（州）级行政区域以下地图数字化、地理信息数据处理、建立地理信息数据库和信息系统	县级行政区域以下地图数字化、地理信息数据处理、建立地理信息数据库和信息系统	

地图编制专业标准

专业范围	考核指标	考核内容	考核标准		备注
			甲级	乙级	
1. 地形图 2. 世界政区地图 3. 全国政区地图 4. 省级及以下政区地图 5. 全国性教学地图 6. 地方性教学地图 7. 电子地图 8. 真三维地图 9. 其他专用地图	人员规模	测绘及相关专业技术人员	50 人 (高级 5、中级 14)	25 人 (高级 2、中级 8)	申请专业范围 2 的,应当具有固定且权威的资料国际间交换渠道,10 年以上编制世界政区地图的经历,具有独立完成分国、分洲、世界地图集(册)的能力
	仪器设备	图形编辑工作站	50 台	30 台	申请专业范围 4、6 的,应当具有各地图编制经历的人员 10 人
		A0 幅面图形扫描仪	2 台	1 台	图编制经历的人员 10 人
		A1 幅面以上彩色绘图仪	1 台	1 台	微机等其他仪器设备配套齐全
		高性能数据服务器	2 台	1 台	申请专业范围 2、3 的,应当具有独立完成相应区域范围的地图数据库设计、编制能力;具有自主知识产权的相应区域范围的地图数据库
	业绩		近 3 年完成 80 种以上县级以上行政区域范围内的地图集(册)编制项目	无限额限制	申请专业范围 5、6 的,近 3 年独立完成相应区域范围的教学地图集(册)设计、编制能力;具有自主知识产权的
	作业限额		无限额限制	2、3、5 项不得承担;1、7、8、9 项限省级及以下行政区域范围内	分别为 150 种、100 种以上 申请专业范围 5 的,应当具备专业范围 2 或 3;申请专业范围 6 的,应当具备专业范围 4

1050

导航电子地图制作专业标准

专业范围	考核指标	考核内容	考核标准		备注
			综合	外业	
导航电子地图制作	人员规模	测绘及相关专业技术人员	具有与完成道路数据采集和数据信息加工处理能力相匹配的人员规模 100 人(高级 12、中级 20)	具有与完成道路数据采集和数据信息加工处理能力相匹配的人员规模 50 人(高级 8、中级 12)	1. 数据存储与备份。存储,配置扩展容量不少于 1TB,有不间断电源和磁盘阵列设备,并且具有磁盘能力的磁盘列设备;备份:磁带单盘容量≥20GB(非压缩),并配置相应的备份软件 2. 网络传输。局域网主干带宽≥1 000 mbps,端口接入能力≥100mbps 3. 数据安全保护。在网络内配置计算机病毒防护系统,安装杀毒中心和终端防病毒软件;建立数据备份机制并制定相应的规章制度 4. 场地。机房符合 GB/T9361—1988《计算站场地安全要求》的 B 类要求;供电方式符合 GB/T2887—2000《电子计算机场地通用规范》配置不间断电源供电系统的要求 经国家测绘局(成果管理职能部门)审查合格,并符合国家测绘局和国家保密局规定的其他条件 另有国家标准或行业标准的,按有关标准执行
	仪器设备	导航仪设备	10 台	4 台	
		GPS接收机	10 台 (5mm+1ppm 精度以上)	5 台 (5mm+1ppm 精度以上)	
		野外采集作业车	10 辆	10 辆	
		高性能网络服务器	6 台	3 台	
		A0 幅面图形扫描仪	2 台	1 台	
		A1 幅面以上彩色绘图仪	2 台	1 台	

1051

专业范围	考核指标	考核内容	考核标准		备注
			综合	外业	
导航电子地图制作	仪器设备	高性能数据服务器	10 台	5 台	
		网络交换机	5 台（需 200 个端口以上的接入能力）	1 台（需 40 个端口以上的接入能力）	
		在线存储设备	20TB 以上有效存储	10TB 以上有效存储	
	保密管理	保密制度	单位内部制度健全，符合以下要求： 1. 保密机构健全、人员、职责明确落实； 2. 保密制度完善，使所属人员知悉与其工作有关的保密范围和各项保密制度； 3. 保密要害部门制定严格的保密防范措施，并组织实施。配备必要的保密设备和设施； 4. 涉密设备和网络必须与互联网物理隔离； 5. 经常进行测绘保密检查，发现问题及时解决； 6. 在数据制作区域，禁止使用无线网络，并能够自动识别外来设备入网，生产办公设备禁止在互联网上使用，作业用计算机的 USB 端口、串口，并口必须封闭； 7. 数据生产环节中的数据必须经加密使用经加密处理的自有格式		

专业范围	考核指标	考核内容	考核标准		备注
			综合	外业	
导航电子地图制作		导航电子地图数据标准书	1. 完整的地图要素分类分级标准； 2. 道路交通网络的模型化表达； 3. 道路交通网络拓扑逻辑关系的表达； 4. 生活服务地物信息（POI）的分类分级； 5. 其他地图要素的表达； 6. 数据库的逻辑和物理存储结构		
		外业数据采集规范书	1. 设备的组织和架构、软件环境配置； 2. 作业人员的配置； 3. 采集作业的具体操作详细规定和说明		
	作业标准	内业数据编辑制作规范书	1. 软件环境、硬件配置说明； 2. 作业人员配置说明； 3. 室内数据编辑的具体操作方法详细规定和说明		
		数据产品编译规范	1. 软件环境、硬件配置说明； 2. 作业人员配置说明； 3. 数据编译的具体操作方法详细规定和说明		
		导航电子地图制作质量检查作业规范书	1. 软件环境、硬件配置说明； 2. 作业人员配置说明； 3. 检查作业具体实施方法详细规定和说明		
		导航电子地图数据生产工艺流程说明书	含外业采集、内业编辑制作、数据编译、质量检查各作业环节的详细说明		

海洋测绘专业标准

专业范围	考核指标	考核内容		考核标准				备注
				甲级	乙级	丙级	丁级	
1. 控制测量 2. 水深测量 3. 水文测量 4. 扫海测量 5. 海洋磁力测量 6. 底质测量 7. 浮泥层测量 8. 水下障碍物探测 9. 浅地层剖面测量 10. 水下管线测量 11. 海岸滩涂地形测量 12. 海域界线测量 13. 海图（集、册）编制	人员规模	测绘及相关专业技术人员		50人（高级5、中级14）	25人（高级2、中级8）	8人（中级3）	4人（中级1）	微机等其他仪器设备配套齐全
	仪器设备	GPS接收机		8台（5mm＋1ppm精度以上）	3台（5mm＋1ppm精度以上）			
		全站仪		2台（2秒级精度以上）	1台（2秒级精度以上）	1台（2秒级精度以上）	1台（2秒级精度以上）	
		水准仪		6台（S3级以上精度）	4台（S3级以上精度）	2台（S3级以上精度）	1台（S3级以上精度）	内水测量除外
		测深仪	双频	5台	2台			
			单频	10台	6台	4台		
		声速仪		3台	2台	1台		
		波浪补偿仪		3台	2台	1台		
		多波束测深系统		2套	1套			
		侧扫声纳		2台	1台			
		浅地层剖面仪		1台	1台			
		海洋磁力仪		1台	1台			
		验潮仪		10台	5台	2台		内水测量除外
		验流计		2台	1台	1台		

1054

专业范围	考核指标 考核内容	考核标准				备注
		甲级	乙级	丙级	丁级	
14. 内水航道图编制	图形扫描仪等数据采集设备	2 台	1 台	1 台		
15. 港口与航道工程测量	A0 幅面以上绘图仪	3 台	2 台	1 台		
16. 海域使用面积测量	作业限额	无限额限制	不得承担专业范围7、8、13；其他无限制	不得承担专业范围 4、7、8、9、10、13；其他无限制	只能承担专业范围16	

互联网地图服务专业标准

专业范围	考核指标	考核内容	考核标准		备注
			甲级	乙级	
1. 浏览、搜索服务	人员规模	制图、计算机及相关专业技术人员	20人（高、中级计算机专业技术人员5人、地图安全审校人员5人）	12人（高、中级计算机专业技术人员2人、地图安全审校人员2人）	微机等其他仪器设备配套齐全
2. 导航、定位服务					
3. 标注服务	仪器设备	服务器	存放地图数据的服务器设在中华人民共和国境内		
4. 链接服务		专用软件	独立地图引擎	无要求	
5. 下载服务	作业限额		无限额限制	专业范围6,7,8不得承担	
6. 复制服务		地图数据	使用经省级以上测绘行政主管部门审核批准的地图数据		
7. 发送、转发服务	保密管理		地图安全审校人员应当经国家测绘局考核合格	地图安全审校人员应当经省级以上测绘行政主管部门考核合格	
8. 引用、嵌入服务		保密制度	建立地图数据安全管理制度，配备安全保障技术设施		

注：1. 互联网地图是指登载在互联网上或者通过互联网发送的基于服务器地理信息数据库成的具有实时生成、交互控制、数据搜索、属性标注等特性的电子地图。

2. 通过无线互联网络调用的手机地图等纳入互联网地图管理范畴。

1056

测绘资质分级标准修订小组成员名单

一、大地测量专业

牵头单位:国家测绘局第一大地测量队

组员单位:国家测绘局大地测量数据处理中心

　　　　　天津市测绘院

二、测绘航空摄影专业

牵头单位:国家测绘局国土测绘司

　　　　　中飞四维航空遥感技术有限公司

组员单位:国家基础地理信息中心

　　　　　北京天元四维科技有限公司

　　　　　北京星天地信息科技有限公司

三、摄影测量与遥感专业

牵头单位:国家测绘局第三航测遥感院

组员单位:北京天下图数据有限公司

　　　　　山东正元地理信息工程有限责任公司

四、工程测量专业

牵头单位:上海市测绘院

组员单位:建设综合勘察研究设计院

　　　　　广州市城市规划勘测设计研究院

五、地籍测绘专业

牵头单位:中国土地勘测规划院

组员单位:内蒙古自治区土地勘测规划院

　　　　　北京苍穹数码测绘有限公司

六、房产测绘专业

牵头单位:北京新兴华安测绘有限公司

组员单位:广州市房地产测绘所

　　　　　南京市房屋产权监理处

七、行政区域界线测绘专业

牵头单位:新疆维吾尔自治区第二测绘院

组员单位:山东省国土测绘院

云南省测绘工程院

八、地理信息系统工程专业

牵头单位:中国地理信息系统协会

组员单位:国家基础地理信息中心

中国科学院地理科学与资源研究所

北京东方道迩信息技术有限责任公司

九、地图编制专业

牵头单位:中国地图出版社

组员单位:国家测绘局地图技术审查中心

地质出版社

成都地图出版社

北京奇志通数据科技有限公司

十、导航电子地图制作专业

牵头单位:中国全球定位系统技术应用协会

组员单位:北京四维图新科技股份有限公司

高德软件有限公司

十一、海洋测绘专业

牵头单位:天津海事局海测大队

组员单位:国家海洋局第二海洋研究所

青岛海洋工程勘察设计研究院

十二、互联网地图服务专业

牵头单位:国家测绘局地图管理司

组员单位:国家基础地理信息中心

中国地图出版社

国家测绘局地图技术审查中心

关于印发《国家测绘局工程技术研究中心建设与管理办法（试行）》的通知

国测国字〔2009〕16 号

各省、自治区、直辖市、计划单列市测绘行政主管部门，新疆生产建设兵团测绘主管部门，武汉大学，局所属有关单位，国家测绘局工程技术研究中心：

为规范和加强国家测绘局工程技术研究中心建设和运行管理，促进测绘工程化研究开发和测绘科技成果转化，现将《国家测绘局工程技术研究中心建设与管理办法（试行）》印发给你们，请认真贯彻执行。执行中有何问题或意见，请及时反馈国家测绘局国土测绘司。

联系人：杨　铮　国土测绘司科技与遥感信息处
电　话：010－68337761,010－68337793(Fax)
邮　箱：yangzheng@sbsm.gov.cn

国家测绘局
二〇〇九年五月十四日

国家测绘局工程技术
研究中心建设与管理办法(试行)

第一章　总　则

第一条　为规范和加强国家测绘局工程技术研究中心(以下简称工程中心)的建设和运行管理,促进工程中心的持续健康发展,充分发挥其在工程化研究开发、科技成果转化方面的作用,参照国家工程技术研究中心管理的有关规定制定本办法。

第二条　本办法所称工程中心是指由国家测绘局按照规定程序批准建立,依托测绘系统的科研、生产、教学单位以及相关企业并按本规定管理和运行的部门级工程中心。

第三条　工程中心的申请审批、运行管理、考核评估等适用本办法。由国家测绘局组织申报的国家级工程中心参照本办法进行管理。

第四条　国家测绘局鼓励测绘科研、生产、教学单位以及相关企业联合建立工程中心。

第二章　申请与批准

第五条　凡申请组建工程中心的单位,应具备以下基本条件:

(一)符合国家测绘局组建工程中心的总体规划和布局原则;

(二)工程中心的依托单位(或联合依托单位的一方)必须是国家测绘局系统所属单位或部门,能够提供不低于国家测绘局支持额度的配套经费以及工程中心运行所必需的保障条件;

(三)申请成立工程中心的单位应具备在测绘行业内领先并具有

影响力的技术优势,拥有一定数量的专有技术和重要的科技成果,以及较丰富的成果转化背景及经验;

(四)拥有工艺研究、工程设计、产品开发的基本设备和条件,能够对相关领域测绘科技成果转化进行经济技术分析和工程评估,有产业化推广能力和组织产品中试能力;

(五)具有技术水平高、工程化实践经验丰富的工程技术专家,拥有一定数量和较高水平的测绘工程技术研究和工程设计人员;

(六)具有良好的管理与运行机制,能密切联系一批企业,并与之有良好的伙伴关系,有向这些企业辐射测绘工程技术成果的成功经验。

第六条 申请和批准应遵循以下程序:

(一)申报单位应填报《国家测绘局工程技术研究中心建设申请书》(以下简称《申请书》,编制提纲见附件1),联合申报单位应共同填报《申请书》,并分别以公文正式报送国家测绘局。

(二)国家测绘局对《申请书》进行初审,提出审查意见并通知申报单位,必要时,国家测绘局将组织进行现场考察。

(三)申报单位根据审查意见编制《国家测绘局工程技术研究中心建设可行性研究报告》(以下简称《可行性研究报告》,编制提纲见附件2),报国家测绘局。

(四)国家测绘局组织专家对工程中心进行现场考察和可行性论证、提出论证意见(可行性论证提纲见附件3)。

对于通过可行性论证的,国家测绘局将通知申报单位在《可行性研究报告》的基础上编报《国家测绘局工程技术研究中心建设计划任务书》(以下简称《建设计划任务书》,编制提纲见附件4)。

(五)《建设计划任务书》经审查合格后,国家测绘局正式批准成立工程中心,并命名和授牌。申报单位按《建设计划任务书》组织实施工程中心的建设与运行工作。

第三章　运行与管理

第七条　国家测绘局是工程中心的上级主管部门,主要职责是:

(一)贯彻国家有关工程中心建设和管理的方针、政策,制定工程中心发展规划;

(二)根据技术发展趋势、测绘事业发展需要以及工程中心实际运行状况,调整工程中心的布局及结构,对工程中心进行重组、整合或撤销;

(三)制定工程中心建设的相关管理政策;

(四)聘任工程中心管理委员会和工程技术委员会;

(五)组织进行工程中心的考核和评估;

(六)从现有工程中心中,整合、推荐申报国家级工程中心。

第八条　工程中心依托单位的主要职责是:

(一)为工程中心提供配套的项目经费、运行经费及相关的人事、财务等后勤保障;

(二)配合做好工程中心的验收、考核和评估工作;

(三)必要时向国家测绘局提出工程中心研究方向、任务、目标等重大调整意见。

第九条　工程中心是独立的技术开发实体或具有技术推广能力的实体,实行主任负责制。设立主任一人,副主任若干人。工程中心主任应是本领域高水平的学术带头人、技术专家或业务管理、经济管理人才,具有较强的组织管理和协调能力。

第十条　在征得国家测绘局同意后,工程中心主任由依托单位聘任,年龄一般不超过六十岁,任期为五年,每年在工程中心工作时间不少于六个月。

第十一条　工程中心应成立主要由上级主管部门领导以及依托单位负责人共同组成的管理委员会,指导工程中心的建设和发展,协调成员单位及相关合作单位间的关系。

第十二条　工程中心应成立主要由国内相关科技界、企业界知名专家,以及依托单位主要工程技术骨干组成的工程技术委员会。工程技术委员会是工程中心的技术咨询机构,负责指导工程中心的发展目标、任务及研究方向的制定,审议重大研究计划和成果推广计划,咨询重大技术问题。依托单位委员一般不超过总人数的三分之一。工程技术委员会每年应至少召开一次工作会议。

第十三条　工程中心内部机构应本着精干、高效的原则设置,由固定人员和流动人员构成。固定人员编制由依托单位自行核定,原则上在现有编制中调剂解决。固定人员应包括工程技术研究开发、工程设计和工程管理人员,应特别重视一定数量的高、中级技术工人、市场经营和管理人员的配备。

第十四条　工程中心可直接向国家测绘局申报项目,项目申报书须经工程技术委员会评审后报送国家测绘局。

第十五条　国家测绘局将根据申报项目的技术内容以及工程中心的评估结果,择优予以支持,同时工程中心或其依托单位必须提供不低于申请经费额度的配套经费。

第十六条　国家测绘局支持的项目经费主要用于工程化研究开发和科技成果的转化推广,包括新的工程技术、新的工艺流程,以及新产品、新样机的开发研制及其中小规模的批量生产和相关的技术培训等。

第十七条　工程中心应面向社会,加强适应测绘生产和社会生产力需求的应用技术开发,重视与测绘产品生产与服务需求的结合,采取多种形式连接研发和生产环节,做好科技成果和应用技术的转化和推广工作,促进新技术应用,积极开展多种形式的国内外技术交流与合作。

第十八条　工程中心要积极创造条件,吸收和接纳国内相关研究人员携带科研成果实现成果转化,进行工程化研究开发和试验。同时,要注意吸收和培训青年科技人员并积极吸收有成就的留学、进修回国人员到工程中心参加研究开发工作。

第十九条　工程中心应以学术报告会、技术交流会、研讨会、成果展示会、技术培训等不同形式定期开展学术或技术交流活动。

第二十条 工程中心需要更名、变更研究方向或进行结构调整、重组时,须由工程中心提出书面报告,经工程技术委员会论证后,由依托单位报国家测绘局审批。

第四章 考核与评估

第二十一条 依托单位应当每年对工程中心工作进行年度考核,并将考核结果、年度工作总结以及下一年度工作计划报国家测绘局。

第二十二条 在年度考核的基础上,国家测绘局每五年对工程中心建设与运行情况进行一次全面评估,同时,在考核的基础上,每年将选择部分工程中心进行中期评估。

第二十三条 国家测绘局在每年上半年适时确定本年度计划评估的工程中心名单,并通知依托单位。参评工程中心的依托单位于工程中心评估清单下达之日起的两个月内,向国家测绘局正式提交工程中心评估申请书。

第二十四条 评估由国家测绘局遴选的专家组主持,通过听取工程中心主任报告、召开座谈会、审查工程中心年度报告、抽查实验记录以及个别访谈等形式对工程中心的建设与运行情况进行评估,评估的主要内容包括:

(一)工程化研究开发和科技成果转化情况;

(二)代表性工程技术成果;

(三)建设计划或运行计划执行情况;

(四)仪器设备共享管理和运行情况;

(五)人才队伍建设情况。

第二十五条 提交评估的代表性成果,主要是指评估期限内以工程中心为基地、以工程中心固定人员为主产生的、符合工程中心发展方向的重大工程技术成果,国内外合作研究的重大成果以适当权重考虑。主要成果必须由工程中心署名。

第二十六条 专家组对工程中心记名打分，并提出评估意见。国家测绘局审核专家评估结果，按优秀、良好、不合格三类确定评估结果，并予以公布。

第二十七条 评估结果为"不合格"的工程中心，应提出整改措施，并申请参加下一年度的工程中心评估。未提出参加下一年度评估申请或下一年度评估结果仍为"不合格"的工程中心，将不再列入国家测绘局工程技术研究中心序列。

第二十八条 对评估结果为"优秀"的工程中心原则上不再进行中期评估。其他申请不参加评估或中途退出评估的工程中心，视为放弃国家测绘局工程技术研究中心资格。

对被评估为"优秀"的工程中心，国家测绘局在下一评估期内的项目经费安排中根据科技计划予以优先资助。

第二十九条 参评工程中心应认真准备和接受评估，准确真实地提供相关材料，不得以任何方式影响评估的公正性。其依托单位应合理安排评估时间，积极支持、配合做好评估工作，评估期间不得安排与评估工作无关的活动。

第五章 附 则

第三十条 本办法由国家测绘局负责解释。

第三十一条 本办法自公布之日起施行。

附件：1.《国家测绘局工程技术研究中心建设申请书》编制提纲
   2.《国家测绘局工程技术研究中心建设可行性研究报告》编制提纲
   3. 国家测绘局工程技术中心可行性论证提纲
   4.《国家测绘局工程技术研究中心建设计划任务书》编制提纲

附件1：

《国家测绘局工程技术研究
中心建设申请书》编制提纲

一、工程中心名称、依托单位、主管部门、联系方式

二、背景与必要性

1. 在国家基础测绘与地理信息产业发展中的地位和作用

2. 国内外本领域技术发展现状及发展趋势

3. 国内本领域成果转化与产业化现状、存在的问题及原因

4. 本中心拟解决的关键工程技术问题

三、依托单位概况和现有基础条件

1. 依托单位概况

2. 具备的建设条件

3. 学科带头人与工程研发队伍情况

四、建设方案与投资估算

1. 工程中心的机构设置与职能

2. 工程中心负责人提名及情况

3. 工程中心的运行机制

4. 建设地点、内容、规模与方案

5. 各依托单位所能提供的配套与支撑条件

五、经济、社会和环境效益初步分析

六、其他需要说明的问题

七、工程中心依托单位意见（配套经费和运行费支持额度）

《国家测绘局工程技术研究中心建设可行性研究报告》编制提纲

一、工程中心名称、依托单位、主管部门、联系方式

二、建设工程中心的重要性和必要性

三、国内外及同行单位在相关领域研究开发的现状和发展趋势

四、依托单位在本领域的工程技术优势和现有基础条件

1. 技术骨干与研发队伍情况

2. 工程化研究开发和科技成果转化情况

3. 储备的重要科技成果

4. 已有的工艺研究、工程设计、产品开发的基本设备和条件

5. 示范工程、试验基地情况和密切联系的企业情况

6. 能提供工程中心建设的经费和配套支撑条件

五、工程中心的主要目标和任务

1. 主要任务和发展方向

2. 近中期目标及发展战略与思路

六、建设的主要内容

1. 拟解决的关键工程技术问题

2. 主要的科技成果转化方向

3. 组织机构、人员及人才培养

4. 规章制度与运行机制

5. 建设规模与装备

6. 建设周期与进度

7. 经费预算、资金筹措和使用

七、工程中心主任、工程技术管理委员会主任及委员的提名及其基本情况

八、依托单位意见(保障条件与经费配套等的承诺)

国家测绘局工程技术
中心可行性论证提纲

一、论证对象

已经向国家测绘局提交《申请书》，列入国家测绘局工程中心建设计划，并已按规定编报《国家测绘局工程技术研究中心建设可行性研究报告》，申请可行性论证的工程中心。

二、论证依据

（一）《国家测绘局工程技术研究中心建设与管理办法》

（二）国家测绘局批复的相关文件

（三）国家测绘局批复的《可行性研究报告》

（四）各级主管部门下发的有关文件

三、论证评审内容

（一）基本能力

1. 拥有技术研究开发的基本用房及相关设备等配套设施

2. 已经形成预期的研究开发和工程化验证能力

3. 仪器设备到位、支撑条件保证、工程化试验条件具备

4. 健全的管理规章制度和组织机构

5. 合理的人员规模、结构

（二）主要业绩

1. 拥有一定数量的专有技术和科技成果

2. 紧密结合国民经济和社会信息化的需求，为社会提供及时的地理信息技术服务，促进地理信息产业的发展

3. 向社会提供了技术培训、咨询和服务

4. 与企业有良好的合作伙伴关系，有较丰富的成果转化背景及经验

（三）存在的问题及对策

（四）今后的发展思路与设想

四、论证方式

（一）采取听取汇报及现场考察相结合的形式。

（二）被论证的工程中心必须根据《可行性研究报告》中的建设目标，以及论证提纲中的论证内容提供相关的报告和文件。

（三）国家测绘局主持召开工程中心论证会议，聘请相关领域的专家及管理人员组成论证委员会，一般为 7 至 11 人，其中管理人员一般不超过三分之一。

（四）论证委员会在听取工程中心可行性研究报告后，根据论证内容进行实地考察。对工程中心的建设及其所形成的能力和业绩进行评议，并提出是否通过论证的详细意见。

（五）国家测绘局审核全部论证文件，在依托单位落实解决论证时专家指出的各项问题后，对通过论证的工程中心予以审批。

《国家测绘局工程技术研究中心建设计划任务书》编制提纲

一、工程中心基本信息

工程中心中英文名称，工程技术领域，建设承担单位及单位负责人，建设地点。

二、工程中心研发方向、主要建设内容及预期目标

在分析本领域发展趋势和状况的基础上，结合本工程中心已有工作基础，确立研发方向、近期主要建设内容（拟解决的关键工程技术问题、主要的科技成果转化方向）和预期目标。

三、队伍建设及人才培养计划

现有队伍和人才培养情况介绍，工程中心规模和队伍结构的总体规划，稳定和吸引优秀高水平工程技术人才的具体措施，吸引人才计划。

四、工程中心平台建设与经费

建设经费概算与落实计划，工程中心各研发单元的构成（结合研发内容和队伍设置阐述），现有工程设备及条件（仪器设备、科研用房、配套设施）情况，仪器设备购置（研制）计划及理由，基建或配套设施改善计划。

五、工程中心管理运行机制

工程中心日常运行管理，人员聘用及流动，工程设备管理与使用，开放合作设想，吸收和接纳国内相关研究人员携带科研成果来实现成果转化，进行工程化研究开发和试验的措施与机制。

六、工程中心主任、工程技术管理委员会主任及委员提名及其基本情况

七、专家论证意见

八、依托单位的支持(包括配套经费和运行费落实情况)

九、主管部门的支持(包括配套经费和运行费落实情况)

十、依托单位意见

十一、主管部门审查意见

关于土地调查是否
属于地籍测绘的批复

测办〔2009〕18 号

吉林省测绘局：

你局《关于确认第二次土地调查项目是否属于地籍测绘活动的请示》（吉测字〔2009〕1 号）收悉。经研究，现批复如下：

根据国务院颁布实施的《土地调查条例》（国务院第 518 号令）和国家有关地籍测绘技术规范，第二次土地调查中的地籍平面控制测量、地籍要素测量、地籍图绘制、面积量算等活动属于地籍测绘活动，应当取得地籍测绘资质。第二次土地调查中涉及的其他测绘专业范围的，还需取得其他相应专业的测绘资质。

国家测绘局办公室
二〇〇九年三月三日

关于加强地形图
保密处理技术使用管理的通知

国测成字〔2009〕19 号

各省、自治区、直辖市、计划单列市测绘行政主管部门,新疆生产建设兵团测绘主管部门,局所属有关单位:

为维护国家的安全和利益,促进测绘成果的广泛应用和地理信息产业健康有序发展,依据《中华人民共和国测绘法》、《中华人民共和国测绘成果管理条例》等有关法律法规,现就加强地形图保密处理技术使用管理工作通知如下:

一、地形图保密处理技术是指依照国家相关法律法规规定,经国家测绘局会同国家保密局和军队测绘主管部门共同认定,实现涉密地图数据解密处理的技术方法(包括参数及算法等)及其相应的软件程序。根据《测绘管理工作国家秘密范围的规定》,地形图保密处理技术参数及算法属国家绝密级事项。

二、国家测绘局统一监督管理地形图保密处理技术的使用工作,对确需使用地形图保密处理技术的实行审批。任何单位和个人不得擅自使用地形图保密处理技术开展保密技术处理活动。

三、省级测绘行政主管部门对申请使用地形图保密处理技术的有关材料进行审核并报国家测绘局审批。申请单位要说明目的和用途、需要保密技术处理的数据内容、范围、数据生产者及版权归属等。导航电子地图测绘资质单位使用地形图保密处理技术可直接向国家测绘局提出申请(限于导航电子地图)。

四、中国测绘科学研究院根据国家测绘局审批同意意见,对申请单位提交的地图数据进行保密技术处理,并出具保密技术处理证明,做好登记,每年十二月底前向国家测绘局提交书面报告。

五、中国测绘科学研究院依照国家有关保密法律法规及规章制度，配备独立安全的保密技术处理场所和专用设备，设置安全防护措施，制定工作制度，指定专人负责保管和使用地形图保密处理技术，确保地形图保密处理技术参数及算法的安全。

六、各地区各单位要站在维护国家安全和民族利益的高度，切实重视地理信息的安全保密工作；进一步加强地形图保密处理技术使用的监督管理，加大涉密测绘成果及涉密地理信息应用领域的保密审查和执法力度，对未经法定程序进行保密技术处理就公开出版、销售、传播、登载、展示或对外提供的违法行为，要依法严肃查处，对造成失泄密事件的要依法追究相关人员的行政或刑事责任。

各地区各单位要结合实际，认真研究，狠抓落实，确保涉密测绘成果安全，维护国家利益。工作中的有关问题以及意见、建议，请及时函告国家测绘局测绘成果管理司。

国家测绘局

二〇〇九年十月二十一日

关于加强测量标志
保护管理工作的通知

国测成发〔2009〕20 号

各省、自治区、直辖市测绘行政主管部门,局所属有关单位:

测量标志是国家的重要基础设施和宝贵财富,对国家经济建设、国防建设、社会发展和科学研究具有重要作用。为进一步贯彻落实《国务院关于加强测绘工作的意见》,现就加强测量标志保护管理工作通知如下:

一、切实履行测绘行政主管部门的统一监督管理职能。在省、市、县级人民政府领导和支持下,依法将测量标志保护职责具体落实到县级测绘行政主管部门和乡级人民政府,重点保护好辖区内的永久性测量标志,要进一步明确保护的具体对象、数量、范围和主要任务,每一座永久性测量标志都要落实到具体保护责任人,建立起完善的管护网络与巡查制度。

二、依法制定测量标志检查维护维修计划。定期开展测量标志巡查、普查、建档工作;对损坏的测量标志要进行维修,及时恢复测量标志使用效能;组织实施测量标志维护计划,采取必要的防护措施;依法设立明显标记或标牌,方便管理和使用。

三、推动适应社会主义市场经济要求的测量标志保管制度试点。在全国范围内推动建立义务保管与发放津贴相结合的测量标志管护制度。各地要根据本地实际,并借鉴有关地区的成功经验,制定具体的管理办法,逐步推进制度的实施。

四、积极开展永久性测量标志占地确权发证工作。省级测绘行政主管部门要结合本地区实际,认真研究、周密部署,加强指导、抓紧抓实。市县级测绘行政主管部门要把依法办理测量标志土地使用权证作为重要工作来安排,列入工作计划,制订工作方案,切实组织实施。

五、实行测量标志分类保护管理。根据目前技术条件,在充分论证和征求有关部门意见的基础上,采取重点保护和一般保护相结合的办法,对重点保护的测量标志采取普查摸底、用地确权、加强维护、重点监管的措施,对一般保护的标志实施常规保护。对于已经失去使用价值、濒临倒塌的三角点的觇标予以拆除,重点保护地面标石,以减少因觇标倒塌对人民生命财产安全造成威胁。

六、认真执行永久性测量标志拆迁审批制度。对不符合拆迁条件的坚决不予批准;对项目工程建设确实无法避开、需要拆迁永久性测量标志的,要严格按照行政审批程序,根据分级管理权限报批。工程建设单位必须依法支付迁建费用,省级测绘行政主管部门要及时组织实施迁建任务。

七、建立和完善测量标志保护管理数据库。要在开展测量标志普查维护的基础上,建立测量标志保护管理数据库,实现测量标志建设、保管、使用、维护维修、日常检查、拆迁审批、津贴发放、确权发证等信息的自动化管理。并做好部门之间的协调工作,力争将测量标志管理信息纳入城乡规划和用地审批系统。

八、要依法建立稳定的测量标志维护保管工作经费投入机制。基础性的测量标志的建设、保管、普查、维护维修、日常检查等所需经费应当由县级以上人民政府列入同级基础测绘年度计划及财政预算。

九、要依法严肃查处违法案件。对有损测量标志安全和使用效能、未经批准擅自拆迁永久性测量标志、拒绝按照国家有关规定支付迁建费用、违规或非法使用永久性测量标志等违法行为,以及故意破坏测量标志、使其失去使用效能的严重违法行为,要依法予以查处。应当给予治安管理处罚的,依照治安管理处罚条例的有关规定给予处罚;构成犯罪的,依法追究其刑事责任。对典型案例要予以通报。

十、要进一步加大测量标志保护宣传教育工作力度。各级测绘行政主管部门要大力宣传测量标志的重要作用、相关保护法律法规知识以及保护管理的成功经验、先进人物事迹等；对在测量标志保护和管理工作中做出显著成绩的单位和个人，要按照国家有关规定给予表彰和奖励。

各级测绘行政主管部门要高度重视测量标志保护管理工作，以科学发展观为指导，认真贯彻《国务院关于加强测绘工作的意见》，结合本地实际，加强组织领导和统筹协调，研究解决测量标志保护管理工作中出现的新问题，探索有效措施，逐步建立责权利相结合的管理机制。工作中的意见和建议，请及时反馈我局。

国家测绘局
二〇〇九年十二月七日

关于加强展会、户外展示地图监管的通知

测办〔2009〕24 号

各省、自治区、直辖市测绘行政主管部门,新疆生产建设兵团测绘主管部门:

近年来,随着社会经济的发展,各类展会数量日趋增加,地图作为信息的重要载体,公开展示的频率不断提高,在展会、户外展示中出现存在严重政治性问题或者泄露国家秘密的"问题地图",将严重损害国家利益、民族尊严和国家安全,产生不良影响。为进一步规范展会、户外展示地图的使用,加强展会、户外展示地图的监督管理,现将有关事项通知如下:

一、展会、户外展示地图是指在各类展会上使用的展板、展品或者在户外展示的广告牌(板、箱)、条幅(旗)等展示品上附加的地图图形。

二、各省级测绘行政主管部门要加大对展会、户外展示地图的检查力度,展示前发现存在问题的,要及时并纠正;展示中发现存在问题的,要责令立即停止展示,并依法予以查处,确保展会、户外展示地图不出问题。

三、为更好地开展展会、户外展示地图监管工作,提高展会、户外展示地图审核效率,根据《地图审核管理规定》的相关要求,展会、户外展示地图转由各省级测绘行政主管部门进行审核。在审核中遇到有关技术问题时,请及时与国家测绘局地图技术审查中心联系。

四、各省级测绘行政主管部门应以中华人民共和国成立 60 周年为契机,结合实际情况,制定相应措施,认真做好本地区展会、户外展示地图的监督管理和审核工作。有关地图审查人员应积极参加国家

测绘局组织的地图审核人员培训。

　　五、国家测绘局将对各地展会、户外展示地图的监督管理和审核工作进行不定期抽查,并及时通报抽查结果。

　　国家测绘局地图技术审查中心　　联系电话:010－88516970

国家测绘局办公室
二〇〇九年三月十三日

关于印发测绘政务
信息工作管理办法的通知

测办〔2009〕44 号

各省、自治区、直辖市、计划单列市测绘行政主管部门,新疆生产建设兵团测绘主管部门,局所属各单位,机关各司(室):

现将《测绘政务信息工作管理办法》予以印发,请遵照执行。

国家测绘局办公室

二○○九年五月六日

测绘政务信息工作管理办法

第一条 为加强测绘政务信息工作,推进测绘政务信息工作科学化、规范化、制度化,提高测绘政务信息质量,根据国务院办公厅关于加强政务信息工作的有关精神,结合测绘部门实际,制定本办法。

第二条 测绘政务信息工作坚持以邓小平理论和"三个代表"重要思想为指导,深入贯彻落实科学发展观,紧紧围绕经济社会发展大局和测绘事业的中心工作,反映测绘重要工作进展和有关新情况、新问题,为领导决策提供及时、准确、全面的测绘政务信息服务,充分发挥测绘政务信息在辅助决策、交流工作、扩大宣传中的作用。

第三条 国家测绘局办公室(以下简称局办公室)是测绘政务信息工作的归口管理部门,职责如下:

(一)负责向国务院办公厅报送重要测绘政务信息;

(二)指导、协调各省、自治区、直辖市、计划单列市测绘行政主管部门、新疆建设兵团测绘管理部门、国家测绘局各直属单位(以下简称各单位),国家测绘局机关各司(室)(以下简称各司(室))报送测绘政务信息;

(三)组织编发国家测绘局有关政务信息刊物;

(四)管理国家测绘局政务信息报送系统;

(五)组织测绘系统政务信息经验交流和人员培训;

(六)负责测绘系统政务信息评优工作。

第四条　各单位负责收集和整理本地区、本单位的测绘政务信息,并及时向局办公室报送;编发本单位有关政务信息刊物。

第五条　各司(室)负责起草本部门的政务信息;协助审核拟上报国务院的有关政务信息。

第六条　各单位、各司(室)应报送的政务信息主要包括:

(一)贯彻落实国家测绘局重要工作部署和重要会议精神的情况;

(二)测绘统一监督管理的重大举措和成效;

(三)基础测绘建设的重大进展和成效;

(四)测绘成果应用的成效、典型事例;

(五)测绘科技进步的重大成果;

(六)测绘对外合作交流的重大进展和成效;

(七)测绘人才队伍建设、测绘文化建设的重大举措和成效;

(八)测绘工作面临的重大新情况、新问题;

(九)按照局办公室要求报送的有关政务信息。

第七条　各单位、各司(室)报送测绘政务信息的要求:

(一)信息应主题鲜明,真实客观,用语规范,言简意赅,统计数据准确可靠;

(二)信息要及时报送,报送时间不得晚于新闻稿;

(三)各单位报送的信息应经本单位办公室负责同志审核签发,必要时可送本单位负责同志审核签发;各司(室)报送的信息应经司(室)负责同志审核签发。

第八条　通过国务院办公厅电子政务系统向国务院办公厅报送重要测绘政务信息是向国务院领导汇报测绘工作、向有关部门负责同志宣传测绘工作的重要渠道,主要报送国家测绘局贯彻落实党中央国务院重要会议精神、重大工作部署的情况;测绘工作的重大进展,取得的重大成效。其起草报送程序为:

(一)各单位、各司(室)提供素材或起草初稿;

(二)局办公室起草或审核,必要时请有关司(室)审核;

(三)局办公室报分管局领导审批;

(四)局办公室上报。

第九条　测绘政务信息刊物是向领导机关汇报和宣传测绘工作、为国家测绘局领导、各单位、各司(室)提供决策参考信息的重要载体,国家测绘局政务信息刊物主要包括:

(一)《测绘专报》:报送党和国家领导人、国家有关部门。登载测绘工作的重大举措、重大进展、取得的重大成效和需要上级领导关注、关心的有关重大问题。

(二)《内部情况通报》:报送国家测绘局领导,印发各单位、各司(室)。登载国家测绘局领导同志重要讲话、测绘系统重点工作进展和重要动态信息。

(三)《局内要情》:报送国家测绘局领导,印发局直属单位、各司(室)主要负责人。登载国家测绘局领导重要活动、重要批示和国家测绘局发文发电情况以及测绘工作动态。

第十条　《测绘专报》不定期印发,起草印发程序为:

(一)各单位、各司(室)提供素材或起草初稿;

(二)局办公室起草或审核,必要时请有关司(室)审核;

(三)局办公室报分管局领导或局长审批;

(四)局办公室印发。

第十一条　《内部情况通报》不定期印发,起草印发程序为:

(一)各单位、各司(室)起草;

(二)局办公室审核,必要时报分管局领导或局长审签;

（三）起草司（室）或局办公室印发。

第十二条 《局内要情》为周刊，每周一印发，起草印发程序为：

（一）局办公室起草；

（二）报分管局领导审签；

（三）局办公室印发。

第十三条 各单位、各司（室）要指定专人负责测绘政务信息工作，并报局办公室备案。

第十四条 测绘政务信息工作人员的主要职责：收集、整理、编发测绘政务信息。测绘政务信息工作人员应具有较高的政治素质和敏锐感，熟悉本单位主要业务工作，具有较强的综合分析能力、文字表达能力和组织协调能力。

第十五条 各单位、各司（室）要支持政务信息工作人员开展工作，在参加会议、情况调研、资料搜集、业务培训和办公自动化等方面提供必要的条件。

第十六条 各单位、各司（室）一般应通过国家测绘局政府网站政务信息报送系统报送测绘政务信息。

第十七条 各单位、各司（室）要加强保密管理，不得通过互联网传输涉密信息，对登载涉密信息的政务信息刊物应按照国家保密工作要求进行管理和传送。

第十八条 局办公室根据报送和采纳的信息量对各单位、各司（室）政务信息工作定期进行评估和通报，并作为测绘政务信息评优工作的主要依据。

第十九条 本规则自印发之日起施行。《国家测绘局办公室关于印发测绘系统政务信息工作管理办法的通知》（测办〔1999〕10号）、《国家测绘局办公室关于印发测绘系统政务信息工作优秀单位和优秀个人考核办法（修订稿）的通知》（测办〔2002〕43号）同时废止。

关于测绘资质专业
范围有关问题的批复

测办〔2009〕45 号

江西省测绘局：

你局《关于立体仿真城市地图制作专业范围归属问题的请示》（赣测字〔2009〕13 号）收悉。经研究，现批复如下：

测绘资质各专业的业务范围是测绘单位市场准入的依据，具有严格的法定性。根据法律规定，国家测绘局负责制定测绘资质管理的具体办法，对现行的资质管理规定和有关专业分类等的修改调整，必须由国家测绘局依法定程序进行。任何未经国家测绘局批准的针对测绘资质专业范围的修改和增减都是无效的。现行《测绘资质分级标准》的地图编制专业中无"立体仿真城市地图制作"业务范围，核发"立体仿真城市地图制作资质"不具有法定效力。

国家测绘局办公室

二〇〇九年五月六日

关于开展测绘资质
复审换证工作的通知

测办〔2009〕46 号

各省、自治区、直辖市测绘行政主管部门：

为贯彻 2009 年 6 月 1 日起正式实施新修订的《测绘资质管理规定》和《测绘资质分级标准》（以下简称《规定》和《标准》），根据全国测绘资质管理工作会议精神，国家测绘局决定开展测绘资质复审换证工作。现将有关事项通知如下：

一、充分认识复审换证工作的重要意义

测绘资质管理是测绘市场监管的一项十分重要的工作。这次测绘资质复审换证工作是在全党全国认真贯彻中央关于"保增长、扩内需、调结构"的决策部署，测绘部门深入贯彻落实科学发展观，认真贯彻落实全国测绘局长会议精神，加快建设法治政府，全面推进测绘依法行政的新形势下开展的。各级测绘行政主管部门要充分认识做好这次测绘资质复审换证的重要意义，将复审换证工作放在为国家扩大内需、促进经济增长的大局中去统筹安排，寓管理于服务之中，通过出台一系列服务行业发展的举措，树立测绘部门勤政为民的良好形象，努力为创造和谐测绘的新局面，促进我国测绘行业和地理信息产业更快发展做出贡献。

二、复审换证工作的程序

参加甲级测绘资质复审换证的测绘单位，按照《规定》和《标准》规定的程序和条件，将全部申请材料报所在省级测绘行政主管部门初审，省级测绘行政主管部门经初审认为符合甲级测绘资质标准的，在规定的时间内将申请材料（含一份加盖申请单位和行政主管部门印章的纸质《测绘资质申请表》）和初审意见报国家测绘局进行审查。

国家测绘局将审查结果在本局网站上公示,公示期满无异议的,换发新的《测绘资质证书》,收回旧的《测绘资质证书》;公示期间,未通过审查的甲级测绘单位可以向国家测绘局提请一次复查,对有效期届满且经复查仍未通过的甲级测绘单位,依法予以核减业务范围、降低资质等级、注销测绘资质等处理。

乙、丙、丁级测绘资质复审换证工作程序由各省、自治区、直辖市测绘行政主管部门按照新的《规定》,结合本地实际情况自行确定。

此次全国各等级测绘资质复审换证的申请、审查、发证等,全部以数据电文方式实现在线办理。申请测绘资质复审换证、初次申请测绘资质、申请测绘资质升级和资质信息变更的单位,均应当按照《规定》和《标准》的有关规定提交相应材料的原件扫描件。《测绘资质申请表》样式由国家测绘局统一规定,将在国家测绘局网站公布供下载,不再统一印制和发放。

三、复审换证工作的时间

(一)2009年6月1日开始按新《规定》和《标准》受理测绘资质申请。

(二)2009年6月底前,实现国家测绘局和各省、自治区、直辖市测绘行政主管部门测绘资质审批信息数据的互联互通。

(三)2009年7月1日,国家测绘局和各省、自治区、直辖市测绘行政主管部门开始受理测绘资质复审换证申请。

(四)2010年11月,国家测绘局和各省、自治区、直辖市测绘行政主管部门完成全部测绘资质复审换证工作。

(五)2010年12月,总结全国测绘资质复审换证工作。

四、复审换证工作的有关政策

(一)此次复审换证对于《规定》和《标准》中有关核心涉密人员培训考核、通用测绘专业软件的测评制度等,待国家测绘局制定相应办法后,再予考核。

(二)由于近几年来各地对优秀测绘工程的评选工作开展得很不平衡,此次复审换证暂不将测绘单位业绩的获奖情况作硬性考核。

待测绘单位参加下年度测绘资质年度注册时,再对测绘业绩中的获奖情况进行考核。

(三)取得测绘大学专科(含)以上学历但未被评定为初级专业技术职务任职资格的测绘从业人员,可以认定其为初级专业技术人员。

(四)《测绘资质证书》有效期至 2010 年 12 月 31 日前届满的测绘单位,应于有效期届满前 60 日内,向测绘资质审批机关申请复审换证。《测绘资质证书》有效期于 2010 年 12 月 31 日前未届满的测绘单位,应于 2010 年 10 月 20 日前,向测绘资质审批机关申请复审换证;对有效期未届满经审核又不符合新《规定》和《标准》规定的基本条件的,测绘资质审批机关要做好政策解释工作,可以暂时颁发有效期为一年的《测绘资质证书》,待一年有效期届满时,按新《规定》和《标准》重新进行审核,符合条件的颁发《测绘资质证书》,仍不符合条件的,依法予以核减业务范围、降低资质等级或注销测绘资质等处理。

(五)各省、自治区、直辖市测绘行政主管部门根据本地实际情况,可以在上下一个资质等级幅度内对乙、丙、丁级考核标准进行调整。同时,对测绘企业的注册资金额度也可根据地区实际情况予以适度调整。省级测绘行政主管部门需要对标准进行调整的,未经国家测绘局同意,不得对测绘资质标准的专业类别和业务范围进行调整,并且调整后的标准必须在正式实施前报国家测绘局备案。

(六)依照新《规定》和《标准》核发的各等级测绘单位的《测绘资质证书》,有效期最长不得超过五年,且必须限制在 2014 年 12 月 31 日前。

五、复审换证工作的有关要求

(一)各省、自治区、直辖市测绘行政主管部门接此通知后,应当尽快将本通知精神传达到本行政区域内各级测绘行政主管部门和各等级《测绘资质证书》持证单位。

(二)地方各级测绘行政主管部门要将测绘资质复审换证工作列入重要议事日程,落实负责部门、承办人员和必需经费,制定工作计划,加大对测绘单位的培训、宣传和指导力度,保证复审换证工作的质量。

(三)地方各级测绘行政主管部门要严格按照规定和标准进行复审换证,不得随意变通。审查中发现有弄虚作假行为的,要视情节依法依规做出严肃处理。

(四)地方各级测绘行政主管部门承办测绘资质复审换证的工作人员,要强化服务意识,严格执行廉政建设的各项规定,确保测绘资质复审换证工作公正、有序地进行。

国家测绘局办公室
二〇〇九年五月十一日

关于印发国家测绘局科技
领军人才管理暂行办法的通知

国测党发〔2009〕53 号

各省、自治区、直辖市测绘行政主管部门,新疆生产建设兵团测绘主管部门,局所属各单位,机关各司(室):

《国家测绘局科技领军人才管理暂行办法》已经局党组会审议通过,现予印发,请认真贯彻执行。

国家测绘局
二〇〇九年十二月十七日

国家测绘局科技领军人才管理暂行办法

第一章 总 则

第一条 为贯彻落实党和国家人才工作方针政策,加快实施人才强测战略,建设高素质的测绘人才队伍,根据《中共中央国务院关于进一步加强人才工作的决定》和国家测绘局党组《关于加强测绘"十一五"人才工作的意见》,制定本办法。

第二条 科技领军人才工作要坚持以邓小平理论和"三个代表"重要思想为指导,深入贯彻落实科学发展观,牢固树立人才资源是第一资源的战略思想,根据提高核心技术水平、增强自主创新能力的要求,创新人才工作体制机制,着力培养高层次的科技人才,为测绘事业又好又快发展提供强有力的人才支撑。

第三条　到"十二五"末期,选拔、培养和引进 20 名左右创新能力强、发展潜力大的科技领军人才,并力争有 2 至 3 人达到国内一流科学家的水平,努力造就一支德才兼备、开拓创新、结构合理、优势明显的科技领军人才队伍,逐步形成以青年学术和技术带头人、科技领军人才、两院院士为主体的测绘科技骨干人才梯队。

第二章　基本条件

第四条　科技领军人才必须具有战略眼光和创新思维,学术技术水平高、引领作用强、发展潜力大、贡献突出,并在本行业、本领域得到广泛认同。

第五条　科技领军人才原则上应具有博士学位,具有高级专业技术职务,年龄一般不超过 55 周岁。

第六条　申报科技领军人才应同时符合下列条件中至少两项:

(一)近 5 年内获得过国家自然科学奖、技术发明奖、科学技术进步奖或省部级科学技术一等奖(国家级一等奖排名前五,国家级二等奖、省部级一等奖排名前三)。

(二)作为技术负责人,近 5 年内主持完成过国家或省部级重大科研或工程项目,并在学术技术方面发挥主要作用。

(三)取得的科研成果或发明专利达到国际先进或国内领先,对提升测绘技术水平、促进地理信息产业升级具有显著作用。

(四)作为第一作者,近 5 年内在国际重要核心期刊上发表过有影响的学术论文,并被 SCI(科学引文索引)、EI(工程索引)收录。

第七条　长期在国外工作的,按照与上述条件相当的原则掌握。同时,一般应有在国外著名高校、科研机构担任相当于教授以上职务的经历,并有同行公认的学术技术成就。

第三章 推荐选拔

第八条 国家测绘局面向国内外公开选拔科技领军人才,选拔范围涵盖测绘各专业领域。

第九条 符合科技领军人才基本条件人员,可填写《国家测绘局科技领军人才申报表》(附件1),并通过单位推荐、社会团体推荐、同行专家举荐、个人自荐等方式,向国家测绘局人事司提出申请。

第十条 国家测绘局人事司组织成立专家委员会进行评审,提出科技领军人才候选人,报国家测绘局人才工作领导小组审定,经公示后确定,并颁发证书。

第四章 培养措施

第十一条 有计划、有重点地选送科技领军人才到境内外著名研究机构、高等院校、企事业单位研修深造,开展科研合作,参加学术技术交流。鼓励科技领军人才在国内外学术技术团体中任职、发挥作用。

第十二条 鼓励和支持科技领军人才申报承担国家或地方、部门的重大科研及工程项目,国家测绘局的重大科研和工程项目优先由科技领军人才领衔或担任技术负责人。鼓励和引导科技领军人才根据测绘事业发展的需要,积极开展创新性自主研究,有关部门和科技领军人才所在单位要给予支持。

第十三条 依托国家测绘局所属重点科研机构、重点生产单位、重点实验室、工程研究中心和博士后科研工作站等,为科技领军人才的科技活动创造条件,搭建平台;新成立的重点实验室、工程中心等负责人可优先从科技领军人才中选拔。鼓励科技领军人才自主组建团队,在团队人员配备、设备配置、经费使用等方面给予科技领军人才自主权。

第五章 资助计划

第十四条 设立科技资助专项资金,对科技领军人才从事科技活动进行资助。

第十五条 资助经费主要用于:

(一)开展创新性自主研究;

(二)重大科研或工程项目、关键技术选题研究;

(三)重大科研或工程项目产学研对接;

(四)组织申报国家级重大(重点)科研或工程项目;

(五)收集文献资料、发表学术论文、出版学术专著、申请知识产权等;

(六)组织或参加国内外学术交流、研讨、培训等形式的主题活动;

(七)其他与科研工作有关的事宜。

第十六条 科技资助专项资金的资助以年度为单位,由科技领军人才提出申请,经所在单位审核同意后,报国家测绘局人事司。国家测绘局人事司组织专家委员会进行评议,并报国家测绘局人才工作领导小组研究后确定资助金额。科技领军人才所在单位也应按照不低于1∶1的比例提供配套经费。

第十七条 资助经费原则上由科技领军人才所在单位管理,科技领军人才在规定范围内对资助经费自主支配。

第六章 考 核

第十八条 建立动态考核管理机制,每两年对科技领军人才考核一次,考核重点是项目完成情况、科技创新能力、创新成果业绩、领衔作用发挥等。

第十九条 国家测绘局人事司负责科技领军人才的考核工作。

科技领军人才应填写《国家测绘局科技领军人才考核表》(附件 2)，并向国家测绘局人事司提交两年来的总结报告。

第二十条　考核结果作为动态管理的依据，对业绩突出的科技领军人才，可在各方面给予更大的支持；对考核不合格的，将不再按照科技领军人才进行管理。

第七章　管　理

第二十一条　对外部引进的科技领军人才，根据工作需要由国家测绘局统一安排单位和岗位，在政策允许的范围内优先解决住房，并协助解决家属安置等有关问题。对内部产生的科技领军人才，在条件允许的前提下为其提供更加优越的工作和生活环境。

第二十二条　建立多层面的科技领军人才联系制度，采取多种方式了解科技领军人才思想状况、工作情况和发展需求，及时解决工作、学习和生活等方面的困难。为科技领军人才学术休假、医疗保健等方面服务创造条件。

第二十三条　加强对科技领军人才的宣传，充分利用各种媒体，大力宣传科技领军人才的先进事迹，弘扬科技领军人才的创业创新精神，推广科技领军人才的优秀成果。

第八章　附　则

第二十四条　本办法由国家测绘局人事司负责解释。

第二十五条　本办法自发布之日起施行。

附件1：

国家测绘局科技领军人才申报表

姓　　名：_____

工作单位：_____

填表日期：_____

国家测绘局人事司制

填表说明

1. 文化程度：系指国家承认的最高学历；
2. 毕业院校：系指最高学历的毕业院校；
3. 毕业时间：系指最高学历的毕业时间；
4. 最高学位：系指国内外获得的最高学位；
5. 行政职务：系指现正在担任的最高行政职务；
6. 从事专业：系指现正从事的专业；
7. 业绩贡献：填写申报者所做出的体现其学术、技术水平的主要业绩和突出贡献；
8. 代表论著：填写最能代表本人贡献和水平的论文、著作、译作、创作、设计、专利等，注明发表的时间、刊物名称、期号等；
9. 团队情况：填写申报者目前所带领团队人才、项目、成果方面基本情况；
10. 最新成果：填写最近二至三年完成（或即将完成）的重大科研项目、著作、发明、设计及专利等，注明取得的成果情况、经济社会效益及发表的时间、刊物名称和期号等；
11. 推荐意见：主要填写对被推荐人在学术技术水平、专业贡献、带领团队能力方面的评价；
12. 若内容在表格中填写不下，可另附表；对获奖情况、业绩贡献、代表论著要附必要的证明材料；
13. 本表一式三份。

一、基本信息

姓名		性别		出生年月		民族		政治面貌	
文化程度		毕业院校		毕业时间			最高学位		
所学专业		行政职务					行政级别		
工作单位		从事专业					职称		
通讯地址		邮编					电子邮箱		
联系电话				手机号码					
推荐方式	○个人自荐　　○单位推荐　　○社会团体推荐　　○同行专家举荐								

二、主要工作经历

起止年月	单位及部门	职务（岗位）职称	备注

1096

三、获奖情况

获奖项目	奖项	等级	排名	角色	时间

说明:1. 角色:项目负责人、子项负责人、主要参加;

2. 奖项:国家自然科学奖、技术发明奖、科学技术进步奖,省部级奖等。

四、主要业绩与贡献
（不超过2 000字）

五、代表论著
（不超过 10 项）

六、带领团队情况

七、最新成果

八、推荐意见

单位推荐意见	盖章 年　月　日
社会团体推荐意见	社团负责人签名(盖章) 年　月　日
同行专家举荐意见	签名 年　月　日

九、审核意见

本人意见	本人对所填写、提供材料的真实性负责。 签名 年　月　日
所在单位组织人事部门意见	 盖章 年　月　日
国家测绘局人才工作领导小组意见	 盖章 年　月　日

附件2：

国家测绘局科技领军人才考核表

填表日期：   年   月   日

一、科技领军人才基本情况			
姓　名		单　位	
性　别		职　务	

二、科技领军人才科研情况				
近2年科技领军人才主要科研成果（可附表说明）	获奖情况（名称、等级及排名）			
	申请及获授权发明专利情况			
	发表论文、出版论著情况			
	人才培养情况			
	其他			
近2年科技领军人才承担或完成的项目（可附表说明）	项目名称	项目来源	项目经费	成果转化效益（新增产值与利润）

三、科技领军人才团队建设情况

团队名称	
团队平台	A. 国家实验室　B. 国家重点实验室　C. 部门或地方重点实验室　D. 国家工程(技术)研究中心　E. 部门或地方工程研究中心　F. 其他
研究方向	

团队人员结构(人)	高级	中级	初级	博士后	博士	硕士	引进或聘用高级人才

团队建设的举措及成效	

四、科技领军人才研修考察情况

近2年出国(境)学习进修或研究工作经历	起止时间	主要内容和目的	出访国家	出访类型

(注:出访类型包括攻读学位、博士后、访问学者、合作研究、学术交流、综合考察、国际会议等)

近2年在国内举办或为主参加的重要学术会议	时间	地点	会议名称	参加人数	领军人才所作主题报告

五、对科技领军人才培养工作的意见与建议

签名(盖章)：

年　月　日

关于测绘资质管理有关问题的批复

测办〔2009〕73 号

江苏省测绘局：

你局《关于测绘资质管理有关问题的请示》（苏测〔2009〕77 号）收悉。经研究，批复如下：

一、国家测绘局 2009 年颁布实施的《测绘资质分级标准》中的"独立法人资格"，是指企业法人或事业单位法人，不包括机关法人和社会团体法人。事业单位中的学校一般不能申请测绘资质。

二、根据《测绘资质分级标准》，同意你局结合本地实际情况，对乙级测绘单位的年度测绘服务总值、单项合同额等进行调整，但不得对甲级测绘资质考核标准进行调整。

国家测绘局办公室
二〇〇九年七月四日

关于测绘资质管理有关问题的批复

测办〔2009〕89 号

山西省测绘局：

你局《关于测绘资质管理有关问题的请示》（晋测字〔2009〕5 号）收悉。经研究，批复如下：

一、根据《关于开展测绘资质复审换证工作的通知》（测办〔2009〕46 号）精神，对于不按照规定时间参加测绘资质复审换证的单位，依照《测绘资质管理规定》第二十九条的规定，可根据具体情况给予注销资质、降低资质等级或者核减业务范围的处理。

二、倒卖《测绘资质证书》，是指已经取得测绘资质的单位，以赢利为目的，将《测绘资质证书》卖给不具备《测绘资质标准》规定条件或者虽然具备条件但没有提出测绘资质申请的相对人的行为。非法转让《测绘资质证书》，是指已经取得测绘资质的单位，违反《测绘资质管理规定》规定的程序，未经测绘资质审查机关批准，擅自将《测绘资质证书》转让给其他相对人的行为。

国家测绘局办公室

二〇〇九年八月十日

关于测绘资质审查中有关中方控股问题的批复

测办〔2009〕91号

上海市测绘管理办公室：

你办《关于测绘资质审查中有关中方控股问题的请示》（沪测管〔2009〕30号）收悉。经研究，批复如下：

《外国的组织或者个人来华测绘管理暂行办法》（国土资源部第38号令）第八条第二款规定："合资、合作企业须中方控股"。《指导外商投资方向规定》（国务院第348号令）第八条第二款规定："中方控股，是指中方投资者在外商投资项目中的投资比例之和为51%及以上"。

根据你办请示内容，上海辉固岩土工程技术有限公司属于中方控股的合资企业。

国家测绘局办公室
二○○九年八月十七日

关于土地勘测性质认定问题的批复

测办〔2009〕108 号

重庆市规划局:

你局《关于土地勘测性质认定问题的请示》(渝规测字〔2009〕29号)收悉,经研究,批复如下:

一、根据《国务院关于第三批取消和调整行政审批项目的决定》(国发〔2004〕16 号),土地勘测行政审批已经取消。

二、《中华人民共和国测绘法》第四条规定:"国务院测绘行政主管部门负责全国测绘工作的统一监督管理。国务院其他有关部门按照国务院规定的职责分工,负责本部门有关的测绘工作。"第二十二条明确规定从事测绘活动的单位应当具备相应条件,并依法取得相应等级的测绘资质证书后,方可从事测绘活动。据此,凡未取得测绘资质证书从事测绘活动的,测绘行政主管部门应当依法予以处理。

国家测绘局办公室

二〇〇九年十一月十一日

关于进一步加强国家基础测绘项目和测绘专项中标准制修订管理工作的通知

测办〔2009〕117号

局所属有关单位：

为进一步加强测绘项目中标准制修订工作的统筹管理，更好地满足国家基础测绘项目及测绘专项（以下简称"测绘项目"）实施对标准的需求，加快测绘项目相关成果向国家标准、测绘行业标准提升和转化，现就进一步规范和加强测绘项目中标准制修订管理工作通知如下：

一、测绘项目需要制修订技术标准的（包括项目专用技术规范、补充技术规定等），应遵守《测绘标准化工作管理办法》的有关要求。

二、项目实施单位（牵头单位）应于每年11月底前以书面形式向科技与国际合作司提出下一年度标准制修订需求计划（紧急需求可随时报送）。需求计划中应包括：

1. 拟制修订标准的名称；

2. 目的、必要性、适用范围和主要技术指标及内容；

3. 与已有标准的关系，包括与所涉及的相关现有标准的协调性、适用性分析，拟引用或采用的国际标准名称及相互关系等；

4. 项目负责人、技术负责人和主要起草人名单及简介；

5. 项目实施进度计划和经费预算。

三、对项目实施单位报送的标准制修订计划，科技与国际合作司委托国家测绘局测绘标准化工作委员会秘书处（以下简称"测标委秘书处"）组织有关专家进行必要性、协调性审查。

四、未通过审查的需求计划，科技与国际合作司将以书面形式说明,并协调测标委秘书处组织有关标准化技术人员协助解决有关标准的需求和使用问题。

五、通过审查的标准制修订计划,纳入测绘标准制修订年度计划,并原则上由测绘项目实施单位承担标准起草;需要与有关标准制修订项目结合的,在科技与国际合作司的协调领导下统筹安排。

六、起草标准应向标准应用单位征求意见;重要标准的意见征求,由科技与国际合作司负责组织。

七、项目实施单位完成标准送审稿后,应以书面形式将标准送审稿文本、编制说明和标准征求意见汇总处理表等报送测标委秘书处。测标委秘书处按照《测绘标准化工作管理办法》有关规定,进行形式审查。

八、通过形式审查后,由国家测绘局测绘标准化工作委员会对送审稿进行审查。项目管理部门或实施单位不得以其他方式和渠道组织标准审查。

九、送审稿审查通过后,项目实施单位根据送审稿审查意见,修改完善形成标准报批稿,并以书面形式将标准报批稿及其相关材料报送科技与国际合作司。

十、标准起草和审查所需经费从所服务的测绘项目经费中列支。

十一、请各单位向各项目部(办、组)等组织实施部门及时传达本通知,并遵照执行。

国家测绘局办公室

二〇〇九年十二月四日

关于执行海洋测绘
资质标准有关问题的批复

测办〔2009〕123 号

江苏省测绘局：

你局《关于执行海洋测绘资质标准的请示》（苏测〔2009〕121 号）收悉。经研究，批复如下：

对于仅从事内水测量的测绘单位，必须具备《测绘资质分级标准》"海洋测绘专业标准"中规定数量的 GPS 接收机、全站仪、水准仪、测深仪（单频）、验流计、图形扫描仪等数据采集设备和 A0 幅面以上绘图仪，其他海洋测绘所需仪器设备可不作硬性要求。但在测绘资质证书中除注明专业范围外，还应当注明"仅限内水测量"。

国家测绘局办公室
二〇〇九年十二月二十一日

1111

关于印发《测绘行政
执法文书制作规范》的通知

测办〔2009〕125 号

各省、自治区、直辖市测绘行政主管部门：

　　为规范测绘行政执法行为，提高测绘行政执法文书制作水平，建立健全测绘行政执法案卷评查制度，根据国务院《全面推进依法行政实施纲要》(国发〔2004〕10 号)和《国务院办公厅关于推行行政执法责任制的若干意见》(国办发〔2005〕37 号)，结合测绘行政执法工作实际，我局制定了《测绘行政执法文书制作规范》，现印发你们，请遵照执行。执行中如遇到有关问题，请及时反馈国家测绘局。

国家测绘局办公室
二○○九年十二月二十四日

测绘行政执法文书制作规范

第一章　总　　则

　　第一条　为规范测绘行政执法行为，提高测绘行政执法文书制作水平，根据《中华人民共和国行政处罚法》、《测绘行政处罚程序规定》，结合测绘行政执法工作实际，制定本规范。

　　第二条　本规范适用于监督检查、行政处罚等测绘行政执法文书的制作。

第三条 测绘行政执法文书的内容及格式由国家测绘局统一制定。

省级测绘行政主管部门可以根据需要补充相应的执法文书。补充的执法文书应当报国家测绘局备案。

第四条 测绘行政执法文书的内容应当符合有关法律、法规和规章的规定,做到格式统一、内容完整、表述清楚、用语规范。

第二章 文书制作基本要求

第五条 测绘行政执法文书应当按照规定的格式制作。

文书设定的栏目,应当使用蓝黑色或者黑色笔逐项填写,不得遗漏和随意修改,要求字迹清楚、文面整洁。无需填写的,应当用斜线划去。

文书中数字填写,除编号、数量等必须使用阿拉伯数字外,其他应当使用汉字。

第六条 编注案号格式内容为:"行政区划简称+测执+年份+序号"。如江苏省测绘局制作的文书,"案号"可编写为:(苏)测执〔2009〕1号。

第七条 询问(调查)笔录、现场检查(勘验)笔录、行政处罚听证笔录等文书,应当场交当事人阅读,由当事人在笔录上注明"以上笔录属实",并逐页签名确认。当事人拒绝签字或拒不到场的,执法人员应当在笔录中注明,并由在场的其他人员签字。

记录有遗漏的,可以补充和修改,当事人和执法人员应当共同签字或盖章。

第八条 执法文书首页纸不够记录时,可以附纸记录,并注明"第几页共几页"页码,由相关人员签字并注明日期。

第九条 需要交付的外部文书,应当与送达回证同时使用。

测绘行政执法文书中注明加盖行政机关印章的地方必须加盖印章,加盖印章应当清晰端正。

第三章　具体文书适用及制作

第十条　"案由"填写为"当事人＋违法行为定性＋案",例如:某公司无测绘资质非法测绘案。

在立案和调查取证阶段文书中"案由"应当填写为:"当事人＋涉嫌＋违法行为定性＋案"。

第十一条　"案件来源"应当按照检查发现、举报投诉、上级交办、部门移送、下级呈报、媒体曝光、违法行为人陈述等情况据实填写。

第十二条　"当事人"填写要求如下:

(一)当事人为个人的,姓名应填写身份证或户口簿上的姓名;住址应填写常住地址或居住地址。

(二)当事人为法人或者其他组织的,填写的单位名称、法定代表人(负责人)、电话、身份证地址、常住地址等事项应与登记注册信息一致。

(三)当事人名称、姓名前后应一致。

第十三条　"承办人意见",即案件调查人员根据所掌握的案件资料,对办理的案件提出的处理意见。

第十四条　"执法监督部门意见",即测绘行政主管部门法制工作机构对案件处理提出的审核意见。

第十五条　"行政机关负责人意见",即测绘行政主管部门负责人对案件处理的具体决定。对复杂(重大)或者争议较大的案件,应当提出组织人员对案件进行案件合议的意见。

第十六条　"立案审批表"是指对受理的案件经初步审查后,确认有违法事实、属于本机关管辖范围、可能给予行政处罚的案件,向主管负责人申请进一步展开调查和查处工作的法律文书。

"立案审批表"中"案情摘要、立案依据"应当简要写明当事人涉嫌违法的基本情况,包括时间、地点、违法行为、证据及危害。写明涉嫌违反的法律法规名称、条、款、项。

第十七条 "案件移送审批表"是指将不属于本级测绘行政主管部门管辖的案件,移送有关单位或部门依法处理前的内部审批文书。

"案件移送审批表"中"移送原因、法律依据"应写明移送案件的受理时间、案由、移送原因、移送的法律依据。

"主要违法事实"应当写明违法行为发生的时间、地点、情节、手段及后果。

"案件移送书"是指将不属于本级测绘行政主管部门管辖的案件,移送有关单位或部门。案件移送书应当写明移送案件接收单位的名称、移送案件的受理时间、案由、移送原因、移送的法律依据等。

案件材料与案件移送书应当一并交案件接收单位。

案件移送书应当与送达回证同时使用。

第十八条 "案件督办函"是指上级测绘行政主管部门根据属地管辖原则,将案件移交违法行为发生地的测绘行政主管部门办理的内部执法文书。

案件督办函应当与案件材料一并交案件承办部门。

第十九条 "询问(调查)通知书"是测绘行政主管部门要求行政相对人就有关违法案件接受调查的执法文书。文书中应当写明具体时间、地点及应携带的有关身份证明文件和案件有关材料。

"询问(调查)笔录"是指为查明案件事实,搜集证据,向相关人员调查了解案件发生的时间、地点、事实经过、因果关系及后果等与案件有关的文字记载。

第二十条 "现场检查(勘验)笔录"是指执法人员对与涉嫌违法行为有关的物品、场所进行检查或者勘验的文字或图形记录。要求对检查的物品名称、数量、包装形式、规格或勘验现场的具体地点、范围、状况及对整个检查或者勘验过程等都应作全面、客观、准确的记录。需要绘制勘验图的,可另附纸。

对现场绘制的勘验图、拍摄的照片和摄像、录音等资料应当在笔录中注明。

第二十一条 "证据先行登记保存通知书"是指测绘行政主管部门在查处案件过程中,对可能灭失或者以后难以取得的证据,依法对相关物品实施证据先行登记保存的执法文书。登记保存的物品应列出清单,明确保存的地点、方式、期限及保管人。

可在证据先行登记保存的相关物品和场所加贴封条。

"证据先行登记保存处理通知书"是测绘行政主管部门在规定的期限内对被登记保存的物品做出处理决定并告知当事人的文书。

(一)经调查,未发现有测绘违法行为的,发还证据先行登记保存的物品;

(二)经调查,有测绘违法行为的,按照程序销毁证据先行登记保存的物品,或没收证据先行登记保存的物品。

第二十二条 "抽样取证通知书"是测绘行政主管部门在案件查处过程中,为了查清案件事实,抽取、抽查同一种类物品中的部分物品作为样品进行技术鉴定或者检验时使用的法律文书。被抽样的物品应列出清单,明确抽样取证的时间、地点。

第二十三条 "抽样取证物品处理通知书"是测绘行政主管部门在规定的期限内对抽样取证的物品做出处理决定并告知当事人的文书。

(一)经检验,未发现有测绘违法行为的,发还抽样取证物品;

(二)经检验,有测绘违法行为的,没收抽样取证物品或就地销毁。

"证据先行登记保存清单"、"抽样取证物品清单"各栏目信息,应当按照物品(产品)包装、标签上标注的内容填写。执法人员、保管人、当事人应当签字或盖章。

第二十四条 "鉴定委托书"是测绘行政主管部门委托技术机构对涉嫌违法物品进行技术鉴定检验时使用的文书。鉴定委托书要明确鉴定内容和要求。

第二十五条 "行政处罚告知书"是测绘行政主管部门在做出行政处罚决定前,告知当事人拟做出的行政处罚决定的事实、理由、依据以及当事人依法享有的权利的文书。行政处罚告知书应当写明当事人、违反的法律法规名称、条、款、项和拟做出行政处罚的种类、幅度及法律依据，并注明测绘行政主管部门的地址、联系人和联系电话。

"行政处罚听证通知书"是指测绘行政主管部门决定举行听证会并向当事人告知听证会事项的文书。行政处罚听证通知书应当告知当事人举行听证会的时间、地点、方式（公开或不公开）、主持人的姓名以及可以申请回避和委托代理人等事项。

"行政处罚听证意见书"是指听证会结束后，听证主持人向测绘行政主管部门负责人报告听证会情况并提出案件处理意见的文书。

"听证基本情况"应当简要记录听证认定的事实、证据等内容。

"听证结论及处理意见"应当由听证人员根据听证情况，对拟做出的行政处罚决定的事实是否清楚、证据是否确凿、适用法律是否正确做出评判并提出倾向性处理意见。

听证主持人向测绘行政主管部门负责人提交意见书时，应附听证笔录。

"行政处罚听证笔录"是记录听证过程和内容的文书。笔录应当写明案件调查人员提出的违法事实、证据和处罚意见，当事人陈述、申辩的理由以及是否提供新的证据，证人证言、质证过程等内容。

案件调查人员、当事人或其委托代理人应当在笔录上逐页签名并在尾页注明日期；证人应当在记录其证言页签名。

"行政处罚决定审批表"是指案件调查结束后，执法人员就案件调查经过、证据材料、调查结论及处理意见报请测绘行政主管部门负责人审批的文书。

"行政处罚决定书"是指测绘行政主管部门适用一般程序对事实清楚、证据确凿的测绘违法案件，根据情节轻重依法对当事人做出行政处罚决定的文书。

应写明查实的违法事实、相关证据、违反的法律条款、行政处罚依据、行政处罚决定的内容等。

第二十六条 "当场行政处罚决定书"是指测绘行政主管部门适用简易程序对事实清楚、证据确凿的轻微测绘违法案件,根据简易程序依法对当事人做出行政处罚决定的文书。

可以事先制作文书,并加盖印章。

第二十七条 "不予行政处罚决定书"是指测绘行政主管部门对事实清楚、证据确凿的测绘违法案件,根据违法事实依法对当事人做出不予行政处罚决定的文书。

第二十八条 "情节复杂(重大)案件合议记录"是指测绘行政主管部门对情节复杂或者重大违法行为,为慎重查处,在做出行政处罚前,组织有关部门领导及人员召开案件分析研究会议,以合议的形式,集体讨论决定最终对案件的处理。

第二十九条 "责令停止违法行为通知书"是指测绘行政主管部门根据有关法律法规的规定,责令违法行为人立即停止违法行为的文书。责令停止违法行为通知书应当写明当事人违法的时间、地点、性质、违反的法律法规、停止违法行为的命令以及做出该命令的具体法律依据。

第三十条 "送达回证"是指测绘行政主管部门送达执法文书时的回执证明文书。"收件人"不是当事人时,应当在备注栏中注明其身份和与当事人的关系。

第三十一条 "行政处分建议书"是指测绘行政主管部门在办理测绘违法案件中,对违法情节轻微、不给予行政处罚的涉案人员,建议其所在单位给予其行政处分的文书。

第三十二条 "强制执行申请书"是在当事人逾期不履行行政处罚决定书中给予的处罚时,测绘行政主管部门为请求人民法院强制执行而提交给人民法院的书面申请。

第三十三条 "撤案审批表"是指经测绘行政主管部门对涉嫌违法行为的调查,证据不足的涉嫌测绘违法案件,经审批予以撤案,终结调查并结案的文书。

第四章 文书归档与管理

第三十四条 适用一般程序案件应当按照一案一卷进行组卷；材料过多的，可一案多卷。

第三十五条 案卷应当制作封面、卷内目录和备考表。卷内文书材料应当齐全完整。

第三十六条 卷宗目录应当包括序号、材料名称、页号等内容，按照测绘行政执法文书格式文本目录的排列顺序逐件填写，整理归档。

备考表应当填写卷中需要说明的情况，并由立卷人、检查人签名。案件文书装帧按照案卷归档要求。

第三十七条 不能随文书装订立卷的音像等证据材料应当放入证据袋中，并注明录制内容、数量、时间、地点、制作人等，随卷归档。

第三十八条 当事人申请行政复议和提起行政诉讼或者测绘行政主管部门申请人民法院强制执行的案卷，可以在案件办结后附入原卷归档。

第三十九条 案卷应当整齐、美观、固定，不松散、不压字迹、不掉页、便于翻阅。

第四十条 办案人员完成立卷后，应当及时向档案室移交，进行归档。

第四十一条 本规范由国家测绘局负责解释。

第四十二条 本规范自发布之日起实施。

附:测绘行政执法文书填写规范

卷宗编号：_____

测绘行政执法

卷 宗

行政机关：_____（行政机关名称）_____

案　　由：_____（当事人＋违法行为定性＋案）

当 事 人：_____（名称/姓名）_____

承 办 人：_____（具体案件承办人的姓名）_____

立案日期：_____结案日期：_____

归档日期：_____保存期限：_____

国家测绘局印制

测绘行政执法
卷宗目录

序 号	材 料 名 称	页 次
N	（按"测绘行政执法文书格式文本目录"顺序排列）	N—N

测绘行政执法立案审批表

案　　由	（当事人＋涉嫌＋违法行为定性＋案）					
案件来源	（检查发现、举报投诉、上级交办、部门移送、下级呈报、媒体曝光、违法行为人陈述）					
当事人	单位	名　称	（与登记注册信息一致）			
		地　址	（与登记注册信息一致）			
		法定代表人	姓名	（与登记注册信息一致）	性别	身份证号码
			民族		职务	国　籍
						护照号码
		电话（传真）				
	个人	姓　名	（身份证上的姓名）	性别	身份证号码
		单　位		职务	国　籍
					护照号码
		住　址	（常驻地址或居住地址）	电话（传真）	
主要违法事实及性质	（写明当事人涉嫌违法的事实，包括案发时间、地点、违法行为、证据，以及涉及的相关法律法规名称、条、款、项）					
承办人意见	签　名（盖章）：　　　　年　月　日					
承办部门意见	签　名（盖章）：　　　　年　月　日					
执法监督部门意见	签　名（盖章）：　　　　年　月　日					
行政机关负责人意见	签　名（盖章）：　　　　年　月　日					

（多个当事人时可附页）

测绘行政执法案件移送审批表

案　　由	（当事人＋涉嫌＋违法行为定性＋案）					
案件来源	（检查发现、举报投诉、上级交办、部门移送、下级呈报、媒体曝光、违法行为人陈述）					
当事人	单位	名　称	（与登记注册信息一致）			
		地　址	（与登记注册信息一致）			
		法定代表人	姓名	（与登记注册信息一致）	性别	身份证号码
			民族		职务	国　籍
						护照号码
		电话（传真）				
	个人	姓　名	（身份证上的姓名）	性别	身份证号码	
		单　位		职务	国　籍	
					护照号码	
		住　址	（常驻地址或居住地址）	电话（传真）		
受移送机关	（受移送机关名称）					
移送原因法律依据	受理案件时间、案由、移送原因（1. 超出本机关职责范围；2. 在本机关职责管辖范围内，但超出本机关管辖权限；3. 超出本机关地域管辖范围）、移送的法律依据					
主要违法事实	（写明违法行为发生的时间、地点、违法行为的情节、手段及后果等）					
承办人意见	签名（盖章）：　　　　　年　月　日					
承办部门意见	签名（盖章）：　　　　　年　月　日					
执法监督部门意见	签名（盖章）：　　　　　年　月　日					
行政机关负责人意见	签名（盖章）：　　　　　年　月　日					

（多个当事人时可附页）

测绘行政执法
案件移送书

(行政区划简称)＋测执＋〔年份〕＋〔序号〕号

_____(受移送行政机关名称)_____：
　　　　(案件受理时间＋当事人＋涉嫌＋违法行为定性)
一案,经初步调查,该案(1. 超出本机关职责范围;2. 在本机关职责
管辖范围内,但超出本机关管辖权限;3. 超出本机关地域管辖范围)
_____
_____,

根据《中华人民共和国行政处罚法》的规定,现移送你单位进行查处。

　　　附件:1. 案件有关材料目录及材料
　　　　　　2. 送达回证

　　　　　　　　　　　　　　　　　　(行政机关印章)
　　　　　　　　　　　　　　　　　　　年　月　日

测绘行政执法
督　办　函

（　）测执〔　〕　号

_____

____（行政机关名称）____：

_____（当事人＋涉嫌＋主要违法事实）

_____的违法行为，

涉嫌违反_____（法律法规名称、条、款、项）

_____

_____的规定，现将有关案卷材料转交你单位，请调查处理，并于

_____年_____月_____日前将调查结果及处理结果函告我单位。

附：案卷材料_____册，共_____页。

（行政机关印章）

年　月　日

测绘行政执法
询问(调查)通知书

（　）测执〔　〕号

_____

_____(当事人姓名)_____：

　　为调查_____(当事人＋涉嫌＋违法行为定性)_____

_____一事，

请于_____年_____月_____日_____时_____分到_____

(行政机关具体地址、楼层、门牌号)＋并携带好身份证明＋案件有关

材料_____接受询问(调查)。

　　特此通知

(行政机关印章)

年　月　日

测绘行政执法
询问(调查)笔录

时间:_____年___月___日___时___分至___日___时___分
地点:_____(行政机关具体地址、楼层、门牌号)_____
询问(调查)人:_____
被询问(调查)人:_____性别:_____职务:_____民族:_____
身份证件:_____证件号码:_____国籍:_____
工作单位:_____电话:_____
单位地址:_____
住址:_____
与被调查人(事)关系:_____
  问:我们是_____的行政执法人员,这是我们
的行政执法证件,证号_____。你对在场进行询问
(调查)的人员有无需要申请回避的? 答:_____
  问:现就有关_____
情况对你进行询问(调查),你应如实回答。询问(调查)中,你有陈述
和申辩的权利,你听清楚了吗?
  答:_____
(笔录内容包括:案件发生的时间、地点、事实经过、因果关系及后果
等)_____(可接附页)

_____

 [询问(调查)笔录逐页顶格,由询问(调查)人、被询问(调查)人签
名,并注明日期]

第 页共 页

测绘行政执法
现场检查(勘验)笔录

案由:_____(当事人+涉嫌+违法行为定性+案)

检查(勘验)时间:___年___月___日___时___分至___日___时___分

检查(勘验)地点:_____

被检查(勘验)单位(人):_____法定代表人:_____

检查(勘验)人:_____

见证人:_____单位:_____职务:_____

    我们是_____的行政执法人员,这是我们的行政
执法证件,证号_____。检查(勘验)人员中有无需要回避的?
_____现就有关_____情况
进行现场检查(勘验)。

    检查(勘验)过程及结果:_____
____(要对所检查的物品名称、数量、规格等和勘验的现场具体地点、范
围、状况等作全面、客观、准确的记录。绘制勘验图的,可另附纸。)
_____
_____
_____
_____
_____
_____(可接附页或附图)

  [现场检查(勘验)笔录逐页顶格,由当事人、检查(勘验)人、见证人
签名,并注明日期]

第 页共 页

1128

测绘行政执法
证据先行登记保存审批表

案　　由	（当事人＋涉嫌＋违法行为定性＋案）
当 事 人	
地　　址	
电　　话	
保存原因、 方式及地点	（写明保存原因、保存方式、期限、地点等有关内容） （可在证据先行登记保存的相关物品和场所加贴封条）
保存期限	年　月　日至　年　月　日
承 办 人 意　　见	签名：　　　　　　　年　月　日
承办部门 意　　见	签名：　　　　　　　年　月　日
行政机关 负责人意见	签名：　　　　　　　年　月　日

测绘行政执法
证据先行登记保存通知书

（　）测执［　］号

　　（当事人名称/姓名）　：

　　因　　　（当事人＋涉嫌＋违法行为定性）　　案件调查取证
工作的需要，根据《中华人民共和国行政处罚法》第三十七条第二款
的规定，决定对你(单位)的下列物品予以证据先行登记保存。登记
保存期间，维持其原有状态不得改变，不准使用、销售或转移。

　　登记保存期限：___年_____月___日至___年___月___日
　　登记保存地点：_____
　　登记保存方式：_____
　　证据先行登记保存物品清单附后。

（行政机关印章）

年　月　日

附件：

证据先行登记保存物品清单

序号	物品名称	规格、型号	单位	数量	备注

当事人签名：_____ 保管人签名：_____

执法人员签名：_____

第　页共　页

测绘行政执法
抽样取证通知书

( )测执[ ] 号

____(当事人名称/姓名)____ ：

因____(当事人＋涉嫌＋违法行为定性)____案件调查取证工作的需要,根据《中华人民共和国行政处罚法》第三十七条第二款的规定,决定对你(单位)的下列物品进行抽样取证。

抽样取证时间：_____

抽样取证地点：_____

抽样取证物品清单附后。

(行政机关印章)

年 月 日

附件：

抽样取证物品清单

序号	物品名称	规格、型号	抽样数量	样本基数	样本单价	备注

当事人签名：_____

执法人员签名：_____

第　页共　页

测绘行政执法
证据先行登记保存处理审批表

案　　由	（当事人＋涉嫌＋违法行为定性＋案）
当 事 人	（当事人名称/姓名）
地　　址	
基本案情 及相关物品情况	（写明当事人涉嫌违法的事实，包括案发时间、地点、违法行为，证据，以及涉及的相关法律法规名称、条、款、项；列明涉及的物品。）
承 办 人 意　　见	（阐明处理意见：1. 经调查，未发现有测绘违法行为的，发还证据先行登记保存的物品；2. 经调查，有测绘违法行为的，对证据先行登记保存的物品就地销毁；3. 经调查，有测绘违法行为，对证据先行登记保存的物品予以没收。） 　　　　　　　　　签名：　　　年 月 日
承办部门 意　　见	签 名：　　　　年 月 日
行政机关 负责人意见	签 名：　　　　年 月 日

测绘行政执法
证据先行登记保存处理通知书

（　）测执〔　〕　号

_____(当事人名称/姓名)_____：

你(单位)于_____年___月___日被行政机关依法予以证据先行登记保存的物品,经研究决定处理如下：

_____

(1. 经调查,未发现有测绘违法行为的,发还证据先行登记保存的物品;2. 经调查,有测绘违法行为的,对证据先行登记保存的物品就地销毁;3. 经调查,有测绘违法行为,对证据先行登记保存的物品予以没收。)(有违法行为的需说明违法事实及有关法律依据)

_____

_____

_____

证据先行登记保存物品清单附后。

（行政机关印章）
年　月　日

测绘行政执法
抽样取证物品处理通知书

（　）测执［　］　号

_____（当事人名称/姓名）_____：

你(单位)于_____年_____月_____日被行政机关依法予以抽样取
证的物品,经研究决定处理如下:

(1. 经检验,未发现有测绘违法行为的,发还剩下的抽样取证物品;
2. 经检验,有测绘违法行为的,对抽样取证物品就地没收销毁,并附
检验结论或报告,以及依据法律法规名称、条、款、项。)

抽样取证物品清单附后。

（行政机关印章）

年　月　日

测绘行政执法
鉴定委托书

（　）测执〔　〕　号

_____

　　　　(被委托单位名称)　　　：

因案件调查需要，委托你(单位)进行鉴定。

鉴定内容：_____

_____

_____

_____

_____

鉴定要求：_____

_____

_____

_____

_____

请于_____年_____月_____日前将鉴定结果提交我单位。

联系人：_____联系电话：_____

（行政机关印章）

年　月　日

测绘行政执法
行政处罚告知书

( )测执[ ] 号

____(当事人名称/姓名)____ :

你(单位)_____(违法行为定性)_____的行
为,违反了_____(法律法规名称、条、款、项)_____

_____
的规定。以上事实有_____(证据)_____为证。

根据_____(法律法规名称、条、款、项)_____
的规定,拟对你(单位)做出如下行政处罚:
_____(具体行政处罚内容)_____。

根据《中华人民共和国行政处罚法》第三十一条、第三十二条和
第四十二条的规定,你(单位)享有陈述、申辩的权利,符合听证要求
的,同时享有听证的权利。要求上述权利,应在收到本告知书之日起
3 日内向本机关提出。逾期不提出的,视为放弃以上权利。

本机关地址:_____
联系人:_____电话:_____邮编:_____

收件人签名(盖章)   行政机关(印章)
　年　月　日   年　月　日

本告知书一式四份

测绘行政执法
不予行政处罚决定书

（　）测执〔　〕　号

_____(当事人名称/姓名)_____：

　　经查，你(单位)_____(违法行为定性)_____

_____的行为，违

反了_____(法律法规名称、条、款、项)_____

_____的规定。以

上事实有_____(证据)_____

_____为证。

　　鉴于违法行为轻微并及时纠正，没有造成危害后果，根据《行政处罚法》第二十七条第二款的规定，决定对你(单位)不予行政处罚。

　　如不服本决定，可在收到本处罚决定书之日起 60 日内向同级人民政府或上级测绘行政主管部门申请行政复议，也可在收到本行政处罚决定书之日起 3 个月内直接向人民法院提起行政诉讼。

（行政机关印章）

年　月　日

测绘行政执法
行政处罚听证通知书

( )测执[ ] 号

        (当事人名称/姓名)   :

    根据你(单位)的要求,本机关定于____年____月____日_____时_____分在_____(行政机关具体地址、楼层、门牌号)＋方式(公开或不公开)对(当事人＋涉嫌＋违法行为定性)一案举行听证。经本行政机关负责人指定,本次听证由_____担任主持人。你单位可以亲自参加听证,也可以委托1－2名代理人听证。

    届时你(单位)凭本通知书参加听证,若无故缺席视为放弃听证。

    参加听证前请做好以下准备:

    (一)携带法定代表人本人身份证明或法人代表授权委托书以及有关证据材料;

    (二)通知有关证人出席作证;

    (三)如申请该主持人回避,请于_____月_____日前向本机关提出申请并说明理由;

(行政机关印章)

年 月 日

1140

测绘行政执法
行政处罚听证意见书

案　　由：＿＿＿（当事人＋涉嫌＋违法行为定性＋案）＿＿＿

听证主持人：＿＿＿＿＿＿＿＿＿＿＿＿＿＿＿＿＿＿＿＿

听 证 员：＿＿＿＿＿＿＿＿＿＿＿＿＿＿＿＿＿＿＿＿＿

听证基本情况（听证笔录附后）：＿＿＿＿＿＿＿＿＿＿＿＿

（简要写明听证会的时间、地点、案由、听证参加人的基本情况、听证

认定的事实、证据等。）

＿＿＿＿＿＿＿＿＿＿＿＿＿＿＿＿＿＿＿＿＿＿＿＿＿＿＿＿＿

＿＿＿＿＿＿＿＿＿＿＿＿＿＿＿＿＿＿＿＿＿＿＿＿＿＿＿＿＿

＿＿＿＿＿＿＿＿＿＿＿＿＿＿＿＿＿＿＿＿＿＿＿＿＿＿＿＿＿

听证结论及处理意见：＿＿＿＿＿＿＿＿＿＿＿＿＿＿＿＿

　　　（由听证人员根据听证情况，对拟做出的行政处罚决定的案件

事实是否清楚、证据是否确凿、适用法律是否正确做出评判并提出倾

向性处理意见）＿＿＿＿＿＿＿＿＿＿＿＿＿＿＿＿＿＿＿＿＿＿＿

＿＿＿＿＿＿＿＿＿＿＿＿＿＿＿＿＿＿＿＿＿＿＿＿＿＿＿＿＿

＿＿＿＿＿＿＿＿＿＿＿＿＿＿＿＿＿＿＿＿＿＿＿＿＿＿＿＿＿

＿＿＿＿＿＿＿＿＿＿＿＿＿＿＿＿＿＿＿＿＿＿（可接附页）

＿＿＿＿＿＿＿＿＿＿＿＿＿＿＿＿＿＿＿＿＿＿＿＿＿＿＿＿＿

听证主持人签名：＿＿＿＿＿＿＿＿＿＿＿＿＿＿＿＿＿＿＿＿

听 证 员 签 名：＿＿＿＿＿＿＿＿＿＿＿＿＿＿＿＿＿＿＿＿

记 录 人 签 名：＿＿＿＿＿＿＿＿＿＿＿＿＿＿＿＿＿＿＿＿

　　　　　　　　　　　　　　　　年　月　日

　　　　　　　　　　　　　　　　第　页共　页

测绘行政执法
行政处罚听证笔录

案　　由：＿＿＿＿＿（当事人＋涉嫌＋违法行为定性＋案）＿＿＿＿＿

听证机关：(行政机关名称)听证地点：(行政机关具体地址、楼层、门牌号)

听证时间：＿＿年＿＿月＿＿日＿＿时听证方式：(公开或不公开)

当 事 人：＿＿＿＿＿＿＿＿＿＿＿＿＿(名称/姓名)＿＿＿＿＿＿＿＿＿＿

地　　址：＿＿＿＿＿＿＿＿＿＿＿电话：＿＿＿＿＿＿＿＿＿＿＿

法定代表人：＿＿＿＿＿性别：＿＿＿＿职务：＿＿＿＿国籍：＿＿＿

委托代理人：＿＿＿＿工作单位：＿＿＿＿＿＿国籍：＿＿＿

　　　　　　＿＿＿＿工作单位：＿＿＿＿＿＿国籍：＿

案件调查人：＿＿＿＿行政执法证号：＿＿＿＿职务：＿＿＿

　　　　　　＿＿＿＿行政执法证号：＿＿＿＿职务：＿＿＿

证　　人：＿＿＿＿＿＿＿＿＿＿＿＿＿＿＿＿＿＿＿

　　　　　＿＿＿＿＿＿＿＿＿＿＿＿＿＿＿＿＿＿＿

听证主持人：＿＿＿＿＿＿＿＿＿听证员：＿＿＿＿＿＿＿

记 录 人：＿＿＿＿＿＿＿＿＿翻　译：＿＿＿＿＿＿＿

笔录内容：(主持人宣布听证员和听证会纪律，核对当事人、委托代理人、案件调查人身份。主持人询问当事人是否要求听证员回避。)

　　　(写明承办人提出的违法事实、证据、行政处罚建议；当事人陈述、申辩的理由；以及是否提供了新证据和质证的过程。)(可接附页)

[听证笔录逐页顶格，由当事人、委托代理人、案件调查人、听证主持人以及听证员签名，并注明日期]

第　页共　页

1142

测绘行政执法
情节复杂(重大)案件合议记录

案　　由：＿＿＿＿＿＿(当事人＋涉嫌＋违法行为定性＋案)＿＿＿＿＿＿

合议地点：＿＿＿＿＿＿　合议时间：＿＿＿＿年＿＿＿＿月＿＿＿＿日

合议主持人：＿＿＿＿＿＿　记 录 人：＿＿＿＿＿＿＿＿＿＿

参加人员(姓名、职务)：＿＿＿＿＿＿＿＿＿＿＿＿＿＿＿

＿＿＿＿＿＿＿＿＿＿＿＿＿＿＿＿＿＿＿＿＿＿＿＿＿

＿＿＿＿＿＿＿＿＿＿＿＿＿＿＿＿＿＿＿＿＿＿＿＿＿

合议记录(主要违法事实、证据、处罚依据及处罚建议)：

＿＿＿＿＿＿＿＿＿＿＿＿＿＿＿＿＿＿＿＿＿＿＿＿＿

(写明：1. 违法行为发生的时间、地点、违法行为的情节、手段及后果；2. 列举证据；3. 处罚依据法律法规名称、条、款、项等；4. 具体行政处罚种类的建议；5. 所有参会人员提出的意见；6. 合议最终形成的意见。)＿＿＿＿＿＿＿＿＿＿＿＿＿＿＿

＿＿＿＿＿＿＿＿＿＿＿＿＿＿＿＿＿＿＿＿＿＿＿＿＿

＿＿＿＿＿＿＿＿＿＿＿＿＿＿＿＿＿＿＿＿＿＿＿＿＿

＿＿＿＿＿＿＿＿＿＿＿＿＿＿＿＿＿＿＿＿＿＿＿＿＿

＿＿＿＿＿＿＿＿＿＿＿＿＿＿＿＿＿＿＿＿＿＿＿＿＿

＿＿＿＿＿＿＿＿＿＿＿＿＿＿＿＿＿＿＿＿＿＿＿＿＿

＿＿＿＿＿＿＿＿＿＿＿＿＿＿＿＿＿＿(可接附页)

[合议记录逐页顶格，由全体参会人员签名，并注明日期]

第　　页共　　页

测绘行政执法行政处罚决定审批表

案 由				(当事人＋违法行为定性＋案)		
立案时间			案件来源	(检查发现、举报投诉、上级交办、部门移送、下级呈报、媒体曝光、违法行为人陈述)		
当事人	单位	名 称				
		地 址				
		法定代表人	姓名	性别	身份证号码	
			民族	职务	国 籍	
					护照号码	
		电话(传真)				
	个人	姓 名		性别	身份证号码	
		单 位		职务	国 籍	
					护照号码	
		住 址		电话(传真)		
主要违法事实、处罚意见及法律依据	(写明违法行为发生的时间、地点、违法行为的情节、手段及后果;具体行政处罚种类建议;处罚依据:法律法规名称、条、款、项等。)					
承办人意见				签 名: 年 月 日		
承办部门意见				签 名: 年 月 日		
执法监督部门意见				签 名: 年 月 日		
行政机关负责人意见				签 名: 年 月 日		

(多个当事人时可附页)

测绘行政执法
行政处罚决定书

（　）测执〔　〕　号

_____(当事人名称/姓名)_____：

　　经查，你（单位）_____（违法行为定性）

的行为，违反了_____（法律法规名称、条、款、项）

_____的规定。

以上事实有_____（证据）_____为证。

　　根据_____（法律法规名称、条、款、项）

_____的规定，决定对你（单位）做出如下行政处罚：

　　　　　　　　　　　（具体行政处罚内容）

_____

_____

　　履行方式和期限：_____（罚款缴往单位、地址和缴纳期限）

_____

　　逾期不履行行政处罚决定的，本行政机关将依法申请人民法院强制执行。如不服本处罚决定，可在收到本处罚决定书之日起60日内向同级人民政府或上级测绘行政主管部门申请行政复议，也可在收到本行政处罚决定书之日起3个月内直接向人民法院提起行政诉讼。

（行政机关印章）

年　月　日

测绘行政执法
当场行政处罚决定书

（　）测执〔　〕　号

_____（当事人名称/姓名）_____：

经查，你（单位）_____（违法行为定性）

的行为，违反了_____（法律法规名称、条、款、项）

_____的规定。

根据_____（法律法规名称、条、款、项）

_____的规定，决定对你（单位）做出如下行政处罚：

_____（具体行政处罚内容。要求具体、明确、清楚。）

_____

如不服本处罚决定，可在收到本处罚决定书之日起 60 日内向同级人民政府或上级测绘行政主管部门申请行政复议，也可在收到本行政处罚决定书之日起 3 个月内直接向人民法院提起行政诉讼。

当事人签名或盖章：_____执法地点：_____

行政执法人员签名：_____行政执法证号：_____

行政执法人员签名：_____行政执法证号：_____

（行政机关印章）

年　月　日

1146

测绘行政执法
责令停止违法行为通知书

( )测执［ ］ 号

_____

___(当事人名称/姓名)___：

经查，你(单位)_____(涉嫌＋违法行为)

_____的行为，

违反了_____(法律法规名称、条、款、项)

_____的规定。

根据_____(法律法规名称、条、款、项)

_____的规定，

责令你(单位)自收到本通知书之日起停止下列违法行为：

_____(具体违法行为)_____

_____

_____

_____，听候处理。

(行政机关印章)

年　月　日

测绘行政执法
送达回证

送达文书文号	
受送达人	
受送达人地址	
送达方式	（直接送达、邮寄送达、留置送达等）
受送达人签名或盖章	（当事人姓名）
送达人签名或盖章	（处罚机关的执法人员 或处罚机关委托的有关人员）
送达时间	年　　月　　日　　时　　分
受送达人拒收事由和日期	
代收人或见证人签名	
备　　注	（收件人不是当事人的，应当在本栏 中注明其身份和与当事人的关系。）

测绘行政执法
行政处分建议书

（　）测执〔　〕　号

_____（单位名称）_____：

　　经调查证实，你单位_____（当事人姓名）_____

在_____（当事人＋违法行为定性）_____

_____一案中，有以下违法行为：

　　（当事人参与违法行为的基本情况，包括时间、地点、违法行为、

证据及危害）_____

_____

_____

_____

_____。

　　建议对_____（当事人姓名）_____的违法行为给予相应行政处

分，以上建议请研究，并将处理结果函告我单位。

　　附件：案件有关材料

（行政机关印章）

年　月　日

测绘行政执法
行政处罚强制执行申请书

（　）测执〔　〕号

_____

_____人民法院：

____（当事人＋违法行为定性）____一案，本机关已于____年____月____日将《测绘行政执法行政处罚决定书》（（　）测执〔　〕号）送达被处罚单位（人）_____（当事人名称/姓名）_____。现法定期限已满，该单位（人）既未申请复议，又未向人民法院起诉，也未履行行政处罚决定。

　　根据《中华人民共和国行政处罚法》第五十一条第三项的规定，特申请你院依法强制执行。

　　附件：案件有关材料

　　此致

（行政机关印章）
年　月　日

测绘行政执法撤案审批表

案　　由	（当事人＋涉嫌＋违法行为定性＋案）	
当　事　人	（当事人名称/姓名）	
立案时间		案件来源 |（检查发现、举报投诉、上级交办、部门移送、下级呈报、媒体曝光、违法行为人陈述）
撤案理由	（对涉嫌违法案件，经查，未发现违法事实或证据不足，建议终结调查，并结案。）	
承　办　人 意　　见	签名：　　　　　　　　年　月　日	
承办部门 意　　见	签名：　　　　　　　　年　月　日	
执法监督 部门意见	签名：　　　　　　　　年　月　日	
行政机关 负责人意见	签名：　　　　　　　　年　月　日	

测绘行政执法
记 录 纸

测绘行政执法
询问(调查)记录纸

_____

_____

_____

_____

_____

_____

_____

_____

_____

_____

_____

_____

_____

_____

_____

_____

[询问(调查)笔录逐页顶格,由询问(调查)人、被询问(调查)人签名,并注明日期]

第 页共 页

测绘行政执法
现场检查(勘验)记录纸

_____

_____

_____

_____

_____

_____

_____

_____

_____

_____

_____

_____

_____

_____

_____

_____

_____

_____

_____

_____

[现场检查(勘验)笔录逐页顶格,由当事人、检查(勘验)人、见证人签名,并注明日期]

第　页共　页

测绘行政执法
行政处罚听证意见记录纸

_____

_____

_____

_____

_____

_____

_____

_____

_____

_____

_____

_____

_____

_____

_____

_____

_____

_____

_____

_____

_____

[行政处罚听证意见由听证主持人、听证员、记录人签名，并注明日期]

第　页共　页

测绘行政执法行政处罚听证记录纸

[行政处罚听证笔录逐页顶格,由当事人、委托代理人、案件调查人、
听证主持人以及听证员签名,并注明日期]

第　页共　　页

测绘行政执法
情节复杂(重大)案件合议记录纸

[情节复杂(重大)案件合议记录逐页顶格,由全体参会人员签名,并注明日期]

第 页共 页

测绘行政执法
备 考 表

卷内共有文件_____件,计_____页。

卷内有关情况说明:

立卷人:_____

_____年_____月_____日

检查记载

日期	缺损程度及原因	页号	处理结果	检查人

关于修改部分
测绘规范性文件的决定

国测法发〔2010〕7 号

各省、自治各省、自治区、直辖市、计划单列市测绘行政主管部门,新疆生产建设兵团测绘主管部门,局所属各单位,局机关各司(室):

为进一步贯彻落实国务院《全面推进依法行政实施纲要》,维护社会主义法制统一,促进测绘依法行政,根据《国务院办公厅关于做好规章清理工作有关问题的通知》(国办发〔2010〕28 号)的有关要求,国家测绘局决定对以下规范性文件做出如下修改:

一、《测绘计量检定人员资格认证办法》(国测法字〔2006〕6 号)

附件《测绘计量检定人员资格认证申请表》修改为以下表格。

测绘计量检定人员资格认证申请表

姓名		性别		出生年月		计量工作年限			照片
学历		所学专业				技术职称			
电话			电子邮箱						
聘用单位					法人代表		电话		
单位地址						邮编			
申请考核项目									

1159

聘用单位意见		负责人签字： 年 月 日 （盖公章）
考试成绩		
国土测绘司意见	质量监督处承办人员意见	签字： 年 月 日
	质量监督处负责人意见	签字： 年 月 日
	分管司领导意见	签字： 年 月 日
	司长意见	签字： 年 月 日 （盖司章）
局领导意见		签字： 年 月 日
备注		

制表：国家测绘局

二、《航空摄影管理暂行办法》（国测国字〔1996〕7号）

第二十五条中的"《中华人民共和国测绘成果管理规定》"修改为"《中华人民共和国测绘成果管理条例》"。

三、《测绘质量监督管理办法》（国测国字〔1997〕28号）

1. 第十六条中"《测绘产品质量监督检验管理办法》"修改为"《测绘成果质量监督抽查管理办法》"。

2. 第十四条第（二）项、第十七条中"测绘资格审查认证及年检"修改为"测绘资质审查认证及年度注册"。

3. 第二十三条中"《测绘资格审查认证管理规定》"修改为"《测绘资质管理规定》"、"测绘资格证书等级"修改为"测绘资质等级"，第二十三条、第二十四条中"《测绘资格证书》"修改为"《测绘资质证书》"。

4. 第二十六条中"当事人也可以在接到处罚通知之日起十五日内"修改为"当事人也可以在接到处罚通知之日起三个月内"。

四、《测绘市场管理暂行办法》（1995年6月6日国家测绘局、国家工商行政管理局以国测体字〔1995〕15号发布）

1. 第二条中的"企业、事业单位、其他经济组织、个体测绘业者"、第七条中的"单位、经济组织和个体测绘业者"、第八条中的"单位、其他经济组织、个体测绘业者"修改为"单位"。

2. 第二条第二款修改为："测绘市场活动的专业范围由国家测绘局另行规定。"

3. 第十一条修改为："在中华人民共和国领域和管辖的其他海域内，外国的组织或者个人与中华人民共和国有关部门、单位合资、合作进行测绘活动的，须报经国务院测绘行政主管部门和军队测绘主管部门审查批准。"

4. 第十二条修改为："香港特别行政区、澳门特别行政区、台湾地区的组织或者个人来内地从事测绘活动的，依照前条规定进行审批。"

5. 第七条、第十三条"测绘资格证书"修改为"测绘资质证书"。

6. 第十四条"承揽方的义务"第(三)项修改为:"根据各省、自治区、直辖市的有关规定,向测绘主管部门备案登记测绘项目"。

7. 第十六条中的"五十万元"修改为"二十万元"。

8. 第二十三条、第二十六条中"《中华人民共和国经济合同法》"修改为"《中华人民共和国合同法》"。

9. 删去第三十四条至第三十七条,并将第三十三条修改为:"违反本办法规定,有下列行为之一的,依照《中华人民共和国测绘法》第八章的有关规定处罚:

(一)未取得测绘资质证书,擅自从事测绘活动的;

(二)超越资质等级许可的范围从事测绘活动的;

(三)不汇交测绘成果资料的;

(四)测绘成果质量不合格的;

(五)转包测绘项目的;

(六)将测绘项目发包给不具有相应资质等级的测绘单位的。

涉及违反工商管理法律、法规和规章的行为,由工商行政管理部门依照有关法律规定予以处罚。"

10. 第三十八条中"违反本规定压价竞争的"修改为"违反本办法规定压价竞争的"。

11. 第三十九条中当事人直接起诉的期限由"十五日"修改为"三个月"。

12. 根据以上修改,对本办法的有关条序作相应调整。

本决定自发布之日起施行。以上文件根据本决定做相应修改后,重新公布。

国家测绘局

二〇一〇年十二月二十六日

国家测绘局公告

第 1 号

为贯彻落实《中华人民共和国测绘成果管理条例》和《国务院关于加强测绘工作的意见》，满足国民经济和社会发展对测绘成果的需求，国家测绘局组织开展了 1：25 万比例尺公众版地图的研发工作。在国家保密局和总参测绘局的支持下，完成了覆盖全国范围的 816 幅 1：25 万公众版地图成果及相关规范，并通过了专家验收。

经商有关部门，国家测绘局决定启用 1：25 万公众版地图成果并向社会提供使用。

特此公告。

国家测绘局
二〇一〇年四月二十一日

关于加强基础测绘和重大测绘工程标准化管理工作的通知

国测科发〔2010〕4 号

各省、自治区、直辖市、计划单列市测绘行政主管部门,局所属有关单位,各重大测绘工程牵头单位:

加快构建数字中国、建设地理信息公共服务平台、推进地理信息产业发展,是测绘部门当前和今后一个时期的中心工作。围绕这些中心工作,一系列国家基础测绘项目、重大测绘工程都相继开展或即将实施。为确保国家基础测绘项目、重大测绘工程建设质量和水平,使其健康有序开展,促进项目成果共享,全面提升测绘标准化水平,现就进一步加强测绘工程标准化管理通知如下:

一、测绘工程标准化管理是法律法规的明确要求。《中华人民共和国测绘法》和《中华人民共和国基础测绘条例》都明确规定,从事测绘活动、尤其是从事基础测绘活动,要严格执行国家规定的测绘技术规范和标准。同时规定,对不执行国家规定标准的单位和个人,依法予以处罚和处分。因此,测绘工程标准化管理既是法律法规赋予测绘行政主管部门的重要职责,也是测绘工程承担单位必须遵守的法定义务。

二、测绘工程标准化管理是保障成果质量和权威性、促进成果共享的必然要求。测绘工程所取得的成果作为基础地理信息资源的组成部分,是国家重要的基础性、战略性信息资源,是其他人文、社会和经济信息互联互通的载体与定位基础,必须通过标准化的生产来保证其可靠性和权威性。在测绘技术发展日新月异的今天和测绘技术体系向信息化迈进的战略转型期,加强测绘工程的标准化管理显得尤为重要和迫切。

1164

三、实施国家基础测绘项目、重大测绘工程所执行的技术标准等级不得低于测绘行业标准。各承担单位在实施测绘工程时,必须全过程、全技术领域执行国家标准或测绘行业标准。各单位不得以工程或项目内部制定的技术文件代替、放宽或修改国家标准和测绘行业标准,降低工程执行的技术标准等级,从而降低了工程的整体质量和水平。

四、规范测绘工程中技术标准的制定程序。在测绘工程实施中,确因缺乏相关国家标准和测绘行业标准不能满足需要时,工程牵头单位或承担单位应按照《测绘标准化工作管理办法》和《关于进一步加强国家基础测绘项目和测绘专项中标准制修订管理工作的通知》(测办〔2009〕117号)的要求,提出相关国家标准或测绘行业标准制定申请,经批准后再行起草、编制相应标准,国家测绘局标准管理机构为立项提供绿色通道,及时满足测绘工程标准立项的急需。

五、充分发挥测绘工程项目设计的作用。现行国家标准、测绘行业标准需予以细化、扩充才能满足测绘工程需要时,牵头单位应重视和加强项目设计工作,尽量在项目设计书中对有关技术细节予以明确,使项目设计真正发挥应有的作用,避免一个项目内出现多个"补充规定"或"内部技术规定"的现象,逐步取消"内部技术规定"这类非国家规定标准的技术文件。

六、测绘标准化工作机构要加强标准服务和指导工作。在测绘工程实施过程中,国家测绘局测绘标准化工作委员会、测绘标准化研究所等机构,要主动加强与工程承担单位的联系和沟通,积极了解工程建设中的标准需求,帮助有关单位及技术人员熟悉和掌握已有标准。同时要对测绘工程实施中必要的技术标准制修订工作予以指导,积极转化和提升测绘工程中的标准化成果,加快标准制修订速度,提高标准的科学性和适用性。

七、加大对标准执行情况的监督检查力度。今后国家测绘局将加强对测绘工程承担单位标准执行情况的监督检查,对不执行标准的单位和个人依法予以纠正和查处,对不执行标准的测绘成果不予验收和提供使用。同时,各省(自治区、直辖市)和计划单列市测绘行政主管部门,要根据法律法规和本通知要求,制定相应管理制度和办法,加强对省级基础测绘项目和测绘工程的标准化管理,全面提高测绘部门的标准化水平。

国家测绘局
二○一○年六月二十一日

关于印发国家测绘应急保障
工作流程(Ⅰ级)的通知

国测办发[2010]6号

中国地图出版社、中国测绘科学研究院、国家基础地理信息中心、中国测绘宣传中心、管理信息中心,机关有关司(室):

《国家测绘应急保障工作流程(Ⅰ级)》已经6月13日局务会议审议通过,现印发给你们,请遵照执行。

国家测绘局办公室

二○一○年六月三十日

国家测绘应急保障工作流程(Ⅰ级)

为进一步规范测绘应急保障工作程序,提高测绘应急保障反应速度,现根据《国家突发公共事件总体应急预案》、《国家测绘应急保障预案》,制订国家测绘应急保障工作流程(Ⅰ级)如下:

一、自然灾害国家测绘应急保障

(一)抗震救灾测绘应急保障流程

1. 启动国家测绘应急保障预案

徐德明局长宣布启动测绘应急保障Ⅰ级响应→应急办通知有关司(室)和单位。

2. 已有成果提供

行政区划图准备(50份省区市行政区划图和图册,3小时送达局应急办,中国地图出版社负责人:赵晓明,协调员:徐根才,执行人:吴秦杰)、基础地理信息图件和数据准备(1、20 份地震严重影响区1:5 万地形图、省区市影像地图和已有县行政区划图或县影像图,20 份 1:25 万公众版地图,3 小时完成,国家基础地理信息中心负责人:李志刚,协调员:彭震中,执行人:赵勇)→向中办、国办和国土资源部值班室各提供 5 份(局司室负责人:吴兆琪,协调员:刘宇)、向指挥部门和有关单位提供(局司室负责人:李永雄,协调员:翟义青)、向地震严重影响省(区、市)政府提供(局司室负责人:李永雄,协调员:翟义青)。

3. 实地监测

航空摄影或地面实测计划启动(方案编写、实施单位调度和与空中管制部门协调,3 小时实施。局司室负责人:张燕平,协调员:杨和平)→航空应急执行(运输或飞行到事发地、航摄,前线指挥:张燕平,卫星测绘应用中心或航摄公司承担,8 小时到达)

(1)数据生产(相关数据收集、数据批处理,8 小时完成,局司室负责人:张燕平,协调员:田海波)→向成果保管单位提供(国家基础地理信息中心负责人:李志刚,协调员:彭震中,执行人:赵勇)→35 份影像地图输出、数据刻盘(国家基础地理信息中心负责人:李志刚,协调员:彭震中,执行人:赵勇)→向中办、国办和国土资源部值班室各提供 5 份(局司室负责人:吴兆琪,协调员:刘宇)、向指挥部门和有关单位提供(局司室负责人:李永雄,协调员:翟义青)、向地震严重影响省(区、市)政府提供(局司室负责人:李永雄,协调员:翟义青)。

(2)地震灾区大比例尺航空影像地图制作(相关数据收集、数据处理,5 天内完成。局司室负责人:张燕平,协调员:田海波)→影像地图数据向成果保管单位交接(国家基础地理信息中心负责人:李志刚,协调员:彭震中,执行人:赵勇)→25 份影像地图输出(输出设备组织,局司室负责人:李永雄,协调员:翟义青。成果整理,国家基础地理信息中心负责人:李志刚,协调员:彭震中,执行人:赵勇)→向国土资源部值班室提供（局司室负责人：吴兆琪，协调员：刘宇）、向指挥部门和有关单位提供（局司室负责人：李永雄，协调员：翟义青）、向地震严重影响省（区、市）政府提供（局司室负责人：李永雄，协调员：翟义青）。

4. 专题地图制作

有关数据协调（各公司和部门数据协调，4 小时完成，局司室负责人：李永雄，协调员：翟义青）→24 小时跟踪震后国外卫星遥感数据获取并处理（国家基础地理信息中心负责人：李志刚，协调员：彭震中，执行人：赵勇）→地震前、后专题地图制作（1、50 份灾区行政区划图制作，8 小时完成，中国地图出版社负责人：赵晓明，协调员：徐根才，执行人：陈洪玲。2、50 份事发前、后影像地图制作，影像获取 4 小时后完成，国家基础地理信息中心负责人：李志刚，协调员：彭震中，执行人：赵勇）→向中办、国办和部值班室各提供 5 份（局司室负责人：吴兆琪，协调员：刘宇）、向指挥部门和有关单位提供（局司室负责人：李永雄，协调员：翟义青）、向地震影响严重省（区、市）政府提供（局司室负责人：李永雄，协调员：翟义青）。

5. 信息系统服务

开通三维演示系统和地理信息服务平台，向中央电视台提供三维演示系统和 24 小时服务（国家基础地理信息中心负责人：李志刚，协调员：彭震中，执行人：赵勇）、开通遥感解译分析评估系统（中国测绘科学研究院负责人：张继贤，协调员：燕琴，执行人：刘纪平）→三维演示系统和遥感解译分析评估系统向国务院应急办提供（局司室负责人：李永雄，协调员：翟义青）、向指挥部门和有关单位提供（局司室负责人：李永雄，协调员：翟义青）、向地震严重影响省（区、市）政府提供（局司室负责人：李永雄，协调员：翟义青）。

6. 遥感影像解译与灾情分析评估

数据准备（地震前、后影像数据刻盘，国家基础地理信息中心负责人：李志刚，协调员：彭震中，执行人：赵勇）→数据协调（局司室负责人：李永雄，协调员：翟义青）→遥感影像解译（影像自动解译，组织

1169

专家灾情分析评估,3 天完成,中国测绘科学研究院负责人:张继贤,协调员:燕琴)→"一表一图一报告"成果输出(中国测绘科学研究院负责人:张继贤,协调员:燕琴)→向部值班室提供"一表一图一报告"成果(局司室负责人:吴兆琪,协调员:刘宇)、向指挥部门提供(局司室负责人:李永雄,协调员:翟义青)。

7. 信息发布

(1)信息报送

测绘应急保障情况汇总(局司室负责人:李永雄,协调员:翟义青)→编印测绘应急保障情况日报,报部值班室;视情况编印专报、信息,报党中央、国务院或国务院抗震救灾总指挥部(局司室负责人:吴兆琪,执行人:寇京伟)。

(2)新闻宣传

安排文字、摄影、摄像记者对测绘抗震救灾保障工作进行全程跟踪报道(中国测绘宣传中心负责人:牛靖,协调人:王增宁)→与中央电视台、新华社等单位主动联系,为报道提供协助(中国测绘宣传中心负责人:牛靖,协调员:吴江)。

(3)网络发布

在局门户网站制作专题,刊发有关报道(管理信息中心负责人:王起民,执行人:张亮)→在局门户网站发布最新地震前后测绘应急成果提供信息和图件(管理信息中心负责人:王起民,执行人:张亮)→在局门户网站转载各主要新闻媒体对测绘应急保障工作的报道(管理信息中心负责人:王起民,执行人:张亮)。

8. 组织捐助等活动

制定向地震灾区捐助活动方案(局司室负责人:易树柏,执行人:王咏梅)→组织局机关和在京单位向地震灾区捐助活动,指导系统做好捐助工作(局司室负责人:易树柏,执行人:王咏梅)。

9. 督促检查

对流程执行情况进行督促检查,并以一定形式通报(局司室负责人:吴兆琪,执行人:刘宇)。

(二)抗洪救灾测绘应急保障流程

1. 启动国家测绘应急保障预案

徐德明局长宣布启动测绘应急保障Ⅰ级响应→应急办通知有关司室和单位。

2. 已有成果提供

行政区划图和重点城市地图准备(50 份省区市行政区划图和图册,已有重点城市地图,3 小时送达局应急办。中国地图出版社负责人:赵晓明,协调员:徐根才,执行人:吴秦杰)、基础地理信息图件和数据准备(1、20 份流域影像地图、流域 1∶25 万公众版地图,3 小时完成,国家基础地理信息中心负责人:李志刚,协调员:彭震中,执行人:赵勇)→向中办、国办和国土资源部值班室各提供 5 份(局司室负责人:吴兆琪,协调员:刘宇)、向指挥部门和有关单位提供(局司室负责人:李永雄,协调员:翟义青)、向受洪水严重影响省(区、市)政府提供(局司室负责人:李永雄,协调员:翟义青)。

3. 实地监测

航空摄影或地面实测计划启动(方案编写、实施单位调度和与空中管制部门协调,3 小时实施。局司室负责人:张燕平,协调员:杨和平)→航空应急执行(运输或飞行到洪区航摄,前线指挥:张燕平,卫星测绘应用中心或航摄公司承担,8 小时到达)。

(1)数据生产(相关数据收集、数据批处理,8 小时完成。局司室负责人:张燕平,协调员:田海波)→向成果保管单位提供(国家基础地理信息中心负责人:李志刚,协调员:彭震中,执行人:赵勇)→35 份影像地图输出、数据刻盘(国家基础地理信息中心负责人:李志刚,协调员:彭震中,执行人:赵勇)→向中办、国办和国土资源部值班室各提供 5 份(局司室负责人:吴兆琪,协调员:刘宇)、向指挥部门和有关单位提供(局司室负责人:李永雄,协调员:翟义青)、向受洪水严重影响省(区、市)政府提供(局司室负责人:李永雄,协调员:翟义青)。

(2)洪区大比例尺航空影像地图制作(相关数据收集、数据处理,5 天内完成。局司室负责人:张燕平,协调员:田海波)→影像地图数据向成果保管单位交接（国家基础地理信息中心负责人：李志刚，协调员：彭震中，执行人：赵勇）→35份影像地图输出（输出设备组织，局司室负责人：李永雄，协调员：翟义青。成果整理，国家基础地理信息中心负责人：李志刚，协调员：彭震中，执行人：赵勇）→向国土资源部值班室提供（局司室负责人：吴兆琪，协调员：刘宇）、向指挥部门和有关单位提供（局司室负责人：李永雄，协调员：翟义青）、向受洪水严重影响省（区、市）政府提供（局司室负责人：李永雄，协调员：翟义青）。

4. 专题地图制作

有关数据协调（各公司和部门数据协调，4小时完成，局司室负责人：李永雄，协调员：翟义青）→24小时跟踪洪水后国外卫星遥感数据获取并处理（国家基础地理信息中心负责人：李志刚，协调员：彭震中，执行人：赵勇）→洪水前、后专题地图制作（1、50份灾区行政区划图制作，8小时完成；中国地图出版社负责人：赵晓明，协调员：徐根才，执行人：陈洪玲。2、50份洪水前、后影像地图制作，影像获取后4小时完成。国家基础地理信息中心负责人：李志刚，协调员：彭震中，执行人：赵勇）→向中办、国办和部值班室各提供5份（局司室负责人：吴兆琪，协调员：刘宇）、向指挥部门和有关单位提供（局司室负责人：李永雄，协调员：翟义青）、向受洪水影响严重省（区、市）政府提供（局司室负责人：李永雄，协调员：翟义青）。

5. 信息系统服务

开通三维演示系统和地理信息服务平台，向中央电视台提供三维演示系统和24小时服务（国家基础地理信息中心负责人：李志刚，协调员：彭震中，执行人：赵勇）、开通遥感解译分析评估系统（中国测绘科学研究院负责人：张继贤，协调员：燕琴，执行人：刘纪平）→三维演示系统和遥感解译分析评估系统向国务院应急办提供（局司室负责人：李永雄，协调员：翟义青）、向指挥部门和有关单位提供（局司室负责人：李永雄，协调员：翟义青）、向洪水严重影响省（区、市）政府提供（局司室负责人：李永雄，协调员：翟义青）。

6. 遥感影像解译与灾情分析评估

数据准备（洪水前、后影像数据刻盘，国家基础地理信息中心负责人：李志刚，协调员：彭震中，执行人：赵勇）→数据协调（局司室负责人：李永雄，协调员：翟义青）→遥感影像解译（影像自动解译，组织专家灾情分析评估，3天完成，中国测绘科学研究院负责人：张继贤，协调员：燕琴）→"一表一图一报告"成果输出（中国测绘科学研究院负责人：张继贤，协调员：燕琴）→向部值班室提供"一表一图一报告"成果（局司室负责人：吴兆琪，协调员：刘宇）、向指挥部门提供（局司室负责人：李永雄，协调员：翟义青）。

7. 信息发布

（1）信息报送

测绘应急保障情况汇总（局司室负责人：李永雄，协调员：翟义青）→编印测绘应急保障情况日报，报部值班室；视情况编印专报、信息，报党中央、国务院或国家防汛抗旱总指挥部（局司室负责人：吴兆琪，执行人：寇京伟）。

（2）新闻宣传

安排文字、摄影、摄像记者对测绘抗洪救灾保障工作进行全程跟踪报道（中国测绘宣传中心负责人：牛靖，协调人：王增宁）→与中央电视台、新华社等单位主动联系，为报道提供协助（中国测绘宣传中心负责人：牛靖，协调员：吴江）。

（3）网络发布

在局门户网站制作专题，刊发有关报道（管理信息中心负责人：王起民，执行人：张亮）→在局门户网站发布最新洪水前后测绘应急成果提供信息和图件（管理信息中心负责人：王起民，执行人：张亮）→在局门户网站转载各主要新闻媒体对测绘应急保障工作的报道（管理信息中心负责人：王起民，执行人：张亮）。

8. 组织捐助等活动

制定向洪水灾区捐助活动方案（局司室负责人：易树柏，执行人：王咏梅）→组织局机关和在京单位向洪水灾区捐助活动，指导系统做好捐助工作(局司室负责人:易树柏,执行人:王咏梅)。

9. 督促检查

对流程执行情况进行督促检查,并以一定形式通报(局司室负责人:吴兆琪,执行人:刘宇)。

(三)重特大地质灾害测绘应急保障流程

1. 启动国家测绘应急保障预案

徐德明局长宣布启动测绘应急保障Ⅰ级响应→应急办通知有关司(室)和单位。

2. 已有成果提供

行政区划图准备(50份省区市行政区划图和图册,地质灾害发生地(市)行政区划图,3小时送达局应急办,中国地图出版社负责人:赵晓明,协调员:徐根才,执行人:吴秦杰)、与有关部门协调数据(3小时完成,局司室负责人:李永雄,协调员:翟义青)、基础地理信息图件和数据准备(1、20份地质灾害发生地1:5万地形图、高分辨率影像地图、1:25万公众版地图,5小时完成,国家基础地理信息中心负责人:李志刚,协调员:彭震中,执行人:赵勇)→向中办、国办和国土资源部值班室各提供5份(局司室负责人:吴兆琪,协调员:刘宇)、向指挥部门和有关单位提供(局司室负责人:李永雄,协调员:翟义青)、向地质灾害影响省(区、市)政府提供(局司室负责人:李永雄,协调员:翟义青)。

3. 实地监测

航空摄影计划启动(方案编写、实施单位调度和与空中管制部门协调,3小时实施,局司室负责人:张燕平,协调员:杨和平)→航空应急执行(运输或飞行到事发地、航摄,前线指挥:张燕平,卫星测绘应用中心或航摄公司承担,8小时到达)→数据生产(相关数据收集、数据批处理,8小时完成,局司室负责人:张燕平,协调员:田海波)→影像地图数据向成果保管单位交接(国家基础地理信息中心负责人:李志刚,协调员:彭震中,执行人:赵勇)→35份影像地图输出、数据刻盘(国家基础地理信息中心负责人:李志刚,协调员:彭震中,执行人:赵勇)→向中办、国办和国土资源部值班室各提供5份(局司室负责人:吴兆琪,协调员:刘宇)、向指挥部门和有关单位提供(局司室负责人:李永雄,协调员:翟义青)、向地质灾害影响省(区、市)政府提供(局司室负责人:李永雄,协调:翟义青)。

4. 专题地图制作

有关数据协调(各公司和部门数据协调,4小时完成,局司室负责人:李永雄,协调员:翟义青)→24小时跟踪灾后国外卫星遥感数据获取并处理(国家基础地理信息中心负责人:李志刚,协调员:彭震中,执行人:赵勇)→地质灾害前、后专题地图制作(1、50份灾区行政区划图制作,8小时完成,中国地图出版社负责人:赵晓明,协调员:徐根才,执行人:陈洪玲。2、50份地质灾害前、后影像地图制作,4小时完成,国家基础地理信息中心负责人:李志刚,协调员:彭震中,执行人:赵勇)→向中办、国办和部值班室各提供5份(局司室负责人:吴兆琪,协调员:刘宇)、向指挥部门和有关单位提供(局司室负责人:李永雄,协调员:翟义青)、向地质灾害影响严重省(区、市)政府提供(局司室负责人:李永雄,协调员:翟义青)。

5. 信息系统服务

开通三维演示系统和地理信息服务平台,视情况向中央电视台提供信息系统服务(国家基础地理信息中心负责人:李志刚,协调员:彭震中,执行人:赵勇)→将三维演示系统和地理信息服务平台向国务院应急办、国土资源部和受地质灾害严重影响省(区、市)政府提供(局司室负责人:李永雄,协调员:翟义青)。

6. 信息发布

(1)信息报送

测绘应急保障情况汇总(局司室负责人:李永雄,协调员:翟义青)→编印测绘应急保障情况日报,报部值班室;视情况编印专报、信息,报党中央、国务院(局司室负责人:吴兆琪,执行人:寇京伟)。

(2)新闻宣传

安排文字、摄影、摄像记者对处置地质灾害测绘保障工作进行全程跟踪报道（中国测绘宣传中心负责人：牛靖，协调人：王增宁）→与中央电视台、新华社等单位主动联系，为报道提供协助（中国测绘宣传中心负责人：牛靖，协调员：吴江）。

（3）网络发布

在局门户网站制作专题，刊发有关报道（管理信息中心负责人：王起民，执行人：张亮）→在局门户网站发布最新地质灾害前后测绘应急成果提供信息和图件（管理信息中心负责人：王起民，执行人：张亮）→在局门户网站转载各主要新闻媒体对测绘应急保障工作的报道（管理信息中心负责人：王起民，执行人：张亮）。

7. 督促检查

对流程执行情况进行督促检查，并以一定形式通报（局司室负责人：吴兆琪，执行人：刘宇）。

（四）重特大气象灾害测绘应急保障流程

1. 启动国家测绘应急保障预案

徐德明局长宣布启动测绘应急保障Ⅰ级响应→应急办通知有关司（室）和单位。

2. 已有成果提供

行政区划图和重点城市地图准备（50份省区市行政区划图和图册，已有重点城市及周边地图，3小时送达局应急办，中国地图出版社负责人：赵晓明，协调员：徐根才，执行人：吴秦杰）、基础地理信息图件和数据准备（1、20份气象灾害区域重点城市及周边影像地图、1∶25万公众版地图，3小时完成，国家基础地理信息中心负责人：李志刚，协调员：彭震中，执行人：赵勇）→向中办、国办和国土资源部值班室各提供5份（局司室负责人：吴兆琪，协调员：刘宇）、向指挥部门和有关单位提供（局司室负责人：李永雄，协调员：翟义青）、向气象灾害影响省（区、市）政府提供（局司室负责人：李永雄，协调员：翟义青）。

3. 信息发布

（1）信息报送

测绘应急保障情况汇总（局司室负责人：李永雄，协调员：

翟义青)→编印测绘应急保障情况日报,报部值班室;视情况编印专报、信息,报党中央、国务院或国家防汛抗旱总指挥部(局司室负责人:吴兆琪,执行人:寇京伟)。

(2)新闻宣传

安排文字、摄影、摄像记者对应对重大气象灾害测绘保障工作进行全程跟踪报道(中国测绘宣传中心负责人:牛靖,协调人:王增宁)→与中央电视台、新华社等单位主动联系,为报道提供协助(中国测绘宣传中心负责人:牛靖,协调员:吴江)。

(3)网络发布

在局门户网站制作专题,刊发有关报道(管理信息中心负责人:王起民,执行人:张亮)→在局门户网站转载各主要新闻媒体对测绘应急保障工作的报道(管理信息中心负责人:王起民,执行人:张亮)。

4. 督促检查

对流程执行情况进行督促检查,并以一定形式通报(局司室负责人:吴兆琪,执行人:刘宇)。

(五)重特大森林草原火灾测绘应急保障流程

1. 启动国家测绘应急保障预案

徐德明局长宣布启动测绘应急保障Ⅰ级响应→应急办通知有关司(室)和单位。

2. 已有成果提供

行政区划图(50 份省区市行政区划图和图册,火灾发生地(市)行政区划图,3 小时送达局应急办,中国地图出版社负责人:赵晓明,协调员:徐根才,执行人:吴秦杰)、与有关部门协调数据(4 小时完成,局司室负责人:李永雄,协调员:翟义青)、基础地理信息图件和数据准备(1、20 份林区草原影像地图、1∶25 万公众版地图,3 小时完成,国家基础地理信息中心负责人:李志刚,协调员:彭震中,执行人:赵勇)→向中办、国办和国土资源部值班室各提供 5 份(局司室负责人:吴兆琪,协调员:刘宇)、向指挥部门和有关单位提供(局司室负责人:李永雄,协调员:翟义青)、向森林草原火灾影响严重影响省(区、市)政府提供(局司室负责人:李永雄,协调员:翟义青)。

3. 实地监测

航空摄影计划启动(方案编写、实施单位调度和与空中管制部门协调,3 小时实施。局司室负责人:张燕平,协调员:杨和平)→航空应急执行(运输或飞行到事发地、航摄,前线指挥:张燕平,卫星测绘应用中心或航摄公司承担,8 小时到达)→数据生产(相关数据收集、数据批处理,8 小时完成。局司室负责人:张燕平,协调员:田海波)→影像地图数据向成果保管单位交接(国家基础地理信息中心负责人:李志刚,协调员:彭震中,执行人:赵勇)→35 影像地图输出(输出设备组织,局司室负责人:李永雄,协调员:翟义青。成果整理刻盘,国家基础地理信息中心负责人:李志刚,协调员:彭震中,执行人:赵勇)→向中办、国办和国土资源部值班室各提供 5 份(局司室负责人:吴兆琪,协调员:刘宇)、向指挥部门和有关单位提供(局司室负责人:李永雄,协调员:翟义青)、向森林草原火灾影响省(区、市)政府提供(局司室负责人:李永雄,协调员:翟义青)。

4. 专题地图制作

有关数据协调(各公司和部门数据协调,4 小时完成,局司室负责人:李永雄,协调员:翟义青)→24 小时跟踪火灾发生后国外卫星遥感数据获取并处理(国家基础地理信息中心负责人:李志刚,协调员:彭震中,执行人:赵勇)→过火前、后专题地图制作(50 份过火前影像地图制作,4 小时完成。50 份过火后影像地图制作,每 24 小时更新,形成火场态势影像。国家基础地理信息中心负责人:李志刚,协调员:彭震中,执行人:赵勇)→向中办、国办和部值班室各提供5 份(局司室负责人:吴兆琪,协调员:刘宇)、向指挥部门和有关单位提供(局司室负责人:李永雄,协调员:翟义青)、向森林草原火灾影响省(区、市)政府提供(局司室负责人:李永雄,协调员:翟义青)。

5. 信息系统服务

开通三维演示系统和地理信息服务平台,视情况向中央电视台提供 24 小时服务(国家基础地理信息中心负责人:李志刚,协调员:

1178

彭震中,执行人:赵勇)、开通遥感解译分析评估系统(中国测绘科学研究院负责人:张继贤,协调员:燕琴,执行人:刘纪平)→三维演示系统和遥感解译分析评估系统向国务院应急办提供(局司室负责人:李永雄,协调员:翟义青)、向指挥部门和有关单位提供(局司室负责人:李永雄,协调员:翟义青)、向森林草原火灾影响省(区、市)政府提供(局司室负责人:李永雄,协调员:翟义青)。

6. 遥感影像解译与灾情分析评估

数据准备(火灾前、后影像数据刻盘,国家基础地理信息中心负责人:李志刚,协调员:彭震中,执行人:赵勇)→数据协调(局司室负责人:李永雄,协调员:翟义青)→遥感影像解译(影像自动解译,组织专家灾情分析评估,3天完成,中国测绘科学研究院负责人:张继贤,协调员:燕琴)→"一表一图一报告"成果输出(中国测绘科学研究院负责人:张继贤,协调员:燕琴)→部值班室提供"一表一图一报告"成果(局司室负责人:吴兆琪,协调员:刘宇)、向指挥部门提供(局司室负责人:李永雄,协调员:翟义青)。

7. 信息发布

(1)信息报送

测绘应急保障情况汇总(局司室负责人:李永雄,协调员:翟义青)→编印测绘应急保障情况日报,报部值班室;视情况编印专报、信息,报党中央、国务院(局司室负责人:吴兆琪,执行人:寇京伟)。

(2)新闻宣传

安排文字、摄影、摄像记者对森林草原扑火测绘保障工作进行全程跟踪报道(中国测绘宣传中心负责人:牛靖,协调人:王增宁)→与中央电视台、新华社等单位主动联系,为报道提供协助(中国测绘宣传中心负责人:牛靖,协调员:吴江)。

(3)网络发布

在局门户网站制作专题,刊发有关报道(管理信息中心负责人:王起民,执行人:张亮)→在局门户网站发布最新火灾前后测绘应急成果提供信息和图件(管理信息中心负责人:王起民,执行人:张亮)

→在局门户网站转载各主要新闻媒体对测绘应急保障工作的报道（管理信息中心负责人：王起民，执行人：张亮）。

8. 督促检查

对流程执行情况进行督促检查，并以一定形式通报（局司室负责人：吴兆琪，执行人：刘宇）。

二、事故灾害国家测绘应急保障

（六）突发环境事件测绘应急保障流程

1. 启动国家测绘应急保障预案

徐德明局长宣布启动测绘应急保障Ⅰ级响应→应急办通知有关司（室）和单位。

2. 已有成果提供

行政区划图（50份省区市行政区划图和图册，已有重点城市地图，3小时送达局应急办，中国地图出版社负责人：赵晓明，协调员：徐根才，执行人：吴秦杰）、与有关部门协调数据（3小时完成，局司室负责人：李永雄，协调员：翟义青）、基础地理信息图件和数据准备（重点城市高分辨率影像地图，5小时完成，国家基础地理信息中心负责人：李志刚，协调员：彭震中，执行人：赵勇）→向中办、国办和国土资源部值班室各提供5份（局司室负责人：吴兆琪，协调员：刘宇）、向指挥部门和有关单位提供（局司室负责人：李永雄，协调员：翟义青）、向受突发环境事件影响省（区、市）政府提供（局司室负责人：李永雄，协调员：翟义青）。

3. 专题地图制作

数据准备（重点区域、城市影像、1∶5万数据刻盘，国家基础地理信息中心负责人：李志刚，协调员：彭震中，执行人：赵勇）→与环保等部门协调数据（局司室负责人：李永雄，协调员：翟义青）→编印专题图（根据最新发布情况更新，国家基础地理信息中心负责人：李志刚，协调员：彭震中，执行人：赵勇）→向中办、国办和部值班室各提供5份（局司室负责人：吴兆琪，协调员：刘宇）、向指挥部门和有关单位提供（李永雄，协调员：翟义青）、向突发环境事件影响省(区、市)政府提供(局司室负责人:李永雄,协调员:翟义青)。

4. 信息系统服务

视情况开通突发环境事件地理信息服务平台(国家基础地理信息中心负责人:李志刚,协调员:彭震中,执行人:赵勇)→地理信息服务平台向国务院应急办及受突发环境事件影响省(区、市)政府提供(局司室负责人:李永雄,协调员:翟义青)。

5. 信息发布

(1)信息报送

测绘应急保障情况汇总(局司室负责人:李永雄,协调员:翟义青)→编印测绘应急保障情况日报,报部值班室;视情况编印专报、信息,报党中央、国务院(局司室负责人:吴兆琪,执行人:寇京伟)。

(2)新闻宣传

安排文字、摄影、摄像记者对处置突发环境事件测绘保障工作进行全程跟踪报道(中国测绘宣传中心负责人:牛靖,协调人:王增宁)→与中央电视台、新华社等单位主动联系,为报道提供协助(中国测绘宣传中心负责人:牛靖,协调员:吴江)。

(3)网络发布

在局门户网站制作专题,刊发有关报道(管理信息中心负责人:王起民,执行人:张亮)→在局门户网站转载各主要新闻媒体对测绘应急保障工作的报道(管理信息中心负责人:王起民,执行人:张亮)。

6. 督促检查

对流程执行情况进行督促检查,并以一定形式通报(局司室负责人:吴兆琪,执行人:刘宇)。

三、公共卫生事件国家测绘应急保障

(七)突发公共卫生事件测绘应急保障流程

1. 启动国家测绘应急保障预案

徐德明局长宣布启动测绘应急保障Ⅰ级响应→应急办通知有关司(室)和单位。

2. 已有成果提供

行政区划图(50 份省区市行政区划图和图册,已有重点城市地图,3 小时送达局应急办,中国地图出版社负责人:赵晓明,协调员:徐根才,执行人:吴秦杰)、与有关部门协调数据(3 小时完成,局司室负责人:李永雄,协调员:翟义青)、基础地理信息图件和数据准备(重点城市高分辨率影像地图,5 小时完成,国家基础地理信息中心负责人:李志刚,协调员:彭震中,执行人:赵勇)→向中办、国办和国土资源部值班室各提供 5 份(局司室负责人:吴兆琪,协调员:刘宇)、向指挥部门和有关单位提供(局司室负责人:李永雄,协调员:翟义青)、向受公共卫生事件影响省(区、市)政府提供(局司室负责人:李永雄,协调员:翟义青)。

3. 专题地图制作

数据准备(重点区域、城市影像数据刻盘,国家基础地理信息中心负责人:李志刚,协调员:彭震中,执行人:赵勇)→与卫生部门协调数据(局司室负责人:李永雄,协调员:翟义青)→编印专题图(根据最新发布情况更新,国家基础地理信息中心负责人:李志刚,协调员:彭震中,执行人:赵勇)→向中办、国办和部值班室各提供 5 份(局司室负责人:吴兆琪,协调员:刘宇)、向指挥部门和有关单位提供(局司室负责人:李永雄,协调员:翟义青)、向公共卫生事件影响省(区、市)政府提供(局司室负责人:李永雄,协调员:翟义青)。

4. 信息系统服务

视情况开通突发公共卫生事件地理信息服务平台(国家基础地理信息中心负责人:李志刚,协调员:彭震中,执行人:赵勇)→地理信息服务平台向国务院应急办及受公共卫生事件影响省(区、市)政府提供(局司室负责人:李永雄,协调员:翟义青)。

5. 信息发布

(1)信息报送

测绘应急保障情况汇总(局司室负责人:李永雄,协调员:翟义青)→编印测绘应急保障情况日报,报部值班室;视情况编印专报、信息,

1182

报党中央、国务院(局司室负责人:吴兆琪,执行人:寇京伟)。

(2)新闻宣传

安排文字、摄影、摄像记者对处置公共卫生事件测绘保障工作进行全程跟踪报道(中国测绘宣传中心负责人:牛靖,协调人:王增宁)→与中央电视台、新华社等单位主动联系,为报道提供协助(中国测绘宣传中心负责人:牛靖,协调员:吴江)。

(3)网络发布

在局门户网站制作专题,刊发有关报道(管理信息中心负责人:王起民,执行人:张亮)→在局门户网站转载各主要新闻媒体对测绘应急保障工作的报道(管理信息中心负责人:王起民,执行人:张亮)。

6. 督促检查

对流程执行情况进行督促检查,并以一定形式通报(局司室负责人:吴兆琪,执行人:刘宇)。

四、社会安全事件国家测绘应急保障

(八)突发群体性事件测绘应急保障流程

1. 启动国家测绘应急保障预案

徐德明局长宣布启动测绘应急保障Ⅰ级响应→应急办通知有关司(室)和单位。

2. 已有成果提供

行政区划图(50份省区市行政区划图和图册,已有重点城市地图,3小时送达局应急办。中国地图出版社负责人:赵晓明,协调员:徐根才,执行人:吴秦杰)、与有关部门协调数据(3小时完成,局司室负责人:李永雄,协调员:翟义青)、基础地理信息图件和数据准备(重点城市高分辨率影像地图,5小时完成。国家基础地理信息中心负责人:李志刚,协调员:彭震中,执行人:赵勇)→向中办、国办和国土资源部值班室各提供5份(局司室负责人:吴兆琪,协调员:刘宇)、向指挥部门和有关单位提供(局司室负责人:李永雄,协调员:翟义青)、向受突发群体性事件影响省(区、市)政府提供(局司室负责人:李永雄,协调员:翟义青)。

3. 专题地图制作

数据准备(重点区域、城市影像数据刻盘,国家基础地理信息中心负责人:李志刚,协调员:彭震中,执行人:赵勇)→与有关部门协调数据(局司室负责人:李永雄,协调员:翟义青)→编印专题图(根据最新发布情况更新,国家基础地理信息中心负责人:李志刚,协调员:彭震中,执行人:赵勇)→向中办、国办和部值班室各提供5份(局司室负责人:吴兆琪,协调员:刘宇)、向指挥部门和有关单位提供(局司室负责人:李永雄,协调员:翟义青)、向突发群体性事件影响省(区、市)政府提供(局司室负责人:李永雄,协调员:翟义青)。

4. 信息系统服务

视情况开通突发群体性事件地理信息服务平台和城市三维实景地理信息服务平台(国家基础地理信息中心负责人:李志刚,协调员:彭震中,执行人:赵勇)或协调数字城市平台(局司室负责人:张燕平,协调员:严荣华)→地理信息服务平台向国务院应急办、公安部及受突发群体性事件影响省(区、市)政府提供(局司室负责人:李永雄,协调员:翟义青)。

5. 信息发布

(1)信息报送

测绘应急保障情况汇总(局司室负责人:李永雄,协调员:翟义青)→编印测绘应急保障情况日报,报部值班室;视情况编印专报、信息,报党中央、国务院(局司室负责人:吴兆琪,执行人:寇京伟)。

(2)新闻宣传

安排文字、摄影、摄像记者对处置突发群体性事件测绘保障工作进行全程跟踪报道(中国测绘宣传中心负责人:牛靖,协调人:王增宁)→与中央电视台、新华社等单位主动联系,为报道提供协助(中国测绘宣传中心负责人:牛靖,协调员:吴江)。

(3)网络发布

在局门户网站制作专题,刊发有关报道(管理信息中心负责人:王起民,执行人:张亮)→在局门户网站转载各主要新闻媒体对测绘应急保障工作的报道(管理信息中心负责人:王起民,执行人:张亮)。

6. 督促检查

对流程执行情况进行督促检查,并以一定形式通报(局司室负责人:吴兆琪,执行人:刘宇)。

国家测绘应急保障工作流程中责任人、协调员、执行人发生变动时,相关单位要将情况及时报国家测绘应急保障领导小组办公室和国家测绘局办公室,及时对流程图进行更新。相关责任人、协调员、执行人出差、脱产学习等短期不在岗时各单位、各部门要安排相应岗位职务的替代人员,切实做到不空岗不空人。

附件:1. 抗震救灾测绘应急保障流程图(略)

2. 抗洪救灾测绘应急保障流程图(略)

3. 重特大地质灾害测绘应急保障流程图(略)

4. 重特大气象灾害测绘应急保障流程图(略)

5. 重特大森林草原火灾测绘应急保障流程图(略)

6. 突发环境事件测绘应急保障流程图(略)

7. 突发公共卫生事件测绘应急保障流程图(略)

8. 突发群体性事件测绘应急保障流程图(略)

关于进一步做好应急
测绘保障服务工作的通知

国测办发〔2010〕7 号

各省、自治区、直辖市、计划单列市测绘行政主管部门,新疆生产建设兵团测绘主管部门,局所属各单位,机关各司(室):

今年以来,我国自然灾害多发频发、灾情严重,在党中央、国务院的坚强领导下,全国人民和灾区人民一道积极应对、英勇抗击各类灾害灾难。全国测绘系统坚决贯彻落实党中央、国务院的决策部署,在历次抢险救灾中,尤其是在青海玉树抗震救灾和灾后重建、甘肃舟曲特大山洪泥石流灾害抢险救灾、南方、东北洪涝灾害抢险救灾、西南地区抗旱救灾和西北地区抗击雪灾等自然灾害抢险救灾中,快速提供抢险救灾急需的测绘成果资料和地理信息技术服务,发挥了重要作用。

近日受强降雨天气影响,甘肃、四川等汶川特大地震灾区接连发生特大山洪泥石流灾害。胡锦涛总书记、温家宝总理分别做出重要指示,国务院紧急召开会议,分析当前全国防汛抗洪救灾形势,进一步研究部署全国特别是西部地区洪水地质灾害防御工作。各级测绘行政主管部门和广大测绘干部职工,要把思想和认识统一到党中央、国务院对形势的分析判断和决策部署上来;把洪水地质灾害防御测绘应急保障工作作为当前主要任务来抓,全力服务防汛抗洪救灾和地质灾害防控工作。现就进一步做好应急测绘保障服务工作提出以下要求:

一、为汛情监测、地质灾害隐患排查、台风防御及时主动提供测绘保障服务。要按要求向有关部门和单位积极主动提供各类已有地图资料;根据本地形势和有关方面要求,加工制作洪水地质灾害台风防御区域的专题地图,研建开发相关地理信息服务系统,力求简明、醒目、易用;积极配合本地区地质灾害隐患排查工作,为灾情监测预警提供测绘技术支持。

二、确保及时提供受灾地区抢险救灾所需的测绘成果资料和测绘技术服务。灾情发生后,各有关部门和单位要及时启动应急保障预案;立即开通测绘成果提供绿色通道;应急保障人员迅速到岗到位,及时报告应急保障情况,确保信息通讯畅通;根据响应级别和实际需要,及时部署开展灾情信息资料获取、实地测绘、数据处理和加工制作任务,研建地理信息服务平台,为抢险救灾快速提供适宜的测绘成果和技术服务。当前,要继续做好甘肃舟曲抢险救灾的测绘保障工作,全力做好四川等山洪泥石流重灾区抢险救灾的测绘应急保障工作。

三、为灾后重建、地质灾害综合治理提供持续有力的测绘保障服务。根据实际情况需要,动员骨干力量,按要求组织开展灾区航空摄影,测制灾区恢复重建和地质灾害综合治理用图,研发适合应用的地理信息服务系统;尽快恢复灾区测绘基准和测绘系统等基础设施;加强灾情评估和灾害分析,及时提供灾区恢复重建、地质灾害治理等各有关方面使用。

四、要继续完善应急测绘保障服务机制。要及时总结各类自然灾害抢险救灾行动中的成功经验和存在不足,尽快形成任务分工清晰、责任明确、整体运转协调、有机联动的应急测绘工作机制,同时,加快建立本地测绘部门与行业单位防灾减灾动员协调机制。

五、切实加强应急测绘能力建设。要根据应急保障工作需要和本地财力状况,尽早配备一批快速获取、采集、传递灾区现场信息以及数据处理、加工合成、输出打印等测绘装备,努力提升应急保障能力;加强人才队伍储备,尽早建设一支精干专业的测绘应急保障服务队伍;建立和保持与上级、同级、下级部门及防灾减灾相关单位的畅通无阻的信息沟通联系渠道;切实提高为公众服务的水平,及时发布适宜测绘信息,使广大群众能及时了解灾情,支持抢险救灾行动。

各级测绘行政主管部门要结合各地实际情况认真贯彻落实党中央、国务院关于灾害防御工作的部署,加强组织领导,强化协调配合,严格落实责任,进一步做好应急测绘保障服务工作。

国家测绘局

二〇一〇年八月十七日

关于印发《测绘成果质量监督抽查管理办法》的通知

国测国发〔2010〕9号

各省、自治区、直辖市、计划单列市测绘行政主管部门,新疆生产建设兵团测绘主管部门,局所属各单位,机关各司(室):

为规范测绘成果质量监督抽查工作,强化测绘质量监督管理,根据《中华人民共和国测绘法》等有关法律、法规,国家测绘局修订了《测绘成果质量监督抽查管理办法》,并经局务会审议通过。现予印发,请遵照执行。

国家测绘局
二〇一〇年三月二十四日

测绘成果质量监督抽查管理办法

第一章 总 则

第一条 为规范测绘成果质量监督抽查(以下简称"质量监督抽查")工作,加强测绘质量的监督管理,根据《中华人民共和国测绘法》等有关法律、法规,制定本办法。

第二条 质量监督抽查的计划与方案制订、监督检验、异议受理、结果处理等,适用本办法。

第三条 国家测绘局负责组织实施全国质量监督抽查工作。县级以上地方人民政府测绘行政主管部门负责组织实施本行政区域内质量监督抽查工作。

第四条　质量监督抽查工作必须遵循合法、公正、公平、公开的原则。

第二章　计划与方案制定

第五条　国家测绘局按年度制定全国质量监督抽查计划,重点组织实施重大测绘项目、重点工程测绘项目以及与人民群众生活密切相关、影响面广的其他测绘项目成果的质量监督抽查。

县级以上地方人民政府测绘行政主管部门结合上级质量监督抽查计划制定本级质量监督抽查计划,并报上一级测绘行政主管部门备案,重点组织实施本行政区域内测绘项目成果的质量监督抽查。

测绘行政主管部门不应对同一测绘项目或者同一批次测绘成果重复抽查。

第六条　测绘行政主管部门应当专项列支质量监督抽查工作经费,并专款专用。

第七条　测绘行政主管部门组织实施质量监督抽查时,应当制订工作方案,发布通告,开具通知单,审批技术方案。

第八条　质量监督抽查的质量判定依据是国家法律法规、国家标准、行业标准、地方标准,以及测绘单位明示的企业标准、项目设计文件和合同约定的各项内容。

当企业标准、项目设计文件和合同约定的质量指标低于国家法律法规、强制性标准或者推荐性标准的强制性条款时,以国家法律法规、强制性标准或者推荐性标准的强制性条款作为质量判定依据。

第九条　监督抽查的主要内容是:

(一)项目技术文件的完整性和符合性;

(二)项目中使用的仪器、设备等的检定情况及其精度指标与项目设计文件的符合性;

（三）引用起始成果、资料的合法性、正确性和可靠性；

（四）相应测绘成果各项质量指标的符合性；

（五）成果资料的完整性和规范性；

（六）法律、法规及有关标准规定的其他内容。

第三章　监督检验

第十条　质量监督抽查工作中需要进行的技术检验、鉴定、检测等监督检验活动，测绘行政主管部门委托具备从事测绘成果质量监督检验工作条件和能力的测绘成果质量检验单位（以下简称"检验单位"）承担。

第十一条　检验单位应当制定技术方案，技术方案经测绘行政主管部门批准后，检验单位组织具备相应专业知识和技术能力的检验人员，开展检验工作。

第十二条　检验人员必须遵守法律法规，遵守工作纪律，恪守职业道德，保守受检测绘成果涉及的技术秘密、商业秘密，履行检验过程的保密职责。

与受检单位或者受检项目有直接利害关系、可能影响检验公正的人员不得参加检验工作。

第十三条　检验开始时，检验单位应当组织召开首次会，向受检单位出示测绘行政主管部门开具的监督抽查通知单，并告知检验依据、方法、程序等。

检验过程中，检验单位应当按照技术方案规定的程序，开展检验工作。检验单位可根据需要，向测绘项目出资人、设计单位、施测单位、质检单位等调查、了解项目相关情况，实施现场检验。

检验完成后，检验单位应当组织召开末次会，通报检验中发现的问题，提出改进意见和建议。

第十四条　受检单位应当配合监督检验工作，提供与受检项目相关的合同、质量文件、成果资料、仪器检定资料等，对检验所需的仪器、设备等给予配合和协助。

第十五条　对依法进行的测绘成果质量监督检验,受检单位不得拒绝。拒绝接受监督检验的,受检的测绘项目成果质量按照"批不合格"处理。

第十六条　检验单位必须按照国家有关规定和技术标准,客观、公正地做出检验结论,并于全部检验工作结束后三十个工作日内将检验报告及检验结论寄(交)达受检单位。

第四章　异议受理

第十七条　受检单位对监督检验结论有异议的,可以自收到检验结论之日起十五个工作日内向组织实施质量监督抽查的测绘行政主管部门提出书面异议报告,并抄送检验单位。逾期未提出异议的,视为认可检验结论。

第十八条　检验单位应当自收到受检单位书面异议报告之日起十个工作日内做出复验结论,并报组织实施质量监督抽查的测绘行政主管部门。

第十九条　组织实施质量监督抽查的测绘行政主管部门收到受检单位书面异议报告,需要进行复检的,应当按原技术方案、原样本组织。

复检一般由原检验单位进行,特殊情况下由组织实施监督抽查的测绘行政主管部门指定其他检验单位进行。复检结论与原结论不一致的,复检费用由原检验单位承担。

第二十条　监督检验工作完成后,检验单位应当在规定时间内将监督检验报告、检验结论及有关资料报送组织实施监督抽查的测绘行政主管部门。

第五章　结果处理

第二十一条　测绘行政主管部门负责审定检验结论,依法向社会公布质量监督抽查结果,确属不宜向社会公布的,应当依法抄告有关行政主管部门、有关权利人和利害相关人。

第二十二条　县级以上地方人民政府测绘行政主管部门应当将质量监督抽查结果及工作总结报上一级测绘行政主管部门备案。对非本行政区域内测绘单位的质量监督抽查结果应当抄告其测绘资质审批和注册机关。

第二十三条　质量监督抽查不合格的测绘单位,组织实施质量监督抽查的测绘行政主管部门应当向其下达整改通知书,责令其自整改通知书下发之日起三个月内进行整改,并按原技术方案组织复查。

测绘单位整改完成后,必须向组织实施抽查的测绘行政主管部门报送整改情况,申请监督复查。逾期未整改或者未如期提出复查申请的,由实施抽查的测绘行政主管部门组织进行强制复查。

测绘成果质量监督抽查不合格的,或复查仍不合格的,测绘行政主管部门依照《中华人民共和国测绘法》及有关法律、法规的规定予以处理。

第六章　附　　则

第二十四条　本办法由国家测绘局负责解释。

第二十五条　本办法自印发之日起施行。国家测绘局一九九〇年二月发布的《测绘产品质量监督抽检管理办法(试行)》同时废止。

关于进一步贯彻执行
《测绘资质管理规定》和
《测绘资质分级标准》的通知

测办〔2010〕24 号

各省、自治区、直辖市、计划单列市测绘行政主管部门：

新修订的《测绘资质管理规定》(以下简称《规定》)和《测绘资质分级标准》(以下简称《标准》)实施以来,各级测绘行政主管部门认真学习贯彻新的准入政策,依法加强测绘资质监管工作,进一步规范了测绘市场秩序,推进了我国测绘技术装备更新,提高了测绘工作的能力和水平,促进了地理信息产业的发展。随着测绘事业的快速发展,社会各界对测绘的需求不断增加,测绘服务领域不断扩展,测绘资质管理在完善标准、规范审批、强化考核及做好服务等方面存在亟须解决的问题。为加强测绘资质管理工作,进一步贯彻执行《规定》和《标准》,现就有关事项通知如下：

一、规范测绘资质受理、初审和发证

(一)受理。省级测绘行政主管部门决定受理甲级测绘资质申请的,申请材料应当清晰、完整、符合规定样式。受理前,如需补正材料的,应当在受理期限内一次性告知。出具受理通知后原则上不能再要求申请单位补正材料。

(二)初审。省级测绘行政主管部门上传甲级测绘资质申请材料前,应当依法严格履行甲级测绘资质初审职责,凡不符合甲级测绘资质条件的,应写明所有不符合的内容及理由。凡符合甲级测绘资质条件的,应当提出拟同意甲级测绘资质的专业和专业范围。

(三)国家测绘局对各省上报的甲级测绘资质申请,经审查,对申请材料不齐全、不符合规定条件的,做出不批准的决定。对初审意见不完整、不准确的,退回省级测绘行政主管部门重新审查报送。

（四）甲级测绘资质单位的甲级测绘资质证书由国家测绘局颁发，乙级以下测绘资质证书由省级测绘行政主管部门颁发。

（五）测绘资质单位申请增加专业范围或申请专业范围升级的，应当在申请前取得该专业下一等级测绘资质3年以上。

二、明确测绘和计算机专业技术人员认定标准

（一）测绘专业技术人员包括以下人员：

1. 经具备相应职称评定资格的机构颁发或者认可的具有相应专业技术职务任职资格的人员。

2. 经国家测绘局委托的组织或者机构按照国家有关标准认定，具备相应测绘专业技术职务任职资格的人员。

（二）高、中级计算机专业技术人员包括以下人员：

1. 计算机类专业毕业，取得计算机专业高、中级专业技术职务任职资格的人员。

2. 计算机类专业毕业，取得工程系列高、中级专业技术职务任职资格的人员。

3. 通过全国统一组织的计算机等级考试，取得二、三、四级计算机等级证书的人员。

4. 地理信息系统工程专业毕业，取得工程系列高、中级专业技术职务任职资格的人员。

三、调整部分专业的仪器设备考核条件

（一）申请天文测量乙级资质的，应当具备天文测量设备1套；申请重力测量乙级资质的，应当具备0.02毫伽精度以上重力仪2台。

（二）申请地理信息系统工程专业资质的，应当具备规定数量的影像扫描仪，航片扫描仪不作为考核条件。

（三）申请水利工程测量的，应当至少具备1台测深仪；申请地下管线测量的，应当至少具备1台地下管线探测仪；申请矿山测量的，应当至少具备1台陀螺仪，但对以上仪器的种类和精度，不作为考核条件。

（四）内水测量只要具备《标准》中规定数量的GPS接收机、全站仪、水准仪、测深仪（单频）、验流计、图形扫描仪等数据采集设备和A0幅面以上绘图仪，在《测绘资质证书》上注明"仅限内水测量"。

四、细化保密制度考核

省级以上测绘行政主管部门除按《规定》第七条要求考核申请单位的保密管理制度外,还应考核以下事项:

(一)具有规范的、可操作的涉密人员、涉密载体、涉密成果的生产、提供、使用、保管和通信及办公自动化设备管理制度。

(二)有符合保密要求的按保密要害部位管理的涉密测绘成果生产保管场所。

(三)涉密计算机和信息系统与国际互联网和其他公共信息网络实行物理隔离,涉密计算机不得安装具有无线联网功能的硬件模块和具有无线功能的外部设备,涉密计算机和信息系统按照存储和处理数据的密级进行管理,有身份识别、访问控制和有效的数据输出相对集中控制措施,信息数据交换配备中间转换机。

(四)建有信息设备和存储介质台账,有符合国家保密管理规定的涉密信息设备和存储介质维修、报废制度。

(五)核心涉密人员岗位职责明确,设置有独立的工作权限,并应当持有国家测绘局颁发的涉密测绘成果管理人员岗位培训证书。

五、统一测绘业绩考核条件

凡申请测绘资质复审换证、资质升级和变更业务的,有关业务规模和质量水平按以下标准考核:

(一)对申请单位的测绘服务总值的考核,可以累计申请单位规定时期内的项目合同额,包括申请单位已完成和未完成的测绘工程项目合同额。

工程建设、勘察、设计等综合性项目整体发包,其中的测绘工作不另行签订合同的测绘项目,或者列入财政预算的基础测绘项目,以项目内部管理出具的测绘任务下达或者结算凭证反映的价款作为测绘业绩的考核依据。

(二)依照《标准》规定,甲、乙、丙级测绘单位必须有规定数量的测绘工程项目通过相应的测绘行政主管部门组织的质量认可,相应的测绘行政主管部门组织的质量认可是指符合以下条件之一:

1. 由相应的测绘产品质量检验机构进行测绘项目质量检验,并出具质量合格的检验报告。

2. 由相应的测绘行政主管部门组织测绘项目质量考核验收，并出具测绘项目质量考核合格证明。

3. 由相应的测绘行政主管部门对测绘工程项目出资方提供的测绘项目验收意见组织认可，并出具通过认可的证明文件。

4. 由省级以上测绘行政主管部门组织认定的测绘项目为优秀测绘工程的。

六、确定无人飞行器测绘航空摄影资质考核条件

凡利用无线电遥控设备和自备程序控制装置操纵具有动力系统的不载人的无人驾驶固定翼飞机、无人驾驶直升机和无人驾驶飞艇等无人飞行器，从事测绘航空摄影活动的，依法需经测绘资质审查，取得相应等级的《测绘资质证书》。

"无人飞行器航摄"列入《测绘航空摄影专业标准》"专业范围"。考核的专业标准包括：

（一）专业技术人员考核总数和取得高中级专业技术职务任职资格的人员数量符合测绘航空摄影专业标准的要求，其中还要有通过国家测绘局组织的飞行操控考核的无人飞行器飞行操控与机务维护相关技术人员，甲级、乙级分别不少于6名、2名。

（二）仪器设备要求甲级、乙级分别具备 3500×5400 像素以上数码相机不少于6台、2台，24mm 和 35mm 定焦镜头总和不少于6台、2台，无人飞行器系统不少于3套、1套。无人飞行器航摄系统是指由无人飞行器系统（含飞行平台、飞控系统、测控地面站）、图像质量评价与预处理软件系统等构成的具备航摄功能的系统。

（三）作业限额为甲级无限制，乙级资质小于1 000km²。

国家测绘局办公室

二〇一〇年四月九日

关于加强地理信息
市场监管工作的意见

国测管发〔2010〕15 号

各省、自治区、直辖市、计划单列市测绘行政主管部门,通信管理局,国家安全厅(局),工商行政管理局,新闻出版局,保密局,军区、军兵种测绘主管部门:

2009 年 1 月以来,各地区、各部门认真贯彻落实《国务院办公厅转发测绘局等部门关于整顿和规范地理信息市场秩序意见的通知》(国办发〔2009〕4 号)精神,加强领导,周密部署,密切配合,扎实工作,圆满完成了全国地理信息市场专项整治工作,地理信息市场秩序得到明显好转,有力地促进了地理信息产业健康发展。但是,地理信息产业具有产业链长、关联度大的特点,涉及国民经济建设诸多领域,监管难度大;一些地方在市场监管上仍然存在认识不到位及监管体制不顺、力量薄弱、手段缺乏的问题;地理信息市场违法违规行为仍时有发生。这些问题的存在,给国家安全带来了隐患。为进一步加强地理信息市场监管,保障国家安全,促进地理信息产业又好又快发展,现提出以下意见:

一、深刻认识加强地理信息市场监管的重要性

(一)深化地理信息关系国家安全和利益的认识。地理信息是国家重要的战略性信息资源,关系到国家安全和利益。涉密地理信息数据是境外有关机构长期收集我国情报的重点领域之一,一旦失泄密或流失到境外,会给国家安全和利益带来长期、潜在的危害。因此,加强地理信息市场监管,是对国家安全和利益高度负责的体现,是确保地理信息资源广泛、高效、安全应用的基本前提。

(二)深刻理解加强监管对促进产业健康发展的重要意义。地理信息产业属于战略性新兴高技术产业,依法加强地理信息市场监管,将地理信息产业纳入规范化、法制化的发展轨道,对于维护地理信息安全、加快构建数字中国、推进国家信息化建设、服务政府决策、方便人民群众生产生活等都具有重要意义,也是贯彻落实科学发展观,促进我国地理信息产业优化升级和集群发展,壮大产业规模,提高产业竞争力的必然要求。

二、当前加强地理信息市场监管的主要任务

(三)严把市场准入关。地理信息市场监管工作要从阶段性集中整治向日常化的事前监管转变,前移市场监管"关口"。测绘部门要认真执行《测绘资质管理规定》,进一步加强地理信息产业单位的资质管理,严格审批条件,完善审批手续;要加大对互联网地图服务的监管力度,对应当但尚未取得测绘资质证书的单位,依法责令其暂停互联网地图服务,通信管理部门依法予以协助。工商部门要配合主管部门依法查处未进行登记或者超出经营许可范围的地理信息市场违法行为。新闻出版部门要加强对地图出版、印刷等活动的审批工作;从事互联网地图出版活动的单位,应依法取得互联网出版服务许可。对外国的组织或者个人来华测绘申请,有关部门要加强协作,对外方背景、测绘内容和真实目的等进行严格审查。

(四)加强地理信息市场动态监管。进一步完善测绘行政执法体制,加强市、县测绘行政能力建设,提高地理信息市场监管能力。测绘部门要会同工商、通信管理、新闻出版、保密等部门,建立动态检查制度,采取形式多样的检查方式,加大对地理信息市场的监督检查力度。重点加强对互联网地图服务、导航定位等新兴地理信息服务领域的监管。开展监管新技术、新方法研究,创新监管手段,加强对地理信息市场的全过程监管。积极探索建立地理信息市场监督员制度。建立部门间地理信息市场联合监管机制,不定期召开联席会议,及时交流信息,部署协调重大专项行动,研究解决地理信息市场监管中出现的新情况、新问题。

(五)建立市场监测预警机制。测绘部门要会同相关部门加强地理信息市场统计、分析,强化对地理信息市场的监测和预警,并及时将相关情况通报有关部门。建立以测绘资质管理为核心的地理信息市场监管信息系统,逐步建立测绘资质管理、测绘行政执法、测绘项目备案、测绘质量监督、基础测绘成果提供等管理措施间的联动机制。

(六)进一步加大联合执法力度。针对涉外、涉军、涉密、涉证、涉网等"五涉"案件违法主体多元、违法领域宽泛、违法途径多样的特点,继续做好重点领域违法案件查处工作。测绘、通信管理、国家安全、工商管理、新闻出版、保密、军队等相关部门要进一步健全联合查办案件的协作机制,形成执法合力,及时查处违法行为,提高执法办案质量和效率。对违法从事涉密测绘活动,或对涉密地理信息数据保管不善、造成泄密的资质单位,要依法撤销其资质;对不具有测绘资质违法从事涉密测绘活动的单位,要依法加大处罚力度;对情节严重触犯刑法的,依法移交司法机关追究刑事责任。各地区各部门要对地理信息市场典型违法案件予以公布,建立地理信息市场行政执法表彰奖励和责任追究制度。

(七)加大涉密地理信息保密监管力度。严格控制涉密测绘成果流向,狠抓涉密测绘成果使用、保管单位的保密管理,切实做好涉密测绘成果回收工作,形成对涉密测绘成果生产、流通、保管全过程的保密监管机制。要有效整合各方面力量,尽快研制一批安全实用的产品,提高涉密地理信息保密防护水平,提高针对互联网泄露涉密地理信息行为的检查监管能力。要改进和完善保密技术措施,着力做好军事、外事、科研、重大工程建设等活动中涉密地理信息的安全保密防范工作。保密部门要会同有关部门依法查处地理信息泄密案件,重点打击为境外机构、组织、人员窃取、刺探、收买、非法提供涉密地理信息的违法行为。

(八)加快地理信息市场法制建设。深入开展针对地理信息市场管理的立法调研,抓紧制定或修订有关地理信息市场管理的法规规章,建立健全地理信息市场监管制度。测绘部门要尽快研究出台遥感影像公开使用管理规定,制定地理信息要素细化分层方案;测绘和保密部门要共同修订《测绘管理工作国家秘密范围的规定》,完善涉密测绘成果提供和使用的有关规章制度。进一步加强地理信息市场相关法律法规的贯彻落实工作,把依法管理的各项要求真正落实到地理信息管理的各环节。

(九)加强法制宣传教育。大力开展对有关部门、单位和相关人员的法制宣传教育,重点加强对地理信息数据使用者的宣传教育,增强安全保密意识、依法测绘意识、依法使用地理信息数据意识。通过开展"以案说法"等活动,发挥查办案件的警示教育作用,提升各方面自觉维护地理信息安全的共识。改进宣传方法,将集中宣传与日常宣传相结合,重点宣传与普遍宣传相结合,充分利用广播、电视、报刊、互联网等媒体,强化地理信息关系国家安全和利益的宣传教育,提高全社会的国家安全意识。

(十)积极优化市场发展环境。各部门根据职责分工,查找本部门负责的、影响地理信息市场健康发展的主要问题,有针对性地解决产业发展中暴露出来的深层次矛盾。加大地理信息产业扶持力度,优化发展环境,协调出台有关政府采购、投融资、资源共享、产业基地建设等方面的优惠政策。探索建立地理信息市场信用体系,适时开展地理信息产业单位征信工作,建立资信优秀单位激励制度,发挥示范引导效用,培育"公平、公正、健康、有序"的市场环境。

三、加强地理信息市场监管的保障措施

(十一)加强组织领导。地理信息市场专项整治工作结束后,测绘行政主管部门要会同通信管理、国家安全、工商管理、新闻出版、保密、军队等有关部门,以地理信息市场监管联席会议及其办公室的形式,继续负责统筹协调本级监管机制的建设工作。各部门要切实承担起市场监管长效机制建设的责任,既要严格履行职责、各司其职、各负其责,又要相互支持、积极配合、协调统一、合力监管,实现市场监管规范化、常态化。

(十二)加强监管力量建设。各部门要以强化法制意识、提高管理能力和服务效率为重点，采取切实有效措施，大力加强执法队伍建设，规范执法行为，提高执法水平。要不断总结监管经验，创新监管思路，大胆探索监管模式和工作方法，提高监管效果。要改善地理信息市场监管的执法装备和检验监测条件，为执法办案提供必要的保障。

（十三）健全社会监管体系。各部门要制定措施，通过支持地理信息相关社团组织制定自律公约等途径，教育、引导地理信息产业单位自觉遵守法律法规，开展诚信经营。鼓励社会公众参与市场监督，建立违法违规举报制度和市场监管信息反馈制度。要充分发挥舆论监督作用，在全社会形成人人关心和参与规范地理信息市场秩序的良好氛围。

国家测绘局

工业和信息化部

国家安全部

国家工商行政管理总局

新闻出版总署

国家保密局

中国人民解放军总参谋部测绘局

二〇一〇年四月二十三日

关于印发互联网地图
服务专业标准的通知

国测管发〔2010〕14 号

各省、自治区、直辖市、计划单列市测绘行政主管部门：

　　为了加强互联网地图服务资质管理,促进互联网地图服务健康有序发展,提升测绘与地理信息产业服务大局、服务社会、服务民生的能力和水平,根据《中华人民共和国测绘法》的规定,我局对 2009年颁布的《测绘资质分级标准》中互联网地图服务专业标准进行了修订,现予印发,请遵照执行。我局 2009 年颁布的《测绘资质分级标准》中互联网地图服务专业标准同时废止。

　　附件:互联网地图服务专业标准

国家测绘局

二〇一〇年五月十日

附件：

互联网地图服务专业标准

专业范围	考核指标	考核内容	考核标准		备注
			甲级	乙级	
	主体资格	主体资格	事业单位法人或企业法人		1. 互联网地图，是指登载在互联网上或者通过互联网发送的基于服务器地理信息数据形成的具有实时生成交互式控制、数据搜索、属性标注等特性的电子地图。
1. 地图搜索、位置服务 2. 地理信息标注服务 3. 地图下载、复制服务 4. 地图发送、引用服务	人员规模	地图制图或计算机类专业技术人员	20 人（中级以上专业技术人员 5 人，地图安全审校人员 5 人）	12 人（中级以上专业技术人员 2 人，地图安全审校人员 2 人）	
	仪器器设备	服务器	存放地图数据的服务器设在中华人民共和国境内，提供服务器公网 IP 地址。		
		专用软件	有独立地图引擎	无要求	2. 通过无线互联网络调用的地图属互联网地图管理范畴。
	作业限额	作业限额	无限额限制	专业范围 3、4 不得承担	
	保密管理	地图安全审校人员	经国家测绘局考核合格	经省级以上测绘行政主管部门考核合格	
		地图数据	使用经省级以上测绘行政主管部门审核批准的地图数据		
		保密制度	建立地图数据安全管理制度，配备安全保障技术设施		

1204

专业范围	考核指标	考核内容	考核标准		备注
			甲级	乙级	
	质量管理	质量管理机构	配备了质量技术人员		
		质量岗位责任制建立情况	单位有明确的质量方针、目标，建立了互联网地图服务质量责任制		
		质量意识教育和技术培训	从事互联网地图服务的质检人员，经过质量技术培训		
		质量管理制度建立情况	制定了质量管理规定、建立了用户质量信息反馈及跟踪服务制度		3. 保密制度、质量管理、档案管理需通过省级以上测绘行政主管部门的考核
	档案管理	档案管理人员	具有专（兼）职档案管理人员，制定了档案人员岗位责任制		
		档案管理制度	单位建立登记、入库、审核、复制、删除等档案工作制度，地图数据实行统一管理		
		组织领导	有领导分管档案计算机，经常组织检查档案工作		
		档案装备	配备资料档案计算机，建立数据库		
		分类方案	有数据分类管理方案，查询快捷方便		
		档案保管安全	近3年内未出现档案丢失、泄密事件不存在非法持有、擅自复制秘密测绘资料档案的行为不存在向任何组织、机构和人员提供密级测绘资料档案的行为计算机不存在擅自复制开机口令的行为		
		档案删除管理	制定了互联网地图服务资料档案的删除程序并严格执行		

关于日照测量专业
有关问题的批复

测办〔2010〕79 号

天津市规划局：

你局《关于界定日照测量专业有关概念的请示》（规测字〔2010〕472 号）收悉。经研究，现批复如下：

《测绘资质分级标准》划分的日照测量专业，是指为规划管理日照分析提供测绘数据的测量活动。日照分析，一般是指在特定时间段内利用技术手段，对相互遮挡阳光的建筑物的光照条件进行分析的活动。日照测量提供的测绘数据，是进行日照分析和科学规划管理的重要依据。

申请从事日照测量的单位，应当符合《测绘资质分级标准》的通用标准和工程测量专业标准的考核条件，并取得相应等级的《测绘资质证书》。从事日照测量的单位应当出具测量成果报告，并依法对其成果质量负责。

国家测绘局办公室
二〇一〇年十月十二日

关于加强地图备案工作的通知

国测图发〔2010〕2号

各省、自治区、直辖市测绘行政主管部门,国家测绘局地图技术审查中心、各有关单位:

地图备案是地图管理工作的重要环节。多年来,大多数地图审核申请单位认真按照有关规定履行地图备案手续。但仍有一些单位对地图备案工作重视不够,不按规定进行备案。为进一步加强地图管理,现就做好地图备案工作通知如下:

一、**高度重视地图备案工作。**地图备案是《中华人民共和国地图编制出版管理条例》规定的一项重要制度,《地图审核管理规定》对此也做了明确规定。加强地图备案工作对维护国家主权、安全和民族尊严,促进地图市场健康发展具有重要作用。加强地图备案工作也是强化地图审核行政许可事后监督检查的一项重要措施,是地图管理的重要环节。各地、各有关单位要高度重视,把地图备案纳入地图管理的重要工作内容,按照"要求严格、程序简便、监管有力、处置公开"的原则做好地图备案工作。

二、**完善地图备案工作机制。**国家测绘局地图技术审查中心承办国家测绘局审核批准地图的备案工作。受国家测绘局委托代行部分地图审核职能的省级测绘行政主管部门,承办受委托审核地图的备案工作,并按照国家测绘局有关要求加强监督管理,定期提交相关工作报告。各地要尽快确定地图备案工作承办机构,并向地图审核申请单位公布地图备案工作承办机构名称,明确备案程序,提供联系方式。各级地图备案工作承办机构要认真制定备案地图在接收、登记、归档、查阅、统计、报告和销毁以及抽检等方面的工作程序和管理细则,妥善保管备案样本,在保管期内不得损坏、丢失,未经测绘行政主管部门批准不得擅自向第三方提供。

三、认真做好地图备案工作。凡经测绘行政主管部门依法审核批准并核发审图号的地图，必须依照《地图审核管理规定》和本通知要求，由地图审核申请单位负责报送备案地图。报送备案地图应当采用直接送达或挂号邮寄等可查询投递信息的方式。备案样图应当报送一式两份，并提交加盖单位印章的纸质备案清单一式两份（具体要求见附件）。地图备案报送单位应当指定地图备案工作负责人和承办人，并通知地图备案工作承办机构。自核发审图号之日起60日内不能报送地图备案的，地图备案报送单位应及时向相应的图备案工作承办机构致函说明情况。

四、加大监督检查力度。各级地图审核工作机构要依法加强对地图备案工作的监督检查，要抽取一定数量的备案样本与留存的批注样图进行比照检查。重点检查报送的备案样本是否符合地图备案的要求、是否与审核批准的样图一致、是否按照地图内容审查意见书和试制样图的批注意见进行修改、是否载明审图号等内容。要建立地图备案通报制度，对地图备案情况及时予以通报。对未依法报送地图备案的单位，依据《地图审核管理规定》等有关规定，在其未履行相应的备案义务前，可以暂缓受理其地图审核申请。对与审核批准的样图不一致、未按照地图内容审查意见书和试制样图的批注意见进行修改等行为，有关测绘行政主管部门应当根据情节轻重追究其法律责任。

附件：备案的具体要求

国家测绘局

二〇一〇年十月十九日

附件：

备案的具体要求

一、常规地图的备案。纸质地图出版物报送成品备案；批量生产的地球仪以及在生产加工的产品上附加地图图形的产品，报送样品或与审核时同样规格的地图图片备案。

对于在公共场所和互联网上长期展示的常规地图，报送与审核时同样规格的纸质样图备案。

二、导航电子地图的备案。应当报送包含导航电子地图的导航产品或能读取数据且导航、定位等功能与配套的导航产品一致的 PC 版模拟导航软件。

三、互联网地图的备案

（一）互联网地图编制单位负责报送互联网地图数据备案，初次备案时应提供存储最终发布的地图数据、与在线地图显示效果一致的浏览软件，以及包含兴趣点名称、省级和城市归属等内容的通用格式（如 Access、Excel 等）兴趣点数据。

互联网地图编制单位对登载发布后的地图更新增加数据内容的，应当将增加的数据内容报送备案。

（二）互联网地图服务单位负责报送新增兴趣点备案。互联网地图服务单位在地图上新增兴趣点，应自审核批准之日起，每 6 个月报送包含兴趣点名称、省级以及城市归属内容的通用格式（如 Access、Excel 等）兴趣点数据备案。

四、备案清单表格式如下：

常规地图备案清单表

单位名称：

序号	图名	书号	审图号	出版、展示日期	数量	通讯地址	联系人	联系电话

电子地图(导航电子地图、互联网地图)备案清单表

单位名称：

序号	图名	存储介质	审图号	出版、登载日期	地图数据制作单位	数量	通讯地址	联系人	联系电话

互联网地图新增兴趣点备案清单表
(时间段)

单位名称：

序号	图名	审图号	存储介质	新增数量(个)	通讯地址	联系人	联系电话
1							
2							

五、互联网地图新增兴趣点备案通用格式如下：

互联网地图新增兴趣点信息

单位名称：

网站名称及网址：		
图名及审图号：		
新增信息时间段：		
序号	兴趣点名称	省级及城市归属

六、地图备案说明函格式如下：

地图备案说明函

国家测绘局地图技术审查中心：

因我单位＿＿＿＿＿＿＿的原因,国家测绘局审核批准的等地图,在核发审图号之日起 60 日内不能报送备案,特致函说明情况,并承诺按照规定的期限报送备案(拟报送备案日期见附件)。

＿＿＿＿＿＿(单位印章)

＿＿＿年＿＿＿月＿＿＿日

附件:拟报送备案日期

地图名称	审图号	原因	拟备案日期

关于在公开地图上
表示新增民用机场的通知

国测图发〔2010〕1 号

各省、自治区、直辖市测绘行政主管部门,各有关单位:

经商中国民用航空局,原可在公开地图上表示的 184 个民用机场,现又增加了 18 个(见附件)。请各地图编制单位按照有关规定在公开地图上正确表示上述机场的符号和名称,各地图审核部门加强审核,严格把关。

附件:新增可在公开地图上表示的民用机场名单

国家测绘局
二〇一〇年九月十六日

附件：

新增可在公开地图上表示的民用机场名单

序号	机场名称	所在省	所在城市
1	黎平机场	贵州省	黔东南苗族侗族自治州
2	兴义机场	贵州省	黔西南布依族苗族自治州
3	无锡硕放机场	江苏省	无锡市
4	井冈山机场	江西省	吉安市
5	鄂尔多斯机场	内蒙古自治区	鄂尔多斯市
6	满洲里西郊机场	内蒙古自治区	满洲里市
7	玉树机场	青海省	玉树藏族自治州
8	运城机场	山西省	运城市
9	南充高坪机场	四川省	南充市
10	林芝机场	西藏自治区	林芝地区
11	塔城机场	新疆维吾尔自治区	塔城地区
12	那拉提机场	新疆维吾尔自治区	伊犁哈萨克自治州
13	重庆黔江舟白机场	重庆市	黔江区
14	佛山机场	广东省	佛山市
15	芷江机场	湖南省	怀化市
16	中卫香山机场	宁夏回族自治区	中卫市
17	克拉玛依机场	新疆维吾尔自治区	克拉玛依市
18	百色机场	广西壮族自治区	百色市

关于切实做好国家基础测绘
项目成果档案归档工作的通知

国测成发〔2010〕5 号

各省、自治区、直辖市、计划单列市测绘行政主管部门,新疆生产建设兵团测绘主管部门,局所属各单位,机关各司(室):

国家基础测绘项目成果档案包括基础测绘生产、测绘研究与试验、测绘成果应用、标准质量等工作中形成的成果档案,它是国家档案的重要组成部分,对国家经济建设、国防建设、社会发展和应急救灾等具有重要作用。为深入贯彻落实《中华人民共和国档案法》和《中华人民共和国测绘成果管理条例》,促进测绘成果档案的开发利用,现就切实做好基础测绘项目成果档案归档工作通知如下:

一、加强组织领导,强化归档意识。做好国家基础测绘项目成果档案归档工作,是贯彻落实档案和测绘成果管理法规制度的重要举措,是履行测绘公共服务职能的基本保障,是推进测绘成果广泛应用的客观要求,对测绘部门更好的"服务大局、服务社会、服务民生"具有重要意义。各单位、各部门要站在全面履行测绘职能,提升测绘公共服务能力的高度,加强对基础测绘项目成果档案归档工作的组织领导,深刻认识基础测绘成果档案归档工作的重要性和紧迫性,强化归档意识,增强做好基础测绘成果档案归档工作的责任感、使命感,确保测绘成果档案及时归档和提供利用。

二、落实归档制度,实行全程监管。各单位、各部门要严格按照《测绘科学技术档案管理规定》(国测发〔1988〕82 号)、《测绘科技档案建档管理规定》(国测发〔1993〕088 号)等规章制度的要求,将基础测绘项目成果档案归档工作纳入到工作计划、工作过程、工作人员的职责范围。在基础测绘项目实施、过程检查、项目验收、报(评)奖等各阶段,同步提出成果归档的要求并监督检查落实情况。基础测绘项目验收时,应由测绘成果保管单位对项目成果档案的完整性、系统性、准确性进行检验,未通过归档检验的不能通过项目验收。

三、全面梳理核查,及时移交归档。各单位、各部门要尽快对"十一五"期间及以前承担的国家基础测绘项目成果档案归档情况进行全面梳理核查,对已完成但仍未移交归档的项目,必须在2010年底前完成移交归档工作。基础测绘项目成果档案以测区、摄区、子课题、项目(课题)为单元进行归档。归档范围按照项目合同、技术设计书或有关专业标准(规定)执行;无明确规定的,按照测绘科学技术档案管理等有关规定执行。电子文件的归档范围与要求,按照本通知附件所列内容执行。仍在实施或2010年后组织实施的基础测绘生产项目的成果档案应在项目验收后一个月内移交归档。

四、履行服务职能,尽早提供利用。测绘成果保管单位要认真履行有关职能,对基础测绘项目归档的成果档案进行及时接收、清理、核对、整理,要尽快形成可提供利用的档案成果,及时汇编测绘成果目录信息,通过测绘成果分发服务系统尽早向社会发布,并按照测绘成果管理有关规定向社会提供使用。

附件:基础测绘项目电子文件归档范围与要求

国家测绘局
二〇一〇年九月八日

附件：

基础测绘项目电子文件归档范围与要求

一、归档范围

1. 基础测绘项目电子文件的归档范围包括：数据源、项目成果、项目文档、利用项目资金开发的各种软件系统。

2. 数据源为非归档测绘项目产生的、作为该项目成果来源的测绘成果资料，主要包括大地基准、地图制图、航空摄影与遥感、地理信息系统等方面的成果资料以及因项目需要而收集到的其他相关资料。

3. 项目成果包括重要阶段成果和最终成果等。

4. 项目文档指在项目实施过程中，采用文字处理软件形成的电子文件。

5. 软件系统包括源代码、可执行程序、必要的支持软件（如插件、控件、驱动程序等）、技术手册、操作手册、安装说明等。

二、归档要求

1. 每份项目文档应有文件题名。

2. 每份项目文档的文件名应与其文件题名相同。

3. 项目文档同时存在电子、纸质或其他载体形式的文件时，应在内容上保持一致。

4. 归档的电子文件不得加密。

5. 同一项目相同类型子项目的数据格式应保持互相一致。

6. 涉密的项目文档应按照《国家秘密文件、资料和其他物品标志的规定》(1990年10月6日国家保密局、国家技术监督局令第3号)进行密级标志。

7. 不得将归档的若干文件打包在一起。

8. 数据源、项目成果、项目文档、软件系统等，应分别位于存储介质根目录下的不同的目录内。

9. 项目数据成果应按照有利于提供利用的方式进行组织。有多个单位参加的项目一般不按照参加单位组织数据,而是应由牵头单位按照图幅、测区、摄区、行政区域等方式重新组织数据。

10. 电子文件在归档时需编制说明文件,放在存储介质的根目录下,用于对本次归档的电子文件进行说明。说明文件为 Microsoft OFFICE WORD 格式,文件名为"xxx 项目电子文件说明 . doc"。

归档的电子文件只有项目文档时,不需编制说明文件。

11. 说明文件应包含以下四部分内容:

(1)项目背景:立项背景、项目名称、资金总额及来源、实施时间、项目单位及主要任务;

(2)组织方式:详述电子文件组织原则、目录和文件命名规则;

(3)应用方式:数据格式、运行环境(操作系统、应用软件及版本号)、密级等,如有必要,应详述使用方式;

(4)联系方式:形成单位、联系地址、邮政编码、联系人姓名、电话等。

关于进一步加强涉密测绘成果
行政审批与使用管理工作的通知

国测成发〔2010〕6 号

各省、自治区、直辖市、计划单列市测绘行政主管部门,新疆生产建设兵团测绘主管部门,局所属各单位,机关各司(室):

近来,连续出现测绘成果失泄密案件,给国家安全和利益造成很大危害。从这些案件分析,虽然原因多种,但是个别部门和单位未能认真贯彻落实测绘成果管理法则规度是重要因素。为切实加强涉密测绘成果管理,进一步规范涉密测绘成果提供使用行政审批、涉密测绘成果提供、使用和保管行为,根据国家相关法律法规的规定,现就有关要求强调如下:

一、各级测绘行政主管部门必须严格执行涉密测绘成果提供使用审批制度,依法履行行政审批职能。要明确本机关负责成果管理的机构统一办理审批事项,不得多头审批、越级审批。

二、各级测绘行政主管部门要建立健全测绘成果提供使用管理制度,依据《测绘成果管理条例》等有关法律法规和国家有关规定,制定适合本地区的测绘成果提供使用管理办法,切实做到有章可循。

三、各级测绘行政主管部门要严格行政审批程序,必须依照《行政许可法》的规定,结合业务特点,尽快完善涉密测绘成果提供使用审批程序规定,依法设定审批权限,必须做到程序合法,切实做到依法行政。

四、各级测绘行政主管部门要对申请人提交的申请材料是否齐全、是否符合法定形式要求进行严格审核,申请材料不齐全或者不符合法定形式的,不予受理;要对申请人提出的涉密测绘成果使用目的是否具体、明确、合法,申请的测绘成果范围、种类、精度是否与使用

1218

目的相一致,以及是否符合国家的保密法律法规及政策等内容进行严格审查,不符合规定要求的,不予批准。

五、各级测绘成果保管单位必须严格依照本级测绘行政主管部门审批下达的许可使用决定书等批准文件,及时、准确地向被许可使用涉密测绘成果的单位(以下简称使用单位)提供涉密测绘成果。未经行政审批,任何单位、部门和个人不得擅自提供使用涉密测绘成果。

六、各级测绘行政主管部门应当依法对涉密测绘成果使用情况进行跟踪检查;使用单位应当切实加强管理,对申请使用的涉密测绘成果保管、利用、销毁等情况开展经常性检查,不得擅自留存、复制、转让或转借涉密测绘成果,使用目的或项目完成后,使用单位必须在六个月内销毁申请使用的涉密测绘成果,确因工作需要继续使用的,必须按照涉密测绘成果提供使用管理规定办理审批手续。

七、使用单位若委托第三方承担开发、利用任务的,第三方必须具有相应的测绘成果保密条件,涉及测绘活动的,还应具备相应的测绘资质;使用单位必须与第三方签订成果保密责任书,第三方承担相关保密责任;委托任务完成后,使用单位必须按照保密规定及时回收或监督第三方销毁涉密测绘成果及其衍生产品。

第三方为外国组织和个人以及在我国注册的外商独资企业和中外合资、合作企业的,使用单位应当履行对外提供我国测绘成果的审批程序,依法经国家测绘局或者省、自治区、直辖市测绘行政主管部门批准后,方可委托。

八、各级测绘成果保管单位、各使用单位要严格按照国家定密、标密等规定,及时、准确地为涉密测绘成果及其衍生产品标明密级、保密期限和控制范围。涉密测绘成果及其衍生产品,未经国家测绘局或者省、自治区、直辖市测绘行政主管部门进行保密技术处理的,不得公开使用,严禁在互联网及其他公共信息网络上登载发布使用。

九、各级测绘行政主管部门、各级测绘成果保管单位、各使用单位,要站在维护国家安全和利益的高度,进一步加强涉密测绘成果行政审批与使用管理工作,切实规范提供使用行为,严格按照"谁使用、谁申请"、"谁保管、谁负责"的原则,落实保密责任,加强监督检查。对违反规定,擅自审批、提供、使用涉密测绘成果的行为,相关测绘行政主管部门要依法严查,对造成失泄密后果的要依法追究责任,切实维护国家秘密安全。

国家测绘局
二〇一〇年九月十六日

关于印发《基础地理信息公开表示内容的规定（试行）》的通知

国测成发〔2010〕8 号

各省、自治区、直辖市、计划单列市测绘行政主管部门，新疆生产建设兵团测绘主管部门，局所属各单位，机关各司（室）：

为加强地理信息安全管理，维护国家安全和利益，满足人民群众对地理信息日益增长的需求，促进地理信息产业的健康发展，依据《中华人民共和国测绘法》和《中华人民共和国测绘成果管理条例》等国家有关法律法规，国家测绘局会同有关部门研究制定了《基础地理信息公开表示内容的规定（试行）》，现予以印发，请遵照执行。

国家测绘局

二〇一〇年九月二十一日

基础地理信息公开表示内容的规定（试行）

第一条 为了维护国家安全和利益，满足人民群众对地理信息日益增长的需求，促进地理信息产业的健康发展，依据《中华人民共和国测绘法》和《中华人民共和国测绘成果管理条例》等国家有关法律法规，制定本规定。

第二条 公开地图及地理信息生产制作、发布使用，网络地图内容选取与地理信息标注等活动，必须遵守本规定：

（一）可公开基础地理信息及相关要素须按本规定附录中所列范围及限制条件或内容执行；

1221

（二）本规定附录中未涵盖而又确需公开的地理信息内容，须遵守国家有关规定；

（三）地理信息公开使用前须按国家有关审核规定进行审查。

第三条　基础地理信息及相关要素的空间位置精度保密要求须遵守国家有关规定。

第四条　本规定由国家测绘局负责解释。

第五条　本规定自发布之日起施行。

附件：基础地理信息公开表示内容分层表

附件：

基础地理信息公开表示内容分层表

大类	中类	小类	层	限制条件或内容	备注
定位基础	测量控制点	平面控制点	大地原点	精确坐标不可公开	国家水平控制网即1980西安坐标系的起算点
		高程控制点	水准原点		国家高程控制网即1985国家高程基准的起算点
		卫星定位控制点	卫星定位连续运行站点	未经批准公开的不可公开	利用卫星技术测定的国家AA级控制点
	数学基础	内图廓线	内图廓线	比例尺等于或大于1：50万时不可公开	由经线和纬线组成，是图幅范围的边线，四角有经纬度注记
		坐标网线	坐标网线		由相同间距纵横交错的直线构成的平面直角网，又称方里网
		经线	经线		
		纬线	纬线		
			北回归线		
			南回归线		
			北极圈线		
			南极圈线		
水系	河流	常年河	地面河流	通航能力,水深,流速,底质,河口地区潮水位,潮流速,潮水温,潮流量,潮波不可公开	
			地下河段		

大类	中类	小类	层	限制条件或内容	备注
水系	河流	常年河	地下河段出入口		河流流经地下的河段在地面上的出入口
			消失河段		河流流经沼泽、沙地等地区,没有明显河床,或表面水流消失的地段
		时令河	时令河		
		干涸河	河道干河		降水或融雪后短暂时间内有水的河床或河流改道后遗留的故道
			漫流干河		降水或融雪后短暂时间内有水且无明显河床的河段
	沟渠	运河	运河		
		干渠	地面干渠		
			高于地面干渠		
		支渠	地面支渠		
			高于地面支渠		
			地下渠		
			地下渠出水口		
		坎儿井	坎儿井		
		渠首	渠首		
		涵洞	涵洞		修建在道路、堤坝等构筑物下面的过水通道
		干沟	干沟		
		输水渡槽	输水渡槽		
		输水隧道	输水隧道		
		倒虹吸	倒虹吸		渠道自路下或水上穿过的水利设施

1224

大类	中类	小类	层	限制条件或内容	备注
水系	湖泊	常年湖、塘	湖泊		
			池塘		
		时令湖	时令湖		
		干涸湖	干涸湖		
	水库	库区	水库	实时库容不可公开	
			建筑中水库		
		溢洪道	溢洪道		水库的泄洪设施,用以排泄水库预定蓄水高度以上的洪水
		泄洪洞、出水口	泄洪洞、出水口		泄洪洞是水库坝体上修建的排水洞口
	海洋要素	海域	海域		
		海岸线	海岸线		海面平均大潮高潮时水陆分界的痕迹线
		礁石	明礁		
			暗礁		
			干出礁		
			适淹礁		
		海岛	海岛		
		干出滩、滩涂	干出滩、滩涂	细分为沙滩、沙砾滩、砾石滩、岩石滩等时不可公开	
	其他水系要素	水系交汇处	水系交汇处		两个或更多的相邻网状水系的交叉口或汇合处
		河、湖岛	河、湖岛		

大类	中类	小类	层	限制条件或内容	备注
水系	其他水系要素	沙洲	沙洲		河、湖、水库中堆积而成的高水位时淹没,常水位时露出的泥沙质小岛
		高水界	高水界		常年雨季的高水面与陆地的交界线
		岸滩	岸滩		
		水中滩	水中滩		
		泉	泉		
		水井	水井		
		瀑布、跌水	瀑布、跌水		
		流向	河流流向		
			沟渠流向		
			潮汐流向		
			海流流向		
		沼泽、湿地	沼泽、湿地	通行性质不可公开	
		地热井	地热井		有大量天然水蒸气或水温60度以上的水井
		贮水池、水窖	贮水池、水窖		用于贮水的人工池或水窖
		内河水文	河流、沟渠宽度标志点		
			水位点		
	水利及附属设施	堤	干堤	材质、堤顶高度、设防标准不可公开	有重要的防洪、防潮作用的人工修建的挡水建筑物
			一般堤		
			防波堤		

1226

大类	中类	小类	层	限制条件或内容	备注
水系	水利及附属设施	堤	导流堤	材质、堤顶高度、设防标准不可公开	一道墙或堤,常被淹没在水中,用于引导、限制河流或潮流的流动,或用于防冲刷
			堤道		一段高出地面的通过低注、湿地或水域的通道
		行、蓄、滞洪区	行、蓄、滞洪区		
		闸	水闸		
			船闸	船闸尺度不可公开	
		扬水站	扬水站		独立安置在河、渠岸边,利用水的冲力自动扬水或利用水泵扬水以进行农田灌溉的机电设备或设施
		坝	滚水坝	高度、材质、长度、宽度不可公开	
			拦水坝		
			制水坝		调节水流方向或减缓水流流速,防护河岸的护岸式堤坝
		加固岸	有防洪墙的加固岸		用木桩、砖、石、水泥等材料建成、且在河流岸边建有墙体式的挡水设施的护岸构筑物
			无防洪墙的加固岸		用木桩、砖、石、水泥等材料建成、且在河流岸边没有墙体式的挡水设施的护岸构筑物

1227

大类	中类	小类	层	限制条件或内容	备注
水系	水利及附属设施	验潮站	验潮站		为测定和研究某一地区海水面的潮汐特性,在岸边的一定地点,按照一定标准,设置自记水位和水尺,系统记录、观测潮位变化过程的测站
居民地及设施	居民地	城镇、村庄	首都		
			特别行政区		
			省级城市		
			地级城市		
			县级城镇		
			乡、镇		
			行政村		
			自然村		
			农林牧渔单位		
		街区	街区		
		单幢房屋、普通房屋	单幢房屋、普通房屋		在建筑结构上自成一体的各种类型的独立房屋
		突出房屋	突出房屋		高度或形态与周围房屋有明显区别并具有方位意义的房屋
		高层房屋	高层房屋		10层及10层以上的房屋
		棚房	棚房		
		破坏房屋	破坏房屋		

1228

大类	中类	小类	层	限制条件或内容	备注
居民地及设施	居民地	架空房	架空房		
		廊房	廊房		
		其他房屋	地面窑洞		
			地下窑洞		
			蒙古包、放牧点		
			独立庄院		
		地籍	宗地		
			宗地界址点		
			宗地界址线		
			其他地籍要素		
	工矿及其设施	工矿企业	污水处理厂		进行污水处理的工厂
			垃圾处理场		
		露天采掘场	露天采掘场		露天开采矿物的场地
		乱掘地	乱掘地		乱掘沙、石、黏土的场地
		海上平台	海上平台		海上固定的长期作为开采石油、天然气等的钻井架及作业平台
		地质勘探设施	探井		为勘探各种矿床、地层岩性和地质构造情况，由地面垂直向下挖掘的坑
			探槽		专用于地质勘探的由人工挖掘的沟槽
			钻孔		钻机钻探的孔位

大类	中类	小类	层	限制条件或内容	备注
居民地及设施	工矿及其设施	工业塔型、塔类建筑	散热塔		用来散热的塔形建筑物
			蒸馏塔		用来蒸馏的塔形建筑物
			瞭望塔		瞭望用的塔形建筑物
			水塔		
			水塔烟囱		水塔和烟囱合为一体的建筑物
			烟囱		
			烟道		
			其他塔形建筑物		
		盐田、盐场	盐田、盐场		
		窑	窑		
		露天设备	露天设备		装置在室外的生产设备,如反应锅、化工的催化裂化装置、铂重整装置等
		装卸设备	传送带		指工矿区用于输送货物、有固定支柱(架)的带式传送设备
			起重机		用于吊起大型重物的大型机械设备
			吊车		指工矿区用于输送货物、有固定支柱(架)的带式传送设备
			装卸漏斗		工矿区、车站等装卸矿物的固定设备
			滑槽		在山谷或山地斜坡上架设或挖凿的供滑行运输的槽子

大类	中类	小类	层	限制条件或内容	备注
居民地及设施	工矿及其设施	装卸设备	地磅		安置在地下,台面与地面齐平的称重设备
			皮带走廊		
		露天货栈、选料场、材料堆放场	露天货栈		露天堆放木材、钢材等物资的专用场地
			露天选料场		
			中转货棚/仓库		
	农业及其设施	饲养场	饲养场		
		水产养殖场	水产养殖场		
		温室、大棚	温室、大棚		
		农业附属设施	水磨房、水车		
			风磨房、风车		
			打谷场		
			贮草场		
			药浴池		在草原地区专修的供牲畜涉过的消毒液池
			积肥池		用于积肥的池子、粪池、氨气池、沼气池等
		捕鱼设施	渔栅		杆或桩被置于浅水中,标示捕鱼场或用来捕鱼
			渔网		一种捕鱼装置(通常是可移动的)
			渔堰		桩或乱石设置河中或沿岸,形成栅栏坝,用于捕鱼

大类	中类	小类	层	限制条件或内容	备注
居民地及设施	党政机关、团体、使领馆	党政机关	国务院		
			省级政府		
			地级政府		
			县级政府		
			乡级政府		
			公安机关	未对外挂牌的不可公开	
			检察院		
			法院		
		社会团体	社会团体		
		外国使领馆	大使馆		
			领事馆		
	公共服务及其设施	文教卫生	高等学校		
			中职学校		
			中学		
			小学		
			幼儿园、托儿所		
			特殊教育学校		
			军队院校	未经批准公开的不可公开	
			其他学校		
			文艺团体		
			三级医院		

大类	中类	小类	层	限制条件或内容	备注
居民地及设施	公共服务及其设施	文教卫生	二级医院		
			一级医院		
			急救机构		
			接种门诊		
			牙齿保健院		
			针灸按摩院		
			宠物医院		
			专科防治机构		
			城区急救点		
			郊区急救点		
			妇幼保健所（站）		
			社区卫生服务机构		
			农村卫生服务机构		
			疾病预防控制机构		
			兽医卫生检疫站		
			畜牧兽医站		
			监督所检疫站		
			卫生防疫站		
			军队医院	未挂牌并对外服务的不可公开	

大类	中类	小类	层	限制条件或内容	备注
居民地及设施	公共服务及其设施	文教卫生	其他医疗服务机构		
			博物馆		
			美术馆		
			资料馆、档案馆		
			科技馆		
			纪念馆、故居		
			会议、展览中心		
			专用供氧点		高原上提供氧气的固定场所
			科研院所		
		商业设施	金融银行		
			商业银行		
			信用合作社		
			中央银行		
			其他银行		
			自动柜员机		
			证券交易		
			保险公司		
			百货商店（城）、购物中心		
			超市		
			批发市场		

1234

大类	中类	小类	层	限制条件或内容	备注
居民地及设施	公共服务及其设施	商业设施	电器店		
			服装店		
			体育用品店		
			文具店		
			眼镜店		
			贵重金属饰品店		
			书画乐器店		
			玩具店		
			宠物店		
			食品店		
			书店		
			药店		
			照相馆		
			旅行社		
			免税店		
			房产中介		
			家具建材		
			运输公司		
			美容院、理发店		
			典当、拍卖、旧货、信托寄卖行		
			废旧金属收购站		

大类	中类	小类	层	限制条件或内容	备注
居民地及设施	公共服务及其设施	商业设施	搬家公司		
			汽车租赁		
			汽车出售		
			汽车定损点		
			汽车修理厂		
			汽车美容		
			汽车零部件销售		
		餐饮住宿	宾馆、饭店		
			旅店		
			快餐店		
			中餐厅		
			西餐厅		
			火锅店		
			清真餐厅		
		休闲娱乐、景区	游乐场		
			公园		
			动物园		
			水族馆、海洋馆		
			植物园		
			剧院、电影院		
			音乐厅		
			卡拉OK厅		

1236

大类	中类	小类	层	限制条件或内容	备注
居民地及设施	公共服务及其设施	休闲娱乐、景区	综合娱乐厅		
			度假村、疗养院		
			网吧		
			酒吧		
			茶馆		
			咖啡厅		
			旅游景点		
			夜总会		
			海水浴场		
			小区会所		
			桑拿、洗浴、按摩场所		
		体育	露天体育场		
			高尔夫球场		
			体育馆		
			游泳场、池		
			露天舞台		
			保龄球馆		
			滑雪场		
			跑马场		
			健身房		
			网球场		
			溜冰场		
			营业性射击场、狩猎场		
			跳伞塔		

1237

大类	中类	小类	层	限制条件或内容	备注
居民地及设施	公共服务及其设施	公共传媒与通信	电视台		
			电信局		
			邮局		
			公用电话		
			电视发射塔	未成为公共标志性建筑的不可公开	
			广播电台		
			报社		
			通讯社		
			出版社		
			音像出版单位		
			无线电杆（塔）		指高大、固定的辐射或接收无线电波的杆（塔）
		环卫设施	厕所		
			垃圾台(场)		固定的将垃圾集中进行清理或填埋的场所
		殡葬设施	公墓、陵园		
			坟地		
			独立大坟		
			殡葬场所		
			烈士陵园		
	科学观测站	科学观测台（站）	气象站	为国家或军事部门保密任务专门设置的不可公开	

大类	中类	小类	层	限制条件或内容	备注
居民地及设施	科学观测站	科学观测台（站）	水文站	水文观测信息不可公开	
			地震台	相当于国家等级控制点的台站不可公开	
			天文台		
			环保监测站		
		科学试验站	科学试验站		
	名胜古迹	古迹、遗址	烽火台		
		碑、像、坊、楼、亭	纪念碑、柱、墩		
			北回归线标志塔		在北回归线上建造的标志性建筑物
			牌楼、牌坊、彩门		
			钟鼓楼、城楼、古关塞		
			亭		
			文物碑石		
			旗杆		
			塑像		
	宗教设施	庙宇	庙宇		
		清真寺	清真寺		
		教堂	教堂		
		宝塔、经塔	宝塔、经塔		
		敖包、经堆	敖包、经堆		
		晒佛台	晒佛台		

1239

大类	中类	小类	层	限制条件或内容	备注
居民地及设施	其他建筑物及其设施	城墙、长城	砖石长城（完好）		
			砖石长城（破坏）		
			土城墙		
		垣栅	围墙		
			栅栏		
			篱笆		
			活树篱笆		
			城门		
			豁口		
			铁丝网、电网		
		地下建筑物	出入口	未对公众服务的不可公开	
		建筑附属设施	柱廊		
			门顶		
			阳台		
			台阶		
			室外阶梯		
			院门		
			门墩		
			支柱、墩		
		街道设施	路灯		
			照射灯		

1240

大类	中类	小类	层	限制条件或内容	备注
居民地及设施	其他建筑物及其设施	街道设施	岗亭、岗楼		
			宣传橱窗、广告牌		
			喷水池		
			假山石		
		避雷针	避雷针		
		其他	居住区出入口		
			施工区		
			开发区		
			产业园区		
			应急避难所		
			城市小区		
交通	铁路	标准轨铁路	单线		
			复线		
			建筑中铁路		
		窄轨铁路	单线		
			复线		
		车站及其附属设施	火车站		
			机车转盘		供机车转换方向的设备
			车挡		铁路支线尽头的挡车设备
			信号灯柱		铁路上用灯光或其他信号指示火车能否通行的设备

1241

大类	中类	小类	层	限制条件或内容	备注
交通	铁路	车站及其附属设施	水鹤		供机车注水的设备
			站台		
			会让站、越行站		供列车会让的车站
			观景台		青藏铁路沿途设置的有观景区域的站台
			车库		
	城际公路	国道	建成	铺设材料、最大纵坡、最小曲率半径不可公开	
			建筑中		
		省道	建成		
			建筑中		
		县道	建成		
			建筑中		
		乡道	乡道		
		匝道	匝道（连接道、交换道）		
		公路控制点	高速公路入口		
			高速公路出口		
			高速公路临时停车点		
	城市道路	轨道交通	地铁		
			轻轨		
			有轨电车		
			地铁出入口		

大类	中类	小类	层	限制条件或内容	备注
交通	城市道路	快速路	快速路	铺设材料、最大纵坡、最小曲率半径不可公开	
		高架路	高架路		
		引道	引道		
		街道	主干道		
			次干道		
			支线		
			步行街		
		内部道路	内部道路		
		阶梯路	阶梯路		用水泥和砖、石砌成的阶梯式人行路
	乡村道路	机耕路（大路）	机耕路（大路）	铺设材料、最大纵坡、最小曲率半径不可公开	
		乡村路	乡村路		
		小路	小路		
		时令路	时令路		
		山隘	山隘		道路通过鞍部、山口、隘口的重要交通口
		栈道	栈道		
	道路构造物及附属设施	桥墩、柱	桥墩、柱	桥墩结构不可公开	支撑桥的墩、柱
		服务设施	地铁站		
			轻轨站		
			长途汽车站		
			公共汽车站		
			加油站		

大类	中类	小类	层	限制条件或内容	备注
交通	道路构造物及附属设施	服务设施	加气站		
			停车场		
			收费站		
			安全检查站		
			报警点（紧急电话）		高等级公路旁用于求援、报警的电话亭
			客运站		
			服务区		
		门洞、下跨道	门洞、下跨道		
		车行桥	单层桥	限高，限宽，净空，载重量，坡度,桥梁结构不可公开	
			双层桥		铁路公路两用的双层架空桥
			并行桥		铁路公路两用的并行桥
			引桥		
			立交桥		
		人行桥	过街天桥		
			人行桥		
			缆索桥		
			级面桥、人行拱桥		两段砌有台阶的桥梁或不能通行车辆的拱桥
			亭桥、廊桥		桥面上建有亭或类似建筑物的桥梁
			溜索桥		在河流的陡岸上,用铁索、绳索、藤索倾斜地固定在两边山崖,供人悬吊滑行的索桥
			栈桥		海边、湖边、水库等伸入水域的架空桥梁

大类	中类	小类	层	限制条件或内容	备注
交通	道路构造物及附属设施	隧道	火车隧道	高度,宽度不可公开	
			汽车隧道		
		明峒	明峒		道路为避免塌方、流石等破坏而修筑的隧道式建筑
		地下人行通道	地下人行通道		
		道路交汇处	道路交汇处		
			环岛		
		公路标志	中国公路零公里标志		
			柱式路标		指单柱、双柱式和L型的路标
			门式路标		横跨道路的门架式路标
			里程碑		
		其他	野生动物通道		为保证野生动物的正常生活和迁徙繁殖,专门修建的野生动物通道,通过桥梁、涵洞或直接穿越公路和铁路
			防风墙		为保障道路运输而修建的防风防沙设施
	水运设施	船码头	水运港客运站		
			顺岸码头		固定的顺河岸(或海岸)设置的供船舶停靠、旅客上下、货物装卸以及其他活动的场所
			突堤式码头		由岸边伸向水域修筑的狭长堤坝式固定码头,兼做防波堤用

大类	中类	小类	层	限制条件或内容	备注
交通	水运设施	船码头	栈桥式码头		通过栈桥与岸边连接的码头
			浮码头		能随水面的涨落而上下浮动的码头
			干船坞		供检修或建造舰船的池形建筑物
			引桥式码头		前沿与船直接接触的装卸平台用引桥与后方岸线连接而组成的码头
			道头		又称台阶或岸梯,指沿岸边的或从岸壁伸向水中的阶梯
			斜坡跳板		一种斜坡结构,可能装有护栏,在不同水位时,供小船、着陆船、渡轮等用作着陆点或用于拖曳船只
			船台滑道		通常建造成坚固的倾斜面,上面铺设龙骨和墩木,用来支撑船只
			船架		在潮间地带架设的木结构框架,在低潮时支撑船体,以维修露出的船壳
		泊位、系泊绞缆设施	泊位		船只停靠码头时,可以停泊的有命名或编号的地点
			停泊场		
			系船墩		一柱体或柱体群,可以支撑甲板,用于系泊或绞船
			罗经校正系船柱		一柱体或柱体群,船舶可以围绕它旋转进行罗经校正

大类	中类	小类	层	限制条件或内容	备注
交通	水运设施	泊位、系泊绞缆设施	系船杆、柱		一根粗长的圆木或一段钢材、混凝土等,被打入海底,作为一种系泊设施
			链/索/缆		用于连接两个独立的物体,例如浮筒和桩、两个浮筒之间的绞缆
			其他柱杆		一条长而重的木头或一端钢、混凝土,被打入地下,用于支撑码头或防波堤,或用于海上自由系泊
		助航标志	灯塔		
			灯桩		
			灯船		
			浮标		
			岸标、立标		
			信号杆		
			系船浮筒		设置在水上的用于固定船只的浮筒式装置
			过江管线标		设置在电缆或管道过江的两端,写有"禁止抛锚"字样的立标
			灯标		
			示位标		
			通航桥孔		
			通航信号标		
			进出闸信号标		

大类	中类	小类	层	限制条件或内容	备注
交通	水运设施	助航标志	鸣笛标		
			界限标		
			水深信号标		
			节制闸标		
			指路牌		
			航道标		
			雾号		
		航海信号台站	一般信号台站		用于表示航道深度、预告风讯、指挥狭窄航道水上交通等的台站
			交通信号台站		设在岸上的,向海上船只发送交通信号用于调控交通的地方
			警示信号台站		设在岸上的,向海上船只发送警示信号的地方
			航海雷达站		
			航海雷达应答器		
			航海雷达反射器		
		港口及服务机构	一般港口		
			口岸		
			海关		
			外轮供应公司		
			引航员登船点(引航站)		
			引航处		对外轮提供生活服务的机构
			引航瞭望台		
			救生站		指拥有救生设备的地方

大类	中类	小类	层	限制条件或内容	备注
交通	航道及航行险区与障碍	通航河段起讫点	通航河段起讫点		
		航道	航海线	航道的水深、水声、海流、温盐、潮汐、调合常数、底质不可公开	
			规定航向标志		海图上标示规定航向的标志
			推荐航向标志		海图上标示推荐航向的标志
			航道走向标志		海图上标示航道走向的标志
			(推荐航道)导航线		通过两个或两个以上清晰的物标串视构成的一条直线,沿此路线,船只能在一定距离内安全航行
			迭标线		前后两个或更多的固定标志串视构成的一条直线
			安全界线		标示出安全和危险区的界线或安全通过航行危险物的一条直线
			射程范围弧线		灯光最大射程边界线
			测速线		
			通航分隔线		"分道通航制"是指通过隔离相反或几乎相反方向航行的船只,来减少拥挤区或交汇处碰撞危险的通航方案。通航分隔线用于分隔相反方向或几乎相反方向的航道

大类	中类	小类	层	限制条件或内容	备注
交通	航道及航行险区与障碍	航道	通航分隔带		是分隔相反或几乎相反方向航道的带状水域,或是分隔同向航行的特殊船只的带状水域。为"分道通航制"的组成部分
			分道通航分道		是指规定边界所围成的单向通航区。为"分道通航制"的组成部分
			分道通航航道边界		分道通航航道的外部界线。为"分道通航制"的组成部分
			分道通航环行道		指在环行道内,船只围绕规定点或区域以逆时针方向航行。属于"分道通航制"的一部分
			分道通航交汇处		是指航道的交汇区域。属于"分道通航制"的一部分
			推荐航道		推荐给所有或只推荐给某种船只的航道(线)
			推荐航道分道		IMO通行规则的一部分。有些航道测量部门与当地交通部门协商,在诸如从通向主要港口的外部通道加上推荐航向
			深水航道		指定的航道,在此区域内,水深经过精确测量,最小深度值内无碍航物

1250

大类	中类	小类	层	限制条件或内容	备注
交通	航道及航行险区与障碍	航道	警戒区		船只航行时应特别小心的区域。在此区域可能有推荐航向
			警告区		通常指航行者必须清楚了解影响航行安全的区域
			调头区(转向区)		
		航行险区	沉船(露出)		
			沉船(淹没)		
			废船		永久停泊的船
			激流区域		在狭窄水道或滩等处流速明显增大形成的湍急水流
			漩涡区域		受地形的影响或由不同方向、不同流速的几股水流会合而形成的漩涡
			危险岸区		船只不能靠近的多礁石地段
			危险海区		通航海域中对航行安全有危害的海面区域
		障碍物	水下桩柱		树、树枝或折断的桩柱被埋置在海底、河底、或湖底,水面不可见,对船舶航行有危险
			水下井		一种水下结构,高出海底,临时废弃或停止生产的油井或气井

大类	中类	小类	层	限制条件或内容	备注
交通	航道及航行险区与障碍	障碍物	扩散器		指排水口上的设施,液体由此排出。该设施通常突出于排水口之上,对航行有障碍
			木笼		一种设置在水中的永久木栅结构,栅栏内装有石头,用以锚定木栅或支撑其他物体。例如淹没的排水口、扩散器等
			渔礁		在浅海区域,用乱石、废汽车、空心水泥等,抛在海底堆成一定高度,供鱼群栖息、繁殖
			碍锚地		对水面航行安全无影响,但应避免抛锚、拖底或拖网捕鱼的区域
			防冰栅		浮栅,锚泊于水底,用于改变浮冰的运动方向,防止水闸、管道口堵塞,桥墩和其他设施受损
			锚泊索具		诸如锚具、混凝土块、锚链和缆索等设备,用于固定浮动物体,例如锚泊浮标等
			油栅		阻止油在水中流动的结构
			变色海水		与周围海水颜色有显著不同的海水
			其他碍航物		有碍航行的孤立危险物

大类	中类	小类	层	限制条件或内容	备注
交通	空运设施	机场	民用直升机机场		
			一般民用机场		
			军民合用机场	未经批准公开的不可公开	
			滑翔机场		
			教练机场		
			农业机场		
			海上救助机场		
			体育机场		
		航空障碍物	顶端有灯光的飞行障碍物		机场50km范围内,相对高程在65m以上,对飞行有潜在危险且顶端有灯光的自然物体或人工建筑物
			顶端无灯光的飞行障碍物		机场50km范围内,相对高程在65m以上,对飞行有潜在危险且顶端无灯光的自然物体或人工建筑物
		航路航线	航路		
			航线		
			正常航线		
			目视航线		
			脱离航线		
			等待航线		
			进近航线		
			复飞航线		

1253

大类	中类	小类	层	限制条件或内容	备注
交通	其他交通设施	渡口	火车渡	渡口的内部结构不可公开	
			汽车渡		
			人渡		
			汽车徒涉场		汽车能够涉水过河的场所
			行人徒涉场		行人能涉水过河的场所
			跳墩		在浅水中安置可跨步过河的石墩或石块
			漫水路面		道路通过浅水河流的路段
			过河缆		在河流两岸间架设钢索,索上悬挂吊斗,可载人载物来回移动的设施
		缆车道	缆车道		
		简易轨道	简易轨道		
		架空索道	索道		
			端点、转折点支架		
		滑道	滑道		
境界与政区	国外地区	国外区域	国外区域		
		国界线	国界线		
		其他界线	洲界		
			军事停火线		
			争议地区界		
			国际日期变更线		

大类	中类	小类	层	限制条件或内容	备注
境界与政区	国家行政区	行政区域	行政区域		
		国界线	已定界		
			未定界		
		界桩、界碑	界桩、界碑		
	省级行政区	行政区域	行政区域		
		行政区界线	已定界		
			未定界		
		界桩、界碑	界桩、界碑		
	地级行政区	行政区域	行政区域		
		行政区界线	已定界		
			未定界		
		界桩、界碑	界桩、界碑		
	县级行政区	行政区域	行政区域		
		行政区界线	已定界		
			未定界		
		界桩、界碑	界桩、界碑		
	乡级行政区	行政区域	行政区域		
		行政区界线	已定界		
			未定界		
		界桩、界碑	界桩、界碑		
	海上区域	海上管理区	海关带		实施国家海关条令的区域
			港口区		
			渔业区		

大类	中类	小类	层	限制条件或内容	备注
境界与政区	海上区域	海上管理区	捕鱼区		
			贮木池（海上贮木场）		
			货物转运区		
			焚烧区		
			其他海上管理区		
			专属经济区		
		倾倒区、挖泥区	化学废料倾倒区		
			核废料倾倒区		
			爆炸物倾倒区		
			垃圾倾倒区		
			其他倾倒区		
			挖泥区		
		锚地	锚地边线		
			推荐锚地		
			锚位及旋转区		
			引航区		一块指定水域,在此区域内单一船只、水上飞机等可以抛锚
			引航检疫锚地		
			引航锚地		
			检疫锚地		

大类	中类	小类	层	限制条件或内容	备注
境界与政区	海上区域	锚地	爆炸物锚地		
			水上飞机锚地		
			其他锚地		
		海上限制区	海上设施安全区		
			消磁观测场		
			历史沉船区		
			雷区		
			禁止抛锚及捕捞区		
			禁止抛锚区		
			禁止捕捞区		
			其他海上禁区、限制区		
		近海设施	海上生产区		
		领海	领海基点		位于低潮基在线的指定点或离散点,用于连接领海基线
			领海基线		沿海国家划定领海宽度或其他外围界限的起始线。我国领海基线是通过直线线段连接领海基点而成
			领海线		
			领海区		是沿海国家享有主权的海洋地带,其宽度从领海基线向海延伸不超过12海里

大类	中类	小类	层	限制条件或内容	备注
境界与政区	海上区域	领海	毗连区		邻接一个国家领海的区带,其宽度从领海基线向海延伸不超过24海里。沿海国家可以根据国际法在这一区域行使一定的权利
	空中区域	空中区域	空中禁区		
			空中危险区		
			空中限制区		
			空中走廊		
			民航飞行情报区		
			民航飞行管制区		
			管制扇区		
			进近管制区		
			机场净空区		
			防空识别区		
	其他区域	自然、文化区	自然、文化区域		
			自然、文化区界		
		开发区、保税区	开发区、保税区域		
			开发区、保税区界		
		村界	已定界		
			未定界		
			界桩、界碑		

大类	中类	小类	层	限制条件或内容	备注
境界与政区	其他区域	特殊地区	特殊地区区域		
			特殊地区界线		
		国有农场、林场、牧场区	国有农场、林场、牧场区域		
			国有农场、林场、牧场界线		
管线	输电线	海底电力线	海底电力线		
			海底地下电力线		
			海底电力线区		
	通信线	海底光缆	海底光缆		
		海底通信线	海底通信线		
			海底地下通信线		
			海底电缆		
			海底电缆区		
			海底电缆及管道区		
	油、气、水输送管道	海底管道	海底管道		
			海底管道区		

大类	中类	小类	层	限制条件或内容	备注
地貌	等高线	等高线	首曲线	等高距小于 50 米时不可公开	
			计曲线		
			间曲线		
			助曲线		
		草绘等高线	首曲线		
			计曲线		
		雪山等高线	首曲线		
			计曲线		
	高程注记点	高程点	高程点	未正式公布的不可公开	
	水域等值线	水下等高线	首曲线	军事区(含训练区)和非开放海区、港湾、航道的水深不可公开	是指海岸线以下(或陆地水面以下)按基本等高距测绘的等高线
			计曲线		
			间曲线		
			当地平均海水面		
		等深线	等深线		是指根据深度基准面测定的深度值相等的各相邻点所连成的闭合曲线
	水下注记点	水下注记点	水深点		
			水下高程点		
			干出高程点		

大类	中类	小类	层	限制条件或内容	备注
地貌	自然地貌	峰、柱	岩峰		
			黄土柱		
			独立石		
			土堆		
			石堆		
			孤峰		
			峰丛		
		漏斗	岩溶漏斗		
			黄土漏斗		
			坑穴		
		山洞、溶洞	山洞、溶洞		
		火山口	火山口		
		沟壑	冲沟		
			地裂缝		
		陡崖（坎、岸）	土质陡崖、土质有滩陡岸		
			石质陡崖、石质有滩陡岸		
			土质无滩陡岸		
			石质无滩陡岸		
		陡石山、露岩地	陡石山		
			露岩地		
			岩墙		

1261

大类	中类	小类	层	限制条件或内容	备注
地貌	自然地貌	沙地	平沙地		
			灌丛沙堆		
			新月形沙丘		
			垄状沙丘		
			窝状沙丘		
			格状沙丘		
			金字塔状沙丘		
		雪山	粒雪原		
			冰川		
			冰裂隙		
			冰陡崖		
			冰碛		
			冰塔		
			雪域范围线		
		地质灾害地貌	沙土崩崖		
			石崩崖		
			滑坡		
			泥石流		
			熔岩流		
	人工地貌	斜坡	未加固		
			已加固		
		田坎、路堑、沟堑、路堤	未加固		
			已加固		
		垄	石垄		
			土垄		

1262

大类	中类	小类	层	限制条件或内容	备注
地貌	人工地貌	其他	防风固沙石方格		
			防风固沙草方格		
	海底地貌及底质	海底底质	底质	军事区(含训练区)和非开放海区、港湾、航道的底质不可公开	
			不同底质分界线		
		其他	海草/海藻		
			沙波		
			海底火山		
植被与土质	农林用地	地类界	地类界		各类植被用地或地物分布的范围界线
		田埂	田埂		
		耕地	稻田		
			旱地		
			菜地		
			水生作物地		
			台田、条田		
			经济作物地		
		园地	果园		
			桑园		
			茶园		
			橡胶园		
			其他园地		

大类	中类	小类	层	限制条件或内容	备注
植被与土质	农林用地	林地	针叶林		
			阔叶林		
			针阔混交林		
			幼林（未成林地）		
			灌木林		
			竹林		
			红树林		
			经济林		
			疏林		
			迹地		
			苗圃		
			防火带		
			林带		
			零星树木		
			行树		
			独立树		
			独立树丛		
			特殊树		
		天然草地	高草地（芦苇地）		
			草地		
			半荒草地		
			荒草地		

大类	中类	小类	层	限制条件或内容	备注
植被与土质	农林用地	城市绿地	人工绿地		
			花圃花坛		
			带状绿化树		
	土质	盐碱地	盐碱地		
		小草丘地	小草丘地		
		裸土地	龟裂地		
			白板地		
		石砾地	沙砾地、戈壁滩		
			石块地		
			残丘地		

关于印发《基础测绘经费
管理办法》的通知

财建〔2001〕923 号

国家测绘局,各省、市、自治区、计划单列市财政厅(局):

为了加强和规范基础测绘经费管理,提高资金使用效益,保证基础测绘任务的顺利完成,根据预算管理要求及测绘事业单位财务、会计制度等有关规定,我们制定了《基础测绘经费管理办法》。现印发给你们,请遵照执行。对执行中发现的问题,请及时向我们反映。

附件:基础测绘经费管理办法

财政部
二○○一年十二月十九日

附件：

基础测绘经费管理办法

第一章　总　则

第一条　为加强和规范基础测绘经费管理，提高资金使用效益，保障基础测绘任务顺利完成，根据国家预算管理要求和测绘事业单位财务、会计制度，制定本办法。

第二条　本办法适用于财政部门、测绘主管部门和承担基础测绘任务的项目承担单位。

第三条　基础测绘经费是财政部门根据测绘事业发展计划和任务核定的专门用于基础测绘项目的经费。

基础测绘经费中的航空摄影专项经费不执行此办法。

第四条　基础测绘经费管理的基本原则：

（一）基础测绘经费由中央和地方财政部门分别核拨，分级管理。

（二）基础测绘经费按规定用于基础测绘任务，实行专款专用，不得截留、挤占和挪用。

（三）基础测绘经费实行项目管理，履行项目申报、论证、立项和评估程序，并引入竞争机制择优确定项目承担单位。

（四）基础测绘经费的使用应厉行节约，突出重点，紧密结合国民经济和社会发展对基础测绘的需求，充分发挥资金的社会和经济效益。

第二章　部门职责与预算管理

第五条　财政部门、测绘主管部门和项目承担单位应按国家有关法律、法规合理安排、使用和管理基础测绘经费，各司其职，各负其责。

基础测绘经费管理各方的职责与权限：

（一）财政部门

1. 确定基础测绘经费的使用原则和使用方向及相应的成本费用定额标准；

2. 会同测绘主管部门批准基础测绘项目立项，下达批复年度基础测绘经费总预算和年度总决算；

3. 检查、监督基础测绘经费的管理和使用情况。

（二）测绘主管部门

1. 负责基础测绘经费的申报；

2. 审核、汇总并编报年度基础测绘经费预算和决算；

3. 审核、下达基础测绘项目经费预算；

4. 检查、监督基础测绘经费的管理和使用情况。

（三）项目承担单位

1. 编报基础测绘经费的项目经费预算和决算；

2. 承担基础测绘经费的财务管理和会计核算；

3. 审批在管理权限内的各项支出；

4. 接受有关部门的监督与检查。

第六条 基础测绘经费的申报和审批按以下程序进行：

（一）测绘主管部门所属项目承担单位按照测绘主管部门的要求申报基础测绘项目。

（二）测绘主管部门按照国民经济和社会发展对基础测绘的需求以及测绘中长期规划，对项目承担单位上报的基础测绘项目进行审核，将符合条件的项目列入测绘主管部门项目库，并按照项目的轻重缓急进行排序，实行项目滚动管理。

（三）编制年度预算时，测绘主管部门按照财政部《中央部门项目预算管理试行办法》的要求上报基础测绘项目申报文本和有关材料。

（四）财政部门对上报的基础测绘项目进行审核，对符合条件的项目，经商测绘主管部门后，排序纳入财政部门项目库；根据年度财政状况和基础测绘项目排序情况安排基础测绘项目支出预算,并列入测绘主管部门的年度预算。

(五)测绘主管部门根据财政部门批复的基础测绘项目支出,预算组织项目实施,下达基础测绘经费细化预算和项目开工书,签订项目合同,责成项目承担单位严格执行项目计划和项目支出预算。

第七条 基础测绘经费预算执行国家制定的相应成本费用定额标准。

第八条 项目承担单位编报基础测绘项目预算时,应附必要的文字说明,主要内容包括:项目名称、目标、具体实施计划、保障措施、资金使用安排等。

第九条 基础测绘经费预算一经核定,必须严格执行,在执行过程中原则上不予调整。如果国家有关政策的调整对基础测绘经费预算影响较大,确需调整预算时,项目承担单位可以通过测绘主管部门报请财政部门调整预算。预算调整后,相应调增或调减支出预算。

第十条 基础测绘经费由财政部门根据基础测绘年度预算及工作进度及时拨付。

第十一条 纳入政府采购的基础测绘项目执行财政部政府采购的有关规定。

第三章 经费开支与成本核算

第十二条 为完成基础测绘项目所发生的成本和费用应按直接费用、间接费用和期间费用进行分类,并按用途分别归集到事业支出中的基本工资、补助工资、其他工资、职工福利费、社会保障费、设备购置费、修缮费、公务费、业务费、业务招待费和其他费用。

第十三条 基础测绘经费开支应与预算口径相一致,不得用于单位的自筹基本建设支出、对附属单位补助支出和上缴上级单位支出等。

第十四条 基础测绘经费应按规定的开支范围、标准对基础测绘项目进行成本费用核算。跨年度的基础测绘项目,应保持其核算对象、核算口径连续一致,发生重大调整时应在提交的基础测绘项目执行情况报告中加以详细说明。

第十五条 基础测绘项目成本以会计年度为计算期,核算当年的实际成本,并据此编制基础测绘项目年度决算报表。

第十六条 年度终了,项目承担单位按照有关规定编制年度基础测绘经费决算,并附文字说明和项目完成情况,随本单位年度财务决算上报测绘主管部门。测绘主管部门按照财政部门有关规定编制年度基础测绘经费总决算,随年度财务决算一并上报财政部门。

第十七条 项目承担单位未完工基础测绘项目的结余经费,结转下年度继续使用;已完基础测绘项目的结余经费,经财政部门同意后可转入本单位事业基金。

第四章 财务监督与检查

第十八条 基础测绘经费的管理与使用要严格遵守国家有关财务、会计制度和财经纪律。

财政部门和测绘主管部门应对基础测绘经费的使用情况进行监督检查。基础测绘项目组织实施单位和承担单位应接受审计、监察等部门的审计与监督。对于弄虚作假、截留、挪用、挤占基础测绘经费等违反财务制度和财经纪律的行为,要给予有关责任人经济和行政处罚;构成犯罪的,移交司法部门处理。

第十九条 基础测绘项目因故中止,由测绘主管部门负责主持或组织清理处理,项目承担单位应积极配合,及时清理账目与资产,编制决算报表及资产清单,上报测绘主管部门。剩余经费上缴财政。

中止基础测绘项目造成损失的,要追究有关单位和人员的责任。

第五章　附　则

第二十条　本办法自颁布之日起实施。

关于印发《国家基础航空摄影经费管理办法》的通知

财建〔2002〕714号

国家测绘局：

为进一步加强和规范国家基础航空摄影经费管理，提高资金使用效益，保障航摄任务顺利完成，根据预算管理的要求及测绘事业单位财务、会计制度的有关规定，我们制定了《国家基础航空摄影经费管理办法》。现印发给你们，请遵照执行。执行中若发现问题，请及时向我们反映。

附件：国家基础航空摄影经费管理办法

财政部
二○○二年十二月十九日

附件：

国家基础航空摄影经费管理办法

第一章 总 则

第一条 为进一步加强和规范国家基础航空摄影（以下简称航摄）经费管理，提高资金使用效益，保障航摄任务顺利完成，根据《中央本级项目支出预算管理办法》（试行）及有关财务规章制度，制定本办法。

第二条 航摄经费是根据测绘事业发展计划和基础测绘任务核定的专门用于实施航摄、遥感影像资料购置及相关管理工作的经费。

第三条 航摄经费管理的基本原则：

（一）科学论证、合理排序的原则。在对申报航摄项目进行充分可行性论证和严格审核的基础上，按照轻重缓急进行排序，并结合当年财力状况，优先安排急需、可行的项目。

（二）专款专用的原则。航摄经费严格按本办法规定的用途和范围使用，不得截留、挤占和挪用。

（三）政府采购的原则。航摄经费（其中的管理费除外）应纳入政府采购预算。航摄项目按照国家政府采购及招投标的有关规定，报财政部批准后实施政府采购。

（四）追踪问效的原则。财政部和国家测绘局对航摄项目的实施过程及完成结果进行绩效考评，追踪问效。

第二章 部门职责

第四条 航摄经费管理各方的职责与权限：

（一）财政部

1. 确定航摄经费的使用方向和范围；

2. 确定航摄经费总预算；

3. 审批航摄经费具体项目预算；

4. 按财政资金拨款程序和要求拨付航摄经费；

5. 监督、检查航摄经费的管理和使用情况。

（二）国家测绘局

1. 编制航摄经费项目预算；

2. 组织航摄项目的政府采购；

3. 负责航摄项目实施的日常管理；

4. 监督、检查航摄经费的管理和使用情况；

5. 编报航摄经费年度决算。

第三章　航摄项目库的设立

第五条　航摄项目库是指由财政部和国家测绘局设立的对申请航摄经费预算的航摄项目进行规范化、程序化管理的数据库系统，包括财政部设立的项目库和国家测绘局设立的项目库。

第六条　财政部统一制订航摄项目申报文本、航摄项目支出预算报表及计算机应用软件技术标准。

第七条　列入航摄项目库的项目实行滚动管理，项目分为延续项目和新增项目。

延续项目是指以前年度批准的、需在本年度预算中继续安排项目；

新增项目是指本年度新增的需列入预算的项目。

第四章　航摄项目申报

第八条　申报条件：

（一）符合财政资金支持的方向和范围；

（二）符合测绘事业发展规划和分区定期更新原则；

（三）有明确的项目目标、组织实施计划和科学合理的项目预算，并经过充分的研究和论证。

第九条 申报要求：

（一）新增项目必须按照财政部的要求填报项目申请书，并附相关材料。

（二）延续项目中项目计划及项目预算没有变化的，可以不再填写"项目申请书"；项目计划及项目预算发生变化较大的项目，需要重新填写"项目申请书"并附相关材料。

（三）申报材料应按财政部规定的时间报送，内容必须真实、准确、完整。

第十条 申报程序：

（一）航摄需求部门（单位）应当按照国家测绘局发布的航摄整体规划及分年度实施计划向国家测绘局申报航摄项目；

（二）国家测绘局对申报的航摄项目进行审核后，将符合条件的项目列入国家测绘局航摄项目库。

（三）国家测绘局对进入航摄项目库的项目，按轻重缓急排序后统一汇总向财政部申报。

第五章　航摄项目审核

第十一条 航摄项目审核主要内容包括：

（一）资格审核：申报的项目是否属于航摄经费的使用方向和范围；

（二）形式审核：申报材料是否符合规定的填报要求，相关材料是否齐全等；

（三）内容审核：申请项目的立项依据是否真实可靠，项目预算是否合理等。

第十二条 财政部对国家测绘局申报的航摄项目进行审核后，

对符合条件的项目,经商国家测绘局后,排序纳入财政部的项目库。

第十三条 对于预算数额较大或专业技术复杂的项目,财政部可以组织专家或委托中介机构进行评审。

第六章 航摄项目预算的核定与项目实施

第十四条 财政部根据年度财力状况和航摄项目的排序,安排航摄项目支出预算,列入国家测绘局的年度部门预算及政府采购预算。

第十五条 国家测绘局根据财政部批复的航摄项目支出预算,组织航摄项目的政府采购。

第十六条 财政部根据财政国库管理制度改革的有关规定,对航摄经费(管理费除外)实行财政直接支付到商品或劳务供应商的拨付方式。

第十七条 航摄项目支出预算一经批复,国家测绘局和项目承担单位不得自行调整。预算执行过程中,发生项目终止、撤销、变更、追加预算的,必须按规定的程序报批;航摄项目招投标结余资金报经财政部批准后继续用于航摄任务。

第七章 经费开支和核算

第十八条 航摄经费的开支范围包括:航摄生产费、遥感影像资料购置费和管理费。

(一)航摄生产费是指为完成航摄任务而委托航摄生产单位实施航摄项目而支出的费用。

(二)遥感影像资料购置费是指为购置遥感影像资料而支出的费用。

(三)管理费是指为实施航摄项目和遥感影像资料购置项目管理而支出的费用,包括:项目论证评审、制订实施方案、技术设计、政府采购组织工作、成果验收、监督检查、绩效考评等与航摄项目管理活动直接相关的费用。

第十九条　航摄生产费和遥感影像资料购置费的支付标准,参照国家制定的价格,由招投标方式确定。管理费的开支由国家测绘局向财政部单独申报,财政部核定后列入航摄项目经费预算。

第二十条　国家测绘局根据航摄合同完成情况及资料验收入库单与项目承担单位结算航摄生产费;国家测绘局所委托的航摄年度计划实施单位负责航摄项目具体管理工作。

第二十一条　除管理费外,对没有纳入政府采购预算及没有按规定进行招投标的航摄项目经费,财政部将不予拨款。航摄经费不得用于与国家基础航空摄影任务无关的其他支出。

第二十二条　航摄经费应按规定的开支范围、标准进行核算。未完工航摄项目的结余经费,结转下年度继续使用。

第二十三条　航摄经费以会计年度为计算期,核算当年的实际支出,并据此编制航摄经费年度汇总决算,随年度财务决算一并上报财政部。

第八章　财务监督检查与绩效考评

第二十四条　财政部、国家测绘局对航摄项目经费的实施进行监督、检查。对违反国家有关法律、法规和财务规章制度的,要按照国家有关规定进行处理。

第二十五条　已完成的航摄项目要及时组织验收与总结,并将项目完成情况及时上报国家测绘局和财政部。

第二十六条　航摄项目因故中止,由国家测绘局主持组织清理,项目承担单位应积极配合,及时清理账目与资产,编制决算报表及资产清单。剩余经费上报财政部批准后,继续用于航摄任务。

由于人为因素中止航摄项目造成损失的,要追究有关单位和人员的责任。

第二十七条　航摄项目实行绩效考评制度,绩效考评办法由财政部制定,考评工作由国家测绘局和财政部组织实施。

第二十八条　国家测绘局和财政部要将航摄项目完成情况和绩效考评结果分别记入国家测绘局项目库和财政部项目库,并作为财政部以后年度审批航摄立项的参考依据。

第九章　附　则

第二十九条　本办法自 2003 年 1 月 1 日起施行,由财政部负责解释。

关于印发《边远地区少数民族地区基础测绘专项补助经费管理办法》的通知

财建〔2006〕452 号

有关省、自治区财政厅、测绘局,新疆生产建设兵团财务局、国土资源局:

为加强和规范边远地区、少数民族地区基础测绘专项补助经费的使用和管理,提高资金使用效益,我们制定了《边远地区 少数民族地区基础测绘专项补助经费管理办法》,现印发给你们,请遵照执行。

附件:边远地区 少数民族地区基础测绘专项补助经费管理办法

财政部

国家测绘局

二〇〇六年九月五日

附件：

边远地区 少数民族地区
基础测绘专项补助经费管理办法

第一章 总 则

第一条 为加强边远地区、少数民族地区基础测绘专项补助经费(以下简称专项补助经费)的管理，提高资金使用效益，促进边远地区、少数民族地区基础测绘加快发展，根据《中华人民共和国预算法》和国家有关法律法规，制定本办法。

第二条 专项补助经费是指中央财政安排的支持边远地区、少数民族地区开展基础测绘工作的专项补助资金。

本办法所称"边远地区"是指交通不便、经济落后、财政困难的地区，主要包括边境地区、革命老区、贫困地区等；"少数民族地区"是指我国有关法律法规明确的少数民族聚居区。

第三条 专项补助经费支持县级以上地方政府按照基础测绘分级管理原则开展本行政区域内的基础测绘工作，具体使用方向如下：

(一)国家三、四等平面控制网、高程控制网和空间定位网的建设、更新、维护；

(二)1∶1万及更大比例尺地形图和影像图的制作、更新；

(三)区域性基础地理信息系统的建设、更新、维护；

(四)其他基础测绘产品的制作、更新以及服务体系的建立和完善。

第四条 专项补助经费的使用和管理应遵守国家现行的法律法规和财政财务规章制度，坚持"项目管理、突出重点、专款专用、讲求效益"的原则，任何单位和个人不得截留、挤占和挪用。

第二章　部门职责

第五条　财政部、国家测绘局,边远地区和少数民族地区省级财政部门、测绘部门按照各自职责管理专项补助经费。

第六条　财政部主要负责专项补助经费的预算和资金管理,具体职责如下:

(一)核定专项补助经费总预算和年度预算;

(二)确定专项补助经费的使用原则和使用方向;

(三)会同国家测绘局审核下达专项补助经费预算;

(四)审核办理资金拨付;

(五)会同国家测绘局对专项补助经费进行监督检查和绩效评价。

第七条　国家测绘局主要负责专项补助经费的项目管理,具体职责如下:

(一)配合财政部下达项目申报指南并组织项目的审核、论证;

(二)建立和维护专项补助经费项目库;

(三)指导、监督专项补助经费项目的实施;

(四)配合财政部对专项补助经费进行监督检查和绩效评价。

第八条　边远地区、少数民族地区省级财政部门的职责:

(一)会同省级测绘部门确定本省(自治区)专项补助经费支持的重点项目,并组织项目的申报、汇总和评审;

(二)会同省级测绘部门编报本省(自治区)专项补助经费年度预算;

(三)负责审批专项补助经费年度财务决算和竣工决算;

(四)监督检查专项补助经费使用和管理情况,参与项目竣工验收。

第九条　边远地区、少数民族地区省级测绘部门的职责:

(一)配合省级财政部门确本省(自治区)专项补助经费支持的重

点项目；

（二）组织编制本省（自治区）专项补助经费的项目申报材料，并负责对项目进行初审、论证；

（三）配合省级财政部门编报本省（自治区）专项补助经费年度预算；

（四）负责组织本省（自治区）专项补助经费项目的具体组织实施，并对省级及以下专项补助经费项目的实施提供指导；

（五）负责组织专项补助经费项目的验收。

第三章　预算管理

第十条　根据全国及省级测绘发展规划，财政部会同国家测绘局编制并发布专项补助经费项目年度申报指南。

第十一条　省级财政部门会同测绘部门根据项目申报指南的要求，组织本省（自治区）范围内项目立项报告和经费支出预算的编制工作，并按规定的要求和时间向财政部、国家测绘局申报。

第十二条　申报的项目应当同时具备以下条件：

（一）满足本地区经济社会发展对基础测绘保障的急需，符合专项补助经费支持的地域范围和使用方向；

（二）符合全国基础测绘规划和地方基础测绘规划要求；

（三）有明确的目标、组织实施计划和科学合理的项目预算，并经过充分的研究和论证。

第十三条　项目申报分为"新开项目"和"续作项目"。新开项目是指本年度新增的需列入预算的项目；续作项目是指以前年度批准的、并已确定分年度预算，需在本年度预算中继续安排的项目。

延续项目的执行年限一般不超过3年。

第十四条　财政部和国家测绘局组成由技术和经济专家组成的专家委员会，对项目立项报告及经费支出预算进行审核。

第十五条　财政部根据预算管理的有关规定和项目评审情况，

向有关省(自治区)下达项目经费年度预算。

第十六条 项目年度预算一经下达,必须严格执行,执行过程中原则上不予调整。确需调整预算,按规定程序报财政部审批。

第十七条 项目实施内容属于政府采购范围的,应按《政府采购法》和财政部有关规定执行。

第十八条 参与项目实施的单位应具备相应的资质。

第四章 资金管理

第十九条 专项补助经费支出范围包括:

(一)基础测绘生产费,包括大地测量、摄影测量与遥感、地形数据采集与编辑、地图编制与印刷、数据库建设与维护以及界线测绘等方面的支出;

(二)基础测绘技术装备购置费,主要指完成专项补助经费项目需购买测绘仪器设备、交通运输工具、通讯设备、安全设备等所发生的支出。

第二十条 项目实施单位应按规定的开支范围和标准进行成本费用核算。成本费用可按下列预算科目列支:津贴补贴、办公费、印刷费、咨询费、手续费、邮电费、水费、电费、交通费、差旅费、资料费、租赁费、专用材料费、劳务费、专用设备购置费、交通工具购置费及其他费用等。

第二十一条 按照财政部有关中央预算单位资金拨付管理的要求,项目实施单位应定期编制分月用款计划。

第二十二条 项目资金拨付按照财政国库管理制度的规定办理。

第二十三条 项目经费支出应严格控制在预算核定的额度内,不得虚列、多提、多摊费用;不得扩大开支范围,提高支出标准。

第二十四条 项目实施单位按照有关规定编制年度专项补助经费决算,报省级财政部门。

第二十五条　项目完成后,省级财政部门和测绘部门要及时按照有关规定组织项目验收。项目组织实施单位要及时汇交成果材料,并编制竣工财务决算报省级财政部门。

第二十六条　项目结余资金按照财政部有关规定执行。

第二十七条　项目形成的固定资产,按照现行国有资产管理有关规定进行管理。

第五章　监督检查

第二十八条　项目实施单位应加强项目资金和技术质量管理,严格遵守有关财务会计制度和技术规范,并积极配合有关部门组织的监督检查。

第二十九条　省级财政部门要会同省级测绘部门对专项补助经费使用情况、项目实施情况进行监督检查,并将结果及时报财政部和国家测绘局。

第三十条　根据项目实施的实际情况,财政部会同国家测绘局对资金使用情况、项目完成情况进行不定期的检查,并建立专项补助经费绩效评价制度。

第三十一条　项目组织实施单位应自觉接受上级财政、测绘和审计等部门的监督。对截留、挪用专项补助经费、弄虚作假等违反财务制度和财政纪律的行为,按照《财政违法行为处罚处分条例》(国务院令第 427 号)的规定处理。

第六章　附　则

第三十二条　本办法由财政部和国家测绘局负责解释。

第三十三条　本办法自公布之日起实行。

关于印发《基础测绘
计划管理办法》的通知

发改地区〔2007〕522 号

各省、自治区、直辖市及计划单列市发展改革委、测绘局,新疆生产建设兵团发展改革委、国土资源局:

为加强我国基础测绘计划管理,按照《中华人民共和国测绘法》的有关规定,我们制定了《基础测绘计划管理办法》,现印发给你们,请按照执行。

附件:基础测绘计划管理办法

国家发展和改革委员会
国家测绘局
二〇〇七年三月五日

附件：

基础测绘计划管理办法

国家发展和改革委员会

国　家　测　绘　局

二〇〇七年三月

第一章　总　则

第一条　为加强基础测绘计划的统一监督管理,保障国民经济和社会发展对基础测绘成果的需求,根据《中华人民共和国测绘法》和有关法律法规,制定本办法。

第二条　本办法适用于县级以上人民政府发展改革主管部门、测绘行政主管部门开展基础测绘计划编报、组织实施和监督管理工作。

第三条　本办法所称基础测绘计划包括基础测绘中长期规划和基础测绘年度计划。基础测绘计划纳入同级国民经济和社会发展中长期规划和年度计划。

第四条　国家对基础测绘计划实行分级管理。国务院发展改革主管部门和测绘行政主管部门负责全国基础测绘计划的管理。县级以上地方人民政府发展改革主管部门和测绘行政主管部门负责本级行政区域的基础测绘计划管理。

第五条　基础测绘计划是政府履行经济调节、市场监管、社会管理和公共服务职责的重要依据,基础测绘工程项目和基础测绘政府投资必须纳入基础测绘计划管理。

第二章　基础测绘中长期规划

第六条　基础测绘中长期规划是政府对基础测绘在时间和空间上的战略部署及其具体安排,其主要任务包括加强重大问题研究,理清发展思路,做好重大工程项目的筛选和指标论证,其规划期应当根据基础测绘工作特点、经济建设、社会发展和国防建设的实际需要合理确定,一般至少为五年。

第七条　国务院测绘行政主管部门会同国务院其他有关部门、军队测绘主管部门,根据国家经济建设、社会发展、国防建设等需要,按照国务院发展改革主管部门编制国民经济和社会发展中长期规划的要求,编制全国基础测绘中长期规划,报国务院批准后组织实施。

县级以上测绘行政主管部门会同同级人民政府其他有关部门,根据国家和上一级人民政府的基础测绘中长期规划和本级行政区域经济社会发展的实际需要,编制本级行政区域的基础测绘中长期规划,并报本级人民政府批准。

第八条 基础测绘中长期规划原则上应当包括如下内容:发展目标、任务、布局、项目、规划实施的保障措施等,应当有布局示意图和规划项目表,全国基础测绘中长期规划还应当包括简明、准确的发展方针。发展目标应尽可能量化。任务明确,重点突出。布局原则要清晰,明确重点发展的区域及重大项目。保障措施要具有科学性和可操作性。

第九条 列入基础测绘中长期规划的基础测绘项目,由同级政府通过财政资金和固定资产投资保证实施,并根据项目前期工作的开展情况分别纳入基础测绘年度计划或者跨年度基础测绘专项计划中组织实施。

第十条 基础测绘中长期规划应当按照下列程序进行编制:

(一)测绘行政主管部门研究确定基础测绘中长期规划编制工作方案,会同有关部门开展相关重大问题研究工作。

(二)起草规划文本。

(三)测绘行政主管部门组织参与规划工作的各有关部门对规划内容进行会商,并将会商后的规划与相关规划进行衔接。

(四)对规划指标、规划项目等规划内容进行论证。

(五)规划编制完成后,测绘行政主管部门按程序报同级人民政府批准。

第十一条 基础测绘中长期规划的编制过程应当公开,采取适当的形式广泛听取社会各界的意见建议,并委托有资质的咨询机构或专家组对规划草案进行评估论证。

第十二条 县级以上地方测绘行政主管部门会同有关部门编制

的基础测绘中长期规划,在获同级人民政府批准后 30 个工作日内,报上一级测绘行政主管部门备案后组织实施。

第十三条　全国基础测绘中长期规划在获批准后 2 个月内,县级以上地方测绘行政主管部门组织编制的中长期规划在报上一级测绘行政主管部门备案后 2 个月内,除有保密要求的,测绘行政主管部门应在测绘行业报纸或政府相关网站上公布规划文本的部分或者全部内容。

第十四条　在规划实施过程中,应当适时开展规划评估工作,评估内容应主要围绕规划提出的主要目标、重点任务和政策措施进行,对规划执行效果和各项政策的落实情况做出分析评价,并针对环境变化和存在的问题,提出调整和修订规划的意见。评估报告和规划调整方案应及时提交规划批准机关审批。

第十五条　县级以上测绘行政主管部门会同有关部门调整后的基础测绘中长期规划,应按规定程序上报备案和公布。

第三章　基础测绘年度计划

第十六条　基础测绘年度计划是基础测绘中长期规划的年度实施计划。

第十七条　国务院发展改革主管部门会同国务院测绘行政主管部门,根据国民经济和社会发展年度计划编制要求和基础测绘中长期规划以及当年国家经济建设的实际需要,编制全国基础测绘年度计划。

县级以上地方人民政府发展改革主管部门会同同级测绘行政主管部门,根据本级行政区域基础测绘中长期规划和当年经济建设的实际需要,编制本级行政区域的基础测绘年度计划。

第十八条　全国基础测绘年度计划由国家级基础测绘计划和地方级基础测绘计划组成。

第十九条　列入国家级基础测绘年度计划的内容主要包括:

（一）全国统一的大地基准、高程基准、深度基准和重力基准的建立和更新。

（二）全国统一的一、二等平面、高程控制网，重力网和 A、B 级空间定位网的建立和更新。

（三）全国 1∶100 万、1∶50 万、1∶25 万、1∶10 万、1∶5 万和 1∶2.5万系列比例尺地形图、影像图的测制和更新。

（四）组织实施国家基础航空摄影、获取基础地理信息的遥感资料。

（五）国家基础地理信息系统的建立和更新维护。

（六）国家基础测绘公共服务体系的建立和完善。

（七）需中央财政安排的国家急需的其他基础测绘项目。

第二十条 列入省级基础测绘年度计划的主要内容原则上应包括：

（一）在国家统一的大地控制网和空间定位网的框架内建立本省统一的平面控制网、高程控制网和空间定位网。

（二）测制省级基本比例尺地形图和影像图。

（三）建立省级基础地理信息系统。

（四）组织实施省级基础航空摄影、获取基础地理信息的遥感资料。

（五）按基础地理信息更新周期，对基本比例尺地图及其数据库进行更新维护。

（六）省级基础测绘公共服务体系的建立和完善。

（七）省级政府部门及其他有关部门急需的其他基础测绘项目。

第二十一条 市、县级基础测绘年度计划的指标内容，由各省、自治区、直辖市发展改革主管部门会同同级测绘行政主管部门确定，并报国务院发展改革主管部门和测绘行政主管部门备案。

第二十二条 纳入基础测绘年度计划的基础测绘项目应符合基础测绘中长期规划要求，并已按有关规定履行完基础测绘项目立项程序。

第二十三条　国家和省级基础测绘年度计划指标体系由国务院发展改革主管部门和测绘行政主管部门统一研究制定,市、县级基础测绘年度计划指标体系由省级发展改革部门和测绘行政主管部门研究制定后报国务院发展改革主管部门和测绘行政主管部门审查批准。

第二十四条　根据测绘科学技术发展水平的实际要求,应当及时对基础测绘年度计划指标体系进行调整,其中国家和省级基础测绘年度计划指标体系由国务院发展改革主管部门和测绘行政主管部门统一调整,市、县级基础测绘年度计划指标体系由省级发展改革主管部门和测绘行政主管部门提出调整意见后报国务院发展改革主管部门和测绘行政主管部门批准。

第二十五条　基础测绘年度计划应当按照下列程序进行编制:

(一)国务院测绘行政主管部门根据国民经济和社会发展年度计划编制要求和全国基础测绘中长期规划,组织编制并提出全国基础测绘年度计划建议,报国务院发展改革主管部门。

(二)县级以上地方测绘行政主管部门根据国民经济和社会发展年度计划编制要求和本行政区域基础测绘中长期规划,组织提出本行政区域基础测绘年度计划建议,报经同级发展改革主管部门平衡后,在 10 个工作日内由测绘行政主管部门和发展改革部门分别报上一级测绘行政主管部门和发展改革主管部门。

(三)国务院发展改革主管部门对上述计划建议进行汇总和综合平衡,编制全国基础测绘年度计划草案,作为全国国民经济和社会发展年度计划的组成部分,正式下达给国务院测绘行政主管部门和省级发展改革主管部门。

(四)市、县级基础测绘年度计划的编制程序由省级发展改革主管部门会同测绘行政主管部门研究确定。

第四章 组织实施与监督评估

第二十六条 国务院测绘行政主管部门负责国家级基础测绘计划的组织实施。县级以上地方政府测绘行政主管部门负责本级基础测绘计划的组织实施。

国务院测绘行政主管部门要对全国基础测绘年度计划的实施进行指导。

第二十七条 县级以上人民政府发展改革主管部门会同同级测绘行政主管部门对基础测绘中长期规划和年度计划的执行情况进行监督检查。

第二十八条 县级以上地方人民政府测绘行政主管部门逐级向上一级测绘行政主管部门上报基础测绘年度计划执行情况，并抄送同级发展改革主管部门。国务院测绘行政主管部门根据各地上报情况进行综合评估，并将结果报国务院发展改革主管部门。

第五章 附 则

第二十九条 本办法由国务院发展改革主管部门和国务院测绘行政主管部门负责解释。

第三十条 本办法自印发之日起施行。

关于印发《注册测绘师制度暂行规定》、《注册测绘师资格考试实施办法》和《注册测绘师资格考核认定办法》的通知

国人部发〔2007〕14 号

各省、自治区、直辖市人事厅（局）、测绘行政主管部门，国务院各部委、各直属机构人事部门，中央管理的企业：

为了加强测绘行业管理，提高测绘专业人员素质，规范测绘行为，保证测绘成果质量，人事部、国家测绘局依据《中华人民共和国测绘法》要求，决定在测绘行业建立注册测绘师制度。现将《注册测绘师制度暂行规定》、《注册测绘师资格考试实施办法》和《注册测绘师资格考核认定办法》印发给你们，请遵照执行。

附件：1. 注册测绘师资格考核认定工作领导小组成员名单
2. 中华人民共和国注册测绘师资格考核认定申报表

人事部
国家测绘局
二〇〇七年一月二十四日

注册测绘师制度暂行规定

第一章 总 则

第一条 为了提高测绘专业技术人员素质,保证测绘成果质量,维护国家和公众利益,依据《中华人民共和国测绘法》和国家职业资格证书制度有关规定,制定本规定。

第二条 本规定适用于在具有测绘资质的机构中,从事测绘活动的专业技术人员。

第三条 国家对从事测绘活动的专业技术人员,实行职业准入制度,纳入全国专业技术人员职业资格证书制度统一规划。

第四条 本规定所称注册测绘师,是指经考试取得《中华人民共和国注册测绘师资格证书》,并依法注册后,从事测绘活动的专业技术人员。

注册测绘师英文译为:Registered Surveyor。

第五条 人事部、国家测绘局共同负责注册测绘师制度工作,并按职责分工对该制度的实施进行指导、监督和检查。

各省、自治区、直辖市人事行政部门、测绘行政主管部门按职责分工,负责本行政区域内注册测绘师制度的实施与监督管理。

第二章 考 试

第六条 注册测绘师资格实行全国统一大纲、统一命题的考试制度,原则上每年举行一次。

第七条 国家测绘局负责拟定考试科目、考试大纲、考试试题,研究建立并管理考试题库,提出考试合格标准建议。

第八条 人事部组织专家审定考试科目、考试大纲和考试试题。

会同国家测绘局确定考试合格标准和对考试工作进行指导、监督、检查。

第九条 凡中华人民共和国公民,遵守国家法律、法规,恪守职业道德,并具备下列条件之一的,可申请参加注册测绘师资格考试:

(一)取得测绘类专业大学专科学历,从事测绘业务工作满 6 年。

(二)取得测绘类专业大学本科学历,从事测绘业务工作满 4 年。

(三)取得含测绘类专业在内的双学士学位或者测绘类专业研究生班毕业,从事测绘业务工作满 3 年。

(四)取得测绘类专业硕士学位,从事测绘业务工作满 2 年。

(五)取得测绘类专业博士学位,从事测绘业务工作满 1 年。

(六)取得其他理学类或者工学类专业学历或者学位的人员,其从事测绘业务工作年限相应增加 2 年。

第十条 注册测绘师资格考试合格,颁发人事部统一印制,人事部、国家测绘局共同用印的《中华人民共和国注册测绘师资格证书》,该证书在全国范围有效。

第十一条 对以不正当手段取得《中华人民共和国注册测绘师资格证书》的,由发证机关收回。自收回该证书之日起,当事人 3 年内不得再次参加注册测绘师资格考试。

第三章 注 册

第十二条 国家对注册测绘师资格实行注册执业管理,取得《中华人民共和国注册测绘师资格证书》的人员,经过注册后方可以注册测绘师的名义执业。

第十三条 国家测绘局为注册测绘师资格的注册审批机构。各省、自治区、直辖市人民政府测绘行政主管部门负责注册测绘师资格的注册审查工作。

第十四条 申请注册测绘师资格注册的人员,应受聘于一个具有测绘资质的单位,并通过聘用单位所在地(聘用单位属企业的通过本单位工商注册所在地)的测绘行政主管部门,向省、自治区、直辖市人民政府测绘行政主管部门提出注册申请。

第十五条 省、自治区、直辖市人民政府测绘行政主管部门在收到注册测绘师资格注册的申请材料后,对申请材料不齐全或者不符合法定形式的,应当当场或者在5个工作日内,一次告知申请人需要补正的全部内容,逾期不告知的,自收到申请材料之日起即为受理。

对受理或者不予受理的注册申请,均应出具加盖省、自治区、直辖市人民政府测绘行政主管部门专用印章和注明日期的书面凭证。

第十六条 省、自治区、直辖市人民政府测绘行政主管部门自受理注册申请之日起20个工作日内,按规定条件和程序完成申报材料的审查工作,并将申报材料和审查意见报国家测绘局审批。

国家测绘局自受理申报人员材料之日起20个工作日内做出审批决定。在规定的期限内不能做出审批决定的,应将延长的期限和理由告知申请人。

国家测绘局自做出批准决定之日起10个工作日内,将批准决定送达经批准注册的申请人,并核发统一制作的《中华人民共和国注册测绘师注册证》和执业印章。对做出不予批准的决定,应当书面说明理由,并告知申请人享有依法申请行政复议或者提起行政诉讼的权利。

第十七条 《中华人民共和国注册测绘师注册证》每一注册有效期为3年。《中华人民共和国注册测绘师注册证》和执业印章在有效期限内是注册测绘师的执业凭证,由注册测绘师本人保管、使用。

第十八条 初始注册者,可自取得《中华人民共和国注册测绘师资格证书》之日起1年内提出注册申请。逾期未申请者,在申请初始注册时,须符合本规定继续教育要求。

初始注册需要提交下列材料:

(一)《中华人民共和国注册测绘师初始注册申请表》;

(二)《中华人民共和国注册测绘师资格证书》;

1296

（三）与聘用单位签订的劳动或者聘用合同；

（四）逾期申请注册的人员的继续教育证明材料。

第十九条 注册有效期届满需继续执业的，应在届满前 30 个工作日内，按照本规定第十四条规定的程序申请延续注册。审批机构应当根据申请人的申请，在规定的时限内做出是否准予延续注册的决定；逾期未做出决定的，视为准予延续。

延续注册需要提交下列材料：

（一）《中华人民共和国注册测绘师延续注册申请表》；

（二）与聘用单位签订的劳动或者聘用合同；

（三）达到注册期内继续教育要求的证明材料。

第二十条 在注册有效期内，注册测绘师变更执业单位，应与原聘用单位解除劳动关系，并按本规定第十四条规定的程序办理变更注册手续。变更注册后，其《中华人民共和国注册测绘师注册证》和执业印章在原注册有效期内继续有效。

变更注册需要提交下列材料：

（一）《中华人民共和国注册测绘师变更注册申请表》；

（二）与新聘用单位签订的劳动或者聘用合同；

（三）工作调动证明或者与原聘用单位解除劳动或者聘用合同的证明、退休人员的退休证明。

第二十一条 注册测绘师因丧失行为能力、死亡或者被宣告失踪的，其《中华人民共和国注册测绘师注册证》和执业印章失效。

第二十二条 注册申请人有下列情形之一的，应由注册测绘师本人或者聘用单位及时向当地省、自治区、直辖市人民政府测绘行政主管部门提出申请，由国家测绘局审核批准后，办理注销手续，收回《中华人民共和国注册测绘师注册证》和执业印章：

（一）不具有完全民事行为能力的；

（二）申请注销注册的；

（三）注册有效期满且未延续注册的；

（四）被依法撤销注册的；

（五）受到刑事处罚的；

（六）与聘用单位解除劳动或者聘用关系的；

（七）聘用单位被依法取消测绘资质证书的；

（八）聘用单位被吊销营业执照的；

（九）因本人过失造成利害关系人重大经济损失的；

（十）应当注销注册的其他情形。

第二十三条 注册申请人有下列情形之一的，不予注册：

（一）不具有完全民事行为能力的；

（二）刑事处罚尚未执行完毕的；

（三）因在测绘活动中受到刑事处罚，自刑事处罚执行完毕之日起至申请注册之日止不满3年的；

（四）法律、法规规定不予注册的其他情形。

第二十四条 注册申请人以不正当手段取得注册的，应当予以撤销，并由国家测绘局依法给予行政处罚；当事人在3年内不得再次申请注册；构成犯罪的，依法追究刑事责任。

第二十五条 被注销注册或者不予注册的人员，重新具备初始注册条件，并符合本规定继续教育要求的，可按本规定第十四条规定的程序申请注册。

第二十六条 国家测绘局应及时向社会公告注册测绘师注册有关情况。当事人对注销注册或者不予注册有异议的，可依法申请行政复议或者提起行政诉讼。

第二十七条 继续教育是注册测绘师延续注册、重新申请注册和逾期初始注册的必备条件。在每个注册期内，注册测绘师应按规定完成本专业的继续教育。

注册测绘师继续教育，分必修课和选修课，在一个注册期内必修课和选修课均为60学时。

第四章　执　业

第二十八条　注册测绘师应在一个具有测绘资质的单位,开展与该单位测绘资质等级和业务许可范围相应的测绘执业活动。

第二十九条　注册测绘师的执业范围:

(一)测绘项目技术设计;

(二)测绘项目技术咨询和技术评估;

(三)测绘项目技术管理、指导与监督;

(四)测绘成果质量检验、审查、鉴定;

(五)国务院有关部门规定的其他测绘业务。

第三十条　注册测绘师的执业能力:

(一)熟悉并掌握国家测绘及相关法律、法规和规章;

(二)了解国际、国内测绘技术发展状况,具有较丰富的专业知识和技术工作经验,能够处理较复杂的技术问题;

(三)熟练运用测绘相关标准、规范、技术手段,完成测绘项目技术设计、咨询、评估及测绘成果质量检验管理;

(四)具有组织实施测绘项目的能力。

第三十一条　在测绘活动中形成的技术设计和测绘成果质量文件,必须由注册测绘师签字并加盖执业印章后方可生效。

第三十二条　修改经注册测绘师签字盖章的测绘文件,应由该注册测绘师本人进行;因特殊情况,该注册测绘师不能进行修改的,应由其他注册测绘师修改,并签字、加盖印章,同时对修改部分承担责任。

第三十三条　注册测绘师从事执业活动,由其所在单位接受委托并统一收费。因测绘成果质量问题造成的经济损失,接受委托的单位应承担赔偿责任。接受委托的单位依法向承担测绘业务的注册测绘师追偿。

第五章　权利、义务

第三十四条　注册测绘师享有下列权利：

（一）使用注册测绘师称谓；

（二）保管和使用本人的《中华人民共和国注册测绘师注册证》和执业印章；

（三）在规定的范围内从事测绘执业活动；

（四）接受继续教育；

（五）对违反法律、法规和有关技术规范的行为提出劝告，并向上级测绘行政主管部门报告；

（六）获得与执业责任相应的劳动报酬；

（七）对侵犯本人执业权利的行为进行申诉。

第三十五条　注册测绘师应履行下列义务：

（一）遵守法律、行政法规和有关管理规定，恪守职业道德；

（二）执行测绘技术标准和规范；

（三）履行岗位职责，保证执业活动成果质量，并承担相应责任；

（四）保守知悉的国家秘密和委托单位的商业、技术秘密；

（五）只受聘于一个有测绘资质的单位执业；

（六）不准他人以本人名义执业；

（七）更新专业知识，提高专业技术水平；

（八）完成注册管理机构交办的相关工作。

第六章　附　则

第三十六条　对本规定印发之日前，长期从事测绘专业工作，并符合考核认定条件的专业技术人员，可通过考核认定，获得《中华人民共和国注册测绘师资格证书》。

第三十七条　通过考试取得《中华人民共和国注册测绘师资格

证书》，并符合《工程技术人员职务试行条例》工程师专业技术职务任职条件的人员，用人单位可根据工作需要优先聘任工程师专业技术职务。

第三十八条 需注册测绘师签字盖章的文件种类和办法、继续教育的内容、测绘单位配备注册测绘师数量、注册执业管理等工作的具体办法，由国家测绘局另行规定。

第三十九条 符合考试报名条件的香港和澳门居民，可申请参加注册测绘师资格考试。申请人在报名时应提交本人身份证明、国务院教育行政部门认可的相应专业学历或者学位证书、从事测绘相关专业实践年限证明。台湾地区专业技术人员考试办法另行规定。

外籍专业人员申请参加注册测绘师资格考试、申请注册和执业等管理办法另行制定。

第四十条 在实施注册测绘师制度过程中，相关行政部门和相关机构，因工作失误，使专业技术人员合法权益受到损害的，应当依据《中华人民共和国国家赔偿法》给予相应赔偿，并可向有关责任人追偿。

第四十一条 实施注册测绘师制度的相关行政部门和相关机构的工作人员，有不履行工作职责，监督不力，或者谋取其他利益等违纪违规行为，并造成不良影响或者严重后果的，由其上级相关行政部门责令改正，对直接负责的主管人员和其他直接责任人员依法给予行政处分；构成犯罪的，依法追究刑事责任。

第四十二条 本规定自 2007 年 3 月 1 日起施行。

注册测绘师资格考试实施办法

第一条 人事部、国家测绘局共同成立注册测绘师资格考试办公室（以下简称考试办公室，设在国家测绘局），负责考试相关政策研究及考试管理工作。具体考务工作委托人事部人事考试中心负责。

各省、自治区、直辖市人事行政部门和测绘行政主管部门共同负责本地区考试工作，并协商确定具体工作的职责分工。

第二条 国家测绘局成立注册测绘师资格考试专家委员会，负责注册测绘师资格考试大纲的编写和命题工作，研究建立考试试题库。

第三条 注册测绘师资格考试设《测绘综合能力》、《测绘管理与法律法规》、《测绘案例分析》3 个科目。

考试分 3 个半天进行。《测绘综合能力》、《测绘管理与法律法规》2 个科目的考试时间均为 2.5 小时，《测绘案例分析》科目的考试时间为 3 小时。

第四条 参加注册测绘师资格全部（3 个）科目考试的人员，必须在一个考试年度内参加全部（3 个）科目的考试并合格，方可获得注册测绘师资格证书。

第五条 对符合注册测绘师资格考试报名条件，并于 2005 年12 月 31 日前评聘为高级工程师专业技术职务的人员，可免试《测绘综合能力》科目，只参加《测绘管理与法律法规》、《测绘案例分析》2 个科目的考试。在一个考试年度内，参加前述 2 个科目考试并合格的人员，方可获得注册测绘师资格证书。

第六条 参加考试由本人提出申请，携带所在单位证明及相关材料，到当地考试管理机构报名。考试管理机构按规定程序和报名条件审核合格后，发给准考证。参加考试人员在准考证指定的时间、地点参加考试。

国务院各部门所属单位和中央管理企业的专业技术人员按属地原则报名参加考试。

第七条 注册测绘师资格考试考点原则上设在直辖市和省会城市的大、中专院校或者高考定点学校，如确需在其他城市设置，须经人事部和国家测绘局批准。考试日期为每年第三季度。

第八条 坚持考试与培训分开的原则。凡参与考试工作（包括试题命制与组织管理等)的人员,不得参加考试和参与或者举办与考试内容有关的培训工作。应考人员参加相关培训按照自愿的原则。

第九条 注册测绘师资格考试及有关项目的收费标准,须经当地价格行政部门核准,并向社会公布,接受公众监督。

第十条 考试考务工作应严格执行考试工作的有关规章制度,切实做好试卷命制、印刷、发送过程中的保密工作,遵守保密制度,严防泄密。

第十一条 考试工作人员要严格遵守考试工作纪律,认真执行考试回避制度。对违反考试纪律和有关规定的,按照《专业技术人员资格考试违纪违规行为处理规定》处理。

注册测绘师资格考核认定办法

一、考核认定申报条件

长期在测绘岗位从事测绘专业工作,业绩突出,遵守中华人民共和国宪法和各项法律、法规,恪守职业道德,身体健康,并符合下列条件(一)或者条件(二)的在职在编人员。

(一)中国科学院院士或者中国工程院院士。

(二)评聘为高级工程师专业技术职务,年龄在 70 周岁(含)以下,并同时具备下列条件 1、2、3 中各一项条件的人员。

1. 学历和职业年限

(1)1980 年 12 月 31 日前取得测绘类专业中专学历,累计从事测绘业务工作满 20 年。

(2)1985 年 12 月 31 日前取得测绘类专业大学专科学历,累计从事测绘业务工作满 15 年。

(3)1990 年 12 月 31 日前取得测绘类专业大学本科及以上学历或者学位,累计从事测绘专业工作满 10 年。

(4)在上述规定的日期前取得其他理学类或者工学类专业学历

或者学位的人员,其从事测绘业务工作年限相应增加5年。

2. 专业水平与业绩成果

(1) 在有甲级测绘资质的单位中,担任正、副总工程师职务(负责测绘专业技术工作)满5年。

(2)在有测绘资质的单位中,担任测绘项目主要技术负责人,完成1项国家级重大项目(测绘业务),或者国家级测绘重点科研项目。

(3)在有测绘资质的单位中,担任测绘项目主要技术负责人,完成2项省(部)级重大测绘生产项目,或者省(部)级重点测绘科研项目。

(4)获得与测绘专业相关的国家级科技进步奖(科技成果奖)的主要技术负责人(前5名)。

(5)获得测绘专业省(部)级科技进步(科技成果)一等奖项的主要技术负责人(前5名);或者获得部级优秀测绘工程金奖、优秀地图作品奖的主要技术负责人(前3名)。

(6)获得2项测绘专业省(部)级科技进步(科技成果)二等以上奖项主要技术负责人(前3名);或者获得2项部级优秀测绘工程银奖的主要技术负责人(前3名)。

(7)获得3项测绘专业省(部)级科技进步(科技成果)三等以上奖项的主要技术负责人(前3名)。

3. 学术水平

(1)在有国内统一刊号(CN)的期刊或者在有国际统一书号(ISSN)的国外期刊上,作为第一作者发表过测绘专业论文不少于3篇(每篇不少于2 000字)。

(2)在正式出版社出版过统一书号(ISBN)的测绘专业著作,本人独立撰写的章节不少于3万字。

(3)受聘担任注册测绘师资格考试专家委员会成员,并参加编写考试大纲或者承担首次考试试题设计任务的专家。

二、考核认定组织

人事部、国家测绘局共同成立"注册测绘师资格考核认定工作领导小组"(以下简称领导小组,名单见附件1),负责全国注册测绘师资格考核认定工作。领导小组办公室设在国家测绘局。

三、考核认定申报材料

(一)各省、自治区、直辖市或者国务院有关部门、中央管理企业、军队人事部门推荐意见函。

(二)《中华人民共和国注册测绘师资格考核认定申报表》一式两份(见附件2)。

(三)中国科学院院士或者中国工程院院士证书复印件。其他人员应提供以下证明材料的复印件:学历或者学位证书、高级工程师专业技术职务聘书、获奖证书、生产项目和研究项目成果证书、单位测绘资质证书、获奖项目的主要文件和签署证明、主要技术负责人的任命文件(或者聘书)。

(四)获奖者应附有效证明,即奖状、个人证书或者正式公布的获奖人名单。对奖项未颁发个人证书或者未正式公布获奖人员名单的,应提供符合国家规定人数的单位申报奖项的人员名单、获奖项目主要文件的复印件,经单位负责人签字并加盖公章。

(五)所在单位出具的职业道德证明、省级测绘行政主管部门认可的测绘业务业绩证明。

四、考核认定程序

(一)符合考核认定条件的测绘专业技术人员,可向所在单位提出申请,经单位审核同意后,由所在单位向单位所在地(聘用单位属企业的向本单位工商注册所在地)的省、自治区、直辖市测绘行政主管部门推荐。

国务院有关部门所属单位和中央管理企业的人员,由本部门、本企业负责测绘业务工作管理机构统一向国家测绘局推荐。

(二)各省、自治区、直辖市测绘行政主管部门,国务院有关部门和中央管理企业负责测绘业务工作的机构,对本地区、本部门、本企业申报人员的材料进行审查,提出审查意见,并经本地区、本部门、本企业人事部门复审后,提出推荐名单送领导小组办公室审核。

军队测绘专业人员的申报,由总政干部部门按照本办法规定的程序和要求,提出推荐名单送领导小组办公室。

(三)领导小组办公室组织有关专家对推荐人员的材料进行审核,并将审核结果和拟认定人员材料,报领导小组复核。

(四)领导小组召开会议,对领导小组办公室的审核结果和申报人员材料进行复核。对复核合格的人员,由领导小组办公室进行公示。经公示无异议,由人事部、国家测绘局批准后,向社会公布获得《中华人民共和国注册测绘师资格证书》人员的名单。

对未通过考核认定的申请人,由领导小组办公室向其说明不通过的理由。

五、申报时间及要求

(一)各省、自治区、直辖市测绘行政主管部门和人事行政部门,国务院有关部门、中央管理企业负责测绘业务的机构和人事部门,应当对推荐人员材料进行认真审查和复审。于 2007 年 8 月 1 日前完成审查和复审工作,签署审查和复审意见,并在《中华人民共和国注册测绘师资格考核认定申报表》相应栏目中加盖印章后,将全部申报人员的材料送领导小组办公室。

(二)国家对考核认定人员数额实行总量控制。考核认定工作须在国家统一考试前完成,实施资格考试后不再进行。

(三)各省、自治区、直辖市和国务院有关部门、中央管理的企业及军队,应推荐具备申报条件、能力业绩突出、业内认可且仍在岗从事测绘业务工作的专业技术人员。

(四)各省、自治区、直辖市和国务院有关部门、中央管理的企业及军队,在审查、复审申报人员材料时,均须核查各类证书、相关证明及有关材料的原件。向领导小组办公室报送的各类证书等相关材料的复印件,应由所在单位测绘业务机构和人事部门负责人,对其真实性签署意见并加盖单位印章。

(五)已通过特许或者考核认定的方式取得其他专业职业(执业)资格证书、现在公务员岗位工作、正在申报其他专业职业(执业)资格考核认定和已办理离、退休手续的人员,均不在申报范围。凡因测绘业务工作中违法违纪或者发生重大失误,受到刑事处罚或者行政处罚的人员,一律不得申报。

(六)各省、自治区、直辖市和国务院有关部门、中央管理的企业及军队,要切实加强领导,坚持标准,严格要求,认真按程序做好申报、审查、复审等各环节工作。凡不认真把关或者弄虚作假的,一经发现,停止该地区或者部门、单位的申报权和取消个人申报的资格,并依据相应法律和有关规定,对直接负责的主管人员和其他直接责任人员进行处理。

注册测绘师资格考核认定工作
领导小组成员名单

组　长：谢经荣　国家测绘局副局长
副组长：侯福兴　人事部专业技术人员管理司司长
　　　　李永春　国家测绘局人事司司长
成　员：范　勇　人事部专业技术人员管理司巡视员
　　　　韩力援　国家测绘局人事司副司长
　　　　陈俊勇　国家测绘局院士
　　　　刘先林　中国测绘科学研究院院士
　　　　宁津生　武汉大学院士
　　　　杨　凯　中国测绘学会教授
　　　　陈　军　国家基础地理信息中心教授
　　　　洪立波　北京市测绘设计研究院高级工程师
　　　　周　社　国家测绘局重庆测绘院高级工程师
　　　　陆用森　中国地图出版社（测绘出版社）编审
　　　　王　丹　建设综合勘察研究设计院研究员
　　　　张燕妮　中国土地勘测规划院高级工程师
　　　　吕永江　国家测绘局测绘标准化研究所高级工程师
　　　　张铁军　天津海事局高级工程师
办公室主　任：韩力援（兼）
　　　副主任：胡文忠　人事部专业技术人员管理司处长
　　　　　　　张文晖　国家测绘局人事司处长
联系电话：国家测绘局人事司
　　　　　　010-68339047、68346619（兼传真）
　　　　　人事部专业技术人员管理司
　　　　　　010-84214788、84211552（传真）

附件2：

中华人民共和国注册测绘师
资格考核认定申报表

省、自治区、
直辖市或者
部 门 名 称＿＿＿＿＿＿＿＿＿＿＿
单 位 名 称＿＿＿＿＿＿＿＿＿＿＿
申 请 人 姓 名＿＿＿＿＿＿＿＿＿＿＿
身 份 证 号 码＿＿＿＿＿＿＿＿＿＿＿
申 报 时 间＿＿＿＿＿年＿＿月＿＿日

人 事 部
国 家 测 绘 局 编制

填写注意事项

1. 本申报表一律用钢笔或者签字笔由申报人如实填写（如用计算机打印，申报表封面应由申报人签名），字迹工整清晰。由于字迹潦草、难以认清所产生的后果，责任自负。

2. "专业、学历"栏中应填写符合考核认定条件的专业学历，未获学位的，不应自行填写学位。

3. "从事测绘工作主要经历"栏中，应按专业技术职务级别不同分别填写。其中："从事何专业技术工作"应明确填写专业工作性质。

4. "完成主要测绘工程项目业绩"栏中，应按要求认真填写，如填写不下，可另加附页，每页均应加盖单位印章。其中："项目来源及规模等级"须按照项目来源情况及规模大小等级如实填写，等级包括国家级、省部级及其他类；"工作内容"应填写完成测绘工程项目的技术设计、技术咨询、项目技术管理、业务指导等工作；"本人起何作用"应填写主要技术负责人、项目负责人、专业负责人、主要技术人员或者参加人；"完成情况及获何奖励"应填写"在进行"或者"已完成"及获何种奖励，奖励包括国家级和省部级及等级名次，本人不在规定的获奖名单之内不得填写。

5. 在本申报表中，凡项目内有"□"的，均分别由个人或者单位在所同意的相应项目"□"内打"√"。

基　本　情　况

省、自治区、直辖市或者部门：

<table>
<tr><td>姓　名</td><td></td><td>性别</td><td></td><td>出生年月</td><td></td><td colspan="2">年　　月</td><td rowspan="5">照

片</td></tr>
<tr><td>籍　贯</td><td></td><td>民族</td><td></td><td>身份证号</td><td colspan="3"></td></tr>
<tr><td rowspan="2">在所符合项的
□内打"√"</td><td colspan="3">中国工程院院士　□</td><td colspan="4">中国科学院院士　□</td></tr>
<tr><td colspan="7">受聘担任注册测绘师资格考试专家委员
会成员，并参加考试大纲编写或者承担首次考
试试题设计的专家　　□</td></tr>
</table>

<table>
<tr><td rowspan="3">聘用单位</td><td>单位名称</td><td colspan="5"></td></tr>
<tr><td>通讯地址</td><td colspan="5"></td></tr>
<tr><td>联系电话</td><td colspan="3"></td><td>邮　编</td><td></td></tr>
<tr><td rowspan="4">专业学历</td><td>毕(肄、结)业时间</td><td colspan="2">院校、专业</td><td colspan="2">学　历</td><td>学　位</td></tr>
<tr><td>年　　月</td><td colspan="2"></td><td colspan="2"></td><td></td></tr>
<tr><td>年　　月</td><td colspan="2"></td><td colspan="2"></td><td></td></tr>
<tr><td>年　　月</td><td colspan="2"></td><td colspan="2"></td><td></td></tr>
<tr><td colspan="2">参加工作时间</td><td colspan="2">年　　月</td><td colspan="3">累计从事测绘业务工作年限</td></tr>
<tr><td colspan="3">专业技术职务及任职时间</td><td colspan="4"></td></tr>
<tr><td colspan="3">任正、副总工程师职务起止时间</td><td colspan="4"></td></tr>
<tr><td colspan="3">所在单位测绘资质等级及编号</td><td colspan="4"></td></tr>
<tr><td>接受测绘专业相关培训情况</td><td colspan="6"></td></tr>
<tr><td>是否有过违反职业道德行为</td><td colspan="6"></td></tr>
</table>

从事测绘工作主要经历

起止时间		工作单位	从事何专业技术工作	职务
至	年 月 年 月			
至	年 月 年 月			
至	年 月 年 月			
至	年 月 年 月			
至	年 月 年 月			
至	年 月 年 月			
至	年 月 年 月			
至	年 月 年 月			
至	年 月 年 月			

完成主要测绘工程项目业绩

单位印章：

起止时间	项目名称	项目来源及规模等级	工作内容	本人起何作用	完成情况及获何奖励
年 月 至 年 月					
年 月 至 年 月					
年 月 至 年 月					
年 月 至 年 月					
年 月 至 年 月					
年 月 至 年 月					

测绘学术水平

单位印章：

发表时间	论文、著作名称及主要内容	出版刊物名称及统一刊号	独立完成或者参加名次	在实际工作中起的作用
年 月 至 年 月				
年 月 至 年 月				
年 月 至 年 月				
年 月 至 年 月				
年 月 至 年 月				
年 月 至 年 月				

1314

工作单位推荐意见

□申报材料属实,同意推荐申报注册测绘师资格考核认定。

□申报材料不属实,不同意推荐申报注册测绘师资格考核认定。

负责人(签字):　　　　　　　　　　　　　(单位印章)

　　　　　　　　　　　　　　　　　　　年　　月　　日

省、自治区、直辖市测绘行政主管部门和人事行政部门,或者国务院有关部门、中央管理企业负责测绘业务的机构和人事部门审核、复核意见

□申报材料属实齐全,同意参加注册测绘师资格考核认定。

□申报材料属实齐全,由于其他原因,不同意参加注册测绘师资格考核认定。

负责人(签字):　　　　　　　　负责人(签字):

(单位印章)　　　　　　　　　　(单位印章)

年　　月　　日　　　　　　　　年　　月　　日

注册测绘师资格考核认定工作领导小组办公室审核意见

□经审核,符合注册测绘师资格考核认定条件。

□经审核,不符合注册测绘师资格考核认定条件。

　　　　　　　　　　　　　　　　注册测绘师资格考核

　　　　　　　　　　　　　　　　认定工作领导小组办公室

负责人(签章):　　　　　　　　　　　(印章)

　　　　　　　　　　　　　　　　　　年　　月　　日

注册测绘师资格考核认定工作领导小组复核意见

□经复核,不符合注册测绘师资格考核认定条件。

□经复核,符合注册测绘师资格考核认定条件。经公示有异议,申报情况不属实。

□经复核,符合注册测绘师资格考核认定条件。经公示无异议,可报人事部、国家测绘局批准公布。

注册测绘师资格考核
认定工作领导小组
（印章）

负责人(签章)：

年　　月　　日

备注：

ISBN 978-7-5030-2455-9

9 787503 024559 >